Kompetenzentwicklung zum nachhaltigen Wirtschaften

KONZEPTE DES LEHRENS UND LERNENS

Herausgegeben von Jürgen Seifried und Susan Seeber

BAND 21

PETER LANG
EDITION

Christian Michaelis

# Kompetenzentwicklung zum nachhaltigen Wirtschaften

## Eine Längsschnittstudie in der kaufmännischen Ausbildung

PETER LANG
EDITION

**Bibliografische Information der Deutschen Nationalbibliothek**
Die Deutsche Nationalbibliothek verzeichnet diese Publikation in der Deutschen Nationalbibliografie; detaillierte bibliografische Daten sind im Internet über http://dnb.d-nb.de abrufbar.

Zugl.: Göttingen, Univ., Diss., 2016

Umschlagabbildung:
© ra2 studio / Fotolia.com

Gedruckt auf alterungsbeständigem,
säurefreiem Papier.

D 7
ISSN 0724-6455
ISBN 978-3-631-71757-8 (Print)
E-ISBN 978-3-631-71868-1 (E-PDF)
E-ISBN 978-3-631-71869-8 (EPUB)
E-ISBN 978-3-631-71870-4 (MOBI)
DOI 10.3726/b10896


Peter Lang Edition ist ein Imprint der Peter Lang GmbH.

Peter Lang – Frankfurt am Main · Bern · Bruxelles ·
New York · Oxford · Warszawa · Wien



Diese Publikation wurde begutachtet.

www.peterlang.com

# Danksagung

In den vergangenen Jahren konnte ich viele Vorworte und Danksagungen von Dissertationen lesen, die ich im Zuge meines Interesses zu den zentralen Inhalten dieser Bücher leider nur beiläufig wahrgenommen habe. Erst heute wird mir deutlich, dass dieser Abschnitt im Wesentlichen bedeutsam ist, um einerseits selber mit der Arbeit abschließen zu können, aber auch, um nachvollziehbar zu machen, dass neben viel eigenem „Herzblut" und „Schweiß" viele weitere Personen eine Dissertation prägen. Aus diesem Grund möchte ich denjenigen danken, die diese Arbeit entscheidend mitgeprägt haben.

An erster Stelle danke ich meiner Betreuungs- und Prüfungskommission. Der größte Dank gilt meiner Doktormutter Frau Prof. Dr. Susan Seeber für ihr herzliches und offenes Betreuungsverhältnis über den gesamten Prozess der Arbeit. Dass Nachhaltigkeit ein komplexes Thema ist, wurde mir vor allem durch Herrn Prof. Dr. Andreas Fischer sowie Herrn Prof. Dr. Matthias Schumann deutlich, denen ich für ihre zum Teil gegensätzlichen Perspektiven, die sich auch in meinem Theorieteil widerspiegeln, sehr dankbar bin. Ein letzter Dank gilt Herrn Prof. Dr. Stefan Dierkes, der die Drittprüfung übernahm.

Die Realisierung einer Längsschnittstudie wäre ohne die Unterstützung der beteiligten Lehrkräfte sowie der Auszubildenden nicht realisierbar gewesen, denen ich für ihr Engagement sowie ihre Unterstützung danke!

In den vergangenen Jahren konnte ich ein tolles Team um mich herum kennen lernen: Dies sind meine Kolleginnen und Kollegen an der Georg-August-Universität Göttingen. Drei Personen möchte ich aber im Besonderen danken. Dies sind Herr Dr. Peter Preiß und Herr Dr. Ernst G. John, die mich seit meinem Studium begleiten und mich während der Dissertation mit viel Rat unterstützten. Darüber hinaus gilt ein großer Dank meiner ehemaligen Büronachbarin Michelle Rudeloff, nicht nur für ihren gefühlten 20-Fingertippanschlag, der mich stets motivierte, mehr schaffen zu wollen, sondern insbesondere für das umfangreiche konstruktive, aber immer einfühlsame Feedback.

Ein besonderer Dank gilt vor allem meinen drei besten Freunden: Konstantin, Sven und Ulf.

Der letzte Dank gilt meiner Familie und hierbei danke ich meinen Eltern Wolfgang und Inge-Lore, meiner Schwester Sarah, meinen Schwiegereltern Bernhard und Sabine, meiner Schwägerin Miriam und insbesondere meiner

Frau Katrin für den Rückhalt, aber auch für den stets motivationalen sowie ganz besonders wichtigen emotionalen Aufbau.

Göttingen, im Januar 2017

Christian Michaelis

# Inhaltsverzeichnis

# Abbildungsverzeichnis

# Tabellenverzeichnis

# Abkürzungsverzeichnis

| | |
|---|---|
| A | Ankeritem |
| AKA/IHK | Aufgabenstelle für kaufmännische Abschluss- und Zwischenprüfungen |
| ASCOT | Technology-based Assessment of Skills and Competencies in Vocational Education and Training (Technologie-orientierte Kompetenzmessung in der Berufsbildung) |
| BA | Bundesagentur für Arbeit |
| BAuA | Bundesanstalt für Arbeitsschutz und Arbeitsmedizin |
| BBiG | Berufsbildungsgesetz |
| BIBB | Bundesinstitut für Berufsbildung |
| BMBF | Bundesministerium für Bildung und Forschung |
| BMU | Bundesministerium für Umwelt, Naturschutz und Reaktorsicherheit |
| BMUB | Bundesministerium für Umwelt, Naturschutz, Bau und Reaktorsicherheit |
| BMVI | Bundesministerium für Verkehr und digitale Infrastruktur |
| BMWi | Bundesminister für Wirtschaft und Arbeit |
| CCC | Category Characteristic Curves |
| CFI | Comparative Fit Index |
| CI | Konfidenzinterwall |
| CSR | Corporate social responsibility |
| DESI | Deutsch Englisch Schülerleistungen International |
| DIF | Differentielle Item Funktionen |
| EAP/PV | Expected A Posteriori/Plausible Value Reliability |
| GRI | Global Reporting Initiative |
| HWO | Handwerksordnung |
| i. H. v | In Höhe von |
| i. V. m. | in Verbindung mit |
| ICC | Itemcharakteristische Kurve (aus dem englischen für Item Characteristic Curve) |
| IFM | Institut für Mittelstandsforschung |
| IPCC | Intergovernmental Panel on Climate Change |
| IQ | Intelligenzquotient |
| IRT | Item-Response Theorie |
| KESS | Kompetenzen und Einstellungen von Schülerinnen und Schülern |

| | |
|---|---|
| KMK | Ständige Konferenz der Kultusminister der Länder in der Bundesrepublik Deutschland/Kultusministerkonferenz |
| KONWIKA | Kompetenzmodell für ein nachhaltiges Wirtschaften kaufmännischer Auszubildener |
| LAU | Lernausgangslage und Lernentwicklung |
| MZP | Messzeitpunkt |
| NEPS | Nationales Bildungspanel |
| OECD | Organisation für wirtschaftliche Zusammenarbeit und Entwicklung |
| PISA | Programme for International Student Assessment |
| RMSEA | Root Mean Square Error of Approximation |
| SJT | Situational Judgement Test |
| SRU | Sachverständigenrat für Umweltfragen (früher der Rat von Sachverständigen für Umweltfragen) |
| ULME | Untersuchung von Leistungen, Motivation und Einstellungen der Schülerinnen und Schüler berufsbildender Schulen |
| UNECE | United Nations Economic Commission for Europe |
| UNEP | United Nations Environment Programme |
| UNESCO | United Nations Educational, Scientific and Cultural Organization |
| (UN)WCED | (United Nations) World Commission on Environment and Development |
| WBGU | Wissenschaftlicher Beirat der Bundesregierung: Globale Umweltveränderungen |
| wMNSQ | weighted Mean Square |

# 1 Einleitung

Seit dem Beschluss der Agenda 21 (Konferenz der Vereinten Nationen für Umwelt und Entwicklung, 1992) wird der beruflichen Bildung ein zentraler Stellenwert zur Realisierung einer nachhaltigen Entwicklung zugeschrieben (vgl. ebd., Kapitel 36). Allerdings umfasst das Leitbild einer nachhaltigen Entwicklung ein weites und abstraktes Verständnis, indem eine generationenübergreifende Gerechtigkeit und zwar zwischen den derzeit lebenden sowie auch den zukünftig lebenden Generationen als primäres Leitziel betrachtet wird (UNWCED, 1987, S. 24; von Hauff, 2014, S. 9), welches entsprechend Zielsetzungen und Funktionen einer Berufsbildung für nachhaltige Entwicklung (BBNE) erschwert.

Auf der anderen Seite erhält die berufliche Bildung im Nachhaltigkeitsdiskurs einen besonderen Stellenwert, da über sie zentrale Kompetenzen vermittelt werden können, um eine nachhaltige Entwicklung zu begünstigen. Hervorzuheben ist hierbei besonders das Potenzial des dualen Systems der Berufsausbildung in Deutschland: Auf der einen Seite ist aus einer quantitativen Betrachtung heraus das duale System für eine nachhaltige Entwicklung bedeutsam, da dieses (neben dem Hochschulsystem) den größten Anteil an beruflichen Erstqualifizierungen ausmacht. Mit ca. einer halben Million Ausbildungsanfängern/-innen (Autorengruppe Bildungsberichterstattung, 2014, S. 99) pro Jahr wird über das duale System somit ein gewichtiger Anteil der Bundesbevölkerung in Deutschland erreicht. Auf der anderen Seite qualifiziert das duale System direkt für einen Beruf und kann hierüber einen beruflichen Lebenslauf initiieren, der es ermöglicht in Unternehmenshierarchien aufzusteigen und damit verbunden höhere Weisungsbefugnisse zu erhalten sowie zunehmend an strategischen Unternehmensentscheidungen mitwirken zu können.[1] Anzunehmen ist, dass Kompetenzen, um Entscheidungen sowohl aus einer kaufmännischen Perspektive als auch im

1 Der Qualifizierungsaspekt des dualen Systems verdeutlicht sich mit Blick auf die fachliche Ausbildungsadäquanz von Ausbildungsabsolventen/-innen ein Jahr nach Beendigung der Ausbildung. Dieser Indikator misst, ob der ausgeübte Beruf dem Ausbildungsberuf entspricht. Ausbildungsberufsübereifend lag dieser Wert 2008 bei 78,1 %. Für Berufsgruppen der kaufmännischen Berufsausbildung variiert die fachliche Ausbildungsadäquanz 2008 zwischen 71,4 % (Groß und Einzelhandelskaufleute), 79,8 % (Rechnungskaufleute) und 88,4 % (Bank-, Versicherungskaufleute) (Autorengruppe Bildungsberichterstattung, 2012, S. 119 f.). Diese Zahlen zeigen eine gute bis hohe Chance einer ausbildungsadäquaten Beschäftigung für kaufmännische Auszubildende auf.

Sinne einer nachhaltigen Entwicklung treffen zu können, hier einen hohen, wenn nicht sogar den höchsten, Wirkungsgrad erzielen können. Von besonderem Interesse sind besonders kaufmännische Berufe, die für höhere Verantwortungsbereiche ausbilden und demnach auch für strategische Entscheidungsfindungen sensibilisieren müssen.

Kaufmännische Auszubildende sind demnach als wichtige Akteure einer nachhaltigen Entwicklung zu betrachten. Doch besteht die Frage, ob kaufmännische Auszubildende nach Abschluss ihrer Berufsausbildung über die notwendige Kompetenz verfügen, Entscheidungen im Sinne einer nachhaltigen Entwicklung treffen zu können. Das Hauptaugenmerk der vorliegenden Arbeit liegt deshalb auf der Überprüfung dieser Kompetenz, nachhaltig zu wirtschaften, sowie ihrer Entwicklung bei kaufmännischen Auszubildenden im Ausbildungsverlauf. Im Folgenden wird eingangs im Abschnitt 1.1 die Problemstellung verdeutlicht und hierüber die zuvor angesprochene Zielstellung dieser Arbeit legitimiert. Die Zielstellung wird differenzierter mittels zugehöriger Forschungsfragen in Abschnitt 1.2 ausgeführt. Das Kapitel wird über die Beschreibung des Aufbaus sowie der Struktur dieser Arbeit geschlossen.

## 1.1 Problemstellung

Der geringe Stellenwert von Nachhaltigkeitsthemen in der beruflichen Bildung wird seit längerem kritisiert und verdeutlicht sich auch in der Rekonstruktion bisheriger politisch förderlicher Maßnahmen (Fischer, im Erscheinen; Fischer, Mertineit und Skrzipietz, 2009; Kutt, 2006). Nach Kutt (2006) ist der Werdegang der BBNE „zwischen Meilenstein und Kleinmosaik" zu rekonstruieren und wird durch Fischer et al. (2009, S. 16) noch treffender formuliert: „Berufsbildung für nachhaltige Entwicklung stellt keine bildungspolitisch mit Herzblut getränkte Vision dar."

Zu bedenken ist aber auch, dass sich die berufliche Bildung und ihre Vermittlung von Werten im Sinne einer nachhaltigen Entwicklung neben politischen Normen der Vereinten Nationen auch an den gesellschaftlichen Bedürfnissen und Marktmechanismen, die in Deutschland vorherrschen, sowie an Funktionen, Zielen und Strukturen der beruflichen Bildung, zu orientieren hat. Eine BBNE ist folglich unter dem Aspekt der Realisierungsfähigkeit zu diskutieren und birgt hierbei zahlreiche Spannungsverhältnisse. Eine „(Über)ökologisierung" der beruflichen Bildung wird in der Diskussion um eine BBNE entsprechend abgelehnt (Fischer et al., 2009, S. 13) und wäre auch nicht authentisch. Schließlich besteht ein Merkmal des dualen Systems in der Dualität der Organisation von Lernprozessen, die neben den schulischen Lernprozessen zu einem größeren Anteil auf den Betrieb entfallen. Gerade Unternehmen, die als Verursacher von Nachhaltigkeitsproblemen (insbesondere Umweltprobleme und soziale Missstände) gelten und sich dementsprechend hohen Erwartungen hinsichtlich der Unterstützung des Leitbildes einer nachhaltigen Entwicklung ausgesetzt sehen, sind auch nur ein Bestandteil eines komplexen Systems. Stakeholderperspektiven, die maßgeblich die Unternehmensstrategie beeinflussen, dürfen hierbei nicht vernachlässigt werden. Auf Auszubildende, die der untersten Unternehmenshierarchieebene zuzuordnen sind, wirken entsprechend vielfältige Normen ein. Hier sind an erster Stelle Ausbilder sowie Vorgesetzte zu nennen, die indirekt Stakeholderperspektiven an die Auszubildenden weiterleiten. Auszubildende verfügen demnach nur über eingeschränkte Wirkungsbereiche, die dementsprechend einer expliziten Aufforderung durch Ausbilder und Vorgesetzte bedürfen, nachhaltig im Unternehmen zu agieren.

In den Bildungswissenschaften erhält Nachhaltigkeit allgemein betrachtet, gemessen an der Anzahl zunehmender Veröffentlichungen in reviewten wissenschaftlichen Zeitschriften, eine steigende Bedeutung (Barth & Michelsen, 2013). Generell werden Forschungsdesiderate und daraus resultierende Forschungsschwerpunkte der Bildung für nachhaltige Entwicklung (BNE) in der Entwicklung und Überprüfung von Kompetenzmodellen, der Steuerung und Institutionalisierung sowie der Transferforschung gesehen (Gräsel, Bormann, Schütte, Trempler, Fischbach & Asseburg, 2012). Bisherige Studien in der BNE, die sich mit Kognitionen von Schülerinnen und Schülern auseinandersetzen, beziehen sich hierbei vorwiegend auf den allgemeinbildenden Bereich. Hier können zahlreiche Untersuchungen genannt werden, die insbesondere für ein heterogenes Verständnis von Schülerinnen und Schülern zum Nachhaltigkeitsbegriff, aber auch zu spezifischeren Fragestellungen im Nachhaltigkeitskontext sensibilisieren, wie z. B. Menzel & Bögeholz (2006 & 2008) zur Biodiversität, Holthusen (2004) zum Ökosystem Wald, Schuler (2005 & 2011) zum Klimawandel oder Bloemen (2009) zum allgemeinen Nachhaltigkeitsverständnis aus einer politikdidaktischen Perspektive. Zum Kompetenzbegriff bestehen in der BNE hingegen keine einheitlichen Kompetenzmodelle und nur wenige valide empirische Ergebnisse, die mittels psychometrisch anerkannter Verfahren (vor allem Methoden der probabilistischen Testtheorie) überprüft wurden. Lediglich für den Bereich der Bewertungskompetenz (Eggert, 2008), Umweltkompetenz (Roczen, 2011; Roczen, Kaiser, Bogner, & Wilson, 2014) sowie international für den Bereich environmental Literacy (OECD, 2009) sind entsprechende Studien bekannt.

Für den berufsbildenden Bereich ist die KONWIKA-Studie (Seeber & Fischer, 2011) zu nennen, die primär auf die Entwicklung und Prüfung eines

Kompetenzmodells für ein nachhaltiges Wirtschaften abzielte. Als Ergebnis, das sich auf den Ausbildungsberuf Kaufmann/-frau für Spedition und Logistikdienstleistung bezieht, tragen vor allem das Wissenskonstrukt sowie die Einstellung, dass Unternehmen mehr Verantwortung für eine nachhaltige Entwicklung übernehmen müssen, zur Varianzaufklärung von Verhaltensintentionen kaufmännischer Auszubildender bei und nehmen somit einen zentralen Stellenwert zur Erklärung nachhaltiger Verhaltensweisen ein (Seeber & Michaelis, 2014).

Längsschnittliche Analysen zur Kompetenzentwicklung existieren in der BNE bisher nicht. Lediglich im Rahmen von Interventionsstudien im allgemeinbildenden Bereich (z. B. Baisch & Schrenk 2005 zum Stoffkreislauf) werden Lernprozesse untersucht, wenn auch stärker aus einer didaktischen Perspektive. Es ist aber anzunehmen, dass das Wissen über Nachhaltigkeit nicht nur durch explizite Interventionen gefördert wird, sondern aufgrund der Interdisziplinarität mit vielen curricularen Inhaltsgebieten verbunden ist und durch diese gefördert wird. Begründet wird diese Annahme über den Vernetzungsgedanken der ökonomischen, ökologischen sowie sozialen Dimension des Nachhaltigkeitskonstruktes. Daneben ist das Thema nicht nur in formalen Lernprozessen präsent, sondern kann auch informell gefördert werden. Informelle Lernprozesse beziehen sich dabei sowohl auf den beruflichen als auch privaten Kontext. Ein Einfluss informeller Lernprozesse auf betriebliche Verhaltensweisen zur Unterstützung eines nachhaltigen Wirtschaftens konnte von Fischer, Seeber, Michaelis und Müller-Harms (2015) bestätigt werden. In Ergänzung zu der bereits im Vorherigen beschriebenen Hierarchiezuordnung von Auszubildenden im Betrieb sind auch betriebliche Sozialisationsprozesse relevant, um Kompetenzentwicklungen erklären zu können. Für den Nachhaltigkeitskontext bestehen hierzu keine Studien. Allerdings zeigte sich bereits in vorherigen Untersuchungen zur Entwicklung der moralischen Urteilskompetenz, dass über die berufliche Ausbildung nicht nur gesellschaftlich erwünschte Kompetenzentwicklungen erzielt werden (Beck, 2000).[2]

Ein wesentliches Problem der Kompetenzmessung in der BNE und demnach auch für den Bereich der beruflichen Bildung stellt der Nachhaltigkeitsbegriff selber dar. Für eine valide Messung von Kompetenz ist ein eindeutig operationalisierbares Konstrukt, in diesem Fall auf nachhaltiges Wirtschaften bezogen,

---

2 Diese zeigen sich insofern, als bei Versicherungskaufleuten neben einer theorie- und hypothesenkonformen schrittweisen Stufenprogression der moralischen Urteilsentwicklung nach Kohlberg (z. B. 1984) auch rückläufige (und somit theoriedivergente) Entwicklungen diagnostiziert wurden.

erforderlich. Allerdings wird eine nachhaltige Entwicklung bewusst als regulative Idee formuliert und initiiert hierdurch einen offen Kommunikationsprozess, der zum Teil durch unklare und auch divergente Zielformulierungen gekennzeichnet ist. Mit dem Verständnis der Vereinten Nationen insbesondere der verbreiteten Annahme einer generationenübergreifenden Gerechtigkeit (UNWCED, 1987, S. 24) wird zwar eine Richtung normativ vorgegeben, doch fehlen bis heute für vielfältige Handlungsbereiche Forschungserkenntnisse, die aber eine maßgebliche Bedingung zur Umsetzung einer nachhaltigen Entwicklung darstellen. Auch theoretisch konnte sich bis heute noch keine betriebswirtschaftliche Theorie zum nachhaltigen Wirtschaften durchsetzen. Impulse hierfür sind an erster Stelle Ansätzen des Nachhaltigkeitsmanagements zu entnehmen, allerdings stehen sich hier teilweise nur schwer integrierbare Theorien gegenüber (z. B. Müller-Christ, 2001, S. 333). Somit fehlen auch den Unternehmen notwendige Erkenntnisse, um sich in unterschiedlichsten Nachhaltigkeitsbereichen engagieren oder das bisherige Nachhaltigkeitsengagement hinsichtlich der Wirksamkeit zur Initialisierung bzw. Unterstützung einer nachhaltigen Entwicklung bewerten zu können.

Es sind jedoch nicht nur differenziertere Forschungserkenntnisse zu unternehmerischen Handlungsmöglichkeiten notwendig, sondern eine zentrale Bedingung für eine nachhaltige Entwicklung liegt auf der Handlungsebene von Individuen, die entsprechend Analysen zur Erklärung von Handlungen bzw. Handlungsentscheidungen erfordert. Zur Erklärung der Handlungsergebnisse haben sich in den vergangenen Jahren vor allem Handlungstheorien durchgesetzt. Doch erschweren unterschiedliche Theorien zur Erklärung von Strukturzusammenhängen umweltbewussten Verhaltens die bisherige Modellbildung (Lehmann, 1999). Verbreitet ist besonders die Theorie des geplanten Verhaltens (Ajzen, 1985), in der angenommen wird, dass Verhaltensintentionen als maßgeblicher Prädiktor für ein gezeigtes Verhalten, durch Einstellungen sowie wahrgenommene subjektive Normen (im Sinne eines wahrgenommenen sozialen Drucks) und wahrgenommeine Verhaltenskontrollaspekte (teilweise auch Selbstwirksamkeitsüberzeugungen) erklärbar sind. Allerdings sensibilisieren Bevölkerungsstudien, neben den zuvor aufgezählten Prädiktoren, auch für die Bedeutung kognitiver Aspekte, wie z. B. beim Erfragen nach dem Bekanntheitsgrad (BMU, 2002, S. 31; BMUB & UBA, 2010, S. 40) oder Vorstellungen zum Nachhaltigkeitsbegriff (forsa, 2012) sowie Bekanntheitsfragen zu spezifischen Nachhaltigkeitssiegeln (BMUB & UBA, 2015, 56 ff.). Generell zeigen diese Studien, dass in der Breite der deutschen Bevölkerung eine nur geringe Kenntnis besteht, was nachhaltige Entwicklung eigentlich bedeutet.

## 1.2 Zielstellung und forschungsmethodisches Vorgehen

Aus der vorhergehenden Darstellung lassen sich drei Ergebnisse ableiten:

(1.) Der Nachhaltigkeitsgedanke fördert aufgrund fehlender eindeutiger Definitionen mehrdeutige Interpretationsmöglichkeiten im Rahmen kaufmännischer Fragestellungen.

(2.) Daneben sind die Analyse von Kompetenzen für ein nachhaltiges Wirtschaften sowie die Entwicklung valider und verlässlicher Diagnoseinstrumente Forschungsdesiderate der empirischen Bildungswissenschaften und somit auch der Berufs- und Wirtschaftspädagogik.

(3.) Psychologisch-diagnostisch abgesicherte längsschnittliche Untersuchungen zur Analyse der Wissens- bzw. Kompetenzentwicklung über einen längeren Zeitraum fehlen.

Aus diesem Grund besteht das Ziel dieses Untersuchungsvorhabens vor allem auf der Untersuchung der Kompetenzentwicklung zum nachhaltigen Wirtschaften bei kaufmännischen Auszubildenden mittels reliabler und konstruktvalider Instrumente. Beispielhaft für die kaufmännische Ausbildung konzentriert sich diese Untersuchung auf den Ausbildungsberuf Kaufmann/-frau für Spedition und Logistikdienstleistung. Der Ausbildungsberuf wurde aufgrund des hohen Stellenwertes des nachhaltigen Wirtschaftens in der Speditions- und Logistikbranche gewählt. Zudem wird Nachhaltigkeit aufgrund steigender Energiekosten, verengender Verkehrsinfrastruktur sowie des Zielkonflikts aus Mobilitätseinschränkungen und Umweltbelastungen in der Speditions- und Logistikbranche künftig weiter an Bedeutung gewinnen (Bretzke & Barkawi, 2012, S. 57).

Im Rahmen der zuvor ausgeführten Zielsetzung interessieren sowohl intraindividuelle Entwicklungen als auch interindividuelle Unterschiede in den intraindividuellen Entwicklungen bei der Kompetenz, nachhaltig zu wirtschaften. Nach den Annahmen der Entwicklungspsychologie beziehen sich intraindividuelle Entwicklungen auf eine relativ überdauernde Veränderung innerhalb eines Individuums (Lohaus & Vierhaus, 2010, S. 1 f.; Trautner, 1992, S. 17). Während intraindividuelle Entwicklungen sich demnach auf die Individualebene beziehen, kann über die Analyse interindividueller Unterschiede geprüft werden, wodurch sich die Auszubildenden in ihrer Entwicklung unterscheiden.

Folgende Forschungsfrage kann aufbauend auf den vorherigen Beschreibungen formuliert werden:

Wie entwickelt sich die Kompetenz, nachhaltig zu wirtschaften, in der Ausbildung zum/zur Kaufmann/-frau für Spedition und Logistikdienstleistung?

Differenzierter betrachtet sind unter der Forschungsfrage folgende Unterfragen von Interesse:

- Wie entwickelt sich (intraindividuell) die Handlungsintention, nachhaltig zu wirtschaften, in beruflichen Handlungssituationen im Verlauf der Berufsausbildung?
- Wie entwickelt sich (intraindividuell) das Wissen der Auszubildenden über Nachhaltigkeit bzw. nachhaltiges Wirtschaften im Verlauf der Berufsausbildung?
- Welche Entstehungs- und Einflussfaktoren der Leistungsentwicklungen sind empirisch nachweisbar?

Zur Beantwortung dieser Fragen dient ein längsschnittliches Erhebungsdesign. Auszubildende im Ausbildungsberuf Kaufmann/-frau für Spedition und Logistikdienstleistung werden zu Beginn ihrer Ausbildung ein erstes Mal zu ihren Vorstellungen, ihrem Wissen sowie Einstellungen befragt. Der Vorteil, den ersten Messzeitpunkt direkt zu Beginn der Ausbildung durchzuführen, wird darin gesehen, dass nur wenige durch die berufliche Ausbildung induzierte Vorstellungen und Einstellungen erfasst werden müssen. Die Messung der Entwicklung dieser Dispositionen erfolgt anschließend über einen zweiten Messzeitpunkt am Ende des ersten Ausbildungsjahres bzw. bei einigen Auszubildenden zu Beginn des zweiten Ausbildungsjahres sowie einer dritten Wiederbefragung am Ende des zweiten Ausbildungsjahres. Zur Auswertung der Daten dienen Methoden der probabilistischen Testtheorie sowie Strukturgleichungsanalysen.

## 1.3 Aufbau und Struktur der Arbeit

Die Messung der Kompetenzentwicklung zum nachhaltigen Wirtschaften ist mit vielfältigen Herausforderungen verbunden. Zum einen bestehen in der BNE unterschiedliche Kompetenzauffassungen, Kompetenzentwicklungen werden hierbei nur partiell diskutiert. Zum anderen gibt es keine eindeutige Operationalisierung des Nachhaltigkeitskonstruktes sowie der Idee des nachhaltigen Wirtschaftens, was für eine valide Messung aber eine zentrale Herausforderung darstellt. Theoretische Bezugspunkte hierzu werden deshalb in den Kapiteln 2 bis 5 beschrieben.

An erster Stelle ist für dieses Forschungsvorhaben zu erklären, was unter Kompetenz sowie Kompetenzentwicklung zu verstehen ist. Die Problemstellung verdeutlichte bereits, dass sowohl kognitive Begründungen, aber auch Aspekte von Verhaltenstheorien, in denen zudem sozialisationsbezogene Aspekte berücksichtigt werden müssen, zur Erklärung der Kompetenz, nachhaltig zu wirtschaften, notwendig sind. Deshalb erfolgt in Kapitel 2 eingangs eine Beschreibung des Kompetenzverständnisses basierend auf kognitionspsychologischen Annahmen, ergänzt um verhaltenstheoretische Annahmen. Aufbauend auf den Ausführungen zum Kompetenzverständnis stellt der zweite Teil von Kapitel 2 Annahmen zur Kompetenzentwicklung dar. Hier werden sowohl allgemein lernpsychologische Aspekte sowie Besonderheiten der beruflichen Bildung, in der auch Sozialisationsaspekte zu beachten sind, berücksichtigt.

Für die Konkretisierung eines Kompetenzmodells für ein nachhaltiges Wirtschaften ist zudem der fachliche Bezug zu klären. Deshalb liegt das Hauptaugenmerk von Kapitel 3 auf einer differenzierteren Darstellung des Nachhaltigkeitsdiskurses. Es wird im Besonderen auf die Kontroversen um die Interpretation eingegangen sowie die Realisierbarkeit eines nachhaltigen Wirtschaftens unter sowohl volkswirtschaftlichen als auch betriebswirtschaftlichen Bedingungen diskutiert. Von Bedeutung für die Realisierbarkeit einer nachhaltigen Entwicklung sowie eines nachhaltigen Wirtschaftens ist zudem die individuelle Perspektive auf Nachhaltigkeit. Aus diesem Grund werden auch Erkenntnisse aus Umwelt- und Nachhaltigkeitsbewusstseinsstudien zur Akzeptanz, aber auch zur Verbreitung von unterschiedlichen Vorstellungen in diesem Kapitel dargestellt. Letzteres ist weiterhin auch für die zu erwartenden affektiv-motivationalen Dispositionen sowie Kognitionen zum nachhaltigen Wirtschaften der zu befragenden Stichprobe relevant.

Der Fokus von Kapitel 4 und 5 liegt auf der BNE, beinhaltet aber Schnittstellen zu den vorherigen Kapiteln. In Ergänzung zu den vorausgehenden Ausführungen in Kapitel 3 über die Entwicklung des normativ geprägten Nachhaltigkeitsdiskurses wird eingangs die Entwicklung der BNE skizziert. Ein wichtiger Bestandteil dieser Arbeit besteht in der Messung der Kompetenz, nachhaltig zu wirtschaften. Aus diesem Grund wird in Kapitel 4 der Diskussionsstand zu Kompetenzmodellen in der BNE reflektiert und kritisch eruiert. Aufgrund der Fokussierung auf Speditionskaufleute wird als Übergang von Kapitel 4 zu Kapitel 5 die Entwicklung der BBNE sowie die dort vorherrschenden Kompetenzansätze zum nachhaltigen Wirtschaften diskutiert. Kapitel 5 konzentriert sich hingegen stichprobenadäquat auf die Beschreibung des Ausbildungsberufes Kaufmann/ -frau für Spedition und Logistikdienstleistung sowie die dort vorherrschenden Berührungspunkte mit dem nachhaltigen Wirtschaften.

Das Hauptaugenmerk des zweiten Teils dieser Arbeit liegt auf der empirischen Studie zur Messung der Kompetenzentwicklung zum nachhaltigen Wirtschaften. Die Kapitel werden in den folgenden Absätzen vorgestellt.

Die Methodik dieser Studie ist Inhalt von Kapitel 6. Hier wird eingangs eine kurze Synopse über die zuvor dargestellten theoretisch-konzeptionellen Kapitel dieser Arbeit als Überleitung zu der empirischen Studie gegeben. Die Synopse ist aber auch notwendig, um die Herausforderungen der Messung der Kompetenzentwicklung zum nachhaltigen Wirtschaften zusammenzufassen und diese Aspekte entsprechend im Studiendesign sowie der Wahl von Instrumenten sowie deren Entwicklung bzw. Adaption zu berücksichtigen. Auf der Synopse aufbauend wird das Modell, das der Messung der Kompetenzentwicklung zum nachhaltigen Wirtschaften zugrunde gelegt wird, vorgestellt. Außerdem werden aufbauend auf den theoretisch-konzeptionellen Grundlagen der Arbeit anschließend Hypothesen formuliert, die es mit dem Forschungsdesign zu prüfen gilt. In diesem Kapitel werden weiterhin die Methoden zur Analyse der Kompetenzentwicklung, die Instrumente für die Messung, die Testdurchführung, die Beschreibung der Stichprobe sowie die Dateneingabe und Auswertung beschrieben.

Eine wesentliche Voraussetzung zur Messung von Kompetenzen sowie deren Entwicklung liegt auf der Sicherstellung der Konstruktvalidität über die Zeit. Bereits im Kapitel zur Methodik (Kapitel 6) werden dazu an unterschiedlichen Stellen Anforderungen beschrieben, deren Prüfung im Kapitel 7 erfolgen. Das Hauptaugenmerk von Kapitel 7 liegt deshalb auf der empirischen Modellprüfung. Es werden Modellverletzungen herausgearbeitet, die entsprechend in der längsschnittlichen Skalierung berücksichtigt und gegebenenfalls durch den Ausschluss messfehlerbehafteter Items entgegengewirkt werden müssen.

Die empirische Prüfung der Forschungsfragen und Hypothesen erfolgt anschließend im Kapitel 8. Auf der einen Seite werden intraindividuelle Entwicklungen betrachtet und auf der anderen Seite steht die Analyse von interindividuellen Unterschieden in den intraindividuellen Entwicklungen im Mittelpunkt dieses Kapitels.

Die Ergebnisse aus Kapitel 8 dienen unter Berücksichtigung der theoretisch-konzeptionellen Annahmen dieser Arbeit zur Beantwortung der Forschungsfragen und Hypothesen als Diskussionsgrundlage, was Inhalt von Kapitel 9 ist. Darauf aufbauend werden am Ende von Kapitel 9 die Ergebnisse hinsichtlich der theoretisch-konzeptionellen Annahmen dieser Studie eruiert sowie ein Ausblick für weiteren Forschungsbedarf gegeben. Eine Schlussbetrachtung schließt diese Arbeit in Kapitel 10 ab.

# 2 Erklärungsansätze von Kompetenzen sowie ihrer Entwicklung

Der wissenschaftliche Diskurs um die bildungs- bzw. erziehungswissenschaftliche Perspektive der *Kompetenz*, die sich vor allem in der Diskussion über den Output/Outcome von Bildung und Ausbildung niederschlägt, hat sich innerhalb der letzten Jahre intensiviert, allerdings mit einem nicht immer einheitlichen Begriffsverständnis von Kompetenz (Klieme & Hartig, 2008). Es fehlt bis heute ein systematisch einheitliches Begriffsverständnis, trotz Bemühungen der OECD (vgl. für eine Übersicht verschiedener im Zusammenhang diskutierter Begriffe und Konzepte zur Kompetenz: Weinert, 2001a). So bestehen im internationalen Diskurs behavioristische neben kognitivistischen Auffassungen, wobei ein dritter Diskussionsstrang auch allgemeine Fähigkeiten (sogenannte generic skills) unter dem Begriff Kompetenz thematisiert (Winther, 2010, S. 17 ff.). Für eine zweite Clusterung von Kompetenzen ist auch auf Weinert (2001b, S. 28) hinzuweisen. Als Erträge schulischer Lernkontexte differenziert der Autor zwischen fachlichen Kompetenzen (z. B. physikalischer, fremdsprachlicher oder musikalischer Art), fachübergreifenden Kompetenzen (z. B. Problemlösen oder Teamfähigkeit) sowie Handlungskompetenzen, „die neben kognitiven auch soziale, motivationale, volitionale und moralische Kompetenzen enthalten und es erlauben, erworbene Kenntnisse und Fertigkeiten in sehr unterschiedlichen Lebenssituationen erfolgreich, aber auch verantwortlich zu nutzen." Unterschiedliche inhaltliche Auffassungen aber auch Strukturzusammenhänge einzelner Kompetenzfacetten bilden bis heute Forschungsdesiderate (Klieme & Hartig, 2008, S. 18–19) und erschweren die Entwicklung von Kompetenzmodellen.

Im Folgenden wird in die Ansätze der Kompetenzmodellierung eingeführt. Hierbei stehen vor allem kognitionspsychologische Auffassungen in Ergänzung um verhaltenstheoretische Aspekte, wie sie bereits in der Einleitung angedeutet wurden, im Vordergrund. Anschließend werden in Abschnitt 2.2 Annahmen der Kompetenzentwicklung aus der Perspektive der Bildungs- und Erziehungswissenschaften beschrieben.

## 2.1 Ansätze der Kompetenzmodellierung

Kognitionspsychologische Auseinandersetzungen mit Kompetenzen, die in den Erziehungswissenschaften verbreitet sind, basieren auf sozialwissenschaftlichen

Annahmen. Drei unabhängig voneinander stehende Diskurse sind hierbei relevant (Klieme & Hartig, 2008, S. 14 ff.):

(1.) Max Webers soziologische Annahmen über Organisationsformen und Zuständigkeiten,
(2.) linguistische Ansätze basierend auf Chomskys (1968) Kompetenzverständnis „kreative[r] sprachliche[r] Leistungen“ als kognitives System, sowie Habermas‘ (1981) weiterentwickelte Verallgemeinerung zu einer kommunikativen Kompetenz im Sinne „sozial-kognitiver Regeln und Strukturen“ und
(3.) „funktional-pragmatische“ Ansätze der US-amerikanischen Psychologie, die durch die Diskussion situativ und kontextabhängig geprägter Anforderungen den kognitionspsychologischen Kompetenzbegriff prägen.

Die verbreitetste Definition von Kompetenz wurde durch Weinert (2001a, S. 27 f.) geprägt, der aus einem funktional-pragmatischen Ansatz heraus eine Handlungskompetenz formuliert, unter der „die bei Individuen verfügbaren oder durch sie erlernbaren kognitiven Fähigkeiten und Fertigkeiten, um bestimmte Probleme zu lösen, sowie die damit verbundenen motivationalen, volitionalen und sozialen Bereitschaften und Fähigkeiten, um die Problemlösungen in variablen Situationen erfolgreich und verantwortungsvoll nutzen zu können“, verstanden wird.

In den nachstehenden Abschnitten werden zuerst kognitionspsychologische Annahmen weiter ausgeführt (2.1.1 & 2.1.2), die zunehmend auch in der berufs- und wirtschaftspädagogischen Forschung neben der umfassenden beruflichen Handlungskompetenz berücksichtigt werden. Hierauf wird in Abschnitt 2.1.3 eingegangen. Die bei der vorherigen Definition von Weinert bereits thematisierte Mehrdimensionalität von Kompetenz wird zudem im Abschnitt 2.1.4 differenzierter betrachtet.

### 2.1.1 Zur kognitionspsychologischen Auseinandersetzung mit Kompetenz

Dieser Arbeit liegt primär eine kognitionspsychologische Perspektive auf Kompetenzen zugrunde. Eines ihrer wesentlichen Merkmale besteht in der Erlernbarkeit von Kompetenzen. So können Kompetenzen beispielsweise aus Erfahrungen bestimmter Anforderungssituationen, Trainings oder anderen äußeren Interventionen sowie durch langjährige Praxis erworben und entwickelt werden (Klieme & Hartig, 2008, S. 17). Die Befassung mit Erwerb und Entwicklung von Kompetenzen unter Berücksichtigung lerntheoretischer Grundlagen wird in dieser Arbeit an späterer Stelle vertieft (vgl. Abschnitt 2.2). Im Folgenden liegt das Hauptaugenmerk auf den Prozesselementen, die eine bestimmte Leistung erklären können.

Im Zusammenhang mit einem beobachtbaren Verhalten wird häufig der Begriff Performanz verwendet. Die Bedeutung der Performanz ist auf Chomsky (z. B. 1973, S. 14) zurückzuführen, der diese exemplarisch an der Sprachkompetenz in Abgrenzung zu der Sprachverwendung verdeutlicht. Die Sprachkompetenz ist dabei „die Kenntnis des Sprecher-Hörers von seiner Sprache"; unter Performanz hingegen ist „der aktuelle Gebrauch der Sprache in konkreten Situationen" zu verstehen. Hierbei ist nicht von einer direkten Widerspiegelung der Sprachkompetenz über die Sprachverwendung auszugehen (ebd.), sondern die Sprachverwendung stellt lediglich einen Indikator für die dahinter stehenden Fähigkeiten dar. Mit anderen Worten: Es sind kognitive Strukturen notwendig, um Sprache als spezifische Fähigkeit zu erzeugen (Winther, 2010, S. 20).

Das Verhältnis von Kompetenz und Performanz wurde in den vergangenen Jahren sowohl theoretisch-konzeptionell als auch auf der Grundlage empirischer Analysen intensiv diskutiert. Nach heutigem Stand dienen zur Erklärung einer Performanz in einer spezifischen Anforderungssituation individuelle kognitive und affektiv-motivationale Dispositionen (Blömeke, Gustafsson, & Shavelson, 2015), welche als mentale Ressourcenpotenziale des Individuums zu verstehen sind. Diese Dispositionen sind Bestandteile des zentralen Nervensystems und dementsprechend nicht beobachtbar. Der Zusammenhang zwischen den zuvor genannten Dispositionen und der Performanz in einer Anspruchssituation ist als ein kontinuierlich kognitiver Prozess zu verstehen (ebd.). Differenzierter ausgeführt, unterliegen die individuellen Dispositionen situationsspezifischen kognitiven Prozessen, wie Wahrnehmung, Interpretation sowie der Fähigkeit, Entscheidungen zu treffen, was wiederum das beobachtbare Verhalten in realen Situationen (der Performanz) beeinflusst. Blömeke et al. (2015, S. 3 & 7) beschreiben Kompetenz deshalb auch als ein Kontinuum (vgl. Abbildung 1). Übertragen auf die Kompetenzmessung gilt es folglich „operationalisierbare Outcomes von Tests", also die Performanz zu erfassen (Winther, 2010, S. 18). Die Performanz im Sinne einer Testleistung stellt demnach ein Indikator für die interessierenden individuellen kognitiven und affektiv-motivationalen Dispositionen dar, die nicht direkt beobachtbar sind und folglich als latent bezeichnet werden.

*Abbildung 1: Kompetenz als Kontinuum (Blömeke et al., 2015, S. 7); Reproduced with permission from Zeitschrift für Psychologie 2015; Vol. 223(1): 3–13, ©2015 Hogrefe Publishing www.hogrefe.com DOI: 10.1027/2151-2604/a000194*

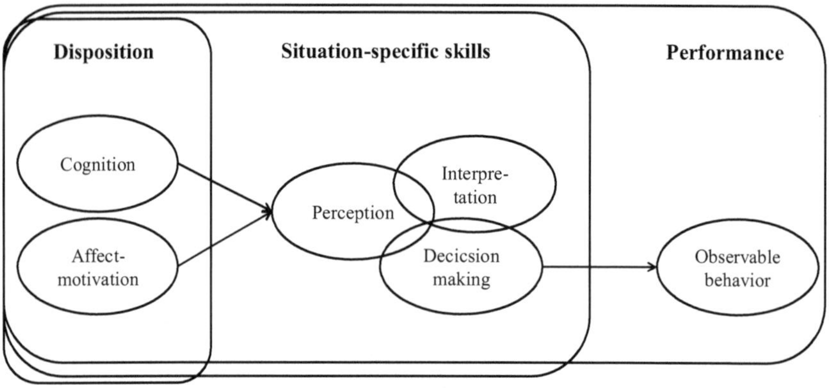


Hervorzuheben ist auch noch einmal die von Chomsky und Blömeke et al. (2015) angesprochene situative Abhängigkeit. D. h. Performanz bezieht sich auf die Bewältigung von Anforderungen in spezifischen Situationen. Deshalb werden Kompetenzen häufig einer Domäne zugeordnet (im Falle nicht generischer Kompetenzen), die einen fachbezogenen Leistungsbereich darstellt (Klieme & Leutner, 2006, S. 879), wie z. B. Lesekompetenz für zu fördernde Kompetenzen im allgemeinbildenden Bereich oder kaufmännische Kompetenz für die Berufs- und Wirtschaftspädagogik (kritischer Diskurs zum Verständnis des Domänenbegriffs bei Winther, 2010, S. 88 ff.). Diese Kontextabhängigkeit verdeutlicht zudem die Abgrenzung zu allgemeinen kognitiven Fähigkeiten (Intelligenz), die sich auf generalisierte, kontextunabhängige sowie nur begrenzt erlernbare kognitive Dispositionen bezieht (ebd.). Zum Domänenverständnis dieser Arbeit sei auf Abschnitt 5.3 verwiesen.

Um die bedeutsamsten Aspekte einer kognitionspsychologischen Auseinandersetzung mit der Kompetenz zusammenzufassen, die in den Erziehungs- und Bildungswissenschaften eine breite Akzeptanz erhält, sei abschließend eine Synopse von Klieme und Hartig (2008, S. 21 f.) zu zitieren, deren Ausführung wie folgt lautet:

> „Zusammenfassend werden Kompetenzen […] als erlernbare kontextspezifische Leistungsdispositionen verstanden, die sich funktional auf Situationen und Anforderungen in bestimmten Domänen beziehen. Die Breite dieser Domänen bzw. der relevanten Situationen kann zwischen spezifischen Kompetenzen und Schlüsselkompetenzen variieren, aber grundlegend sind ein Kontextbezug und die Erlernbarkeit."

### 2.1.2 Kognitionspsychologische Ausdifferenzierung von Kompetenzmodellen

Empirisch können drei Charakteristiken der kognitionspsychologischen Kompetenzauffassung geprüft werden: Niveaus, Strukturen und Entwicklungen. Entsprechend wird in der Literatur häufig zwischen Kompetenzstruktur-, -niveau- und -entwicklungsmodellen unterschieden (Winther, 2010, S. 37). Auch wenn in einigen Studien nicht alle drei Ausdifferenzierungen betrachtet werden, ist herauszustellen, dass diese Modelle nicht als divergente Modelle zu betrachten sind, sondern als sich gegenseitig bedingende.

Beginnend mit den Kompetenzstrukturmodellen, zielen diese auf die Analyse der Beziehung zwischen latenten Kompetenzkonstrukten ab (Artelt & Schneider, 2011, S. 168). In einer engen Betrachtung wird dabei nach Dimensionen, sogenannten Teilkompetenzen, differenziert. Die Dimensionen können sich inhaltlich, tätigkeitsbezogen oder auch durch unterschiedliche Arten von Aufgaben- und Problemstellungen, Wissensarten, Repräsentations- und Aufgabenformaten oder Verarbeitungsprozessen unterscheiden (Fleischer, Koeppen, Kenk, Klieme, & Leutner, 2013, S. 8). In Anlehnung an die von Weinert (2001b) hervorgehobene Mehrdimensionalität von zugrunde liegenden Dispositionen bei Kompetenzen, die sich in dem Zusammenwirken von Kognition, Motivation und Emotion in situativen Anforderungssituationen ausdrückt oder auch der Betrachtung von Kompetenz als kognitiven Prozess (Blömeke et al., 2015; Abschnitt 2.1.1), bei dem in Anlehnung an Abbildung 1 (S. 14) sogar bereits ein formatives Messmodell angedeutet wurde, sind Kompetenzstrukturmodelle in einem erweiterten Kontext zu betrachten (vgl. Abschnitt 2.1.1). Es interessiert neben dem Zusammenwirken der Leistungen in den Fachleistungsskalen, die insbesondere auf die Messung der Anforderungsbewältigung in spezifischen Situationen abzielen, auch der Einfluss von Konstrukten zur Messung situationsspezifischer kognitiver Prozesse (wie beispielsweise Wahrnehmung, Interpretation, Entscheidungen treffen), aber auch die dahinter stehenden kognitiven sowie affektiv-motivationalen Dispositionen, die interindividuelle Unterschiede in den Kompetenzdimensionen erklären können. Differenzierte Ausführungen hierzu erfolgen im Abschnitt 2.1.4.

Kompetenzniveaumodellen ermöglichen qualitative, kriteriumsorientierte Aussagen über den Fähigkeitsgrad einer Person. Dazu wird eine kontinuierliche Kompetenzdimension in diskrete bzw. ordinale Kategorien unterteilt, welche als Kompetenzniveaus zu betrachten sind. Hierdurch erfolgt zwar eine Informationsreduktion aufgrund der Überführung individueller Fähigkeitsausprägungen in Niveaustufen, allerdings ermöglicht dieses Vorgehen eine leichtere

Beschreibung und Kommunikation von erfassten Kompetenzen sowie den Niveaumerkmalen (Fleischer et al., 2013, S. 8).

Der Verlauf des Kompetenzerwerbs, der eng mit lerntheoretischen Annahmen verknüpft ist, wird über Kompetenzentwicklungsmodelle beschrieben. Untersuchungen bestehen vor allem zu didaktischen Analysen im Rahmen von Conceptual Change-Theorien im Grundschulbereich zu kosmologischen Begriffen. Theoriegeleitete psychometrische Modelle befinden sich jedoch erst am Anfang und werden in den Conceptual Change-Untersuchungen nur selten berücksichtigt (Artelt & Schneider, 2011; Leuders & Soadian, 2013, S. 29). Fraglich ist bisher, ob Kompetenzentwicklungen hinsichtlich der zeitlichen Entwicklung als ein kontinuierlicher oder diskontinuierlicher Prozess zu verstehen sind. Letzteres würde bedeuten, qualitativ unterschiedliche Stufen[3] zu durchlaufen und Konzepte und Kompetenzstrukturen zu reorganisieren (siehe hierzu Fleischer et al., 2013). Fraglich ist zudem, ob die Stufenbetrachtung deterministisch betrachtet werden sollte. Dieser Gedanke wirkt an einigen Stellen zwar plausibel (insbesondere in der Diskussion um Threshold Concepts, vgl. Abschnitt 2.2.1.3), allerdings erscheint es unter Berücksichtigung kognitionspsychologischer Grundlagen zum Behalten und Abrufen und damit zusammenhängend der Diskussion um Erinnerungen als möglich, auch in den Stufen zurückzufallen.[4] Generell wird das Zusammenwirken von Kompetenzentwicklungen mit -niveaus sowie -strukturen als Forschungsdesiderat betrachtet. Bis heute ist fraglich, wie robust Niveaumodelle, aber auch die Dimensionalität von Leistungstests über die Zeit sind (Robitzsch, 2013, S. 42). Theoretische Aspekte der Kompetenzentwicklung werden im Abschnitt 2.2 weiter vertieft.

Auch messtheoretisch steht die Prüfung von Kompetenzentwicklungsmodellen infrage. Methodisch können für die empirische Überprüfung von Kompetenzentwicklungen sowohl längsschnittlich als auch querschnittlich angelegte Untersuchungen verwendet werden. Über die Befragung von denselben Individuen zu unterschiedlichen Zeitpunkten können demzufolge intraindividuelle

---

3 Entsprechende Stufenbetrachtungen werden zum Teil auch mit Kompetenzniveaus verbunden (siehe hierzu Fleischer et al., 2013, S. 8f.).

4 In diesem Kontext sei zudem erneut auf die Studie zur Analyse der Entwicklung moralischer Urteilskompetenz bei Versicherungskaufleuten hinzuweisen (vgl. Beck, 2000), die bereits in Abschnitt 1.1 zitiert wurde. Im Rahmen dieser Studie wurde das Stufenmodell der Theorie zur Moralentwicklung von Kohlberg (z. B. 1984) wiederlegt, in der unter anderem rückläufige Entwicklungen diagnostiziert wurden. Entsprechende Stufenregressionen wurden hierbei allerdings weniger auf kognitive Erklärungsmerkmale, sondern auf zugrunde gelegte Werturteile zurückgeführt.

Kompetenzentwicklungen diagnostiziert werden, innerhalb derer zudem Analysen zu interindividuellen Unterschieden möglich sind. Die Kompetenzentwicklung kann daneben auch über den Vergleich von Novizen und Experten erfolgen [vgl. Winther, 2010, S. 42; exemplarisch sei für empirische Überprüfungen auf Klotz (2015) sowie Klotz, Winther und Festner (2015) verwiesen] bzw. mindestens zwischen zwei vergleichbaren Stichproben, die sich bezogen auf die Kompetenzentwicklung in unterschiedlichen Phasen des Lernprozesses befinden, was methodisch als Querschnitt zu betrachten ist. Letzteres ermöglicht zwar keine Verfolgung intraindividueller Verläufe, aber interindividuelle Unterschieden zwischen den Individuen und Stichproben. Die damit verbundenen Vor- und Nachteile werden in dieser Arbeit an späterer Stelle noch diskutiert (vgl. Kapitel 6).

### 2.1.3 Die Kompetenzdebatte in der beruflichen Bildung

Das Kompetenzverständnis der Berufs- und Wirtschaftspädagogik lässt sich als ein Paradigmenwechsel von einem relationalen Qualifikationsbegriff, im Besonderen zu dem in den 1970er-Jahren verbreiteten Konzept der Schlüsselqualifikation (hierzu insbesondere Mertens, 1974), zu einem Output/Outcome orientierten Kompetenzbegriff beschreiben (für einen umfassenderen Überblick zur Entwicklung des Kompetenzbegriffs in der beruflichen Bildung siehe Nickolaus & Seeber, 2013; Seeber et al., 2010; Seeber & Nickolaus, 2010). Im heutigen Kompetenzverständnis der beruflichen Bildung gelten Kompetenzen als handlungs- und aktivitätsbezogen. Hierbei sind neben der kognitiven Dimension auch metakognitive, affektive sowie psychomotorische Dimensionen zu beachten. Außerdem dürfen zur Erklärung von Leistungsvariationen nicht nur trait-Variablen (relativ stabile Persönlichkeitsmerkmale), sondern auch state-Variablen (situationsspezifische Verhaltensaspekte) beachtet werden (Achtenhagen & Baetghe, 2008, S. 55).

Seeber und Nickolaus (2010, S. 249) verweisen bezüglich didaktischer Implikationen in der berufs- und wirtschaftspädagogischen Kompetenzdebatte auf lerntheoretische Annahmen der Handlungsregulationstheorie (Hacker, 1986, Volpert, 1983), die auf Roths (1971) Unterscheidung von Sach-, Selbst und Sozialkompetenz basiert. Diese Ansätze bilden im Besonderen die theoretische Grundlage für die in den 1990er-Jahren in die Rahmenlehrpläne und Ausbildungsordnungen integrierte berufliche Handlungskompetenz (KMK 1996/2000), aus der sich die Methoden- (basierend auf Reetz, 1999) und Lernkompetenz sowie kommunikative Kompetenz herauskristallisiert (vgl. Tabelle 1 für einen Überblick der Dimensionen der Handlungskompetenz).

*Tabelle 1: Kompetenzdimensionen und Definitionen der von der KMK (2011) vorgegebenen Kompetenzstruktur für den berufsbezogenen Unterricht*

| | **Kompetenzen der KMK (2011) für den berufsbezogenen Unterricht** | **Definition** |
|---|---|---|
| **Handlungskompetenz** | Fachkompetenz | „Bereitschaft und Fähigkeit, auf der Grundlage fachlichen Wissens und Könnens Aufgaben und Probleme zielorientiert, sachgerecht, methodengeleitet und selbstständig zu lösen und das Ergebnis zu beurteilen." |
| | Selbstkompetenz | „Bereitschaft und Fähigkeit, als individuelle Persönlichkeit die Entwicklungschancen, Anforderungen und Einschränkungen in Familie, Beruf und öffentlichem Leben zu klären, zu durchdenken und zu beurteilen, eigene Begabungen zu entfalten sowie Lebenspläne zu fassen und fortzuentwickeln. Sie umfasst Eigenschaften wie Selbstständigkeit, Kritikfähigkeit, Selbstvertrauen, Zuverlässigkeit, Verantwortungs- und Pflichtbewusstsein. Zu ihr gehören insbesondere auch die Entwicklung durchdachter Wertvorstellungen und die selbstbestimmte Bindung an Werte." |
| | Sozialkompetenz | „Bereitschaft und Fähigkeit, soziale Beziehungen zu leben und zu gestalten, Zuwendungen und Spannungen zu erfassen und zu verstehen sowie sich mit anderen rational und verantwortungsbewusst auseinanderzusetzen und zu verständigen. Hierzu gehört insbesondere auch die Entwicklung sozialer Verantwortung und Solidarität." |

„Methodenkompetenz, kommunikative Kompetenz und Lernkompetenz sind immanenter Bestandteil von Fachkompetenz, Selbstkompetenz und Sozialkompetenz."

| | |
|---|---|
| Methodenkompetenz | „Bereitschaft und Fähigkeit zu zielgerichtetem, planmäßigem Vorgehen bei der Bearbeitung von Aufgaben und Problemen (zum Beispiel bei der Planung der Arbeitsschritte)." |
| Kommunikative Kompetenz | „Bereitschaft und Fähigkeit, kommunikative Situationen zu verstehen und zu gestalten. Hierzu gehört es, eigene Absichten und Bedürfnisse sowie die der Partner wahrzunehmen, zu verstehen und darzustellen." |
| Lernkompetenz | „Bereitschaft und Fähigkeit, Informationen über Sachverhalte und Zusammenhänge selbstständig und gemeinsam mit anderen zu verstehen, auszuwerten und in gedankliche Strukturen einzuordnen. Zur Lernkompetenz gehört insbesondere auch die Fähigkeit und Bereitschaft, im Beruf und über den Berufsbereich hinaus Lerntechniken und Lernstrategien zu entwickeln und diese für lebenslanges Lernen zu nutzen." |

Umfassende Analysen über die von der KMK heuristisch angenommenen Kompetenzdimensionen sowie deren Zusammenhänge bestehen bisher nicht und stehen in der Berufs- und Wirtschaftspädagogik wissenschaftlich infrage (Nickolaus, 2008). Minnameier (2013, S. 13) kritisiert diese Annahmen sogar insoweit, „dass diese Kompetenzen bislang weder in wissenschaftlich noch praktisch brauchbarer Weise expliziert wurden. Die Konzepte sind alltagssprachlich umschrieben, weisen zahlreiche Unschärfen und Überschneidungen auf [...]" Allerdings wären die diagnostischen Herausforderungen, die mit einer validen Messung der angenommenen Kompetenzstruktur der Handlungskompetenz notwendig wären, bei dem gegenwärtigen Forschungsstand auch nicht befriedigend zu bewältigen (Nickolaus & Seeber, 2013, S. 169 f.). Die Dimensionierung von Kompetenzen stellt generell ein Forschungsdesiderat der Berufs- und Wirtschaftspädagogik dar, wobei für einige Berufe empirisch bestätigte Subdimensionen in Fachkompetenzen bereits ermittelt werden konnten (für einen Überblick siehe Nickolaus, 2011). So gilt mittlerweile die Unterscheidung von Fachwissen sowie die Fähigkeit, dieses Fachwissen in wechselnden problemhaltigen Situationen anzuwenden, als empirisch bestätigte Dimensionierung in gewerblich-technischen Berufen (Nickolaus & Seeber, 2013, S. 177). Bei Industriekaufleuten wird zwischen einer handlungsbasierten und verstehensbasierten Kompetenz unterschieden (Winther & Achtenhagen, 2010, 2009), wobei Nickolaus und Seeber (2013, S. 177) hierbei die Dimensionierung insofern kritisch beurteilen, als ein Verständnis über Zusammenhänge im Handlungsraum immer bei bewusst vollzogenen Handlungen relevant sei. Im gewerblich-technischen Bereich wird zudem eine Subdimension für manuelle Fertigkeiten unterstellt (Nickolaus, Geschwendtner & Abele, 2011a).

Problematisch ist zudem der Domänenbezug in der beruflichen Bildung. Während im allgemeinbildenden Bereich die Domänen sowie ihre Merkmale und Klassifikationen abgrenzbar sind (z. B. Kompetenzen in Sprachen oder Naturwissenschaften), gelten die Grenzziehungen beruflicher Domänen als nicht unproblematisch. Nickolaus und Seeber (2013, S. 169) merken hierzu kritisch an, dass berufliche Domänen „sich nicht durch Merkmale einer Fachdisziplin und dort vorherrschender typischer Denkmuster und Wissensaneignungsprozesse auszeichnen, sondern von spezifischen Handlungen, Prozeduren, Tools, mit denen umzugehen ist, geprägt sind." Infrage steht hierbei die Reichweite beruflicher Kompetenzen. So bestehen Anforderungssituationen, für die sehr spezifische Kompetenzen notwendig sind, aber auch Anforderungssituationen, die berufsgruppen- oder sogar berufsfeldübergreifend zu bewältigen sind, wie zum Beispiel den Umgang mit Rechtsvorschriften (ebd.). Auch wenn curriculare Analysen im kaufmännischen Bereich große Anteile an Gemeinsamkeiten zwischen den Berufen identifizieren (vgl. Brötz et al., 2014, S. 13), existieren dennoch Unterschiede (ebd.). Daneben sind unterschiedliche kognitive Anspruchsniveaus und damit zusammenhängend auch Bearbeitungstiefen von Themen anzumerken, die die Analyse der Domänenreichweite erschweren.

In bisherigen Studien zu Fachkompetenzen dominieren besonders Begrenzungen auf einen oder nur wenige Berufe. Für den kaufmännischen Bereich ist unter anderem auf Winther (2010) bzw. Winther und Achtenhagen (2009) mit der Fokussierung auf Industriekaufleute, aber auch auf die längsschnittlichen Untersuchungen zur Kompetenzmodellierung und -entwicklung wirtschaftlicher Fachkompetenz angehender Bankkaufleute (Rosendahl & Straka, 2011a & 2011b) zu verweisen. Im Rahmen der ULME III-Studie (Lehmann & Seeber, 2007) wurden zwar fachspezifische Kompetenzstände in verschiedenen Ausbildungsberufen diagnostiziert, die Frage der beruflichen Domänenspezifität wurde aber nicht verfolgt. Lediglich in einer aktuellen Studie zur Analyse von DIF (Differentielle Item Funktion) bei berufsübergreifenden und -spezifischen Kompetenzen zeigen sich zwischen Industrie- und Speditionskaufleuten bei einigen Items unterschiedliche Schwierigkeitsparameter. Parallel erhobene Befragungen zur Thematisierung der Iteminhalte in der Berufsschule und im Ausbildungsbetrieb bestätigen das Ergebnis partiell (Liedtke & Seeber, 2015).

### 2.1.4 Strukturzusammenhänge von Kompetenz

Kompetenz wird in dieser Arbeit als ein kontinuierlicher Prozess von zugrunde liegenden kognitiven und affektiv-motivationalen Dispositionen zu einer Testleistung, die auf die Messung der Anforderungsbewältigung in spezifischen Situationen abzielt, gesehen. Deshalb wird im Folgenden zuerst das Verhältnis von Kognition, Wissen und Kompetenz betrachtet (vgl. Abschnitt 2.1.4.1). Als gesichert gilt der Einfluss kognitiver und motivationaler Dispositionen in Leistungstests, was in den Abschnitten 2.1.4.1, 2.1.4.2 und 2.1.4.3 beschrieben wird. Gerade wenn Kompetenzen mit Handlungskonzepten verbunden werden, sind verhaltenstheoretische und empirisch abgesicherte Determinanten zu berücksichtigen, die sich in der Performanz ebenfalls widerspiegeln und die Varianzaufklärung verbessern können. Dies ist Inhalt von Abschnitt 2.1.4.4.

#### *2.1.4.1 Das Verhältnis von Kognition, Wissen und Kompetenz*

Wie in Abschnitt 2.1.1 ausgeführt, unterliegen Dispositionen (kognitiv und affektiv-motivational) domänenspezifischen kognitiven Prozessen, wie Wahrnehmung, Interpretation sowie Fähigkeiten, Entscheidungen zu treffen, was wiederum das beobachtbare Verhalten in realen Situationen (die Performanz) beeinflusst (vgl. Abschnitt 2.1.1; Blömeke et al., 2015). Kognitionen gelten somit als primärer Prädiktor zur Vorhersage der Performanz. Der Begriff *Kognition* wird jedoch zumeist uneinheitlich verwendet. In dieser Arbeit gelten mentale Informationsverarbeitungsprozesse und Strukturen als Kognitionen. Kognitionen sind entsprechend eng mit wissenspsychologischen Überlegungen verbunden (Edelmann, 2000, S. 113). Wissen entsteht durch Lernen, also der Verarbeitung von Informationen (ebd., S. 114; vertiefende Ausführungen zum Lernen im Abschnitt 2.2.1). Lernen ist wiederum, wie bereits mehrfach ausgeführt, eine primäre Voraussetzung des Kompetenzerwerbs sowie dessen Entwicklung. Nach Klieme (2004) stellt Kompetenz die Verbindung zwischen Wissen und Können oder nach Wilhelm und Nickolaus (2013, S. 25) die Einheit von Wissen und Können dar. In der Professionsforschung, in der sich die Kompetenzmessung bisher besonders auf die Domäne der Lehrerprofessionalität bezieht, gelten Wissen und Können deshalb als „Kern der Professionalität" (Baumert & Kunter, 2006, S. 481). Wissen, Kognition und Kompetenz sind folglich Konstrukte, die eng verbunden sind, sich gegenseitig bedingen und demnach nicht losgelöst voneinander diskutiert werden können. Im Folgenden werden deshalb bedeutsame Kompetenzstrukturzusammenhänge von Wissen, Kognition und Kompetenz aus Untersuchungen der Berufs- und Wirtschaftspädagogik zusammengefasst.

Das Erklärungspotenzial von kognitiven Fähigkeiten bzw. von Intelligenz (z. B. bei beruflichen Fachkompetenzen Seeber, 2007a; Nickolaus et al. 2010 & Abele, 2014) sowie mathematischen und sprachlichen Kompetenzen zur Varianzaufklärung berufsbezogener Fachleistungstests gilt mit geringen bis mittleren (vorwiegend) signifikanten Zusammenhangskoeffizienten als gesichert [z. B. für die gewerblich-technische Ausbildung: Geißel, Nickolaus, Stefanica, Härting und Neumann (2013) und für die kaufmännische Berufsausbildung Lehmann und Seeber (2007) und Seeber (2013)]. Der Zusammenhang ist hinsichtlich der Ergebnisse der Berufseignungsdiagnostik nicht verwunderlich, da kognitive Fähigkeiten als bedeutsamer Prädiktor für berufliche Leistungen seit längerem anerkannt sind (Schmidt & Hunter, 2004). In Kompetenzmodellen der kauf männischen beruflichen Bildung wird entsprechend auch die Dimensionierung von domänenspezifischer (verstehens- und handlungsbasierte Kompetenzfacetten) und domänenverbundener Kompetenz (sprachliche, mathematische und technische Kompetenzfacetten) diskutiert (Winther, 2010).

Unter Berücksichtigung des Zusammenwirkens von Wissen und Kompetenz, ist darüber hinaus der Einfluss von Vorwissen zu nennen, der sich in

Strukturanalysen von Kompetenzen der beruflichen Ausbildung sowohl für gewerblich-technische (Elektroniker & Kfz-Mechatroniker) als auch kaufmännische Ausbildungsberufe (Bankkaufleute) bestätigt (Nickolaus, Rosendahl, Gschwendtner, Geißel & Straka, 2010). Daneben zeigen längsschnittliche Analysen zur beruflichen Kompetenzentwicklung den Einfluss von Leistungsergebnissen vorheriger Testzeitpunkte auf (z. B. Rosendahl & Straka, 2011b, differenziertere Ausführungen erfolgen an späterer Stelle im Abschnitt 2.2.3.3). Auch die bisherigen Erkenntnisse zu der in der berufs- und wirtschaftspädagogischen Kompetenzforschung infrage stehenden Dimensionierung von Fachkompetenzen kann in einer erweiterten Betrachtung genutzt werden, den Einfluss von Vorwissen zu erklären. Wie in Abschnitt 2.1.3 bereits beschrieben, kristallisiert sich, insbesondere über die empirische Prüfung der Konstruktvalidität, in den bisherigen Modellen eine zweidimensionale Kompetenzstruktur mit den Subdimensionen Fachwissen und die Fähigkeit, dieses Fachwissen in wechselnden problemhaltigen Situationen anzuwenden, heraus (Nickolaus, 2011). In Anlehnung an die Auffassung, Kompetenz als kognitiven Prozess zu verstehen [vgl. Abschnitte 2.1.1, 2.1.2, Abbildung 1 (S. 14)], sollte die Kausalität dieses Zusammenhangs differenzierter geprüft werden. Über den signifikanten Zusammenhang zwischen den beiden Subdimensionen kann Fachwissen potenziell auch als ein Indikator für das (domänenspezifische) Vorwissen der stärker performanz-basierten Skalen interpretiert werden, was im folgenden Abschnitt 2.1.4.2 hinsichtlich der Theorie der kognitiven Architektur nach Anderson (z. B. 1983) bzw. dessen Weiterentwicklung (z. B. bei Anderson, Matessa, & Lebiere, 1997) erneut aufgegriffen wird.

### *2.1.4.2 Zum Zusammenhang von Wissen und Kompetenz*

In Anlehnung an die vorherige Skizzierung von Kompetenzstrukturzusammenhängen zwischen Kognition, Wissen und Kompetenz stellt sich die Frage, wie unterschiedliche Wissensarten und Performanz zusammenhängen. Bereits Ryle (1949, hier in der Neuauflage von 2009, S. 16 ff.) differenziert zwischen „knowing how“, was aus heutiger Perspektive unter dem Terminus *prozedurales Wissen* subsumierbar ist, und „knowing that“, was heute als *deklaratives Wissen* bezeichnet werden kann.

Die Unterscheidung von deklarativem und prozeduralem Wissen ist in der pädagogischen Psychologie weit verbreitet und wird nicht unabhängig von Gedächtnisannahmen zu mentalen Strukturen von Wissen diskutiert. Verbreitet sind in diesem Zusammenhang die Konzeptionen des kognitiven Architekturmodells von Anderson sowie dessen Weiterentwicklungen zur Interaktion von deklarativem und prozeduralem Wissen im Rahmen des Problemlöseprozesses[5]. Deklaratives und prozedurales Wissen unterscheiden Anderson et al. (1997, S. 440) wie folgt: „Declarative knowledge corresponds to things that we are aware we know and can usually describe to others. […] Procedural knowledge is knowledge that we display in our behavior but of which we are not conscious. Procedural knowledge basically specifies how to bring declarative knowledge to bear in solving problems." Deklaratives Wissen wird dabei durch sogenannten *chunks*, die als schematische Struktur beschrieben werden, und prozedurales Wissen durch *production rules* repräsentiert (Anderson, 1996, S. 356 f.).[6] In Hinblick auf das Zusammenwirken von deklarativem und prozeduralem Wissen ist hierbei eine Abhängigkeit zu erkennen, indem deklaratives Wissen als ursprüngliche Voraussetzung des prozeduralen Wissens zu verstehen ist. In Verbindung mit der Konzeption der Betrachtung von Kompetenz als kognitiven Prozess (vgl. Blömeke et al., 2015; vgl. Abschnitt 2.1.1) kann deklaratives Wissen unter anderem als zugrunde liegende kognitive Disposition der Anforderungsbewältigung in spezifischen (wechselnden) Situationen betrachtet werden.[7] In Anlehnung an die von Nickolaus zusammenfassende Betrachtung der in der beruflichen Bildung herauskristallisierten zwei-dimensionalen Kompetenzstruktur mit den Subdimensionen Fachwissen und die Fähigkeit, dieses Fachwissen in wechselnden problemhaltigen Situationen anzuwenden (Nickolaus, 2011), erhärtet sich nach den vorherigen Ausführungen die in Abschnitt 2.1.4.1 dargestellte Empfehlung, Fachwissen nicht nur als eine zweite Dimension, sondern auch als Prädiktor von Konstrukten, die auf die Messung der

5 Die ursprüngliche Theorie wurde als adaptive control of thought (ACT) bezeichnet. Die revidierte Theorie wird als adaptive control of thought – rational (ACT-R) bezeichnet. Siehe Winther (2010, S. 22 ff.) für eine differenzierte Ausführung der theoretisch-konzeptionellen Annahmen zu Andersons' Theorie der kognitiven Architektur sowie dessen Aufarbeitung für die Kompetenzforschung.

6 Bezüglich des Wissenserwerbs wird dabei angenommen, dass Reize aus der Interaktion eines Individuums mit seiner Umwelt *chunks* generieren und deren Enkodierung *production rules* erzeugen können. Über die Anwendung dieser *production rules* kann wiederum die Enkodierung neuer *chunks* initialisiert werden (Anderson, 1996, S. 357).

7 An dieser Stelle ist aber darauf hinzuweisen, dass die Anforderungsbewältigung in spezifischen (wechselnden) Situationen nicht mit prozeduralem Wissen gleichgesetzt werden sollte. Die situative Anforderungsbewältigung weist zwar stärker einen prozeduralen Charakter auf, allerdings erfordert dieses Konstrukt mehr als nur prozedurales Wissen, worauf im Folgenden noch mittels alternativer Wissensarten differenzierter eingegangen wird.

Anforderungsbewältigung in wechselnden spezifischen Situationen abzielen, zu prüfen.[8]

Der Gedanke der unterschiedlichen Wissensrepräsentation wird auch in der Kompetenzmessung im Rahmen der Itementwicklung explizit berücksichtigt, indem die Items auf die Erfassung unterschiedlicher Wissensarten abzielen. Bei der Konstruktion von entsprechenden Assessments zur Kompetenzmessung und den hierfür benötigten Items sind besonders didaktische Ansätze als theoretische Grundlage verbreitet, deren ursprüngliche Zielsetzung in der Taxierung von Lernzielen und der damit zusammenhängenden vereinfachten und vergleichbareren Kommunikation von Lernergebnissen lag.[9] Den hierbei unterschiedlichen Ansätzen gemein ist jeweils die Beachtung von Wissen und zugehörigen kognitiven Anforderungen. Dabei wird angenommen, dass die Lernenden am Ende einer Lehr-Lern-Einheit über spezifische Wissensstrukturen verfügen und diese auf dem Niveau unterschiedlicher kognitiver Anforderungen wiedergeben, anwenden, analysieren bzw. transferieren können. Die Kompetenzmessung greift diese Idee auf, indem die Items unterschiedliche Wissensarten ansprechen und mit unterschiedlichen kognitiven Anforderungsniveaus verbunden werden. Allerdings werden in den vergangenen Jahren die Grenzen zwischen den Wissensarten[10], aber auch zugehörige kognitiven Anforderungseigenschaften der Items kritisch

8 Allerdings hängt diese Differenzierung auch von der Testoperationalisierung ab. Der Test zur Messung von Fachwissen muss demnach eindeutig deklaratives Wissen erfassen.

9 Verbreitet sind zur Klassifikation von Items in der Kompetenzmessung Ansätze, die auf der Taxonomie für kognitive Lernziele von Bloom, Engelhart, Furst, Hill und Krathwohl (1956) aufbauen, in der im Rahmen einer deterministischen Struktur sechs aufeinander aufbauende Stufen unterschieden werden. Diese werden im Folgenden mit aufsteigender Komplexität angegeben: 1. Wissen, 2. Verstehen, 3. Anwenden, 4. Analyse, 5. Synthese & 6. Bewertung. In dieser Taxonomie stellt Wissen die Basis für sich anschießende kognitive Verarbeitungsprozesse dar. Infrage steht hierbei jedoch die Vermischung von Wissen und kognitiven Anspruchsniveaus auf einer kumulativen Skala, weshalb in Adaptionen dieser Taxonomie (z. B. Anderson & Krathwohl, 2001) entsprechend zwischen diesen Dimensionen unterschieden wird.

10 Die Unterscheidung zwischen deklarativem und prozeduralem Wissen wird beispielsweise kritisch diskutiert. So vergleicht Renkl (2015, S. 4 f.) die Definitionen von deklarativem und prozeduralem Wissen nach den Annahmen der ACT-Theorie und den Ausführungen von de Jong und Ferguson-Hessler (1996). Nach der ACT-Theorie kann prozedurales Wissen nicht verbalisiert werden, so dass das Wissen über die Ausführung einer Prozedur als deklaratives Wissen zu klassifizieren wäre. Nach de Jong und Ferguson-Hessler (1996) wird diese Wissenskomponente jedoch als prozedural eingestuft.

diskutiert (vgl. beispielsweise die Vergleiche bei Winther, 2010, S. 108 ff.) und in verschiedenen Klassifikationssystemen unterschiedlich ausdifferenziert.

Im Rahmen der Taxierung von Items mit dem Ziel der Messung der Bewältigung von Anforderungen in spezifischen wechselnden Situationen ist eine Klassifikation in die Kategorien deklaratives und prozedurales Wissen nur begrenzt möglich, da diese Wissensarten die Kontextspezifität der Anforderungsbewältigung vernachlässigen. Gerade in beruflichen Situationen müssen umfangreiche Kontextbedingungen (wie z. B. rechtliche Aspekte, Normen im Betrieb, Liquiditätsbedingungen, Stakeholderperspektiven usw.) beachtet werden. Aus diesem Grund erscheinen Wissensarten, die komplexe kognitive Strukturen berücksichtigen, wie schematisches und strategisches Wissen, sinnvoll. In dieser Arbeit wird für die Unterscheidung der Wissensarten deshalb auf die Taxonomie von Shavelson et al. (2005) zurückgegriffen, bei denen deklaratives, prozedurales, schematisches und strategisches Wissen, wie in Tabelle 2 dargestellt, unterschieden werden. Auch bei dieser Taxonomie ist die Abgrenzung der einzelnen Wissensarten kritisch zu betrachten. Das deklarative Wissen umfasst hierbei Fakten und Konzepte und das prozedurale Wissen bezieht sich stärker auf Verfahren, methodische Abläufe, Vorgehensweisen etc. (und somit Prozeduren). Schematisches und strategisches Wissen sind jedoch nicht vollständig disjunkt zu den vorherigen Wissensarten zu betrachten. Mit der Kurzbeschreibung *knowing why* kann das schematische Wissen auch als Begründungswissen interpretiert werden. Shavelson et al. (2005, S. 414) führen dazu selber aus, dass ein tiefes konzeptuelles Verstehen bzw. Missverstehen ein Merkmal dieser Wissensart darstellt. Im Unterschied zu einfachen Konzepten stehen beim schematischen Wissen

---

Darüber hinaus werden unterschiedliche Ausdifferenzierungen der Wissensarten diskutiert. Die meisten Taxonomien berücksichtigen zwar weiterhin die Unterscheidung von deklarativem (zum Teil auch in Fakten- und Konzeptwissen untergliedert) und prozeduralem Wissen, allerdings, wie zuvor bereits ausgeführt, mit unterschiedlichen Grenzziehungen und der Ergänzung um weitere Wissensarten, beispielsweise zum metakognitiven Wissen oder auch Wissensarten, die die Kontextspezifität von Wissen explizit berücksichtigen. Im Folgenden werden einige verbreitete Wissensdifferenzierungen aufgelistet:

- de Jong & Ferguson-Hessler (1996): Situational, conceptual, procedural & strategic;
- Anderson & Krathwohl (2001): Factual, conceptual, procedural & metacognitive knowledge;
- Shavelson, Ruiz-Primo, & Wiley (2005): Declarative, procedural, schematic & strategic knowledge;
- Marzano und Kendall (2007): Information, mental procedures & psychomotor procedures.

aber begründete mentale Modelle, über die das Individuum verfügt, im Vordergrund. Das strategische Wissen wird hingegen stärker als eine metakognitive Komponente beschrieben. Hierbei steht das Wissen darüber im Mittelpunkt, welches Wissen wann und wie angemessen anzuwenden ist.[11]

*Tabelle 2: Wissensarten nach Shavelson et al. (2005)*

| **Wissensart** | **Declarative Knowledge** | **Procedural Knowledge** | **Schematic Knowledge** | **Strategic Knowlege** |
|---|---|---|---|---|
| Kurzbeschreibung | Knowing „that" | Knowing „how" | Knowing „why" | Knowing „when, where and how" |
| Inhalt | Domain-specific content:<br>• facts<br>• definitions<br>• descriptions | Production rules/ sequences | Principles/ schemes/mental models | Strategies/ domain-specific heuristics |

Um die Komplexität und folglich die Schwierigkeiten von Wissensitems im Rahmen der Entwicklung einschätzen bzw. steuern zu können, werden die Items auf der Grundlage kognitionspsychologischer Überlegungen mit variierenden funktionalen Modellierungsleistungen, inhaltlichen Komplexitätsgraden sowie kognitiven Anforderungsmerkmalen konzipiert (Winther, 2010, S. 100). Funktionale Modellierung bedeutet nach Winther (2010, S. 100) „(a) die Verfügbarkeit eines Verarbeitungsmodells der Anforderungssituation und die Fähigkeit für die Anforderungssituation adäquate Handlungs- und Bewältigungsstrategien auf Wissens- bzw. Erfahrungsbasis einzusetzen, und (b) den Zugriff der Lernenden/Auszubildenden auf Modelle der gegebenen Anforderungssituation sowie die Aktivierung von situationsadäquaten Verarbeitungsmodellen." Die inhaltliche Komplexität bezieht sich (ebd., S. 104) auf die inhaltliche Struktur der Lern- und Arbeitsanforderung. Isolierte Wissensinhalte beinhalten dabei einzelne Informationen und basieren auf Grundfähigkeiten sowie Grundlagenwissen. Dagegen erfordert eine höhere inhaltliche Komplexität den Umgang mit wissenschaftlichen und theoretischen Konzeptionen. Eine dritte Kategorie betrifft die kognitiven Anforderungsmerkmale, die bereits im Rahmen der kognitiven Taxonomien erwähnt wurden. Winther (2010) greift hierfür auf die auf Anderson & Krathwohl (2001) aufbauende Taxonomie von Marzano und Kendall (2007) zurück, bei der mit zunehmenden Komplexitätsgrad die Stufen

11 Differenziertere Ausführungen zu deren Beachtung in dem zugrunde gelegten Modell sowie den Items erfolgen an späterer Stelle (vgl. Abschnitte 6.2, 6.6.1 & 6.6.2).

(1) aktivieren und abrufen, (2) elaborieren und verstehen, (3) analysieren und argumentieren sowie (4) nutzen und anwenden unterschieden werden. Auch zu der Berücksichtigung unterschiedlicher Komplexitätsaspekten in den Leistungsskalen dieser Arbeit erfolgen an späterer Stelle differenziertere Ausführungen (vgl. Abschnitte 6.2, 6.6.1 & 6.6.2).

#### *2.1.4.3 Zum Einfluss affektiv-motivationaler und emotionaler Determinanten*

Neben kognitiven wird auch der Einfluss motivationaler, volitionaler sowie emotionaler Aspekte zur Erklärung von Kompetenzunterschieden diskutiert. Infrage steht hierbei die Interaktion und damit zusammenhängend die In- oder Exklusion motivationaler und volitionaler Aspekte in Kompetenzmodellen. Nickolaus und Seeber (2013, S. 171) rekonstruieren drei Diskussionsstränge in der Literatur, Motivation und Volition

(1.) als Bedingungen des Einsatzes kognitiver Dispositionen (Aebli, 1980) oder
(2.) als zentrale Definitionselemente (Bader, 1989; KMK, 1996/2000) zu betrachten oder
(3.) die Bedeutung motivationaler und volitionaler Merkmale für die Handlungsregulation anzuerkennen, aber separat zu erfassen (Klieme & Leutner, 2006; Klieme & Hartig, 2008; Weinert, 2001).

In dieser Arbeit werden affektiv-motivationale Dispositionen in das Kompetenzmodell explizit inkludiert, weshalb stärker dem Punkt (3.) gefolgt wird. Diese Dispositionen gelten neben den kognitiven Faktoren als primärer Erklärungszusammenhang für die Kompetenz, nachhaltig zu wirtschaften. Allerdings bestehen unterschiedliche motivationstheoretische Ansätze, die die Frage der Integration in die Kompetenzmodelle insbesondere hinsichtlich der konvergenten bzw. divergenten Validität zusätzlich erschwert. Motivationale Orientierungen werden dabei mit Leistungsmotivation, Interesse sowie der Selbstbestimmungstheorie verbunden (Rosendahl & Straka, 2007, S. 214 ff.), deren konzeptionelle Grundlagen im Folgenden kurz skizziert werden.

Leistungsmotivation beschreibt die individuelle Disposition, „die eigene Tüchtigkeit in allen jenen Tätigkeiten zu steigern oder möglichst hoch zu halten, in denen man einen Gütemaßstab für verbindlich hält und deren Ausführung deshalb gelingen oder misslingen kann“ (Heckhausen, 1969, S. 194 f.). Rosendahl und Straka (2007, S. 214 ff.) heben auf Basis dieser Definition die Abhängigkeit sowie das Zusammenwirken von Wert- und Erwartungsaspekten nach Atkinson (1964) hervor.

Interesse wird als eine besondere Beziehung einer Person zu einem Gegenstand beschrieben. Dieser Gegenstand kann sich auch auf inhaltliche Themen, Tätigkeiten, konkrete Objekte oder abstrakte Ideen beziehen (Lewalter, Wild, & Krapp, 2001, S. 12). Bezogen auf Lernen bedeutet Interesse demnach eine Präferenz für bestimmte Lerninhalte (Schiefele, Krapp, & Schreyer, 1993, S. 121). Der Einfluss von Interesse auf Schulleistungen ist in metaanalytischen Zusammenhangsanalysen mit einem Durchschnittskorrelationskoeffizienten von 0.3 als mittlerer Prädiktor hinsichtlich seiner Effektgröße zu bewerten (ebd.). Interesse sollte allerdings nicht als absolut stabiles Konstrukt angenommen werden. Bei Lewalter et al. (2001, S. 23 ff.) starteten Auszubildende mit hohen Erwartungen in ihre Ausbildung, die im Ausbildungsverlauf einer Korrektur auf ein realistisches Niveau erfuhren. Bei differenzierteren Befragungen zu Inhalts- und Tätigkeitsfeldern zeigt sich in der Studie von Prenzel, Kramer und Drechsler (2001, S. 47) ebenfalls ein, aber nur leichtes, Absinken des Interesses im Ausbildungsverlauf. Daneben können sich im Ausbildungsverlauf auch neue Interessen bilden (Lewalter et al., 2001, S. 30).

Abgeleitet aus der Perspektive der Selbstbestimmungstheorie nach Deci und Ryan (1993, S. 229) ist weiterhin anzunehmen, dass Individuen nach Kompetenz/Wirksamkeit, Autonomie/Selbstbestimmung und sozialer Eingebundenheit/sozialer Zugehörigkeit streben. Diese Bedürfnisse sind eng verbunden mit motivations- und interessenstheoretischen Aspekten. Menschen gelten dann als motiviert, wenn sie etwas erreichen wollen und somit einen bestimmten Zweck bzw. ein bestimmtes Ziel, also einen zukünftigen Zustand, verfolgen (ebd., S. 224). Bei der Unterscheidung von Handlungen bezüglich ihrer auslösenden Motivationsquelle werden generell zwei Merkmalsausprägungen unterschieden. An erster Stelle werden Handlungen frei gewählt, die den individuellen Wünschen und Zielen entsprechen und als selbstbestimmt bezeichnet werden. Diese interessensbasierten Handlungen sind durch Neugier, Exploration sowie Spontaneität gekennzeichnet und basieren auf einer intrinsischen Motivation. Daneben können Handlungen aber auch aufgezwungen und fremdbestimmt sein, die erst durch eine Aufforderung initiiert und durch instrumentelle Funktionen/Anreize noch bekräftigt werden können (ebd., S. 225). Diese Handlungen basieren auf einer extrinsischen Motivation. In Deci und Ryans theoretischen Ansätzen wird diese Motivationsform weiter ausdifferenziert, indem die Merkmalsausprägungen auf einem Kontinuum mit den Extrempunkten „heteronome Kontrolle“ und „Selbstbestimmung“ eingeordnet werden (S. 227 ff.).

Außerdem werden motivationale Orientierungen auch nach der trait- und state-Komponente unterschieden. Ersteres, die trait-Komponente gilt als habituelles Persönlichkeitsmerkmal und ist als überdauernde motivationale Orientierung zu interpretieren (Winther, 2006, S. 9ff; S. 171). Die State-Perspektive, die auf das motivationstheoretische Modell von Heckhausen und Rheinberg (1980) zurückzuführen ist, ist hingegen von der situativen Lernumgebung abhängig und umfasst affektive und kognitive Bewertungen (Winther, 2006., S. 171).

Die Unterscheidung der zuvor dargestellten unterschiedlichen motivationstheoretischen Operationalisierungen wird kritisch in der Literatur diskutiert und zeigt im Zusammenhang mit Fachkompetenzen unterschiedliche Zusammenhangsmaße auf (z. B. bezogen auf bankwirtschaftliche Kompetenz siehe Rosendahl & Straka, 2007, S. 222). Unabhängig von der theoretischen Operationalisierung von Motivationsdispositionen ist der Einfluss mit niedrigen bis mittleren Zusammenhängen (z. B bei Nickolaus et al., 2010; Rosendahl & Straka, 2011b) zu den berufsbezogenen Fachleistungsskalen in Kompetenztests als dennoch bedeutsam für die Varianzaufklärung anzusehen.

Der Zusammenhang von Emotionen und Kompetenz bzw. in dieser Arbeit der Zusammenhang mit Fachkompetenz stellt bisher stärker einen theoretisch diskutierten Aspekt dar. Generell wird der Zusammenhang zwischen Lernen und Emotionen vielfältig aufgegriffen, aber spielt in der pädagogisch-psychologischen Forschung kaum eine Rolle (Krapp, 2005, S. 606), obwohl das Zusammenwirken von Emotionen und Kognitionen aus neurowissenschaftlicher Perspektive seit langem als gesichert gilt. Kognitionen und Emotionen gelten im zentralen Nervensystem als eng miteinander verbunden (Pessoa, 2008). Vielfältige Definitionen zur Emotion (vgl. Kleinginna & Kleinginna, 1981), aber auch fehlende diagnostisch abgesicherte Testinstrumente erschweren allerdings die Beschreibung zugehöriger Strukturzusammenhänge für die Kompetenzmessung aus einer empirischen Perspektive.

#### *2.1.4.4 Integration verhaltenstheoretischer Annahmen in kognitionspsychologische Kompetenzmodelle*

In vielen quantitativ empirischen Studien zur Kompetenzmessung liegt der Fokus häufig auf den Konstrukten zu den Fachleistungen. Kontextbedingungen, die die Anforderungsbewältigung in spezifischen Situationen beeinflussen können, werden häufig auf motivationale, zum Teil auch affektive Konstrukte begrenzt. Bei der Erklärung der Varianz der Performanz sind kognitive und affektiv-motivationale individuelle Dispositionen theoretisch-konzeptionell plausibel und empirisch signifikant (z. B. für den kaufmännischen Bereich: Seeber, 2007b; Rosendahl & Straka, 2011b), doch werden in authentisch kaufmännischen Situationen Entscheidungen nicht nur auf der Grundlage klassischer kognitiver (im Sinne von Intelligenz, mathematischer und sprachlicher Fähigkeiten sowie den domänenspezifischen Konstrukten) und affektiv-motivationaler (im Sinne von Lern- und Arbeitsbereitschaft/-Motivation, Interessen usw.) Dispositionen getroffen, sondern wie in Abschnitt 2.1.4.1 bereits ausgeführt, sind umfangreiche Kontextbedingungen, wie z. B. rechtliche Aspekte, Normen im Betrieb, Liquiditätsbedingungen, Stakeholderperspektiven usw. in diesen Entscheidungen zu berücksichtigen. Diese Bedingungen sind insofern als kognitive Dispositionen zu deklarieren (und demnach mit den Annahmen der kognitionspsychologischen Kompetenzannahme vereinbar), indem diese von dem Auszubildenden wahrgenommen und entsprechend kognitiv verarbeitet/gedeutet werden müssen. Gerade durch die kognitive Verarbeitung entstehen hierdurch Wissensaspekte, die demnach erlernt wurden. Besonders hinsichtlich der Anforderung authentischer Assessments und damit der Simulation realitätsnaher Situationen, wie es zunehmend in der Kompetenzmessung der Berufs- und Wirtschaftspädagogik erfolgt (z. B. im Rahmen der ASCOT-Initiative: BMBF, 2014), sollten Strukturmodellierungen in einem erweiterten Kontext betrachtet werden, bei dem der Einfluss dieser Dispositionen geprüft wird.

Ansätze der vorherigen Problemstellung können etablierten Modellen zur Erklärung von Verhalten entnommen werden. Verbreitet ist die Theorie des geplanten Verhaltens von Ajzen (1985; im Englischen theory of planned behaviour), die im Grunde eine Adaption der Theorie der Handlungsveranlassung/des überlegten Handelns (im Englischen theory of reasoned action; vgl. Fishbein & Ajzen, 1975) ist. Die Intention gilt in diesen Theorien als die bedeutendste Variable zur Vorhersage einer bestimmten Verhaltensweise. Je stärker die Intention ausgeprägt ist, desto wahrscheinlicher ist eine bestimmte Verhaltensweise. Der Unterschied zwischen der Theorie der Handlungsveranlassung/des überlegten Handelns und der Theorie des geplanten Verhaltens besteht hingegen in den Determinanten, die die Intention/das Verhalten erklären. Bei der Theorie der Handlungsveranlassung/des überlegten Handelns wird die Intention, ein bestimmtes Verhalten zu zeigen, über die Einstellung (attitude toward the behavior), das Ausmaß einer günstigen oder ungünstigen Beurteilung des Verhaltens sowie subjektive Normen (subjective norm), dem wahrgenommenen sozialen Druck, ein Verhalten auszuüben oder zu unterlassen, bestimmt. Die Theorie des geplanten Verhaltens erweitert diese Annahmen um die wahrgenommene Verhaltenskontrolle (perceived behavioral control), da internale und externale Faktoren sowohl die Intention als auch das Verhalten beeinflussen und demnach die Ausführung des Verhaltens vereinfachen oder erschweren können. Die wahrgenommene Verhaltenskontrolle beeinflusst nicht nur die Intention, eine Handlung auszuführen, sondern kann auch direkt das Verhalten beeinflussen.

Bereichsübergreifende metaanalytische Befunde bestätigen diese Strukturzusammenhänge (Armitage & Conner, 2001), verdeutlichen aber auch hinsichtlich der Betrachtung erklärender Varianzen ein Potenzial zur Erzielung einer höheren inkrementellen Validität.

Eine Herausforderung besteht in der Operationalisierung der Ajzen-Konstrukte, die handlungsspezifisch[12] herzuleiten sind und in einem engen Zusammenhang mit der zuvor genannten Kritik stehen. Gerade unter der Verhaltenskontrolle können vielfältige Kontrollfaktoren subsumiert werden, die die Intention bzw. das Verhalten beeinflussen. Aus einer kognitionspsychologischen Perspektive wären hier motivationale Dispositionen, Wissen sowie kognitive Fähigkeiten als bedeutsamste Prädiktoren zu erfassen, die in vielen vorherigen Studien, denen das Ajzen-Modell zugrunde lag, auch entsprechend einer angemessenen psychometrischen Betrachtung, vernachlässigt wurden.[13] Unabhängig der zuvor ausgeführten Kritik besteht aber ein Konsens hinsichtlich der Auffassung das Verhältnis von Wissen, Motivation und Handeln als sich gegenseitig bedingend zu beschreiben:

- Die Verbindung zwischen Motivation und Handeln wird durch das Modell der kognitiven Motivationstheorie (hier Heckhausen & Heckhausen, 2006, basierend auf der Motivationstheorie von Heckhausen und Rheinberg, 1980) deutlich, indem eine Handlung als ein Produkt aus Situation und Person beschrieben wird. Die Realisierung einer Handlung erfolgt hierbei als Prozess, der von der Intentionsbildung über den volitionalen Abwägungsprozess bis zur Handlungsausführung zu beschreiben ist. Demnach sind Personenmerkmale

12 Problematisch ist hierbei zudem die Situationsspezifität in der Theorie des geplanten Verhaltens zu betrachten. In den Studien von Ajzen wird die Handlung meistens sehr spezifisch und konkret modelliert, wie zum Beispiel Abgewöhnung des Rauchens, Reduzierung des Alkoholkonsums, Gewichtsreduktion, schulische Leistungsverbesserung (meistens bezogen auf ein Unterrichtsfach), Arbeitsplatzsuche usw. (vgl. Ajzen, 1991, S. 187). Im Vergleich mit der Domänenbreite, auf die sich eine Kompetenz bezieht (wie beispielsweise im kaufmännischen Bereich (vgl. Winther, 2010), basiert der Situationsumfang in den Studien, die sich auf die Theorie von Ajzen beziehen, auf einen wesentlich begrenzten Handlungsbereich.

13 In vielen Studien, denen die Theorie von Ajzen (1985) zugrunde liegt, wird vorwiegend auf Selbsteinschätzungsskalen zurückgegriffen, die Überzeugungen messen. In diesem Kontext sollten kognitive Fähigkeiten sowie Wissen allerdings nicht als Überzeugung, sondern mittels eines objektiven, reliablen und validen Tests gemessen werden. Dieses Verfahren ist zwar methodisch aufwändiger, lässt jedoch verlässlicher auf die realen kognitiven Dispositionen schließen.

(Bedürfnisse, Motive & Ziele), die Situation (Gelegenheiten & mögliche Anreize) wie auch deren Interaktion (also Person und Situation) für die Erklärung einer Handlung relevant.
- Verbreitet ist daneben, dass Wissen durch Handeln entsteht, aber auch, dass Wissen einen Prädiktor des Handelns bildet, welches sich durch elaborierte Handlungspläne und Intentionen, einer ausreichenden Motivation sowie nicht restriktiven Kontextbedingungen realisiert (Gerstenmaier & Mandl, 2000, S. 12). Allerdings gelten Handeln und Wissen nicht immer als kongruent, sondern auch teilweise als diskrepant. Die Begründungen für diese „Kluft zwischen Wissen und Handeln" (Mandl & Gerstenmaier, 2000) sind vielfältig. Eine Begründung ist in der Verfügbarkeit bereits vorhandenen Wissens und damit zusammenhängend der Organisation und der kognitiven Repräsentation zu sehen (Gerstenmaier & Mandl, 2000, S. 13 f.).

Das zuvor angedeutete Modell der kognitiven Motivationstheorie nach Heckhausen und Heckhausen (2006) zielt primär auf die Erklärung von Motivationsprozessen sowie deren Zusammenwirken mit Handlungen ab und begrenzt folglich die Erklärungsreichweite zur Entstehung von Handlungen. In einer Ergänzung mit den Annahmen der Theorie des geplanten Verhaltens nach Ajzen (1985), dem Zusammenwirken von Wissen und Handlungen (Gerstenmaier & Mandl, 2000) sowie der kognitionspsychologischen Kompetenzauffassung sollen in dieser Arbeit Testleistungen (zum nachhaltigen Wirtschaften) in einem erweiterten Kontext analysiert werden.

## 2.2 Annahmen zur Kompetenzentwicklung in den empirischen Erziehungs- und Bildungswissenschaften

Das Hauptaugenmerk dieser Arbeit liegt auf der Erklärung der Entwicklung der Kompetenz, nachhaltig zu wirtschaften. Kompetenzen wurden zuvor als ein Ergebnis von Lernprozessen beschrieben. Diese Erlernbarkeit von Kompetenzen sowie die durch Lernprozesse geprägte Entwicklung der Kompetenzen gelten in dieser Arbeit als Kompetenzentwicklung.

Im Grunde ist die Kompetenzentwicklung ein lebenslanger Prozess (vgl. die Annahmen der NEPS-Studie: Weinert et al., 2011), der nach Weinert (2008, S. 90) sogar vorgeburtlich initialisiert werden kann. In dieser Arbeit bezieht sich die Messung der Kompetenzentwicklung aber auf einen kurzen Lebensabschnitt, der auf die Absolvierung einer Berufsausbildung begrenzt ist. Aus einer Verschränkung didaktischer und kompetenzorientierter Überlegungen resultieren etwaige Entwicklungen für schulische Lernprozesse vor allem aus der Abstimmung zwischen Curriculum und Intervention, was sich wiederum im Assessment unter Berücksichtigung von Inhalt, Komplexität und anderen kognitiven Anspruchsmerkmalen widerspiegeln sollte [vgl. Annahmen der Curriculum-Instruction-Triad: Pellegrino, 2010, in Ergänzung um die Annahmen des Evidence-Centered Assessment-Designs (vgl. Mislevy & Riconscente, 2005; Mislevy & Haertel, 2006) für Gestaltungsanforderungen an Assessments]. Kompetenzentwicklungen sollten daneben in einem erweiterten Kontext betrachtet werden, in dem außercurriculare Lern- sowie auch Sozialisationsprozesse berücksichtigt werden. Bildungsprozesse und somit Lern- bzw. Sozialisationsprozesse sind eng verbunden mit den Gegebenheiten außerhalb des Individuums, die durch dieses wahrgenommen, gedeutet und demnach kognitiv verarbeitet werden müssen. In Anlehnung an Bronfenbrenner (1981) können Lernprozesse in ihrer Abhängigkeit von vorherrschenden Normen (z. B. Einstellungen und Ideologien einer Kultur, institutionelle organisatorische strukturierte Gegebenheiten, Überzeugungen nahestehender Personen etc.), die auf unterschiedlichen hierarchisch gegliederten Systemebenen (Mikro-, Meso-, Exo-, Makrosysten) darstellbar sind, beschrieben werden. Die Unterscheidung nach Systemebenen kennzeichnet dabei einen Abstraktionsgrad, der die Individuum-Umwelt-Beziehung von einem gesellschaftlichen Rahmengerüst auf der Makroebene bis zu den unmittelbaren Zusammenhängen zu anderen Menschen als Elemente der Mikroebene differenzieren kann. Auch eine zeitliche Dimension ist bei der Beschreibung menschlicher Entwicklungsprozesse zu beachten und wird bei Bronfenbrenner (1981) als Chronosystem berücksichtigt.

Bei den nachstehenden Ausführungen werden als Erstes zwar lerntheoretische Aspekte (Abschnitt 2.2.1) sowie allgemeine Annahmen und Erkenntnisse bildungswissenschaftlicher Untersuchungen (Abschnitt 2.2.2) beschrieben, bei den daran anschließenden Ausführungen zur Kompetenzentwicklung durch berufliche Bildungsprozesse (Abschnitt 2.2.3) verdeutlichen sich aber die Zusammenhänge, die zuvor durch Bronfenbrenners Theorie skizziert wurden.

### 2.2.1 Lerntheoretische Annahmen der Kompetenzentwicklung

Es sind grundsätzlich lerntheoretische Annahmen, die konzeptionell der Erklärung von Kompetenzentwicklungen zugrunde liegen. Ansätze, die dieses Ziel verfolgen, lassen sich allerdings in dem vollständig historischen Diskurs der Lernpsychologie aber auch der Didaktik identifizieren. Für die Arbeit bedeutsame Aspekte sind an erster Stelle kognitive und konstruktivistische lerntheoretische Annahmen, die im Folgenden ausgeführt werden (Abschnitt 2.2.1.1).

Aufbauend auf konstruktivistischen lerntheoretischen Annahmen können Kompetenzentwicklungen auch über Annahmen des Conceptual Change erklärt werden, worauf Abschnitt 2.2.1.2 abzielt. Eine Besonderheit bilden Threshold Concepts in der Diskussion um einen Conceptual Change, welche im Abschnitt. 2.2.1.3 gesondert erläutert werden.

#### *2.2.1.1 Kompetenzentwicklungen aus der Perspektive der Lernpsychologie*

Aufgrund der Erlernbarkeit von Kompetenzen sind lerntheoretische Aspekte von zentraler Bedeutung, um Kompetenzentwicklungen erklären zu können. Lernen ist jedoch ein Konstrukt, das historisch durch unterschiedliche Lerntheorien und damit zusammenhängend vielfältigen Definitionsansätzen verbunden ist. In der lernpsychologischen Literatur werden beispielsweise Annahmen des Reiz-Reaktions-Lernens, des instrumentellen Lernens, der Begriffsbildung und des Wissenserwerbs sowie dem Lernen von Handeln und Problemlösen unterschieden (Edelmann, 2000, S. 279). Während die ersten beiden Ansätze dem Behaviorismus zugeordnet werden, der sich Mitte/Ende des 19. Jahrhunderts entwickelte und eng verbunden mit den Variablen Stimuli, Reaktionen, Verstärkung oder auch Bestrafung verbunden ist (Lefrancois, 2006, S. 21) und Prozesse des zentralen Nervensystems als Black-Box nicht differenzierter untersuchte, es aber auch unter den damaligen methodisch möglichen Bedingungen noch nicht konnte, berücksichtigen moderne Lerntheorien stärker kognitive Aspekte, wie Repräsentation, Bewusstsein, Informationsverarbeitung, Wahrnehmung, Organisation, Entscheidungsfindung, Problemlösen, Aufmerksamkeit, Gedächtnis, Kultur sowie Sprache (ebd.).

Mittlerweile basieren Annahmen zum Lernen stärker auf konstruktivistischen Aspekten. Die subjektive Interpretation von Informationen (und folglich Erkenntnissen), die abhängig von aktuellen Situationen, Kontexten und Vorbedingungen ist, stellt die zentralste Prämisse dar. Konstruktivistische Auffassungen sind eng mit philosophischen Annahmen verbunden, deren Interpretationen zwischen gemäßigten und radikalen Auseinandersetzungen variieren. Letztere stellt beispielweise den Einfluss von Instruktionen und folglich die Außensteuerung von Lernen infrage. In gemäßigten Formen hingegen gilt die Regulation von Lernprozessen durch die Gestaltung von Lernumgebungen als gegeben. (Hasselhorn & Gold, 2014, S. 236 i. V. m. Terhart, 2000, S 181 ff.).

Für moderne Lerndefinitionen sei auf zwei Definitionsansätze von Nückles und Wittwer (2014, S. 226) sowie Edelmann (2000, S. 276) verwiesen (vgl. Abbildung 2).

*Abbildung 2: Definitionen von Lernen in der Pädagogischen Psychologie*

- „Im Sinne eines biologischen Imperativs kann man […] sagen, (1) dass Menschen lernen müssen, um sich zu entwickeln sowie auf die Anforderungen und Ereignisse ihrer Umwelt reagieren zu können. Unabhängig davon, welche Facette von Lernen man in den Blick nimmt, bedeutet Lernen immer (2) eine dauerhafte Veränderung im Individuum, sei es im Verhalten, im Wissen oder in persönlichen Einstellungen, zu der es (3) als Folge von Erfahrungen mit der Umwelt kommt. Von dieser Bestimmung ausgeschlossen sind somit Veränderungen im Individuum, bei denen Erfahrungen keine Rolle spielen (z. B. die Hirnreifung beim Kleinkind) oder temporärer Zustände wie Müdigkeit oder Trunkenheit. Aus der näheren Bestimmung von Lernen als dauerhafte Veränderung infolge von Erfahrung folgt, (4) dass Lernen nicht denkbar ist ohne eine Art von Gedächtnis, also eine Instanz, welche die aufgetretenen Veränderungen speichert. Zusätzlich kommt es darauf an, (5) dass das Individuum aufgrund der Veränderungen befähigt wird, zukünftige Situationen erfolgreicher als zuvor zu bewältigen, indem es das Gelernte anwendet. Das letzte Merkmal von Lernen betrifft (6) die Unterscheidung von Prozess und Produkt. Theorien des Lernens spezifizieren bestimmte Lernergebnisse (Wissen, Fertigkeiten, Verhaltensmuster) und machen Annahmen über die Natur der Lernprozesse, die zu diesen Ergebnissen führen" (Nückles & Wittwer, 2014, S. 226).
- „… Lernen lässt sich als eine dualistische Lerntheorie bezeichnen: Es gibt Lernprozesse, bei denen die Außensteuerung durch Reize eine ausschlaggebende Rolle spielt und andere, bei denen die Innensteuerung durch subjektive kognitive Strukturierungsprozesse im Vordergrund steht.
  Lernen ist nicht beschränkt auf beabsichtigte, klar bewusste und sprachliche Prozesse. Auch ist die pädagogische Situation keineswegs der Prototyp der Lernsituation. Besonders die Erfahrungsbildung im Alltag ist nicht selten ein beiläufiges Lernen mit einer parabewussten (unvollständig bewussten) Informationsverarbeitung. Menschliche Informationsverarbeitung ist nur eine andere Bezeichnung für Lernen und Gedächtnis" (Edelmann, 2000, S. 276).

Die zuvor abgebildeten Definitionen des Lernens sensibilisieren neben der Wirkung von Lernprozessen vor allem für die Vielfältigkeit der Entstehung von Lernprozessen. Allgemein anerkannt sind Umweltinteraktionen von Individuen als Initiator von Lernprozessen. Jegliche Reizeinwirkungen auf ein Individuum bewirken kognitive Prozesse, die folglich einen Lernprozess auslösen können. Diese Reize werden über die Sinnesorgane Auge, Ohr, Nase, Zunge oder Haut aufgenommen und in Abhängigkeit vom individuellen Lernpotenzial zu kognitiven Strukturen verarbeitet. Edelmann (2000, S. 276) vereinfacht Lernen sogar insoweit, dass Lernen mit der menschlichen Informationsverarbeitung gleichgesetzt wird. Daraus lässt sich gewissermaßen plakativ ableiten, dass Lernen mit jeglicher Reizverarbeitung erfolgt.

#### 2.2.1.2 *Conceptual Change als Erklärungsansatz der Wissens-/Kompetenzentwicklung*

In didaktischen, domänenspezifischen Auseinandersetzungen werden Lernprozesse stärker aus einer konstruktivistischen Perspektive des Lernens beschrieben, denen besonders lerntheoretische Ansätze der Assimilation und Akkommodation und somit die Frage nach der Veränderung der mentalen Repräsentation kognitiver Strukturen zugrunde liegen. Verbreitet ist hierfür die Bezeichnung „Conceptual Change“ oder dessen deutsche Übersetzung „Konzeptwechsel“. Kritisiert werden hierbei die zum Teil unterschiedlichen Begriffsverwendungen für dieselben Sachverhalte, aber auch divergente Erklärungsansätze, die teilweise vereinfacht auf zwei sich gegenüberstehende Konzeptionen reduziert werden: So beschreiben einige Autoren einen Lernprozess, bei dem schwaches Wissen restrukturiert, assimiliert oder konzeptionell geändert wird. Demgegenüber besteht der Ansatz, bei welchem strenges/radikales Wissen restrukturiert, akkommodiert oder konzeptuell ausgetauscht wird (Duit & Treagust, 2003, S. 672 ff.). Nicht ohne weiteres führt der Begriff Conceptual Change selbst zur Initiierung von Fehlkonzepten. Auf den ersten Blick priorisiert die Bezeichnung Conceptual Change schließlich den radikalen Austausch von Konzepten. Deshalb sind in der Literatur auch die Bezeichnungen Conceptual Development, Conceptual Growth, Conceptual Reorganisation oder Conceptual Reconstruction (Krüger, 2006, S. 82) verbreitet, um den Bedeutungsinhalt auf Lernprozesse und damit zusammenhängend Veränderungen kognitiver Strukturen zu lenken. Tabelle 3 beinhaltet einen Überblick über die verbreitetsten Conceptual Change-Ansätze in der Literatur (für eine differenziertere Zusammenfassung sowie weitere Conceptual Change-Ansätze siehe auch Rogge, 2010).

*Tabelle 3: Verbreitete theoretische Ansätze des Conceptual Change*

| Theoretischer Ansatz | Erläuterung |
|---|---|
| Klassische/Initiale Conceptual Change-Theorie | Basierend auf Posner et al. (1982, S. 216 ff.) wird ein Paradigmenwechsel beschrieben, bei dem (1.) dem Lernenden seine vorhandenen Vorstellungen missfallen, (2.) neue Konzepte logisch/verständlich und (3.) plausibel sein sowie (4.) fruchtbar für neue Bereiche erscheinen müssen. |

| Theoretischer Ansatz | Erläuterung |
|---|---|
| Rahmentheorieansatz | Vosniadou (1994) unterscheidet drei Konzeptformen zur Beschreibung der kognitiven Struktur: (1.) Rahmentheorien, (2.) spezifische Theorien und (3.) mentale Modelle. Hierbei wird die Organisation von Wissen als Einbettung in domänenspezifische Rahmentheorien beschrieben, die ontologische sowie epistemologische Überzeugungen umfassen. Auf der Basis dieser Überzeugungen sowie Informationen aus Beobachtungen entstehen spezifische Theorien, die stabile Annahmen (beliefs) erzeugen. Mentale Modelle sind dynamische sowie generative Repräsentationen auf Basis von Rahmentheorien sowie spezifischen Theorien, die in situativ eingebetteten Problemlöseprozessen erzeugt wurden und zur Erklärung spezifischer Phänomene sowie Ableitung von Prädiktoren zu deren Erklärung dienen (Rogge, 2010, S. 13 ff.).<br>Der Conceptual Change entsteht hierbei aus der Erweiterung beziehungsweise Revision der kognitiven Struktur. Als Ergebnis des Lernprozesses werden drei Ausprägungen mentaler Modelle unterschieden: Wissenschaftsferne mentale Modelle werden als „Initial Models" beschrieben. Deren Gegenteil bilden „Scientific Models", die mit wissenschaftlichen Annahmen übereinstimmen. Als Resultat fehlerhafter Lernprozesse, die aus kognitiven Konflikten resultieren, entstehen „Synthetic Models". |
| Kategorisierungsansatz | Chi, Slotta, & Leeuw (1994) nehmen eine hierarchisch strukturierte kognitive Struktur von ontologischen Kategorien an. Beispielsweise können nach den Autoren die ontologischen Kategorien „Matter", „Processes" sowie „Mental States" unterschieden werden, die durch Subsumierungen von zugehörigen Begriffen ausdifferenziert werden.<br>Conceptual Change bezieht sich hierbei auf die Entwicklung der Ontologie, im Besonderen deren Revision. |
| Knowledge-In-Pieces Ansatz | Nach diSessa (1988, 1993, 2008) besteht Vorwissen (bezogen auf die Domäne Physik) aus vielen einzelnen bzw. kleineren unstrukturierten Wissenselementen. Diese Vorwissensstrukturen werden als sogenannte „phenomenological primitives (p-primes)" bezeichnet und weisen eine stärker oberflächliche Interpretation der physischen Realität auf. Im Rahmen des Conceptual Change werden diese Elemente zu größeren Strukturen strukturiert. |

| Theoretischer Ansatz | Erläuterung |
|---|---|
| Pintrich Ansatz | Der Konzeptwechsel ist über mehr als nur „cold cognition" zu erklären. Persönliche, motivationale, soziale und historische Prozesse sind zu berücksichtigen (Pintrich, Marx, & Boyle, 1993, S. 170), da Lernen durch epistemologische Überzeugungen und Konstrukten der Selbstregulation, Metakognition sowie Motivation beeinflusst wird (Sinatra & Pintrich, 2003 a, S. ix). Dies wird als „hot cognition" bezeichnet (Pintrich, et al., 1993). Lernen ist hierbei zielorientiert durch kognitive und motivationale Prozesse charakterisiert. Angenommen wird, dass höhere Ausprägungen an Motivation und Kognition den Conceptual Change begünstigen (Murphy & Alexander, 2008, S. 583; Pintrich, 1999). |

Trotz der eingangs umfangreichen Kritik an dem Conceptual Change-Diskurs sind aber vielfältige Aspekte dieser Theorien für diese Arbeit von besonderem Interesse zur Erklärung von Kompetenzentwicklungen. Schließlich liegen sowohl der Kompetenzentwicklung als auch dem Conceptual Change lerntheoretische Aspekte zugrunde. Der Zusammenhang wird besonders in dem Conceptual Change-Ansatz von Pintrich, Marx und Boyle (1993) deutlich, der gerade mit dem kognitionspsychologischen Fokus sowie durch die Einbettung der Erklärung von Lernprozessen in ein Angebots-Nutzungsmodell von Unterricht (siehe dazu Pintrich et al., 1993) als eine konvergente theoretische Ausführung zur Erklärung von Kompetenzentwicklungen zu beschreiben ist.

Ein Aspekt des Conceptual Change ist im Besonderen hervorzuheben: Die Diskussion um die Organisation der kognitiven Struktur verdeutlicht die Relevanz des Vorwissens für Lernprozesse. Vorwissen gilt zwar in lerntheoretischen sowie didaktischen Auseinandersetzungen seit langem als Ausgangspunkt sowie Resultat für/von Lernprozesse/n (z. B. Ausubel, Novak, & Hanesian, 1980, S. 5; Schulz, 1981) und findet auch in der Kompetenzmessung entsprechend Berücksichtigung (vgl. Abschnitt 2.1.4.2), allerdings nicht immer in der ausdifferenzierten Form, wie es im Rahmen der Theorien zum Conceptual Change diskutiert wird. Dabei ist auch zu beachten, dass Vorwissen nicht immer konfliktfrei zu den zu erwerbenden Konzepten ist. Chi (2008, S. 61) fasst drei Ausprägungsformen von Vorwissen zusammen, die auch für die Konfliktbehaftetheit von Vorwissen sensibilisieren:

1. Kein Vorwissen oder nur einiges, kaum verbundenes Wissen, weshalb auf das Fehlen von Wissen geschlossen werden kann;
2. Es existieren einige korrekte Vorwissensstrukturen, die aber unvollständig sind;

3. Ein Individuum verfügt über erworbenes Wissen, dieses steht aber in einem Konflikt mit dem zu lernenden Konzept.
4. (Eigene Ergänzung) Ein Individuum verfügt über erworbenes Wissen, das mit den intendierten zu erwerbenden Konzepten übereinstimmt.

Die zuvor beschriebenen Ausprägungen des Vorwissens werden im Nachfolgenden als Präkonzept[14] bezeichnet: Die Vorsilbe *prä* des Begriffs Präkonzept stammt von dem lateinischen Begriff *prae* ab und steht für *vor*. Dieses *vor* bezieht sich indieser Arbeit auf ein wissenschaftliches Konzept/Konstrukt. Präkonzepte im Sinne von Vorkonzepten sind demnach in ein Kontinuum zwischen keiner Vorstellung und einer vollständigen wissenschaftlichen Konzeption einzuordnen. Eine Dichotomisierung hinsichtlich des Wahrheitsgehaltes eines Präkonzeptes, wie es beispielsweise bei dem Begriff Fehlkonzept erfolgt, wird entsprechend abgelehnt. Das zuvor angedeutete Kontinuum des Wahrheitsgehaltes im Vergleich zu einer gültigen wissenschaftlichen Definition kann gut mit Biggs und Collis' (1982) SOLO Taxonomie, die auf die Struktur des Lernoutcomes abzielt, als eine

14 Auch die Umschreibung des Vorwissens ist in dem Conceptual Change-Diskurs nicht eindeutig. Verschiedene (zum Teil) alternative Begriffe werden hier zum Teil synonym verwendet. Geläufig sind nach Wodzinski (2007, S. 23) die Begriffe „Schülervorstellungen“, „Alltagvorstellungen“, „Fehlvorstellungen“, „alternative frameworks“, „Schülervorverständnis“, „Präkonzepte“, „children science“, „intuitive science“, „Sichtweisen“, „facets of knowledge“. Allgemeiner werden zum Teil auch „Assoziationen“, „Kognitionen“, „Konzepte“ oder „subjektive Theorien“ (Menzel & Bögeholz, 2006, S. 200 f.) verwendet. Der Begriff „Präkonzept“ wird in dieser Arbeit im Besonderen aufgrund seiner Neutralität hinsichtlich seines Entstehungshintergrundes, aber auch der fehlenden Populationsbezogenheit, die nicht bereits in der Bezeichnung angedeutet wird, verwendet. Beispielsweise priorisiert der Begriff Alltagsvorstellungen zu sehr den Entstehungsort: Alltagserfahrungen resultieren „aus alltäglichen Sinneserfahrungen, aus alltäglichen Handlungen, aus der Alltagssprache, aus den Massenmedien, aus Büchern, aus Gesprächen mit Eltern, Geschwistern, Freunden…“ (Duit, 1992, S. 47). Diese Kontextbegrenzung ist in dieser Arbeit hinderlich, da Vorwissen aus jeglicher Individuum-Umwelt-Interaktion resultieren kann, wie beispielsweise neben dem Alltag auch aus vorherigen schulischen (Barke, 2006, S. 25) oder auch betrieblichen Lernprozessen. Eine solche Bezeichnung wäre nur möglich durch eine empirisch eindeutige Verifikation des Entstehungshintergrundes. Der Populationsbezug wird insbesondere bei der verbreiteten Bezeichnung „Schülervorstellung“ oder „children science“ deutlich. Bei der Wahl eines Populationsbezuges im Titel wäre für diese Arbeit dann die sperrige Bezeichnung „Auszubildendenvorstellung“ passender.

Skala für unterschiedliche Strukturzusammenhänge von Konzepten, verbunden werden. Biggs und Collis (1982, S. 36) unterscheiden hierfür fünf unterschiedliche Stufen, die im Folgenden mit zunehmendem Grad an Strukturzusammenhängen aufgezählt werden: 1. prestructural, 2. uninstructural, 3. multistructural, 4. relational, 5. extendet abstract (vgl. Abbildung 3).[15]

*Abbildung 3: Taxonomie für Präkonzepte in Anlehnung an Biggs und Collis (1982)*

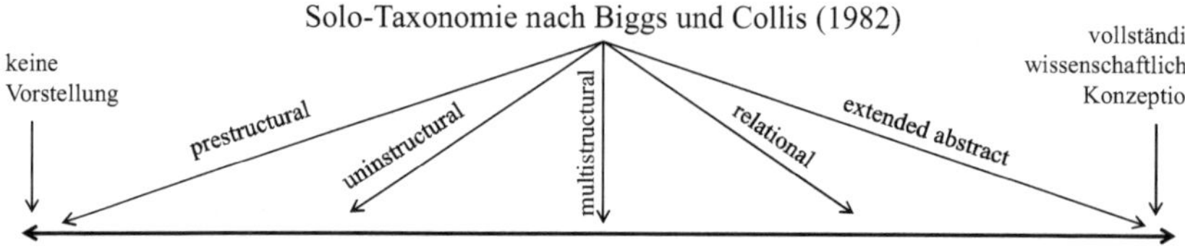


### 2.2.1.3 *Die Bedeutung von Threshold Concepts für den Conceptual Change*

Im Kontext von Kompetenzentwicklungen und dem Bezug zum Conceptual Change erhält der Ansatz um Threshold Concepts einen besonderen Stellenwert. Threshold Concepts werden nach Meyer und Land (2006, S. 3) als ein Portal betrachtet, das einem Individuum eine neue Sichtweise des Denkens ermöglicht, die zuvor nicht möglich gewesen wäre. Im Deutschen ist der Begriff Threshold als Schwelle zu übersetzen, was die Bedeutung von Threshold Concepts verdeutlicht. Der Erwerb eines bestimmten Konzeptes führt wortwörtlich somit zu dem Überschreiten einer Schwelle, so dass ein neues Verständnis in einem Fachbereich erzielt wird. Aus einer theoretischen Perspektive sind Threshold Concepts mit fünf Eigenschaften verbunden, die im Folgenden aufgeführt werden.

15 Die Veränderung dieser mentalen Strukturen wird in dieser Arbeit jedoch nicht in der differenzierten Form, wie es im Conceptual Change-Diskurs erfolgt, betrachtet. Die Verknüpfung der Analyse des Conceptual Change und der Messung von Kompetenzentwicklungen ist wie in Abschnitt 2.1.2 bereits ausgeführt als Forschungsdesiderat zu deklarieren und nicht unabhängig der Diskussion um eine kontinuierliche bzw. diskontinuierliche Kompetenzentwicklung.

*Tabelle 4: Theoretisch angenommene Eigenschaften und Herausforderungen von Threshold Concepts (Meyer & Land, 2006)*

| Eigenschaften von Threshold Concepts | Bedeutung |
|---|---|
| „transformative“ | Die Wahrnehmung des Individuums auf ein Konzept wird durch einen potenziellen Lerneffekt signifikant verändert. Diese Transformation kann auch mit veränderten Werten, Emotionen und Einstellungen einhergehen. |
| „irreversible“ | Das erworbene Threshold Concept gilt als möglichst unverlernbar, so dass es nur durch erhebliche Anstrengung verlernt werden kann. |
| „integrative“ | Mit dem Erwerb des Threshold Concepts erfolgt eine integrative Betrachtung von Objekten, durch die Zusammenhänge bewusst werden, die zuvor nicht erkannt wurden. |
| „bounded“ | Konzepte gelten häufig als begrenzt, was sich beispielswiese durch die Abgrenzung von Fachbereichen ergibt. Threshold Concepts können folglich Schwellen zu neuen konzeptuellen Gebieten darstellen. |
| „troublesome“ | Threshold Concepts können in einem Konflikt mit Vorwissen bestehen. Meyer und Land verweisen diesbezüglich auf Perkins (1999) Ansatz des „troublesome knowledge“. Wissen kann hierbei zu sehr auf Routinen abzielen, und diese bergen die Gefahr der Inhalts- und Bedeutungslosigkeit. Daneben besteht die Gefahr, dass Wissensaspekte inaktiv sind und nur durch gezielte Aktivierung abgerufen werden können, konzeptionell einen hohen Schwierigkeitsgrad aufweisen, zu fremdartig erscheinen oder mit Sprachbarrieren verbunden sind. |

Aus einer kompetenzorientierten Perspektive ist die Idee von Threshold Concepts insofern von Interesse, als erst durch den Erwerb dieser Schwellenkonzepte ein Verständnis erworben wird, das einem Individuum ermöglicht, in einem bestimmten Kontext oder auch einer Domäne eine höhere Leistung zu erzielen. Dieser Gedanke lässt sich sowohl auf den Erwerb spezifischer Vorwissensstrukturen[16], affektiv-motivationaler Dispositionen oder auch Fähigkeiten

16 In diesem Zusammenhang sollte aber auch die Gültigkeit der theoretischen Eigenschaften (vgl. Tabelle 4) kritisch betrachtet werden. Beispielsweise steht unter Berücksichtigung von kognitionspsychologischen Erkenntnissen in Verbindung mit der für Threshold Concepts theoretisch angenommenen Eigenschaft „irreversible“ infrage, ob Vorwissen als unverlernbar angenommen werden kann. Gerade Interferenzeffekte können ein Überlernen bzw. erschwertes korrektes Erinnern ermöglichen, und das

übertragen. Folglich können vielfältige Annahmen der Kompetenzstrukturmodellierung im Sinne von Threshold Concepts diskutiert werden. So nimmt Weinert (2008, S. 93) am Beispiel der Genese sprachlicher Kompetenzen entwicklungstypische Beziehungen zwischen verschiedenen Kompetenz-Komponenten an. Exemplarisch empfiehlt die Autorin unter anderem die Bedeutung phonologisch-prosodischen Wissens (auch: lexikalisches Wissen) für den Erwerb grammatischer Strukturformen zu analysieren. Würde ein entsprechender Effekt empirisch bestätigt werden, könnte das phonologische Wissen in einem entfernten Sinne als Threshold Concept interpretiert werden. Fraglich ist jedoch, welches Kompetenzniveau des phonologisch-prosodischen Wissens oder übertragen auf die erweiterte Kompetenzstrukturmodellierung, welche Niveaus bzw. Ausprägungen anderer Kompetenzfacetten notwendig sind, um eine Schwelle messgenau zu identifizieren.

In Bezug zu dem vorherigen Forschungsdesiderat ist aber auch limitativ auf die hohen methodischen sowie psychometrischen Anforderungen entsprechender Forschungsabsichten hinzuweisen. Mittels der gängigen statistischen Verfahren, wie sie auch in dieser Arbeit angewendet werden, die auf die Analyse von interindividuellen Unterschieden abzielen (z. B. Strukturgleichungsanalysen), können lediglich Hinweise auf entsprechende Threshold Concepts generiert werden. Diese statistischen Verfahren berechnen zwar die Effektstärke, und zeigen beispielsweise darüber den Zusammenhang zwischen Vorwissen und Fachleistung auf, können aber nicht das Niveau angeben, das notwendig ist, um unterschiedliche Kompetenzentwicklungen initialisieren und darüber auf Threshold Concepts schließen zu können. Entsprechende Analysen erfordern eine ganzheitliche Betrachtung von Kompetenzmodellen, die sowohl Niveaus, Strukturen sowie Entwicklungen angemessen modellieren können und insbesondere die zeitliche Robustheit der Modelle kontrollieren bzw. handhaben können.

### 2.2.2 Bildungswissenschaftliche Annahmen und Erkenntnisse zur Kompetenzentwicklung

Für die Erklärung von Lernprozessen sind an erster Stelle formale Lernprozesse zu betrachten. Zur Veranschaulichung der potenziellen Varianzaufklärung

Abrufen entsprechender Effekte begrenzen (vgl. Anderson, 2013, S. 142 f.). Bei der Annahme bestimmter Vorwissenselemente als Threshold Concept sollte demnach ein tiefer und ausdifferenzierter Elaborationsgrad vorliegen. Präkonzepte, die auch als Vorwissen zu betrachten sind und teilweise nur schwach elaboriert sind, können dagegen hinderlich für die Kompetenzleistung sein.

schulischer Leistungen können Angebots-Nutzungs-Modelle von Unterricht herangezogen werden. In diesen teilweise stärker „heuristischen“ Modellen werden die komplexen Zusammenhänge der Angebotsstrukturen von Lerngelegenheiten im Unterricht, deren Nutzung sowie Lernergebnisse beschrieben (Seidel & Reiss, 2014, S. 256). Verbreitet ist hierbei das Modell von Helmke (2009). Wirkungen und somit Erträge von Lernergebnissen sind ein Produkt von Lernaktivitäten und Kontextbedingungen (kulturelle Rahmenbedingungen, regionaler Kontext, Schulform, Bildungsgang, Klassenzusammensetzung, didaktischer Kontext & Schulklima sowie Klassenklima). Lernaktivitäten hängen wiederum vom Lernpotenzial (in Abhängigkeit von familiären Hintergründen sowie den Rückkopplungsergebnissen der Lernwirkungen), dem Unterrichtsangebot (welches im Besonderen von Personenmerkmalen der Lehrperson aber auch der Unterrichtszeit abhängt) sowie den Kontextbedingungen ab. Empirische Bestätigungen sind in vielen Studien identifizierbar, deshalb sei im Besonderen auf die Meta-Analyse von Hattie (2015) zu verweisen.

Dass schulische Lernprozesse für die Kompetenzentwicklung förderlich sind, wird auch durch die seit den 1960er-Jahren zunehmenden internationalen Schulleistungsvergleiche deutlich, den sogenannten Large-Scale-Assessments (siehe für einen Überblick z. B. Radisch, 2008; Lehmann, 2008). Allerdings wurden viele dieser Studien nur als Querschnitt realisiert und ermöglichen demnach keine Aussage über die intraindividuelle Kompetenzentwicklung. Für Ergebnisse der Leistungsentwicklung von Jugendlichen in der Allgemeinbildung im deutschsprachigen Raum existieren mittlerweile dennoch vielfältige Befunde wie zum Beispiel (nur exemplarisch ab 9. Klasse) aus PISA-I-Plus [Wiederbefragung einer Stichprobe der 2003 getesteten Schülerinnen und Schüler der neunten Klasse nach einem Jahr am Ende der zehnten Klasse zur mathematischen und naturwissenschaftlichen Kompetenz (PISA-Konsortium Deutschland, 2006)], DESI [Untersuchung des Leistungsstands und dessen Entwicklung in Englisch und Deutsch von Schülerinnen und Schülern der neunten Klasse (z. B Klieme, 2008, exemplarische Ergebnisse in DESI-Konsortium, 2008)], LAU [Analyse der Lernausgangslage sowie Lernentwicklung unterschiedlicher Kompetenzen, allerdings begrenzt auf das Bundesland Hamburg (Behörde für Schule & Berufsbildung, 2011 & 2012)] oder beispielsweise auch KESS (aufbauend auf der LAU-Studie Analyse der Lernausgangslage sowie Lernentwicklung unterschiedlicher Kompetenzen in den Jahrgängen 4, 7, 8, 10/11 und 13 (für den Jahrgang 10/11: Vieluf, Ivanov, & Nikolova, 2011). Für einen umfassenderen Überblick über Studien zur Messung von Kompetenzentwicklungen sei auf Blossfeld und Schneider (2011) verwiesen.

Diese Längsschnittuntersuchungen bestätigen partiell angenommene Beziehungen der Angebots-Nutzungs-Modelle (im Besonderen die DESI-Studie), auch wenn nicht in jeder Studie alle Determinanten umfassend analysiert wurden. Dennoch sensibilisieren sie für den Einfluss allgemeiner kognitiver und motivationaler Dispositionen, geschlechtsbezogener sowie sozioökonomischer Einflüsse auf Schulleistungen und deren Entwicklung.

In Verbindung mit den Definitionen zum Lernen (Abschnitt 2.2.1, insbesondere Abbildung 2) wird deutlich, dass die Analyse von schulischen Lernleistungen in den internationalen und nationalen Vergleichsstudien, trotz der Beachtung sozioökonomischer Hintergründe, Lernleistungen vorwiegend auf den schulischen Kontext bezogen werden. In der Diskussion zur Erklärung von Lernprozessen gewinnen allerdings Analysen, die sich nicht nur auf ein schulisches und somit formales Lernen bezieht, sondern zunehmend informellere Prozesse betrachten, an Interesse. Wie im Abschnitt 2.2.1.1 ausgeführt, erfolgt Lernen mit jeglicher Reizverarbeitung. Dieser Ansatz beinhaltet folglich auch Lernprozesse, die weniger strukturiert und primär weniger explizit beabsichtigt werden, insbesondere hinsichtlich von Lernzielen, -zeit sowie -organisation. Verbreitet ist hierfür die Bezeichnung informelles Lernen. Die Abgrenzung von informellem und formalem Lernen ist aber nicht eindeutig beschreibbar. Infrage steht für ihren Zusammenhang, ob diese zwei Formen Extrempunkte darstellen, deren Übergänge fließend sind. Beide Positionen könnten dann besser als ein Kontinuum betrachtet werden. Teilweise wird auch die Bezeichnung non-formales Lernen als Zwischenform beschrieben, wenn die Lernprozesse institutionell erfolgen, aber nicht curricular intendiert sind. Allerdings zeigen kritische Diskurse zu diesen Begrifflichkeiten (z. B. Baethge, Brunke, & Wieck, 2010), dass die Merkmale zur Unterscheidung zwischen formalem, non-formalem und informellem Lernen zu vielfältig und nicht immer stimmig zueinander sind, um Lerngelegenheiten diesen Kategorien eindeutig zuordnen zu können. Besser wäre es, Lerngelegenheiten demnach multidimensional zu klassifizieren; Eindeutige Taxonomien zur Beschreibung von Lerngelegenheiten konnten sich aber noch nicht durchsetzen.

Die Differenzierung nach formalen und informellen (bzw. auch non-formalen) Lernformen ist somit zwar strittig (Overwien, 2005), akzeptiert ist aber die Beschreibung des informellen Lernens als „Selbstlernen", welches in „unmittelbaren Lebens- und Erfahrungszusammenhängen außerhalb des formalen Bildungswesens" (Dohmen, 2001, S. 25) erfolgt. Wenn im Folgenden die Bezeichnung informelles Lernen verwendet wird, ist damit stärker eine Lerngelegenheit außerhalb einer curricular intendierten Kompetenzentwicklung gemeint. Bisher erfolgt die Diskussion um informelles Lernen insbesondere im Kontext der Anrechenbarkeit im formalen Bildungswesen, empirische Analysen insbesondere mit einer Verbindung zur Kompetenzentwicklung stellen ein Forschungsdesiderat dar.

### 2.2.3 Besonderheiten der Kompetenzentwicklung in der beruflichen Ausbildung

Die Berufsausbildung zielt an erster Stelle auf die Qualifikations-/Kompetenzentwicklung von Fachkräften ab. Hierdurch ergeben sich wechselseitige Abhängigkeiten zur Wirtschaft und der Sicherung ihrer Funktionsfähigkeit. Die Entwicklungen der Kompetenzen sind demnach nicht unabhängig vom Kompetenzbedarf der Wirtschaft zu betrachten. Zur Realisierung dieser Qualifikationsprozesse dient u. a. das duale System der Berufsbildung mit seinen anerkannten Ausbildungsberufen nach dem Berufsbildungsgesetz (BBiG) oder der Handwerksordnung (HwO). Charakteristisch für das duale System ist gerade ein korporatistisch-staatliches Steuerungssystem, indem neben Vertretern aus Bund und Ländern auch Interessensverbände sowie Sozialpartner teilhaben und demnach auch Lernprozesse beeinflussen. Daneben wird die Organisation von Lernprozessen nicht nur auf einen Ort konzentriert, sondern sie erfolgt kooperativ sowohl durch einen schulischen als auch betrieblichen Lernort (zur Lernortkooperation siehe Euler, 1999; Pätzold, 2003, S. 72)[17]. Dabei werden über die berufsspezifischen Ausbildungsordnungen Ziele, Inhalte und Prüfungsanforderungen für die Ausbildung im Ausbildungsbetrieb festgelegt (BIBB, 2015, S. 7). Die berufsspezifischen Rahmenlehrpläne beschreiben dagegen die zu vermittelnden Kompetenzen am Lernort Berufsschule (ebd.). Beide Ordnungsmittel stellen zusammen mit den Prüfungskatalogen der jeweiligen Berufe das intendierte Curriculum dar. Das implementierte kann vom intendierten Curriculum durch ausbildungsbetriebsspezifische oder berufsschulspezifische Ergänzungen (z. B. Weiterbildungen in den Ausbildungsbetrieben oder Projektarbeiten in der Berufsschule zu nicht curricular beabsichtigen Themengebieten) abweichen. Auch noch stärker informellere Lerngelegenheiten können die während der Ausbildung erworbenen Kompetenzen beeinflussen und potenziell eine/n Kompetenzerwerb bzw. -entwicklung über das intendierte Curriculum hinaus bewirken. Hierzu zählen vor allem Lernprozesse im privaten Kontext.

Allgemein betrachtet können Professionaliserungsansätze zur Beschreibung der Kompetenzentwicklung von Auszubildenden zugrunde gelegt werden. Eine wünschenswerte Kompetenzentwicklung sollte dabei von einem Novizen- zu einem Experten- bzw. Masterlevel verlaufen (vgl. Dreyfus & Dreyfus, 1980). Jedoch sind entsprechende (stärker deterministische) Modelle der Kompetenzentwicklung, wie das von Dreyfus & Dreyfus (1980), sehr allgemein und helfen aufgrund der abstrakten Niveau- bzw. Levelannahmen und fehlender expliziter Entstehungs- und

17 Als ein dritter Lernort mit geringerer Bedeutung ist ergänzend die außerbetriebliche Berufsbildung zu nennen.

Erklärungszusammenhänge nur begrenzt, die berufliche Kompetenzentwicklung adäquat zu beschreiben. Auch bestehende Angebots-Nutzungsmodelle von Unterricht (vgl. Abschnitt 2.2.2) sind in der beruflichen Bildung nur eingeschränkt anwendbar, da sie den betrieblichen Lernort mit seinen Lernkontexten sowie den dort vorherrschenden Normen vernachlässigen. Zur Erklärung beruflicher Lernprozesse werden daher im Folgenden kurz die Bedeutung betrieblicher Sozialisationsprozesse für die Kompetenzentwicklung (Abschnitt 2.2.3.1) und ein Modell für das Lernen und Arbeiten im Betrieb vorgestellt (Abschnitt 2.2.3.2). Mittlerweile liegen einige Erkenntnisse der Kompetenzforschung für die Entwicklung von Fachkompetenzen vor, die zusammenfassend als abschließender Abschnitt dieses Kapitels skizziert werden (Abschnitt 2.2.3.3).

#### *2.2.3.1 Berufliche Sozialisationsannahmen als Rahmen von Lernprozessen und der daraus resultierenden Kompetenzentwicklung von Auszubildenden*

Zwar bestehen bisher keine Angebots-Nutzungs-Modelle zur Erklärung beruflicher Lernprozesse, die beide Lernorte und insbesondere den Kontext betrieblichen Lernens angemessen integrieren; Ansätze beruflicher Sozialisationsmodelle bieten dementgegen aber einen Rahmen für berufliche Lernprozesse. Diese berücksichtigen explizit die in schulischen Angebots-Nutzungs-Modellen vernachlässigten betrieblichen Lernbedingungen, insbesondere die dort vorherrschende Normorientierung. Das verbreitetste Modell in der Berufs- und Wirtschaftspädagogik wurde von Lempert (2007, 2009) entwickelt. Das Modell basiert auf unterschiedlichen Theorieansätzen sowie empirischen Erkenntnissen, deren Zusammenhänge synoptisch in einer Modellgrafik veranschaulicht werden (vgl. Abbildung 4). Personen-Umwelt-Interaktionen können mehrebenenanalytisch betrachtet werden (oberes Drittel der Abbildung) und verdeutlichen die unterschiedlichen Hierarchien von Normen, die auf eine/n Auszubildende/n, welche/r der untersten Hierarchieebene des Ausbildungsbetriebes zuzuordnen ist, einwirken. Unterschiedliche Phasen und Bereiche der Umwelt-Personen-Interaktionen verdeutlichen das Zustandekommen der beruflichen Sozialisation.

Unterschieden werden hierbei die Sozialisation für den Beruf (im Elternhaus, in der Schule und unter Gleichaltrigen), in und durch den Beruf (während der Ausbildung, aber auch durch die Erwerbstätigkeit und Weiterbildung) sowie der beruflich bedeutsamen außerberuflichen Sozialisation (im privaten und öffentlichen Bereich). Als Operationen integriert Lempert auch lerntheoretische Aspekte. Die normative Einflussnahme muss wahrgenommen, gedeutet, verarbeitet und sich im Verhalten bzw. dem Handeln zeigen. Diese integrierende Wirkung unterschiedlicher Sozialisationsebenen, Operationen sowie Phasen und Bereiche der Sozialisation dienen anschließend als Kontextfaktoren der Erklärung individueller Persönlichkeitsstrukturen.

*Abbildung 4: Bedingungen, Prozesse und ‚Produkte' beruflicher Sozialisation – der interaktionistische Rahmen (Lempert, 2007, S. 15)*

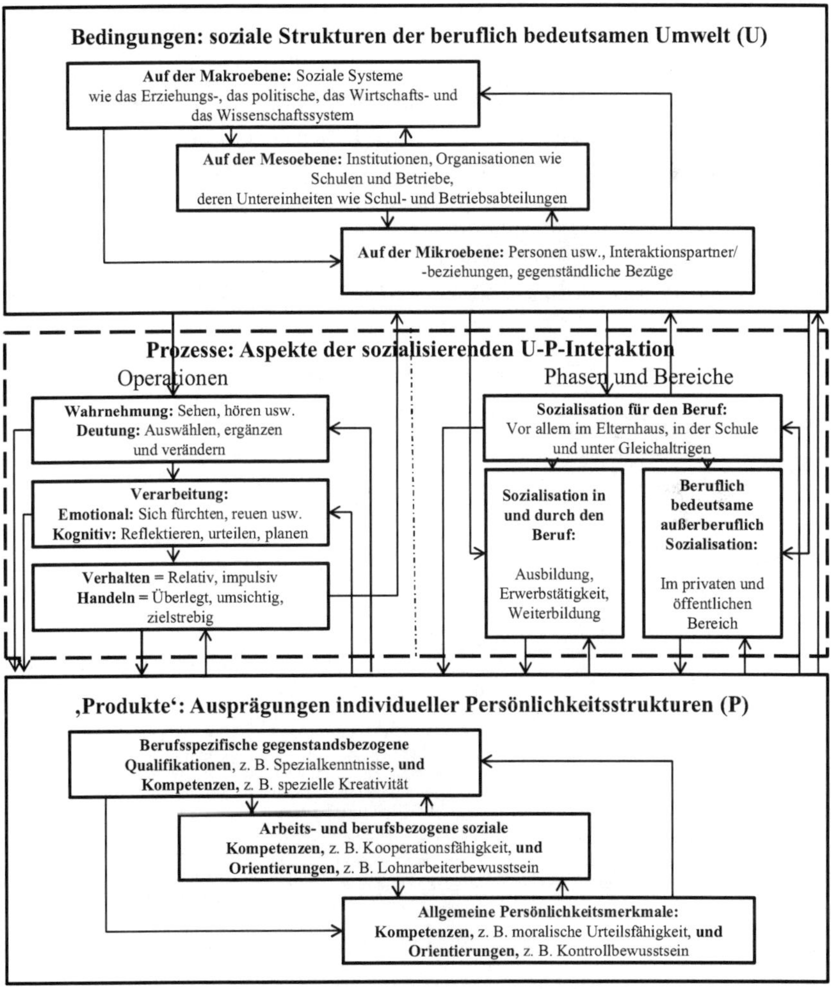

### *2.2.3.2 Arbeiten und Lernen im Betrieb*

In Anlehnung an die vorherigen Ausführungen zu der betrieblichen Sozialisation ist zudem der Betrieb als Lernort differenzierter zu beschreiben. Zwar bestehen umfangreiche Diskussionen über unterschiedliche Modelle und Theorien betrieblichen Lernens (z. B. bei Dehnbostel, 2002; Rausch, 2011; Rebmann & Tenfelde, 2008), die Analyse von betrieblichen Lernprozessen (insbesondere zum Zusammenwirken der Quantität, Inhalts- und Prozessqualität des Lehrangebotes sowie der Nutzung durch die Auszubildenden) gilt aber als Forschungsdesiderat und wird von Rausch (2011, S. 4) als defizitär bezeichnet. Ausgehend von dieser Forschungslücke, theoretischen Lernkonzeptionen der beruflichen Bildung und betrieblicher Sozialisationstheorien entwickelt Rausch (2011, S. 124) ein Rahmenmodell betrieblichen Lernens, in dessen Mittelpunkt Arbeitsergebnisse und Lernresultate als Folge von betrieblichen Handlungsprozessen modelliert werden (vgl. Abbildung 5).

*Abbildung 5: Rahmenmodell des Lernens am Arbeitsplatz (Rausch, 2011, S. 124, with permission of Springer)*

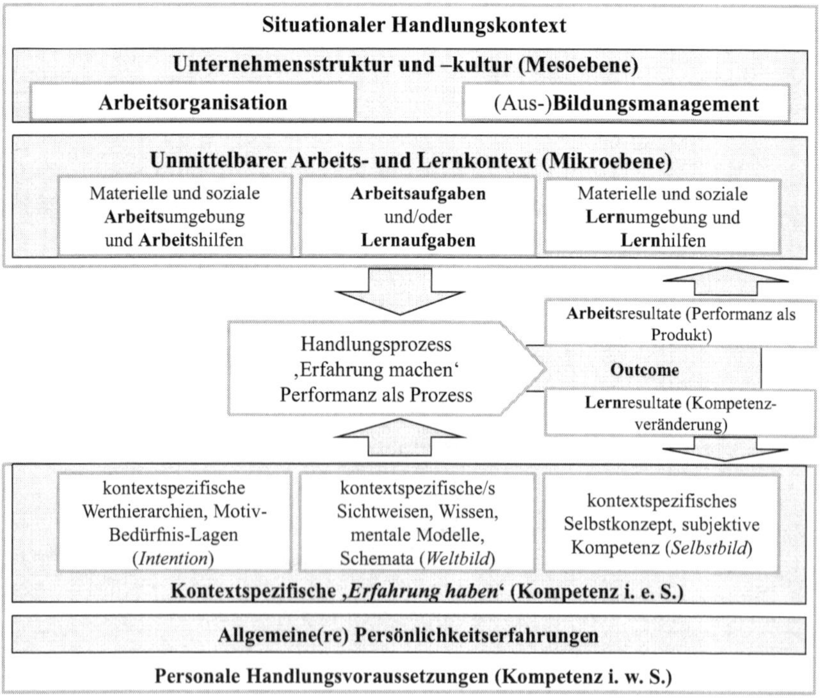

In der empirischen Untersuchung von Rausch (2011) werden Handlungsprozesse als lernförderlich beschrieben, wenn diese als herausfordernd wahrgenommen werden und eine Interaktions- und Erlebensqualität sowie Selbstständigkeit ermöglichen (ebd., S. 295). Herausfordernd sind jedoch nur wenige Arbeitstätigkeiten, da Auszubildende überwiegend Tätigkeiten übernehmen, die bereits bekannt sind und einen häufig geringen Schwierigkeitsgrad aufweisen. Diese Tätigkeiten führen nur selten zu Unsicherheiten und bei deren Ausführung erfolgen selten Hilfestellungen anderer Personen (ebd., S. 317). Die Ergebnisse überraschen hinsichtlich der Zuordnung der Auszubildenden im Betrieb zur untersten Hierarchieebene nur wenig (vgl. Abschnitt 2.2.3.1). Als wichtigster Einflussfaktor des Lernens am Arbeitsplatz gilt die Betreuungsqualität, die sich durch eine Verfügbarkeit von Ansprechpartnern, Schaffung eines guten Arbeitsklimas sowie das Engagement/Interesse der betreuenden Person auszeichnet (ebd., 319 f.).

In der Untersuchung von Rausch (2011) wird zudem die Bedeutung informellen Lernens im betrieblichen Kontext deutlich. Beiläufig-informelles Lernen, das unbewusst und unreflektiert erfolgt, nimmt quantitativ betrachtet den größten Anteil beim Lernen am Arbeitsplatz ein. Die lernförderliche Wirkung dieser Lerngelegenheiten kann allerdings nicht beantwortet werden (ebd., S. 318 f.).

#### *2.2.3.3 Empirische Befunde zur Entwicklung von Fachkompetenzen in der dualen Berufsausbildung*

Zwar können für die berufliche Bildung und dort insbesondere für das duale System einige Befunde zu Strukturen der Entwicklung von Fachkompetenzen aufgezählt werden, doch besteht bisher kein umfassendes Modell zur Erklärung der Entwicklung beruflicher Fachkompetenz. Lediglich für die gewerblich-technische Berufsrichtung wäre auf das Modell von Abele (2014, S. 275) zu verweisen (vgl. Abbildung 6).

*Abbildung 6: Modell zur berufsfachlichen Kompetenzentwicklung in der gewerblich-technischen Ausbildung (Abele, 2014, S. 275)*

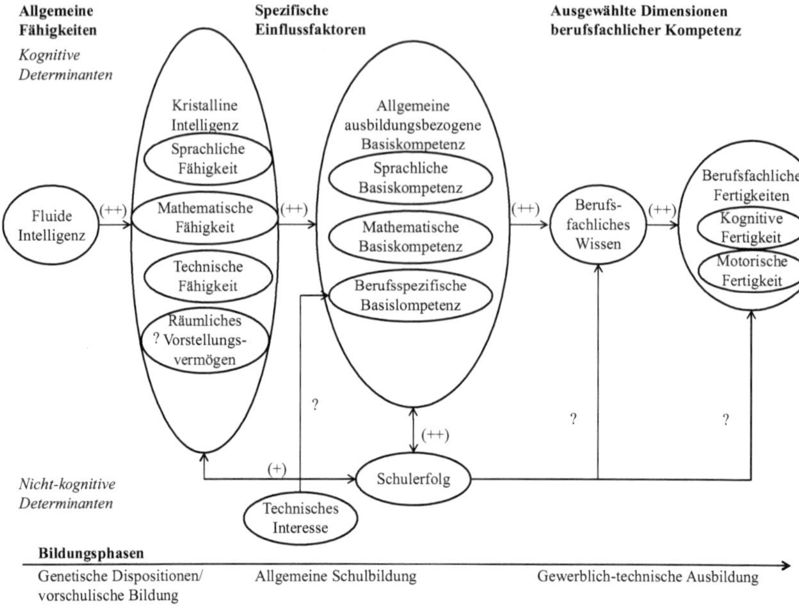


Empirische Analysen zur Entwicklung von Fachkompetenzen bestehen bisher im Besonderen für die gewerblich-technische Berufsausbildung durch die Forschergruppe um Nickolaus (z. B. Abele, 2014; Atik & Nickolaus, 2016; Nickolaus, Geißel, Abele, & Nitzschke, 2011b; Nickolaus, Gschwendtner, & Geißel, 2008; Schmidt, Nickolaus, & Weber, 2014), welche die Kompetenzentwicklung in unterschiedlichen Berufen analysieren und auch in Ansätzen gegenüberstellen. Im gewerblich-technischen Bereich ist zudem auf das KOMET-Projekt zu verweisen (z. B. Rauner et al., 2009a; Rauner et al., 2009b; Rauner et al., 2014), das u. a. auf die Analyse der Entwicklung von Fachkompetenzen abzielt, allerdings bisher vorwiegend theoretisch-konzeptionelle sowie deskriptive und noch keine differenzierten empirischen Ergebnisse der Kompetenzentwicklung (z. B. intraindividuelle Entwicklungen, Strukturzusammenhänge der Kompetenzentwicklung) veröffentlicht haben.

Für den kaufmännischen Bereich bestehen zurzeit nur wenige Befunde. Differenziert analysieren Rosendahl & Straka (2011 a & b) die Entwicklung von Fachkompetenzen angehender Bankkaufleute. Daneben ist auch auf die ULME III Studie zu verweisen (Lehmann & Seeber, 2007), die wie im Abschnitt 2.1.3

dargestellt die Analyse von Fachkompetenzen nicht nur auf einen Beruf begrenzt, sondern ausgewählte Berufe aus den Bereichen Wirtschaft und Verwaltung, Gewerbe-Technik und Handwerk, Gesundheit und Körperpflege sowie Fachinformatik in die Untersuchung einbezieht. Allerdings liegt das Hauptaugenmerk der ULME III-Studie auf der Analyse der Kompetenzen am Ende der Ausbildung und weniger auf der Erklärung der Kompetenzveränderung.

Dem zuvor skizzierten Überblick von Studien mit einem längsschnittlichen Forschungsdesign in der kaufmännischen beruflichen Ausbildung, stehen die Studien von Klotz (2015) sowie Klotz et al. (2015) gegenüber, die über ein Querschnittdesign im Ausbildungsberuf Industriekaufmann/-frau eine positiv ausgeprägte Kompetenzentwicklung bestätigen. Bedingt durch das Testdesign können hier zwar keine Strukturzusammenhänge der individuellen Entwicklung über die Zeit empirisch geprüft werden, die querschnittliche Erhebung ermöglich aber neben dem Vergleich der Leistungen unterschiedlicher Ausbildungsstufen eine Analyse von Kompetenzniveaus und Dimensionszusammenhängen zwischen den Ausbildungsstufen. Klotz (2015) zeigt hinsichtlich ihres Assessments, dass die Prädiktoren zur Vorhersage von Itemschwierigkeiten sowie zur Identifizierung von Niveauschwellen und damit zusammenhängend die Einteilung der Niveaustufen auf der Kompetenzskala zwischen frühen und späteren beruflichen Kompetenzen erhalten bleiben. Auch die Dimensionsprüfung zwischen den Ausbildungsstufen zeigen vergleichbare Ergebnisse. Ein vier-dimensionales Modell (1. domänenverbundene Kompetenz Numeracy, 2. domänenverbundene Kompetenz Literacy, 3. mathematisch-numerische domänenspezifische Kompetenz & 4. sprachlich-begriffliche domänenspezifische Kompetenz) erzeugt hierbei die beste Passung für beide Stichproben. In Anlehnung an die vorherigen Ausführungen aus dem Abschnitt 2.1.2 werden aber weitere Studien zur zeitlichen Stabilität von Kompetenzniveaus und -strukturen benötigt, die darüber hinaus auch Auszubildende unterschiedlicher Ausbildungsberufe betrachten sollten.

Einen Überblick über Studien zur Analyse fachlicher Kompetenzentwicklung in der beruflichen Ausbildung kann über die Tabelle 5 nachvollzogen werden.

*Tabelle 5: Ausgewählte Studie zur Analyse der Entwicklung von Fachkompetenzen von Auszubildenden im dualen System*

| Domänenbezug | Studien/Autoren | Kurzbeschreibung der Zielsetzung |
|---|---|---|
| kaufmännisch, gewerblich-technisch, Gesundheit | ULME III: Insbesondere Lehmann & Seeber (2007); Seeber (2013, 2014); Seeber & Lehmann (2011) | Untersuchung von Leistungen, Motivation und Einstellungen der Schülerinnen und Schüler in den Abschlussklassen und der Berufsschule (ULME III) in Berufen aus den Bereichen Wirtschaft und Verwaltung, Gewerbe-Technik und Handwerk, Gesundheit und Körperpflege sowie Fachinformatik. |
| kaufmännisch | Rosendahl & Straka (2011a & b) | Analyse der Kompetenzmodellierung zur wirtschaftlichen Fachkompetenz sowie derer Entwicklung bei angehenden Bankkaufleuten. |
| | Klotz (2015); Klotz, et al. (2015) | Diagnostik der Kompetenzentwicklung im Ausbildungsberuf Industriekaufmann/-frau |
| gewerblich-technisch | Insbesondere Didern & Nickolaus (2016); Nickolaus et al. (2008); Nickolaus et al. (2011), Schmidt et al. (2014) | Analyse der Entwicklung beruflicher Fachkompetenzen sowie relevanter Prädiktoren in den Ausbildungsberufen Elektroniker/-in für Energie- und Gebäudetechnik und Kraftfahrzeugmechatroniker/Kraftfahrzeugmechatronikerin sowie Anlagemechaniker/-in. |
| | Abele (2014) | • Theoretische und empirische Modellierung berufsfachlicher Kompetenz in gewerblich-technischen Ausbildungsberufen (Kraftfahrzeugmechatroniker/Kraftfahrzeugme-chatronikerin; Fertigungsmechaniker/Fertigungsmechani-kerin; Elektroniker/-in für Automatisierungstechnik; Mechatroniker/-in).<br>• Analyse der Entwicklung berufsfachlicher Kompetenzen in der gewerblich-technischen Ausbildung. |
| | Rauner et al. (2009a), Rauner et al. (2009b) & Rauner et al. (2014) | Längsschnittliche Untersuchung zur Kompetenzentwicklung, beruflichen Identität und beruflichen Engagements im Berufsfeld Elektrotechnik. Bisher allerdings keine Veröffentlichung von Strukturanalysen zur Erklärung der Kompetenzentwicklung. |

Zur Beschreibung von Determinanten der Kompetenzentwicklung enthält Anhang A ausgewählte Ergebnisse zu empirisch bestätigten Strukturzusammenhängen der Entwicklung von Fachkompetenzen.

Die in Anhang A dargestellten Befunde zeigen insbesondere einen Einfluss kognitiver Fähigkeiten auf die Entwicklung von Fachkompetenzen. Sowohl die Leistungen aus Intelligenzinstrumenten als auch mathematische und sprachliche Kompetenzen weisen ein geringes bis mittleres Erklärungspotenzial von Varianzen in Fachleistungstests zu unterschiedlichen Messzeitpunkten auf. Dieser Befund zeigt sich beinahe berufsübergreifend [siehe hierzu auch Lehmann & Seeber (2007) sowie differenziert für den gewerblich-technischen Bereich Seeber & Lehmann (2011), zur Bedeutung mathematischer Kompetenzen für kaufmännische Fachkompetenzen siehe Seeber (2013)]. Der Einfluss von Interesse bzw. Motivation ist partiell in einigen Studien ebenfalls relevant, aber weniger bedeutsam als die kognitiven Dispositionen. Zwar erhalten bei den Befunden von Nickolaus et al. (2008) vereinzelt Kontextaspekte (Werkstattklima) Einfluss auf die Fachleistung, generell ist aber herauszustellen, dass der Einfluss von unterschiedlichen Lerngelegenheiten in den hier betrachteten Studien vernachlässigt wurde.

Ein zweiter wesentlicher Kritikpunkt besteht darin, dass bei den Studien zur Analyse von Kompetenzentwicklungen häufig nur Strukturzusammenhänge von Varianzen in Fachleistungen als autoregressiv-ähnliche Modelle betrachtet werden. Einen wesentlichen Einflussfaktor auf die Leistungen zu späteren Messzeitpunkten erzielen zwar die Ergebnisse der vorherigen Messzeitpunkte und verdeutlichen die Bedeutung von Vorwissen, die Kompetenzentwicklung wird über dieses methodische Vorgehen aber nur eingeschränkt erklärt. Jedoch sollte diese Kritik nicht überbewertet werden, da entsprechende Analysen psychometrische Anforderungen erfordern, die häufig nur eingeschränkt realisierbar sind. Für entsprechende Analysen könnten z. B. latente Wachstumskurven oder Latent-Change-Modelle berechnet werden, wie es bei Abele (2014, S. 286 ff.) zur Erklärung der Entwicklung im KFZ-Wissen durch fluide Intelligenz [nach Cattell (1987)] erfolgt. Der Einfluss fluider Intelligenz bestätigt sich hierbei lediglich auf das KFZ-Wissen zum ersten Messzeitpunkt, dem Ausgangsniveau der Wissensentwicklung. Dieses Ausgangsniveau korreliert zudem moderat negativ mit den Veränderungswerten (-0.11). Somit erwerben Auszubildende mit höheren Leistungen im Wissenstest zum ersten Messzeitpunkt tendenziell weniger Wissen als Auszubildende mit einer geringen Leistung. Entsprechende Effekte sind in der Veränderungsmessung aber seit langem bekannt (vgl. Rost, 2004, S. 283; Abschnitt 6.5).

Hiermit zusammenhängend bestehen zum einen theoretische, aber auch, bedingt durch die Komplexität von Lernprozessen, psychometrische Herausforderungen, in denen sich die vielfältigen Einflussfaktoren nur schwer prüfen lassen. Dies schließt auch den Umgang mit Kompetenzniveaus sowie -strukturzusammenhängen ein. Die Analyse von Kompetenzentwicklungen ist mit zahlreichen diagnostischen Herausforderungen verbunden. Im Kapitel 6 wird dieser Aspekt noch einmal aufgegriffen und ausführlicher erklärt.

# 3 Zum normativen Diskurs einer nachhaltigen Entwicklung und eines nachhaltigen Wirtschaftens sowie deren gesellschaftliche Akzeptanz

Die kontroverse Diskussion um eine nachhaltige Entwicklung erfordert eine fachliche Klärung, was unter diesem Konstrukt zu verstehen ist. Gerade in der Kompetenzmessung sind fachlich eindeutige Bezüge notwendig, um reliable und valide Testinstrumente zu entwickeln. Nach einer Einführung in die Entwicklung des Nachhaltigkeitsdiskurses im Abschnitt 3.1 werden im Abschnitt 3.2 Probleme und Herausforderungen des Nachhaltigkeitsleitbildes beschrieben. Die offen gehaltenen Definitionsansätze einer nachhaltigen Entwicklung begrenzen auch die Operationalisierung eines nachhaltigen Wirtschaftens. Aus diesem Grund liegt das Hauptaugenmerk des Abschnitts 3.3 neben einer historischen Entwicklung, in der sich vor allem die volkswirtschaftlich-politische Perspektive als ein Rahmengerüst für betriebswirtschaftliche Handlungsmöglichkeiten heranziehen lässt, auf Nachhaltigkeitsgedanken in der Ökonomie sowie der Beschreibung von Herausforderungen, Bedingungen und Handlungsmöglichkeiten eines nachhaltigen Wirtschaftens für Unternehmen. Zur Messung von Kompetenzen für ein nachhaltiges Wirtschaften sind nicht nur institutionelle Bedingungen zu klären, die Realisierung einer nahhaltigen Entwicklung ist auch von individuellen Handlungen und dahinter stehenden Dispositionen abhängig. Abschnitt 3.4 stellt dementsprechend die gesellschaftliche Akzeptanz und Vorstellungen von Nachhaltigkeit dar.

## 3.1 Entwicklung des Nachhaltigkeitsdiskurses

Ansätze der Idee einer nachhaltigen Entwicklung bestehen bereits seit einigen Jahrhunderten. Beispielsweise wurden Umweltprobleme schon in der Antike bewusst wahrgenommen, wie z. B. Abholzung der Wälder, urbane Abfälle, Abwässer sowie Umweltzerstörung (Burschel, Losen, & Wiendl, 2004, S. 144). In der Literatur wird häufig auf den Oberhauptmann von Carlowitz und sein Werk „sylvicultura oeconomica" (1713, Wiederveröffentlichung von 2000) in Verbindung mit einem nachhaltigen Umgang von Holzressourcen verwiesen. Daneben ist auch Alexander von Humboldt zu nennen, der 1799 bei einer Expedition in Südamerikas Regenwäldern die Beziehungen der „Flora und Fauna" sowie deren „Standort-, Klima- und Umweltbedingungen“ untersuchte (von Hauff, 2014, S. 3 f.). Die Untersuchung kann als ein Grundstein zur Erforschung des Komplexes der Biodiversität betrachtet werden. An dieser Stelle könnten sicherlich vielfältige weitere Vorläufer des Nachhaltigkeitsdenkens genannt werden, doch wäre dies für diese Arbeit nicht zielführend. Bedeutsam ist dagegen das heutige Verständnis von Nachhaltigkeit. Im Folgenden wird deshalb eingangs die globale (Abschnitt 3.1.1) und daran anschließend die Entwicklung des Nachhaltigkeitsdiskurses in Deutschland skizziert (Abschnitt 3.1.2).

### 3.1.1 Eine nachhaltige Entwicklung als normativer global geführter Diskurs

Wissenschaftlich warnende Studien zum menschlichen Lebensstandard, die seit der Veröffentlichung des Berichts „die Grenzen des Wachstums“ (Meadows et al., 1972) vom Club of Rome zunehmen, vermitteln ein stark pessimistisch geprägtes Zukunftsbild. Diese Szenarien sowie ihr Diskurs werden durch global bedrohliche Ereignisse, wie z. B. die Atomreaktorkatastrophe in Tschernobyl, Kriege oder zunehmende zerstörerische Naturkatastrophen intensiviert. Hiervon ist ein politischer Diskurs geprägt, der aufbauend auf wissenschaftlichen Erkenntnissen an die Überprüfung sowie Wandlung gesellschaftlicher Normen appelliert.[18] Die Entwicklung, Koordination sowie Umsetzung der daraus resultierenden Ergebnisse und Ziele sind maßgeblich durch Veranstaltungen der Vereinten Nationen geprägt, die in Abbildung 7 aufgelistet sind und in diesem sowie den nachfolgenden Abschnitten teilweise wieder aufgegriffen werden.

18 Eine Übersicht über die Initiierung der Nachhaltigkeitsbewegung kann bei Rogall (2012, S. 37 ff.) nachvollzogen werden. Zusammenfassend werden hier Veröffentlichungen zu nachhaltigkeitsrelevante Themen betrachtet, die die Entstehung erster Umweltschutzverbände, umweltorientierte Forschungsinstitute der 1970er-Jahre, erste deutsche Umweltschutzgesetze sowie von der Öffentlichkeit besonders wahrgenommene Unfälle auflisten.

*Abbildung 7: Bedeutende Veranstaltungen der Vereinten Nationen zur Nachhaltigen Entwicklung bis 2012 (von Hauff, 2014, S. 1)*

Bedeutende Veranstaltungen der Vereinten Nationen zur Nachhaltigen Entwicklung:

- United Nations Conference on the Human Environment (UNCHE): Erste Umweltkonferenz der Vereinten Nationen, 1972 in Stockholm, ein Vorläufer der nachhaltigen Entwicklung.
- World Commission on Environment and Development (WCED): Kommission der Vereinten Nationen unter Vorsitz der norwegischen Ministerpräsidentin Gro Harlem Brundtland, [...] Ergebnis: Abschlussbericht 1987 „Our Common Future".
- United Nations Conference on Environment and Development (UNCED): Konferenz der Vereinten Nationen 1992 in Rio de Janeiro, Ergebnisse: "Agenda 21" und mehrere Deklarationen.
- Commission on Sustainable Development (CSD): Die Kommission führte den durch die UNCED eingeleiteten Prozess seitens der Vereinten Nationen weiter.
- World Summit on Sustainable Development (WSSD): Konferenz der Vereinten Nationen 2002 in Johannesburg, Nachfolge zur UNCED, Ergebnis: Implementierungsplan.
- World Summit on Sustainable Development (WSSD): Konferenz der Vereinten Nationen 2012 in Rio de Janeiro.

Das heutige Verständnis der nachhaltigen Entwicklung ist vornehmlich durch den Brundtland-Bericht[19] „Our common future" der Weltkommission für Umwelt und Entwicklung geprägt. Dabei wird eine nachhaltige Entwicklung als inter- und intragenerationelle Gerechtigkeit formuliert: „[A] development that meets the needs of the present without compromising the ability of future generations to meet their own needs" (UNWCED, 1987, S. 24). So erklärt von Hauff (2014, S. 9):

- „Die intragenerationelle Gerechtigkeit fordert einen gerechten Ausgleich zwischen den Interessen der Menschen in Industrie- und Entwicklungsländern.
- Die intergenerationelle Gerechtigkeit fordert, dass zukünftige Generationen in ihrer Bedürfnisbefriedigung nicht durch die Lebensweise der gegenwärtigen Generation beeinträchtigt werden."

19 Gro Harlem Brundtland leitete damals als norwegische Ministerpräsidentin die Weltkommission für Umwelt und Entwicklung (Rieß, 2010, S. 27; vgl. UNWCED, 1987, S. 4). Aus diesem Grund wird der Bericht „Our common future" umgangssprachlich als Brundtland-Bericht bezeichnet.

Die Definition des Brundtland-Berichtes bietet vielseitige Interpretationsmöglichkeiten, fokussiert aber zwei primäre Leitorientierungen: Gerechtigkeit und Zukunftsverantwortung (Grunwald & Kopfmüller, 2012, S. 53).

Zwar thematisiert der Brundtland-Bericht bereits Inhalte einer nachhaltigen Entwicklung, dessen Ideen werden aber erst im Besonderen durch die von 172 Staaten beschlossenen Ziele, Forderungen und Konzepte der Agenda 21 im Rahmen der Rio-Konferenz von 1992 der Vereinten Nationen (Konferenz der Vereinten Nationen für Umwelt und Entwicklung, 1992) konkretisiert. Die Agenda 21 stellt ein Aktionsprogramm für die Umsetzung einer nachhaltigen Entwicklung im 21. Jahrhundert, aber auch zugleich ein „Wohlstandsmodell" dar und wird hinsichtlich einer fehlenden handhabbaren Definition sowie der fehlenden Festlegung verbindlicher Reduktionsziele der Ressourcennutzung kritisiert (Rogall, 2012, S. 43). Um einen inhaltlichen Überblick über die primären Themen einer nachhaltigen Entwicklung zu erhalten, also zu Themen, die zu Beginn des globalen Nachhaltigkeitsdiskurses gefordert wurden, aber zu großen Teilen bis heute gültig sind, enthält Abbildung 8 eine zusammenfassende Darstellung der Inhaltsgebiete der Agenda 21.

*Abbildung 8: Ziele, inhaltliche Themen und Umsetzungsmöglichkeiten zur Realisierung einer nachhaltigen Entwicklung abgeleitet aus der Agenda 21 (Konferenz der Vereinten Nationen für Umwelt und Entwicklung, 1992, S. i)*

| |
|---|
| **Teil I. Soziale und Wirtschaftliche Dimensionen** |
| Armutsbekämpfung, Veränderung von Konsumgewohnheiten, Bevölkerungsdynamik, menschliche Gesundheit, Siedlungsentwicklung, Integration mit Umwelt- und Entwicklungszielen |
| **Teil II. Erhaltung und Bewirtschaftung der Ressourcen für die Entwicklung** |
| Erdatmosphäre, Bewirtschaftung von Bodenressourcen, Bekämpfung der Entwaldung, Bewirtschaftung empfindlicher Ökosysteme (Wüsten & Gebirge), nachhaltige Landwirtschaft, Erhaltung biologischer Vielfalt, Biotechnologie, Schutz der Ozeane und Süßwasserressourcen, Umweltverträglicher Umgang mit toxischen Chemikalien, Umweltverträgliche Entsorgung gefährlicher Abfälle, Umgang mit festen Abfällen sowie radioaktiven Stoffen |
| **Teil III. Stärkung der Rolle wichtiger Gruppen** |
| Frauen, Kinder und Jugendliche, Eingeborene, Institutionen und Organisationen (auch staatlich) |
| **Teil IV. Möglichkeiten der Umsetzung** |
| Finanzen, Wissenschaft, Internationale Zusammenarbeit |

Der Weltgipfel von Rio 1992 erfährt in regelmäßigen Abständen eine Neuauflage, weshalb in der Literatur mittlerweile der Terminus „Rio-Folgeprozess" verbreitet ist (vgl. Rogall, 2012, S. 52). So trafen sich Staats- und Regierungschefs sowie Minister vor allem aus dem Umwelt-Bereich 2002 in Johannesburg und 2012 erneut in Rio de Janeiro. Thematisch werden bei diesen Weltgipfeln an erster Stelle die weltweite nachhaltige Entwicklung evaluiert sowie neue Ziele und Forderungen entworfen. Neben den Weltgipfeln sind aber auch die fast jährlich stattfindenden Klimakonferenzen wie beispielsweise 1997 in Kyoto oder aktuell 2015 in Paris zu nennen. Eine Übersicht über die vergangenen Klimakonferenzen und ihre zentralen Anliegen ist online beim Bundesministerium für Umwelt, Naturschutz, Bau und Reaktorsicherheit (BMUB, o. J.) veröffentlicht. Daneben sind für den Diskurs um eine nachhaltige Entwicklung außerdem auch Weltbevölkerungskonferenzen (beispielsweise in Kairo 1994) oder der Weltgipfel für soziale Entwicklung relevant. Diese Kurzskizze über nachhaltigkeitsrelevante Konferenzen soll ein zentrales Merkmal des Nachhaltigkeitsdiskurses verdeutlichen. Inhalte, Aktionsprogramme, Handlungsempfehlungen oder auch damit zusammenhängende Werte und Normen gelten im Nachhaltigkeitsdiskurs nur vorläufig und bedürfen einer regelmäßigen Evaluation und Anpassung. Teilweise wird deshalb auch von einer regulativen Idee gesprochen, was im Folgenden an unterschiedlichen Stellen wieder aufgegriffen wird (vgl. insbesondere Abschnitt 3.2.2).

Die zuvor dargestellten Meilensteine zur Realisierung einer nachhaltigen Entwicklung bilden lediglich einen Ausschnitt. Differenzierte Ausführungen wären für den Kontext dieser Arbeit zu weitführend und wurden zudem in vielen vorherigen Werken repliziert (z. B. bei von Hauff, 2014; Burschel et al. 2004, S. 38 ff.). Hierbei ist auch zu bedenken, dass diese global abstrakten Ziele und Strategien eine landes- und regionsspezifische Ausdifferenzierung erfordern. Somit können sich im Vergleich zum internationalen Diskurs auf Landes- und Regionsebene andere Priorisierungen ergeben. Ein kurzer Exkurs zu Meilensteinen der Entwicklung einer Nachhaltigkeitsstrategie auf europäischer und nationaler Ebene (auf Deutschland bezogen) erfolgt im nachfolgenden Abschnitt 3.1.2.

### 3.1.2 Konkretisierung globaler Ziele und Forderungen auf europäischer und nationaler Ebene

Die Entwicklung einer nachhaltigen Entwicklung im deutschen Raum setzt, wie auch in der internationalen Diskussion, verstärkt in den 1990er-Jahren ein. Rogall (2013, S. 131) benennt hierfür vier Meilensteine (vgl. Abbildung 9, S. 60). Als erster wesentlicher Meilenstein ist die Verankerung im Grundgesetz zu nennen (§ 20a Grundgesetz): „Der Staat schützt auch in Verantwortung für die künftigen Generationen die natürlichen Lebensgrundlagen und die Tiere im Rahmen der verfassungsmäßigen Ordnung durch die Gesetzgebung und nach Maßgabe von Gesetz und Recht durch die vollziehende Gewalt und die Rechtsprechung." Seit 1994 wurden vielfältige Enquete-Kommissionen durch den Bundestag gegründet und 1998 ein „Green-Cabinet" (ein Staatssekretärsausschuss), um so bedeutsame politische Nachhaltigkeitsentscheidungen vorzubereiten.

Für die wissenschaftliche Beratung der Bundesregierung aber auch für die Informierung der Öffentlichkeit sind neben den zahlreichen Enquete Kommissionen zudem zwei Beratungsgremien, die ausschließlich aus Wissenschaftlern bestehen, zu nennen: 1. Sachverständigenrat für Umweltfragen (SRU, früher Rat von Sachverständigen für Umweltfragen) und 2. Wissenschaftlicher Beirat der Bundesregierung Globale Umweltveränderungen (WBGU). Ersteres, der SRU, der bereits seit 1971 existiert und heute dem BMUB unterstellt ist, stellt regelmäßig die Umweltsituation und die -politik sowie Entwicklungstendenzen in Deutschland dar und begutachtet diese. Daneben zeigt er umweltpolitische Fehlentwicklungen sowie Möglichkeiten zu deren Vermeidung auf (Ziegler, 2003, S. 80 f.). Der WBGU, der als Reaktion auf den Weltgipfel von 1992 in Rio de Janeiro gegründet wurde und dem BMBF und BMUB zugeordnet ist, begutachtet dagegen die globalen Umweltveränderungen und ihre Folgen. Zudem bereitet er Vorschläge zu deren Bewältigung in ihrem ökologischen, sozialen und ökonomischen Kontext vor. Auch wenn aus den Aufgabenbereichen der beiden Organe ein nationales bzw. globales Analysefeld abgeleitet werden kann, zielen beide aber auf nachhaltige Handlungsempfehlungen ab, in denen sowohl globales als auch lokales Denken notwendig ist. Deshalb sind die Tätigkeitsbereiche des SRU und WBGU kaum noch zu unterscheiden (ebd.).

Ein wesentlicher letzter Meilenstein wurde im Jahr 2002 gesetzt, als eine nationale Nachhaltigkeitsstrategie („Perspektiven für Deutschland") verabschiedet wurde (zugehörige Maßnahmen, Berichte etc. sind online bei der Bundesregierung einsehbar: die Bundesregierung, o. J.).

*Abbildung 9: Nachhaltige Entwicklung in Deutschland (Rogall, 2013, S. 131)*

Bedeutende Ereignisse/Meilensteine der nachhaltigen Entwicklung in Deutschland:

- 1994: Schutz der Umwelt als Staatsziel
  - In Art. 20a GG verankert
  - Bekenntnis aller Bundesregierungen zu den Zielen einer Nachhaltigen Entwicklung
- 1998: „Green-Cabinet"
  - Nachhaltigkeitsrat und ein Staatssekrätersausschuss eingesetzt
- 2002: Nachhaltigkeitsstrategie
  - Verabschiedung einer nationalen Nachhaltigkeitsstrategie durch die Bundesregierung
  - Fortschrittsberichte in den Jahren 2004, 2008 und 2012
- 1994–2012: Enquete Kommissionen
  - Einsetzung von Enquete Kommissionen durch den Bundestag
  - Agendaprozesse in allen Bundesländern und in mehr als 2.300 Kommunen

## 3.2 Kontroversen um die Interpretation des Leitbildes nachhaltige Entwicklung

Obwohl eine Vielzahl an Ländern bis heute Nachhaltigkeitsstrategien umgesetzt haben und somit ein, zwar nur langsamer, Implementierungsprozess erkennbar ist (von Hauff, 2014, S. 16 f.), wird die Umsetzung des Leitbildes einer nachhaltigen Entwicklung kritisch bewertet. Gründe für die unzureichende Realisierung einer nachhaltigen Entwicklung sind vielfältig. Zum einen werden etablierte Marktmechanismen infrage gestellt und bewirken Widerstände von wirtschaftlichen Interessensgruppen sowie der Bevölkerung (in Anlehnung an Umbach & Rogall, 2011, S. 63), zum anderen erschwert die Komplexität des Nachhaltigkeitskonzepts dessen Realisierung. Die zugehörigen Hintergründe wären jedoch zu umfangreich, um sie hier ausführlich auszuführen und können differenzierter sowie elaborierter in einschlägigen Nachschlagewerken zur Nachhaltigkeit nachvollzogen werden (exemplarisch bei Grunwald & Kopfmüller, 2012; von Hauff, 2014). Um für die Problemstellungen im Nachhaltigkeitskontext zu sensibilisieren, werden deshalb die bedeutsamsten Kontroversen in Tabelle 6 kurz zusammengefasst.

*Tabelle 6: Kritik an der Umsetzung des Leitbildes einer Nachhaltigen Entwicklung nach Rogall und Scherhorn (2012, S. 19 f.)*

| **Kritik** | **Begründung** |
|---|---|
| Nachhaltigkeit ist nicht zum Leitprinzip geworden. | Bisher keine sozial-kulturelle und wirtschaftlich-technische Transformation, unzureichende Verknüpfung von global politischen Fragestellungen und Nachhaltigkeitszielen. |
| Nachhaltigkeit ist nur begrenztes Staatsziel. | Das Prinzip der Nachhaltigkeit wurde zwar im Grundgesetz verankert, fokussiert jedoch primär den Umweltschutz. |
| Der Begriff nachhaltige Entwicklung ist eine inhaltsleere Hülle. | Fast alle gesellschaftlichen Akteursgruppen berufen sich heute auf das Leitprinzip der Nachhaltigen Entwicklung, vertreten aber unterschiedliche, zum Teil sogar gegensätzliche, Positionen. |
| Unbekanntheit trotz jahrelanger Diskussion. | Der Bekanntheitsgrad des Begriffs nachhaltige Entwicklung ist in Deutschland zwar zunehmend, jedoch bestehen vielfältige Präkonzepte. |
| Die Leitidee schürt Illusionen und kann als ideologischer Täuschungsversuch betrachtet werden. | Die Leitidee wird als Beruhigung der Gesellschaft verwendet, vermittelt der Gesellschaft eine utopische Hoffnung auf einen paradiesischen Zustand und verdecke reale Interessenkonflikte der Akteure und Machtkonstellationen. |
| Die existenzielle Bedeutung der natürlichen Lebensgrundlage wird zugunsten von Optimierungszielen verdrängt. | Das Abwägen zwischen den drei Zieldimensionen Ökonomie, Ökologie und Soziales steht im Vordergrund. Zudem gab es bei den letzten drei Weltgipfeln keine nennenswerten Umweltschutzbeschlüsse. |
| Unzureichende Maßnahmen zur Realisierung einer nachhaltigen Entwicklung. | Bisher ist es zu einer nur ernüchternden Umsetzung von Maßnahmen gekommen. |

In Ergänzung zu den Angaben in Tabelle 6 werden im Folgenden einzelne Operationalisierungsherausforderungen gesondert dargestellt. Dies betrifft die Semantik sowie die Bedeutung der Paraphrase *nachhaltige Entwicklung* (Abschnitt 3.2.1), Probleme des Leitbildes einer nachhaltigen Entwicklung aufgrund der Behandlung als regulative Idee (Abschnitt 3.2.2), verschiedene Dimensionalisierungsansätze (Abschnitt 3.2.3), das Problem der schwachen und starken Nachhaltigkeit (Abschnitt 3.2.4) sowie die vielfältigen ungesicherten Erkenntnisse über Wirkungszusammenhänge im Kontext einer nachhaltigen Entwicklung (Abschnitt 3.2.5).

### 3.2.1 Zur Semantik und Bedeutung der Paraphrase nachhaltige Entwicklung

Historisch lassen sich vielfältige Auseinandersetzungen mit Nachhaltigkeitskonzepten in unterschiedlichen Epochen sowie durch verschiedene Personen konstruieren, in der Literatur wird allerdings für die erstmalige Verwendung des Begriffs auf den sächsischen Oberberghauptmann Hans Carl von Carlowitz verwiesen, der 1713 das Buch *Sylvicultura oeconomica* (vgl. Abschnitt 3.1) oder *haußwirthliche Nachricht und Naturmäßige Anweisung zur wilden Baum-Zucht* veröffentlichte. In diesem Werk fordert Carlowitz eine „continuierliche, beständige und nachhaltende Nutzung“ des Waldes (zitiert nach Michelsen & Adomßent, 2014, S. 4). Dieser Gedanke der „nachhaltenden Forstwirtschaft“ wird heute weit über die Forstwirtschaft hinaus in unterschiedlichsten Disziplinen verwendet (ebd., S. 1).

Rogall (2012, S. 42) verweist auf einen Vortrag von Weizsäcker (2004/06), wonach der Begriff *nachhaltige Entwicklung* durch eine deutsche Delegation in den 1980er-Jahren in internationale Verhandlungen eingebracht und mit der englischen Bezeichnung *sustainable development* ins Englische übersetzt wurde. Die Silbe *sustain* entstammt dem lateinischen Wort *sustiner* und ist als aufrechterhalten zu übersetzen (Rogall, 2012, S. 42).

Der Begriff *sustainable development* beziehungsweise im Folgenden der deutsche Begriff *nachhaltige Entwicklung* stellt in Anlehnung an Lélé (1991, S. 608) eine Paraphrase dar, die sich aus den Konzepten *Nachhaltigkeit* und *Entwicklung* herleitet. Beide Begriffe umfassen für sich stehende Bedeutungen. Während unter dem Begriff *Nachhaltigkeit* ein Zielzustand zu verstehen ist, bezieht der Entwicklungsbegriff sich auf Objekte und Prozesse. Der Prozess ist hierbei ein neutraler Begriff für Veränderungen. Der Begriff *Nachhaltigkeit* beschreibt somit einen Zustand, der durch eine nachhaltige Entwicklung erzeugt wird. Diese kurze Differenzierung verdeutlicht, dass Nachhaltigkeit und eine nachhaltige Entwicklung nicht in jedem Kontext als Synonyme verwendet werden können.

Mittlerweile erhält der Begriff *nachhaltig* bzw. *Nachhaltigkeit* in vielen Domänen Einzug. So sind in der Literatur unterschiedliche Kontextbezüge rekonstruierbar, wie beispielweise „nachhaltige Kommunen und Städte, nachhaltige Automobile, nachhaltige[r] Tourismus, nachhaltige Regionen und nachhaltige Branchen der Wirtschaft“ (Grunwald & Kopfmüller, 2012, S. 76). Es entstehen aber auch kritische Anmerkungen, dass die politische Bedeutung in den Hintergrund gerät, wenn nicht sogar gänzlich verschwindet und nach den Befürchtungen des SRU (2002, S. 57) die Begriffe zunehmend willkürlich verwendet werden und hierüber die Verbreitung von Präkonzepten fördern. So gilt der Begriff

Nachhaltigkeit inzwischen als ein gesellschaftlich weit verbreitetes Synonym für Langfristigkeit bzw. nach Rogall, Haberland und Klausen (2011, S. 43) auch für „nachdrücklich". Langfristigkeit als Synonym für Nachhaltigkeit zu verwenden ist aber nicht grundsätzlich abzulehnen, schließlich besteht zwischen den Begriffen eine Bedeutungsschnittmenge. Wenn einige Nachhaltigkeitsautoren Nachhaltigkeit mit einer „dauerhaft aufrechterhaltbare[n]", „zukunftsfähige[n]" oder „zukunftstaugliche[n] Entwicklung" (Umbach & Rogall, S. 65) verbinden, bezieht sich der Zeitbezug des Begriffs *Nachhaltigkeit* auf eine generationenübergreifenden und somit weiter gefassten Zeitbezug.

Deutlich wurde zwar im Abschnitt 3.1.1, dass grundlegende Orientierungen des Leitbildes einer nachhaltigen Entwicklung auf Gerechtigkeit, hierbei im Besonderen eine Verteilungsgerechtigkeit von Ressourcen, sowie Zukunftsverantwortung fokussieren (Grunwald & Kopfmüller, 2012, S. 53), es fehlen aber inhaltliche Konkretisierungen. Grunwald und Kopfmüller (ebd.) bemerken kritisch:

> „Konkretisierungen ergeben sich jedoch nicht einfach durch logische Ableitungen aus den Grundorientierungen, sondern hängen von Interpretationen, Deutungen und Kontexten ab und sind notwendigerweise mit Wertungen, Gewichtungen und Prioritätensetzungen verbunden. Daher sind Konkretisierungen der Idee nachhaltiger Entwicklung – die zunächst häufig die Form von wissenschaftlichen Nachhaltigkeitskonzeptionen hatten – in der Regel kontrovers, sowohl wissenschaftlich als auch in Öffentlichkeit und Politik."

Auch der Umfang der Handlungsfelder der Nachhaltigkeitspolitik wird diskutiert. Es stellt sich die Frage wie spezifisch oder umfassend die Handlungsfelder zu gestalten sind. So bestünde die Gefahr bei einer zu engen Eingrenzung beispielsweise auf ökologische Ziele, nur umweltinteressierte Akteure für das neue Entwicklungsleitbild zu gewinnen (Umbach & Rogall, 2011, S. 64 ff.). Umbach und Rogall (2011) befürchten hingegen bei einem umfassenderen Nachhalti gkeitsdiskurs die Vernachlässigung von konkreten inhaltlichen Aussagen. Nachhaltige Politik könnte zudem mit „guter Politik" gleichgesetzt werden.

### 3.2.2 Herausforderung der Begriffsoperationalisierung einer regulativen Idee

Die nachhaltige Entwicklung stellt eine regulative Idee dar, die im Grunde auf Kant zurückzuführen ist. „Ideen sind keine Begriffe, die einen Erfahrungsgegenstand festlegen, sondern praktisch-regulierende Prinzipien" (Michelsen & Adomßent, 2014, S. 26). Die Enquete-Kommission von 1998 (S. 16) vergleicht den Ansatz einer nachhaltigen Entwicklung mit den Begriffen „Freiheit" und „Gerechtigkeit", die „positiv" und „offen" formuliert sind und „für die es nur vorläufige und hypothetische Zwischenbestimmungen geben kann." Die Kommission führt weiterhin aus: „Es ergibt sich nämlich nicht nur das Problem, da[ss] die gesellschaftlichen Vorstellungen von nachhaltig zukunftsverträglicher Entwicklung sowohl zeit-, situations- als auch kultur- und wissensabhängig sind. Darüber hinaus hängen die mit dem Leitbild verbundenen Problemempfindungen und politischen Schwerpunktsetzungen vom jeweiligen gesellschaftlichen und wirtschaftlichen Entwicklungsstand ab. Eine für alle Gesellschaften verbindliche Definition scheint deshalb ohne Aussicht auf Erfolg. Folglich kann auch nicht vorgegeben oder definiert werden, wie eine nachhaltig zukunftsverträgliche Gesellschaft oder eine nachhaltige Wirtschaft konkret auszusehen hat" (ebd.).

Die Formulierung einer nachhaltigen Entwicklung als regulative Idee ist bezüglich ihres Bedeutungsinhaltes somit nicht bzw. nur eingeschränkt operationalisierbar und beinhaltet häufig lediglich Momentaufnahmen, provoziert sogar, aber zu einem bestimmten Grad intendiert, mehrdeutige und somit auch nicht immer widerspruchsfreie Ansätze.

### 3.2.3 Der Diskurs über Dimensionen einer nachhaltigen Entwicklung

Gerne werden aus pragmatischen Vereinfachungsgründen die Inhalte einer Nachhaltigen Entwicklung auf ein sogenanntes *Drei-Säulen-Modell* reduziert, was besonders als Alltagskonzept, aber auch als Ausgangspunkt vieler Nachhaltigkeitsstrategien bzw. -konzepte sowohl auf staatlicher als auch betrieblicher Ebene (von Hauff, 2014, S. 32), geeignet erscheint. Die Säulen werden hierbei als Metapher für unterschiedliche Dimensionen einer nachhaltigen Entwicklung verwendet: Ökonomie, Ökologie und Soziales. Mit Blick auf die Agenda 21 ist eine solche Dreiteilung bereits in den 1990er-Jahren erkennbar (vgl. Abbildung 8 im Abschnitt 3.1.1; von Hauff, 2014, S. 15).

Eine Herausforderung besteht allerdings im Verständnis der Dimensionen. Während die ökologische und ökonomische Dimension in den vergangenen Jahren breit diskutiert wurde, ist die soziale Nachhaltigkeit weniger ausdifferenziert und wird bei von Hauff (2014, S. 36 ff.) über verschiedene Zugänge erfasst. Ein Überblick über die Ziele und Inhalte dieser einzelnen Dimensionen und unterschiedlichen Zugangsmöglichkeiten der sozialen Nachhaltigkeit ist Tabelle 7 (S. 66) zu entnehmen.

Der Retinitäts-Ansatz des SRU fokussiert die Gesamtvernetzung von Nachhaltigkeitsaspekten (SRU, 1994, S. 9 & 54 f.). Die Dimensionen Ökonomie, Ökologie und Soziales sind demnach nicht unabhängig voneinander zu betrachten, die Wertigkeit und Hierarchie der Zieldimensionen sind allerdings bis heute unklar und werden kontrovers diskutiert.[20] Umbach und Rogall (2011, S. 66) fassen diesbezüglich vier Standpunkte zusammen: 1. Eine Hervorhebung der wirtschaftlichen Zieldimension, 2. die Betrachtung der Gleichrangigkeit der Zieldimensionen, 3. die Betrachtung der Gleichrangigkeit der Zieldimensionen innerhalb festgelegter Grenzen sowie 4. eine Priorisierung der ökologischen Zieldimension.

Kritisch ist die Dimensionierung insofern zu betrachten, da dieses Vorgehen die Gefahr von Missverständnissen sowie die Entwicklung von Präkonzepten fördern kann, insbesondere bei fraglichen Wertigkeiten sowie isolierten Dimensionsbetrachtungen einzelner Dimensionen, die sogar eine Vernachlässigung der zentralen Leidideen einer nachhaltigen Entwicklung – Gerechtigkeit und Zukunftsverantwortung – (Grunwald & Kopfmüller, 2012, S. 53) bewirken können.

*Tabelle 7: Dimensionen der Nachhaltigkeit nach von Hauff (2014, S. 32 ff.)*

| Nachhaltigkeitsdimension | Annahmen |
|---|---|
| Ökologische Nachhaltigkeit | • Ziel: Erhaltung des ökologischen Systems bzw. ökologischen Kapitalstocks.<br>• Das ökologische System bildet die Grundlage aller menschlichen Aktivität.<br>• Das ökonomische System kann für sich alleine nicht nachhaltig sein, da seine dauerhafte Existenz von dem Zusammenspiel der Wirtschaft mit dem ökologischen System abhängt.<br>• Es ist erforderlich, Produktionsformen und Konsumstile an die ökologischen Systeme anzupassen, wobei Zielkonflikte zwischen Konsumstilen und Konsumentensouveränität zu erwarten sind und nachhaltige Konsumstile nur schwer realisierbar sind.<br>• Die Politik ist gefordert von den Akteuren der privaten Wirtschaft, den Haushalten und sonstigen wirtschaftlichen und gesellschaftlichen Akteuren eine stärkere Anpassung an die Belastbarkeit ökologischer Systeme einzufordern. |

20 Teilweise wird neben den drei Dimensionen auch von sozial-kulturellen Zielen gesprochen, um so „die Aspekte der partizipativen Demokratie und Rechtsstaatlichkeit" besser integrieren zu können (Umbach & Rogall, 2011, S. 65).

| Nachhaltigkeitsdimension | Annahmen |
|---|---|
| Ökonomische Nachhaltigkeit | • Ziel: Stärkung der Wirtschaftskraft und die Aufrechterhaltung einer ausreichenden bzw. gewünschten Lebensqualität im Zeitablauf zu erreichen.<br>• Stärkung der Wirtschaftskraft durch eine positive Entwicklung von Innovationen, Anlageinvestitionen, Arbeitsproduktivität und Ausgaben für Forschung und Entwicklung.<br>• Bisherige Produktionsweisen gelten als nicht nachhaltig und müssen überdacht werden.<br>• Materielle Dimensionen wie Arbeit, Einkommen und Konsum sind durch immaterielle Dimensionen wie Freiheit, soziale Gerechtigkeit und sozialen Konsens, aber auch durch entsprechende Umweltqualität zu ergänzen.<br>• Wachstum ist bedeutsam.<br>• Technischer Fortschritt kann Überlastung der Umwelt entgegenwirken und somit zu einer Entkopplung von Wachstum und Nutzung des natürlichen Kapitals führen. |
| Soziale Nachhaltigkeit | Die soziale Nachhaltigkeit ist weniger inhaltlich ausgestaltet als die ökonomische und ökologische Dimension und weist unterschiedliche Zugänge auf:<br>• Grundbedürfniskonzept: Sicherung von Grundgütern und Grundbedürfnissen [im Sinne des Capability Approach nach Sen (1993)].<br>• Sozialkapital: Bestand an sozialen Netzwerken, Vertrauen und kooperationsfördernden Werten und Normen einer Gesellschaft sichern. Häufig wird hierzu auf die Theorien von Bourdieu (1983), Coleman (1988) sowie Putnam (1993) verwiesen.<br>• Neue Institutionenökonomie: Sicherung der von Institutionen als ein System miteinander verbundenen formellen und informellen Normen und Regeln, die den dauerhaften Zusammenhalt einer Gesellschaft begünstigen oder beeinträchtigen können.<br>• Glücksforschung: Sicherung von Wohlbefinden und Zufriedenheit. |

### 3.2.4 Schwache vs. starke Nachhaltigkeit

Uneinigkeit besteht auch bezüglich der Frage der Substitution natürlicher Ressourcen, die zu einer zentralen Unterscheidung von schwacher und starker Nachhaltigkeit führt.

Der Gedanke der schwachen Nachhaltigkeit entwickelte sich aus einer volkswirtschaftlichen-neoklassischen Position heraus (von Hauff, 2014, S. 44 ff.) und ist u. a. auf Stiglitz (1974) zurückzuführen, der aus volkswirtschaftlichen Analysen wachstums- und nutzentheoretisch den technischen Fortschritt, die Substitution von Naturkapital durch Sachkapital sowie positive Skalenerträge, die auf eine höher steigende Produktionsmenge als die eingesetzten Faktoren zurückzuführen sind, legitimierte. Der SRU gilt als Vertreter einer schwachen Nachhaltigkeit (SRU, 2002, S. 59) und beschreibt dieses Konzept präziser als einen „konstanten Gesamtbestand an Kapitalien" des intergenerationellen Vermächtnisses, in dem es zulässig ist, „Naturkapital zu verbrauchen und in Sachkapital oder Wissen zu transformieren, so lange dadurch der Gesamtbestand an Nutzen stiftendem Kapital und damit die menschliche Wohlfahrt anwächst oder zumindest über die Zeit gleich bleibt" (ebd.).

Die nicht-Austauschbarkeit von Naturkapital sowie unterschiedliche Kapitalarten als Komplementäre zueinander zu betrachten, wird entsprechend als starke Nachhaltigkeit bezeichnet (von Hauff, 2014, S. 51 ff.). Zentraler Kritikpunkt an der neoklassischen Interpretation, also der schwachen Nachhaltigkeitsauffassung, besteht in der fehlenden ganzheitlichen Erfassung komplexer Phänomene, die auf einseitig marginale Gleichgewichtsanalysen zurückzuführen sind (ebd., S. 52 f.). Daneben werden der neoklassischen Auffassung die Begrenzung auf das einzelne Individuum und dessen Streben nach Gewinn- und Nutzenmaximierung vorgeworfen. Beispielsweise stellt sich die Frage bei der Komplexität der Ökosysteme der Erde sowie den damit zusammenhängenden Interdependenzen, ob eine perfekte Substitution überhaupt möglich ist, um so intergenerationelle Ungerechtigkeiten zu vermeiden.

Beide Konzeptionen stellen Extrempositionen dar. Dabei bleibt zu klären, ob die Nicht-Substituierbarkeit generell oder fallbezogen zu rechtfertigen ist. Gegen das Festhalten an den Extrempositionen sprechen unterschiedliche Argumente. Die vollständige Substitution natürlichen Kapitals gilt als Utopie, da wirtschaftliche Tätigkeiten auf Vor- und Nachleistungen der Natur angewiesen sind und somit im Rahmen von Substitutionsprozessen natürliches Kapital erforderlich ist. Das andere Extrem, die starke Nachhaltigkeit, würde zu einem Verzicht auf nicht erneuerbare natürliche Ressourcen führen, doch stellt sich hierbei die Frage der Vereinbarkeit mit dem Grundsatz der Nachhaltigkeit, also ob dieser Verzicht sich noch an den Bedürfnissen des Menschen orientiert? Mittlere Positionen würden dann bedeuten, einzelfallbasiert zu entscheiden und hierbei eine begrenzte Substitution von Naturkapital durch künstliches Kapital zuzulassen (Grunwald & Kopfmüller, 2012, S. 66 ff.). Letzteres wäre als ausgewogene Nachhaltigkeit zu bezeichnen. Diese basiert auf den Prämissen, dass das Gesamtkapital konstant gehalten werden muss, kritische Bestandteile des Naturkapitals aufgrund eingeschränkter Substituierbarkeit konstant bleiben müssen und Natur- und Sachkapital weder als rein komplementär noch vollständig substituierbar anzunehmen sind (von Hauff & Seitz, 2012, S. 186).

### 3.2.5 Ungesicherte Erkenntnisse über Wirkungszusammenhänge im Kontext einer nachhaltigen Entwicklung

Nicht ohne Grund wird eine nachhaltige Entwicklung als regulative Idee diskutiert, sicherlich auch vor dem Hintergrund hoher Veränderungsgeschwindigkeiten sowie schneller Verfallzeiten von Wissen (Kutt, 2006, S. 35). Doch erschweren ungesicherte Erkenntnisse über Wirkungszusammenhänge sowie inhaltliche Zielkonflikte das Verständnis sowie die Realisierung einer nachhaltigen Entwicklung. Obwohl einige Studien, die sich mit den Grenzen von Wachstum beschäftigen, seit mehreren Jahrzehnten eine weit beschränkte Förderungs- und Nutzungsmöglichkeit für bestimmte Ressourcen vorhersagen, zeigt sich, dass die berechneten Zeithorizonte bis heute falsch waren. Das Ende der Ressourcenverfügbarkeit, zum Beispiel von Erdöl, ist nicht abzulehnen, doch wird den berechneten Modellen des Club of Romes (Meadows et al., 1972) eine Unterschätzung von Substitutionseffekten (SRU, 2002, S. 59) insbesondere durch moderne Technologien vorgeworfen (von Hauff, 2014, S. 7).

Zu einem gewissen Grad wird die Beanspruchung der natürlichen Umwelt toleriert, doch sind es nach Grunwald und Kopfmüller (2012, S. 55 f.) die Grenzen der Belastbarkeit wissenschaftlich exakt zu bestimmen. Für viele Bereiche fehlen bis heute Lösungsansätze und vor allem Technologien, so dass häufig keine konkreten Handlungsempfehlungen möglich sind.

Daneben werden aber auch Erkenntnisse revidiert. Exemplarisch ist auf das Forschungsfeld von Rebound-Effekten zu verweisen, das aufzeigt, wie veränderbar Nachhaltigkeitsempfehlungen im Zeitverlauf sein können. So stellen Transferannahmen zu Rebound-Effekten im Nachhaltigkeitskontext die bisher verbreitete Ressourceneffizienz zum Teil infrage, da angenommen wird, dass Effizienzsteigerungen, beispielsweise durch Innovationen, nicht zu den gewünschten Ressourceneinsparungen führen, da gleichzeitig die Nachfrage nach dieser Ressource steigt und den Einsparungseffekt überkompensiert (z. B. gemessen am $CO_2$-Austoß). Hierzu fehlen jedoch gesicherte Wirkungszusammenhänge, bisherige Analysen beziehen sich vor allem auf den Forschungsbereich des nachhaltigen Konsums sowie der Energieeffizienz (z. B. Hertwich, 2005).

## 3.3 Nachhaltiges Wirtschaften

Die vorherigen Ausführungen sind maßgeblich als Rahmengerüst relevant, um ein nachhaltiges Wirtschaften aus einer betrieblichen Perspektive beschreiben zu können, worauf dieser Abschnitt abzielt. Ansätze nachhaltigen Wirtschaftens sind eng mit der Entwicklung volkswirtschaftlicher Theorien verbunden und werden eingangs im Abschnitt 3.3.1 dargestellt. Die Kontroversen um die Interpretation einer nachhaltigen Entwicklung sind auch für ein nachhaltiges Wirtschaften gültig und werden im Abschnitt 3.3.2 beschrieben. Dieser Abschnitt führt anschließend zur betriebswirtschaftlichen Perspektive der Nachhaltigkeit über. Allerdings existieren bisher nur wenige betriebswirtschaftliche Theorien und empirisch gesicherte Erkenntnisse. Viele Ergebnisse stammen hierbei vorwiegend aus dem Bereich der Unternehmensführung und den dortigen Unternehmensbefragungen. Diese Ergebnisse werden in Verbindung mit theoretischen Ansätzen im Abschnitt 3.3.3 zur Beschreibung der Realisierbarkeit, Bedeutung und Verbreitung eines nachhaltigen Wirtschaftens aus einer Managementperspektive genutzt. Betriebliche Handlungsfelder nachhaltig zu gestalten, ist allerdings mit einigen Herausforderungen verbunden, was Bestandteil von Abschnitt 3.3.4 ist. Der Abschnitt 3.3.5 zeigt abschließend auf, welchen betrieblichen Handlungsmöglichkeiten zur Unterstützung einer nachhaltigen Entwicklung möglich sind.

### 3.3.1 Historische Skizze zur Auseinandersetzung mit nachhaltigkeitsrelevanten Aspekten in der Ökonomie

Aus einer stärker ökonomischen Perspektive, im Besonderen der Entwicklung volkswirtschaftlicher Theorien, können Ansätze nachhaltigen Wirtschaftens bereits in Aristoteles Lehren über den Erwerb hineininterpretiert werden. Den natürlichen Erwerb beschreibt Aristoteles exemplarisch am Beispiel der Ernährung von Pflanzen-, Fleischfressern und Nomaden, deren Nahrung natürlich (ohne Handel) beschafft wird. Im Mittelpunkt dieser Erwerbsform steht die materielle Sicherung für ein sittlich gutes Leben (Müller-Christ, 2001, S. 317). Der natürliche Erwerb wird in Aristoteles Werk „Politeia“ (Politik) (Aristoteles, 1973, S. 58 f.) dargestellt, welches zusammen mit „Nomoi“ (Gesetze) als Präidee ökonomischer Theorien (Ziegler, 2008, S. 36) angesehen wird. Nachhaltigkeitsaspekte entstehen hierbei in der Ableitung haushaltsökonomischer Ideen, aus denen der Gedanke der Substanzerhaltung hervorgehoben wird (Müller-Christ, 2001, S. 314 ff.).

Während die Scholastik aufgrund ihrer philosophischen und theologischen Orientierung ethische Aspekte in Anlehnung an Aristoteles noch in ökonomischen Theorien diskutierte, können in dieser Zeit aber auch bereits Harmonisierungen der antiken Ablehnung zum Zinsnehmen und Gewinnstreben identifiziert werden (Söllner, 2012, S. 6 ff.). Der Wandel ökonomischen Denkens könnte auf den Merkantilismus zurückgeführt werden, der unter anderem durch die Entstehung von Nationalstaaten, Entstehung und Entwicklung von Wissenschaften, Entdeckung neuer Erdteile sowie den ökonomischen Wandel zu florierendem Handel und erstarkenden Industrien geprägt ist, die einen Zusammenhang von Wohlstand und ökonomischem Wachstum in den Vordergrund stellten (ebd., S. 9 ff.).

Der Faktor Natur erhielt Mitte des 18. Jahrhunderts zur Zeit der französisch geprägten Physiokratie jedoch erneut einen bedeutsamen Stellenwert, als dieser als „Quelle allen Reichtums“ betrachtet wurde (Burschel et al., 2004, S. 152). Als Vertreter wäre hier Quesnay zu nennen, der als Begründer des Wirtschaftskreislaufes (Tableau Economique von 1758) den Boden als wesentlichsten Produktionsfaktor bestimmte (Rogall, 2012, S. 111).

Industrialisierungsprozesse führten schließlich am Ende des 18. Jahrhunderts zu einer Konzentrierung auf ökonomische und sozial-arbeitsrechtliche Aspekte, die ökologische Fragestellungen vernachlässigten (Michelsen & Adomßent, 2014, S. 6 f.). Hierbei ist auch auf Adam Smith (1723–1790) als Begründer einer modernen Volkswirtschaftslehre zu verweisen, der entgegen merkantilistischer Ideen der zentralen Steuerung ein Wirtschaftssystem forderte, in dem sich die Eigeninteressen des Einzelnen entfalten können („Homo Oeconomicus“) (Burschel et al., 2004, S. 158).

Dass Nachhaltigkeitsgedanken aber parallel zu ökonomischen Theorien bestanden, wird gerade am Beispiel Adam Smith deutlich, der den Gedanken der intergenerationellen Gerechtigkeit bereits andeutete, indem er künftigen Generationen das gleiche Recht auf die natürlichen Ressourcen zuschrieb wie den derzeit Lebenden (Rogall, 2012, S. 111). An dieser Stelle könnten vielfältige weitere theoretische Ansätze von Ökonomen bzw. Philosophen aufgezählt werden (z. B. Malthus, Marx, Keynes etc.), die neben ihrem Beitrag zur Ökonomie auch ökologisch-ökonomische Gedanken verfassten, für den Kontext dieser Arbeit aber zu weitführend wären (differenzierte Auflistung bei Rogall, 2012, S. 110 ff.).

Die Industrialisierung gilt als Ausgangspunkt der Entwicklung moderner ökonomischer Theorien (Burschel et al., 2004, S. 192). Seit dem 19. Jahrhundert dominierten in den Wirtschaftswissenschaften besonders Wachstumstheorien, aus denen sich die sogenannte Neoklassik herausbildete. Diese basiert auf Marginalanalysen (wie z. B. die Gesetze nach Gossen zur Grenznutzenanalyse), der Pareto-Optimalität (grundlegende Bedingung des Effizienzbegriffs durch Abwägungsprozesse bei der Ressourcenallokation: Wohlfahrt eines Individuums ist nicht möglich ohne die Ressourcen eines anderen Individuums zu verringern), dem zuvor angedeuteten Homo Oeconomicus (Annahme des Eigennutz und der Zweckrationalität von Individuen), Konsumentensouveränität sowie dem Marktgleichgewicht (Anpassung von Angebot und Nachfrage) (Nutzinger & Rogall, 2012, S. 94 f.).

Die Integration von Natur und Umweltaspekten in die Wirtschaftswissenschaften erfolgte verstärkt erst wieder seit den 1960er-Jahren (Michelsen & Adomßent, 2014, S. 7).[21] Aufbauend auf neoklassischen Annahmen entwickelte sich in den 1970er-Jahren die neoklassische Umweltökonomie. Die Grundlage für diese Theorie bildet die Wohlfahrtstheorie. Der Umweltschutz erfährt insofern Beachtung, als die Ressourcennutzung intertemporal eine möglichst große Wohlfahrts- und Wohlstandssteigerung erzielen muss (Nutzinger & Rogall, 2012, S. 100). Der Markt gilt in orthodoxen neoklassisch umweltökonomischen Ansätzen als alleiniges Verteilungsinstrument. Fehlallokationen werden hierbei auf das Marktversagen zurückgeführt (ebd., 2012, S. 104). So werden Umweltschadenskosten externalisiert (auf andere abgewälzt), sollten aber internalisiert werden (Herr & Rogall, 2011, S. 93).

Aus der Kritik an der unzureichenden Umweltökonomie entstand in den 1980er-Jahren die Ökologische Ökonomie, in der der Nachhaltigkeitsgedanke bereits expliziter Beachtung findet, und bildet die Basis für eine alle drei Dimensionen umfassende nachhaltige Ökonomie, die bis heute jedoch erst am Anfang steht (Rogall, 2012, S. 119 f.). Ansätze einer nachhaltigen Ökonomie umfassen die Leitgedanken des Nachhaltigkeitsdiskurses. Hierbei stehen die Perspektive der starken Nachhaltigkeit und somit insbesondere die Ablehnung der Substitution natürlicher Ressourcen im Vordergrund. Rogall (2012, S. 123) als Vertreter der nachhaltigen Ökonomie fordert eine grundlegende Änderung der traditionellen Ökonomie, den Wandel des Wachstums- zu einem Nachhaltigkeitsparadigma mit der Umsetzung der Effizienz-, Konsistenz- und Suffizienzstrategie[22],

21 Für eine differenziertere Entwicklung ökonomischer Theorien ist beispielhaft auf Söllner (2012) und Ziegler (2008) zu verweisen. Die Verbindung zwischen der Entwicklung ökonomischer Theorien mit Bezugspunkten zu Themen einer nachhaltigen Entwicklung wird bei Rogall (2012, S. 110 ff.) sowie Burschel et al. (2004, S. 144 ff.) differenzierter ausgeführt.

22 Ersteres, die Effizienzstrategie, zielt im Sinne des wirtschaftlichen Prinzips auf eine Minimierung des Ressourceneinsatzes ab (Grunwald & Kopfmüller, 2012, S. 92 f.; von Hauff, 2014, S. 62). Die Konsistenzstrategie kann auch als Substitutionsstrategie bezeichnet werden (Rogall, 2012, S. 187) oder Ökokonsistenz bzw. Eco-Effectiveness (von Hauff, 2014, S. 63). Bei dieser Strategie geht es um den ökologischen Strukturwandel und sie basiert auf der Prämisse, dass „die Stoff- und Energieströme aus menschlicher

Beachtung ethischer Prinzipien – vor allem die inter- und intragenerationelle Gerechtigkeit –, nachhaltige Ökonomie als inter- und transdisziplinären Ansatz zu formulieren, Änderung der Rahmenbedingungen mittels politisch-rechtlicher Instrumente, Operationalisierung des Nachhaltigkeitsbegriffs und Entwicklung neuer Messsysteme, ohne eine Sinnentlehrung des Nachhaltigkeitsbegriffs zu bewirken, globale Verantwortung sowie eine nachhaltige (sozial-ökologische) Markt- oder Gemischtwirtschaft, in der sowohl eine rein kapitalistische Marktwirtschaft als auch Verwaltungswirtschaft abgelehnt wird.

### 3.3.2 Divergente Rationalitätsannahmen zur Interpretation nachhaltigen Wirtschaftens

Der politisch normierte Nachhaltigkeitsdiskurs stellt bisherige ökonomische Theorien sowie ökonomisches Handeln infrage. So entstand in den vergangenen Jahren ein reger Diskurs in der ökonomischen Literatur über die Integration der kulturkritischen Annahmen des Nachhaltigkeitsdiskurses in ökonomische Theorien, die wiederum Einfluss auf betriebswirtschaftliche Ansätze haben.

Im Abschnitt 3.2.4 wurde bereits die Unterscheidung von starker und schwacher Nachhaltigkeit thematisiert, deren Diskurs eng mit unterschiedlichen ökonomischen Denkschulen im Nachhaltigkeitskontext zusammenhängt. Illge und Schwarze (2009, S. 595) identifizieren als Ergebnis einer Clusteranalyse im Rahmen einer vorwiegend einstellungsbasierten Befragung von 196 Ökonomieexperten, die sich mit nachhaltigkeitsrelevanten Themen auseinandersetzen, eine 2-Cluster-Lösung, in der sich ökologische von neoklassischen Umweltökonomen unterscheiden. Interessanterweise deuten die Ergebnisse auch auf einen Zusammenhang mit Themenschwerpunkten von Verbands-/Gesellschaftszugehörigkeiten hin. Tabelle 8 fasst die wesentlichsten Ergebnisse der Clusteranalyse zusammen.

---

Aktivität mit den Strömen natürlicher Herkunft verträglich sein müssen." Es soll demnach kein Konflikt bei den natürlichen Prozessen durch die Einwirkung des Menschen entstehen (ebd.). Die Suffizienzstrategie basiert auf der Frage: „[W]ie viel ist gesund?", bei der dem Wachstumsparadigma nur nachgeordnet gefolgt wird (Grunwald & Kopfmüller, 2012, S. 93). Primäre Handlungsmaxime sind die Selbstbeschränkung, Veränderung von Lebensstilen und der Strukturwandel des Güterkorbs (von Hauff, 2014, S. 64).

*Tabelle 8: Ergebnisse der Clusteranalyse zum Verständnis der Nachhaltigkeit in der Ökonomie von Illge und Schwarze (2009)*

| **Cluster-eigenschaften:** | **Gemeinsame Ansichten der Cluster:** | **Unterschiede zwischen den Clustern:** |
|---|---|---|
| Konzept der Nachhaltigkeit: | Nachhaltigkeit ist als intergenerationelle Gerechtigkeit zu verstehen und die Erweiterung des Nachhaltigkeitskonzeptes um die soziale und ökonomische Dimension schwächt nicht dessen normative Bedeutung. | Intergenerationelle Gerechtigkeit setzt intragenerationelle Gerechtigkeit voraus. (Zustimmung durch neoklassisches Cluster, unterstützende Zustimmung durch ökologisches Cluster). |
| Menschliches Verhalten: | | Nachhaltigkeitsfragen über nutzentheoretische (Homo Oeconomicus) Annahmen klären (Zustimmung durch neoklassisches Cluster, Ablehnung durch ökologisches Cluster). |
| Substitution und Wertigkeit der Natur: | Es ist nicht möglich, für einen unbegrenzten Zeitraum zu bestimmen, welche Ressourcen lebensnotwendig sind. | |
| Nachhaltig-keitspolitik: | Der Grundkonflikt zwischen Effizienz und Verteilungsgerechtigkeit kann letztlich nicht nur durch Wirtschaftswachstum gelöst werden. | Nachhaltigkeit erfordert Einschränkungen des Materialverbrauches und ist erreichbar durch fundamentale Veränderungen unseres ökonomischen Systems (Zustimmung durch ökologisches Cluster, Ablehnung durch neoklassisches Cluster); internationale Spezialisierung führt zu einem lang anhaltenden Wachstum an Wohlstand weltweit (Zustimmung durch neoklassisches Cluster). |
| Wissen-schaftliche Auffassung: | Nachhaltigkeit ist ein wichtiges Zukunftsfeld der Wirtschaftsforschung und muss die interdisziplinären Grenzen überschreiten; die politische Reichweite ökonomischer Analysen ist kein Hindernis für die Entwicklung der Wirtschaftstheorie. | Der wissenschaftliche Zugang sollte objektiv sein. (Zustimmung durch neoklassisches Cluster) Der wissenschaftliche Zugang erfolgt über einen subjektivistischen Zugang (Zustimmung durch ökologisches Cluster). |

Die mehrdeutigen Interpretationsmöglichkeiten bei Umsetzungsmöglichkeiten einer nachhaltigen Entwicklung in ökonomischen Fragestellungen, wie sie im vorherigen gegenübergestellt wurden, können allerdings aufgrund ihrer abstrakteren zum Teil makroökonomischen Betrachtung des Zusammenwirkens von Wirtschaftseinheiten sowie der Beschreibung von notwendigen Wirtschaftsordnungen für ein nachhaltiges Wirtschaften nur schwer auf die betriebswirtschaftliche Entscheidungsebene transferiert werden, da sich gegebene Marktmechanismen und die Annahmen einer nachhaltigen Ökonomie zum Teil unvereinbar gegenüber stehen.

Auch die betriebswirtschaftliche Literatur beschäftigt sich mit der Integration von Nachhaltigkeitsaspekten in kaufmännischen Fragestellungen. Ähnlich der Diskussion über die Berücksichtigung einer nachhaltigen Entwicklung in ökonomischen Theorien, zeigen sich divergente Typologien rationalen Handelns in betriebswirtschaftlichen Situationen (Burschel et al., 2004, S. 258 f.; Müller-Christ, 2001, S. 333 ff.).

Müller-Christ (2001, S. 333) stellt zur Herleitung einer Theorie zum nachhaltigen Ressourcenmanagement zwei Ansätze gegenüber: die Erwerbsökonomie, die auf Überlegungen der klassischen Betriebswirtschaftslehre beruht, und eine Haushaltsökonomie, die über antike theoretische Ansätze (im Besonderen Aristoteles' Annahmen zum Besitz und Erwerb) hergeleitet wird. Aufbauend auf Hofmeister (1998, S. 178) sowie Müller-Christ und Remer (1999, S: 83) definiert Müller-Christ (2001, S. 334) Haushalten wie folgt: „Haushalten beinhaltet die Herstellung, die Erhaltung und die Wiederherstellung der für einen bestimmten Lebensstandard benötigten Ressourcen [...]. Von daher soll unter einem Haushalt der Ort der Abstimmung von Ressourcenverbrauch und Ressourcenpflege sowie Ressourcenbildung verstanden werden." In den Vordergrund dieser Managementtheorie stellt Müller-Christ (ebd. S. 334 ff.) besonders den Gedanken der haushaltsökonomischen Substanzerhaltung von Ressourcen in Form eines ausgeglichen Verhältnis zwischen Ressourcenverbrauch und Ressourcennachschub. Der Unterschied zwischen beiden Konzeptionen wird vorwiegend in Situationen knapper Ressourcen deutlich (ebd., S. 334 ff.): Während die Erwerbsökonomie einen effizienten Umgang mit vorhandenen Ressourcen (beispielsweise Ansätze der Minimierung des Ressourceneinsatzes) postuliert und somit primär nur den Zeithorizont der Ressourcennutzung verlängert, liegt das Hauptaugenmerk der Haushaltsökonomie auf der Substanzerhaltung, um hierdurch langfristig eine Ressourcenbeschaffung zu sichern.

Der Gedanke der haushaltsökonomischen Substanzerhaltung ist zwar konform mit der Forderung nach einer intergenerationellen Gerechtigkeit, bedarf allerdings einer differenzierten Ausformulierung von Lösungsansätzen, die vermutlich mit gegenwertigen Marktmechanismen unvereinbar sowie häufig nur schwer realisierbar wären (Fischer et al., 2015, S. 145). Anzumerken ist auch, dass die Gegenüberstellung dieser Prämissen nur eingeschränkt möglich ist, weil Unternehmen und Haushalte nicht derselben Rationalität folgen können (Müller-Christ, 2001, S. 331) und nur schwer vergleichbare Wirtschaftssubjekte darstellen.

### 3.3.3 Zur Realisierbarkeit, Bedeutung und Verbreitung von Ansätzen nachhaltigen Wirtschaftens aus einer betrieblichen Managementperspektive

Der Diskurs über eine nachhaltige Entwicklung wird, wie in den vorherigen Abschnitten bereits verdeutlicht, stark politisch normativ geführt. Als Ergebnis können derartige Empfehlungen, aber auch Entscheidungen, bis auf die unternehmerische sowie individuelle Handlungsebene wirken, denen hierdurch eine große Verantwortung bei der Umsetzung einer nachhaltigen Entwicklung zugeschrieben wird. Die Umsetzung einer nachhaltigen Entwicklung durch diese Akteure, insbesondere Unternehmen, erfolgt jedoch nicht widerspruchsfrei.

In theoretischen Modellen zur Analyse des Zusammenhangs zwischen ökonomischem Erfolg und ökologischem bzw. sozialem unternehmerischen Engagement können Unvereinbarkeiten, aber auch schwache positive Zusammenhänge beider Zielpositionen herausgearbeitet werden (Schaltegger & Synnestvedt, 2002; Wagner, Schaltegger, & Wehrmeyer, 2001). Verbreitet ist in der Betriebswirtschaftslehre insbesondere der Terminus Triple-Bottom-Line-Ansatz (Elkington, 1997), der auf den drei Nachhaltigkeitsdimensionen Ökonomie, Ökologie und Soziales aufbaut. Infrage steht aber auch hier das Verhältnis der Dimensionen zueinander und welches Verhältnis notwendig ist, eine nachhaltige Entwicklung initialisieren und die Nachhaltigkeit erzielen zu können. Eine Gleichgewichtung der drei Dimensionen wird dabei als klassischer Ansatz bezeichnet.

Empirisch gilt eine unternehmerisch soziale bzw. umweltbezogene Verantwortung als förderlich für die unternehmerische finanzielle Performanz (Orlitzky, Schmidt, & Rynes, 2003). So können Wettbewerbs- & Konkurrenzvorteile durch Beachtung nachhaltigkeitsrelevanter Aspekte erzielt werden, der Aufwand für ein nachhaltiges Engagement ist jedoch nicht zu vernachlässigen. Steigende Grenzerträge zugunsten des ökonomischen Erfolgs gelten in theoretischen Modellen jedoch erst ab und nur bis zu einem bestimmten Erzielungsgrad an Umweltschutz als realistisch (Schaltegger & Synnestvedt, 2002). Umgekehrt formuliert bedeutet dies, dass hohe Steigerungen des Umweltschutzes durch ein Unternehmen nicht immer vereinbar mit ökonomischem Erfolg sind. Verbunden mit dem Triple-Bottom-Line-Ansatz ist somit herauszustellen, dass eine Priorisierung der ökonomischen Dimension verbreitet ist. Unter Berücksichtigung der volkswirtschaftlichen Betrachtung von Nachhaltigkeit stellt sich dadurch aber in Anlehnung an den vorherigen Absatz die Frage, inwieweit diese betriebswirtschaftliche Auffassung eine nachhaltige Entwicklung begünstigen kann und ob diese Maßnahmen den politisch normativen Vorstellungen des internationalen Nachhaltigkeitsdiskurses genügen.

Unternehmen agieren jedoch in einem Raum, der nicht nur durch politische Normen gesteuert wird, sondern der durch das Zusammenwirken vernetzter und dynamischer Systemelemente gekennzeichnet ist (Rüegg-Sturm, 2004). Hierbei wirken unterschiedliche Anspruchsgruppen auf unternehmerische Entscheidungen, die modellhaft im Rahmen des Stakeholderansatzes erklärt werden können. So richten Eigen- und Fremdkapitalgeber, Mitarbeiter, Kunden, Lieferanten sowie Staat und Gesellschaft (hierbei auch die Öffentlichkeit sowie Medien) Bedürfnisansprüche an Unternehmen. Das Verhalten von Mitbewerbern sowie die Branchenzugehörigkeit stellen ebenfalls bedeutsame handlungsbeeinflussende Kontextfaktoren dar. Da aber nicht von gleichberechtigten Ansprüchen der Anspruchsgruppen ausgegangen werden kann, wird teilweise auch der Shareholder- vom Stakeholderansatz unterschieden. Beim Shareholderansatz wird entgegen dem Stakeholderansatz den Ansprüchen der Eigenkapitalgeber ein Vorrang eingeräumt (vgl. Wöhe & Döhring, 2010, S. 7).

Aus den typischen Interessen von Stake-/Shareholdern abgeleitet, erhält das Ziel, langfristig ökonomischen Erfolg zu generieren und zu maximieren (insbesondere zukünftigen Geschäftserfolg auszubauen und hierdurch die Wettbewerbsfähigkeit zu sichern), für die meisten Unternehmen die größte Zustimmung und stellt auch einen Erklärungsansatz der Priorisierung der ökonomischen Dimension im Triple-Bottom-Line-Ansatz dar. Die Vereinbarkeit mit Nachhaltigkeitsansätzen ist hierbei nicht unumstritten, obwohl generell 93 % von international befragten CEOs Nachhaltigkeit als bedeutsam für den Erfolg des zukünftigen Geschäftes ansehen (accenture/UN Global Contact, 2013, S. 22).

Auch mit Blick auf Unternehmensbefragungen ist ersichtlich, dass Stakeholderinteressen sowie Steigerungen des Shareholder Values wesentlich das Nachhaltigkeitsengagement beeinflussen. 64 % von international befragten CEOs identifizieren hierbei die Kunden als maßgeblichen Stakeholder zur Beeinflussung ihrer Nachhaltigkeitstätigkeit. Der Nachhaltigkeitsruf ist zudem relevant für die Kaufentscheidung der Verbraucher, so 81 % der befragten internationalen Führungskräfte (accenture/UN Global Contact, 2013, S. 40). Auch in einer anderen Studie, im Rahmen derer 250 internationale Unternehmen befragt wurden (KPMG, 2011, S. 19), sind interessanterweise der Ruf beziehungsweise (67 % Zustimmung) die Marke und erst an dritter Stelle ethische Überlegungen (58 % Zustimmung) für die Strategieausrichtung relevant.

Der Einfluss von Stakeholdern auf primär Shareholder-Value generierende Faktoren wird besonders für deutsche Unternehmen über das Nachhaltigkeitsbarometer von 2012 deutlich (Schaltegger et al., 2013, S. 25; vgl. Abbildung 10). Dabei sind nicht alle einschlägigen Nachhaltigkeitsthemen gleich relevant für die Unternehmen. Während der Bereich „Emissionen/Abfall/Abwasser" überdurchschnittlich durch Stakeholder gefordert und auch entsprechend gefördert wird, sind Aspekte wie z. B. „Kinder-/Zwangs-/Pflichtarbeit" oder „Biodiversität" weniger bedeutsam.

*Abbildung 10: Gegenüberstellung des betrieblichen Engagements und Forderungen von Stakeholdern für Nachhaltigkeitsthemen (Schaltegger et al., 2013, S. 25)*

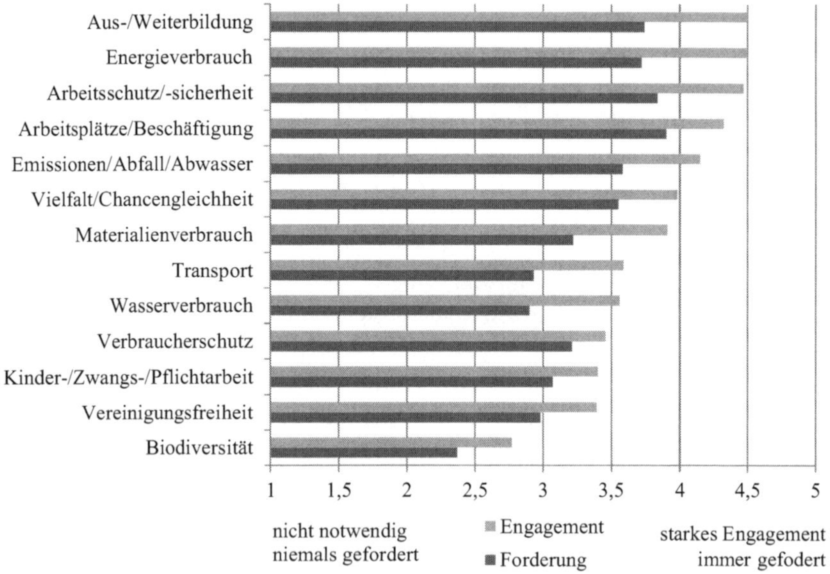


Ergänzend zu den vorherigen Ausführungen können auch die Treiber für ein nachhaltiges Engagement betrachtet werden und verdeutlichen erneut die Bedeutung ökonomischer Handlungsprämissen. Gemessen auf einer 5-Punkt-Likert-Skala bewerteten die Unternehmen im Nachhaltigkeitsbarometer im Mittel nachfolgende Gründe als bedeutsam: Effizienz (4,25), Risikobeherrschung (4,01), Reputation

(4,0), Arbeitszufriedenheit (3,86), Kosten (3,45), Umsatz (3,39) und Innovation (3,19) (ebd., S. 35). Ähnliche Ergebnisse spiegelt auch die Erwerbstätigenbefragung von 2012 vom BIBB (Bundesinstitut für Berufsbildung) und der BAuA (Bundesanstalt für Arbeitsschutz und Arbeitsmedizin) wider. In dieser messen Kaufleute den Themen „Nachhaltigkeit" und „Geschäfts-/Unternehmensethik" eine nur geringe Relevanz bei. Der ökonomischen Dimension wird eine mehrheitlich starke Berücksichtigung zugesprochen, wohingegen soziale und ökologische Aspekte lediglich teilweise berücksichtigt werden (Brötz et al., 2014, S. 50).

Unternehmensbefragungen deuten somit stärker auf ökonomische Gründe als Haupttreiber der Verfolgung von Nachhaltigkeitsstrategien hin. Im Extremfall könnte dabei der Nachhaltigkeitsgedanke stärker zu einem Marketinginstrument verfremdet werden, ohne tatsächlich ökologische und soziale Ziele zu verfolgen. Plakativ formuliert stellt sich dabei die Frage, welchen Stellenwert Nachhaltigkeit tatsächlich für Unternehmen hat. Eine entsprechende Beantwortung der zuvor aufgestellten Fragestellung ist jedoch nicht unabhängig von Handlungsbarrieren für Unternehmen, auf die im Folgenden Abschnitt 3.3.4 differenzierter eingegangen wird.

### 3.3.4 Herausforderungen für die Umsetzung eines unternehmerischen nachhaltigkeitsbezogenen Handelns

Wenn, wie zuvor mehrfach verdeutlicht, das Nachhaltigkeitskonzept ein breites, nicht konfliktfreies Definitionskontinuum aufweist (vgl. Abschnitt 3.2), hierzu zum Teil nur ungesicherte Erkenntnisse über Wirkungszusammenhänge (vgl. Abschnitt 3.2.5) bestehen sowie durch heterogene Anforderungs- und Handlungsbereiche die Beurteilung unternehmerischer/individueller Handlungen erschwert wird (vgl. Abschnitt 3.3.3), stellt sich die Frage, in welchem Ausmaß nachhaltiges Wirtschaften für Unternehmen möglich und realisierbar ist. Im Vordergrund sollten generell Nachhaltigkeitswirkungen der eigenen unternehmerischen Tätigkeit stehen, die Beachtung der Gesellschaft ist aber nicht zu vernachlässigen (Dyllick, 2003, S. 235). Zwar sind Zielbereiche der unternehmerischen Nachhaltigkeit nicht eindeutig; aber sowohl die Reduktion von verursachten Belastungen als auch die Schaffung ökonomischer, ökologischer und sozialer Werte sind zu berücksichtigen (ebd., S. 238 f.).

Die systematische Analyse von unternehmerischen Umsetzungsbarrieren stellt ein Forschungsdesiderat der Betriebswirtschaftslehre dar. Theoretische Auseinandersetzungen sind zwar vorhanden und werden bei Hasenmüller (2013) auf organisationale sowie personelle Ursachen zurückgeführt, jedoch fehlen bisher valide und repräsentative Unternehmensbefragungen, die diese Erkenntnisse bestätigen.

Auch Forderungen der Stakeholder dürfen nicht vernachlässigt werden (vgl. Abschnitt 3.3.3). An dieser Stelle kann lediglich auf Unternehmensbefragungen verwiesen werden (exemplarisch accenture/UN Global Contact, 2013). Als Barrieren für die Implementierung eines integrierenden und strategischen unternehmensweiten Ansatzes für Umwelt-, Sozial- sowie unternehmensorganisatorische Aspekte wurden durch die Befragung internationaler CEOs (1000 aus 103 Ländern) unzureichende Finanzressourcen (51 %), konkurrierende strategische Prioritäten (44 %), keine klare Verbindung zum Unternehmenswert (37 %), umfassende Strategie der gesamten Lieferkette (33 %), Schwierigkeiten, umweltgerecht zu agieren (30 %), Implementierung der Strategie über die Geschäftsfunktionen (27 %), unzureichendes Wissen (22 %) sowie fehlende Anerkennung von Investoren (22 %) als die häufigsten Herausforderungen genannt (accenture/UN Global Contact, 2013, S. 35).

Der Einfluss einzelner Organisationsbereiche wird über die Ergebnisse des Nachhaltigkeitsbarometers deutlich (vgl. Abbildung 11), im Rahmen dessen (neben dem CSR/Nachhaltigkeitsbereich) der Geschäftsleitung sowie der Kommunikationsabteilung die höchsten Einflussmöglichkeiten sowie das höchste Engagement zur Umsetzung von Nachhaltigkeitsmaßnahmen zugeschrieben werden.

*Abbildung 11: Gegenüberstellung des Einflusses der Organisationsbereiche auf die Umsetzung von Nachhaltigkeit sowie des Engagements der Organisationsbereiche für Nachhaltigkeitsmaßnahmen (Schaltegger et al., 2013, S. 32)*

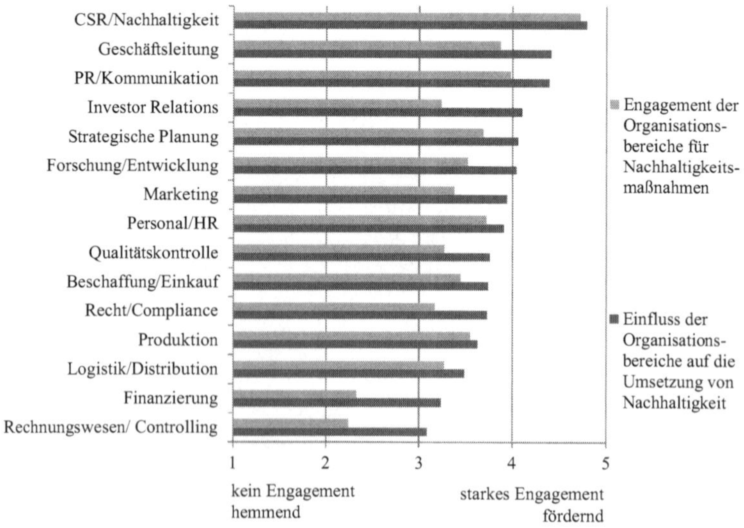

Es zeigt sich somit, dass sowohl organisatorische, personelle aber auch normative Herausforderungen bezüglich der Umsetzung einer Nachhaltigkeitsstrategie bestehen. Die Gültigkeit solcher Unternehmensbefragungen ist allerdings kritisch zu beurteilen, besonders hinsichtlich der Repräsentativität für klein- und mittelständische Unternehmen, die in Deutschland einen erheblichen Anteil an der Wirtschaftsstruktur ausmachen (IFM Bonn, 2012). Differenzierte Angaben der Stichprobe mit Industrie- und Dienstleitungszugehörigkeiten fehlen zudem. Auch Selektionseffekte bei Unternehmensbefragungen, im Besonderen bei einem gesellschaftlich geforderten Thema wie der Nachhaltigkeit, sind nicht auszuschließen.

### 3.3.5 Unternehmerische Handlungsfelder nachhaltigen Wirtschaftens

Die Integration und Umsetzung von nachhaltigem Wirtschaften wird heute im Unternehmenskontext unter nicht eindeutigen Begriffen diskutiert. Verbreitet sind Begriffe wie Corporate Sustainability (CS) oder auch Corporate Social Responsibility (CSR), deren Begriffsverwendung aber zum Teil unsystematisch erfolgt und unter diesen sich unterschiedliche Ansätze subsumieren lassen (Carrol & Shabana, 2010; Dahlsrud, 2006; van Marrewijk, 2003). Zur Beschreibung unternehmerischer Handlungsfelder wird deshalb auf betriebliche Kommunikationsansätze, um über unternehmerisches Nachhaltigkeitsengagement zu berichten, zurückgegriffen.

An erster Stelle können Unternehmen sich verpflichten, unterschiedliche Standards, die Aspekte der Nachhaltigkeit berücksichtigen, zu befolgen: z. B. die zehn Prinzipien des Global Compact (umfassen Prinzipien zur Beachtung von Menschenrechten, Arbeitsnormen, Umweltschutz sowie Korruptionsbekämpfung), die OECD-Leitsätze für multinationale Unternehmen (umfassen nicht rechtsverbindliche Grundsätze und Maßstäbe für verantwortungsvolles unternehmerisches Handeln in einem globalen Kontext) oder sich zertifizieren zu lassen, beispielsweise nach der ISO 26000/DIN ISO 26000 (Forderung u. a. nach der Achtung internationaler Verhaltensstandards sowie Menschenrechten). Daneben ermöglicht die unternehmensspezifische

Nachhaltigkeitsberichterstattung[23] das nachhaltige betriebliche Engagement differenzierter zu veröffentlichen.[24]

Um Nachhaltigkeitsberichte vergleichbar, verlässlich sowie überprüfbar zu gestalten (Haller, 2006, S. 67), haben sich Standards wie beispielsweise die der Global Reporting Initiative (GRI)[25] etabliert. Die GRI-Leitlinien sind das weltweit verbreitetste Framework zur Nachhaltigkeitsberichterstattung (KPMG International, 2013, S. 12). Solche Frameworks zielen folglich auf die transparente Darstellung von Handlungsbereichen in Unternehmen ab. Über Operationalisierungen von Kennzahlen zeigen sie auf, wie diese Aktivitäten gemessen werden, und ermöglichen durch ihre Anwendung schließlich den Ausprägungsgrad nachhaltigen Handelns in Unternehmen zu beschreiben. Die Nachhaltigkeitsberichterstattung ist folglich als ein Kommunikationsinstrument gegenüber den Stakeholdern zu betrachten (Hentze & Thies, 2014, S. 33).

Nachhaltigkeitsberichte werden allerdings auch kritisch betrachtet. So zeigen internationale Vergleichsanalysen von Umwelt-, Sozial- und Nachhaltigkeitsberichten, dass die Nachhaltigkeitsberichterstattung durch Unternehmen zwar verbreitet ist und an Verbreitung gewinnt, diese sich jedoch in Quantität und Qualität unterscheiden. Unterschiede zeigen sich besonders hinsichtlich der Unternehmensgröße, bei der eine positive Korrelation zur Berichterstattung sowie dem Berichtsumfang besteht (Blaesing, 2013, S. 57 ff.). Problematisch sind Nachhaltigkeitsberichte zudem, da die enthaltenden Kennzahlen in großem Maße durch ein Unternehmen selber ermittelt werden, wobei unterschiedliche Möglichkeiten der Glaubwürdigkeitsprüfung bestehen (Hentze & Thies, 2014, S. 115 ff.). Daneben bestand bisher keine Berichtspflicht für das Nachhaltigkeitsengagement eines Unternehmens.[26] Ein Validitätsproblem hinsichtlich der Aussagefähigkeit der Datenselektion ist folglich anzunehmen. Deshalb wird

---

23 Die Nachhaltigkeitsberichterstattung gilt als eine integrierende Unternehmensberichtslegung der seit dem 19. Jahrhundert existierenden Finanzberichten mit den seit den 1970er-Jahren bestehenden Sozialberichten sowie den seit den 1980er-Jahren entwickelten Umweltberichten (Eiselt & Kaspereit, 2010, S. 380). In Deutschland erfolgt die Nachhaltigkeitsberichterstattung überwiegend auf freiwilliger Basis (Blaesing, 2013, S. 39 ff.).

24 Eine Übersicht zu Standards, Zertifizierungsmöglichkeiten sowie Formen der Nachhaltigkeitsberichterstattung besteht bei Hentze und Thies (2014, S. 43 ff.).

25 Gegründet wurde die GRI im Jahr 1997 durch die „Coalition on Environmentally Responsible Economics“ (CERES) und dem „United Nations Environment Programme“ (UNEP) (Eiselt & Kaspereit, 2010, S. 380).

26 Eine Berichtspflicht wir aber derzeit politisch diskutiert.

im Folgenden nur die Konzeption des GRI-Indikatorenrasters betrachtet, was als ausreichend gilt, um potenzielle betriebliche Handlungsfelder nachhaltigen Wirtschaftens anzudeuten.

Das Framework des GRI-Indikatorenrasters (vgl. Tabelle 9) umfasst wirtschaftliche, ökologische sowie gesellschaftliche Aspekte, die über entsprechende Indikatoren operationalisiert und somit gemessen werden können. Dieses Framework zeigt somit auf, welche Aspekte einer nachhaltigen Entwicklung in unternehmerischen Prozessen möglich sind, und differenziert folglich ein nachhaltiges Wirtschaften aus.

*Tabelle 9: Kategorien und Aspekte in den Leitlinien des „G4 Leitlinien zur Nachhaltigkeitsberichterstattung" der Global Reporting Initiative (GRI, o.J., S. 9)*

| **Kategorie** | **Wirtschaftlich** | **Ökologisch** |
|---|---|---|
| **Aspekte** | • Wirtschaftliche Leistung<br>• Marktpräsenz<br>• Indirekte wirtschaftliche Auswirkungen Beschaffung | • Materialien<br>• Energie<br>• Wasser<br>• Biodiversität<br>• Emissionen<br>• Abwasser und Abfall<br>• Produkte und Dienstleistungen<br>• Compliance<br>• Transport<br>• Insgesamt<br>• Bewertung der Lieferanten hinsichtlich ökologischer Aspekte<br>• Beschwerdeverfahren hinsichtlich ökologischer Aspekte |

| **Kategorie** | **Gesellschaftlich** | | | |
|---|---|---|---|---|
| **Unterkategorie** | **Arbeitspraktiken und menschenwürdige Beschäftigung** | **Menschenrechte** | **Gesellschaft** | **Produktverantwortung** |
| **Aspekte** | • Beschäftigung<br>• Arbeitnehmer-Arbeitgeber-Verhältnis<br>• Arbeitssicherheit und Gesundheitsschutz<br>• Aus- und Weiterbildung<br>• Vielfalt und Chancengleichheit<br>• Gleicher Lohn für Frauen und Männer<br>• Bewertung der Lieferanten hinsichtlich Arbeitspraktiken<br>• Beschwerdeverfahren hinsichtlich Arbeitspraktiken | • Investitionen<br>• Gleichbehandlung<br>• Vereinigungsfreiheit und Recht auf Kollektivverhandlungen<br>• Kinderarbeit<br>• Zwangsarbeit oder Pflichtarbeit<br>• Sicherheitspraktiken<br>• Rechte der indigenen Bevölkerung<br>• Prüfung<br>• Bewertung der Lieferanten hinsichtlich Menschenrechte<br>• Beschwerdeverfahren hinsichtlich Menschenrechtsverletzungen | • Lokale Gemeinschaften<br>• Korruptionsbekämpfung<br>• Politik<br>• Wettbewerbswidriges Verhalten<br>• Compliance<br>• Bewertung der Lieferanten hinsichtlich gesellschaftlicher Auswirkungen<br>• Beschwerdeverfahren hinsichtlich gesellschaftlicher Auswirkungen | • Kundengesundheit und -sicherheit<br>• Kennzeichnung von Produkten und Dienstleistungen<br>• Marketing<br>• Schutz der Kundendaten<br>• Compliance |

Zwar enthält Tabelle 9 eine Übersicht potenzieller betrieblicher Handlungsmöglichkeiten für die Unterstützung einer nachhaltigen Entwicklung, jedoch zeigt sich in Verbindung mit Abbildung 12, die die Betroffenheit der Organisationsbereiche differenziert nach ökologischen und sozialen Nachhaltigkeitsaspekten darstellt, in welchen Organisationsbereichen nachhaltiges Handeln am realistischsten ist. Die hohe Relevanz von Nachhaltigkeit in den CSR/Nachhaltigkeitsbereichen sowie der Geschäftsleitung verwundert hinsichtlich des Aspektes, Nachhaltigkeit als ein strategisches Unternehmensziel zu betrachten, nur wenig. Interessant ist daneben die hohe Bedeutung der ökologischen Nachhaltigkeit in der Produktion, Forschung/Entwicklung sowie in der Beschaffung/im Einkauf. Die nur mäßige Relevanz sozialer Aspekte ist vermutlich auch auf die schwere Operationalisierung der sozialen Nachhaltigkeit, aber auch auf geringere Berührungspunkte zu solchen Themen in diesen Organisationsbereichen zurückzuführen.

*Abbildung 12: Betroffenheit der Organisationsbereiche (Schaltegger et al., 2013, S. 31)*

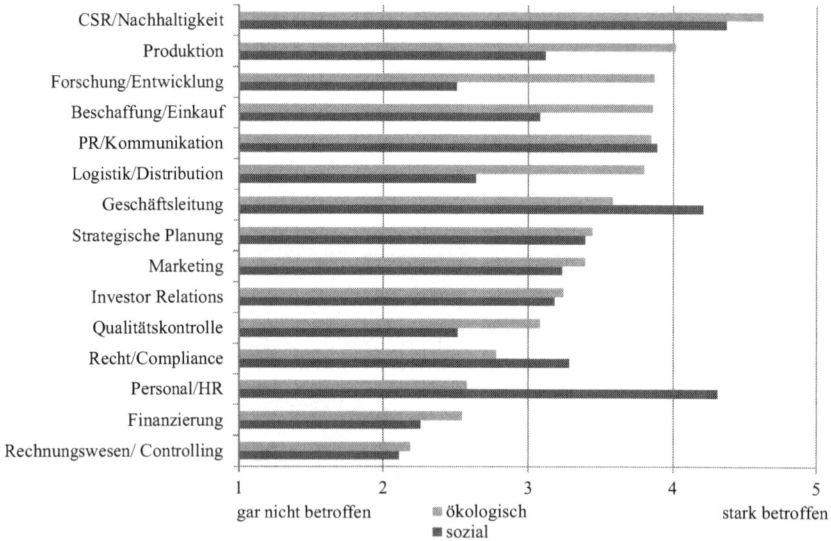


## 3.4 Gesellschaftliche Akzeptanz und Vorstellungen zu/über eine/r nachhaltige/n Entwicklung

Mit der Zielsetzung, die Kompetenz von kaufmännischen Auszubildenden zum nachhaltigen Wirtschaften zu messen, ist es hinsichtlich des zuvor dargestellten normativ geprägten, heterogenen Verständnisses des Nachhaltigkeitsbegriffs von Interesse, die gesellschaftliche Auffassung von Nachhaltigkeitsthemen zu betrachten. Dazu werden nachfolgend die gesellschaftliche Akzeptanz (Abschnitt 3.4.1), daran anschließend der Bekanntheitsgrad sowie Präkonzepte zur Nachhaltigkeit (Abschnitt 3.4.2) und abschließend Informationsquellen für Nachhaltigkeitsaspekte vorgestellt (Abschnitt 3.4.3).

### 3.4.1 Gesellschaftliche Akzeptanz einer nachhaltigen Entwicklung

Im Rahmen der im zweijährigen Rhythmus veröffentlichten repräsentativen Studie „Umweltbewusstsein in Deutschland“[27] kann die gesellschaftliche Akzeptanz zu Umwelt- und Nachhaltigkeitsthemen abgeleitet werden. Es ist allerdings darauf hinzuweisen, dass das Hauptaugenmerk dieser Studien, wie aus dem Titel bereits ersichtlich, auf Umweltfragen liegt. Nachhaltigkeitsthemen werden hierdurch aber berührt und an vielen Stellen auch mit analysiert. Die folgenden Ausführungen basieren primär auf dieser Studienreihe, werden aber an einzelnen Stellen durch weitere Literatur ergänzt.

Themen einer nachhaltigen Entwicklung sieht die deutsche Bevölkerung in der 2014er Studie als nachgeordnete politische Aufgabenfelder. Bei der offen formulierten Frage „Was, glauben Sie, sind die wichtigsten Probleme, denen sich unser Land heute gegenübersieht?“, dominiert an erster Stelle die soziale Sicherung (37 %), gefolgt von Wirtschafts- und Finanzpolitik (29 %), Rentenpolitik (24 %), Kriminalität/Frieden/Sicherheit (20 %). Erst an der fünften Stelle wird der Umweltschutz (19 %) angegeben (BMUB & UBA, 2015, S. 19).[28] Diese Bedeutungszuschreibung für den Umweltschutz ist jedoch mit Blick auf vorherige Studien zum Umweltbewusstsein als nicht stabil zu beschreiben. Am Ende der 1980er-Jahre lagen Nennungshäufigkeiten von über 60 % vor. Diese Zeit war geprägt durch die Reaktorkatastrophe von Tschernobyl (BMU, 2000, S. 15). Nach einem abnehmenden Trend gegen Ende der 1980er-Jahre, nahmen in der Zeit der 1990er-Jahre Umweltprobleme mit Nennungsquoten i. H. v ca. 30–40 % als politische Gestaltungsaufgabe (ebd., S. 16) einen hohen bis mittleren Stellenwert ein. Dagegen

27 Bei den Studien wurden bis 2012 Personen ab 18 Jahre interviewt. Die Methodik wurde in der 2014er Studie zu einem Onlinefragebogen abgewandelt, an dem auch Personen unter 18 Jahre teilnehmen konnten (BMUB & UBA, 2015, S. 14 f.). Trotz des im Folgenden vorwiegend betrachteten Vergleichs der Zahlen in Zeitreihe ist aufgrund der Erweiterung der Stichprobe sowie Veränderung des Erhebungsdesigns auf eine nur eingeschränkte Vergleichbarkeit hinzuweisen.

28 Mehrfachnennungen waren möglich.

lässt sich die Zeit von 1999 bis 2010 stärker als eine Resignation gegenüber der Bedeutsamkeit der Umweltpolitik durch die Bevölkerung beschreiben. So betrug die Nennungshäufigkeit von Umweltproblemen 2002 gerade mal nur 14 % (BMUB & UBA, 2013, S. 18 f.). 2012, ein Jahr nach der Reaktorkatastrophe von Fukushima (März 2011), waren es hingegen 35 %. Aus der Zeitreihe abgeleitet zeigen sich somit bei der deutschen Bevölkerung erstarkende Sensibilisierungen gegenüber Umweltprobleme/-herausforderungen insbesondere nach Umweltkatastrophen.

Die Umweltbewusstseinsstudien 2000 bis 2008 analysierten neben der Nennungshäufigkeit auch die Wichtigkeit einzelner politischer Handlungsfelder und in diesem Zusammenhang die Bedeutung der Umweltpolitik. Die Bedeutungszuschreibung des Umweltschutzes ist in der deutschen Bevölkerung als nicht homogen zu beschreiben. In vorherigen Studien (BMU 2002, 2004 & 2006) zeigte sich ein altersabhängiger Einfluss. Jüngere Menschen[29] schrieben dem Umweltschutz zwar einen hohen Stellenwert als politisches Aufgabenfeld zu, jedoch geringer als andere Altersgruppen. Dass Umweltthemen für Jugendliche/junge Erwachsene einen hohen Stellenwert einnehmen, aber nicht die primären aktuellen Themen darstellen, spiegelt sich ebenfalls im Greenpeace Nachhaltigkeitsbarometer 2012 und 2015 wider. Jugendliche und junge Erwachsene bewerten Themen, die primär ihre Zukunft betreffen, höher als Nachhaltigkeitsthemen. Im Nachhaltigkeitsbarometer liegt die Problemgewichtung der Jugendlichen auf den Themen Arbeit, Schule und Ausbildung sowie der allgemeinen Wirtschaftslage (Michelsen, Grunenberg, Mader, & Barth, 2015, S. 69; Michelsen, Grunenberg, & Rode, 2012, S. 77 & 101).

Daneben ist zu konstatieren, dass Personen mit höherer Bildung den Umweltschutz in den Studien 2006 und 2008 mit einer höheren Wichtigkeit bewerteten (BMU, 2008, S. 14ff) sowie 2010 (BMUB & UBA, 2010, S. 17) und 2012 (BMUB & UBA, 2013, S. 19) häufiger nannten. 2008 bis 2012 zeigte sich zudem ein Zusammenhang zwischen dem monatlichen Nettoeinkommen und der Häufigkeit, Umweltschutz als politische Gestaltungsaufgabe zu nennen (BMU, 2008, S. 14; BMUB & UBA, 2010, S. 17 & 2013, S. 20). Zudem wird der Umweltschutz bei der westdeutschen Bevölkerung höher bewertet (in den Studien 2000–2004 & 2008: BMU, 2000, S. 15; 2006, S. 14 & 2008, S. 14) bzw. in der Studie 2010 häufiger genannt (BMUB & UBA, 2010, S. 21) als bei den Ostdeutschen.

---

29 2002: Leichte Abweichung der 18- und 19- Jährigen (BMU, 2002, S. 21);
2004: Abweichung der unter 20- bis 24-Jährigen (BMU, 2004, S. 17; Kuckartz & Rheingans-Heintze, 2006, S. 22);
2006: Abweichung der 18- und 19- Jährigen (BMU, 2006, S. 16);

Im Zeitverlauf zeigen differenzierte Einstellungsfragen eine hohe Bedeutungszuschreibung der deutschen Bevölkerung für Umwelt- und Nachhaltigkeitsthemen (vgl. Tabelle 10).[30,31] Extremaussagen wie z. B. „Wenn wir so weitermachen wie bisher, steuern wir auf eine Umweltkatastrophe zu" sowie „Es gibt Grenzen des Wachstums, die unsere industrialisierte Welt schon überschritten hat oder sehr bald erreichen wird" finden allerdings nur geringere Zustimmung.

*Tabelle 10: Ausgewählte Einstellungsfragen der Studie „Umweltbewusstsein in Deutschland 2006" als Zeitreihe (BMU, 2006, S. 18) in Ergänzung um die Studie Umweltbewusstsein 2008 (BMU, 2008, S. 15)*

| **Aussage (Angaben in %)** | **1998** | **2000** | **2002** | **2004** | **2006** | **2008** |
|---|---|---|---|---|---|---|
| Es sollte Gerechtigkeit zwischen den Generationen bestehen, wir sollten die Umwelt nicht auf Kosten der nachkommenden Generation ausplündern. | - | 90 | 84 | 88 | 89 | 96 |
| Wir sollten nicht mehr Ressourcen verbrauchen als nachwachsen können. | - | 83 | 78 | 82 | 84 | 92 |
| Es sollte fairen Handel zwischen den reichen Ländern dieser Erde und den Entwicklungsländern geben. | - | 77 | 78 | 84 | 82 | 94 |
| Wenn wir so weitermachen wie bisher, steuern wir auf eine Umweltkatastrophe zu. | 56 | 62 | 54 | 58 | 62 | 76 |
| Es gibt Grenzen des Wachstums, die unsere industrialisierte Welt schon überschritten hat oder sehr bald erreichen wird. | 50 | 59 | 56 | 58 | 58 | - |

In der 2014er-Befragung wurden die befragten Personen zu der Bewertung des Engagements einzelner Akteure zum Umwelt- und Klimaschutz befragt. Es zeigt sich an erster Stelle eine Unzufriedenheit der Bevölkerung mit den Tätigkeiten der Industrie. Nur 14 % der Befragten bewerteten deren Einsatz als mindestens eher genug. Auch der Bundesregierung (34 % als mind. eher genug) sowie den

30 In der 2014er Studie wurden die Einstellungsfragen neu entwickelt und werden aus diesem Grund an dieser Stelle nicht weiter betrachtet.

31 In den Studien von 1998 bis 2006 wurde eine 5-Punkt-Likert Skala verwendet, die ab 2008 auf eine 4-Punkt-Likert-Skala mit leicht veränderten Bezeichnungen der Merkmalsausprägungen reduziert wurde. Die Zustimmung ergibt sich für die Studien von 1998 bis 2006 aus den Antwortoptionen „stimme voll und ganz zu" und „stimme weitgehend zu" (BMU, 2006, S. 18). Bei der Studie Umweltbewusstsein 2008 werden die Merkmalsausprägungen „trifft ganz genau zu" und „trifft eher zu" addiert.

Bürgerinnen und Bürger (37 % als mind. eher genug) wird ein unzureichendes Engagement zugeschrieben. Besser bewerten die Befragten hingegen die Handlungen von Städten/Gemeinden (47 % als mind. eher genug) sowie Umweltverbänden (75 % als mind. eher genug) (BMUB & UBA, 2014, S. 31).

Die Umweltbewusstseinsstudien analysieren daneben auch Verhaltensweisen, bei denen jedoch der Umweltaspekt stärker im Vordergrund steht. In der 2012er Studie wird deutlich, dass umweltförderliche Verhaltensweisen (und somit auch Teilaspekte nachhaltigkeitsbezogener Verhaltensweisen) in privaten Haushalten erfolgen. Beispielsweise nutzen Jüngere (bis 29-Jährige), Alleinstehende mit und ohne Kinder/n verstärkt, aber auch mehr Frauen als Männer öffentliche Verkehrsmittel (BMUB & UBA, 2013, S. 26, als ein wichtiger Einflussfaktor gilt hierbei aber das monatliche Nettohaushaltseinkommen). Im Bereich des Lebensmitteleinkaufs lassen sich qualitätsbewusst-ethisch handelnde Personen diagnostizieren, die sich vor allem durch höhere Bildung auszeichnen (Hemmnisse zum Kauf solcher Produkte bestehen jedoch im Besonderen hinsichtlich der höheren Kosten und folglich unzureichenden Zahlungsbereitschaften sowie Misstrauen gegenüber den Produktvorteilen und ihrer Verlässlichkeit) (ebd. S. 35 ff.). Auch im Bereich der Haushaltsführung lassen sich umweltbewusste Verhaltensweisen erkennen (vgl. Tabelle 11).

*Tabelle 11: Umweltrelevante alltägliche Handlungen der Haushaltsführung (BMUB & UBA, 2013, S. 43)*

| **Welche der folgenden Maßnahmen praktizieren Sie in Ihrem Haushalt? Bitte antworten Sie mit Ja oder Nein (Ja-Angaben in %)** | **2008** | **2010** | **2012** |
|---|---|---|---|
| Ich halte den Verbrauch von Wasser und Strom gering. | - | - | 85 |
| Ich halte den Verbrauch von Heizkosten gering. | - | - | 79 |
| Ich halte Abfälle getrennt und gebe sie in den entsprechenden Müllsystemen getrennt ab. | - | 90 | 77 |
| Ich vermeide Müll. | - | - | 60 |
| Ich beziehe Ökostrom. | 3 | 8 | 20 |
| Ich schalte gerade nicht benötigte Geräte und Lichtquellen ab. | 74 | 83 | 74 |
| Ich kaufe energieeffiziente Geräte. | 53 | 65 | 52 |
| Ich lege Geld in erneuerbare Energien an, z. B. Anteile an Anlagen, Fonds. | 2 | 4 | 12 |
| Ich leiste finanzielle Kompensationen (Ausgleichszahlungen) für die selbstverursachten Klimagase, z. B. im Verkehr. | - | 3 | 9 |

Allerdings dominieren bei privaten Beschaffungsvorgängen verstärkt Kosten/Nutzenaspekte als Entscheidungskriterium im Vergleich zu Umweltkriterien, wie z. B:[32]

- Preis/Leistung beim Autokauf (51 %) im Vergleich zum Verbrauch des Motors (39 %) oder umweltfreundlicher Technik (15 %),
- Preis/Leistung beim Kauf von Haushaltsgeräten und Unterhaltungselektronik (67 %) im Vergleich zum Energieverbrauch des Gerätes (58 %),
- Urlaubsgegend (78 %) und Preis (72 %) im Vergleich zum Umwelt- und Klimaschutz (9 %) bei der Buchung von Fernurlauben mit Flugreisen
- oder Preis (86 %) und Design (76 %) im Vergleich zu einer umweltgerechten Waldbewirtschaftung (7 %) wie auch sozialgerechte Produktionsbedingungen (1 %) beim Kauf von Möbeleinrichtungen (differenziertere Angaben zu weiteren Entscheidungskriterien bei BMUB & UBA, 2013, S. 48 f.).

Eine erhöhte Zustimmung als Entscheidungskriterien erhalten neben eindeutigen Kosten- und Nutzenvorteilskriterien nur solche Argumente, die eine Dualität hinsichtlich ihrer Wirkungsvorteile aufweisen, wie z. B. der bereits zuvor erwähnte Verbrauch des Motors beim Autokauf oder der Energieverbrauch von Haushaltsgeräten und Unterhaltungselektronik. Nachhaltigkeitsvorteile ergeben sich eher als Sekundärvorteile, dies bestätigt sich auch bei der Bewertung von Anlässen zur Verringerung von Wasser-, Stromverbrauch und Heizkosten (46 %) sowie Entlastung der Haushaltskasse durch Mülltrennung (24 %).

Zusammenfassend lässt sich die deutsche Bevölkerung allgemein als sensibilisiert gegenüber Nachhaltigkeitsthemen beschreiben. Umweltbewusste Handlungsweisen sind identifizierbar, ihre Häufigkeit nimmt aber häufig nur zu, wenn auch positive Nutzen- oder Kostenvorteile entstehen. Es zeigen sich zudem Unterschiede bei der Analyse nach Bevölkerungsdifferenzierungen: Personen mit höherem Nettoeinkommen bzw. Westdeutsche nannten den Umweltschutz häufiger als politische Gestaltungsaufgabe. Im Besonderen sind Bildungseinflüsse erkennbar. Personen mit höherer Schulbildung weisen höhere Ausprägungen wertbezogener Nachhaltigkeitsfragen aber auch Handlungsmuster auf. Für junge Erwachsene sind Umweltthemen ebenfalls bedeutsam, aber im geringeren Ausmaß als bei älteren Bevölkerungsschichten, da Themen der schulischen und beruflichen Zukunft sowie der Wirtschaftslage ein höherer Stellenwert zugesprochen wird.

32 Im Folgenden Zustimmungen in Prozentangaben in Klammern.

### 3.4.2 Bekanntheitsgrad des Leitbildes einer nachhaltigen Entwicklung

In der Studie zum Umweltbewusstsein von 2010 gaben 43 % der Deutschen an, von dem Begriff „nachhaltige Entwicklung" gehört zu haben (BMUB & UBA, 2010, S. 40). 2004 waren es nur 22 % (Kuckartz & Rheingans-Heintze, 2006, S. 16). Im Vergleich mit der Zeitreihe von 1996 bis 2010 (vgl. Tabelle 12) könnte ein positiver Trend des Bekanntheitsgrades zum Leitbild „nachhaltige Entwicklung" diagnostiziert werden, aber erst qualitative Analysen verdeutlichen die Verbreitung von Fehl- und Präkonzepten zum Nachhaltigkeitskonstrukt. In den Studien wurde zum Teil eine offene Frage zum Inhalt des Nachhaltigkeitsbegriffs gestellt. 2000 benannten die Befragten stärker Synonyme als die Grundbedeutung des Leitbildes (BMU, 2000, S. 68), was sich 2004 ebenfalls bestätigte: So bestanden Beschreibungen, die dem Prinzip der Generationengerechtigkeit zugeordnet werden können, wie zum Beispiel die Kategorien Zukunftsvorsorge, Verantwortung, Prinzipien der Ressourceneinsparung und die Nutzung nachwachsender Rohstoffe. Bei einem Drittel der Befragten wurden eigene Vorstellungen ohne thematischen Bezug zum Nachhaltigkeitskonzept verbalisiert und zehn Prozent der Befragten gaben zu, keine Vorstellung von der Bedeutung des Nachhaltigkeitsbegriffs zu haben (Kuckartz & Rheingans-Heintze, 2006, S. 16). Die Autoren der Studie schlussfolgerten, dass die Unkenntnis über den Begriff noch verbreiteter ist als der Bekanntheitsgrad in Höhe von 13 % im Jahr 2000 (BMU, 2000, S. 68) bzw. 22 % im Jahr 2004 vermuten lässt. Für letzteres, das Jahr 2004, wurde sogar unter Berücksichtigung der qualitativen Analysen ausgerechnet, dass nur 11 % der Deutschen über das Leitbild einer nachhaltigen Entwicklung Bescheid wüssten (Kuckartz & Rheingans-Heintze, 2006, S. 17).

*Tabelle 12: Bekanntheit des Leitbildes Nachhaltige Entwicklung als Zeitreihe (BMU, 2002, S. 31, ergänzt um BMUB & UBA, 2010, S. 40)*

| **Aussage** | **2010** | **2004** | **2002** | | | **2000** | | | **1998** | | | **1996** | | |
|---|---|---|---|---|---|---|---|---|---|---|---|---|---|---|
| **(Angaben in %)** | **G.** | **G.** | **G.** | **W.** | **O.** | **G.** | **W.** | **O.** | **G.** | **W.** | **O.** | **G.** | **W.** | **O.** |
| ja, schon davon gehört | 43 | 22 | 28 | 29 | 23 | 13 | 14 | 10 | 15 | 15 | 11 | 11 | 12 | 7 |
| nein, noch nichts davon gehört | - | - | 57 | 56 | 61 | 63 | 62 | 68 | 72 | 72 | 76 | 76 | 75 | 79 |
| weiß nicht | - | - | 15 | 15 | 16 | 24 | 24 | 22 | 13 | 13 | 13 | 13 | 13 | 14 |

Abkürzungen: G.-Gesamt, W.-West, O.-Ost

Die Ergebnisse der Umweltbewusstseinsstudien werden durch eine aktuellere forsa-Studie bestätigt. 36 % der 1008 Befragten konnten zu dem Begriff

Nachhaltigkeit spontan nichts assoziieren (forsa, 2012). Tabelle 13 stellt die genannten Assoziationen dar und verdeutlicht noch einmal die verbreiteten Präkonzepte zum Nachhaltigkeitsbegriff.

*Tabelle 13: Assoziationen mit dem Begriff „Nachhaltigkeit" (forsa, 2012)*

| **Assoziation (Angaben in %)**[33] | **Insgesamt** | **18- bis 29-Jährige** | **30- bis 44-Jährige** | **45- bis 59-Jährige** | **60 Jahre und älter** |
|---|---|---|---|---|---|
| Beständigkeit, Dauerhaftigkeit, Langfristigkeit | 23 | 19 | 25 | 22 | 22 |
| Berücksichtigung der Zukunft bzw. nächsten Generation | 12 | 19 | 15 | 11 | 7 |
| Umwelt-, Naturschutz | 8 | 11 | 11 | 9 | 4 |
| Verantwortungsvoller Umgang mit Ressourcen | 8 | 5 | 10 | 8 | 8 |
| Energiepolitik, -versorgung | 5 | 4 | 4 | 5 | 6 |
| Politik, politische Ziele | 5 | 6 | 6 | 5 | 4 |
| Regenerative Energien | 4 | 8 | 3 | 6 | 3 |
| Ökologische Aspekte | 4 | 6 | 6 | 3 | 4 |
| Ehrlichkeit, Aufrichtigkeit | 4 | 0 | 5 | 6 | 3 |
| Wiederverwertung, Recycling | 3 | 2 | 3 | 5 | 3 |
| nachwachsende Ressourcen | 2 | 1 | 3 | 2 | 2 |
| soziale Aspekte | 2 | 1 | 3 | 2 | 0 |
| langfristige Ressourcennutzung | 1 | 1 | 1 | 1 | 0 |
| Modewort, Kunstbegriff | 1 | 0 | 0 | 1 | 1 |
| negative Assoziation | 2 | 0 | 1 | 2 | 5 |
| nichts, weiß nicht | 36 | 43 | 29 | 32 | 42 |

Ähnlich der Bedeutungszuschreibung der Umweltpolitik (vgl. Abschnitt 3.4.1) zeigen auch die Analysen zum Bekanntheitsgrad Abhängigkeiten zu Schulbildung. 2004 war die Bekanntheit des Leitbildes unter den Personen mit höherer Schulbildung (40 %) deutlich ausgeprägter als bei Personen mit mittlerer (17 %) bzw. niedriger Schulbildung (10 %) (Kuckartz & Rheingans-Heintze, 2006, S. 16). In der Studie 2010 wurde der Zusammenhang mit Sinus-Milieus, welche sich durch die Einteilung von Personen nach ihrer sozialen Lage (untere Mittelschicht/

33 Prozentsummen können größer als 100 sein, da Mehrfachnennungen möglich waren.

Unterschicht, mittlere Mittelschicht und Oberschicht/obere Mittelschicht) sowie Grundorientierung (Tradition, Modernisierung/Individualisierung und Neuorientierung) auszeichnet, analysiert. Es zeigte sich bei einer Bevölkerungsdurchschnittsbekanntheit i. H. v. 43 %, dass das traditionelle Milieu (untere bis mittlere Mittelschicht als soziale Lage und Tradition sowie Modernisierung/Individualisierung als Grundorientierung)[34] bei einem Bekanntheitsgrad i. H. v. 34 % sowie das prekäre Milieu (untere Mittelschicht/Unterschicht als soziale Lage und Modernisierung/Individualisierung als Grundorientierung)[35] bei einem Bekanntheitsgrad i. H. v. 23 % geringere Ausprägungen (BMUB & UBA, 2010, S. 40) aufweisen. Daneben ist auch ein Zusammenhang mit einem Umweltengagement anzumerken, welcher in der Studie 2004 analysiert wurde (BMU, 2004, S. 89).

Im Gegensatz zum Inhalt des Nachhaltigkeitskonzeptes zeigen sich in den Umweltbewusstseinsstudien bei nachhaltigkeits-themenspezifischen Aspekten geringere Ausprägungen an Fehlkenntnissen. Beispielsweise sind Unkenntnisse zu etablierten Nachhaltigkeitssiegeln (Bio-Siegel, Blauer Engel, Fair-Trade-Siegel) gering und gewinnen im Zeitverlauf zunehmend an Bekanntheit (vgl. Tabelle 14).

*Tabelle 14: Bedeutung des „Blauen Engels" im Zeitvergleich (BMUB & UBA, 2013, S. 50, ergänzt um BMUB & UBA, 2015, 56 ff.)*

| **Bekanntheit von Nachhaltigkeitssiegeln (Angaben in %)** | **2004** | **2006** | **2008** | **2010** | **2012** | **2014** |
|---|---|---|---|---|---|---|
| „Blauer Engel" ist mir bekannt | 83 | 79 | 80 | 76 | 79 | 92 |
| Energieeffizienzklassen sind mir bekannt. | - | - | 84 | 87 | - | 95 |
| Bio-Siegel ist mir bekannt. | - | - | 87 | 87 | - | 95 |
| EU-Bio-Siegel | - | - | - | - | - | 27 |
| Fair-Trade-Siegel ist mir bekannt. | - | - | 30 | 56 | - | 76 |
| EU-Ecolabel | - | - | - | - | - | 10 |
| FSC (Holz-Label) | - | - | - | - | - | 47 |
| PEFC (Holz-Label) | - | - | - | - | - | 16 |

34 Kurzcharakteristik dieses Sinus-Milieus: „Die Sicherheit und Ordnung liebende Kriegs-/Nachkriegsgeneration: in der alten kleinbürgerlichen Welt bzw. in der traditionellen Arbeiterkultur verhaftet" (BMUB & UBA, 2010, S. 15).

35 Kurcharakteristik dieses Sinus-Milieu: „Die um Orientierung und Teilhabe bemühte Unterschicht mit starken Zukunftsängsten und Ressentiments: Anschluss halten an die Konsumstandards der breiten Mitte als Kompensationsversuch sozialer Benachteiligungen; geringe Aufstiegsperspektiven und delegative/reaktive Grundhaltung, Rückzug ins eigene soziale Umfeld" (BMUB & UBA, 2010, S. 15).

### 3.4.3 Gesellschaftliches Informationsverhalten zu Nachhaltigkeits- und Umweltthemen

Insgesamt gibt es nur wenige aktuelle Befunde zum Informationsverhalten der deutschen Bevölkerung zu Nachhaltigkeitsaspekten. In den Umweltbewusstseinsstudien wurde lediglich in der 2008er Studie differenzierter nach dem Informationsverhalten gefragt (vgl. Tabelle 15 & Tabelle 16). Diese Daten sind sicherlich aufgrund ihres Alters, nur noch eingeschränkt gültig, dennoch sensibilisieren sie für bedeutsame Informationsquellen.

Aus Tabelle 15 ist ersichtlich, dass insbesondere die Medien eine bedeutsame Rolle als Informationsquelle für Umweltthemen einnehmen. Diese Ergebnisse sind nicht verwunderlich, wie die Ergebnisse der ARD und ZDF Onlinestudie zum Medienkonsum in Deutschland zeigen (vgl. van Emiren & Frees, 2014). Bezogen auf die Alterskohorte der Jugendlichen und jungen Erwachsenen (14 bis 29 Jahre), die der Stichprobe dieser Arbeit am nächsten steht, nutzen diese an erster Stelle das Internet (233 Minuten pro Tag), gefolgt vom Hörfunk (142 Minuten pro Tag) und Fernsehen (128 Minuten pro Tag). Tonträger (63 Minuten pro Tag), Bücher (30 Minuten pro Tag), Zeitungen (10 Minuten pro Tag) sowie Zeitschriften (4 Minuten pro Tag) erhalten eine nur untergeordnete Rolle (ebd., 2014, S. 395).

*Tabelle 15: Informationsquellen von Umweltthemen (BMU, 2008, S. 49)*

| **(Angaben in %)** | **auf alle Fälle** | **möglicherweise** | **eher nicht/ gar nicht** |
|---|---|---|---|
| Fernsehen öffentlich rechtliche Anbieter | 53 | 40 | 7 |
| Tageszeitungen | 48 | 42 | 10 |
| Fernsehen private Anbieter | 37 | 44 | 19 |
| Internet | 29 | 27 | 43 |
| Fachzeitschriften | 28 | 33 | 38 |
| Hörfunk | 28 | 46 | 25 |
| Broschüren von Umweltorganisationen | 28 | 50 | 22 |
| Broschüren von Verbraucherschutzstellen | 24 | 51 | 24 |
| Politische Magazine und Wochenzeitungen | 21 | 40 | 39 |
| Broschüren öffentlicher Einrichtungen/ staatlicher Stellen | 20 | 52 | 28 |
| Illustrierte | 19 | 49 | 31 |
| Verwandte und Freunde | 18 | 57 | 24 |
| Arbeitskollegen | 7 | 37 | 55 |

In der 2008er Umweltbewusstseinsstudie wurde zudem das Informationsverhalten nicht nur allgemein, sondern auch spezifischer zu Umwelteigenschaften und Gesundheitsverträglichkeit von Produkten vor dem Kauf erfragt. Tabelle 16 stellt die Ergebnisse dar. Die Daten sind zwar aufgrund der fehlenden getrennten differenzierten Ausweisung des Informationsverhaltens nach Umwelteigenschaften sowie Gesundheitsaspekten nur eingeschränkt für die Interpretation als Informationsverhalten zu Nachhaltigkeitsthemen geeignet, dennoch zeigen die Daten eine Auffälligkeit in der vorwiegend selten bis häufigen Nutzung der erfragten Informationsquellen vor dem Kauf der Produkte. Dies zeigt, dass u. a. die Informationen zu Umwelteigenschaften nicht primär der Kaufentscheidung zugrunde liegen. Dennoch erhalten auch hier Medien einen besonderen Stellenwert im Falle des Informationsbedarfs.

*Tabelle 16: Informationsquellen zu Umwelteigenschaften und Gesundheitsverträglichkeit von Produkten vor dem Kauf (BMU, 2008, S. 43)*

| (Angaben in %) | sehr häufig | häufig | manchmal | selten | überhaupt nicht |
|---|---|---|---|---|---|
| Informationen auf dem Produkt (außer Umweltsiegel) | 9 | 23 | 36 | 21 | 11 |
| Artikel in Zeitungen und Zeitschriften | 8 | 24 | 41 | 19 | 8 |
| Beratung durch das Verkaufspersonal | 7 | 22 | 37 | 22 | 12 |
| Verbrauchersendungen im Radio oder Fernsehen | 5 | 23 | 39 | 23 | 10 |
| Testergebnisse, z. B. Stiftung Warentest, Ökotest | 7 | 20 | 36 | 23 | 14 |
| Umweltsiegel | 5 | 19 | 30 | 27 | 18 |
| Empfehlungen von Freunden und Verwandten | 3 | 17 | 39 | 28 | 12 |
| Informationsmaterialien von öffentlichen Einrichtungen oder staatlichen Stellen | 4 | 12 | 27 | 28 | 30 |
| Werbung der Hersteller | 3 | 13 | 32 | 33 | 20 |
| Auskunft der Verbraucherberatung | 2 | 11 | 19 | 25 | 43 |
| Empfehlungen von Arbeitskollegen | 2 | 9 | 23 | 25 | 42 |

In Ergänzung zu dem zuvor dargestellten Ergebnissen der Umweltbewusstseinsstudie von 2008 ist auch das Ergebnis einer Sonderanalyse der 2010er

Umweltbewusstseinsstudie zum Informationsverhalten für nachhaltigen Konsum zu betrachten (vgl. Tabelle 17). Es fällt auf, dass Internetportale zum nachhaltigen Konsumverhalten von nur einer kleinen Personengruppe genutzt wurden und diese nur einen geringen Bekanntheitsgrad haben. Zudem berichten die Autoren über einen positiven Zusammenhang zwischen dem formalen Bildungsniveau und der Nutzung der Informationsangebote (UBA, 2011, S. 26). Leider liegen keine umfassenden Analysen zur Kenntnis von Informationsmöglichkeiten vor, die sich zudem nicht nur auf den privaten Konsum beschränken. Die Ergebnisse lassen aber eine hohe Unkenntnis von Informationsquellen zu Nachhaltigkeitsthemen vermuten.

*Tabelle 17: Nutzung von Internetportalen zum nachhaltigen Konsumverhalten (UBA, 2011, S. 26)*

| **Nutzung von Internetportalen zum nachhaltigen Konsumverhalten (Angaben in %)** | **Ja, kenne ich und habe ich schon genutzt** | **Ich habe schon davon gehört, aber noch keinen Gebrauch gemacht** | **Nein, kenne ich nicht, interessiere mich aber im Prinzip dafür** | **Kenne ich nicht und interessiere mich nicht dafür** | **Ich nutze generell nicht das Internet** |
|---|---|---|---|---|---|
| 18-bis-29-Jährige | 9 | 25 | 33 | 30 | 3 |
| Gesamtbevölkerung | 4 | 24 | 25 | 23 | 24 |

Neben den Umweltbewusstseinsstudien wurde auch im Rahmen der PISA-2006 Teilstudie „Green at Fifteen" (OECD, 2009), die sich allerdings nur auf 15-Jährige Jugendliche bezieht (vgl. Tabelle 18) und deren Datenstamm als noch älter zu bewerten ist, das Informationsverhalten zu Nachhaltigkeitsthemen erfragt. Auch hier bestätigt sich erneut die hohe Relevanz der Medien als Informationsquelle zu nachhaltigkeitsspezifischen Themen, jedoch nicht in dem Umfang wie schulische Lernprozesse. Die schulischen Lernprozesse werden an späterer Stelle noch einmal differenzierter dargestellt (vgl. Abschnitt 4.1.2). Auch das soziale Umfeld, insbesondere die Familie, wird zur Informationsgewinnung von Nachhaltigkeitsthemen genutzt, allerdings im Vergleich zu Schule und Medien nur nachgeordnet.

*Tabelle 18: Informationsquellen von Nachhaltigkeitsthemen deutscher Schülerinnen und Schüler (15-Jährige) in der PISA-2006 Teilstudie „Green at Fifteen" (OECD, 2009, S. 107 ff.)*

| (Angaben in %) | Schule | TV, Radio, Tageszeitung oder Magazine | Freunde | Familie | Internet oder Bücher |
|---|---|---|---|---|---|
| Luftverschmutzung (S. 107) | 69.3 | 58.7 | 5.8 | 28.6 | 24.2 |
| Energieknappheit (S. 108) | 50.2 | 50.2 | 3.6 | 23.1 | 16.0 |
| Aussterben von Pflanzen und Tieren (S. 109) | 65.0 | 56.3 | 6.1 | 19.4 | 27.0 |
| Rodung von Wäldern für andere Bodennutzung (S. 110) | 67.5 | 52.3 | 4.7 | 17.9 | 21.9 |
| Wasserknappheit (S. 111) | 54.8 | 50.4 | 4.0 | 20.9 | 17.7 |
| Atommüll (S. 112) | 47.4 | 47.2 | 4.3 | 15.8 | 20.9 |

Zwar ist studienübergreifend festzuhalten, dass Medien eine bedeutsame Informationsquelle für Nachhaltigkeitsthemen darstellen, allerdings wird bei keiner Studie die Qualität der Inhalte untersucht, um die Wirksamkeit der Informationsquellen abzuleiten.[36] Hinsichtlich der vorherigen Darstellungen zum Nachhaltigkeitskonzept, die u. a. auf die Sensibilisierung für eine hohe Inhaltskomplexität sowie ein heterogenes Begriffsverständnis (insbesondere in Abschnitt 3.2) abzielen, wäre auch anzunehmen, dass durch die Informationsquellen die Präkonzeptualisierung zum Nachhaltigkeitsverständnis durch einige Informationsaufbereitungen verstärkt werden könnte. Die Aufbereitung der Themen ist nicht immer objektiv und wissenschaftlich (ebd.), zum Teil erfolgen sogar Dramatisierungen verbunden mit einem emotionalen Zugang. Die mediale Qualität von Nachhaltigkeitsberichten wird im Folgenden mittels zweier Studien skizziert.

Erlemann (2012) identifiziert beispielsweise bei der Analyse österreichischer Zeitungsartikel zur Hochwasserflut in Österreich im Jahr 2002 unterschiedliche Kausalitäten, die teilweise eingebettet sind in Solidaritätserzählungen wie

36 Lediglich in der PISA-2006 Teilstudie „Green at Fifteen" (OECD, 2009, S. 113) wird der Zusammenhang zwischen den Informationsquellen Schule und Medien mit dem Wissen über das Aussterben von Pflanzen und Lebewesen dargestellt. Es ergeben sich zwar für viele Staaten positive Leistungswertveränderungen im Falle der Nutzung dieser Informationsquellen, die Qualität der Inhalte kann hierüber allerdings nur eingeschränkt abgeleitet werden. Zudem wird der Zusammenhang mit nur einer Leistungsskala berechnet.

Helden-, Leidens oder Normalitätserzählungen. Glathe (2010, S. 142) untersuchte daneben die mediale Kommunikation von Nachhaltigkeit. So dominiert in Fernsehsendungen statt der dreidimensionalen Verknüpfung von ökologischen, wirtschaftlichen und sozialen Aspekten vor allem der ökologische Zugang (im Besonderen natur-, umweltschutz- und energierelevante Aspekte). Interessant sind zudem qualitative Unterschiede zwischen öffentlich-rechtlichen Sendungen sowie Beiträgen privater Anbieter. In öffentlich-rechtlichen Programmen wurden mehrheitlich fachbezogene Sendungen, Nachrichten und einige Service-, Verbraucher- und Kindermagazine identifiziert, die häufig klare Botschaften vermittelten, kritisch mit dem Thema umgingen, mehrseitig argumentierten sowie auf der Kernidee der Nachhaltigkeit aufbauten, also den Bezug zu den gegenwärtigen und zukünftigen Generationen betonten. Die untersuchten Beiträge der Privatsender zeigten jedoch nur wenige Berührungspunkte zur Nachhaltigkeit und im Falle der Thematisierung seien diese Beiträge durch einen „einseitigen, oberflächlichen, klischee- und vorurteilsbehafteten sowie unsachlichen Auftritt" (ebd.) aufgefallen. In der Untersuchung von Glathe (2010, S. 143) wurden zudem Web-Blogs analysiert, die zwar heterogene Themenschwerpunkte aufwiesen, sich aber fundiert und tiefgründig mit der Thematik auseinandersetzten. Gründe liegen hierbei vermutlich in einer hohen Identifizierung der Blogger mit der Thematik der Nachhaltigkeit.

Der zuvor ausgeführte Exkurs ist deshalb wichtig, um herauszustellen, dass Informationsquellen zwar vorhanden sind und auch genutzt werden, sie jedoch partiell unzureichende Erkenntnisse beinhalten können und demnach für die Vermittlung und auch Verbreitung von Präkonzepten förderlich sein können.

## 3.5 Synopse zum Verständnis des nachhaltigen Wirtschaftens in dieser Arbeit

Die vorherigen Abschnitte zusammenfassend zeigt sich bei Begriffen, die mit Nachhaltigkeit verbunden werden, eine nicht immer eindeutige Operationalisierbarkeit, was aber wiederum aufgrund des nicht bekannten tatsächlichen Zielzustandes bewusst intendiert ist. Der Begriff Nachhaltigkeit selber, der somit als ein offener Zielzustand zu betrachten und normativ mit Gerechtigkeit und Zukunftsverantwortung (Grunwald & Kopfmüller, 2012, S. 53) als Leitprinzipien verbunden ist, wird deshalb in der Gesellschaft bedeutungsheterogen verwendet (vgl. Abschnitt 3.4.2).

Auch in der wissenschaftlichen Auseinandersetzung, vor allem in der Ökonomie, bestehen heterogene, zum Teil divergente, Annahmen zur Initialisierung einer nachhaltigen Entwicklung sowie Erzielung der Nachhaltigkeit (vgl. Abschnitt 3.2 & 3.3). Unterschieden werden beispielsweise die schwache und starke Nachhaltigkeit, bei der die Frage der Substitution natürlicher Ressourcen unter inter- und intragenerativen Gerechtigkeitsaspekten diskutiert wird. Beide Ansätze sind hierbei jedoch stärker als Extrempunkte zu betrachten, bei der die Substitutionsfrage in einer starken Nachhaltigkeitsauffassung abgelehnt und entsprechend der schwachen Position anerkannt wird. Unterschiedliche Nachhaltigkeitspositionen von Ökonomen bestätigen sich auch bei empirischen Befragungen: Hierbei lassen sich nach Illge und Schwarze (2009) zwei Cluster unterscheiden: Neoklassische vs. ökologische Umweltökonomen (Illge & Schwarze, 2009). Allerdings ist anzumerken, dass mittlerweile die ökologische Ökonomie bzw. Umweltökonomie durch die nachhaltige Ökonomie abgelöst wird und hierbei stärker eine ganzheitliche Betrachtung des Themenkomplexes der Nachhaltigkeit anvisiert wird, deren Theorie jedoch erst am Anfang steht (Rogall, 2012, S. 119 f.).

Auch in der Betriebswirtschaftslehre zeigen sich divergente Typologien rationalen Handelns im Nachhaltigkeitskontext (Burschel et al., 2004, S. 258 f.; Müller-Christ, 2001, S. 333 ff.). Die Diskussion in der Betriebswirtschaftslehre erfolgt über das Zusammenwirken der drei Nachhaltigkeitsdimensionen Ökonomie, Ökologie und Soziales. Hierzu wurde der Triple-Bottom-Line Ansatz (Elkington, 1997) im Vorherigen eingeführt, der in einer klassischen Betrachtung eine Gleichgewichtung der drei Dimensionen vornimmt. Aus einer empirischen Überlegung heraus ergibt sich jedoch eine Priorisierung der ökonomischen Dimension (Schaltegger & Synnestvedt, 2002). Unternehmerisches Handeln ist unter Beachtung der real existierenden Marktmechanismen und hierbei den Systemzusammenhängen, in denen Unternehmen agieren, zu analysieren. Unternehmensziele werden dabei maßgeblich durch Stakeholder geprägt. Deshalb sind Handlungsbarrieren anzunehmen, die eine nachhaltige Entwicklung im Sinne starker Nachhaltigkeitsauffassungen im unternehmerischen Kontext utopisch erscheinen lassen. Kritisch ist aber unter Berücksichtigung des normativen Nachhaltigkeitsdiskurses zu hinterfragen, mit welchem Verhältnis der Nachhaltigkeitsdimensionen zueinander tatsächlich eine nachhaltige Entwicklung erzielt werden kann.

In dieser Arbeit wird dem Verständnis eines nachhaltigen Wirtschaftens unter Beachtung von real existierenden Marktmechanismen gefolgt. Da in dieser Arbeit die Handlungsintention, nachhaltig zu wirtschaften, von kaufmännischen Auszubildenden im Vordergrund steht, werden aktionistische und irrationale betriebliche Nachhaltigkeitsentscheidungen, die beispielsweise fern verbreiteter Stakeholderperspektiven zu verorten sind, abgelehnt. Allerdings wird das Spannungsverhältnis, das sich in dem Nachhaltigkeitsdiskurs zwischen ökonomischen und ökologischen/sozialen Zielen herausarbeiten lässt, bewusst genutzt, um in den späteren Handlungsitems Trade-Off-Situationen zu entwickeln, die ein Abwägen zwischen den Nachhaltigkeitsdimensionen erfordern. Dabei werden eindimensionale Betrachtungen, in denen nur die ökonomische oder die ökologisch-soziale Dimension betrachtet werden, als Präkonzepte des nachhaltigen Wirtschaftens interpretiert. Vertiefende Ausführungen zu der Gestaltung der Handlungsitems, die auf den zuvor beschriebenen Annahmen eines nachhaltigen Wirtschaftens aufbauen, werden im Abschnitt 6.6.1 ausgeführt.

# 4 Bildung für nachhaltige Entwicklung

Der Diskurs um eine Bildung für nachhaltige Entwicklung (BNE) lässt sich nicht losgelöst von der zuvor beschriebenen historischen Entwicklung der Diskussion um die nachhaltige Entwicklung (vgl. Abschnitt 3.1) beschreiben. Der Brundtland-Bericht und auch die Weltkonferenzen sind insofern an der Entstehung der BNE beteiligt (Bolscho & Hauenschild, 2006, S. 13), als Bildung als ein (zentrales) Mittel zur Umsetzung einer nachhaltigen Entwicklung gilt (Konferenz der Vereinten Nationen für Umwelt und Entwicklung, 1992). Die Entwicklung der BNE wird im nachfolgenden Abschnitt 4.1 skizziert.

BNE ist institutions- sowie lernkontextübergreifend zu verstehen und dies wird so bereits im 36. Kapitel der Agenda 21 (ebd., S. 329 ff.), das als Initiator der BNE gilt, deutlich gemacht. Die BNE soll demnach von der primären bis zur tertiären Bildung erfolgen, aber auch über „nichtformale Bildung" (ebd. S. 329; vgl. Abschnitt 2.2.2) gefördert werden. In diesem Zusammenhang ist der Kontextbezug der BNE kurz zu skizzieren: Der Begriff Bildung für nachhaltige Entwicklung bzw. BNE bezieht sich in dieser Arbeit auf einen institutionsübergreifenden Kontext. Ausdifferenzierungen, die sich auf einen konkreten, nicht allgemeinen, Bildungsbereich beziehen, erhalten häufig eigene Akronyme. So ist für die Berufsbildung für nachhaltige Entwicklung in der Literatur die Abkürzung BBNE verbreitet (z. B. bei Fischer, im Erscheinen; Fischer et al., 2009; Kutt, 2006). Neben der BBNE ist zudem auf die Hochschulbildung für nachhaltige Entwicklung zu verweisen, die auch mit HBNE abgekürzt werden kann. Weiterbildungsinitiativen werden sowohl der BBNE als auch HBNE zugeordnet. Neben diesen Ausführungen zu formalen Bildungsprozessen im Rahmen der BNE sind aber auch noch einmal informelle Lernprozesse hervorzuheben. Die Begriffsoperationalisierung ist, wie an vorheriger Stelle bereits ausgeführt (vgl. Abschnitt 2.2.2), nicht eindeutig. Doch wird Lernprozessen in der BNE ein hoher Stellenwert zugesprochen, die nicht curricular intendiert sind und somit nicht auf den Erwerb von Zertifikaten abzielen. Solche Lernprozesse können auch in Bildungsinstitutionen (sowohl in der Schule als auch im Betrieb für die Berufsbildung) erfolgen und werden teilweise als non-formales Lernen bezeichnet, doch dürfen in diesem Kontext gerade informelle Lernprozesse aus dem privaten Handlungskontext nicht unberücksichtigt bleiben und sollten auch hinsichtlich der Diskussion um den Kompetenzerwerb bzw. der -entwicklung eine zentrale Rolle einnehmen. Zum Teil werden informelle Lernprozesse in der BNE mit dem Kompetenzerwerb bereits verbunden (z. B. im BINK-Projekt: Michelsen & Fischer, 2013), allerdings erschweren unterschiedliche Kompetenzkonstrukte sowie zugehörige theoretisch/konzeptionelle Diskussionen die Kompetenzmodellierung. Die Kompetenzforschung in der BNE wird deshalb im Abschnitt 4.2 ausgeführt. In dieser Arbeit liegt das Hauptaugenmerk aber auf der BBNE, zu der im Rahmen des Abschnitts 4.3 zu dem Kapitel 5 übergeleitet wird.

## 4.1 Von der Umweltbildung zur Bildung für nachhaltige Entwicklung

Wie zuvor dargestellt, ist die BNE hinsichtlich ihrer Entwicklung eng mit der Nachhaltigkeitsbewegung verbunden, denen wiederum die erstarkenden Umweltbewegungen ab der zweiten Hälfte des zwanzigsten Jahrhunderts vorausgingen. Generell gilt die Umweltbildung als Vorkonstrukt der BNE. Themen der Umweltbildung werden von der BNE mitbetrachtet, allerdings ist der Bezugskontext der BNE umfassender und bezieht sich nicht nur auf Umweltthemen (McKeown & Hopkins, 2003), sondern zielt sowohl inhaltlich auf die als auch zur Realisierung der in der Brundtlandt-Definition geforderten inter- und intragenerationellen Gerechtigkeit ab. Im Folgenden wird zuerst die Internationale Entwicklung (Abschnitt 4.1.1) sowie anschließend die von der internationalen Perspektive nicht unabhängige nationale Umsetzungen beschrieben (Abschnitt 4.1.2).

### 4.1.1 Internationale normative Ansätze

Die Entwicklung der Umweltbildung ist von einem breiten Diskurs geprägt, der durch unterschiedliche Ansätze und somit auch Definitionen gekennzeichnet ist. International wurde die Umweltbildung durch die „Conference on the Human Environment" der Vereinten Nationen 1972 in Stockholm angeregt. Hierbei entstand das „United Nations Environment Programm" (UNEP, vgl. Abschnitt 3.1.1). Es gilt als ein Organ der Vereinten Nationen u. a. für internationale und interdisziplinäre Umweltbildung (Michelsen & Adomßent, 2014, S. 9). Als einer der wichtigsten Meilensteine gilt die 1977 durchgeführte weltweit erste Konferenz zur Umwelterziehung in Tiflis (Georgien) (Michelsen, 2006, S. 18). Die Konferenz betrachtete zwar vornehmlich weltweite Umweltprobleme, es sind aber auch bereits Ansätze der später entstehenden BNE zu erkennen. So wurde auf Umweltschädigungen und ihre möglichen irreversiblen Auswirkungen, auf eine vorrangige Betrachtung der Befriedigung von Grundbedürfnisse benachteiligter Bevölkerungsgruppen sowie auf die Gleichstellung der Bedeutung von Umweltschutzstrategien und allgemeinen Entwicklungsstrategien hingewiesen (Hauenschild & Bolscho, 2005, S. 26).

Doch wurde den dort verabschiedeten Zielformulierungen eine „individualistische Ausrichtung“ vorgeworfen, die die Erträge von Erziehung und Bildung auf gesamtgesellschaftliche Veränderungen überschätzen sowie die Rolle von Wirtschaft und Politik für die Umweltproblematik unterschätzen würden (Rieß, 2010, S. 100). Eine letzte hervorzuhebende Konferenz der Umweltbildung bildet die UNESCO-Konferenz 1987 in Moskau. Bei dieser wurde ein internationaler Aktionsplan für Umwelterziehung, der Vorschläge für die Integration von Umweltthemen für Bildungseinrichtungen (Schule, Hochschule und Berufsbildung) und Forschung unterbreitete, verabschiedet (Michelsen, 2006, S. 18). In dasselbe Jahr fiel auch die Veröffentlichung des Brundtland-Berichtes, der das Umdenken von Umweltproblemen und zugehörigen Herausforderungen zur Nachhaltigkeit initiierte.

Zur Beschreibung der Entwicklung einer BNE sind drei Meilensteine kurz zu skizzieren (in Anlehnung an Michelsen, 2006, S. 22). Die internationale Begründung der BNE ist auf das 36. Kapitel der im Abschnitt 3.1.1 beschriebenen Agenda 21 der Rio-Konferenz von 1992 zurückzuführen. Dieses Kapitel bildet folglich den ersten Meilenstein. In dieser wurde erstmals ein Handlungskatalog für Veränderungen im globalen Bildungswesen, die nicht nur die ökologische Dimension berücksichtigt und sich nicht nur auf eine Bildungsinstitution beschränkt, beschlossen.

Beim Weltgipfel für nachhaltige Entwicklung im Jahr 2002 in Johannesburg wurde das lebenslange Lernen für die Förderung einer nachhaltigen Entwicklung bestärkt (ebd., 2006, S. 21). Die Konferenz in Johannesburg gilt zudem mit ihren Empfehlungen als Initiator der Weltdekade »Bildung für nachhaltige Entwicklung« (Zeitraum 2005–2014), die von der UNESCO (United Nations Educational, Scientific and Cultural Organization) koordiniert wird und ist folglich als zweiter Meilenstein zu bezeichnen. Im Rahmen dieser Weltdekade sind alle Mitgliedsstaaten der Vereinten Nationen zur Entwicklung von nachhaltigen Ideen angehalten (ebd., 2006, S. 21 f.).

Als dritter Meilenstein ist nach Michelsen (2006, S. 22 f.) die 2005 verabschiedete Strategie „Eduactaion for Sustainable Development“ der UNECE (United Nations Economic Commission for Europe), einer Unterorganisation des Wirtschafts- und Sozialrates der Vereinten Nationen, anzusehen. Diese Strategie zielt auf die Ermutigung zur Förderung einer BNE über formales (Integration in allen relevanten Fächern), non-formales und informelles Lernen in den Mitgliedsstaaten der UNECE ab. Die Umsetzung einer BNE erfolgt hierbei stufenweise und soll bis 2015, aber auch darüber hinaus, weitestgehend erfolgen.

Die Umsetzung einer nachhaltigen Entwicklung durch Weltkonferenzen der Vereinten Nationen wird regelmäßig evaluiert und neu abgestimmt, dadurch werden auch Impulse für eine BNE gesetzt, die das Verständnis, die Funktion und zugehörige Aufgabenfelder konzeptionell weiterentwickeln. Allerdings weisen die internationalen Dokumente der Vereinten Nationen zum Teil ein so weites Themenverständnis zu einer BNE auf, dass der Themenumfang als problematisch angesehen werden kann. Neben anerkannten Themen wie „die Entwicklung nachhaltiger Lebensstile, der demografische Wandel, innovative Technologien, Probleme des Konsums und des Fairen Handels, die Umweltverschmutzung, der Klimawandel, die schwindende Biodiversität etc." werden auch Themenkomplexe angesprochen, deren Zugehörigkeit zum Teil infrage zu stellen ist. Exemplarisch zählen de Haan et al. (2008, S. 115) die Bekämpfung von Armut und HIV/Aids oder auch Gleichstellungsfragen auf. BNE wird hierdurch zu einem Instrument, unter dem alles gefördert werden soll, „was einer gesellschaftlichen Entwicklung [...] entgegensteht oder für die Zukunft als sinnvoll erscheint" (ebd.) Diese fehlende Trennschärfe an Themen, die unter einer BNE subsumiert werden können, ist eng verknüpft mit dem Diskurs um das Verständnis der Paraphrase nachhaltige Entwicklung (vgl. Abschnitt 3.2) und erschwert die Kommunikation, Umsetzung der BNE und damit einhergehend auch die Messung von Kompetenzen.

### 4.1.2 Nationale Umsetzung einer BNE

Eine Umweltbildung ist in Deutschland nicht erst seit den internationalen Konferenzen wie die in Stockholm oder Tiflis (vgl. Abschnitt 4.1.1) entstanden, sondern Fragen zum „Tier-, Pflanzen-, Natur- und Landschaftsschutzes" wurden bereits zuvor schulisch thematisiert (Rieß, 2010, S. 99). Für die Umweltbildung sind erste relevante politisch Beschlüsse in den 1950er-Jahren durch die KMK erlassen worden. Naturschutz, Landschaftspflege sowie Tierschutz wurden in einschlägige Schulfächer (insbesondere Naturwissenschaften und Erdkunde) integriert. Besonderen Einfluss in Deutschland hatte allerdings erst die von außen angestoßene Umweltpolitik der sozial-liberalen Koalition gegen Ende der 1960er-Jahre und das erste Umweltprogramm von 1971 (Hauenschild & Bolscho, 2005, S. 23).

Als Reaktion auf die Konferenz in Tiflis (vgl. Abschnitt 4.1.1) entwickelten sich unterschiedliche Ansätze der Umwelterziehung, aus denen sich später die Umweltbildung formte. Rieß (2010, S. 100) erkennt in der Literatur über die Umwelterziehung drei elementare Konzepte. Als ein erstes Konzept gilt die „problem- und handlungsorientierte Umwelterziehung" von Bolscho, Eulefeld und Seybold (1980). Kernziele dieser Umweltbildung war es, Schülerinnen und

Schüler in der Schule „die Auseinandersetzung mit natürliche[r], soziale[r] und gebaute[r] Umwelt [zu] erschließen", Förderung des Problemlösens in komplexen Systemen sowie „für die Beteiligung am politischen Leben zu befähigen" (ebd., S. 17 F., zitiert nach Rieß, 2010, S. 100). Das zweite Konzept bildet nach Rieß (2010, S. 101) die naturnahe Erziehung und Bildung im Sinne von Göpfert (1987), im Rahmen derer Jugendlichen ein „emotional-ganzheitlicher Zugang zur Natur" und „sinnhafte ganzheitliche Naturerfahrung" (ebd., zitiert nach Rieß, 2010, S. 101) ermöglicht werden sollte. Drittens nennt Rieß (2010, S. 101) die Ökopädagogik, die Umweltkrisen auf bisherige Denk- und Handlungsstrukturen zurückführt, sich gegen die „ökonomisch-technische Naturausbeutung" richtet und auf die Realisierung einer anderen Gesellschaft abzielt.

Durch die internationale Entwicklung des Leitbildes einer nachhaltigen Entwicklung und der daraus resultierenden BNE begann der Umbruch von der Umweltbildung zu einer BNE ab den 1990er-Jahren in Deutschland. Michelsen (2006, S. 25 ff.) teilt die Entwicklung der deutschen BNE in drei Phasen (reflexiv, konstruktiv, expansiv). In der reflexiven Phase, basierend auf Gutachten des SRU und WBGU, etablierte sich die BNE als nationales Instrument zur Erzielung einer nachhaltigen Entwicklung. Diese Phase endete mit dem ersten Bundesumweltbericht, in dem bisherige Modellversuche der Bund-Länder-Kommission für Bildungsplanung und Forschungsförderung analysiert wurden. Daran schloss sich die konstruktive Phase mit ihrem Modellversuch BLK-Programm „21" (1999–2004) an. In diesem lag das Hauptaugenmerk auf interdisziplinärem Lernen, dem Testen neuer Formen partizipativen Lernens sowie innovativer Strukturen (Schülerfirmen, Engagement von Schülerinnen und Schülern in kollaborativen Projekten mit außerschulischen Partnern und Auditierung von Schulen hinsichtlich der Nachhaltigkeit, wie z. B. ökologische Balance in den Schulgebäuden sowie Integration von Nachhaltigkeitsthemen im internen Curriculum) sowie der Förderung von Gestaltungskompetenz in der Sekundarstufe (vertiefende Beschreibung in Abschnitt 4.2) (de Haan, 2006, S. 21 f.). Im Rahmen der dritten Phase, welche als expansive Phase bezeichnet wird, wurde das BLK-Programm „Transfer 21" durchgeführt, welches auf den Konzeptionen des BLK-Programms „21" aufbaut und diese auf den Grundschulbereich ausweitete. Die Begriffe expansiv und Transfer verdeutlichen die Intensivierung der Verankerung von BNE in deutschen Schulen. Daneben fallen in diese Phase die deutschen Aktivitäten der UN-Weltdekade „Bildung für nachhaltige Entwicklung" (vgl. Abschnitt 4.1.1) (Michelsen, 2006, S. 26 f.).

Die Entwicklung der BNE ist zudem aus einer zweiten Perspektive zu beschreiben. Umweltthemen sind, wie bereits zuvor beschrieben, seit den 1950er-Jahren curricular gefordert. Über curriculare Analysen lässt sich die Implementierung andeuten. Bereits in den 1990er-Jahren erfolgte eine Analyse von Umweltthemen in schulischen Curricula durch Eulefeld, Bolscho, Rode, Rost und Seybold (1993, S. 48 f.). Zwar enthalten die naturwissenschaftlichen Fächer einen großen Anteil an Umweltthemen, die Autoren (ebd.) zeigen aber, dass die Umweltthemen fächerübergreifend thematisiert werden. Heute ist die Nachhaltigkeit in Bildungsstandards und den Lehrplänen fest in der Allgemeinbildung verankert – mit einem besonderen Stellenwert in der Biologie und Geologie (de Haan, 2008, S. 26). Dennoch wird ein fehlendes verbindliches Curriculum weiterhin kritisiert (de Haan & Bormann, 2008, S. 7 f.). Die curriculare Integration in der beruflichen Bildung wird an späterer Stelle noch differenzierter ausgeführt (vgl. Abschnitte 4.3.2 & 5.3).

Da curriculare Analysen nur eingeschränkt vorliegen und BNE nicht nur durch normative Vorgaben erfolgt, sondern auch freiwillig durch Schulen im Rahmen von Projekten oder der Teilnahme an Modellprojekten, sind Ergebnisse von Jugendstudien zur formalen und non-formalen Thematisierung von Nachhaltigkeitsthemen zu betrachten. Die Ergebnisse sind sicherlich nur begrenzt repräsentativ, da Jugendliche retrospektiv befragt werden und hierdurch weniger differenzierte und richtige Erinnerungen wiedergeben können, dennoch geben diese Untersuchungen Hinweise. Nach den Autoren des Greenpeace Nachhaltigkeitsbarometers von 2012 (Michelsen et al., 2012, S. 134) bestätigt sich eine akzeptable Verbreitung von Nachhaltigkeitsthemen in der Schule (40.3 % antworteten mit ja). Personen, die das Gymnasium besuchten (besonders in der Oberstufe), hatten häufiger Kontakt zu Nachhaltigkeitsthemen als Personen, die die Gesamtschule oder Realschule besuchten. Auffällig ist, dass die Befragten der Hauptschule höhere Zustimmungen zur Thematisierung von Nachhaltigkeit während ihrer Schulzeit angaben als Befragte der Real- bzw. Gesamtschule. Ein differenzierter Überblick über die behandelten Themen während der Schulzeit ist Tabelle 19 zu entnehmen.

*Tabelle 19: Unterrichtsthematisierung von Nachhaltigkeitsaspekten in der Schule (Michelsen et al., 2012, S. 142 f.)*

| Angaben in % | Ja | Kategorien der „Ja"-Antworten | | | | nach Schulform | | | |
|---|---|---|---|---|---|---|---|---|---|
| | | Im Fach-unter-richt | In AGs | In Pro-jekten | In an-deren Formen | Haupt-schule (n = 32) | Real-schule (n = 76) | Gesamt-schule (n = 29) | Gym-nasium (n = 151) |
| Umweltfragen allgemein | 75.1 | 66.9 | 9.8 | 14.4 | 8.6 | 93.8 | 80.3 | 75.9 | 88.7 |
| Energie, Klima | 75.0 | 75.7 | 7.7 | 8.2 | 8.3 | 71.9 | 85.5 | 72.4 | 86.1 |
| Ressourcenverbrauch (z. B. Wasser sparen, Müll vermeiden) | 56.1 | 62.8 | 11.7 | 8.5 | 16.7 | 53.1 | 59.2 | 58.6 | 63.6 |
| Gentechnik | 47.9 | 81.3 | 5.7 | 3.7 | 9.4 | 40.6 | 46.1 | 34.5 | 54.3 |
| Produktionsbe-dingungen (z. B. Her-stellung von Kleidung in Indien o. ä.) | 36.5 | 76.7 | 6.9 | 7.9 | 8.2 | 34.4 | 46.1 | 27.6 | 43.0 |
| Essensangebot in der Schule (Mensa, Kiosk) | 33.0 | 23.2 | 5.4 | 18.7 | 52.1 | 31.3 | 34.2 | 34.5 | 43.7 |
| Schulpartnerschaft (Länder des Südens) | 25.6 | 40.9 | 10.9 | 20.1 | 27.4 | 15.6 | 34.2 | 27.6 | 35.1 |
| Grüne Informa-tionstechnologie/ Computertechnologie | 17.3 | 65.4 | 70.0 | 12.4 | 15.1 | 12.5 | 22.4 | 17.2 | 12.6 |

Im Greenpeace Nachhaltigkeitsbarometer 2015 wird das wahrgenommene implementierte Curriculum durch Schülerinnen und Schüler zwar weniger differenziert dargestellt, wie es bei der Studie von 2012 erfolgte, allerdings zeigen die Ergebnisse, dass Nachhaltigkeitsthemen zunehmend an Bedeutung in der Schule gewinnen (Michelsen et al., 2015, S. 107 ff.).

## 4.2 Stand und Forschung zu Kompetenzen in der Bildung für nachhaltige Entwicklung

BNE erhält gemessen an der Anzahl zunehmender Veröffentlichungen in reviewten wissenschaftlichen Zeitschriften eine steigende Bedeutung in den Bildungswissenschaften (Barth & Michelsen, 2013), die zudem politisch erwünscht und gefördert wird. Forschungsdesiderate und daraus resultierende Forschungsschwerpunkte liegen auf der Entwicklung und Überprüfung von Kompetenzmodellen, der Steuerung und Institutionalisierung sowie der Transferforschung (Gräsel et al., 2012). Die Herausforderung besteht hierbei im Umgang mit einem unklaren fachwissenschaftlichen Bezug, Aufgabenfeld sowie fehlenden verbindlichen Curriculum, besonders weil die BNE „auf der Ebene institutionell arrangierter Lehr-Lern-Kontexte als Querschnittsaufgabe praktiziert wird" (de Haan & Bormann, 2008, S. 7 f.). Häufig wird bei der Kompetenzdiskussion auf den internationalen Referenzrahmen der OECD für Kompetenzen verwiesen (vgl. Rychen, 2008). Ein einheitliches Kompetenzkonzept besteht, ähnlich wie in vielen anderen Domänen der Kompetenzmessung (vgl. Kapitel 2), auch für die BNE bisher nicht (de Haan & Bormann, 2008, S. 8). Es sind vielmehr vielfältige Kompetenzansätze und Modelle, die nebeneinander bestehen und deren Zusammenwirken bisher noch nicht geklärt werden konnte. In einigen Beiträgen der Hochschulbildung für nachhaltige Entwicklung werden diese unterschiedlichen Ansätze übersichtlich gegenübergestellt (vgl. Hesselbart & Schaltegger, 2014, S. 27; Wieck, Withycombe, & Redmann, 2011, S. 208). Die unterschiedlichen Kompetenzansätze umfassen etablierte Modelle der BNE, Strukturmodelle zur Erklärung des Zusammenhangs von Verhalten, Werten und Kognitionen sowie Aspekte von Problemlösekompetenzen. Im Folgenden werden ausgewählte Kompetenzmodelle der BNE kurz vorgestellt und reflektiert.

Die Kompetenzdiskussion in der deutschsprachigen BNE basiert auf der Unterscheidung der drei Anforderungsbereiche: Wissen, Bewerten und Handeln (Rost, Lauströer, & Raack, 2003, S10 f.). Jeder dieser Dimensionen wird ein eigenes Kompetenzkonstrukt zugeordnet. Hierbei wird nach System-, Bewertungs-, und Gestaltungskompetenz unterschieden. Rost et al. (2003, S. 11) fassen synoptisch diese Dimensionen von Kompetenzmodellen einer BNE als Tabelle zusammen (vgl. Tabelle 20).

*Tabelle 20: Kompetenzen einer Bildung für nachhaltige Entwicklung (Rost, et al., 2003, S. 11)*

| **Wissen** | **Werte** | **Handeln** |
|---|---|---|
| Systemkompetenz | Bewertungskompetenz | Gestaltungskompetenz |
| Interdisziplinäres Wissen | Interkulturelle Akzeptanz und Toleranz | Kooperative und partizipative Fähigkeiten |
| Fähigkeit zur Wissensaneignung | | |

Alle drei Kompetenzdimensionen haben sich in den vergangen Jahren weiter ausdifferenziert und haben sich zu eigenständigen Kompetenzmodellen entwickelt. Diese werden im Folgenden kurz vorgestellt.

Die Systemkompetenz stützt sich auf interdisziplinäre Wissensstrukturen (ebd., 2003, S. 14)[37] und ist zu verstehen als „als die Fähigkeit und Bereitschaft,

- einzelne Phänomene als einem größeren System zugehörig zu erkennen
- Systemgrenzen und Teilsysteme sowohl zu erkennen als auch sinnvoll zu bilden
- die Funktionsweise von Systemen zu verstehen und
- aufgrund der Kenntnis der Veränderung einzelner Systemkomponenten Vorhersagen über die weitere Entwicklung des Systems zu machen,

sowie deren Umsetzung und Anwendung in verschiedenen Situationen und Kontexten."

Bezüglich der Bewertungskompetenz verdeutlicht sich die konzeptionelle Idee durch nachfolgende Definition: „Fähigkeit und Bereitschaft, die Abhängigkeit menschlichen Handelns von subjektiven Wertmaßstäben zu erkennen und eigene Wertvorstellungen bei komplexen Entscheidungen zu berücksichtigen" (Rost et al., 2003, S. 13). Im Rahmen des BLK-Programms 21 erfolgte hierzu eine Evaluationsstudie zum Massentourismus in der Sekundarstufe I. Die Zunahme an Bewertungskompetenz wurde hierbei durch den Vergleich urlaubsbezogener Werthaltungen vor sowie nach der Evaluation in Abhängigkeit von Reiseentscheidungen ausgewertet (Lauströer & Rost, 2008). Umfassende empirische Validierungen einer Konstruktausdifferenzierung liegen insbesondere für den Bereich der Biologiedidaktik vor, die zudem durch die in der Kompetenzmessung anerkannten psychometrischen Verfahren (Rasch- & Mixed-Rasch-Analysen) skaliert wurden (Eggert, 2008). Im Mittelpunkt steht hierbei die Entscheidungsfindung durch Abwägung von Vor- und Nachteilen möglicher Optionen (sogenannter Trade-Off-Situationen) durch unterschiedliche Strategien (ebd., 2008, S. 29). Es werden vier Teilkompetenzen unterschieden, die durch jeweils vier Niveaustufen gekennzeichnet sind (Eggert & Bögeholz, 2006, S. 189 ff.). Diese Teilkompetenzen sind: (1.) Generieren und Reflektieren von Sachinformationen, 2.) Bewerten, Entscheiden und Reflektieren, (3.) Kennen und Verstehen von Werten und Normen sowie (4.) Kennen und Verstehen von nachhaltiger Entwicklung.

Der wohl verbreiteste Ansatz einer BNE besteht in der Vermittlung der Gestaltungskompetenz. Diese wurde in Anlehnung an den Referenzrahmen für

37 Neben der von Rost et al. (2003) verbreiteten Ausdifferenzierung existieren weitere Ausführungen. Eine Übersicht kann Bräutigam (2014) entnommen werden.

Schlüsselqualifikationen der OECD[38] entwickelt (de Haan, 2008, S. 30). De Haans Auffassung der Gestaltungskompetenz lautet wie folgt:

> „Mit Gestaltungskompetenz wird die Fähigkeit bezeichnet, Wissen über nachhaltige Entwicklung anwenden und Probleme nicht nachhaltiger Entwicklung erkennen zu können. Das heißt, aus Gegenwartsanalysen und Zukunftsstudien Schlussfolgerungen über ökologische, ökonomische und soziale Entwicklungen in ihrer wechselseitigen Abhängigkeit ziehen und darauf basierende Entscheidungen treffen, verstehen und individuell, gemeinschaftlich und politisch umsetzen zu können, mit denen sich nachhaltige Entwicklungsprozesse verwirklichen lassen" (ebd., S. 31).

Deutlicher wird die Gestaltungskompetenz bei einer differenzierteren Betrachtung durch die Teilkompetenzen, die in Tabelle 21 in Verbindung mit der Zuordnung an die Kompetenzkategorien der OECD dargestellt sind.

*Tabelle 21: Teilkompetenzen der Gestaltungskompetenz (de Haan, 2008, S. 32)*

| **Kompetenzkategorien der OECD** | **Teilkompetenzen der Gestaltungskompetenz** |
|---|---|
| Interaktive Verwendung von Medien und Tools | T.1 Weltoffen und neue Perspektiven integrierend Wissen aufbauen |
| | T.2 Vorausschauend denken und handeln |
| | T.3 Interdisziplinär Erkenntnisse gewinnen und handeln |
| Interagieren in heterogenen Gruppen | G.1 Gemeinsam mit anderen planen und handeln können |
| | G.2 An Entscheidungsprozessen partizipieren können |
| | G.3 Andere motivieren können, aktiv zu werden |
| Eigenständiges Handeln | E.1 Die eigenen Leitbilder und die anderer reflektieren können |
| | E.2 Selbständig planen und handeln können |
| | E.3 Empathie und Solidarität für Benachteiligte zeigen können |
| | E.4 Sich motivieren können, aktiv zu werden |

Alle drei Kompetenzansätze sind durch einen domänenübergreifenden Ansatz gekennzeichnet. Die Systemkompetenz entwickelte sich nicht erst durch die BNE, sondern lässt sich auf unterschiedliche Domänen anwenden. Deutlich wird dies in Literatur- und Studienübersichten, bei denen empirische Überprüfungen in der Mathematikdidaktik aber auch in naturwissenschaftlichen Didaktiken rekonstruierbar sind, deren Bezug zu Themen einer nachhaltigen Entwicklung nicht immer gegeben ist. Daneben besteht zudem eine nicht eindeutig differenzierbare

38 Spezifischere Ausführungen hierzu beispielweise bei (Rychen, 2008).

Abgrenzung zu Problemlösekompetenzen (vgl. Diskussion zum Forschungsstand der Systemkompetenz: Rieß & Mischo, 2008, S. 220 ff.). Die Bewertungskompetenz kann ebenfalls auf andere Domänen übertragen werden (z. B. Hostenbach (2011) auf den Bereich der Chemiedidaktik). Die konzeptuelle Idee der Gestaltungskompetenz beruht auf normativen Vorstellungen des Handelns und ist aufgrund der Komplexität des Ansatzes und der Situationsbreite, in der sich die entsprechende Kompetenz entfalten und zeigen soll, einer Operationalisierung und Messung nur schwer zugänglich (ähnlich wie die berufliche Handlungskompetenz, vgl. Abschnitt 2.1.3). Dieser Ansatz erfordert außerdem eine stärkere theoretische Klärung zu den Zusammenhängen angenommener Teilkompetenzen (Gräsel et al., 2012, S. 12). Eine reliable Messung dieser Wirkungszusammenhänge ist jedoch nur über eine psychometrisch abgesicherte Kompetenzmessung, wie z. B. der probabilistischen Testtheorie [auch bekannt als Item-Response Theorie (IRT)] möglich. Die Anwendung probabilistischer Testmodelle zur Kompetenzmessung in der BNE gilt derzeit jedoch noch als ein Forschungsdesidarat (Gräsel et al., 2012, S. 13).

Die Befundlage zu Strukturzusammenhängen von Kompetenzen der BNE ist als defizitär zu bewerten. Deshalb sei im Folgenden auch auf Ergebnisse der Umweltkompetenz verwiesen. In den 1970er- und 1980er-Jahren wurden bereits die Wirkungen von schulischer Umweltbildung untersucht und zeigen einen Einfluss von schulischer Umweltbildung auf ökologisches Wissen (Rieß, 2005, S. 176 f.). Doch erschweren divergente Theorien zur Erklärung von Strukturzusammenhängen umweltbewussten Verhaltens (Lehmann, 1999) die bisherige Modellbildung. Verbreitet sind in diesem Rahmen Strukturzusammenhänge in Anlehnung an die Theorie des geplanten Verhaltens von Ajzen (1985, vgl. Abschnitt 2.1.4.4). Für die Erklärung nachhaltiger Verhaltensweisen sind demnach Einstellungen, wahrgenommene Normen sowie Verhaltenskontrollaspekte relevant. Gerade Einstellungen werden hervorgehoben, da ein nachhaltiges Verhalten auf entsprechende Dispositionen im individuellen Wertesystem zurückzuführen ist (Shepherd et al., 2009, S. 247). Anzunehmen sind aber auch sozialisationsbedingte Einflüsse, die beispielsweise im privaten Umfeld (Freunde & Familie), aber auch der Schule oder für den Bereich der Berufsbildung im Ausbildungsbetrieb entstehen können. Gerade Forschungserkenntnisse und Diskussionen aus dem Themenfeld Entwicklung moralischer Urteilskompetenz zeigen die Bedeutung einer betrieblichen Sozialisation auf (Beck, Bienengräber, & Parche-Kawik 2000; Lempert 2007 & 2009; vgl. auch die nachfolgenden Ausführungen zur BBNE im Abschnitt 4.3.2). Verhaltenskontrollaspekte umfassen vor allem zur Verfügung stehende Ressourcen für ein nachhaltiges Handeln. Der greifbarste Faktor stellen sicherlich die zur Verfügung stehenden finanziellen Mittel dar, was auch über Studien zum Umweltbewusstsein und Nettoeinkommen im vorherigen Kapitel (Abschnitt 3.4.1) verdeutlicht wurde (z. B. BMUB & UBA, 2013). Die Verhaltenskontrolle kann sich aber auch auf mentale Aspekte beziehen. Jedoch wird bei der Analyse von umweltbewusstem Verhalten in älteren Modellen seit längerem die Unterschätzung des Wissenskonstruktes kritisch diskutiert (Kaiser & Fuhrer, 2003). In neueren Untersuchungen wie bei Bogner und Kaiser (2007–2009), in dem Strukturzusammenhänge von Verhalten, Wissen sowie Einstellungen zu Umweltthemen von Kindern und Jugendlichen (6.-8. Klasse) analysiert werden, bestätigen sich auch die Zusammenhänge zwischen Wissen und Verhalten (Rocen, 2011; Roczen et al., 2014).

Für internationale Befunde wurden im Rahmen der PISA-2006-Teilstudie „Green at Fifteen“ (OECD, 2009) ausgewählte Items mit einem Umweltbezug (aus dem Bereich Natur- und Geowissenschaften) gesondert analysiert. Insgesamt schnitten deutsche Schülerinnen und Schüler (15-Jährige) hierbei über dem OECD-Durchschnitt ab (ebd., S. 38, S. 42). Auffällig ist bei den Leistungsskalen, dass für Deutschland im Vergleich zu den anderen Staaten eine hohe Geschlechterdifferenz zu Gunsten der Jungen (ebd., S. 86) diagnostiziert wurde. Die Studie sensibilisiert aber auch, wie es aus anderen PISA-Analysen bereits zu anderen Domänen bekannt ist, für die Benachteiligung von Schülerinnen und Schülern, deren Muttersprache nicht Deutsch ist (ebd., S. 44), sowie den positiven Zusammenhang zwischen dem sozioökonomischen Hintergrund und den Testleistungen (ebd., S. 45). Bezogen auf die in der BNE als bedeutsam betrachteten Affektionen zeigt sich daneben ein positiver Zusammenhang zwischen den Leistungsergebnissen sowie dem Verantwortungsbewusstsein für Umweltaspekte und Bewusstsein von komplexen Umweltthemen (ebd., S. 101). In den PISA-Studien werden Umwelt- und Nachhaltigkeitskompetenzen weiterhin verfolgt. So ist im Rahmen der PISA-2015-Studie eine Analyse zur environmental literacy geplant (Paden, 2012, Informationen zum geplanten Framework bei NAAEE, 2011).

Weiterhin sei auf internationale Studien aus dem Forschungsfeld environmental literacy hinzuweisen, die positive Zusammenhänge von Handlungen, Einstellungen sowie Wissen von Kindern und Jugendlichen belegen (z. B. Marcinkowski et al., 2013). Aus diesen Studien ableitend ergibt sich zwar eine hohe Bedeutung von Wissen sowie auch Werthaltungen, allerdings stellt der oft zu beobachtende (lebensweltliche) Umweltbezug nur eine Teilmenge von Fragestellungen einer nachhaltigen Entwicklung dar und blendet zudem das breite berufliche Handlungsspektrum, das in dieser Arbeit im Vordergrund steht, bisher weitgehend aus.

## 4.3 Berufsbildung für nachhaltige Entwicklung

Die Bedeutung der BBNE wurde bereits in der Einleitung zu den Zielen des dualen Systems der beruflichen Bildung dieser Arbeit vorweggenommen. Eine BBNE kann zu einer Schlüsselrolle zur Umsetzung des Leitbildes einer nachhaltigen Entwicklung werden, da Auszubildende über ihre Ausbildung für Stellen qualifiziert werden, in denen ihnen Weisungs- und Entscheidungsbefugnisse zustehen. Problematisch ist aber an erster Stelle die nur geringe curricular verankerte Förderung von Kompetenzen für ein nachhaltiges Wirtschaften. Bei der Analyse von Gemeinsamkeiten und Unterschieden kaufmännischer Berufe (Brötz et al., 2011, S. 30; Brötz et al., 2014, S. 13 ff.) zeigt sich, dass übergreifende Qualifikationen, unter denen auch Aspekte der Umwelt, Ethik sowie Nachhaltigkeit subsumiert werden (Brötz & Kock, 2013, S. 49), nur einen geringen Stellenwert einnehmen (Brötz et al., 2014, S. 13 i. V. m. S. 71).

In einem engen Zusammenhang zu der defizitären curricularen Verankerung deuten Fischer et al. (2009, S. 13) ein strukturelles Problem an. In der beruflichen Bildung engagiert sich besonders das BIBB. Dessen Kernaufgabe liegt aber primär auf den betrieblichen Bildungsprozessen. Die schulische Bildung als zweiter Lernort im dualen System bleibt hierbei vernachlässigt. Allerdings basieren die BIBB-Aktivitäten auch nur auf Freiwilligkeit und führen nicht zu einer Verpflichtungen der Unternehmen. Im Rahmen des Corporate Sustainability Barometers, gaben nur 43.2 % von 37 teilnehmenden Unternehmen an, Nachhaltigkeitsqualifikationen durch die Erstausbildung zu fördern (Schaltegger et al., 2013, S. 51). Auch die betriebliche Kompetenzförderung ist somit als ausbaufähig zu beschreiben. Zugehörig zu der unzureichenden curricular verankerten Förderung wird im Folgenden (Abschnitt 4.3.1) der Stand und die Herausforderungen der BBNE skizziert. Kontrovers wird die BBNE aber nicht nur hinsichtlich ihrer Realisierungsfähigkeit, sondern auch hinsichtlich der dort vorherrschenden Kompetenzansätze diskutiert, was im Abschnitt 4.3.2 erfolgt.

### 4.3.1 Stand und Herausforderungen der BBNE

Überlegungen zum Stellenwert von Umweltthemen in der kaufmännischen beruflichen Bildung können bereits vor der Diskussion um eine BBNE identifiziert werden (Kaiser et al., 1995a; 1995b). Diese berufliche Umweltbildung ist eine Bewegung der 1980er- und 1990er-Jahre, wobei erste umwelttechnische Berufe bereits in den 1970er-Jahren entstanden. Gründe hierfür sind u. a. auf umweltrechtliche Rahmenbedingungen zurückzuführen (Kutt, 2006, S. 36), aber auch auf steigende gesellschaftliche Wertschätzung von Umweltthemen. Curricular wurden Umweltthemen (Umweltschutz sowie die rationelle Energieverwendung) erst in den 1990er-Jahren in den Ausbildungsordnungen verankert (ebd., 2006, S. 40). Der Wendepunkt von einer beruflichen Umweltbildung zu einer BBNE wird auf den 29. Juni 2000 datiert, dem Tag des Beschlusses des deutschen Bundestages zur Bildung für nachhaltige Entwicklung. Der beruflichen Bildung wurde hierbei eine Schlüsselrolle für den Übergang zu einer nachhaltigen Welt zugewiesen (ebd., 2006, S. 39).

2001 wurde die BMBF-Machbarkeitsstudie zur Diagnose von Möglichkeiten und Grenzen der Realisierbarkeit einer BBNE (Mertineit, Nickolaus, & Schurpel, 2001) veröffentlicht. In dieser wurde reklamiert, dass keine Theorie der beruflichen Umweltbildung existiert, die die vielfältigen Ansätze systematisiert sowie die Wissenserkenntnisse aus Modellversuchen und empirischen Studien berücksichtigt und Wissenslücken ausweist (ebd., S. 8). Als Defizite und Problembereiche für eine BBNE galten 2001 unzureichende Empfehlungen „für eine systematische und dauerhafte Berücksichtigung des Umweltschutzes in der Ausbildungspraxis“ (ebd., S. 8) durch das BIBB, erwartungsferne Integration des Umweltschutzes in die Berufsausbildung, Vernachlässigung im Prüfungsgeschehen, unzureichende Qualifizierungen des Ausbildungs- und Lehrpersonals, eine fehlende, an ökologischen Kriterien ausgerichtete systematische Organisationsentwicklung, nicht hinreichende Berücksichtigung realitätsnaher betrieblicher Kontextbedingungen, fehlende Ansätze der Reduzierung von Bewusstseins- und Verhaltensdiskrepanzen, ein unübersichtlicher Überblick und begrenzter Zugang von einschlägigen Modellversuchen sowie die zu hohen Erwartungen an die Wirkung einer implementierten BBNE. Daneben wird zudem die Vernachlässigung der sozialen und politischen Sozialisation des Nachhaltigkeitsansatzes sowie die unzureichende Operationalisierung des Leitbildes einer nachhaltigen Entwicklung für die berufliche Bildung kritisiert (ebd., S. 8 f.).

Um die bisherige Realisierung sowie die damit zusammenhängenden Herausforderungen der BBNE zu skizzieren, sei auf Fischer et al. (2009, S. 11 ff.) sowie Fischer (im Erscheinen) zu verweisen, die den Diskurs um eine BBNE über vier Systemebenen (Makro-, Exo-, Meso- und Mikroebene) in Anlehnung an Bronfenbrenner (1981) rekonstruieren. Die Ebenenunterscheidung verdeutlicht hierbei die Gestaltungshierarchie der Akteure, die eine BBNE initiieren, beeinflussen sowie umsetzen. Tabelle 22 (S. 114) fasst die bisherige Realisierung einer BBNE sowie zugehörige Herausforderungen nach den vier Systemebenen zusammen.

Resümierend zum Stand der Umsetzung einer BBNE reflektiert Fischer (im Erscheinen), dass das Thema BBNE auf zunehmendes Interesse stößt und sich in „didaktischen Arrangements, curricularen Zugängen, Kooperationsaktivitäten der Lernorte, Aktivitäten im Rahmen der Organisations-/Schulentwicklung oder auch in der Entwicklung von Umweltberufen“ zeigt. Daneben warnt der Autor aber vor der Lücke zwischen dem gegenwärtigen und dem prognostizierten bzw. dem gewünschten Zustand, der „(überwiegend) mit Appellen gefüllt wird“ (ebd.) und weist darauf hin, dass „eine bildungs- und nachhaltigkeitstheoretische Reflexion beruflicher Bildung [bisher] allenfalls in Ansätzen stattfindet“ (ebd.). Mit anderen Worten meint Fischer (ebd.): „Zahlreiche Einzelaktivitäten und vereinzelte Leuchtturmprojekte sollten also nicht darüber hinwegtäuschen, dass die Aktivitäten zur Umsetzung einer Berufsbildung für nachhaltige Entwicklung [...] ausbaufähig sind.“

*Tabelle 22: Bisherige Realisierung einer Berufsbildung für nachhaltige Entwicklung sowie zugehörige Herausforderungen in Anlehnung an Fischer et al. (2009) und Fischer (im Erscheinen)*

| Systemebene | Umsetzung einer Berufsbildung für nachhaltige Entwicklung |
|---|---|
| **Makroebene:** (Gesellschaftliche Metaebene: politisches, ökonomisches und rechtliches System) | Themen einer nachhaltigen Entwicklung finden aus einer gesellschaftlichen Perspektive eine anerkennende Bedeutungszuschreibung, das Bewusstsein sowie die Kenntnis über eine BBNE sind jedoch nur marginal vorhanden und die Bezeichnung Berufsbildung für nachhaltige Entwicklung wird vor allem „von (Bildungs-)Politikern, von Projektträgern, vielleicht auch von lokalen Aktivisten oder PR-Profis der Wirtschaft“ kommuniziert. Ein Transfer zu den Ebenen unterhalb der Makroebene erfolgt nur selten (Fischer et al., 2009, S. 15 f.). |
| **Exoebene:** (Strukturelle Ebene: Bildungs-/Beschäftigungssystem: Curriculare Vorgaben, Lehrplan und Ausbildungsordnung, Lernortorganisation, Rahmenbedingungen) | Es lassen sich eine Vielzahl an Fachtagungen und Konferenzen zur BBNE rekonstruieren (für einen Ausschnitt bis 2009 siehe Fischer et al., 2009, S. 18 f.), die das von Kutt (2006) angesprochene Mosaikgebilde (vgl. Abschnitt 1.1) beschreiben. Nach einer Popularisierungsphase, der u. a. die zuvor genannte Machbarkeitsstudie zuzuordnen ist, kristallisierten sich Themen wie Globalität, Interkulturalität und Energie heraus. Neben Tagungen initiieren „Good-Practice-Projekte“ Anstöße für die praktische Bildungsarbeit für eine nachhaltige Entwicklung. Modellprojekte werden (in Ansätzen) systematisch dokumentiert und auf Internetseiten des BIBBs veröffentlicht sowie ausgewählte Projekte können in Veröffentlichungen wie z. B. Klemisch und Rauhut (2009) oder Kuhlmeier, Mohorič und Vollmer (2014) hinsichtlich ihrer Inhalte, aber auch Ergebnisse betrachtet werden. |

| Systemebene | Umsetzung einer Berufsbildung für nachhaltige Entwicklung |
|---|---|
| | Kritisch ist die curriculare Verankerung von Nachhaltigkeitsaspekten zu bewerten. Das für die BBNE wegweisende BIBB konzentriert sich, wie bereits zuvor beschrieben, vorwiegend auf die betriebliche Bildungsarbeit (vgl. die Einführung im übergeordneten Abschnitt 4.3). In Prüfungsordnungen wird der Nachhaltigkeitsgedanke daneben vernachlässigt (Fischer, im Erscheinen). Allerdings gelten Neuordnungen der Ausbildungsordnungen als Chance zur curricularen Verankerung von Themen einer nachhaltigen Entwicklung. So ist der Nachhaltigkeitsgedanke mittlerweile in den bereits neu geordneten Berufen „implizit und teilweise explizit zu finden" (Fischer et al., 2009, S. 16 ff.). |
| **Mesoebene:** (Institutionelle Ebene: Organisation der Bildungseinrichtungen) | Bisher bestehen vorwiegend konzeptionelle Diskussionen zu den Bedingungen der Implementierung von Nachhaltigkeit in die Organisation von Schulen und betrieblichen Bildungsstätten. Für den schulischen Lernort entwickeln sich Netzwerke über eine nachhaltige Schulentwicklung. Auch auf dieser Ebene werden „Good-Practice-Projekte" veröffentlicht (Fischer, im Erscheinen). |
| **Mikroebene:** (Situative Ebene: Lernsituation, Unterrichtsgestaltung; Lehr-Lern-Gestaltung, Methoden des Unterrichts). | Als problematisch wird hier die mangelnde domänenspezifische curriculare Integration von Nachhaltigkeitsthemen bemängelt. Didaktisch/methodisch gelten komplexe Lehr-Lern-Arrangements auch in der BBNE als geeignet, Analysen über deren Einsatz sowie ihrer Wirksamkeit in der BBNE liegen jedoch nicht vor. Zum Teil werden Schülerfirmen gegründet, die Lernförderlichkeit von Nachhaltigkeitsaspekten in diesen ist jedoch ebenfalls nicht untersucht (Fischer et al., 2009, 23 f.). Materialien zur BBNE werden durch das BIBB bereitgestellt (ebd.) sowie im Rahmen von Netzwerken erstellt und ausgetauscht, wie z. B. „BBS futur" (Fischer, 2011) bzw. BBS futur 2.0 (Fischer, o. J.). Kritisiert wird zudem die fehlende „systematische, fundierte und domänenspezifische Qualifizierung des Ausbildungspersonals." Auch auf dieser Ebene werden „Good-Practice-Projekte" veröffentlicht (Fischer, im Erscheinen). |

### 4.3.2 Kompetenzansätze der Berufsbildung für nachhaltige Entwicklung

Im Kontext der Diskussion um zu fördernde Kompetenzen sowie ihrer angestrebten curricularen Integration im Rahmen einer BBNE bestehen bisher nur wenige empirisch abgesicherte Erkenntnisse über Zusammenhänge von

Lernprozessen bei Fragestellungen zum Themengebiet einer nachhaltigen Entwicklung. Während Ansätze zur Kompetenzdiagnostik für den Kontext einer nachhaltigen Entwicklung im Bereich der Allgemeinbildung zu erkennen sind und auch in Teilen empirisch überprüft wurden (vgl. Abschnitt 4.2), werden diese Themen im Bereich der Kompetenzdiagnostik der beruflichen Bildung an erster Stelle konzeptionell, zum Teil auf der Grundlage der Ergebnisse von Modellprojekten, diskutiert. Valide Aussagen sind hierüber nicht möglich. Nicht selten wird deshalb das Modell der beruflichen Handlungskompetenz insofern adaptiert, als dass Nachhaltigkeitsaspekte nachträglich integriert oder zum Teil auch hineininterpretiert werden. So schlägt Hahne (2007) einen Ansatz der Integration der in der Allgemeinbildung verbreiteten Gestaltungs- und Systemkompetenz in die berufliche Handlungskompetenz vor. Diese Integration ist allerdings fraglich, weil bis heute das Zusammenwirken der Teilkompetenzen der beruflichen Handlungskompetenz ungeklärt ist (vgl. Abschnitt 2.1.3) und demnach auch die Zusammenhänge zu der System- und Gestaltungskompetenz, deren Teilkompetenzen sogar mitunter als Bestandteile der beruflichen Handlungskompetenz identifizierbar sind, nicht geprüft werden können. Der Transfer der Gestaltungskompetenz in die BBNE ist auch hinsichtlich des breit angelegten lebensweltlichen Domänenbezugs kritisch zu betrachten. Ein Transfer auf berufliche Handlungsfelder ist abzulehnen, da in beruflichen Anforderungssituationen andere inhaltliche, rechtliche, organisatorische und verhaltensbezogene Rahmenbedingungen gelten.

Auf der anderen Seite können aber auch nicht einfach die bestehenden Modelle der Kompetenzmessung beruflicher Domänen übernommen werden, da diese sich vorwiegend auf kognitive Aspekte (insbesondere Fachwissen) begrenzen. Umweltbewusstseinsstudien sensibilisieren seit langem für den Einfluss von Affektionen, wahrgenommenen Normen, Handlungskontrollaspekten sowie kognitiven Determinanten zur Erklärung umweltbewusster/nachhaltiger Handlungen (vgl. Abschnitt 3.4). Gerade im dualen System sind Kontextbedingungen betrieblichen Arbeitens und Lernens zu berücksichtigen, die im Besonderen von unternehmerischen Zielsetzungen sowie dahinter stehenden Stakeholderansprüchen abhängen (vgl. Abschnitt 2.2.3). Die Realisierbarkeit nachhaltigen Wirtschaftens ist deshalb auch unter der Beachtung dieser Zielsetzungen sowie Normorientierungen durch die Anspruchsgruppen zu betrachten (vgl. Abschnitt 3.3.3 & 3.3.4). Für den Auszubildenden, als Arbeitnehmer auf der untersten Hierarchieebene, ergeben sich hierbei nur wenige bzw. stark eingeschränkte selbstbestimmte Entscheidungs- und Handlungsmöglichkeiten. Für die BBNE sind demnach Ansätze der Kompetenzmessung zu priorisieren, die prädiktiv auf die Erklärung von Entscheidungen bzw. Handlungen nachhaltigen Wirtschaftens abzielen und diese unter kognitionspsychologischer in Ergänzung um verhaltens-/sozialisationstheoretischer Determinanten analysieren (vgl. Abschnitt 2.1.4).

Für den kaufmännischen Bereich, der in dieser Arbeit im Vordergrund steht, können zwei Ansätze identifiziert werden, die zum einen domänenorientiert sowie zum anderen die Realisierbarkeit nachhaltigen Wirtschaftens unter der Beachtung unterschiedlicher Kontextaspekte, wie im Vorherigen dargestellt, berücksichtigen. An erster Stelle ist auf das Referenzmodell zu beruflichen Handlungsfeldern und Kompetenzen für nachhaltiges Wirtschaften von Schlömer (2009) zu verweisen (vgl. Abbildung 14), welches explorativ-qualitativ geprüft wurde. Für quantitative Analysen ist an zweiter Stelle auf das Forschungsprojekt KONWIKA (Seeber & Fischer, 2011) zu verweisen, dessen Ziel auf der Entwicklung und Prüfung eines Kompetenzmodells zum nachhaltigen Wirtschaften lag und dessen Konzeptionen, wie in der Einleitung dargestellt, die Grundlage dieser Arbeit bilden.

Die Stärke von Schlömers (2009) Ansatz liegt in der multidimensionalen Ausdifferenzierung insbesondere der Unterscheidung einer organisations- und individuumsbezogenen Perspektive (vgl. Abbildung 13). Kompetenzen werden hierbei an erster Stelle über das Zusammenwirken mit der Lerndimension sowie dessen Abhängigkeit zu organisationsbezogenen Handlungsprozessen erklärt. Kritisch sind aber zwei Aspekte anzumerken, die die Verwertung für das Vorhaben dieser Arbeit begrenzen: Als erstes integriert Schlömer verbreitete und zum Teil sehr allgemeine Kompetenzansätze der Bildungs- und Erziehungswissenschaften, deren Reichweite, aber auch Zusammenwirken bei Nachhaltigkeitsfragestellungen in kaufmännischen Situation infrage gestellt werden können. Zum anderen konzentriert sich das Modell lediglich auf betriebliche Lernprozesse, da das Referenzmodell sich nicht ausschließlich auf den berufsbildenden Kontext bezieht.[39]

39 Betriebliche Lernprozesse sind im dualen System der Berufsbildung von zentraler Bedeutung (vgl. Abschnitt 2.2.3.2), allerdings sind individuelle Kompetenzen für ein nachhaltiges Wirtschaften sowie deren Entwicklung in der beruflichen Ausbildung auch durch schulische sowie informelle Lerngelegenheiten im privaten Handlungskontext zu erklären.

*Abbildung 13: Ausdifferenzierter Modellentwurf zu beruflichen Handlungsfeldern und Kompetenzen für nachhaltiges Wirtschaften (Schlömer, 2009, S. 104)*

Das Modell in der KONWIKA-Studie basiert auf Annahmen des geplanten Verhaltens von Ajzen (1985) in Erweiterung um kognitionspsychologische Annahmen der Kompetenzmessung (vgl. 2.1.4.4), welche auf die Varianzaufklärung der Verhaltensintention zum nachhaltigen Wirtschaften im betrieblichen und privaten Handlungskontext abzielt. Im Speziellen wurden Einstellungen, wahrgenommene subjektive Normen, wahrgenommene Verhaltenskontrollaspekte, motivationale Dispositionen sowie Wissen über Nachhaltigkeit zur Erklärung der Varianzen der Verhaltensintentionen in den Analysen kontrolliert. Strukturzusammenhangsanalysen, die sich auf den Ausbildungsberuf Kaufmann/-frau für Spedition und Logistikdienstleistung beziehen, bestätigen sowohl die Bedeutung des Wissenskonstruktes als auch die Relevanz von

Einstellungen (Verantwortungszuschreibung für ein nachhaltiges Wirtschaften durch Unternehmen), die zur Varianzaufklärung beitragen und somit einen zentralen Stellenwert zur Erklärung nachhaltiger Verhaltensweisen einnehmen (Seeber & Michaelis, 2014). Jedoch konnte in dieser Studie bisher eine nur geringe Varianz der Leistungsergebnisse und keine Kompetenzentwicklung, aufgrund des als Querschnitt angelegten Studiendesigns, analysiert werden.

In einer Teilstudie im KONWIKA-Projekt wurde zudem die betriebliche Handlungsintention, nachhaltig zu wirtschaften, im Bereich der Beschaffung und des Absatzes über unterschiedliche Lerngelegenheiten analysiert (Fischer et al., 2015., S 149 ff.). Es zeigt sich bei der Betrachtung standardisierter Regressionskoeffizienten, dass die Auslagen von Informationsbroschüren im Betrieb signifikant sowohl die Beachtung ökologischer Kriterien ($\beta = 0.398$, $p < 0.01$) als auch sozial gerechter Kriterien ($\beta = 0.330$, $p < 0.01$) in betrieblichen Handlungen beeinflussen. Daneben sind aber auch Gespräche über nachhaltigkeitsrelevante Themen mit Kollegen/Kolleginnen ($\beta = 0.379$, $p < 0.01$ bei der Beachtung ökologischer Kriterien) aber auch mit Vorgesetzten ($\beta = 0.145$, $p < 0.1$ bei der Beachtung ökologischer Kriterien; $\beta = 0.339$, $p < 0.01$ bei der Beachtung sozialer Kriterien) sowie betriebliche Fortbildungen zu nachhaltigkeitsrelevanten Themen ($\beta = 0.122$, $p < 0.05$ bei der Beachtung ökologischer Kriterien; $\beta = 0.170$, $p < 0.01$ bei der Beachtung sozialer Kriterien) für die Handlungsintention von Bedeutung. Interessant ist aber auch der Einfluss außerbetrieblicher Erfahrungen (Lernen während Einkaufshandlungen in privaten Kontexten: $\beta = 0.245$, $p < 0.05$ bei der Beachtung ökologischer Kriterien; $\beta = 0.266$, $p < 0.05$ bei der Beachtung sozialer Kriterien) sowie spezifisches Informationsverhalten (Medien als Informationsquellen für Themen einer nachhaltigen Entwicklung: $\beta = 0.216$, $p < 0.05$ bei der Beachtung ökologischer Kriterien; $\beta = 0.210$, $p < 0.05$ bei der Beachtung sozialer Kriterien; Informationsverhalten zu gesellschaftlichen Problemen und Arbeitsbedingungen in Entwicklungsländern: $\beta = 0.290$, $p < 0.01$ bei der Beachtung sozialer Kriterien) auf die betriebliche Handlungsintention.

Erklärungsbedürftig sind in der Teilstudie zum informellen Lernen der KONWIKA-Studie (ebd.) zwei negative Regressionskoeffizienten. Die Auslage von Informationsbroschüren zu gesellschaftlichen Problemen und Arbeitsbedingungen in Entwicklungsländern im Betrieb hemmt die Beachtung ökologischer Kriterien in betrieblichen Handlungen ($\beta = -0.146$, $p < 0.1$) sowie die Teilnahme an einem Projekt zur Nachhaltigkeit in der Schule wirkt negativ auf die Beachtung sozial gerechter Kriterien in betrieblichen Handlungen ($\beta = -0.122$, $p < 0.05$). Erklärungsansätze bezüglich des erstgenannten Koeffizienten werden in Zielkonflikten zwischen der ökologischen und sozialen Dimension der Nachhaltigkeit angenommen: „Nicht auszuschließen ist, dass beispielsweise umweltfreundliche Produktionen in Entwicklungsländern nicht zwangsläufig auch mit sozialen Arbeitsbedingungen einhergehen. Entsprechende Informationen könnten ein ökologisch förderliches Handeln, in diesem Fall die Beschaffung umweltfreundlich produzierter Produkte, im Betrieb hemmen“ (ebd., S. 153). Der Effekt der Schulprojekte wird erklärt über die fehlende Informationslage über didaktische Konzeptionen bei der Durchführung der Projekte.

Zwar existieren bisher keine Studien zum Einfluss betrieblicher Arbeitsprozesse auf nachhaltiges Handeln, allerdings kann an dieser Stelle auf Befunde zur moralischen Urteilskompetenz sowie deren Entwicklung von Versicherungskaufleuten verwiesen werden. Beck et al. (z. B. 1996, 2000, 2001) zielten hierbei auf die Überprüfung der Moralentwicklung nach Kohlberg (z. B. 1984), der eine schrittweise Stufenprogression, eine soziale Stimulation, eine gewisse Intelligenz als Voraussetzung für die moralische Fortentwicklung sowie eine situationsübergreifende Urteilshomogenität zugrunde legt (Zusammenfassung nach Beck et al., 1996, S. 191), sowie der Theorie der moralischen Urteilsbildung nach Lempert (1993) ab. Kontrovers diskutiert wird besonders der Befund der bereichsspezifischen Ausdifferenzierungen von Urteilsstrukturen, also eine sogenannte „moralische Segmentierung“ (Minnameier, 2011, S. 107), die Kohlbergs situationsübergreifende Urteilshomogenität infrage stellt. Dies zeigt sich in den Studien von Beck et al. (z. B. 1996, 2001) in Urteilsdivergenzen in unterschiedlichen Situationskontexten. Infrage steht aber die Interpretation dieser Ergebnisse: Handelt es sich hierbei um eine Situationsspezifität bzw. -adäquatheit oder moralische Inkonsistenz (Minnameier, 2011, S. 108)? Ernüchternd sind auch die Ergebnisse der nur geringen bis mittleren Ausprägung der moralischen Urteilsstufen der Auszubildenden bei der Betrachtung der aggregierten längsschnittlichen Daten (Beck & Parche-Kawick, 2004, S. 250). Sicherlich ist eine gewisse Entwicklung bis ins hohe Alter anzunehmen, dennoch zeigen diese Ergebnisse auch, dass die berufliche Bildung kein bedeutsamer Treiber für die Entwicklung der moralischen Urteilskompetenz ist. Im Längsschnitt, über die Ausbildungsdauer verteilt, wurden neben stabilen und progressiven Urteilsentwicklungen auch Regressionen (je nach Aktionsbereich und Zeitraum variiert der Anteil an Personen, deren Urteilsentwicklung der Regression zugeordnet wird, zwischen 12.4 und 34.4 %) im beruflichen Bereich beobachtet (Beck, 2000, S. 361 ff.). Die Gründe für diese Regression werden zwar nicht differenziert untersucht, anzunehmen ist aber eventuell auch ein Einfluss unterschiedlicher vorherrschender Normen und Werthaltungen im betrieblichen Handlungskontext (vgl. Abschnitt 2.2.3.1).

# 5 Nachhaltiges Wirtschaften im Ausbildungsberuf Kaufmann/-frau für Spedition und Logistikdienstleistung

Der Transport gilt nach dem Weltklimabericht 2014 mit 14 % als einer der Hauptverursacher von Treibhausgasen (IPCC, 2014, S. 46)[40]. Unternehmen der Logistikbranche stehen somit einem wachsenden öffentlichen Druck bezüglich ihres nachhaltigen Engagements gegenüber. Zum einen ist es die steigende Sensibilisierung für Nachhaltigkeitsaspekte der Bevölkerung (vgl. Abschnitt 3.4), zum anderen sind es normative Forderungen der Politik, die sich beispielsweise in der Verringerung von Schadstoffen ausdrücken (vgl. Bretzke & Barkawi, 2012, S. 77 ff.).

Der Logistikbranche sind unterschiedliche Ausbildungsberufe zuzuordnen. Der quantitativ bedeutsamste Ausbildungsberuf stellt der Kaufmann/-frau für Spedition und Logistikdienstleistung dar. Dieser Ausbildungsberuf, der im Mittelpunkt der Studie dieser Arbeit steht, wird hinsichtlich seines Tätigkeits- sowie Anforderungsprofils im nachfolgenden Abschnitt 5.1 kurz vorgestellt. Die Relevanz eines nachhaltigen Wirtschaftens in der Logistikbranche wird in Ergänzung zu den einleitenden Sätzen dieses Kapitels im Abschnitt 5.2 differenzierter ausgeführt. Die Beschreibung der Domäne des nachhaltigen Wirtschaftens und Analyse der curricularen Förderung von Kompetenzen für ein nachhaltiges Wirtschaften im Ausbildungsberuf Kaufmann/-frau für Spedition und Logistikdienstleistung erfolgt im Abschnitt 5.3.

## 5.1 Vorstellung des Ausbildungsberufes Kaufmann/-frau für Spedition und Logistikdienstleistung

Bevor das Tätigkeits- und Anforderungsprofil in diesem Abschnitt analysiert wird, werden im Folgenden zunächst allgemeine Ausbildungszahlen betrachtet. Der Ausbildungsberuf Kaufmann/-frau für Spedition und Logistikdienstleistung besteht seit dem Jahr 2004 und ist der Nachfolger des Ausbildungsberufes Speditionskaufmann/frau (BIBB, o. J). Im Jahr 2013 schlossen bundesweit 5250 Auszubildende einen Ausbildungsvertrag im Ausbildungsberuf Kaufmann/-frau

40 Daneben sind 35 % der Treibhausgase auf den Energiesektor, 24 % auf die Land- und Forstwirtschaft und andere Bodennutzung, 21 % auf die Industrie sowie 6.4 % auf den Bausektor zurückzuführen (IPCC, 2014, S. 46).

für Spedition und Logistikdienstleistung ab.[41] Darunter befanden sich 2184 Frauen (41.6 %). Insgesamt begannen 2907 Auszubildende (55.4 %) mit einer Hoch-/Fachhochschulreife ihr Ausbildungsverhältnis, was im Vergleich zu anderen Berufsausbildungen als überdurchschnittlich zu bewerten ist. Die erhöhte Quote an Personen mit einer Hochschulzugangsberechtigung spiegelt sich auch im Durchschnittsalter der Ausbildungsanfänger wider, welches 2013 20,9 Jahre betrug. Die Vertragslösungsquote pro Kalenderjahr, die auf das Verhältnis vorzeitig gelöster Ausbildungsverträge schließen lässt, variiert in den Jahren 2010 bis 2013 zwischen 15.6 % und 17.3 % (BIBB, 2014). Im Nachfolgenden wird das Tätigkeits- und Anforderungsprofil des Ausbildungsberufes beschrieben.

Bereits aus der Ausbildungsbezeichnung Kaufmann/-frau für Spedition und Logistikdienstleistung wird deutlich, dass die zwei Tätigkeitsbereiche Spedition und Logistikdienstleistung eine besondere Bedeutung in dem Ausbildungsprofil einnehmen[42]. Im Rahmen einer Masterarbeit an der Georg-August-Universität

41 Mit dieser Zahl an Ausbildungsanfängern gilt dieser Beruf zwar als einer der angebots- und nachfragestärkeren kaufmännischen Ausbildungsberufe, dennoch zeigt sich im Vergleich zu den kaufmännischen Berufen mit den höchsten Ausbildungsneuabschlüssen in 2013, z. B. dem Kaufmann/frau im Einzelhandel (neu abgeschlossene Verträge 2013: 31.499), Verkäufer (neu abgeschlossene Verträge 2013: 24.993), Industriekaufmann/-kauffrau (neu abgeschlossene Verträge 2013: 18.789) (Statistisches Bundesamt, 2015, S. 46), dass die Anzahl an Auszubildenden deutlich geringer als bei den angebots- und nachfragestärksten kaufmännischen Ausbildungsberufen ist. Dennoch bietet dieser Beruf für die geplante Studie dieser Arbeit ein ausreichendes potenzielles Testfeld an.

42 Die Bedeutungsursprünge des Logistikbegriffs können in der griechischen, lateinischen sowie französischen Sprache identifiziert werden. Im Griechischen ist das *lego* für „denken oder dankbar" zu nennen. Hieraus sind die Begriffe *logizomai* für berechnen bzw. überlegen und *legos* für Vernunft abzuleiten. Im lateinischen steht *logica* für Vernunft. Daneben ist auch auf das französische *Logement* für Unterbringung zu verweisen (Koch, 2012, S. 1). Die heutige wirtschaftswissenschaftliche Bedeutung ist aber stärker durch den militärischen Bereich geprägt worden. Z. B. diente die Logistik neben der Taktik und Strategie als dritte Kriegskunst unter Kaiser Leontes (886–911 n. Chr.) zur Unterstützung jeglicher Aktivitäten des Heeres. Militärische Bezüge zur Bedeutung des Logistikbegriffs insbesondere zur Versorgungsfunktion sind in der Geschichte vieler Staaten zu identifizieren (dazu differenzierter bei Koch, 2012, S. 2 f.). In den 1970er-Jahren wurde die Logistik vorwiegend durch die Entwicklungen zur Steuerung des Materialflusses und in den 1980er-Jahren durch Ansätze der Rationalisierung geprägt. In einem modernen Verständnis werden logistische Fragestellungen unternehmensübergreifend beschrieben. Hierbei ist die Supply-Chain als Fachbegriff für umfassende Lieferketten zum Kunden zu nennen (ebd., 2012, S. 6). Allerdings

Göttingen erstellte Schmidt (2012) ein Berufsbild des Ausbildungsberufes Kaufmann/-frau für Spedition- und Logistikdienstleistung durch eine integrierende qualitative Analyse des Ausbildungsberufsbildes der Ausbildungsordnung (BMWi, 2004, § 4), Informationen aus dem online-basierten Informationsportal „BERUFENET" (BA, 2012) sowie der Analyse von 52 Stellenanzeigen, die für eine abgeschlossene Berufsausbildung als Kaufman/-frau für Spedition und Logistikdienstleistung ausgeschrieben waren, auf Basis des O*NET Content Models (National Center for O*NET Development, 2012). Das Ergebnis stellt die Tabelle 23 dar.

---

wird der Logistikbegriff heute nicht einheitlich verwendet. Nach Koch (2012, S. 6 ff.) stehen flussorientierte (z. B unternehmerische Funktionen zur Steuerung von Transport-, Lager- und Umschlagsvorgängen in und zwischen Unternehmen, was auch als Raum-Zeit-Transformationsfunktion der Logistik bezeichnet wird) den koordinierungs- oder dienstleistungsorientierten Definitionen (wie aus der Bezeichnung bereits ersichtlich, stehen Koordinierungen aller Aktivitäten zur Kundenbefriedigung im Vordergrund) gegenüber.
Der Speditionsbegriff hingegen bezieht sich stärker auf das Aufgabenfeld des damaligen Transporteurs/Spediteurs, der primär den Transport und die Lagerung anbot (Schuh, Stich, & Kompa, 2013 S. 122).

*Tabelle 23: Berufsbild des Ausbildungsberufes Kaufmann/-frau für Spedition- und Logistikdienstleistung (Schmidt, 2012, S. 40)*

**Berufsbild des Kaufmanns für Spedition und Logistikdienstleistung**

**Tätigkeitsprofil**

Kaufleute für Spedition und Logistikdienstleistung arbeiten in den Branchen …

- Spedition, Logistik
- Post-, Kurier- und Expressdienste
- Personaldienstleistungen, Gesundheitswesen
- Güterbeförderung in der See-, Küsten- und Binnenschifffahrt
- Güterbeförderung in der Luftfracht
- Güterbeförderung im Straßen- und Schienenverkehr

Kaufleute für Spedition und Logistikdienstleistung …

**Information, Kommunikation, Arbeitsorganisation**
- … planen und organisieren ihre Arbeit.
- … arbeiten im Team und kommunizieren miteinander.
- … nutzen Informations- und Kommunikationssysteme.
- … sichern Daten und beachten Datenschutzvorschriften.

**Englische Sprache bei Fachaufgaben**
- … wenden bei Fachaufgaben die englische Sprache an.

**Verträge, Haftung und Versicherungen**
- … schließen Speditions- und Frachtverträge ab.
- … klären Haftungsfragen.
- … beschäftigen sich mit Transportversicherungen.

**Marketing**
- … holen Informationen über Frachtenmärkte und Angebote anderer Unternehmen ein und werten sie aus.
- … wirken bei der Ausweitung des Kundenkreises mit.

**Gefahrgut, Schutz und Sicherheit**
- … beachten Gefahrgut- und Signierungsvorschriften.
- … holen behördliche Genehmigungen ein.

**Kaufmännische Steuerung und Kontrolle**
- … führen den Zahlungsverkehr durch und übernehmen Aufgaben der Buchhaltung und des Finanzwesens.
- … führen Kosten- und Leistungsrechnungen durch.
- … erstellen Statistiken und werten diese aus.
- … organisieren und realisieren Qualitätskontrollen.

**Prozessorientierte Leistungserstellung in Spedition und Logistik**
- … beraten und betreuen Kunden, informieren sie über Dienstleistungen und erstellen Angebote.
- … führen Verhandlungen mit Kunden, Spediteuren etc.
- … erstellen Kostenkalkulationen und -voranschläge.
- … arbeiten Terminpläne aus.
- … wickeln Aufträge ab: Auftragsbestätigung, Zusendung relevanter Dokumente (z. B. Zollerklärungen).
- … wickeln Reklamationen und Schadensfälle ab.
- … führen den Schriftwechsel und Speditionsunterlagen.
- … erfassen Sendungen buchungsmäßig am PC.

**Speditionelle und logistische Leistungen**
- … disponieren ein- und ausgehende Güter.
- … veranlassen die Auslieferung von Waren.
- … arbeiten Touren aus, planen Termine nach Prioritäten.
- … beobachten Transportabläufe und disponieren ggf. um.
- … stellen Transportmittel bereit, kaufen Frachtraum ein und beauftragen Frachtführer oder sonst. Partner.
- … erstellen Transportdokumente, prüfen Frachtpapiere.
- … nehmen Versandanzeigen, Rechnungen etc. entgegen.
- … rechnen mit Frachtführern ab, erstellen Rechnungen.
- … wählen Lager aus, verwalten und disponieren diese.
- … fertigen Lagerpapiere aus, prüfen Lagerformulare.
- … fassen Einzelsendungen zu Sammelladungen zusammen.
- … wickeln Zollangelegenheiten ab: Aus- und Einfuhranmeldungen, Zollerklärungen, Zolllager.
- … bieten logistische Dienstleistungen an.

Kaufleute für Spedition und Logistikdienstleistung arbeiten …

… in Büroräumen, (auch Großraumbüros),
… an Computerarbeitsplätzen,
… in Lager- bzw. Umschlagshallen,
… auf dem Betriebshof/-gelände,
… in der Registratur,
… mit Tarifen, Kostenvoranschlägen,
… mit Speditionsverträgen, -büchern,
… mit Frachtrechnungen,
… mit Stück- und Ladelisten,
… mit Lagerpapieren und -büchern,
… mit Zollerklärungen,
… mit Terminplänen und Statistiken,
… mit Versicherungspapieren,
… mit Computer, Internet, Telefon, Fax, spezieller Software (GPS),
… mit Barcodescannern,
… mit gesetzlichen Grundlagen,

**Anforderungsprofil**

Kaufleute für Spedition und Logistikdienstleistung …

… bringen bei Fachaufgaben Sprachkenntnisse ein,
… bringen bei der administrativen Bearbeitung von Geschäftsvorgängen technische Fertigkeiten ein,
… bringen Wissen über Business und Management ein,
… denken und handeln zielorientiert und
… sind in sich verändernden und stressigen Situationen anpassungsfähig und belastbar.

## 5.2 Relevanz der Leitidee einer nachhaltigen Entwicklung und Handlungsansätze in der Spedition- und Logistikbranche

Seit längerem werden nachhaltige, aber vorwiegend ökologische Ziele der Logistik thematisiert. Verbreitete Namen hierfür sind Ökologistik, der angelsächsische Begriff „Green Logistics" oder auch nachhaltige Logistik (Gudehus, 2012, S. 71). Im Rahmen internationaler Befragungen von Supply-Chain-Managern wird Nachhaltigkeit als ein wichtiger, allerdings nur nachgeordneter, Logistiktrend bewertet, der in Zukunft aber an Bedeutung gewinnen wird. Bei der Betrachtung des am als wichtigsten beurteilten Logistikziels wird „Green Logistics" am dritthäufigsten genannt (vgl. Handfiel, Straube, Pfohl, & Wieland, 2013, S. 14 i. v. m. S. 16). Thematisch stehen hierbei Verringerung externer Effekte des Gütertransports, Städte-Logistik, Rücknahmelogistik, Logistik in unternehmensweiten Umweltstrategien oder auch ein green/grünes Supply-Chain-Management im Vordergrund (McKinnon, 2012, S. 5 ff.).

Die Dominanz ökologischer Themen in der nachhaltigen Logistik ist aber auch über die Rahmenbedingungen der Logistik sowie den damit zusammenhängenden Grenzen des nachhaltigen Wirtschaftens zu skizzieren. Logistische Prozesse sind allgemein betrachtet Bestandteile der Beschaffungs-, Produktions- sowie Absatzprozesse (Günther & Tempelmeier, 2012, S. 9). Gerade im Bereich der operativen Logistik mit dem Ziel des effizienten Bereitstellens „der geforderten Mengen benötigter Objekte in der richtigen Zusammensetzung zur rechten Zeit am richtigen Ort" (Gudehus, 2012, S. 1) wird deutlich, dass Unternehmen der Spedition und Logistikbranche bzw. Abteilungen in größeren Unternehmen/Konzernen mit ihren Dienstleistungen in hohem Grad abhängig von anderen Subjekten sowie der damit zusammenhängenden Organisation sind. Diese Abhängigkeit logistischer Prozesse kann im Falle fehlender Initiativen der Kooperationspartner das Handlungsspektrum eines nachhaltigen Wirtschaftens begrenzen. Deshalb werden vor allem technologische Ansätze und damit zusammenhängend die Effizienz des Ressourcen- und Energieeinsatzes diskutiert, die an erster Stelle dem Verantwortungsbereich der Logistikbranche zugesprochen werden. Mögliche technologische Optimierungen betreffen hierbei beispielweise Fahrzeug- und Antriebstechnologien, logistikorientierte Produktdesigns, aber auch das Recycling der Kreislaufwirtschaft (vgl. Bretzke & Barkawi, 2012, S. 136 ff.).

Es sind aber nicht nur die Abhängigkeiten zu Kooperationspartnern, Lieferanten, Kunden usw., sondern auch zu infrastrukturellen Gegebenheiten. Generell stellen Logistik- und Verkehrssysteme aufeinander bezogene Teilsysteme dar. Ihre Verbindung besteht darin, dass Verkehrssysteme Logistiksysteme ermöglichen bzw. beschränken und umgekehrt Logistiksysteme Verkehrssysteme be- oder entlasten (ebd., S. 166). Für die Logistikbranche liegt die Verantwortung somit nicht nur auf der Unternehmensseite, sondern auch beim Staat. Staat und Politik können eine nachhaltige Logistik durch Förderung der Telekommunikations- und Informationssysteme zur Optimierung von Abläufen, Planungen und Steuerung in der Logistik (ebd., S. 168 ff.), Road-Pricing-Konzepten (z. B. Bepreisung knapper Verkehrsinfrastrukturkapazitäten durch Steuern bzw. Maut etc. um Kapazitätsreserven optimal auszunutzen; ebd., S. 171 ff.), der Regulation von Ökosteuern (ebd., S. 185 ff.), Bedarfs- und Verbrauchskontingentierungen (z. B. durch Ge- und Verbote oder auch Emissionszertifikaten; ebd. S. 189 ff.) sowie Regulationen des Verkehrsträgermixes (z. B. Wechsel auf weniger schadstoffintensive Verkehrsträger; ebd., S. 205 ff.) unterstützen bzw. steuern.

Kritik gegen die Logistikbranche besteht im Besonderen auf operativer Ebene hinsichtlich der Verkehrsträgerwahl bei Transportorganisationen, im Rahmen derer die Entscheidungsmerkmale zu ökologischen Aspekten häufig eine Trade-Off-Situation erzeugt. Bei Betrachtung der Verteilung des Güterverkehrs in Deutschland (vgl. Tabelle 24) ist als erstes zu erkennen, dass der Güterverkehr seit der Finanzkrise (2008/2009) im Trend positive Wachstumsraten aufweist. Einen besonderen Stellenwert erhält hierbei die Straße als Verkehrsträger, auf dem ein fast vierfach höherer Gütertransport stattfindet als auf dem zweitbedeutendsten Verkehrsträger Schiene. Der Transport über die Straße ist vor allem unter ökonomischen Gesichtspunkten vorteilhaft (insbesondere Kosten, Zeitaufwand, geringe Umschlagsnotwendigkeiten usw.), unter ökologischen Aspekten ist diesem Verkehrsträger im Vergleich zu Schiene und Schifffahrtswegen jedoch die zweithöchste Umweltbelastung zuzuschreiben. Der Verkehrsträger Luft, dessen Bedeutung im Güterverkehr geringer ist, ist am umweltbelastendsten zu beschreiben (vgl. Tabelle 25).

*Tabelle 24: Güterverkehr – Verkehrsleistung im Bundesgebiet (außer in der Seeschifffahrt) (BMVI, 2014, S. 241 ff.)*

| **Verkehrsträger** | **Einheit** | **2006** | **2007** | **2008** | **2009** | **2010** | **2011** | **2012*** | **2013*** |
|---|---|---|---|---|---|---|---|---|---|
| **Straßengüterverkehr** | in Mrd. tkm | 435.7 | 454.1 | 457.6 | 415.6 | 440.6 | 457.6 | 446.4 | 452.7 |
| | In % | 69.9 | 69.8 | 69.9 | 71.1 | 70.2 | 71.2 | 70.6 | 70.2 |
| **Eisenbahn** | in Mrd. tkm | 107.0 | 114.6 | 115.7 | 95.8 | 107.3 | 113.3 | 110.1 | 112.6 |
| | In % | 17.2 | 17.6 | 17.7 | 16.4 | 17.1 | 17.6 | 17.4 | 17.5 |
| **Binnenschifffahrt** | in Mrd. tkm | 64.0 | 64.7 | 64.1 | 55.5 | 62.3 | 55.0 | 58.5 | 60.1 |
| | In % | 10.3 | 9.9 | 9.8 | 9.5 | 9.9 | 8.6 | 9.2 | 9.3 |
| **Rohrfernleitungen (nur Rohöl)** | in Mrd. tkm | 15.8 | 15.8 | 15.7 | 15.9 | 16.3 | 15.6 | 16.2 | 18.2 |
| | In % | 2.5 | 2.4 | 2.4 | 2.7 | 2.6 | 2.4 | 2.6 | 2.8 |
| **Luftverkehr** | in Mrd. tkm | 1.2 | 1.2 | 1.4 | 1.3 | 1.4 | 1.5 | 1.4 | 1.4 |
| | In % | 0.2 | 0.2 | 0.2 | 0.2 | 0.2 | 0.2 | 0.2 | 0.2 |
| **Verkehrsaufwand gesamt** | in Mrd. tkm | **623.7** | **650.4** | **654.5** | **584.2** | **627.9** | **643.0** | **632.6** | **645.0** |

Anmerkung: *vorläufige Daten

*Tabelle 25: Emissionen der Verkehrsträger in Gramm pro Tonnenkilometer (g/tkm) (UBA, 2012, S. 14)*

| **Verkehrsträger** | **Treibhausgase als $CO_2$-Äquivalente** | **Stickstoffoxide ($NO_x$)** | **Feinstaub** |
|---|---|---|---|
| LKW* | 97.5 | 0.49 | 0.0079 |
| Eisenbahn | 23.4 | 0.07 | 0.0012 |
| Binnenschiff | 33.4 | 0.55 | 0.0171 |
| Flugzeug | 1539.66** | 3.46 | 0.0412 |

Anmerkungen: *LKW ab 3.5 t (inklusive Sattel- und Lastzüge); **unter Berücksichtigung aller klimawirksamen Effekte des Flugverkehrs

Auch wenn die Verkehrsträger (insbesondere der LKW) bezüglich ihrer Ökobilanzen kritisch zu betrachten sind, werden unterschiedliche Lösungsmöglichkeiten zur Realisierung einer nachhaltigen Logistik vorgeschlagen. Ein Überblick vermittelt Tabelle 26 in Bezug auf die $CO_2$-Reduzierung.

Das Wachstum des Güterverkehrs (vgl. Tabelle 24) wird jedoch hinsichtlich seines Wachstumspotenzials kritisch bewertet. Verkehrsinfrastrukturengpässe gelten als eine Herausforderung – neben steigenden Energiekosten und Treibstoffpreisen in der Logistik (Bretzke & Barkawi, 2012, S. 56 ff.). Beide Herausforderungen wären auch aus einer Nachhaltigkeitsperspektive als bedeutsame Handlungsmaßnahmen zu betrachten.

*Tabelle 26: Ansätze zur $CO_2$-Reduzierung in der Logistikbranche differenziert nach Verkehrsträgern (nach Koch, 2012)*

| Straßengüterverkehr | Seegüterverkehr | Luftfracht |
|---|---|---|
| • Leichtbau (S. 307 f.)<br>• Optimierte Aerodynamik (S. 309)<br>• Start-Stopp-Funktion/ Rückgewinnung von Bremsenergie (S. 309 f.)<br>• Hybridantrieb (S. 310 f.)<br>• Alternative Treibstoffe für den Straßengüterverkehr (S. 312 f.)<br>• Intelligente Telematik (S. 313)<br>• Routenplaner (S. 313 f.)<br>• Verkehrsleitsysteme (S. 314 f.) | • Skysail Konzept (Nutzung von Windenergie; S. 315 f.)<br>• $CO_2$ sparendes Design (S. 317)<br>• Doppelhüllenschiffe (Außenwand kann das Auslaufen von Öl verhindern; S. 317 f.) | • Neue Treibstoffe in der Luftfahrt (S. 318 f.)<br>• Innovative Techniken in der Flugzeugindustrie (S. 319 f.) |

## 5.3 Die Domäne des nachhaltigen Wirtschaftens in der Berufsausbildung zum/zur Kaufmann/-frau für Spedition und Logistikdienstleistung

Das Verständnis einer Domäne wird in den Bildungs- und Erziehungswissenschaften kritisch diskutiert (siehe hierzu Winther, 2010, S. 84 ff.), in dieser Arbeit wird der Idee der Analyse des Anforderungskontexts beruflichen Handelns gefolgt. Das heißt, es ist von Interesse, die Dispositionen herauszuarbeiten, die für die Bewältigung der Lern- und Arbeitsanforderungen benötigt werden. Daneben sind auch konkrete Handlungen oder Arbeiten, die im Rahmen eines Settings erfolgen, zu berücksichtigen (ebd. in Anlehnung an Wigdor & Green, 1991). Für die Analyse zum nachhaltigen Wirtschaften in kaufmännischen Ausbildungsberufen werden konzeptionelle Vorgehensweisen bei Müller und Fischer (2013) beschrieben. Berufliches Handeln ist demnach abhängig von den Anforderungen unterschiedlicher Systemebenen (in Anlehnung an Bronfenbrenner, 1981). Das sind insbesondere persönliche Dispositionen, Merkmale der Arbeitsplatzgestaltung, aber auch den im Unternehmen vorherrschenden Strategien und Stakeholderperspektiven sowie den daraus resultierenden Normen (bezogen auf ein nachhaltiges Wirtschaften vgl. Abschnitte 3.3.3, 3.3.4 & 5.2). Eine Vorstellung des Tätigkeits- und Anforderungsprofils des Ausbildungsberufes Kaufmann-/frau für Spedition und Logistikdienstleistung wurde bereits im Abschnitt 5.1 vorgenommen. Allgemeiner wurde zudem die Relevanz eines nachhaltigen Wirtschaftens sowie Handlungsmöglichkeiten in der Logistikbranche im vorherigen Abschnitt 5.2 ausgeführt. Im Folgenden gilt es, das im Abschnitt 5.1 beschriebene Tätigkeits- und Anforderungsprofil im gewählten Ausbildungsberuf auf den Kontext eines nachhaltigen Wirtschaftens unter der Beachtung der zuvor ausgeführten Kontextbedingungen (vgl. Abschnitt 5.2) zu begrenzen. Hierfür wird auf Erkenntnisse der KONWIKA-Studie (Seeber & Fischer, 2011) zurückgegriffen, es werden aber auch curriculare Bezugspunkte zur Förderung der Kompetenzentwicklung zum nachhaltigen Wirtschaften des Ausbildungsberufes Kaufmann-/frau für Spedition und Logistikdienstleistung differenzierter betrachtet.

Im Rahmen der KONWIKA-Studie (Seeber & Fischer, 2011) wurde die Domäne des nachhaltigen Wirtschaftens in vier für die kaufmännische Berufsausbildung charakteristischen Berufen analysiert:

- Kaufmann/-frau im Einzelhandel,
- Verkäufer/-in,
- Bürokaufmann/-frau sowie
- Kaufmann/-frau für Spedition und Logistikdienstleistung (Müller & Fischer, 2013; Seeber, Fischer, Michaelis, & Müller, 2014a).

Analysiert wurden hierbei die Curricula (Rahmenlehrpläne, Ausbildungsordnungen, Ausbildungsrahmenpläne, Prüfungs-/Stoffkataloge der IHK sowie exemplarische Zwischen- und Abschlussprüfungen) der interessierenden Ausbildungsberufe. Neben der Analyse des intendierten Curriculums wurden zudem Experteninterviews mit Ausbildern über die Bedeutung nachhaltigen Wirtschaftens am Lernort Betrieb während der Ausbildungszeit geführt. Im Zentrum der Analysen stand die Entwicklung eines Domänenmodells, das den Einfluss der Systemumwelt und insbesondere gesellschaftlich normativer Werte und Normen auf Wertschöpfungsprozesse im Betrieb berücksichtigt (vgl. Abbildung 14). Die Ergebnisse dienten im Besonderen zur Wahrung einer hohen curricularen Validität der zu entwickelnden Erhebungsinstrumente zur Kompetenzmessung im Bereich nachhaltigen Wirtschaftens. Es kristallisierten sich vier kaufmännische Tätigkeitsbereiche mit engem Bezug zum nachhaltigen Wirtschaften heraus, die als curricular valide für alle Ausbildungsberufe angenommen wurden (ebd., 2014, S. 7):

- Umweltbelastungen reduzieren
- Waren rational und umweltverträglich beschaffen, verwenden und entsorgen
- Transportprozesse rational und umweltverträglich organisieren
- Gesamtgesellschaftliche Verantwortung des Unternehmens annehmen

*Abbildung 14: Domänenmodell für kaufmännisches Handeln in Anlehnung an Winther (2010) (Seeber et al., 2014a, S. 7)*

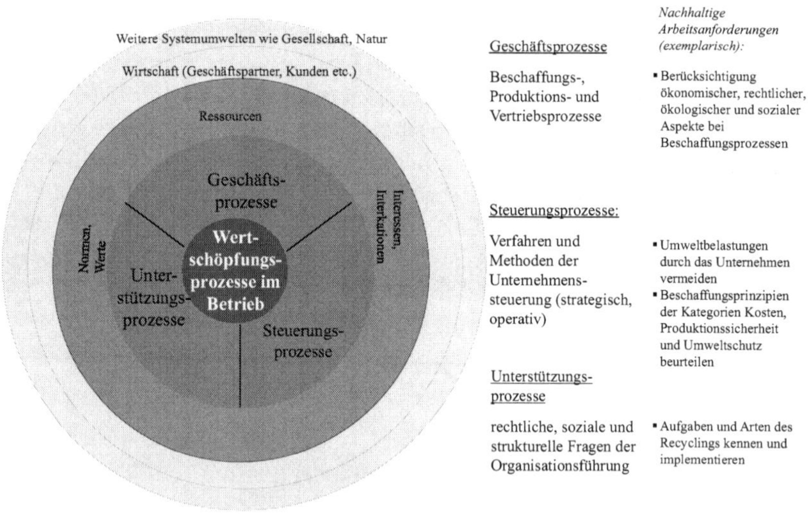


Die KONWIKA-Ergebnisse können jedoch nicht direkt auf die Studie dieser Arbeit übertragen werden. Sie berücksichtigen zwar den in dieser Arbeit interessierenden Ausbildungsberuf Kaufmann/-frau für Spedition und Logistikdienstleistung, die Synopse über die Ausbildungsberufe in der KONWIKA-Studie erforderten allerdings aufgrund der Berücksichtigung anderer kaufmännischer Berufe auch eine Verallgemeinerung der Inhaltsgebiete. Aus diesem Grund werden curriculare Aspekte im Folgenden noch einmal ausgeführt. Als Basis hierfür wird an erster Stelle der Ausbildungsrahmenplan (BMWi, 2004) verwendet, der eine grobe zeitliche Strukturierung der Ausbildungsinhalte vorschlägt. Im Folgenden wird für jedes Ausbildungsjahr entsprechend eine zeitliche Abfolge relevanter Inhalte eines nachhaltigen Wirtschaftens dargestellt. Hierbei wird nach einem expliziten und impliziten Bezug unterschieden. Ersteres, der explizite

Bezug, enthält Inhaltsaspekte, die eindeutig unter einer nachhaltigen Entwicklung bzw. einem nachhaltigen Wirtschaften subsumiert werden können. Ein impliziter Bezug umfasst dagegen Inhaltsgegenstände, die Anknüpfungspunkte zum nachhaltigen Wirtschaften bieten können. Ob diese Verbindungen in den Lernprozessen aber tatsächlich hergestellt werden, bleibt fraglich. In diesen Fällen ist somit nur eingeschränkt von einem Erwerb bzw. einer Entwicklung von Kompetenzen für ein nachhaltiges Wirtschaften auszugehen.

Sozialpolitische Themen, wie zum Beispiel Arbeitnehmerrechte oder auch der Gesundheitsschutz, wurden inhaltlich ausgeschlossen, wenn sie sich primär auf den nationalen Kontext beziehen. Solche Themen könnten als soziale Dimension der Nachhaltigkeit interpretiert werden und erhalten vor allem in Entwicklungsländern eine hohe Bedeutung (vgl. Abschnitt 3.1.1), führen aber für den deutschen Raum durch ihre zu meist gesetzlich normierten (verpflichtenden) Bestimmungen zu einer Aufweichung des Nachhaltigkeitsdiskurses und lassen schnell den primären Fokus des Nachhaltigkeitsbegriffs mit der Generationengerechtigkeit und der Zukunftsverantwortung aus dem Blickwinkel verschwinden.

Bei der Betrachtung der Abbildungen 15–17 fällt auf, dass Nachhaltigkeitsthemen primär Bestandteil des ersten Ausbildungsjahres sind und überwiegend die ökologische Dimension der Nachhaltigkeit betreffen. Die ökologische Dominanz im Ausbildungskontext ist hinsichtlich zweier Argumente zur erklären. Zum einen resultieren diese Inhalte aus dem Engagement der Umweltbildung in den 1990er-Jahren in der beruflichen Bildung, zum anderen wurde im Abschnitt 5.2 ein nur eingeschränkter Handlungskontext der Logistikbranche beschrieben, bei dem vor allem die ökologische Dimension der Nachhaltigkeit im Verantwortungsbereich der Logistikbranche liegt. Ab dem zweiten Ausbildungsjahr lassen sich lediglich implizite Thematisierungen identifizieren.

*Abbildung 15: Förderung der Kompetenz, nachhaltig zu wirtschaften, im Ausbildungsberuf Kaufmann/-frau für Spedition und Logistikdienstleistung im ersten Ausbildungsjahr nach dem Ausbildungsrahmenplan (BMWi, 2004)*

1. Ausbildungsjahr →

| **1. Drittel** | **2. Drittel** | **3. Drittel** |
|---|---|---|
| Expliziter Bezug: | Implizit möglicher Bezug: | Expliziter Bezug: |
| § 4 Nr. 1.5 Umweltschutz<br><br>Zur Vermeidung betriebsbedingter Umweltbelastungen im beruflichen Einwirkungsbereich beitragen, insbesondere…<br>a) mögliche Umweltbelastungen durch den Ausbildungsbetrieb und seinen Beitrag zum Umweltschutz an Beispielen erklären.<br>b) für den Ausbildungsbetrieb geltende Regelungen des Umweltschutzes anwenden.<br>c) Möglichkeiten der wirtschaftlichen und umweltschonenden Energie- und Materialverwendung nutzen.<br>d) Abfälle vermeiden; Stoffe und Materialien einer umweltschonenden Entsorgung zuführen. | § 4 Nr. 5.3 Sammelgut- und Systemverkehre. | § 4 Nr. 5.1 a-d Güterversendung und Transport:<br>a) Leistungsmerkmale des Straßen-, Schienen- und Luftfrachtverkehrs sowie der Binnen- und der Seeschifffahrt vergleichen.<br>b) Eignung der Verkehrsträger für bestimmte Transportgüter unter Berücksichtigung rechtlicher Bedingungen und Beschränkungen ermitteln.<br>c) Möglichkeiten der Verknüpfung von Leistungen der Verkehrsträger nutzen.<br>d) Verkehrsverbindungen unter Berücksichtigung verkehrsgeografischer und wirtschaftlicher Gesichtspunkte festlegen.<br>sowie<br>§ 4 Nr. 8. Gefahrgut, Schutz und Sicherheit:<br>a) Gefahren im Umgang mit Gefahrgut unter Berücksichtigung der Gefahrenklassen und -symbole sowie Stoffeinteilungen beachten.<br>In Verbindung mit u. a. der Berufsbildposition § 4 Nr. 1.5 Umweltschutz. |
| (Zeitraum 2-4 Monate i. V. m. Fertigkeiten und Kenntnissen der Berufsbildpositionen § 4 Nr. 1.1-1.4) | (Zeitraum 4-6 Monate i. V. m. Fertigkeiten und Kenntnissen der Berufsbildpositionen § 4 Nr. 4., 6. i. V. m. 2.1-2.4 & 3.) | (Zeitraum 3-5 Monate i. V. m. Fertigkeiten und Kenntnissen der Berufsbildpositionen § 4 Nr. 1.4, 2.1 & 2.3) |

*Abbildung 16: Förderung der Kompetenz, nachhaltig zu wirtschaften, im Ausbildungsberuf Kaufmann/-frau für Spedition und Logistikdienstleistung im zweiten Ausbildungsjahr nach dem Ausbildungsrahmenplan (BMWi, 2004)*

2. Ausbildungsjahr →

| **1. Drittel** | **2. Drittel** | **3. Drittel** |
|---|---|---|
| Implizit möglicher Bezug: | Implizit möglicher Bezug: | Keine Bezugspunkte zu Themen einer nachhaltigen Entwicklung identifizierbar. |
| § 4 Nr. 5.1 Güterversendung und Transport, Lernziele e bis i.<br>In Verbindung mit u. a. der Berufsbildposition.<br>§ 4 Nr. 5.1 Güterversendung und Transport, Lernziele a bis d & 5.3 Sammelgut- und Systemverkehre. | § 4 Nr. 5.2 Lagerlogistik.<br>In Verbindung mit u. a. der Berufsbildposition.<br>§ 4 Nr. 8 Gefahrgut, Schutz und Sicherheit, Lernziele b bis d. | |
| (Zeitraum 4-6 Monate i. V. m. Fertigkeiten und Kenntnissen der Berufsbildpositionen § 4 Nr. 4., 5.1, 5.5, 6., 7. i. V. m. 2.3) | (Zeitraum 2-4 Monate i. V. m. Fertigkeiten und Kenntnissen der Berufsbildpositionen § 4 Nr. 1.3, 2.2, 9.3, i. V. m. 1.1, & 2.1.) | (Zeitraum 3-5 Monate) |

*Abbildung 17: Förderung der Kompetenz, nachhaltig zu wirtschaften, im Ausbildungsberuf Kaufmann/-frau für Spedition und Logistikdienstleistung im dritten Ausbildungsjahr nach dem Ausbildungsrahmenplan (BMWi, 2004)*

3. Ausbildungsjahr →

| **1. Drittel** | **2. Drittel** | **3. Drittel** |
| --- | --- | --- |
| Keine Bezugspunkte zu Themen einer nachhaltigen Entwicklung identifizierbar. | Keine Bezugspunkte zu Themen einer nachhaltigen Entwicklung identifizierbar. | Implizit möglicher Bezug:<br><br>Vertiefung einer der nachfolgenden Berufsbildpositionen:<br>§ 4 Nr.<br>5.1 Güterversendung und Transport,<br>5.2 Lagerlogistik,<br>5.3 Sammelgut- und Systemverkehre,<br>5.4 Internationale Spedition oder<br>5.5 Logistische Dienstleistungen. |
| (Zeitraum 3-5 Monate) | (Zeitraum 3-5 Monate) | (Zeitraum 3-5 Monate i. V. m. Fertigkeiten und Kenntnissen der Berufsbildpositionen § 4 Nr. 4. & 6.) |

In Ergänzung zum Ausbildungsrahmenplan werden schulische Lernprozesse über den Rahmenlehrplan (für den Ausbildungsberuf Kaufmann/-frau für Spedition und Logistikdienstleistung: KMK, 2004) festgelegt. Allgemein wird in diesem u. a. im Rahmen des Bildungsauftrages der Berufsschule mit einem Nachhaltigkeitsbezug lernfeldübergreifend festgehalten:

> „Die Berufsschule hat eine berufliche Grund- und Fachbildung zum Ziel und erweitert die vorher erworbene allgemeine Bildung. Damit will sie zur Erfüllung der Aufgaben im Beruf sowie zur Mitgestaltung der Arbeitswelt und Gesellschaft in sozialer und ökologischer Verantwortung befähigen“ (ebd., S. 3).
>
> Die Berufsschule muss „auf die mit Berufsausübung und privater Lebensführung verbundenen Umweltbedrohungen und Unfallgefahren hinweisen und Möglichkeiten zu ihrer Vermeidung bzw. Verminderung aufzeigen“ (ebd., S. 4).
>
> „Die Berufsschule soll darüber hinaus im allgemeinen Unterricht und soweit es im Rahmen berufsbezogenen Unterrichts möglich ist, auf Kernprobleme unserer Zeit wie z. B.
> - Arbeit und Arbeitslosigkeit
> - friedliches Zusammenleben von Menschen, Völkern und Kulturen in einer Welt unter Wahrung kultureller Identität
> - Erhaltung der natürlichen Lebensgrundlage, sowie
> - Gewährleistung der Menschenrechte eingehen“ (ebd.).

Die berufliche Bildung zielt auf die Vermittlung der beruflichen Handlungskompetenz ab. Als didaktische Grundsätze werden hierbei u. a. gefordert: „Handlungen sollten ein ganzheitliches Erfassen der beruflichen Wirklichkeit fördern, z. B. technische, sicherheitstechnische, ökonomische, rechtliche, ökologische, soziale Aspekte einbeziehen“ (S. 5), was erneut die Forderung stützt, die Kompetenz, nachhaltig zu wirtschaften, auch unter der Realisierungsfähigkeit zu betrachten (vgl. Abschnitte 3.3.3, 3.3.4 & 5.2).

Die Zielformulierungen der einzelnen Lernfelder sind sehr allgemein gehalten. Dennoch lassen sich unterschiedliche explizite Bezugspunkte zu einer nachhaltigen Entwicklung bzw. einem nachhaltigen Wirtschaften herausarbeiten. Diese werden in Tabelle 27 dargestellt.

*Tabelle 27: Explizite Thematisierung von Nachhaltigkeitsaspekten in den Zielformulierungen der Lernfelder im Rahmenlehrplan des Ausbildungsberufes Kaufmann/-frau für Spedition und Logistikdienstleistung (KMK, 2004)*

| **Lernfeld** | **Zielformulierung mit Bezug zu einer nachhaltigen Entwicklung bzw. einem nachhaltigen Wirtschaften** | **Ausbildungsjahr (S. 8)** |
|---|---|---|
| 4: „Verkehrsträger vergleichen und Frachtaufträge im Güterkraftverkehr bearbeiten“ | „Die Schülerinnen und Schüler erfassen die Transportbedürfnisse der Kunden. Unter Berücksichtigung einer kundenorientierten Kommunikation beraten sie ihre Auftraggeber bei der Auswahl der Verkehrsträger und beachten dabei verkehrspolitische, ökologische, geographische sowie wirtschaftliche Aspekte“ (S. 12) | 1. |
| 12: „Beschaffungslogistik anbieten und organisieren“ | „Die Schülerinnen und Schüler beurteilen die Beschaffungsprinzipien unter den Kategorien Kosten, Produktionssicherheit und Umweltschutz“ (S. 20). | 3. |
| 15: „Speditionelle und logistische Geschäftsprozesse an wirtschaftlichen Rahmenbedingungen ausrichten“ | „Die Schülerinnen und Schüler suchen [...] Informationen über politische, wirtschaftliche, soziale und ökologische Entwicklungen und Entscheidungen auf nationaler, europäischer und globaler Ebene“ (S. 23). | 3. |

Implizite Formulierungen zur Förderung der Kompetenz, nachhaltig zu wirtschaften, könnten zahlreichen Lernfeldern entnommen werden. Generell gilt auch hier, dass Aspekte des Sammelgut- und Systemverkehrs, der Güterversendung und des Transports, der Lagerlogistik, des Umgangs mit Gefahrgut, internationaler Speditionsdienstleistungen sowie logistischer Dienstleistungen Anknüpfungspunkte zu einem nachhaltigen Wirtschaften bilden. Auf eine Ausführung wird an dieser Stelle aber verzichtet, da die Auflistung, die einen großen Anteil des Rahmenlehrplans betreffen würde, einen falschen Eindruck von der

Kompetenzförderung für ein nachhaltiges Wirtschaften im Ausbildungsverlauf vermitteln könnte.

Zur Ausdifferenzierung der Thematisierung in dem Ausbildungsrahmenplan sowie dem Rahmenlehrplan werden in einem nächsten Schritt die Stoffkataloge der AKA/IHK (Zwischen- & Abschlussprüfung) zur Explikation verwendet. Das Thema Umweltschutz ist u. a. über den Prüfungsteil „Wirtschafts- und Sozialkunde" in der Zwischenprüfung sowie in der Abschlussprüfung relevant. Jedoch umfasst der Aufgabenanteil der Wirtschafts- und Sozialkunde in der Zwischenprüfung lediglich ca. 35 % (AKA/IHK, 2005, S. 4). In der Abschlussprüfung wird die „Wirtschafts- und Sozialkunde" als eigenständiger Prüfungsteil durchgeführt. Im Rahmen dieser erhält der Umweltschutz ca. 5 % an dem Aufgabenanteil (AKA/IHK, 2009, S. 7). Außerdem werden im Prüfungsgebiet Güterversendung und Transport Verkehrsträger über ihre Umweltbelastung bzw. Umweltverträglichkeit neben stärker betriebswirtschaftlichen Aspekten bewertet. Anhang B gibt ergänzend einen differenzierten Überblick über die Themeninhalte der Stoffkataloge mit einem Bezug zu einem nachhaltigen Wirtschaften. Insgesamt betrachtet werden über die Zwischen- und Abschlussprüfungen Nachhaltigkeits aspekte lediglich partiell geprüft. Es bestätigt sich somit die von Fischer (im Erscheinen) kritisierte ungenügende Prüfungsrelevanz auch in diesem Ausbildungsberuf. Die zuvor dargestellten Auszüge aus den Ordnungsmitteln sind als ein intendiertes Curriculum zu betrachten. Je nach organisatorischen Kontextbedingungen können die Implementierungen der curricularen Vorgaben allerdings zwischen den Bundesländern sowie den Schulen variieren.[43] Obwohl die vorherigen Analysen bereits die nachrangige Förderung von Kompetenzen zum nachhaltigen Wirtschaften verdeutlichen (vgl. beispielsweise Brötz et al., 2014; Fischer, im Erscheinen; Fischer et al., 2009; Kutt, 2006), währen differenziertere Analysen zum implementierten Curriculum eines nachhaltigen Wirtschaftens für ein entsprechendes Vorhaben, wie beispielsweise die Studie dieser Arbeit, notwendig, auch aufgrund der teilweisen freiwilligen Maßnahmen einiger berufsbildender Schulen im Kontext Bildung für eine nachhaltige Entwicklung

43 Entsprechende Unterschiede können beispielsweise durch schulinterne didaktische Planungen erfolgen. Daneben schwanken aufgrund variierender Ferienzeiten zwischen den einzelnen Schuljahren aber auch zwischen den Bundesländern die zeitlich zur Verfügung stehenden Lernzeiten in der Schule, die ebenfalls Unterschiede zwischen den Schulen erklären können. Als Folge von kurzen Schuljahren können ausgewählte Themen bezüglich ihrer Komplexität reduziert betrachtet oder auch prüfungsirrelevante Themengebiete vernachlässigt werden.

(vgl. Abschnitt 4.3.1). Systematische sowie repräsentative Analysen sind bisher als Forschungsdesiderat zu betrachten.

In Anlehnung an die vorherige Forschungslücke kann einzig auf die Ergebnisse einer unveröffentlichten Masterarbeit an der Georg-August-Universität zurückgegriffen werden, deren Zielstellung auf einer Domänenanalyse zum nachhaltigen Wirtschaften im Ausbildungsberuf Kaufmann/-frau für Spedition und Logistikdienstleistung liegt (Henke, 2016). Hierbei wurden unter anderem Interviews mit drei Ausbildern aus unterschiedlichen Unternehmen, die den interessierenden Ausbildungsberuf anbieten, zur Förderung der Kompetenz, nachhaltig zu wirtschaften, am Lernort Betrieb durchgeführt. Trotz der methodischen Begrenzung dieser Studie untermauert sie ein ernüchterndes Ergebnis in Bezug auf das betriebliche Lernen zum nachhaltigen Wirtschaften. Ein Unternehmen stellt dabei sogar heraus, dass Nachhaltigkeitsthemen nicht in der Ausbildung bedeutsam seien. Hinsichtlich von Lerngelegenheiten im Betrieb nutzen zwei der drei Ausbildungsbetriebe aber explizit E-Learning-Tools zur Nachhaltigkeit. Daneben werden Berührungspunkte zum nachhaltigen Wirtschaften im Rahmen weniger operativer Tätigkeiten gesehen, wie bei der Disposition der Tourenplanung. Eine Verbindung zur Nachhaltigkeit wird besonders bei der Entscheidung des Verkehrsträgers oder dem Einsatz des kombinierten Verkehrs gesehen. Allerdings erklärt ein Ausbilder auch, dass aufgrund der Spezialisierung auf einen Verkehrsträger im Unternehmen entsprechende Themen nur eingeschränkt behandelt werden. Der ressourcensparende Umgang mit Arbeitsmaterialien wird zudem bei einem Unternehmen nach jedem Abteilungswechsel mit dem Auszubildenden eruiert. Außerdem müssen die Auszubildenden in einem Unternehmen ein Projekt mit Bezugspunkten zur Nachhaltigkeit durchführen. Es bestehen auch Bezüge zu Lerngelegenheiten mit einem informellen Charakter. So verweisen die Ausbilder auf Berührungspunkte zur Nachhaltigkeit durch die Integration von Nachhaltigkeitszielen im Unternehmensleitbild sowie -zielen. Weiterhin bestehen in einem Ausbildungsbetrieb auch Hinweisschilder zum Einsparen des Energieverbrauchs in den Büroräumen.

Insgesamt zeigen die Analysen, dass zu dem gesamtgesellschaftlichen Diskurs um das Leitbild einer nachhaltigen Entwicklung (vgl. Abschnitt 3.1) nur geringe Anknüpfungspunkte im Curriculum des Ausbildungsberufes Kaufmann/-frau für Spedition und Logistikdienstleistung bestehen. Die meisten Berührungspunkte zum nachhaltigen Wirtschaften bestehen dabei zur ökologischen Dimension.

# 6 Konzeptuelle Fragen der Messung der Kompetenzentwicklung zum nachhaltigen Wirtschaften

Für eine Diagnostik der Kompetenzentwicklung werden allgemein Querschnitterhebungen, die Befragung unterschiedlicher Stichproben (z. B. unterschiedliche Klassenstufen) zu (meistens) einem Messzeitpunkt, von Längsschnitterhebungen, die Befragung derselben Stichprobe zu unterschiedlichen Zeitpunkten, als Forschungsdesigns unterschieden. Unabhängig der primären Bedingung entsprechender Studien in Bezug auf die Sicherstellung einer konstruktvaliden[44] Messung[45] über die Zeit, haben beide Ansätze unterschiedliche Vor- und Nachteile.

Ein längsschnittliches Forschungsdesign setzt grundsätzlich eine möglichst über die Zeit konstante Stichprobe und/oder angemessene Methoden zum Umgang mit unvollständigen Datensätzen voraus. Demgegenüber wirken Querschnitterhebungen zur Veränderungsmessung auf den ersten Blick testökonomischer. Eine wesentliche Herausforderung bei diesem methodischen Vorgehen besteht aber in der Sicherstellung der Vergleichbarkeit der Stichproben.

---

44 Für eine verbreitete Definition der Konstruktvalidität sei auf Moosbrugger und Kelava (2007, S. 16) zu verweisen: „Ein Test weist Konstruktvalidität auf, wenn der Schluss vom Verhalten der Testperson innerhalb der Testsituation auf zugrunde liegende psychologische Persönlichkeitsmerkmale (»Konstrukte«, »latente Variablen«, »Traits«) wie Fähigkeiten, Dispositionen, Charakterzüge, Einstellungen aufgezeigt wurde. Die Enge dieser Beziehung wird aufgrund von testtheoretischen Annahmen und Modellen überprüft."

45 Für eine Definition des Messens wird Bortz und Döring (2006, S. 65) gefolgt: „Messen ist eine Zuordnung von Zahlen zu Objekten oder Ereignissen, sofern diese Zuordnung eine homomorphe Abbildung eines empirischen Relativs in ein numerisches Relativ ist." Diese Definition basiert auf folgenden Erklärungen: „Zur Darlegung des Repräsentationsproblems gehen wir von einem empirischen Relativ (oder Relationensystem) aus, das aus einer Menge von Objekten sowie einer oder mehreren Relationen besteht, welche die Art der Beziehung der Objekte untereinander charakterisieren. Dieses empirische Relativ wird in ein numerisches Relativ abgebildet, deren Zahlen so geartet sein müssen, dass sie die Objektrelationen des empirischen Relativs korrekt repräsentieren. Eine Abbildung mit dieser Eigenschaft bezeichnet man als homomorph bzw. strukturerhaltend. Ein empirisches Relativ, ein numerisches Relativ sowie eine die beiden Relative homomorph verknüpfende Abbildungsfunktion konstituieren eine Skala."

Die Herausforderung der Sicherstellung einer repräsentativen Vergleichsgruppe ist in dem schwer zugänglichen Testfeld des dualen Systems der beruflichen Bildung zudem nur mit erhöhtem Aufwand möglich und wird vor allem begrenzt, wenn Ausbildungsberufe untersucht werden sollen, die mittlere bis kleine Ausbildungszahlen aufweisen und demnach nicht zu den angebotsstärksten Ausbildungsberufen zählen[46]. Weiterhin wird die Sicherung der Vergleichbarkeit von Klassenstufen im dualen System aufgrund der Abhängigkeit zu der Wirtschaftslage und damit zusammenhängend schnellen Kompositionseffekten im Ausbildungsmarkt erschwert. Außerdem können über entsprechende Ansätze keine intraindividuellen Entwicklungen und in diesen direkte interindividuelle Unterschiede verfolgt werden, wie sie in längsschnittlichen Designs beobachtet werden können. Querschnittstudien generieren demnach lediglich indirekte Erkenntnisse der Kompetenzentwicklung, indem Populationen unterschiedlicher Jahrgänge oder Klassenstufen miteinander verglichen werden.

Um unter Berücksichtigung der Zielstellung und Forschungsfragen (vgl. Abschnitt 1.2) und hierbei neben der Diagnostik der Kompetenzentwicklung zum nachhaltigen Wirtschaften auch Entstehungshintergründe sowie Einflussfaktoren der Lernprozesse messgenau analysieren zu können, verfolgt diese Studie ein längsschnittliches Erhebungsdesign im Ausbildungsberuf Kaufmann/-frau für Spedition und Logistikdienstleistung, welcher mit ca. 5250 abgeschlossenen Ausbildungsverträgen im Jahr 2013 zu den angebots- wie auch nachfragestärkeren kaufmännischen Ausbildungsberufen gehört (vgl. Abschnitt 5.1) und mit der Logistiknähe vielfältige Aspekte eines nachhaltigen Wirtschaftens potenziell verknüpfen kann (vgl. Abschnitte 5.2). Besonders

---

46 Der begrenzte Testzugang, der zu einem gewissen Grad auch für Längsschnittstudien relevant ist, ergibt sich vor allem durch die nur schwere Erreichbarkeit von Auszubildenden, deren Arbeits- und Lernzeiten sich auf die zwei Lernorte Schule und Betrieb aufteilen. Aus der Perspektive der Erzielung einer hohen Probandenzahl stellt die Schule hierbei einen geeigneten Erhebungsort dar, doch müssen unter Berücksichtigung der geringen Lernzeiten von nur ein bis zwei Tagen pro Woche und den umfangreichen curricularen Anforderungen, die während der dualen Ausbildung vermittelt werden müssen, angemessene Zeitfenster für die Messung zur Verfügung stehen. Betriebliche Befragungen sind dagegen aufwendiger, da in den Betrieben (besonders den kleinen und mittelständischen Unternehmen), meistens nur eine geringe Anzahl an Auszubildenden angetroffen werden kann und dadurch eine höhere Anzahl an Testungen bedacht werden sollte. Daneben darf nicht vernachlässigt werden, dass die Befragungen nur unter Einwilligung der Schulen sowie Schulaufsichtsbehörden (für den Lernort Schule) beziehungsweise der Ausbildungsbetriebe (für den Lernort Betrieb) erfolgen kann.

über die Befragung derselben Stichprobe zu unterschiedlichen Messzeitpunkten kann somit sowohl die Ausgangslage als auch die reale Veränderung der Auszubildenden über die Zeit untersucht werden. In diesem Kapitel werden hierzu die methodischen Konzeptionen dieser Studie vorgestellt, die eine konstruktvalide Messung der Kompetenzentwicklung zum nachhaltigen Wirtschaften erzielen sollen.

Dazu wird im nachfolgenden Abschnitt 6.1 eingangs eine Synopse über die zuvor dargestellten Theoriekapitel gegeben, welche den Ausgangspunkt für das zugrunde liegende Modell bildet, das im Abschnitt 6.2 dargestellt wird, sowie für Herausforderungen bei der Messung der Kompetenzentwicklung zum Themengebiet des nachhaltigen Wirtschaftens bei kaufmännischen Auszubildenden sensibilisiert und entsprechend im Forschungsdesign sowie den Testinstrumenten berücksichtigt werden muss. In Anlehnung an die Zielstellung und Forschungsfragen verfolgt diese Arbeit einzelne Hypothesen, die im Abschnitt 6.3 vorgestellt und begründet werden. Anschließend erfolgt eine Einführung in das längsschnittliche Forschungsdesign im Abschnitt 6.4. Für die Auswertung der längsschnittlich gewonnenen Daten liegt das Hauptaugenmerk von Abschnitt 6.5 auf der Beschreibung ausgewählter statistischer Methoden und Modelle der Veränderungsmessung. Für die Messung der Kompetenzentwicklung zum nachhaltigen Wirtschaften dienen unterschiedliche Testinstrumente, die im Abschnitt 6.6 vorgestellt werden. Zur Sicherstellung einer validen Diagnostik der Kompetenzentwicklung muss gerade für die Leistungstests die Gestaltung der Testhefte gut überlegt sein. Deshalb wird im Abschnitt 6.7 unter Berücksichtigung von Iteminformationen vorheriger Erhebungen, in denen die Leistungsitems bereits eingesetzt wurden, die Verteilung der Items auf die messzeitpunktspezifischen Testhefte erläutert. Die abschließenden drei Abschnitte umfassen die Darstellung der Testdurchführung (Abschnitt 6.8), die Beschreibung der Stichprobe (Abschnitt 6.9) sowie die Dateneingabe und Auswertung (Abschnitt 6.10).

## 6.1 Synopse über die theoretischen Herausforderungen der Messung der Kompetenzentwicklung zum nachhaltigen Wirtschaften

Im Folgenden werden als Resümee der vorherigen Kapitel drei Synopsen, die als maßgebliche Grundlage für die methodische Gestaltung dieser Studie zugrunde gelegt werden, den konzeptuellen Fragen der Messung der Kompetenzentwicklung zum nachhaltigen Wirtschaften vorausgestellt:

(1.) An vorheriger Stelle wurde ausgeführt, dass Entwicklungen von Fachkompetenzen aus Lernprozessen resultieren (vgl. Abschnitt 2.2.1), die mit Blick auf eine berufliche (hier kaufmännische) Ausbildung als ein Ausschnitt eines lebenslangen Lernprozesses zu betrachten sind (vgl. Abschnitt 2.2.2) und im Rahmen der Ausbildung im Besonderen durch die Berufsschule und den Ausbildungsbetrieb (vgl. Abschnitt 2.2.3) erklärt werden. Daneben wurde in dieser Arbeit an mehreren Stellen darauf verwiesen, dass die Kompetenzentwicklung, im Besonderen im Nachhaltigkeitskontext, auch aus curricular nicht intendierten Lernprozessen mit einem stärker informellen Charakter erfolgen kann (vgl. Abschnitt 2.2.2).

(2.) Bereits in der Einleitung dieser Arbeit wurde auf das Problem der Operationalisierungsfähigkeit des Nachhaltigkeitsgedankens hingewiesen, welches hinsichtlich der Absicht, Kompetenzen im Bereich der Nachhaltigkeit zu messen, zu vielfältigen Herausforderungen führt. Aus diesem Grund werden im Folgenden zwei wichtige Aspekte zusammengefasst, die für die methodischen Konzeptionen dieser Arbeit bedeutsam sind:

a. Das Leitbild einer nachhaltigen Entwicklung, dem normativ durch politische Setzungen und dem öffentlichen Diskurs die Leitideen Gerechtigkeit und Zukunftsverantwortung zugeschrieben werden (vgl. Abschnitt 3.1.1), ist, aber zu einem bestimmten Grad intendiert, nur eingeschränkt für eine wissenschaftlichen Operationalisierung einer nachhaltigen Entwicklung bzw. des Nachhaltigkeitskonstrukts hilfreich. Als problematisch gilt an erster Stelle das nicht konfliktfreie Definitionskontinuum, in dem sich unterschiedliche Wissenschaftsperspektiven (beispielsweise schwache vs. starke Nachhaltigkeit oder Effizienz- vs. Suffizienz- vs. Konsistenzstrategie) mit ihren zum Teil divergenten und nicht vereinbaren Annahmen gegenüberstehen (vgl. Abschnitt 3.3.2). Zudem erschweren vielfältige Forschungsdesiderate die Beschreibung von Wirkungszusammenhängen (vgl. Abschnitt 3.2.5).
b. Für ein nachhaltiges Wirtschaften bestehen bisher sowohl in der Volkswirtschafts- als auch in der Betriebswirtschaftslehre keine eindeutigen Theorien.
    a. In der Volkswirtschaftslehre bestehen mehrdeutige Interpretationsmöglichkeiten zur Initialisierung/Realisierung einer nachhaltigen Entwicklung in ökonomischen Fragestellungen (z. B. neoklassische vs. nachhaltige Ökonomie), allerdings können diese volkswirtschaftlichen (vor allem makroökonomischen) Ansätze aufgrund ihrer abstrakteren Betrachtung des Zusammenwirkens von Wirtschaftseinheiten sowie der Beschreibung von notwendigen Wirtschaftsordnungen für ein nachhaltiges Wirtschaften nur schwer auf die betriebswirtschaftliche Entscheidungsebene

transferiert werden, da sich gegebene Marktmechanismen und die volkswirtschaftlichen Nachhaltigkeitsannahmen zum Teil unvereinbar gegenüberstehen (vgl. Abschnitt 3.3.2).

b. Verbreitet ist in der Betriebswirtschaftslehre eine Dimensionierung des Nachhaltigkeitsdiskurses in Ökonomie, Ökologie und Soziales, was unter dem Terminus Triple-Bottom-Line-Ansatz (Elkington, 1997) betrachtet wird. Hierbei steht allerdings das Zusammenwirken der Dimensionen infrage. Aufgrund des offenen Zielzustandes der Nachhaltigkeit sind Empfehlungen nur begrenzt möglich. Empirische Zusammenhangsanalysen unter Beachtung gegebener Marktmechanismen deuten auf eine Priorisierung der ökonomischen gegenüber der ökologischen und sozialen Dimension hin (vgl. Abschnitt 3.3.3). Demgegenüber stellt sich aber die kritische Frage, ob hierdurch eine nachhaltige Entwicklung initiiert und die Nachhaltigkeit erzielt werden kann. Die Priorisierung der ökonomischen Dimension wird entsprechend kritisch diskutiert (vgl. Abschnitt 3.3.3 & 3.5).

c. In dieser Arbeit steht eine Nachhaltigkeitsauffassung im Vordergrund, die unter gegebenen aktuellen Marktmechanismen realisierbar ist. Das Spannungsverhältnis, das sich in dem Nachhaltigkeitsdiskurs zwischen ökonomischen und ökologisch/sozialen Zielen herausarbeiten lässt, wird bewusst genutzt, indem in den späteren Handlungsitems diese Ziele gegeneinander abgewogen werden müssen. Eine Priorisierung der ökonomischen Dimension in betriebswirtschaftlichen Entscheidungssituationen wird hingegen abgelehnt. Begründet wird dieses Vorgehen mit einer dem Kerngedanken der Nachhaltigkeit zu entfernten Betrachtung.

(3.) Synopse zu Strukturzusammenhängen für ein Kompetenzmodell zum nachhaltigen Wirtschaften:

a. Trotz schwankendem Nachhaltigkeitsbewusstsein zeigen sich bei der deutschen Bevölkerung positive Entwicklungen zur Kenntnis und Akzeptanz einer nachhaltigen Entwicklung. In Studien zur Erklärung von Verhaltensweisen werden entsprechende Einstellungen bzw. Werthaltungen als ein zentraler Prädiktor betrachtet (vgl. Abschnitt 3.4).

b. Die Verbreitung eines heterogenen Begriffsverständnisses sowie unterschiedlicher Präkonzepte zum Nachhaltigkeitskonstrukt werden durch verschiedene Befragungen erhärtet. Dabei sind Bildungsabhängigkeiten insofern anzunehmen, als Personen mit höheren Bildungsabschlüssen über eine erhöhte Kenntnis zur Nachhaltigkeit verfügen (vgl. Abschnitt 3.4.2 & 4.1.2).

c. Zwar sind die Erkenntnisse der Kompetenzmessung in der BNE und BBNE als defizitär zu beschreiben, dennoch besteht Einigkeit dahingehend, sowohl kognitive als auch affektiv-motivationale Dispositionen als Ursache für die Entstehung individueller Testleistungen im Nachhaltigkeitsbereich zu betrachten (vgl. Abschnitt 4.3.2). Kompetenzentwicklungen in der beruflichen Bildung können in Anlehnung an (1.) auf vielfältige Lernkontexte zurückgeführt werden (vgl. Abschnitt 2.2.3). Nach den Ergebnissen der Analyse des intendierten Curriculums werden vorwiegend ökologische Aspekte im Ausbildungsberuf Kaufmann/-frau für Spedition und Logistikdienstleistung vermittelt, im Besonderen während des ersten Ausbildungsjahres. Eine Kompetenzentwicklung ist aber auch über informelle Lerngelegenheiten anzunehmen (vgl. Fischer et al., 2015). Hierbei ist die Analyse der Leistung von Wissen über Nachhaltigkeit und nachhaltiges Wirtschaften sowie der Fähigkeit, die Bewältigung von Anforderungen zum nachhaltigen Wirtschaften in wechselnden problemhaltigen betrieblichen Situationen, neben betrieblichen Lerngelegenheiten auch über potenzielle lernförderliche Gelegenheiten des privaten Handlungskontexts zu kontrollieren. Im Falle von kaufmännischen Entscheidungen kann die Intention, nachhaltig zu wirtschaften, zudem durch unterschiedlich wahrgenommene, vor allem betriebliche Normen beeinflusst werden (vgl. Abschnitt 4.3).

d. Nachhaltigkeitsfragen erhalten in der Logistikbranche in Zukunft zunehmend an Bedeutung, da der Transport und die dadurch entstehenden klimaschädlichen Gase mitunter als eine Hauptursache der Klimaentwicklung gelten (vgl. Einführung in Kapitel 5). Bisherige Lösungspotenziale konzentrieren sich vor allem auf technologische Ansätze und damit zusammenhängend die Effizienz des Ressourcen- und Energieeinsatzes, die primär im Verantwortungsbereich der Logistik liegen. Somit dominiert die ökologische stärker als die soziale Dimension der Nachhaltigkeit in der Logistikbranche (vgl. Abschnitt 5.2).

## 6.2 Ausdifferenzierung eines kognitionspsychologischen Modells zur Messung der Kompetenzentwicklung zum nachhaltigen Wirtschaften

Auf der Grundlage der allgemeinen Ausführungen zu den Erklärungsansätzen von Kompetenz (vgl. Kapitel 2) sowie der vorherigen Synopse zu den theoretischen Herausforderungen der Messung der Kompetenzentwicklung zum nachhaltigen Wirtschaften (Abschnitt 6.1) liegt dem Untersuchungsvorhaben dieser Arbeit ein kognitionspsychologisches Kompetenzmodell unter Berücksichtigung verhaltenstheoretischer Annahmen zugrunde (vgl. Abbildung 18, S. 148). Das heißt, es wird einer Kompetenzauffassung gefolgt, nach der Individuen in konkreten Situationen Anforderungen für ein nachhaltiges Wirtschaften auf der Grundlage von zuvor erlernten kognitiven Dispositionen im Zusammenwirken mit affektiv-motivationalen Dispositionen bewältigen müssen.

Wie in Abschnitt 2.1.3 bereits ausgeführt, kristallisierte sich nach Nickolaus und Seeber in vorherigen Untersuchungen zu beruflichen Fachkompetenzen (2013, S. 177) eine grundsätzliche Ausdifferenzierung in zwei Subdimensionen, bei der eine Dimension das Fachwissen und die andere Dimension die Fähigkeit, dieses Fachwissen in wechselnden problemhaltigen Situationen anzuwenden, heraus. Diese Erkenntnis wird insofern aufgegriffen, als der Kern des Kompetenzmodells aus dem Fachwissen über Nachhaltigkeit und nachhaltiges Wirtschaften, das als deklaratives Wissen modelliert wird, sowie der Fähigkeit, die Bewältigung von Anforderungen zum nachhaltigen Wirtschaften in wechselnden problemhaltigen betrieblichen Situationen, besteht. Allerdings basieren Nachhaltigkeitsentscheidungen im betrieblichen Kontext nicht nur auf kognitiven und affektiv-motivationalen Dispositionen, weshalb zudem verhaltenstheoretische Annahmen (insbesondere nach Ajzen, 1985, vgl. Abschnitt 2.1.4.4) in der Skala zur Anforderungsbewältigung in wechselnden betrieblichen Situationen berücksichtigt werden müssen. Die Auszubildenden müssen folglich Kontextbedingungen betrieblichen Handelns in diesen Entscheidungen mitberücksichtigen. Diese entstehen vor allem aus den eigenen betrieblichen Erfahrungen. Über diese werden beispielsweise subjektiv wahrgenommene normative Vorgaben von Vorgesetzten und Ausbildern, aber auch allgemeinere Stakeholderanforderungen, die Unternehmensziele maßgeblich prägen, wahrgenommen. Daneben können auch verhaltensbegrenzende oder -verstärkende Faktoren (z. B. zur Verfügung stehende finanzielle Ressourcen, spezifische Informationen im Betrieb etc.) in den Unternehmen bestehen, so genannte Verhaltenskontrollaspekte. Bereits in Abschnitt 2.1.4.4 wurde ausgeführt, dass entsprechende Wahrnehmungen durch die Auszubildenden kognitiv verarbeitet werden und daraus resultierende Wissensbestände das Abwägen von Handlungsmöglichkeiten und zugehörigen Begründungen zum nachhaltigen Wirtschaften beeinflussen können.

Um die zuvor ausgeführten verhaltenstheoretischen Begründungen in der Skala zur Anforderungsbewältigung berücksichtigen zu können, werden über diese Skala die Handlungsentscheidungen im Betrieb zum nachhaltigen Wirtschaften als Handlungsintentionen (in Anlehnung an Ajzen, 1985) mit zugehörigem Begründungswissen gemessen. Dabei wird auf den Begriff der Handlungsintention zurückgegriffen, weil sowohl die betrieblichen Situationen als auch die Handlungsempfehlungen lediglich mental simuliert werden und kein tatsächliches Verhalten gemessen wird. Das Begründungswissen wird in diesen Items zwar miterhoben, dient aber viel mehr als Beurteilungsgrundlage der Handlungsintention (vertiefende Ausführungen hierzu werden im Abschnitt 6.6.1 ausgeführt). Die Skala wird deshalb im Folgenden als Handlungsintention, nachhaltig zu wirtschaften, bezeichnet.

Unter Berücksichtigung der Wissenstaxonomie von Shavelson et al. (2005, vgl. Abschnitt 2.1.4.2) messen die Items der Skala der Handlungsintention, nachhaltig zu wirtschaften, insbesondere schematische, aber in Ansätzen auch strategische Wissenskomponenten (vertiefende Ausführungen hierzu erfolgen im Abschnitt 6.6.1.1). Diese Skala verbindet dabei die von Blömeke et al. (2015, vgl. Abschnitt 2.1.1) beschriebenen situationsspezifischen kognitiven Prozesse (wie beispielsweise Wahrnehmung, Interpretation, Entscheidungen treffen) mit der Performance-Komponente im Rahmen der prozessualen Betrachtung der Kompetenz.

Zum Zusammenwirken beider Leistungsskalen wird das deklarative Wissen über Nachhaltigkeit und nachhaltiges Wirtschaften als ein primärer Prädiktor der Handlungsintention betrachtet. Diese Annahme stützt sich auf den theoretischen Überlegungen, Kompetenz als Prozess zu betrachten (Blömeke et al., 2015, vgl. Abschnitt 2.1.1), dem theoretischen Aspekt des Herauslösens von prozeduralem aus deklarativem Wissen (vgl. Abschnitt 2.1.4.1) sowie zum anderen dem Ansatz von Verhaltenskontrollaspekten in Ajzens (1985) Theorie des geplanten Verhaltens (vgl. Abschnitt 2.1.4.4). Dementsprechend wird das deklarative Wissen als grundlegende kognitive Disposition angesehen, das der Handlungsintention, nachhaltig zu wirtschaften, (unter anderem) zugrunde liegt. Entsprechend ist anzunehmen, dass über das deklarative Wissen bedeutsame Varianzanteile der Intention, nachhaltig zu wirtschaften, erklärt werden können (vgl. Seeber & Michaelis, 2014).

Zur Abgrenzung beider Leistungsskalen weisen die skalenspezifischen Items eindeutige Merkmale in Anlehnung an die kognitionspsychologischen Ansätze zur Klassifikation von Leistungsitems nach Winther (2010, S. 100 ff.; vgl. auch die Ausführungen im Abschnitt 2.1.4.2)[47] auf.[48] Die Entwicklung und

---

47 Für die Kategorien funktionale Modellierungsleistung sowie inhaltliche Komplexität wurde auf eine auf Winther (2010) aufbauende adaptierte Klassifikation von Seeber, Hartig, Dierkes, & Schumann (2016) zurückgegriffen.

48 Die Testinstrumente, die an späterer Stelle noch ausführlicher erläutert werden (vgl. Abschnitte 6.4 & 6.6), entstammen weitestgehend der KONWIKA-Studie (Seeber & Fischer, 2011) und den dort erzeugten Validierungsargumenten. Auf eine Validierungsstudie zur Taxierung der Items mittels fachwissenschaftlicher, fachdidaktischer sowie psychologischer Experten wird deshalb verzichtet.

Konstruktion beider Leistungsskalen werden im Folgenden zwar noch differenzierter beschrieben, doch allgemein betrachtet unterscheiden sich beide Konstrukte durch unterschiedliche Komplexitätsniveaus, insbesondere der kognitiven Anforderung, funktionaler Modellierungsleistung sowie inhaltlicher Komplexität. Das deklarative Wissen erfasst dabei stärker ein einfaches bis mittleres Komplexitätsniveau, wohingegen die Handlungsintention, nachhaltig zu wirtschaften, höhere Vernetzungen, komplexe und anspruchsvolle funktionale Modellierungen sowie die kognitiven Anforderungsniveaus analysieren und argumentieren sowie nutzen und anwenden modelliert.

Aufgrund der Relevanz kognitiver und affektiv-motivationaler Dispositionen sowie den verhaltenstheoretischen Bedingungen betrieblichen Verhaltens (individueller sowie wahrgenommener Normen, aber auch der wahrgenommenen Verhaltenskontrolle) (vgl. Abschnitte 2.1, 2.2.3 & 4.3 sowie Kapitel 5) erfolgt die Analyse der Fachleistungen sowie derer Entwicklungen unter Kontrolle entsprechender Konstrukte. Entsprechend werden zur Erklärung interindividueller Unterschiede in den Fachleistungen, insbesondere die Leistung der Handlungsintention, sowie deren Entwicklung unterschiedliche Ausprägungen in den motivationalen Dispositionen zum nachhaltigen Handeln, dem Interesse an nachhaltigkeitsrelevanten Themen, der Einstellungen zur Nachhaltigkeit sowie den wahrgenommenen subjektiven Normen und Verhaltenskontrollaspekten zum nachhaltigen Wirtschaften angenommen. Daneben müssen die Fachleistungen sowie deren Veränderungen im Ausbildungsverlauf hinsichtlich der vielfältigen Lernkontexte, wie sie in der BNE (vgl. Kapitel 4) sowie den Analysen zum Nachhaltigkeits-/Umweltbewusstsein diskutiert werden (vgl. Abschnitt 3.4), wie auch allgemeineren kognitiven und affektiv-motivationalen Dispositionen (insbesondere Lern- und Arbeitsmotivation) kontrolliert werden. Hinsichtlich weiterer Kontextfaktoren, wie sie in unterschiedlichen Studien der Bildungs- bzw. Erziehungswissenschaften bestätigt wurden (vgl. Kapitel 2), wird aufgrund der leistungsvarianzerklärenden Zusammenhänge der KONWIKA-Studie (Seeber & Michaelis, 2014) der Migrationshintergrund berücksichtigt.

*Abbildung 18: Zugrunde gelegtes Kompetenzmodell zur Messung der Kompetenzentwicklung zum nachhaltigen Wirtschaften (in Anlehnung an Seeber & Fischer, 2011; Seeber & Michaelis, 2014; Seeber et al., 2016; Winther, 2010)*

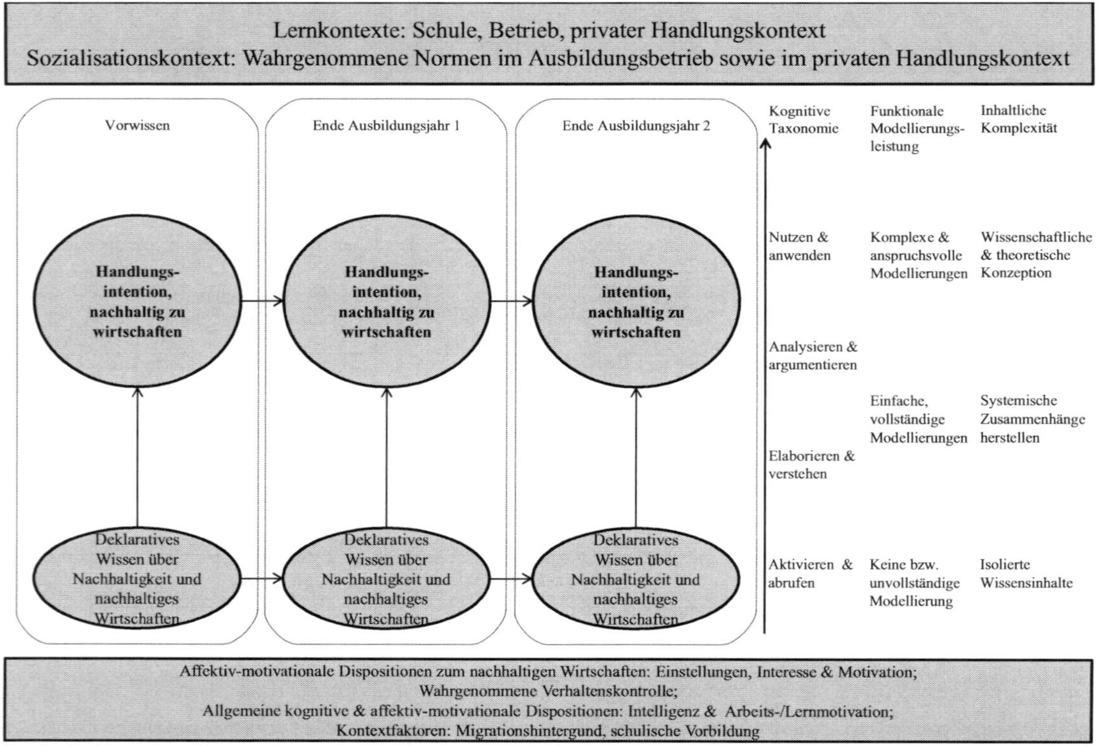

## 6.3 Hypothesen

Unter Beachtung der Zielstellung dieser Arbeit (vgl. Abschnitt 1.2) werden die Hypothesen im Folgenden in zwei Kategorien eingeteilt. Das Hauptaugenmerk der Hypothesen unter H1 liegt auf intraindividuellen Entwicklungen der Kompetenz, nachhaltig zu wirtschaften. Die Hypothesen in H2 bauen auf H1 auf, fokussieren aber die interindividuellen Unterschiede innerhalb der intraindividuellen Entwicklungen.

Die curricularen Betrachtungen zeigten eine Verortung von Umweltaspekten sowie Themen mit einem potenziellen Nachhaltigkeitsbezug vor allem während des ersten Ausbildungsjahres auf (vgl. Abschnitt 5.3), so dass Lernzuwächse am stärksten in diesem Ausbildungsabschnitt anzunehmen sind. Folgende Hypothese wird deshalb angenommen.

> H1a: Zuwächse im deklarativen Wissen über Nachhaltigkeit und nachhaltiges Wirtschaften sind unter Berücksichtigung der curricularen Verankerung von Nachhaltigkeitsaspekten während des ersten Ausbildungsjahres am stärksten ausgeprägt.

Unter Beachtung der curricularen Förderung von Themen eines nachhaltigen Wirtschaftens während der Berufsausbildung, wenn auch nur eingeschränkt (vgl. Abschnitt 5.3), sowie der zunehmenden Integration nachhaltigen Wirtschaftens in Unternehmensstrategien und Funktionsbereichen (vgl. Abschnitte 3.3.3 & 3.3.5) und damit zusammenhängend unterschiedlich bestehender Lerngelegenheiten in Ausbildungsbetrieben (vgl. Abschnitt 4.3) ist grundsätzlich von einer positiven Kompetenzentwicklung der Stichprobe im Ausbildungsverlauf auszugehen. Allerdings ist ein nachhaltiges Wirtschaften aus einer betrieblichen Perspektive heraus nicht konfliktfrei umzusetzen, gerade unter Beachtung vielfältiger Umsetzungsbarrieren und hierbei im Besonderen die Berücksichtigung von Stakeholderperspektiven (vgl. Abschnitte 3.3.3 & 3.3.4). Daneben wurde in dieser Arbeit an unterschiedlichen Stellen herausgearbeitet, dass individuelle Nachhaltigkeitsentscheidungen nicht nur auf kognitiven, sondern auch auf affektiv-motivationalen Dispositionen basieren und dazu auch von wahrgenommenen Normen sowie der Verhaltenskontrolle abhängen, welche wiederum eng mit den betrieblichen Bedingungen und Barrieren der Realisierung eines nachhaltigen Wirtschaftens verbunden sind (vgl. Abschnitte 2.1.4, 3.4, 4.2 & 4.3). Intraindividuelle Entwicklungen zu der betrieblichen Handlungsintention, nachhaltig zu wirtschaften, können folglich unterschiedliche Verlaufsformen aufzeigen, bei denen nicht nur positive Entwicklungen anzunehmen sind.

H1b: Die Leistungsentwicklung der Stichprobe wird positiv ausgeprägt sein, dennoch können intraindividuelle Leistungsentwicklungen der Handlungsintention, nachhaltig zu wirtschaften, im Ausbildungszeitraum rückläufig verlaufen.

In Anlehnung an die vorherigen Begründungen der intraindividuellen Kompetenzentwicklungen zielen die folgenden Hypothesen auf die interindividuellen Unterschiede in den intraindividuellen Entwicklungen ab. Wie zuvor dargestellt, liegt dieser Studie eine Verschränkung kognitionspsychologischer Erklärungen der Kompetenzentwicklung mit verhaltenstheoretischen Annahmen zugrunde, über die die Varianzaufklärung der Leistungsskalen angestrebt wird.

Einige Befunde der berufs- und wirtschaftspädagogischen Kompetenzmessung zeigen die Differenzierung von Fachkompetenzen in Fachwissen sowie dieses in wechselnden problemhaltigen Situationen anzuwenden auf (vgl. Abschnitt 2.1.3). In dieser Arbeit wird auf der Grundlage der Betrachtung von Kompetenz als Prozess (Blömeke et al., 2015, vgl. Abschnitt 2.1.1), des theoretischen Aspektes zum Herauslösen von prozeduralem aus deklarativem Wissen (vgl. Abschnitt 2.1.4.1) sowie aufbauend auf dem Ansatz von Verhaltenskontrollaspekten der Theorie zum geplanten Verhalten von Ajzen (1985) (vgl. Abschnitt 2.1.4.4) angenommen, dass die Handlungsintention, nachhaltig zu wirtschaften, maßgeblich von dem Wissen über Nachhaltigkeit und nachhaltigem Wirtschaften abhängt. Anzunehmen ist dieser Zusammenhang folglich auch für die Entwicklung beider Konstrukte. Deshalb wird folgende Hypothese aufgestellt:

H2a: Die Entwicklung im deklarativen Wissen über Nachhaltigkeit und nachhaltiges Wirtschaften weist einen substanziellen Erklärungsanteil an der Varianz der Leistungsentwicklung der Handlungsintention, nachhaltig zu wirtschaften, auf.

Daneben gilt seit langem der Einfluss der Motivation als ein verlässlicher Prädiktor zur Vorhersage der Leistungen (vgl. Abschnitt 2.1.4.1). Folgende Hypothese wird deshalb geprüft:

H2b: Auszubildende, die intrinsisch motiviert sind, nachhaltig zu wirtschaften, erzielen eine höhere Leistungsentwicklung in der Handlungsintention, nachhaltig zu wirtschaften, sowie im deklarativen Wissen über Nachhaltigkeit und nachhaltiges Wirtschaften.

Auch wenn die Kompetenzentwicklung zum nachhaltigen Wirtschaften nach den Ergebnissen der Analyse des intendierten Curriculums (vgl. Abschnitt 5.3) primär im ersten Ausbildungsjahr zu verorten ist, können vielfältige Informationen zu den Themen Nachhaltigkeit und nachhaltiges Wirtschaften sowie nachhaltigkeitsverbundenen Themengebieten im Ausbildungsbetrieb sowie im privaten Handlungskontext in unterschiedlichsten Lerngelegenheiten, die nicht curricular intendiert sind, wahrgenommen werden (vgl. Abschnitt 4.3.2). Deshalb ist anzunehmen, dass sich die Kompetenz, nachhaltig zu wirtschaften, auch durch Lerngelegenheiten mit einem stärker informellen Charakter entwickeln kann.

> H2c: Wissen über Nachhaltigkeit wird sowohl über Schule und Ausbildungsbetrieb als auch über informelle Lerngelegenheiten gefördert. Es wird angenommen, dass die Leistungsentwicklung der Handlungsintention, nachhaltig zu wirtschaften, sowie im deklarativen Wissen über Nachhaltigkeit und nachhaltiges Wirtschaften sich in Abhängigkeit der Nutzung der formalen und informellen Lerngelegenheiten der Auszubildenden unterscheidet.

Bisherige Befunde der KONWIKA-Studie (Seeber & Fischer, 2011) zeigen für die kaufmännische Domäne einen positiven Zusammenhang zwischen der Handlungsintention, nachhaltig zu wirtschaften, und der Einstellung, dass Unternehmen mehr Verantwortung für ein nachhaltiges Wirtschaften übernehmen müssen (vgl. Abschnitt 4.3.2), auf. Daneben bestehen in der berufs- und wirtschaftspädagogischen Sozialisationsforschung Befunde zum Einfluss betrieblicher Normen auf Handlungsentscheidungen von Auszubildenden, die im Kontext der BBNE aufgenommen und diskutiert werden (vgl. Abschnitt 4.3), bisher aber noch nicht empirisch bestätigt werden konnten. Als zugehörige Hypothese wird folgender Zusammenhang angenommen:

> H2d: Die Leistungsentwicklung der Handlungsintention, nachhaltig zu wirtschaften, ist gleichsam abhängig von den wahrgenommenen betrieblichen sowie individuellen Normen und Werten über Nachhaltigkeit.

## 6.4 Forschungsdesign

Ein längsschnittliches Erhebungsdesign stellt die Voraussetzung zur Messung von intraindividuellen Kompetenzentwicklungen und in diesen interindividueller Unterschiede zu analysieren dar. Dieser Ansatz wird zur Beantwortung der Forschungsfragen (vgl. Abschnitt 1.2) sowie der Hypothesenüberprüfung (vgl. Abschnitt 6.3) in dieser Studie verfolgt. Befragt werden dazu Auszubildende des Ausbildungsberufes Kaufmann/-frau für Spedition und Logistikdienstleistung mittels standardisierter Fragebögen am Lernort Schule. Dieser Erhebungsort wurde zum einen gewählt, um Auszubildende verschiedener Ausbildungsbetriebe erreichen zu können und hierüber heterogene Wahrnehmungen zum nachhaltigen

Wirtschaften in den Ausbildungsbetrieben als Erklärung für die interindividuellen Unterschiede in den intraindividuellen Entwicklungen analysieren zu können. Zum anderen kann über die Befragung am Lernort Schule testökonomisch eine große Teilnehmerzahl erreicht werden.

Sicherlich ist für berufliche Domänen die Erfassung von Verhalten während der Arbeits- und Lernzeit im Betrieb hinsichtlich einer gültigen Messung von realen und authentischen Verhaltensweisen von Vorteil (siehe hierzu Achtenhagen & Baethge, 2008, S. 61), allerdings erschweren heterogene Handlungskontexte von Auszubildenden im Betrieb stark standardisierte Erhebungen zu den betrieblichen Handlungen und werden deswegen für diese Studie abgelehnt. Deshalb werden standardisierte, reliable Testinstrumente eingesetzt, die bei den Skalen für den betrieblichen Handlungskontext authentische und realitätsnahe Entscheidungen erfassen. Dazu wird auf Konzeptionen der KONWIKA-Studie (Fischer & Seeber, 2011) zurückgegriffen, indem zum einen Ergebnisse der Domänenanalyse, aber auch die der dort entwickelten und erprobten Testinstrumente berücksichtigt werden. Die Beschreibung, Adaption sowie Weiterentwicklung der Testinstrumente erfolgt in dieser Arbeit an späterer Stelle in dem Abschnitt 6.6.

Das längsschnittliche Erhebungsdesign umfasst insgesamt drei Messzeitpunkte und wurde im Sommer 2013 gestartet. Zur Diagnostik der Kompetenzentwicklung im Ausbildungsverlauf erfolgten die Befragungen direkt zu Beginn der Berufsausbildung (t1) sowie jeweils ein Jahr später beim Übergang in das zweite (t2) und das dritte Ausbildungsjahr (t3). Die Befragung zu Beginn der Ausbildung war bedeutsam, um nur wenig durch die berufliche Ausbildung induzierte Vorstellungen und individuelle sowie wahrgenommene Werte/Normen erfassen zu müssen. Aufgrund der verstärkten Verortung von Nachhaltigkeitsaspekten innerhalb des ersten Ausbildungsjahres (vgl. Abschnitt 5.3) ist dieser Ausbildungszeitraum für diese Studie von besonderem Interesse. Eine zweite Wiederholungsmessung zu t3 ermöglicht zudem, die Wirksamkeit des Outcomes besser zu überprüfen. Auf eine Befragung direkt am Ende der Ausbildung konnte entsprechend der curricularen Vorgaben, die Bezüge zu nachhaltigkeitsverbundenen Inhalten besonders innerhalb des ersten Ausbildungsjahres verorten, verzichtet werden, wobei auch eine Kollision mit bevorstehenden Abschlussprüfungen vermieden werden sollte, die für einen Teil der Auszubildenden bereits nach zwei bzw. zweieinhalb Jahren erfolgt. Gerade im Zeitraum vor den Prüfungen wäre eine verstärkte Testamotivation zu erwarten.

## 6.5 Methodische Grundlagen der Veränderungsmessung

Die Grundvoraussetzung einer validen Messung der Kompetenzentwicklung besteht in der Vergleichbarkeit der Outcome-Variable/Variablen zu den unterschiedlichen Messzeitpunkten (von Davier, Carstensen, & von Davier, 2008, S. 121). Längsschnittmessungen sind jedoch mit zwei Grundsatzproblemen verbunden. Zum einen führen Messwiederholungen zu mehrfach messfehlerbehafteten Daten. Zum anderen besteht die Grundsatzfrage, ob die Tests tatsächlich zu jedem Messzeitpunkt dasselbe Konstrukt erfassen. Rost (2004, S. 280) spricht hierbei von einem sogenannten „Validitätsproblem der Veränderungsmessung". Damit zusammenhängend stellt sich die Frage, wie die Veränderungen gemessen werden können. Bivariate Korrelationen versagen, weil Personenwerte sich in individueller Weise verändern sollen und sich nur schwache Korrelationen zwischen den Messzeitpunkten bei den Leistungswerten ergeben würden (ebd.). Zudem entsteht häufig eine inhaltlich nicht interpretierbare negative Korrelation zwischen dem Ausgangswert der Testleitung und den Differenzen der messzeitpunktspezifischen Leistungswerten (ebd., S. 283). Hartig und Kühnbach (2006, S. 28) stellen heraus, dass es sich hierbei um ein rein „messfehlerbedingtes Artefakt" handelt, wobei Kelloway (2015, S. 173) diesen Befund insofern interpretiert, als dass Personen mit hohen Leistungen in der Ausgangslage sich weniger gut entwickelt haben als Personen mit geringen Leistungen zum Messzeitpunkt t1.

Aufgrund der zuvor genannten Aspekte werden in dieser Studie Verfahren angewendet, die die Veränderung von Personenwerten erlauben, aber von stabilen dahinterstehenden Konstrukten ausgehen. Hierfür können unterschiedliche IRT-Verfahren, insbesondere das Rasch-Modell angewendet werden. Im nachfolgenden Abschnitt 6.5.1 wird deshalb eingangs eine Einführung in das Rasch-Modell sowie dessen Adaption für eine Analyse von längsschnittlichen Daten gegeben. Im Abschnitt 6.5.2 wird anschließend aufgezeigt, wie interindividuelle Unterschiede in intraindividuellen Entwicklungen mittels autoregressiver Modelle und latenter Wachstumskurvenmodelle analysiert werden können.

### 6.5.1 Item-Response Modelle zur Messung der Leistungsveränderung

Für die Analyse von Leistungsdaten haben sich unterschiedliche IRT-Ansätze, insbesondere das Rasch-Modell (zu Grundlagen der Rasch-Skalierung siehe u. a.: Rasch, 1960; Fischer & Molenaar, 2012), etabliert. Bevor Verfahren zur Messung von Leistungsveränderungen dargestellt werden, erfolgt zunächst eine kurze Einführung in das Rasch-Modell.

Im einfachsten Modell, dem einparametrischen Rasch-Modell, wird ein logistischer Zusammenhang zwischen dem Personenfähigkeitswert und der Itemschwierigkeit angenommen. In dieser Arbeit wird auf zwei Modelle des einparametrischen Rasch-Modells zurückgegriffen: (1.) Beim dichotomen Rasch-Modell liegt ein Scoring zugrunde, bei dem Items zwei Ausprägungen (wahr & falsch) aufweisen. (2.) Für polytome Items, die mehr als zwei Ausprägungen aufweisen, wird auf das Partial-Credit-Modell (Masters, 1982) zurückgegriffen. Für die logistischen Zusammenhänge zwischen dem Personenfähigkeitswert und der Itemschwierigkeit gelten die in Tabelle 28 dargestellten Formeln.

*Tabelle 28: Zugrunde liegende Formeln für das dichotome Rasch-Modell (Rasch, 1960) und Partial-Credit Modell (Masters, 1982) (zitiert nach Strobl, 2012, S. 8 & 55)*

| **Rasch-Modell für ein dichotomes Scoring (Rasch, 1960)** | **Partial-Credit-Modell für ein polytomes Scoring (Masters, 1982)** |
|---|---|
| $P\left(U_{ij}=1\mid\theta_i,\beta_j\right)=\frac{e^{\theta_i-\beta_j}}{1+e^{\theta_i-\beta_j}}$ | $P\left(U_{ij}=c\mid\theta_i,\delta_{i1},\ldots\delta_{jm_j}\right)=\frac{e^{\sum_{k=0}^{c}(\theta_i-\delta_{jk})}}{\sum_{l=0}^{m_j}e^{\sum_{k=0}^{l}(\theta_i-\delta_{jk})}}$ |
| i = Person<br>j = Aufgabe<br>$\theta$ = Personenfähigkeit<br>$\beta$ = Itemparameter | i = Person<br>j = Aufgabe<br>c = Antwortkategorie<br>$\theta$ = Personenfähigkeit<br>$\delta$ = Itemparameter |

Der Zusammenhang zwischen Personenfähigkeit und Itemschwierigkeit wird in den zuvor dargestellten Modellen über die aufgabencharakteristische Kurve (ICC; Abkürzung basiert auf der englischen Bezeichnung Item Characteristic Curves; Strobl, 2012, S. 10) beschrieben. Um die ICC interpretieren zu können, wird eine Lösungswahrscheinlichkeit festgelegt, aus der anschließend die Itemschwierigkeit (im Folgenden als Itemparameter bezeichnet) abgeleitet werden kann. Etabliert hat sich die Annahme einer 50 %-Lösungswahrscheinlichkeit (Rost, 2004, S. 98). Unter dieser Annahme ergibt sich der Itemparameter aus dem Schnittpunkt zwischen der 50 %-Lösungswahrscheinlichkeit und der ICC. Der Personenfähigkeitswert θ zeigt auf, welche Personenfähigkeit benötigt wird, um das Item mit einer 50 %-Wahrscheinlichkeit lösen zu können. Im Partial-Credit-Modell wird hingegen eine eigene Gleichung für jede Antwortkategorie berechnet. Deshalb wird beim Partial-Credit-Modell zur Darstellung des Zusammenhangs zwischen Lösungswahrscheinlichkeit und Personenfähigkeit auch die Bezeichnung „Category Characteristic Curves" oder CCC verwendet (Strobl, 2012, S. 54 f.). Zur Veranschaulichung enthält Tabelle 29 die ICCs für vier Items mit unterschiedlichen Schwierigkeitsgraden für das dichotome Rasch-Modell (Rasch, 1960) sowie für ein Item für das Partial-Credit-Modell (Masters, 1982).

*Tabelle 29: ICC im dichotomen Rasch-Modell (Rasch, 1960) sowie CCC im Partial-Credit-Modell (Masters, 1982)*

| **ICC für vier Items im dichotomen Rasch-Modell (Rasch, 1960)** | **CCC für ein Item im Partial-Credit-Modell (Masters, 1982)** |
|---|---|
| 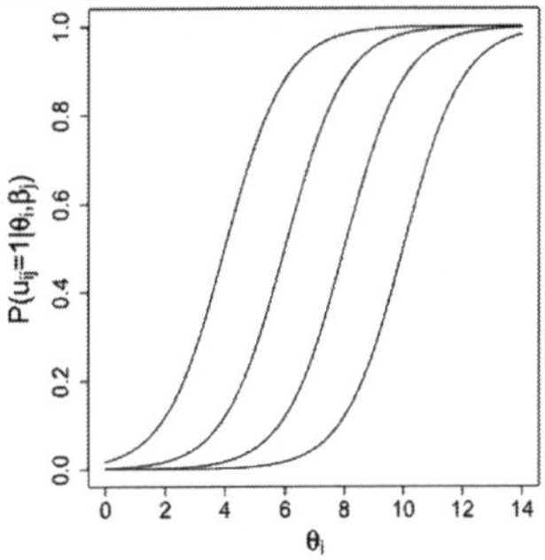 | 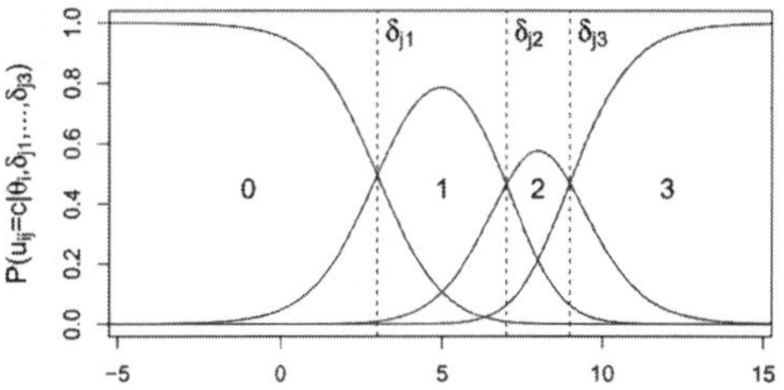 |





Anmerkung: Grafiken aus Strobl (2012, S. 11 & S. 56)

Darüber hinaus können in mehrparametrischen Modellen weitere Parameter (wie z. B. Ratewahrscheinlichkeit etc.) geschätzt werden, die aber auch die Komplexität der Messung erhöhen und in dieser Arbeit keine Anwendung finden.

Für die Sicherstellung der Konstruktvalidität müssen beim Rasch-Modell die Annahmen der Eindimensionalität, lokalen stochastischen Unabhängigkeit und spezifischen Objektivität geprüft werden, die in Tabelle 30 näher erläutert werden.

*Tabelle 30: Bedingungen des Rasch-Modells*

| **Bedingungen des Rasch-Modells** | **Erläuterung** |
|---|---|
| Eindimensionalität | Eine zentrale Annahme im Rasch-Modell besteht in der eindimensionalen Messung, die sich auf ein interessierendes latentes Konstrukt fokussiert (Bond & Fox, 2007, S. 32). Dabei werden Personen- und Aufgabenparameter auf einer gemeinsamen latenten Dimension abgebildet (Strobl, 2012, S. 23). Hierzu ist der Begriff *Itemhomogenität* einzuführen: Alle Items sollen dieselbe latente Variable messen (Rost, 2004, S. 100). Etabliert hat sich zur Überprüfung der Itemhomogenität der Martin-Löf-Test (ebd., S. 351 ff.), welcher auf einen Likelihood-Vergleich basiert bei dem die Items eines Tests in zwei Gruppen aufgeteilt werden und hierüber zwei Subskalen entstehen. Als Teilungskriterium gilt häufig der Median der Itemscores. Mit der Annahme der Gültigkeit des Rasch-Modells müssten alle Items dasselbe latente Konstrukt abbilden können und die Personenscores beider Subskalen würden ähnliche Werte erzielen (Koller, Alexandrowicz, & Hatzinger, 2012, S. 90 ff.). Der Vergleich erfolgt hierbei über einen Signifikanztest eines modifizierten Likelihoodquotiententests, der auf den bedingten Likelihoods beider Testteile beruht (Rost, 2004, S. 352). Ein signifikantes Ergebnis dieses Tests zeigt an, dass die Personenscores der Subskalen nicht eindimensional sind. Entsprechend kann von keiner Itemhomogenität ausgegangen werden, was auf unterschiedliche latente Konstrukte hinter den Subskalen schließen lässt (Koller et al., 2012, S. 94). Für differenziertere statistische Hintergründe siehe Rost (2004, S. 351 ff.) |
| Lokale stochastische Unabhängigkeit | Bei der lokalen stochastischen Unabhängigkeit müssen die Items nach Rost (2004, S. 69) „experimentell unabhängig bearbeitet werden." Die Wahrscheinlichkeit, ob eine Person ein Item lösen kann, darf sich nicht durch das Lösen eines anderen Items verändern (Strobl, 2012, S. 18). Bereits bei der Testentwicklung sollte darauf geachtet werden keine zwei identischen bzw. sehr ähnlichen Items oder aufeinander aufbauende Items in den Test zu integrieren (Koller et al., 2012, S. 17 f.). |

| Bedingungen des Rasch-Modells | Erläuterung |
|---|---|
| Spezifische Objektivität | Ein Test stellt zwar immer nur einen Ausschnitt aus einem sogenannten Itemuniversum dar, ein Objektivitätsaspekt (das als spezifisch bezeichnet wird) besteht hierbei aber in der Fragestellung, ob sich bei jeder beliebigen Itemwahl dasselbe Testergebnis ergibt (Rost, 2004, S. 40). Damit zusammenhängend sollen Aussagen über die Fähigkeit von zwei Personen unabhängig von der Itemwahl sein. Für diese Bedingung muss auch die Itemhomogenität, wie im Vorherigen ausgeführt, erfüllt sein. Umgekehrt gilt im Sinne der spezifischen Objektivität die Unabhängigkeit des Vergleichs von zwei Aufgaben von der Personenwahl (Strobl, 2012, S. 20). Es ist somit irrelevant, welche Personen aus einer definierten Grundgesamtheit (für die der Test gilt) zwei Items lösen, um deren Itemschwierigkeiten vergleichen zu können bzw. welche Items aus dem Itempool gezogen werden, um zwei Personen hinsichtlich ihrer Fähigkeitsausprägungen vergleichen zu können (Koller et al., 2012, S. 19).<br>Mit der Annahme, dass das Testinstrument für eine definierte Grundgesamtheit gilt, dürfen/sollen sich zudem keine Diskriminierungen von einzelnen Subgruppen ergeben, was unter dem Terminus *Subgruppeninvarianz* beschrieben wird. Zur Überprüfung dieser Annahmen werden Analysen zum Differential Item Functioning (DIF, z. B. Holland & Wainer, 1993, S. XIV) durchgeführt. |

In der Psychometrie existieren unterschiedliche Ansätze zur Messung der Kompetenzentwicklung mittels IRT-Modellen (z. B. bei von Davier, Xu, & Carstensen, 2011; Meiser, 2007). Bereits das einparametrische Rasch-Modell kann für die Analyse der Kompetenzentwicklung verwendet werden. Dieser Ansatz wird in dieser Studie verfolgt und im Folgenden näher ausgeführt.

Eine Herausforderung bei der Auswertung von längsschnittlich erhobenen Daten mittels des einparametrischen Rasch-Modells besteht jedoch hinsichtlich der Datenstruktur. Aufgrund der unterschiedlichen Messzeitpunkte wird die klassische Struktur, die entsprechend der vorherigen Ausführungen nur Probanden und Items umfasst, um eine zeitspezifische dritte Dimension erweitert (vgl. Abbildung 19).

*Abbildung 19: Veranschaulichung von Daten aus zwei Messzeitpunkten als dreidimensionale Struktur (Personen x Items x Zeitpunkte) (in Anlehnung an Rost, 2004, S. 272; Hartig & Kühnbach, 2006, S. 32, with permission of Springer)*

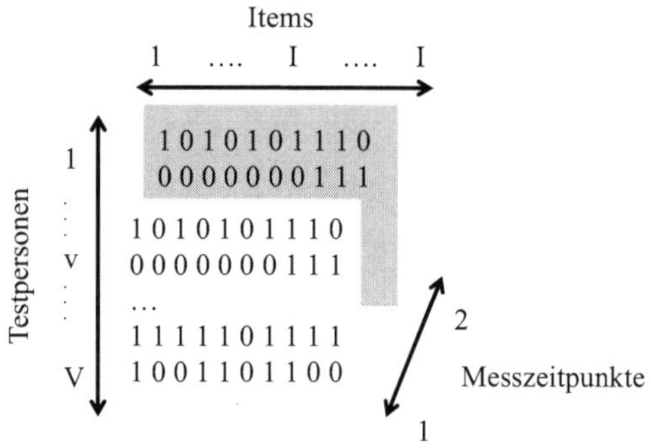


Die dreidimensionale Struktur lässt sich aber durch eine Datenumstrukturierung mittels virtueller Testpersonen oder virtueller Items auflösen und somit mit den Annahmen des einparametrischen Rasch-Modells auswerten. „Virtuell" bedeutet in diesem Zusammenhang, dass die Daten der Erhebungszeitpunkte n+1 an den Datensatz von t1 angefügt werden. Der Zeitfaktor wird somit nicht explizit modelliert. Die beiden Verfahren bezüglich virtueller Personen bzw. virtueller Items werden im Folgenden weiter ausgeführt und in Abbildung 20 grafisch gegenübergestellt.

*Abbildung 20: Skalierungsmöglichkeiten von längsschnittlichen Forschungsdesigns (in Anlehnung an Rost, 2004, S. 280 ff.)*

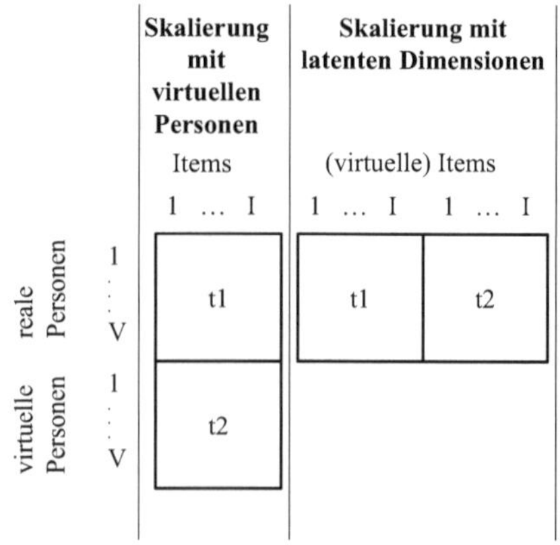

Die Daten der Erhebungszeitpunkte n+1 können in einer ersten Auswertungsstrategie als virtuelle Testpersonen angelegt werden. Virtuell bedeutet hierbei, die Personen in den Datensatz zu integrieren, so dass diese als weitere Testpersonen behandelt werden. Aufgrund der Annahme der Stabilität der Konstrukte über die Zeit kann die Konstruktvalidität über Modellgeltungstests ermittelt werden. Die Voraussetzung hierfür ist der Einsatz identischer Items zu den unterschiedlichen Messzeitpunkten. Die Analyse der Kompetenzentwicklung ist bei diesem Verfahren aber nur eingeschränkt möglich, da aufgrund der Datenstruktur mit virtuellen Personen die Messung von intraindividuellen Verläufen nicht möglich ist.

Alternativ können für die Diagnostik intraindividueller Unterschiede multidimensionale Rasch-Modelle zugrunde gelegt werden. Bei diesen Ansätzen wird die zeitliche Dimension über virtuelle Items in der Datenstruktur berücksichtigt. „Virtuell" bezieht sich hierbei, wie zuvor bereits dargestellt, auf die Items der Erhebungszeitpunkte n+1, die als zusätzliche Variablen in dem Datensatz integriert werden. Hierüber kann jeder getesteten Person das Antwortverhalten zu jedem Messzeitpunkt direkt zugeordnet werden. Die Mehrdimensionalität ergibt sich hierbei, indem für die Items jedes Messzeitpunktes eine eigene Dimension gebildet wird. Vereinfacht dargestellt bilden Items des ersten Messzeitpunktes die erste Dimension und Items der nachfolgenden Messzeitpunkte n+1 die n+1te Dimension. Entsprechende Modelle basieren vor allem auf den Verfahren von Andersen (1985) und Embretson (1991). Der Hauptunterschied beider Verfahren liegt in der Testheftgestaltung. Während bei Anderson identische Items (Ankeritems) zu den jeweiligen Messzeitpunkten eingesetzt werden und die Messzeitpunkte jeweils eine Dimension bilden, ermöglicht das Verfahren von Embretson, zeitpunktspezifische Items sowie Ankeritems, die zwischen den Messzeitpunkten identisch sind, zu berücksichtigen. Embretson (1991) empfiehlt hierbei, alle Items zu jedem Testzeitpunkt einzusetzen, aber auf unterschiedliche Testhefte zu verteilen, so dass darüber die Probanden jedes Item nur einmal bearbeiten (eine kritische Perspektive hierzu erfolgt im Abschnitt 6.7 im Rahmen der Beschreibung der messzeitpunktspezifischen Gestaltung der Testhefte).

Aufgrund der Annahme der Konstruktvalidität sollten Ankeritems zu späteren Messzeitpunkten in den mehrdimensionalen Modellen immer noch dasselbe Konstrukt messen. Bewährt haben sich unterschiedliche Kalibrierungsverfahren, die die Itemparameter der Ankeritems über die Zeit konstant halten. Beispielsweise sind Itemparameter von Ankeritems aus vorherigen Analysen bereits bekannt oder können im Rahmen einer messzeitpunktspezifischen Skalierung der Ankeritems geschätzt werden und im Rahmen der anschließenden längsschnittlichen Skalierungen fixiert, also über die Zeit konstant gehalten werden. Das heißt, die Ankeritems erhalten zu allen Messzeitpukten (also in allen Dimensionen, in denen das gleiche Item aber mit messzeitpunktspezifischen Daten enthalten ist) denselben Itemparameter. Die Skalierung und daraus sich ergebende Kompetenzentwicklung basieren dann auf den Ankeritems. Zusätzliche messzeitpunktspezifische Items werden zur Verbesserung der Schätzung von Personenparametern genutzt.

Es bestehen zwar mittlerweile umfassende Erfahrungen aus vorherigen Studien zur Messung von Kompetenzentwicklungen (z. B. bei von Davier, et al., 2011; Hartig & Kühnbach, 2006; Jarsinski, 2014; Robitzsch, Dörfler, Pfost, & Artelt, 2011), Standards für ein möglichst messfehlerfreies Vorgehen konnten sich bisher aber noch nicht durchsetzen. So ist beispielsweise fraglich, wenn noch keine Informationen über Itemparameter vorliegen, welche Daten für die Itemparameterfixierung genutzt werden sollen; die Daten aus dem Messzeitpunkt t1 oder späterer Messzeitpunkte? Unabhängig dieser Fragestellung ist es aber bedeutsam, nur Ankeritems zur Itemparameterfixierung auszuwählen, deren Stabilität über die Zeit gegeben ist. An dieser Stelle kann auf die Vorgehensweise mit den virtuellen Personen zurückgegriffen werden, welches aufgrund der Datenstrukturen DIF-Analysen zur Item-Parameter-Drift, die Veränderung von Itemparameter zu unterschiedlichen Messzeitpunkten (Prüfung der Zeitinvarianz der Itemparameter), ermöglicht. Ankeritems sollten möglichst keine signifikante Item-Parameter-Drift aufweisen. Ob ein Ankeritem aber tatsächlich zu einer Verletzung der Modellgeltung führt, kann über die anschließende Rasch-Skalierung mit Itemparameterfixierungen geprüft werden. Die Items sollten nach der Skalierung weder einen signifikanten Über- noch einen Unterfit aufweisen (differenziertere Angaben dazu im Kapitel 7).

### 6.5.2 Methodischer Ansatz zur Analyse interindividueller in intraindividuellen Veränderungen

Der zuvor beschriebene Ansatz zu dem IRT-Modell zur Analyse längsschnittlicher Leistungsdaten ermöglicht zwar eine Analyse der individuellen Entwicklung über die Zeit (also intraindividuelle Entwicklungen), allerdings interessieren in bildungs- und erziehungswissenschaftlichen Studien auch Erklärungszusammenhänge, die sich aus der Analyse interindividueller Unterschiede ergeben. Hierbei sind sowohl Strukturzusammenhänge der jeweiligen messzeitpunktspezifischen Leistungen wie auch der Entwicklung über die Zeit relevant. Für die Analyse etwaiger Varianzen haben sich insbesondere Verfahren der Strukturgleichungsmodelle durchgesetzt. Zu nennen sind vor allem zwei Ansätze, die in den empirischen Bildungs- und Erziehungswissenschaften verbreitet sind: (1.) autoregressive Modelle und (2.) latente Wachstumskurvenmodelle.

Das autoregressive Modell eignet sich zur Überprüfung der (relativen interindividuellen) Stabilität eines Merkmals über die Zeit und ermöglicht hierbei die direkte Analyse des Zusammenhangs messzeitpunktspezifischer Ausprägungen eines interessierenden Merkmals (Christ & Schlüter, 2012, S. 86). Abbildung 21 verdeutlicht diesen Modellansatz exemplarisch für zwei manifeste Indikatoren und drei Messzeitpunkte. Ansätze der autoregressiven Modelle sind bei der Analyse von Kompetenzentwicklungen in der Berufs- und Wirtschaftspädagogik am weitesten verbreitet (vgl. Abschnitt 2.2.3.3).

*Abbildung 21: Manifestes autoregressives Modell für zwei manifeste Indikatoren (in Anlehnung an Geiser, 2011, S. 132, with permission of Springer)*

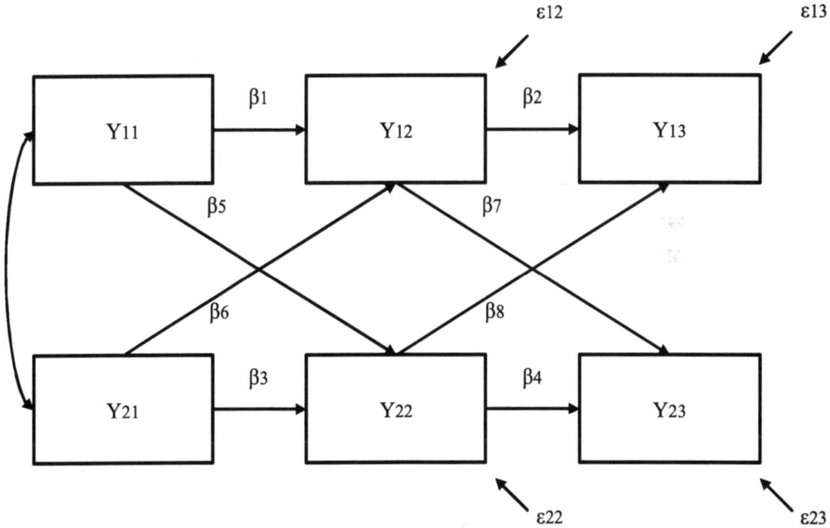


Anmerkungen; Yjk (j = Konstrukt, k = Messzeitpunkt) repräsentiert zwei Konstrukte zu drei Messzeitpunkten (k = 1, 2, 3); β1–4: Pfadkoeffizienten, die autoregressive Effekte repräsentieren; β5–8 Pfadkoeffizienten, die kreuzverzögerte Effekte repräsentieren; εjk: Residualvariablen.

Für die Analyse der Veränderung über die Zeit und der Analyse von Prädiktoren zur Erklärung der Varianzen der Ausgangsleitung sowie der Leistungsentwicklung eignen sich besonders latente Wachstumskurvenmodelle. Der

Verlauf der Wachstumsmodellierung ist hierbei im Vorhinein festzulegen. Im einfachsten Fall werden lineare individuelle Entwicklungen abgebildet, daneben sind aber auch quadratische Wachstumskurven verbreitet (Geiser, 2011, S. 168).

Ein wesentlicher Vorteil latenter Wachstumskurven besteht in der Analyse interindividueller Unterschiede in intraindividuellen Entwicklungen, die über sogenannte random coefficients ermöglicht werden. Dadurch können sowohl interindividuelle Unterschiede hinsichtlich der Ausgangsleistung [(random) Intercept] sowie der Entwicklung [(random) Slope] untersucht werden. Abbildung 22 verdeutlich ein latentes lineares Wachstumskurvenmodell mit drei Messzeitpunkten, bei dem konstante Zeitabstände angenommen werden. Die Ladungen auf die drei beobachteten Variablen zu jeweils unterschiedlichen Messzeitpunkten werden hierbei nicht frei geschätzt, sondern a priori auf der Grundlage theoretischer Annahmen festgelegt. Aufgrund der Analyse einer manifesten Variablen pro Messzeitpunkt wird diese Modellierung auch als Wachstumskurvenmodell 1. Ordnung bezeichnet (Geiser, 2011, S. 169). Entsprechende Modelle eigenen sich beispielsweise, wie in dieser Studie, wenn Personenfähigkeitswerte zuvor über IRT-Modelle geschätzt und dementsprechend Annahmen über die Messinvarianz implizit getroffen wurden, also die Konstruktvalidität über die Zeit sichergestellt ist. Daneben können auch Wachstumskurvenmodelle 2. Ordnung entwickelt werden, die mehr als nur eine manifeste Variable pro Messzeitpunkt umfassen und somit die Analyse der Messinvarianz[49] explizit ermöglichen.

49 Bei längsschnittlichen Analysen kann die konfigurale Invarianz (schwächste Form, indem Faktorenstrukturen über die Zeit konstant bleiben), schwache faktorielle Invarianz (neben den Faktorenstrukturen bleiben auch die Faktorladungen konstant), starke faktorielle Invarianz (Intercepts bleiben zudem über die Zeit gleich) sowie strikte faktorielle Invarianz (neben den vorherigen Bedingungen bleiben auch die Messfehlervarianzen gleich) geprüft werden (Widaman & Reise, 1997; Kurzfassung basiert auf Geiser, 2011, S. 108 f.).

*Abbildung 22: Latentes Wachstumskurvenmodell 1. Ordnung für eine beobachtete Variable (in Anlehnung an Geiser, 2011, S. 170, with permission of Springer)*

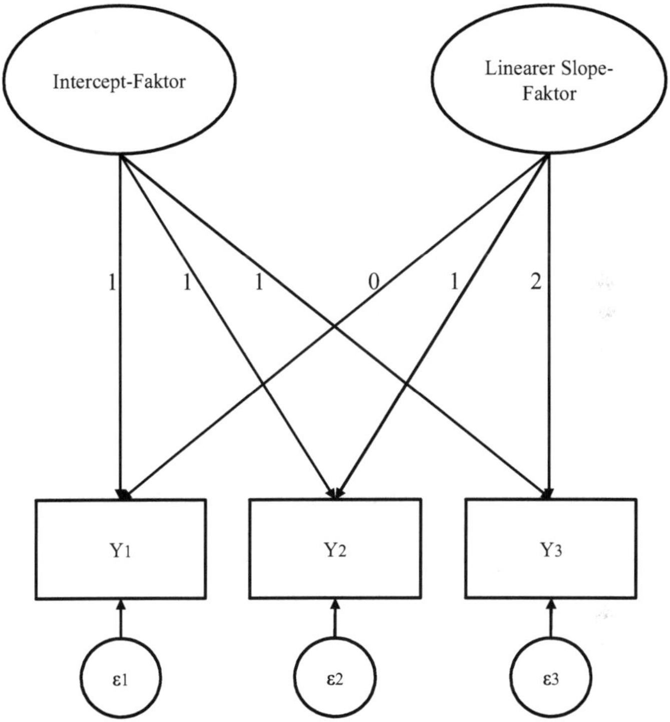


Anmerkungen: Yk (k = Messgelegenheiten) repräsentiert die beobachtete Variable zu drei Messzeitpunkten (k = 1, 2, 3); εk: Messfehlervariable. Das Modell nimmt gleiche zeitliche Abstände der Messungen und ein lineares Wachstum an.

## 6.6 Instrumente zur Messung der intraindviduellen Kompetenzentwicklung sowie zur Erklärung interindividueller Unterschiede

Im Folgenden liegt das Hauptaugenmerk auf der Beschreibung der verwendeten Instrumente zur Messung der Kompetenzentwicklung sowie deren Entwicklung. Hierbei wird u. a. auf konzeptionelle Ansätze und Instrumente der KONWIKA-Studie (Seeber & Fischer, 2011) zurückgegriffen. Jedoch zielte die KONWIKA-Studie nur auf die Entwicklung und Prüfung eines Kompetenzmodells für ein nachhaltiges Wirtschaften in den Ausbildungsberufen Kaufmann/-frau im

Einzelhandel, Bürokaufmann/-frau sowie Kaufmann/-frau für Spedition und Logistikdienstleistung ab.[50] Die Messung der Kompetenzentwicklung stand nicht im Forschungsinteresse, so dass die Instrumente für das Ziel dieser Arbeit zum Teil adaptiert bzw. Items für die Längsschnittmessung nachentwickelt werden mussten. Im Mittelpunkt des zugrunde gelegten Kompetenzmodells (vgl. Abschnitt 6.2) stehen zwei Leistungsskalen. Zur Messung der Intention im betrieblichen Handlungskontext, nachhaltig zu wirtschaften, dient ein Situational Judgement Test (SJT). Dessen konzeptionelle Ansätze sowie Gestaltung werden im Abschnitt 6.6.1 erläutert. Daneben wurde ein deklarativer Wissenstest eingesetzt, um Fakten sowie Konzepte zum Konstrukt einer nachhaltigen Entwicklung und zum nachhaltigen Wirtschaften überprüfen zu können. Dieser Test wird im Abschnitt 6.6.1.2 beschrieben. Zur Kontrolle der Kompetenzentwicklung wurden zahlreiche weitere Instrumente in den Fragebogen integriert und werden im Abschnitt 6.6.3 dargestellt.

### 6.6.1 Situational Judgement Test

Mit dem Ziel, die Bewältigung von Anforderungen zum nachhaltigen Wirtschaften in wechselnden problemhaltigen betrieblichen Situationen zu messen, wird in dieser Studie auf den Ansatz von SJTs zurückgegriffen. SJTs haben sich vor allem in dem Bereich der Personalentwicklung bzw. Berufseignungsdiagnostik etabliert und finden regen Einsatz in betrieblichen Assessments zur Vorhersage der Bewerbereignung. Behrmann (2007, S. 484) spricht auch von mentalen Arbeitsproben.

SJT-Items sind generell durch die Einbettung in arbeitsbasierte Situationen charakterisiert. Über die Variation der Iteminstruktion sowie zugehörigen Fragestellung können sowohl wissensbasierte Aspekte als auch stärker verhaltensbasierte Intentionen/Empfehlungen gemessen werden (McDaniel & Nguyen, 2001). Während ersteres, die wissensbasierte Messung, in Metaanalysen stärker mit kognitiven Aspekten korreliert, zeigen Instrumente mit verhaltensbasierter Messung einen höheren Zusammenhang zu Persönlichkeitskonstrukten (McDaniel, Hartman, Whetzel, & Grubb, 2007). Die Operationalisierungsherausforderungen zum Nachhaltigkeitskonstrukt mit den divergenten Rationalitätsannahmen, den damit zusammenhängenden mehrdeutigen Interpretationen und vielfältigen (leider zum Teil empirisch nicht belegbaren) potenziellen Handlungsoptionen, aber auch den Realisierungsbedingungen, nachhaltig im Betrieb

50 Dabei wurde zwischen einem betrieblichen sowie privaten Handlungskontext unterschieden.

agieren zu können, stellen mehrheitliche Gründe dar, eine verhaltensbasierte Messung zu priorisieren, allerdings ohne die wissensbasierte Messung vollständig zu ignorieren. Aufgrund der Operationalisierungsherausforderungen zum Nachhaltigkeitskonstrukt, aber auch, um sozial erwünschten Antworten entgegen zu wirken, sollte zudem auf ein vollständig geschlossenes Itemformat verzichtet werden. Die Konzeption des SJTs wird im nachfolgenden Unterabschnitt 6.6.1.1 näher ausgeführt und das Scoring der Items in Abschnitt 6.6.1.2 beschrieben. Aufgrund der Verwendung eines offenen Aufgabenformates ist zudem die Inter-Rater-Reliabilität der Items zu analysieren, was im dritten Unterabschnitt 6.6.1.3 erfolgt.

#### *6.6.1.1 Konzeption des SJTs zur Messung der Handlungsintention, nachhaltig zu wirtschaften, und zugehörigem Begründungswissen zum nachhaltigen Wirtschaften*

Die Auszubildenden werden im Rahmen des SJTs in eine übergeordnete Situation eingeführt. Hierbei wurde ein international agierendes Unternehmen, die „frozen food AG“, das auf die Produktion von Tiefkühllebensmittel spezialisiert ist, gewählt. Diese Unternehmensidee wurde bereits in der KONWIKA-Studie (Fischer & Seeber, 2011), besonders aufgrund der zahlreichen Anknüpfungspunkte der Lebensmittelindustrie zu Nachhaltigkeitsaspekten, gewählt und ermöglichte die Entwicklung von einem Testinstrument, das inhaltlich für alle drei Ausbildungsberufen (Kaufmann/-frau im Einzelhandel, Bürokaufmann/-frau & Kaufmann/-frau für Spedition und Logistikdienstleistung) relevant war. Die internationale Ausrichtung war hilfreich, um zum einen eine realistische Logistikkette und zum anderen neben Aspekten der intergenerationellen auch Aspekte der intragenerationellen Gerechtigkeit berücksichtigen zu können (vgl. Abschnitt 3.1.1).[51]

Im Rahmen jedes SJT-Items erhalten die Auszubildenden eine konkrete Arbeits-/Problemsituation. Bei der Gestaltung der Situationen wurde bewusst ein Trade-Off zwischen den beiden Hauptdimensionen nachhaltigen Wirtschaftens, der ökonomischen und ökologisch/sozialen Dimension der Nachhaltigkeit, provoziert (vgl. Abschnitt 3.5). Die Reduzierung der ökologischen und sozialen Dimension der Nachhaltigkeit zu einer Kategorie wurde zum einen aufgrund der Annahme des größten Spannungsverhältnisses zwischen den für viele Unternehmen primären ökonomischen Zielen und den nachgeordneten ökologisch/

51 Für eine leichtere Verständlichkeit der nachfolgenden Ausführungen sind dem Anhang K alle SJT-Items angefügt.

sozialen Aspekten (vgl. ebd.) sowie aufgrund der geringeren Bedeutung der sozialen Dimension der Nachhaltigkeit in der Logistikbranche (vgl. Abschnitt 5.2) und folglich dem Aspekt der nicht immer bestehenden Relevanz für jede Itemsituation vorgenommen.

In jedem Item werden die Auszubildenden nach einer Problem-/Aufgabenbeschreibung an erster Stelle zu einer Entscheidung über eine Handlungsempfehlung aufgefordert. Diese Handlungsempfehlung ist bei einigen Items zum Teil standardisiert vorgegeben, wenn die Handlungsoptionsbreite begrenzt ist. Für Situationen, die mehrheitliche Lösungen ermöglichen, wurde dagegen ein offenes bzw. halboffenes Itemformat gewählt.

Aus den Handlungsempfehlungen werden allerdings noch nicht die Gründe des Auszubildenden eindeutig ersichtlich. Deshalb enthält jedes Item ein offenes Feld, in dem die Handlungsempfehlung über mindestens zwei Aspekte begründet werden muss und sich hieraus die Handlungsintention deutlicher erschließen lässt. Dieses offene Format bietet mehrere Vorteile: Zum einen berücksichtigt es die in der Forschung zum/zu Nachhaltigkeitsbewusstsein und -kompetenzen hohe Bedeutung von Werturteilen, deren Erklärungshintergründe mit affektiv-motivationalen, normorientierten, aber auch kognitiv basierten Urteilen heterogen sind. Als zweites ermöglicht dieses Format die Diagnostik von Präkonzepten der Auszubildenden, was im Folgenden noch ausgeführt wird. Als ein letzter Aspekt ist hervorzuheben, dass hierüber dem Rateverhalten in der Testsituation entgegengewirkt werden kann.

Auch wenn diese Items an erster Stelle die Handlungsintention zum nachhaltigen Wirtschaften messen, werden über den zweiten Itemabschnitt umfassende Wissenselemente erfasst. Aus einer kognitionspsychologischen Perspektive betrachtet erfolgt hierbei in Anlehnung an Shavelson et al. (2005, vgl. Abschnitt 2.1.4.2) primär die Messung von schematischem Wissen. Es sind hierbei nicht nur Fakten oder einfache konzeptuelle Zusammenhänge zum nachhaltigen Wirtschaften darzustellen, sondern es müssen für eine Lösung im Sinne eines nachhaltigen Wirtschaftens (vgl. Abschnitt 3.5) betriebswirtschaftliche Kontextbedingungen mit Anforderungen an eine nachhaltige Entwicklung in der Lösung berücksichtigt werden. Diese Kontextbedingungen werden in den Situationen nur begrenzt dargestellt, sodass hierbei aufbauend auf eigenen betrieblichen Erfahrungen sowie dem Wissen über Nachhaltigkeit und nachhaltiges Wirtschaften entsprechende Begründungen erwartet werden. Eine explizite Darstellung dieser Kontextbedingungen würde hingegen stärker eine sozial erwünschte Reproduktion der Argumente begünstigen und begrenzt folglich den Anspruch der Anforderungsbewältigung zum nachhaltigen Wirtschaften im betrieblichen

Kontext. In Ansätzen können die Lösungen dabei auch strategische Wissenselemente aufweisen, da die Auszubildenden abwägen müssen, welche nachhaltigen Handlungsmöglichkeiten unter Berücksichtigung der eigenen wahrgenommenen (und kognitiv verarbeiteten; vgl. Abschnitt 2.1.4.4 i. V. m. Abschnitt 6.2) betrieblichen Kontext- und folglich Handlungsbedingungen realistisch und wie diese in einen Lösungsvorschlag integrierbar sind.

Alle Items sind sowohl bezüglich der kognitiven Taxonomie, Modellierungsleistung sowie inhaltlichen Komplexität auf einer höheren Niveaustufe zu verorten (vgl. Abschnitte 2.1.4.2 & 6.2). Die Lösungen für die Items erfordern mindestens das kognitive Anforderungsniveau analysieren und argumentieren. In Bezug auf die funktionale Modellierung ist von einer komplexen und anspruchsvollen Modellierung auszugehen. Umfassende Erfahrungs- und Bewältigungsstrategien der Auszubildenden für die Bearbeitung entsprechender Situationen werden in den Situationen nicht angeboten, sondern müssen durch die Auszubildenden selber entwickelt werden. Die inhaltliche Komplexität ist anspruchsvoll, da die Auszubildenden nicht nur mit isolierten Fakten zur Nachhaltigkeit konfrontiert werden, sondern systemische Zusammenhänge und hierbei theoretische Konzeptionen berücksichtigen müssen.

#### *6.6.1.2 Scoring der Items des SJTs*

Eine Besonderheit des SJTs liegt in dessen Bewertung. Statt auf einer dichotomen Bewertung in Form von wahr/falsch basieren die SJT-Items auf einem Partial-Credit-Modell (Masters, 1982), in dem auch teilrichtige Lösungen und demnach die Diagnostik von Präkonzepten berücksichtigt wird. Das endgültige Scoring ergibt sich aus der Kombination des Scorings der Handlungsempfehlung mit dem Scoring der Handlungsbegründung, wobei ersteres die potenzielle und somit maximale Punktzahl bestimmt und diese Punktzahl über die Handlungsbegründung bestätigt werden muss. Dabei gilt grundsätzlich, dass die Handlungsbegründungen stimmig mit der Handlungsempfehlung sein müssen. Genügt die Begründung nicht, verringert sich der Scorewert.

Um die qualitativen Handlungsempfehlungen und -begründungen in das quantitative Scoring-Modell zu überführen, werden diese mittels einer inhaltlichen Strukturierung in Anlehnung an die Qualitative Inhaltsanalyse nach Mayring (2010, S. 98) ausgewertet. Die Antworten wurden in einem ersten Schritt paraphrasiert, reduziert und abschließend kategorisiert. Bei den Begründungsfeldern wurden zudem nicht identifizierbare Aussagen, falsche Aussagen, Einstellungen, subjektive Normen sowie Verhaltenskontrollaspekte neben den ökonomischen sowie ökologisch/sozialen Argumenten mit ausgewertet. Allerdings lagen deren

Nennungen unter 1 % gemessen an der Anzahl an Gesamtnennungen und bleiben deshalb für die Analyse unberücksichtigt. In den zwei folgenden Absätzen werden zuerst die Bewertung der Handlungsempfehlung und anschließend die Bewertung der Handlungsbegründung beschrieben.

Diese Arbeit folgt einer Nachhaltigkeitsauffassung, die unter gegebenen aktuellen Marktmechanismen realisierbar ist. Allerdings wird im Rahmen des Scorings keiner Nachhaltigkeitsdimension eine primäre Bevorzugung eingeräumt, auch wenn die Priorisierung der ökonomischen Dimension in der Betriebswirtschaftslehre einen intensiv geführten Diskussionspunkt darstellt (vgl. Abschnitt 3.3.3). Diese Entscheidung basiert auf der Begründung, dass bei zu starken ökonomischen Priorisierungen die Initiierung einer nachhaltigen Entwicklung sowie Erzielung der Nachhaltigkeit infrage steht (vgl. Abschnitte 3.3 & 3.5).[52]

Generell führen falsche Handlungsintentionen unmittelbar zu null Punkten und können auch nicht durch Handlungsbegründungen verbessert werden. Empfehlungen, die offensichtlich rein ökonomische beziehungsweise ökologisch/soziale Folgen erkennen lassen, erhalten (vorerst) maximal einen Punkt und Empfehlungen, die für ein nachhaltiges Wirtschaften (durch Bewirkung ökonomisch/kaufmännischer sowie ökologisch/sozialer Vorteile) förderlich sind, werden mit zwei Punkten vorcodiert.

Das Scoring der Handlungsbegründung kann gut mit Biggs und Collis‘ (1982) SOLO-Taxonomie, die auf die Struktur des Lernoutcomes abzielt, als eine Skala für unterschiedliche Strukturzusammenhänge einer wissenschaftlich anerkannten Lösung (vgl. Abschnitt 2.2.1.2), verbunden werden. Hierbei werden fünf unterschiedliche Stufen, die im Folgenden mit zunehmendem Grad an Strukturzusammenhängen aufgezählt werden, differenziert: 1. prestructural, 2. uninstructural, 3. multistructural, 4. relational, 5. extendet abstract. Für die Bewertung der Antworten wird die SOLO-Taxonomie auf drei Strukturzusammenhangsstufen beschränkt. Die Stufen unterschiedlicher Strukturzusammenhänge basieren auf der Idee der Kombination von unterschiedlichen Nachhaltigkeitsdimensionen. Eine falsche Antwort wird grundsätzlich auch in diesem Itemformat mit null Punkten bewertet. Bei eindimensionalen Begründungen, die primär auf reinen ökonomischen oder reinen ökologisch/sozialen Kriterien basieren, wird ein Punkt vergeben. Auszubildende, die in ihren Argumenten sowohl

52 Die Frage nach variierenden Scoring-Modellen zum nachhaltigen Wirtschaften ist unter Berücksichtigung zukünftiger Forschungserkenntnisse der Wirtschaftswissenschaften zum Verhältnis der Dimensionen der Nachhaltigkeit zueinander als Forschungsbedarf darzustellen und wird im Abschnitt 9.3 erneut aufgegriffen und weiter ausgeführt.

ökonomisch als auch ökologisch/sozial rational argumentieren, erzielen zwei Punkte. Abbildung 23 verdeutlicht das zugrunde gelegte Scoring-Modell für die Items des SJTs noch einmal.

*Abbildung 23: Scoring-Modell für die Auswertung der Items des SJTs*

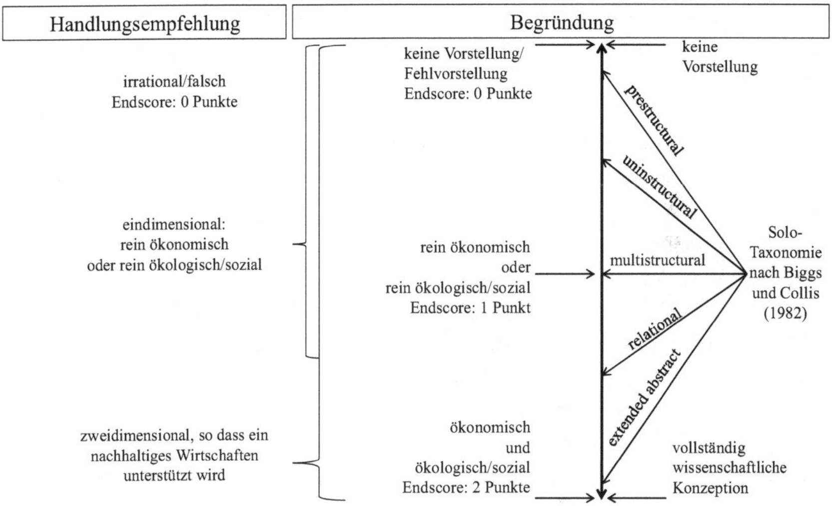


Mit Blick auf das zuvor ausgeführte Scoring-Modell ist die eindeutige Zuordnung der Auszubildendenbegründungen zu ökonomischen oder ökologisch/sozialen Begründungskategorien im SJT von primärer Bedeutung. Einige Begründungen der befragten Auszubildenden waren jedoch nicht präzise genug formuliert, so dass die Kategorisierung nicht eindeutig erfolgen konnte. Zum Beispiel stellt sich die Frage, ob ein Auszubildender mit der Aussage „spart Energie" ökologisch, ökonomisch oder eventuell mittels beider Nachhaltigkeitsdimensionen argumentieren möchte. Aus diesem Grund wurde eine Oberkategorie, und zwar für zwischen ökonomischen und ökologisch/sozialen nicht trennscharfen Argumenten, eingeführt. Im Scoring wird diese Kategorie so berücksichtigt, dass diese Argumente nachrangig als Ersatz für fehlende ökonomische oder ökologisch/soziale Begründungen berücksichtigt werden.

### *6.6.1.3 Analyse der Inter-Rater-Reliabilität der Items des SJTs*

Der SJT ist durch ein offenes Aufgabenformat gekennzeichnet und erhebt somit primär qualitative Daten, die erst über eine qualitative kategorisierende

Inhaltsanalyse und anschließender Anwendung eines Scoring-Modells quantifiziert werden. Qualitative Daten stehen vor der Herausforderung, richtig im Sinne des befragten Probanden gedeutet zu werden. Gütekriterien sind entsprechend auch für qualitative Daten gültig, jedoch in modifizierter Form im Vergleich zu quantitativ-empirischen Studien (Mayring, 2010, S. 116 f.).

Bedeutsam bei der Analyse qualitativer Daten sind im Besonderen die Interpretation des Auswerters und die Frage, inwiefern diese mit den tatsächlich individuellen Bedeutungen der befragten Probanden übereinstimmt. Diese Übereinstimmung ist allerdings schwer zu ermitteln, so dass häufig auf Mehrfachauswertungen durch mehrere Kodierer zurückgegriffen wird. Es wird demnach davon ausgegangen, wenn mehrere Kodierer die Daten gleich bzw. ähnlich interpretieren, ein im Sinne der Probanden gültigkeitsnahes Ergebnis herausgearbeitet zu haben. Mit dem Ziel einer hohen Auswertungs- und Interpretationsobjektivität, also einer hohen Übereinstimmung während der Auswertung und Interpretation (Moosbrugger & Kelava, 2007, S. 10), müssten mehrere Kodierer somit im besten Fall dieselbe Interpretation erzeugen. Um dieses Ziel zu sichern, lassen sich die Auswertungen unterschiedlicher Kodierer mittels Inter-Rater-Reliabilitätskoeffizienten vergleichen. Bei mehr als zwei Kodierern und bei dem Vorliegen intervallskalierter Daten können Intra-Klassen-Korrelationskoeffizienten berechnet werden, welches im Folgenden auf den SJT angewendet wird.

Für jedes Item wurde ein auf 30 Fälle reduzierter Datensatz verwendet und durch drei Testauswerter paraphrasiert sowie nach den Scoringdimensionen kategorisiert. Neben dem Autor dieser Arbeit, der den gesamten Datensatz auswertet und interpretiert, wurden die 30 Fälle pro Item durch zwei geschulte Testleiter gesondert analysiert. Beide Testleiter erhielten im Vorhinein eine Nachhaltigkeitsschulung sowie eine Einführung in die Konzeption des SJTs und dessen Scoring. Für jedes Item wurden aus Übungszwecken zusätzlich fünf Fälle gemeinsam ausgewertet, die aber für die folgenden Analysen unberücksichtigt bleiben.

Diese Analyse fand jeweils vor der Auswertung des Gesamtdatensatzes nach jedem Messzeitpunkt statt. Unstimmigkeiten zwischen den Kodierern wurden zudem dazu genutzt, die Kodierregeln für die Analyse des Gesamtdatensatzes zu verbessern. Tabelle 31 beinhaltet die Ergebnisse der Inter-Rater-Reliabilität. Für die Berechnung der dort dargestellten Intra-Klassen-Korrelationen wurden die Kategorisierungen je Item als erstes über das Scoring-Modell in einen Itemscorewert überführt. Mittels der Intra-Klassen-Korrelation wird demnach geprüft, ob die Itemscorewerte auf der Basis der Kategorisierung der Testauswerter übereinstimmen.

*Tabelle 31: Ergebnis der Inter-Rater-Reliabilität*

| MZP | SJT Nr. | Korrelation innerhalb der Klasse (einzelne Maße) | 95 %-Konfidenzintervall | | F-Test mit wahrem Wert 0 | | | |
|---|---|---|---|---|---|---|---|---|
| | | | Untergrenze | Obergrenze | Wert | df1 | df2 | Sig. |
| 1 | A1 | .751 | .559 | .870 | 12.699 | 29 | 58 | .000 |
| | A2 | .773 | .631 | .875 | 11.074 | 29 | 58 | .000 |
| | A3 | .971 | .948 | .985 | 101.241 | 29 | 58 | .000 |
| | A4 | .816 | .676 | .904 | 16.944 | 29 | 58 | .000 |
| | A5 | .820 | .701 | .903 | 15.361 | 29 | 58 | .000 |
| | 1.6 | .760 | .612 | .868 | 10.262 | 29 | 58 | .000 |
| | 1.7 | .660 | .477 | .805 | 7.210 | 29 | 58 | .000 |
| | 1.8 | .880 | .794 | .936 | 22.931 | 29 | 58 | .000 |
| | 1.9 | .737 | .565 | .856 | 10.843 | 29 | 58 | .000 |
| | 1.10 | .818 | .689 | .903 | 16.208 | 29 | 58 | .000 |
| 2 | 2.6 | .809 | .674 | .898 | 15.590 | 29 | 58 | .000 |
| | 2.7 | .967 | .940 | .983 | 90.786 | 29 | 58 | .000 |
| | 2.8 | .894 | .817 | .944 | 27.268 | 29 | 58 | .000 |
| | 2.9 | .897 | .822 | .946 | 26.450 | 29 | 58 | .000 |
| | 2.10 | .867 | .773 | .929 | 20.006 | 29 | 58 | .000 |
| 3 | 3.6 | .754 | .604 | .863 | 10.269 | 29 | 58 | .000 |
| | 3.7 | .817 | .695 | .901 | 15.302 | 29 | 58 | .000 |
| | 3.8 | .875 | .786 | .933 | 22.210 | 29 | 58 | .000 |
| | 3.9 | .740 | .584 | .855 | 9.431 | 29 | 58 | .000 |
| | 3.10 | .917 | .855 | .956 | 35.286 | 29 | 58 | .000 |

Anmerkungen: Intra-Klassen-Korrelation der absoluten Übereinstimmung; Modell mit gemischten Zwei-Weg-Effekten, bei dem die Personeneffekte zufällig und die Maßeffekte fest sind.

Um Intra-Klassen-Korrelationen als Indikator für die Inter-Rater-Reliabilität interpretieren zu können, bestehen in der Literatur umfangreiche Empfehlungen, die zwar auf empirischen Erfahrungen basieren, aber nicht als letztendliche Norm zu verstehen sind und immer hinsichtlich des Untersuchungsgegenstandes kritisch reflektiert werden sollten. Gerade im theoretischen Abschnitt dieser Arbeit zum Leitbild einer nachhaltigen Entwicklung wurden mehrfach divergente Rationalitäten sowie heterogene Verständnisse zum Nachhaltigkeitskonstrukt betont, welche die Auswertung qualitativer Daten, die auf die Messung von Handlungsintentionen sowie Begründungen zum nachhaltigen Wirtschaften abzielen, erschweren. Eine verbreitete Einteilung zur Interpretation von Intra-Klassen-Korrelationen besteht durch LeBreton und Senter (2008), wie in Tabelle 32 dargestellt.

*Tabelle 32: Empfohlene Standards zur Interpretation der Interrater-Reliabilität (LeBreton & Senter, 2008, S. 836)*

| Level der Inter-Rater-Reliabilität | Substantive Interpretation |
|---|---|
| .00 to .30 | Lack of agreement |
| .31 to .50 | Weak agreement |
| .51 to .70 | Moderate agreement |
| .71 to .90 | Strong agreement |
| .91 to 1.00 | Very strong agreement |

Mit Blick auf die Intra-Klassen-Korrelationen in Tabelle 31 und unter Berücksichtigung der Interpretationsempfehlungen als Interrater-Reliabilität aus Tabelle 32 ist an erster Stelle festzuhalten, dass itemübergreifend eine hohe Auswerterübereinstimmung (mit Ausnahme von Item 1.7) besteht. Item 1.7 erzielt dabei eine nur moderate Übereinstimmung. Ein erster Grund könnte in dem Design liegen. Dieses Item ist neben dem offenen Begründungsfeld, wie bei jedem SJT-Item, durch ein offenes Handlungsempfehlungsfeld gekennzeichnet. Hierdurch entstehen sehr heterogene Empfehlungen durch die Auszubildenden. Inhaltlich zielt dieses Item daneben auf die Messung der bedeutsamsten Beschaffungsaspekte ab. Die Iteminstruktion ist zum einen sehr offen gehalten, was ebenfalls heterogene Antworten begünstigt, und zum anderen erschweren sehr knappe Ausführungen und Begründungen der Auszubildenden die Interpretation und Kategorisierung bei diesem Item.

### 6.6.2 Deklarativer Wissenstest

Aufgrund der relativ abstrakten Umschreibungen von deklarativem Wissen in der Taxonomie von Shalvelson (2005, vgl. Abschnitt 2.1.4.2) wird in dieser Studie zusätzlich auf die Konzeption der ULME-Studien (Brand, Hofmeister, & Tramm, 2005; Hofmeister, 2005) zurückgegriffen, der zur Taxierung der Items der Leistungsskalen eine Vereinfachung der Taxonomie von Anderson und Krathwohl (2001) zugrunde liegt. Der deklarative Wissenstest dieser Studie differenziert deshalb das deklarative Wissen zum Themengebiet nachhaltige Entwicklung sowie nachhaltiges Wirtschaften in Fakten- und Konzeptwissen (vgl. Tabelle 33).[53]

*Tabelle 33: Berücksichtigte Wissensarten im deklarativen Wissenstest (vereinfachte Darstellung in Anlehnung an Hofmeister, 2005)*

| **Wissensart** | | **Erläuterung** |
|---|---|---|
| Deklaratives Wissen | Faktenwissen | grundlegende Wissenselemente: terminologisches Wissen und empirisches Faktenwissen |
| | Konzeptwissen | komplexere, organisiertere Wissensstrukturen: Kategorien und Klassifikationen sowie Prinzipien und Verallgemeinerungen |

In Abgrenzung zum SJT berücksichtigen die Items des deklarativen Wissenstests vor allem ein einfaches bis mittleres Niveau. Dies drückt sich unter Berücksichtigung der Klassifikationen der Leistungsskalen (vgl. Abschnitte 2.1.4.2 & 6.2) in der Berücksichtigung der kognitiven Taxonomiestufen „aktivieren und abrufen" sowie „elaborieren und verstehen" aus. Die Modellierungsleistung dieser Items befindet sich primär auf dem Niveau „keine oder geringe Modellierungsleistung", da hierbei weniger reale Entscheidungen als vorwiegend einzelne (zusammenhängende) Wissenselemente erfragt werden und dabei die Zielsetzungen der Items klar gekennzeichnet sind. Bedingt durch die Wissensart dieser Leistungsskala werden isolierte Wissensinhalte bzw. Zusammenhänge zwischen verschiedenen Konzepten gemessen.

Inhaltlich orientieren sich die deklarativen Wissensitems an allgemein nachhaltigkeitstheoretischen und verbreiteten normativen Konzepten, Fakten und deren Bedeutung, Folgewirkungen aktuell diskutierter Nachhaltigkeitsbeispiele sowie betrieblichen Anwendungsmöglichkeiten des nachhaltigen Wirtschaftens. Hierbei werden in Anlehnung an die theoretischen und normativen Konzepte einer nachhaltigen Entwicklung (vgl. Kapitel 3) zwar inhaltlich valide Konzepte und Fakten erfragt, jedoch ist die curriculare Validität für den Ausbildungsberuf Kaufmann/-frau für Spedition und Logistikdienstleistung nur eingeschränkt gegeben, da curriculare Bezugspunkte zur Nachhaltigkeit bzw. zum nachhaltigen Wirtschaften nur insofern in den Ordnungsmitteln identifiziert werden können, als sie einen Bezug zu einem ressourceneffizienten und somit stärker ökologischen Wirtschaften aufweisen (vgl. Abschnitt 5.2). Diese Bezugspunkte

53 Für eine leichtere Verständlichkeit sind dem Anhang L alle deklarativen Wissensitems angefügt.

zur Nachhaltigkeit sind jedoch als zu gering zu bewerten, sodass der inhaltlichen Validität in Bezug auf eine gesamtgesellschaftliche Perspektive eine höhere Priorität als der curricularen Validität eingeräumt wurde.

Das Scoring der Wissensitems erfolgt dichotom. Demnach erzielen die Auszubildenden für eine richtige Antwort einen und für eine falsche Antwort null Punkte.

### 6.6.3 Potenziell leistungsvarianzerklärende Skalen

Für die Erklärung der Varianzen in den Leistungstests [SJT zur Messung der Handlungsintention, nachhaltig zu wirtschaften (vgl. Abschnitt 6.6.1), sowie deklarativer Wissenstest über Nachhaltigkeit und nachhaltiges Wirtschaften (vgl. Abschnitt 6.6.2)] der einzelnen Messzeitpunkte sowie deren Entwicklung werden in Anlehnung an die theoretischen Aspekte (vgl. Abschnitt 2.1.4) sowie das Kompetenzmodell (vgl. Abschnitt 6.2) unterschiedliche Skalen zur Messung von kognitiven und affektiv-motivationalen Dispositionen in dieser Studie berücksichtigt. Von Interesse ist es hierbei aber, ebenso die Leistungen wie deren Entwicklung auf unterschiedliche Lerngelegenheiten zurückzuführen. Allerdings besteht aufgrund eingeschränkter Testzeiten (differenziertere Ausführungen im Abschnitt 6.8) nicht die Möglichkeit, alle Instrumente zu allen Testzeitpunkten einzusetzen, was auch nicht für jedes Konstrukt notwendig wäre. Einige Instrumente, bei denen stärker von einer zeitlichen Stabilität auszugehen ist, können demnach auf einen Messzeitpunkt begrenzt werden. Auf der anderen Seite sind nur begrenzte betriebliche Erfahrungen der Auszubildenden zum ersten und eventuell auch zum zweiten Messzeitpunkt zu berücksichtigen. Deshalb erscheint es sinnvoll, einige Skalen, zum Beispiel zu subjektiven Wahrnehmungen zu betrieblichen Kontexten und Normen, aber auch zu unterschiedlichen Lerngelegenheiten während der Ausbildung, erst im späteren Ausbildungsverlauf zu messen.

Eine Übersicht über alle eingesetzten Instrumente sowie zugehörige Skaleninformationen sind den Anhängen I und J zugefügt. Um die Beschreibung und Begründung dieser Skalen zu strukturieren, werden im Folgenden zwei Bereiche unterschieden. Zum einen bestehen im Nachhaltigkeitskontext unterschiedliche Erklärungsansätze, wie zum Beispiel Einstellungen, nachhaltigkeitsspezifische Interessen, wahrgenommene Normen oder auch Kontrollaspekte der betrieblichen Handlung, die interindividuelle Unterschiede in den Leistungsskalen erklären können. Die Beschreibung zu den nachhaltigkeitsspezifischen Instrumenten erfolgt im Abschnitt 6.6.3.1. Zum anderen müssen weniger domänenspezifische Dispositionen und Hintergrundinformationen der befragten Auszubildenden beachtet werden, die Zusammenhänge bei der Varianzaufklärung von

Leistungsskalen sowie deren Veränderung über die Zeit erzeugen können, wie beispielsweise Lern- und Arbeitsmotivation oder kognitive Leistungen. Diese Instrumente werden im Abschnitt 6.6.3.2 beschrieben.[54]

#### *6.6.3.1 Instrumente zur Messung von affektiv-motivationalen Dispositionen zum nachhaltigen Wirtschaften sowie Lerngelegenheiten zur Wahrnehmung von Informationen zur Nachhaltigkeit*

Im Mittelpunkt dieser Studie stehen zwei unterschiedliche Leistungsskalen. Während Varianzen im deklarativen Wissen primär auf motivationale und kognitive Aspekte des Lernens zurückzuführen sind, erfordert der SJT neben kognitionspsychologischen auch verhaltenstheoretische Erklärungsannahmen (vgl. Abschnitt 2.1.4.4). Eingangs werden entsprechende Skalenkonzeptionen vorgestellt, die somit primär für den SJT gelten.

Zur Erklärung von Handlungsintentionen wird seit langem der Einfluss von Einstellungen, wahrgenommenen subjektiven Normen sowie wahrgenommenen Verhaltenskontrollaspekten diskutiert (insbesondere in Anlehnung an Ajzen, 1985). So gelten in der beruflichen Bildung gerade für den betrieblichen Kontext die Wahrnehmung von Normen für einen betrieblichen Sozialisationsprozess als bedeutsam (Lempert, 2007 & 2009) und dienen in dem nachhaltigkeitsnahen Themenfeld der moralischen Urteilskompetenzentwicklung als zentrale Erklärungsannahme (z. B. Beck, 2000, siehe auch die Ausführungen in dem Abschnitt 2.2.3.1 i. V. m. Abschnitt 4.3.2). Entsprechende Skalen wurden in der KONWIKA-Studie entwickelt (Seeber, Fischer, Michaelis & Müller-Harms, 2014b), konnten aber in bisherigen Veröffentlichungen nicht zur Varianzaufklärung beitragen (Seeber & Michaelis, 2014). Der fehlende empirisch signifikante Zusammenhang kann hier aber auch auf zu allgemein formulierte Items zurückgeführt werden, die sich nicht nur auf den Ausbildungsberuf Kaufmann/-frau für Spedition und Logistikdienstleistung bezogen hatten, sondern auf alle interessierenden Berufe der KONWIKA-Studie. Deshalb wurden die Skalen in dieser Arbeit insofern berücksichtigt, als neben den allgemeineren Skalen zur Messung von wahrgenommenen subjektiven Normen auch domänenspezifisch auf den Speditions- und Logistikkontext adaptierte Skalen eingesetzt wurden. Der Einsatz dieser Skalen erfolgte jedoch erst zum dritten Messzeitpunkt, da betriebliche Erfahrungen und Wahrnehmungen

54 Anzumerken ist, dass alle im Folgenden beschriebenen überzeugungsbasierten Skalen mit einer 4-Punkt-Likert-Skala in die Fragebögen integriert werden.

unterschiedlicher Kontexte und Normen zu späteren Ausbildungszeitpunkten differenzierter ausgeprägt sind als zum Beginn der Berufsausbildung.

Im Gegensatz zu den wahrgenommenen subjektiven Normen im betrieblichen Kontext wurden entsprechende Einflüsse durch Familie und Freunde, wie beispielsweise der Kauf von Bio-Produkten, bereits zum ersten Messzeitpunkt kontrolliert. Diese Skalen wurden zum Messzeitpunkt t1 direkt aus der KONWIKA-Studie übernommen.

Wie an unterschiedlichen Stellen in dieser Arbeit beschrieben, können die Auszubildenden über ihr Handeln im Betrieb nicht frei entscheiden. Beispielsweise müssen im Rahmen von Beschaffungsvorgängen bestimmte Kostenvorgaben eingehalten werden. Oder um Entscheidungen im Sinne eines nachhaltigen Wirtschaftens zu treffen, sind unterschiedliche Informationen (beispielsweise zu Nachhaltigkeitswirkungen) notwendig. Aufgrund des zeitlichen Drucks, wie er im Rahmen der Auftragserfüllung entstehen kann, stehen auch nicht immer die zeitlichen Ressourcen, die für einen nachhaltigen Transport erforderlich wären, zur Verfügung. Solche Bedingungen werden als wahrgenommene Verhaltenskontrollaspekte in dieser Studie gemessen. Hierfür wurden erneut Skalen aus der KONWIKA-Studie übernommen. Daneben wurden zwei neue Skalen zu Hemmnisfaktoren eines nachhaltigen Wirtschaftens bedingt durch die Anforderungen der beiden zentralen Stakeholdergruppen (Kunden und Frachtführer) entwickelt und zum Messzeitpunkt t3 eingesetzt.

Positive Zusammenhänge zwischen affektiv-motivationalen Dispositionen und Entscheidungen/Handlungen im Sinne einer nachhaltigen Entwicklung gelten im Rahmen der Kompetenzmessung in der BNE seit längerem als gesichert (vgl. Abschnitt 4.2 & 4.3). Dieser Zusammenhang bestätigt sich auch in der KONWIKA-Studie zwischen der Einstellung einer Zuschreibung von Verantwortungsübernahme für Nachhaltigkeit durch Unternehmen und der Leistung im betrieblichen SJT. Die KONWIKA-Skalen zur Messung von Einstellungen werden ebenfalls in dem Fragebogen dieser Studie berücksichtigt. Hierbei werden zwei Skalen unterschieden, die zu jedem Messzeitpunkt eingesetzt werden. Die erste Skala ist die bereits zuvor genannte Skala „Zuschreibung von Verantwortungsübernahme für Nachhaltigkeit durch Unternehmen". Die zweite Skala misst eine „Zuschreibung von Verantwortungsübernahme für Nachhaltigkeit durch die Gesellschaft".

Die folgenden Absätze beinhalten Skalenbeschreibungen, die zur Erklärung von Leistungsvarianzen sowie der Leistungsentwicklung des SJTs und deklarativen Wissenstests gültig sein können.

Im theoretischen Teil dieser Arbeit wurden Lernprozesse hinsichtlich heterogener Entstehungskontexte beschrieben (vgl. Abschnitt 2.2.1). In den Bildungswissenschaften werden diesbezüglich unterschiedliche Klassifikationen diskutiert, im

Rahmen derer häufig zwischen den (aber nicht immer trennscharfen) Kategorien formales, informelles bzw. zum Teil auch nonformales Lernen unterschieden wird (vgl. Abschnitt 2.2.2). Ungeachtet der Diskussion um die Abgrenzung informeller Lerngelegenheiten wurden Skalen entwickelt und in den Fragebogen integriert, die neben curricular beabsichtigten Lernprozessen Lerngelegenheiten beinhalten, die auf einen nicht curricular intendierten Kompetenzerwerb schließen lassen. Die Skalen umfassen dabei neben den betrieblichen Lern-/Erfahrungskontexten auch die privaten Handlungskontexte. Bezüglich der betrieblichen Lerngelegenheiten wird in den Skalen nach der Wahrnehmung zu Informationen und Kommunikationsprozessen zu ökologischen und sozialen Nachhaltigkeitsaspekten im Betrieb, aber auch in Ergänzung zu den wahrgenommenen Normen, die zuvor beschrieben wurden, Gesprächshäufigkeiten zu Nachhaltigkeitsthemen mit Kollegen und Vorgesetzten gefragt. In privaten Lerngelegenheiten sind es Medien, aber auch alltägliche Handlungssituationen, wie beispielsweise im Rahmen der Erledigung von Einkäufen und dort wahrgenommener Informationen zur Nachhaltigkeit. Auch Gespräche in der Familie oder mit Freunden zu nachhaltigkeitsrelevanten Themen können bedeutsam sein.[55] Aufgrund fehlender bzw. geringer betrieblicher Erfahrungen zum ersten Messzeitpunkt wurden hier lediglich die Gesprächshäufigkeiten mit der Familie und mit Freunden zu Nachhaltigkeitsthemen eingesetzt. Ab dem zweiten Messzeitpunkt erfolgte eine Integration der Skalen zur Wahrnehmung informeller Lerngelegenheiten zu unterschiedlichen Nachhaltigkeitsthemen sowohl im betrieblichen als auch privaten Handlungskontext. Daneben wurde zum Messzeitpunkt t1 die Thematisierung ausgewählter Nachhaltigkeitsthemen in der allgemeinbildenden Schule erfragt. Die Thematisierung von Nachhaltigkeitsaspekten während der Berufsausbildung erfolgte ab dem zweiten Messzeitpunkt, wurde aber zum dritten Messzeitpunkt weiter ausdifferenziert, um hierüber Hinweise zum implementierten Curriculum erhalten zu können.

Bezüglich des Interesses an Nachhaltigkeitsthemen und der Motivation, nachhaltig zu handeln, wurden unterschiedliche Skalen eingesetzt. Eine allgemeine

55 Sicherlich kann von einem Lernprozess erst dann ausgegangen werden, wenn neben der Wahrnehmung auch eine aktive Verarbeitung dieser Informationen erfolgt, dennoch werden entsprechende Skalen als Indikatoren für Lerngelegenheiten in dieser Arbeit betrachtet, deren Wirksamkeit sich über Strukturzusammenhänge mit den Leistungsskalen ergeben sollen. Direkte Fragen, ob die Auszubildenden aus entsprechenden Informationen etwas lernen würden, sind abzulehnen, da der Lernbegriff häufig außerhalb des erziehungs- und bildungswissenschaftlichen Kontexts präkonzeptuell verwendet wird und zu unterschiedlichen Beantwortungsmustern führen würde. Ob Auszubildende Ihren Lernprozess adäquat beurteilen können, steht dabei infrage.

Interessensskala zu Nachhaltigkeitsthemen wurde mit jedem Messzeitpunkt erhoben. Die Motivation, nachhaltig zu handeln, wurde erneut aus der KONWIKA-Studie übernommen und zum dritten Messzeitpunkt in den Fragebogen integriert.

#### 6.6.3.2 *Instrumente zur Messung von allgemeinen affektiv-motivationalen und kognitiven Dispositionen sowie von Hintergrundinformationen zu den befragten Auszubildenden*

In vielen Studien zu berufsfachlichen Kompetenzen zeigt sich ein signifikanter und mit bis zu mittleren Effektstärken erklärungsbedeutsamer Zusammenhang zwischen Leistungsskalen und kognitiven Fähigkeiten (vgl. Abschnitte 2.1.4.1 i. V. m. 2.2.3.1). Deshalb wurde zur Messung der kognitiven Fähigkeit die Kurzform des CFT 20-R (Weiß, 2006) zum ersten Messzeitpunkt eingesetzt. Dieser Test misst in Anlehnung an theoretisch-konzeptionellen Annahmen zur „General Fluid Ability" nach Cattell (z. B. 1963) eine fluide Grundintelligenz. Die in dieser Arbeit verwendete Normierung dieses Tests bezieht sich auf die Angaben für das 10. bis 13. Schuljahr, welche sich auf alle Schularten beziehen und auch berufsbildende Schulen inkludieren.

Daneben zeigen sich in der berufsfachlichen Kompetenzmessung partielle Einflüsse von Motivation und Interesse (vgl. Abschnitt 2.1.4.3 i. V. m. 2.2.3.1). Allgemein für die Messung von Lernmotivation sind in der Berufs- und Wirtschaftspädagogik besonders die Skalenkonzeptionen von Prenzel, Kristen, Dengler, Eitle und Beer (1996) verbreitet, die auf konzeptionellen Ansätzen der Selbstbestimmungstheorie von Deci und Ryan (1993) sowie der pädagogischen Interessenstheorien (Prenzel, Krapp & Schiefele, 1986) basieren und in vielfältigen Adaptionen in Leistungsuntersuchungen berücksichtigt werden. In dieser Studie werden zwei der sechs Varianten zur Lernmotivation[56] berücksichtigt, die zu jedem Messzeitpunkt in den Fragebogen integriert wurden. Die erste Skala misst eine extrinsische Lern- und Arbeitsmotivation, die durch geringe Inhalts- und Tätigkeitsanreize sowie eine geringe Selbstbestimmung gekennzeichnet ist. Die zweite Skala zielt auf die Messung einer intrinsischen Arbeits- und Lernmotivation ab, welche entgegen der extrinsischen Motivation hohe Inhalts-/Tätigkeitsanreize sowie eine hohe Selbstbestimmung aufweist. Beide Skalen wurden jeweils für die Lernorte Schule sowie Betrieb konzipiert. Diese Skalenkonzeptionen sowie Itemformulierungen entstammen der KONWIKA-Studie (Seeber, et al., 2014b), in der sich beispielsweise negative Zusammenhänge zwischen der

56 Grundsätzlich werden die Formen identifiziert, introjiziert, extrinsisch, amotiviert, intrinsisch und interessiert unterschieden.

extrinsischen Motivation, im Betrieb zu lernen/arbeiten, und der Leistung im betrieblichen SJT zeigen (Seeber & Michaelis, 2014).

In Ergänzung zu den Motivationsskalen zum Lernen und Arbeiten in der Schule (bezogen auf die Berufsschule) bzw. im Betrieb wurde zudem die Lernmotivation während der allgemeinbildenden Schulzeit für die Unterrichtsfächer Politik/Wirtschaft, Naturwissenschaften (Biologie, Chemie, Physik & Erdkunde) sowie Religion/Werte und Normen retrospektiv erhoben. Diese Fächer wurden aufgrund Ihrer Nähe zu nachhaltigkeitsrelevanten Themen ausgewählt.

Daneben wurden allgemeine Selbstwirksamkeitsüberzeugungen durch die verbreitete Skala von Jerusalem und Schwarzer (1999) zum Messzeitpunkt t2 gemessen.

Außerdem wurde eine adaptierte Skala zum Informationsverhalten zu nationalen und internationalen Nachrichten (in Anlehnung an Abs, Diedrich, Sickmann & Klieme, 2007; Schulz & Sibberns, 2004) in die Fragebögen jedes Messzeitpunktes integriert.

Über einen kurzen Kontextfragebogen wurden weiterhin folgende Merkmale der Auszubildenden zum ersten Messzeitpunkt erfragt: Geschlecht, deutsche Staatsangehörigkeit[57], Deutsche oder Deutsche und/oder andere Muttersprache[57], Schulabschluss, zuletzt besuchte Schulform sowie der Besuch vorheriger berufsbildender Schulformen.

## 6.7 Zeitpunktspezifische Gestaltung der Leistungsskalen

Eine wesentliche Voraussetzung zur Sicherstellung der Validität der Veränderungsmessung und folglich der Sicherstellung eines vergleichbaren Outcomes über die Zeit liegt in der Gestaltung der Testhefte. Diese müssen dementsprechend immer nach denselben theoretisch-konzeptionellen Aspekten, Domänenbereichen sowie statistischen Spezifikationen entwickelt werden, um eine valide Aussage zur Veränderung eines (latenten) Konstruktes treffen zu können. Hierbei bestehen unterschiedliche Möglichkeiten, dies zu bewirken, was nicht unabhängig von den Verfahren zur Veränderungsmessung betrachtet werden darf: Eine einfache Lösung besteht in dem Einsatz derselben Items zu unterschiedlichen Messzeitpunkten. Damit zusammenhängend sollte aber für längsschnittliche Erhebungsdesigns die Entstehung von Erinnerungseffekten berücksichtigt werden (vgl. Embretson, 1991), deren Auftrittswahrscheinlichkeit jedoch abnimmt, desto länger die Zeitintervalle zwischen den Messungen sind. Eine elegantere, aber auch mit höheren

57 Diese Variablen wurden bei nur 13 von 15 Klassen, die an den Testungen teilnahmen, in den Fragebogen integriert (vgl. Abschnitt 7.2.2.2).

Herausforderungen verbundene Lösung besteht in dem Einsatz unterschiedlicher Testhefte, die im besten Fall so gestaltet sind, dass jeder Proband jedes Item nur einmal beantwortet. Neben hohen technologischen Voraussetzungen (die für die Zuordnung der Testhefte zu den Personen zu empfehlen sind) solcher Vorhaben sollte aus didaktischer Perspektive hinsichtlich einer intendierten Kompetenzentwicklung bedacht werden, dass in einer Domäne neue Lerninhalte (curricular bedingt) während der beobachteten Entwicklungszeit relevant werden und demnach entsprechende Items erst zu späteren Messzeitpunkten eingesetzt werden können. Deshalb sollten auch messzeitpunktspezifische Items berücksichtigt werden. Auf solch eine lernprozessadäquate Anpassung des Testmaterials (unter Berücksichtigung des intendierten Curriculums) wird in dieser Arbeit zurückgegriffen. Wie die Domänenanalyse im Abschnitt 5.3 aufzeigte, bestehen die meisten Anknüpfungspunkte zum nachhaltigen Wirtschaften im ersten Ausbildungsjahr. Deshalb ist grundsätzlich zum ersten Messzeitpunkt, welcher direkt zum Ausbildungsbeginn erfolgt (vgl. Abschnitt 6.4) und nur geringes domänenspezifisches Fachwissen erwarten lässt, anzustreben, vermehrt allgemeinere Themen bzw. domänenunspezifischere Aspekte und zu den Messzeitpunkten t2 und t3 stärker domänenspezifischere Aspekte des nachhaltigen Wirtschaftens in die Testinstrumente zu integrieren.

Mit dem Ziel einer konstruktvaliden Messung zu allen Messzeitpunkten sollten generell vor der Hauptstudie Erkenntnisse zu den eingesetzten Items über deren Schwierigkeit, Trennschärfe sowie Fit-Werte bestehen. Aufgrund des Forschungsdesiderates zur Messung von Kompetenzen zum nachhaltigen Wirtschaften existierten bisher keine dokumentierten reliablen Testinstrumente für die Zielgruppe von kaufmännischen Auszubildenden und insbesondere von Speditionskaufleuten. Allerdings konnte auf Items sowie zugehörige Daten der KONWIKA-Studie (Seeber & Fischer, 2011) zurückgegriffen werden, deren Haupterhebung im Ausbildungsberuf Kaufmann/-frau für Spedition und Logistikdienstleistung parallel zum ersten Messzeitpunkt dieser Studie erfolgte. Das führte jedoch auch zu der Herausforderung, zum ersten Messzeitpunkt einen Fragebogen einzusetzen, über dessen Items zwar Informationen aus vorherigen Pilotierungen und Expertenbefragungen vorlagen, aber die dort eingesetzten Items und Testhefte nicht für ein längsschnittliches Design konzipiert wurden.

Die KONWIKA-Studie wurde, wie an vorherigen Stellen dieser Arbeit bereits beschrieben (vgl. Abschnitte 4.3.2 & 5.3), als eine Querschnittstudie mit unterschiedlichen kaufmännischen Ausbildungsberufen konzipiert (Seeber & Fischer, 2011). Dazu wurden Auszubildende aus dem zweiten und dritten Ausbildungsjahr der Berufe Kaufmann/-frau für Spedition und Logistikdienstleistung (n = 387), Kaufmann/-frau im Einzelhandel (n = 449), Verkäufer/-in (n = 105) sowie Bürokaufmann/-frau (n = 314) getestet (Seeber et al., 2014b). Inhaltlich orientieren sich die Items der KONWIKA-Studie an Themenaspekten, die für alle Ausbildungsberufe gültig sind (Seeber et al., 2014a).

In Bezug auf den deklarativen Wissenstest wurde in KONWIKA die Gestaltung von zwei Testheften verfolgt. Entsprechend der zu erwartenden kognitiven Leistungen der Auszubildenden wurde ein Testheft mit leichterem Schwierigkeitsgrad für die Berufe im Einzelhandel entwickelt. Das zweite Testheft war durch schwierigere Items gekennzeichnet und richtete sich an die Büro- sowie Speditionskaufleute. Dieses Testheft wurde allerdings für die Speditionskaufleute, die zu einem späteren Zeitpunkt getestet wurden, durch den Austausch zweier Items mit geringer Trennschärfe leicht modifiziert. Alle Testhefte umfassten insgesamt 23 Items und waren durch identische mittelschwere Items geankert, um eine gemeinsame Skalierung zu ermöglichen.

Bezüglich des SJTs besteht jedoch eine Einschränkung hinsichtlich der Datenverfügbarkeit. Im Rahmen der KONWIKA-Studie wurden zwei unterschiedliche SJT-Instrumente entwickelt. Der Hauptunterschied zwischen diesen Instrumenten lag in dem Design, bei dem zwischen einem geschlossenen und einem offenen Itemformat, wie es in dieser Studie eingesetzt wird, unterschieden wurde. Die Situationen wurden dabei unabhängig vom Itemformat weitestgehend identisch gehalten bzw. leicht adaptiert. Das offen gestaltete Testformat des SJTs wurde in KONWIKA zwar ebenfalls bei den Speditionskaufleuten eingesetzt, dieser Test wurde allerdings ohne vorherige umfassende Pilotierung entwickelt, nachdem im Rahmen der Haupterhebung in den beiden Handelsberufen sowie bei den Bürokaufleuten erkannt wurde, dass ein geschlossenes Format eine unzureichende Reliabilität erzeugte. Zugehörige EAP-PV-Reliabilitätswerte lagen unter 0.4 und deuten somit auf messfehlerbehaftete Auswertungen aufgrund inhomogener Antwortstrukturen in den Leistungstests hin (Seeber et al., 2014b). Die Hintergründe hierfür sind eng verbunden mit der Operationalisierungsherausforderung einer nachhaltigen Entwicklung (vgl. Kapitel 3 sowie die Einführung in dieses Kapitel im Abschnitt 6.1) sowie zahlreichen potenziell unterschiedlichen Handlungsempfehlungen und Entscheidungsbegründungen je Situation, die in einem geschlossenen Aufgabenformat nur eingeschränkt darstellbar sind. Zum anderen entstand mit den geschlossenen Antwortformaten auch eine Förderung sozial erwünschten Antwortverhaltens, weil attraktiv formulierte Handlungsempfehlungen und Begründungen vorgegeben wurden und die Probanden nicht mehr ehrlich antworteten.

Für die Gestaltung der zeitpunktspezifischen Testhefte dieser Studie wurden zu späteren Testzeitpunkten bewusst Schwierigkeitserhöhungen berücksichtigt. Begründet wird dieses Vorgehen mit zu erwartenden nur geringen Fachkompetenzen der Speditionskaufleute zum Messzeitpunkt t1, da die Auszubildenden direkt zu Beginn ihres Ausbildungsverhältnisses befragt wurden (vgl. Abschnitt 6.4). Die Auszubildenden in der KONWIKA-Studie, deren Daten unter anderem für die Zuordnung der Items zu den zeitpunktspezifischen Testheften verwendet werden (differenziertere Ausführungen erfolgen später in diesem Abschnitt), hatten dagegen zum Zeitpunkt ihrer Befragung bereits mindestens 1,5 Ausbildungsjahre absolviert. Bezüglich der Itemauswahl für den ersten Messzeitpunkt wurde für den deklarativen Wissenstest das KONWIKA-Testheft der Handelsberufe übernommen. Drei Items wurden aus inhaltlichen Gründen, die nicht als Vorwissen bei Speditionskaufleuten vorausgesetzt werden können, allerdings ausgeschlossen, wodurch dieser Test insgesamt 20 Items umfasst. Beim offen gestalteten SJT wurden zehn leicht und mittelschwer eingestufte Items ausgewählt. Die Itemschwierigkeiten wurden aufgrund der fehlenden Pilotierungsdaten zum einen aus den geschlossenen Items sowie zum anderen aus Expertenurteilen zu kognitiven Anspruchsniveaus abgeleitet. Daneben wurde beim SJT darauf geachtet, wie an vorheriger Stelle bereits angemerkt, Items auszuwählen, die allgemeinere Themen und somit domänenunspezifischere Aspekte umfassen, da die Auszubildenden erst über geringe betriebliche Erfahrungen zum Messzeitpunkt t1 verfügen können. Darüber hinaus wurden im Sinne der lokalen stochastischen Unabhängigkeit als Bedingung des Rasch-Modells (vgl. Abschnitt 6.5.1), das zur Skalierung der Leistungsskalen Anwendung findet, keine Items in die messzeitpunktspezifischen Testhefte integriert, die bereits per Augenscheinprüfung bezüglich der Inhaltsgebiete mit vergleichbarem kognitiven Anspruchsniveau nahezu identisch erscheinen.

Die Gestaltung der Testhefte für die Messzeitpunkte t2 und t3 wird in den nachfolgenden Absätzen erläutert.

Aufgrund des Querschnittdesigns der KONWIKA-Studie umfassen die dort eingesetzten Messinstrumente für die Messung der Kompetenzentwicklung zum nachhaltigen Wirtschaften ein zu geringes Iteminventar. Deshalb wurden Items nach konzeptionellen Vorgaben der KONWIKA-Studie nachentwickelt und in einer parallelen Befragung zum ersten Messzeitpunkt an einer kleinen Stichprobe von Auszubildenden im dritten Ausbildungsjahr des Ausbildungsberufes Kaufmann/-frau für Spedition und Logistikdienstleistung (n = 52) pilotiert. Dabei wurden auch KONWIKA-Items eingesetzt, um eine gemeinsame Skalierung der KONWIKA-Daten mit den Pilotdaten zu ermöglichen und entsprechend alle Items auf einer gemeinsamen Skala abbilden zu können.

Durch die Kombination der Datensätze (Pilotstudie im dritten Ausbildungsjahr sowie die KONWIKA-Daten) konnten insgesamt 55 deklarative Wissensitems und 25 SJT-Items skaliert werden. Für den Längsschnitt dieser Studie werden zu jedem Messzeitpunkt 10 SJT-Items und 20 deklarative Wissensitems eingesetzt, bei denen jeweils 50 % der Items als Anker zwischen den Messzeitpunkten festgesetzt werden.[58] Dabei ist zu beachten, dass aufgrund der Berücksichtigung der Testheftkonzeptionen aus KONWIKA die Items für den ersten Messzeitpunkt weitestgehend festgelegt sind. Für die Konzeption der Testhefte der nachfolgenden Messzeitpunkte t2 und t3 sind entsprechend der zuvor dargestellten Itemumfänge pro Messzeitpunkt 10 zusätzliche der übrigen 15 SJT-Items sowie 20 weitere der übrigen 35 deklarativen Wissensitems auszuwählen und dem jeweiligen messzeitspezifischen Testheft zuzuordnen.

Der kombinierte Datensatz wurde in einem ersten Schritt getrennt nach den Testinstrumenten skaliert. Da die deklarativen Wissensitems dichotom codiert sind, wird das dichotome Rasch-Modell (vgl. Abschnitt 6.5.1) angewendet. Aufgrund des polytomen Scorings des SJTs erfolgt die Skalierung hierbei über das Partial-Credit-Modell (vgl. ebd.). In Bezug auf die Normierung dieser Skalierung wurden die Personenfähigkeiten für diese Itemanalyse auf null fixiert (ConQuest-Befehl: constraint = cases), um so für alle Items eine freie Itemparameterschätzung zu ermöglichen. Dem Anhang sind, aufgrund des Umfangs der

58 Dieser Itemumfang ist im Vergleich zu anderen Kompetenzstudien gering, jedoch stehen aufgrund der Befragung im dualen System der Berufsausbildung und den dort geringen Berufsschultagen nur geringe Zeitumfänge zur Verfügung. Zudem ist es ein primäres Ziel dieser Studie, die Leistungen sowie deren Entwicklungen erklären zu können. Zugehörige Erklärungshintergründe werden entsprechend der theoretischen Aspekte dieser Arbeit in den Kapiteln 1–5 als sehr heterogen angenommen und erfordern somit den Einsatz umfangreicher weiterer Skalen, die ebenfalls Testzeit beanspruchen. Auch der Testzugang ist im gewählten Ausbildungsgang hinsichtlich der potenziell erreichbaren Auszubildenden aufgrund geringer Ausbildungsanfängerzahlen schwerer als bei anderen Studien zur Kompetenzmessung im kaufmännischen Bereich, die sich beispielsweise auf Industriekaufleute (Winther, 2010; Winther & Achtenhagen, 2009; neu abgeschlossene Ausbildungsverträge 2013: 18.789) oder Bankkaufleute (Rosendahl & Straka, 2011 a & b, neu abgeschlossene Ausbildungsverträge 2013: 13.044) beziehen (Angaben zu den neu abgeschlossenen Ausbildungsverträgen: Statistisches Bundesamt. 2015, S. 46). Die Berücksichtigung eines Testheftdesigns konnte entsprechend nicht verfolgt werden. Daneben erfolgte diese Studie parallel zu dem BMBF-geförderten Projekt CoBALIT der ASCOT-Initiative (BMBF, 2014), in welchem ebenfalls Speditionskaufleute getestet wurden und welches den Testzugang zusätzlich erschwerte.

Tabellen, zwei Tabellen über die Iteminformationen der 55 deklarativen Wissensitems und der 25 SJT-Items angefügt (vgl. Anhang A).

Dieser hinsichtlich der Ausbildungsberufe heterogen entstandene Datensatz zum deklarativen Wissenstest ist nur eingeschränkt auswertbar, weshalb für die Generierung der messzeitpunktspezifischen Testhefte der Itemparameter als primäres Entscheidungskriterium verwendet wird. Der Datensatz zu dem SJT, der nur auf Daten von Speditionskaufleuten basiert, kann auch hinsichtlich der Item-Fit-Werte sowie der Trennschärfe betrachtet werden, die entsprechend gute Ergebnisse aufweisen.

Die ausgewählten Items, die in dieser Längsschnittstudie berücksichtigt werden, wurden anschließend erneut skaliert und die Iteminformationen mit Selektionsangabe auf die Testhefte sind im Anhang D dokumentiert. Dabei stellt die erste Itemzahl immer den zugehörigen Messzeitpunkt und die Zahl nach dem Punkt die Nummerierung im Datensatz dar. Ein A kennzeichnet ein Ankeritem. Diese Items sind in allen Testheften enthalten.[59,60]

## 6.8 Testdurchführung

Auszubildende aus 15 Klassen des Ausbildungsberufes Kaufmann/-frau für Spedition und Logistikdienstleistung erklärten sich bereit, an den Erhebungen teilzunehmen. Jeder Auszubildende wurde hierbei vor jeder Erhebung über die Freiwilligkeit der gemachten Angaben sowie deren Anonymität informiert und es wurde zudem verdeutlicht, dass eine Nichtteilnahme keine Nachteile mit sich bringen würde. Diese Aspekte waren auch wichtig, um möglichst ehrliche Angaben zu erhalten und einem sozial erwünschten Antwortverhalten entgegenzuwirken.

Die Befragungen erfolgten in Abhängigkeit der Schulausstattung papier- oder computergestützt. Für letzteres, die computergestützte Befragung, wurde der Fragebogen mittels des Computerprogramms UNIPARK (QuestBack GmbH, o. J.) in eine adäquate Onlineversion umgewandelt. Die Testleitungen übernahm

59 Diese Itemnummerierung entspricht auch der Anordnung der Items im Rahmen der bereits beschriebenen Analyse der Inter-Rater-Reliabilität der SJT-Items (vgl. Abschnitt 6.6.1.3), der folgenden Modellprüfungen, der längsschnittlichen Skalierungen (vgl. Kapitel 7 & Abschnitt 8.1) sowie der Items im Anhang K und L.

60 Bereits an dieser Stelle ist aufgrund der geringen Itemanzahl in den Leistungsskalen anzumerken, dass eine Bestimmung von Kompetenzniveaus nicht verfolgt werden kann. Dieser Punkt ist folglich als zusätzlichen Forschungsbedarf zu deklarieren und wird in der Diskussion im Abschnitt 9.3 noch einmal aufgegriffen.

überwiegend der Autor dieser Arbeit, der an der Entwicklung der Testinstrumente im Rahmen der KONWIKA-Studie (Seeber & Fischer, 2011) maßgeblich beteiligt war und das Testleitermanual zu den KONWIKA-Instrumenten mitkonzipierte. Bei beiden Wiederbefragungen unterstützten zudem zwei geschulte Testleiter die Erhebung, die jeweils eine Klassenbefragung übernahmen. Dieses Vorgehen war aus organisatorischen Gründen zu wählen, um den Längsschnitt in den beiden Klassen aufrechterhalten zu können. Alle Testleiter erhielten daneben ein Testleitermanual, welches die Testdurchführung ausführlich beschrieb.

Die Bruttotestzeit der Messzeitpunkte betrug 90 Minuten für t1, 60 Minuten für t2 und erneut 90 Minuten für t3. Zur Sicherstellung einer hohen Standardisierung wurde der Fragebogen in Testblöcke mit standardisierten Testzeiten untergliedert. Hierdurch erhielt jeder Auszubildende dieselbe Beantwortungszeit. Für jeden Messzeitpunkt wurden daneben einige Minuten für kurze Erholungspausen zwischen den Testteilen sowie einer Abschlussbesprechung für Rückmeldungen der getesteten Auszubildenden eingeplant. Die Strukturierung der Testabfolge und Testzeiten ist Tabelle 34 (vgl. S. 187) zu entnehmen.

Um eine anonyme Befragung sicherzustellen, welche neben datenschutzrechtlichen Argumenten auch für die Sicherstellung eines ehrlichen und vor allem für die Vermeidung sozial erwünschtem Antwortverhalten bedeutsam war, wurde für die Identifizierung der Fragebögen aus unterschiedlichen Messzeitpunkten ein Schülercode verwendet, der durch die Schüler vor jeder Befragung nach einem vorgegebenen Muster generiert werden musste.

*Tabelle 34: Ablauf der Befragungen zu den einzelnen Messzeitpunkten*

| MZP | | t1 | t2 | t3 |
|---|---|---|---|---|
| **Testblock 0** | | Instruktion | | |
| | Testzeit | 5 Minuten | | |
| **Testblock 1** | Instrumente | Personenbezogene Angaben & Interessens- und Motivationsskalen | | |
| | Testzeit | 5 Minuten | | |
| **Testblock 2:** | Instrumente | CFT-20-R | entfällt | |
| | Testzeit | 30 Minuten | entfällt | |
| **Testblock 3:** | Instrumente | SJT | | |
| | Testzeit | 20 Minuten | | |

| MZP | | t1 | t2 | t3 |
|---|---|---|---|---|
| **Test-block 4:** | Instru-mente | Deklarativer Wissenstest | | |
| | Testzeit | 15 Minuten | | |
| **Test-block 5:** | Instru-mente | Einstellungen, wahrgenommene Normen im privaten Handlungskontext, Thematisierung von Nachhaltigkeitsaspekten während der allgemeinbildenden Schule | Einstellungen, wahrgenommene Normen im privaten Handlungskontext, Wahrnehmung von Nachhaltigkeitsaspekten in unterschiedlichen Lerngelegenheiten | Einstellungen, subjektiv wahrgenommene Normen im privaten und betrieblichen Handlungskontext, wahrgenommene Verhaltenskontrolle im Betrieb, Wahrnehmung von Nachhaltigkeitsaspekten in unterschiedlichen Lerngelegenheiten |
| | Testzeit | 10 Minuten | 15 Minuten | 30 Minuten |
| **Gesamt** | Netto-testzeit | 85 Minuten | 60 Minuten | 80 Minuten |

## 6.9 Beschreibung der Stichprobe

Für die Analysen dieser Arbeit werden nur diejenigen Auszubildenden berücksichtigt, die an allen drei Messzeitpunkten teilgenommen haben und eindeutig über den Schülercode identifiziert werden konnten. Dieses Vorgehen ist vor allem bezüglich der nicht zu allen Messzeitpunkten eingesetzten gleichen Erklärungsskalen notwendig, um somit an späterer Stelle die Leistungs- sowie deren Entwicklungsvarianzen erklären zu können. Auf der anderen Seite entstehen stark messfehlerbehaftete Analysen, wenn ein unvollständiger Datensatz aufgrund nicht eindeutiger Personenidentifizierungen zu einzelnen Messzeitpunkten zur Analyse verwendet wird und für einzelne Missings die Personenmerkmale geschätzt bzw. imputiert werden sollen. Das Hauptproblem hierbei liegt in der Dateninkonsistenz des längsschnittlichen Datensatzes aufgrund der fehlerbehafteten Verlinkungen der messzeitpunktspezifischen Datensätze, bei der einzelne Testpersonen, im Falle mehrfacher Teilnahmen, aber unvollständiger Identifizierung, mehrfach im Datensatz (maximal in der Höhe der Anzahl an Messzeitpunkten) geführt werden würden.

Insgesamt konnten 206 Auszubildende identifiziert werden, die zu allen drei Messzeitpunkten an der Testung teilnahmen. Allerdings wurden 21 Fälle aus dem Datensatz nachträglich entfernt, deren Missings in einer der beiden

Leistungsskalen pro Messzeitpunkt über 50 % ausmachten. Der final zu analysierende Datensatz umfasst somit insgesamt 185 Auszubildende.

Informationen zu der messzeitpunktspezifischen Teilnahme sowie der Schnittmenge der Auszubildenden, die an allen Messzeitpunkten teilnahmen, ist der Tabelle 35 zu entnehmen.

*Tabelle 35: Übersicht über die messzeitpunktspezifischen Datensätze sowie der Schnittmenge*

| **Zeitpunkt** | **N** | **Geschlecht (weiblich)** | **Geburtsland (Deutschland)** | **Hochschulzugangsberechtigung** |
|---|---|---|---|---|
| t1 | 326 | 116 (35.6 %) | 286 (87.7 %)<br>2 Missings | 249 (76.4 %)<br>3 Missings |
| t2 | 302 | 105 (34.9 %) | ** | ** |
| t3 | 285 | 101 (31.0 %) | ** | ** |
| Längsschnittlicher Datensatz | 185 | 71 (38.4 %) | 169 (91.4 %) | 143 (77.3 %)<br>1 Missing |

Anmerkung: **keine Befragung zum jeweiligen Messzeitpunkt

Als erstes ist auffällig, dass zu den späteren Testzeitpunkten eine abnehmende Anzahl an Auszubildenden erreicht wurde, obwohl zu allen Messzeitpunkten dieselben Klassen befragt wurden. Wie im Abschnitt 5.1 bereits zitiert, lag die Vertragslösungsquote im gewählten Ausbildungsberuf in den Jahren 2010 bis 2013 zwischen 15.6 % und 17.3 % (BIBB, 2014). Ein Verbleib im Klassenkontext von Auszubilden mit gelöstem Vertrag ist nicht gänzlich unwahrscheinlich[61], dennoch erklärt diese Quote einen Anteil des reduzierten Datensatzes über den Zeitraum. Daneben muss auch bedacht werden, dass nicht zu jedem Messzeitpunkt alle Auszubildenden anwesend sein konnten und aus unterschiedlichen Gründen dem Unterricht fern blieben (vor allem im Krankheitsfall).

61 Die Vertragslösungsquote stimmt in ihrer Operationalisierung nicht vollständig mit einem Ausbildungsabbruch überein. Bei diesem Berechnungsverfahren wird der Verbleib der Auszubildenden nicht berücksichtigt. So kann der Fall eintreten, dass ein Auszubildender mit gelöstem Ausbildungsvertrag einen neuen Ausbildungsvertrag im selben Ausbildungsberuf sowie derselben Region in einer kurzen Zeit nach der Vertragslösung aufnimmt und dementsprechend im Klassenverbund verbleiben kann.

## 6.10 Dateneingabe und Auswertung

Für die computergestützte Erfassung der Daten wurde, wie an vorheriger Stelle bereits erwähnt (vgl. Abschnitt 6.8), der Service des Anbieters UNIPARK (Quest-Back GmbH, o. J.) verwendet. Papierbasierte Fragebögen wurden anschließend in den Unipark-Fragebogen überführt, indem jene in die Eingabemaske, die auch in den Klassen mit computergestützter Testung eingesetzt wurde, abgetippt wurden.

Die Auswertung erfolgt durch den Autor dieser Arbeit (mit Ausnahme der Mehrfachauswertungen einer kleinen Stichprobe im Rahmen der im Abschnitt 6.6.1.3 dargestellten Inter-Rater-Reliabilität). Dazu wurden das klassische Tabellenkalkulationsprogramm Excel 2010 von Microsoft sowie SPSS mit den Versionen 21–23 für die Datenaufbereitung verwendet. Die Skalierung erfolgt mittels des Programms ConQuest (in den Versionen 2 & 3: Wu, Adams, Wilson, & Haldane, 2007; Adams, Wu, Wilson, 2012) sowie zur Prüfung der Itemhomogenität mittels des Programmpakets eRm in R. Für die Strukturgleichungsanalysen wird das Programm Mplus 7 (Muthén & Muthén, 2012) verwendet.

# 7 Empirische Modellprüfung

Eine zentrale Bedingung von Studien, die auf eine Veränderungsdiagnostik abzielen, besteht in der Sicherstellung einer vergleichbaren Outcome-Variable über die Zeit. Dieses Ziel wird primär unter dem Aspekt der Konstruktvalidität diskutiert (von Davier, et al., 2008, S. 143), bei dessen Sicherstellung vor allem messinvarianzprüfende Testverfahren eingesetzt werden. Mit dem Ziel einer vergleichbaren Outcome-Variable über die Zeit werden als erstes die Leistungsskalen der einzelnen Messzeitpunkte einzeln mittels des einparametrischen dichotomen Rasch-Modells (für den deklarativen Wissenstest) sowie Partial-Credit-Modells (für den SJT) skaliert (vgl. Abschnitt 7.1). Dieses Vorgehen zielt primär auf die Identifikation von messfehlerbehafteten Items ab, zeigt aber auch erste Informationen zu den interessierenden Konstrukten auf. Aufgrund der Annahme der Gültigkeit des Rasch-Modells werden anschließend über Modellgeltungstests die Bedingungen des Rasch-Modells (vgl. Abschnitt 6.5.1) für die einzelnen Leistungsskalen und Messzeitpunkte geprüft (Abschnitt 7.2). Für die Prüfung der Messinvarianz bei der Diagnostik von Leistungsveränderungen haben sich für IRT-Modelle DIF-Analysen etabliert (vgl. Reise, Widaman, & Pugh, 1993), um eine Item-Parameter-Drift zu prüfen. Diese Analyse ist ein zentrales Ziel des Abschnitts 7.3. Darüber hinaus wird die Reliabilitätsprüfung der leistungsvarianzerklärenden Skalen im abschließenden Abschnitt 7.4 beschrieben sowie geprüft.

## 7.1 Messzeitpunktspezifische Skalierung der Leistungsskalen

Für eine reliable Messung der Kompetenzentwicklung werden in einem ersten Schritt alle Leistungsskalen zu jedem Messzeitpunkt einzeln skaliert. Dieses Vorgehen zielt auf die Identifizierung von messfehlerbehafteten Items ab und dient zeitgleich der Erzeugung von Ankerparameter für die längsschnittlich mehrdimensionale Skalierung der Daten (vertiefende Ausführungen im Abschnitt 8.1). Die Personenfähigkeiten wurden deshalb für die Itemanalyse je Erhebung und Fachleistungstests auf null fixiert (ConQuest-Befehl: constraint = cases), um so für jedes Item den Itemparameter frei schätzen zu können.

Über die Skalierungssoftware ConQuest können unterschiedliche Iteminformationen ermittelt werden. Drei Kennzahlen werden im Folgenden für die Auswahl der Items primär betrachtet. Der wMNSQ (weighted Mean Square) ist ein standardisierter (zwischen 0 und unendlich) und anerkannter Indikator zur lokalen Itemanalyse und prüft, ob ein Item das interessierende Konstrukt exakt misst. Für diesen Fall ergibt sich ein Wert von 1. Generell gilt: Je höher die Abweichung von 1 ist, desto höher ist die Wahrscheinlichkeit, dass das Item ein anderes Konstrukt misst. Werte größer 1 gelten als Unterfit und zeigen sich in der ICC in einem steileren Verlauf als ihn das Modell erwartet. Entgegengesetzt gelten Werte kleiner 1 als Überfit. Es existieren allerdings unterschiedliche Empfehlungen, ab wann ein Item eine zu hohe Abweichung zur perfekten Passung aufweist (vgl. Bond & Fox, 2007, S. 243). Für Multiple-Choice-Tests gilt ein wMNSQ zwischen 0.8 und 1.2, um ein Item als konstruktvalide anerkennen zu können. Teilweise wird dieses Spektrum auch auf das Kontinuum zwischen 0.7 und 1.3 ausgedehnt (ebd.). ConQuest gibt außerdem einen T-Wert mit aus. Hierüber wird die Abweichung von der perfekten Passung auf die Signifikanz geprüft. Dieser Wert sollte generell im Bereich zwischen -2.0 und 2.0[62] liegen (ebd., S. 43). Zur Itemselektion sollte darüber hinaus die Trennschärfe (Item-Total Cor.) eines Items betrachtet werden. Die Trennschärfe drückt aus, „wie gut ein Item zwischen verschiedenen Eigenschaftsausprägungen der Personen ‚trennt'" (Rost, 2004, S. 98). Liegt bei einem Item eine hohe Trennschärfe vor, so ermöglicht es dieses Item, zwischen Personen mit unterschiedlichen Eigenschaftsausprägungen zu unterscheiden. Items mit geringen Trennschärfen weisen diese Eigenschaft weniger auf. In dieser Arbeit wird angestrebt, Items zu berücksichtigen, die eine Trennschärfe von mindestens 0.2 aufweisen. Aus inhaltlichen Gründen werden auch Items mit geringerer, aber mindestens einer Trennschärfe größer 0.15 berücksichtigt.

Die Iteminformationen für den SJT können den Tabellen in Anhang E entnommen werden. Die Items des SJTs weisen insgesamt sowohl gute Fit-Werte als auch Trennschärfen auf. Aus diesem Grund werden alle Items bei den folgenden Skalierungen berücksichtigt.

Die Items des deklarativen Wissenstests, deren Iteminformationen ebenfalls in Anhang E dokumentiert sind, weisen überwiegend gute Fit-Werte und Trennschärfen auf. Einige wenige Items erfüllen jedoch nicht die Anforderungen einer reliablen Messung.[63] In Bezug auf die Ankeritems, Items die zu jedem Messzeitpunkt eingesetzt wurden, weist das Ankeritem 1 (Itemnummern: 1.1,

62 Der T-Wert sollte real unter 1.96 bzw. über -1.96 liegen, aber ConQuest rundet den T-Wert auf eine Nachkommastelle, weshalb 2.0 bzw. -2.0 als Cut-Off-Werte zu betrachten sind.

63 Kritische Itemeigenschaften werden in diesen Tabellen grau schattiert.

2.1, 3.1) zu allen Messzeitpunkten signifikante Modellabweichungen und zu t2 (Itemnummer 2.1) und t3 (Itemnummer 3.1) eine unzureichende Trennschärfe auf, weshalb diese drei Items im Rahmen der Folgeanalysen ausgeschlossen werden. Darüber hinaus fällt zum Messzeitpunkt t3 das Ankeritem 9 (Itemnummer 3.9) mit einer Trennschärfe von 0.19 auf, die folglich knapp unter dem Wert zum Itemausschluss liegt. Dieses Item wird dennoch weiterhin berücksichtigt, da die Modellverletzung als nicht bedeutsam anzusehen ist. Im Falle weiterer Modellverletzungen wird ein Ausschluss dieses Items an späterer Stelle erwogen.

Bei den messzeitpunktspezifischen Items werden die Items 1.11 (t1), 1.13 (t1) und 1.18 (t1) aufgrund der geringen Trennschärfe ausgeschlossen. Auffällig sind zudem die Items 2.14 und 3.16 mit einer Trennschärfe von 0.19, die ähnlich wie Item 3.9 nur knapp unter dem Wert für eine noch akzeptable Trennschärfe liegen. Diese Items werden im Rahmen der nachfolgenden Modellgeltungsprüfungen (vgl. Abschnitt 7.2) sowie im Rahmen der längsschnittlichen Skalierung der Leistungsdaten (vgl. Abschnitt 8.1) weiterhin beobachtet und im Falle von Modellverletzungen nachträglich ausgeschlossen.

## 7.2 Modellgeltungsprüfungen der angewendeten Rasch-Modelle

Im Folgenden steht die Prüfung der Rasch-Modelle, die für die Leistungsskalen angewendet werden, im Vordergrund. Die Prüfungen basieren auf den Gültigkeitsbedingungen des Rasch-Modells (vgl. Abschnitt 6.5.1). Im Einzelnen werden dazu als erstes die Itemhomogenität (Abschnitt 7.2.1) als Merkmal sowohl für die Eindimensionalität der Skalen sowie als erste Bedingung der spezifischen Objektivität untersucht und als zweites die Subgruppeninvarianz (Geschlecht und Migrationshintergrund) als Merkmal der spezifischen Objektivität sowohl global auf der Ebene der Testinstrumente (und hierbei auch ihrer messzeitpunktspezifischen Gültigkeit) als auch lokal auf Itemebene (Abschnitt 7.2.2).[64] Für die folgenden Modellprüfungen wird den Empfehlungen aus dem vorherigen Abschnitt 7.1

64 Eine Prüfung der lokalen stochastischen Unabhängigkeit erfolgt in dieser Arbeit nicht. Ein verbreiteter Test besteht zwar in dem t11-Test (Koller et al., 2012), allerdings findet dieser nur auf binäre Daten Anwendung. Die zentrale Skala der Handlungsintention, nachhaltig zu wirtschaften, kann aufgrund des polytomen Itemscorings somit nicht überprüft werden. Jedoch wurde bereits bei der Testentwicklung wie auch Testheftgestaltung darauf geachtet, sowohl keine identischen als auch aufeinander aufbauenden Items in den Test zu integrieren (vgl. Abschnitt 6.7).

gefolgt und es werden entsprechend im deklarativen Wissenstest die Items 1.1, 1.11, 1.13, 1.18, 2.1 und 3.1 ausgeschlossen.

### 7.2.1 Prüfung der Itemhomogenität

Für die Prüfung der Itemhomogenität wird auf den Martin-Löf-Test (vgl. Abschnitt 6.5.1) zurückgegriffen. Als Teilungskriterium wird der Median der Itemscores verwendet, welcher für den Martin-Löf-Test in eRm als Standard eingestellt ist. Wie im Abschnitt 6.5.1 beschrieben, zeigt ein signifikantes Ergebnis dieses Tests an, dass die Personenscores der Subskalen nicht eindimensional sind. Entsprechend kann von keiner Itemhomogenität ausgegangen werden, was auf unterschiedliche latente Konstrukte hinter den Subskalen schließen lässt (Koller et al., 2012, S. 94).

Die nachfolgenden Tabellen enthalten die Ergebnisse des Martin-Löf-Tests für die Leistungsskalen dieser Arbeit (SJT: Tabelle 36; Deklarativer Wissenstest: Tabelle 37). Hierbei wurde der Test für jeden Messzeitpunkt differenziert angewendet. Alle Signifikanzniveaus zeigen ein nicht signifikantes Ergebnis auf, weshalb von der Itemhomogenität ausgegangen wird.

*Tabelle 36: Messzeitpunktspezifische Ergebnisse des Martin-Löf-Tests für den SJT*

| | **MZP t1** | **MZP t2** | **MZP t3** |
|---|---|---|---|
| **Group 1:** | | | |
| Items | 1.1, 1.2, 1.3, 1.4, 1.5 | 2.1, 2.2, 2.6, 2.7, 2.8 | 3.1, 3.2, 3.4, 3.5, 3.7 |
| Log-Likelihood | -500.766 | -514.471 | -480.385 |
| **Group 2**: | | | |
| Items | 1.6, 1.7, 1.8, 1.9, 1.10 | 2.3, 2.4, 2.5, 2.9, 2.10 | 3.3, 3.6, 3.8, 3.9, 3.10 |
| Log-Likelihood | -450.32 | -510.493 | -406.98 |
| Overall Rasch-Model: | | | |
| Log-Likelihood | -1205.398 | -1276.358 | -1149.734 |
| LR-Value | 48.316 | 51.492 | 73.556 |
| Chi-square df: | 99 | 99 | 99 |
| p-value | 1 | 1 | .974 |

*Tabelle 37: Messzeitpunktspezifische Ergebnisse des Martin-Löf-Tests für den deklarativen Wissenstest*

| | **MZP t1** | **MZP t2** | **MZP t3** |
|---|---|---|---|
| **Group 1:** | | | |
| Items | 1.2, 1.3, 1.4, 1.5, 1.6, 1.8, 1.9, 1.10 | 2.2, 2.3, 2.5, 2.6, 2.10, 2.11, 2.15, 2.17, 2.18, 2.19 | 3.2, 3.5, 3.11, 3.12, 3.13, 3.15, 3.16, 3.17, 3.18, 3.20 |
| Log-Likelihood | -577.522 | -820.928 | -718.11 |
| **Group 2:** | | | |
| Items | 1.7, 1.12, 1.14, 1.15, 1.16, 1.17, 1.19, 1.20 | 2.4, 2.7, 2.8, 2.9, 2.12, 2.13, 2.14, 2.16, 2.20 | 3.3, 3.4, 3.6, 3.7, 3.8, 3.9, 3.10, 3.14, 3.19 |
| Log-Likelihood | -422.181 | -524.896 | -638.686 |
| Overall Rasch-Model: | | | |
| Log-Likelihood | -1209.998 | -1591.121 | -1603.194 |
| LR-Value | 66.673 | 73.331 | 72.103 |
| Chi-square df: | 63 | 89 | 89 |
| p-value | 0.352 | 0.885 | 0.904 |

### 7.2.2 DIF-Analysen zur Analyse der Testfairness

Zur Analyse der spezifischen Objektivität zielt dieser Abschnitt in Ergänzung zu dem Abschnitt 7.2.1, in dem die Items als itemhomogen beurteilt wurden, auf die Prüfung von Subgruppeninvarianzen mittels DIF-Analysen ab.

Die DIF-Analyse erfolgt, wie die Skalierung der einzelnen Messzeitpunkte, mittels des Computerprogramms ConQuest. Dazu wurde als Normierungsbedingung der Mittelwert aller Itemschwierigkeiten pro Messzeitpunkt auf null fixiert, was der Voreinstellung in ConQuest entspricht. Bei ConQuest erfolgt die Analyse von Subgruppeninvarianz sowohl auf globaler Ebene, für die Betrachtung über alle Items, als auch auf lokaler Itemebene. ConQuest gibt dazu den DIF-Parameter (auf Itemebene: Item-DIF Parameter) und den zugehörigen Standardfehler aus. Ein negativer DIF-Parameter auf globaler Ebene zeigt an, dass die Personen der zugehörigen Subgruppe schlechter abgeschnitten haben als die andere/n Subgruppe/n (Wu et al., 2007, S. 83). Zur Berechnung des absoluten Unterschieds zwischen zwei Subgruppen können dabei die DIF-Parameter beider Subgruppen betragsmäßig addiert werden.[65] Daneben ermöglicht die Ausgabe des Signifikanzniveaus die Bestimmung der Irrtumswahrscheinlichkeit, unter der auf eine Gültigkeit des Subgruppenunterschieds zwischen den interessierenden Gruppen geschlossen werden kann. Im Falle von mehr als zwei Subgruppen kann die Signifikanz der Abweichung einer Subgruppe von dem mittleren Personenscore über den Vergleich des DIF-Parameters im Verhältnis zum Standardfehler errechnet werden. Ein DIF-Parameter gilt als signifikant, wenn dieser mindestens doppelt so groß ist wie der zugehörige Standardfehler.

Auf Itemebene zeigt der DIF-Parameter allgemein die Abweichung zu der durchschnittlichen Itemschwierigkeit in Logit-Einheiten an. Indem beide Werte (Itemparameter und Item-DIF-Parameter) addiert werden, ergibt sich der Schwierigkeitsparameter für die entsprechende Subgruppe, um das Item mit der vorher festgelegten Wahrscheinlichkeit (meistens 50 %, vgl. Abschnitt 6.5.1) lösen zu können. Ein positiver Item-DIF-Parameter bedeutet demnach für die zu betrachtende Subgruppe eine höhere Itemschwierigkeit, wohingegen ein negativer Item-DIF-Parameter eine leichtere Itemschwierigkeit angibt (ebd., S. 82). Zur Einschätzung des DIF-Effekts sei auf die Empfehlungen der NEPS-Studie (Nationales Bildungspanel) verwiesen, bei der eine absolute Differenz zur durchschnittlichen Itemschwierigkeit zwischen größer 0.4 und kleiner 0.6 als schwacher, zwischen größer 0.6 und kleiner 1.0 als mittlerer und größer 1.0 als starker DIF betrachtet wird (Pohl & Carstensen, 2012, S. 12). Die Signifikanz des Subgruppenunterschieds kann lokal ebenfalls über den zuvor beschriebenen Vergleich von DIF-Parameter und Standardfehler errechnet werden, dessen Verhältnis mindestens 2 ergeben muss. Während die globalen Ergebnisse der DIF-Analyse in den nachfolgenden Abschnitten direkt als Tabellen in den Text integriert sind, können die DIF-Informationen auf Itemebene vollständig im Anhang F nachvollzogen werden. Im Anhang sind signifikante Item-DIF-Parameter grau schattiert.

Wenn in den nachfolgenden Analysen signifikante Subgruppenunterschiede diagnostiziert werden, steht dabei als erstes infrage, wie stark der Effekt ist und als zweites, wodurch der Subgruppenunterschied entstand. Eine inhaltliche Begründung ist beispielsweise notwendig, wenn sich sowohl auf globaler als auch auf lokaler (itemspezifischer) Ebene ein konsistenter Vorteil bzw. Nachteil für eine Subgruppe ergibt. Zeigt sich jedoch, dass ein globaler Effekt durch eine

65 Der absolute Subgruppenunterschied sollte allerdings nicht als realer Subgruppenunterschied interpretiert werden, da bei der Software ConQuest die Itemparameter so geschätzt werden, dass die Itemparameter aufsummiert null ergeben. Dieser Aspekt ist für die hier durchgeführten Analysen allerdings unbedeutend, da die Identifizierung messfehlerbehafteter Daten im Vordergrund steht.

itemspezifische Betrachtung der DIF-Parameter nicht bestätigt wird, indem die Item-DIF-Parameter inhomogene Effektrichtungen zueinander aufweisen und das Testinstrument somit Items mit unterschiedlichen Subgruppeneffektrichtungen beinhaltet, ist zunächst einmal von einer testbedingten Benachteiligung für eine Subgruppe auszugehen. Der globale Unterschied entsteht dann, wenn die itemspezifischen Itemparameterabweichungen im Test für eine Subgruppe überwiegen und nicht durch Itemparameterabweichungen zu Gunsten der anderen Gruppe ausgeglichen werden. Inhaltliche Interpretationen wären hierbei wiederum notwendig, wenn Gemeinsamkeiten der Items, die eine Bevorteilung für eine Subgruppe bewirken, exploriert werden können. Im Falle von einzelnen Items, die einen starken Subgruppenunterschied aufweisen, sollten diese besser ausgeschlossen werden, um auf der globalen Ebene insbesondere bei Strukturanalysen zu Entstehungs- und Erklärungszusammenhängen der Kompetenz keine Fehlinterpretationen zu induzieren.

Für die DIF-Analysen und damit die Bestimmung der Testfairness in Large-Scale-Assessments bestehen bis heute keine Standards, für welche Subgruppen ein Test gelten soll. Internationale Befunde zur Analyse von naturwissenschaftlichen Tests (Le, 2009, S. 124 f.) zeigen beispielsweise signifikante Geschlechterunterschiede bei unterschiedlichen Itemformaten, Testanforderungen sowie Inhalten auf. Interessant dabei ist vor allem das Itemformat: Während einige Studien einen Vorteil für männliche Testeilnehmer bei Multiple-Choice-Tests aufzeigen, fallen weiblichen Testteilnehmern stärker offen formulierte Items leichter (ebd.). Daneben sei auch auf den Befund aus der PISA-2006-Teilstudie „Green at Fifteen“ (OECD, 2009) hinzuweisen, der für Deutschland im Vergleich zu den anderen Staaten eine hohe Geschlechterdifferenz zu Gunsten der Jungen beim natur- und geowissenschaftlichen Umweltwissen aufzeigte (ebd., S. 86). Auch in der beruflichen Bildung sind Geschlechterunterschiede in Fachleistungstests seit längerem bekannt (vgl. Seeber, 2007a). Aufgrund der Verwendung eines Multiple-Choice-Formates für den deklarativen Wissenstest und stärker offen formulierter Items im SJT werden im Abschnitt 7.2.2.1 Geschlechterunterschiede differenzierter betrachtet.

Auch Diskriminierungen von Personen mit Migrationshintergrund sind in Leistungstests der Erziehungs- und Bildungswissenschaften seit langem bekannt (Walter, 2009). Hier ist zudem auf einen Befund der KONWIKA-Studie hinzuweisen, in der sich in Strukturgleichungsanalysen ein negativer Zusammenhang zwischen Auszubildenden, deren Muttersprache nicht nur Deutsch oder eine andere Sprache als Deutsch war, und den Leistungsskalen zeigt (Seeber & Michaelis, 2014). Das Hauptaugenmerk des Abschnitts 7.2.2.2 liegt deshalb auf der Analyse der Testfairness hinsichtlich eines Migrationshintergrundes.

Die Analysen zu dem Geschlecht und Migrationshintergrund sind notwendig, um bei den Strukturanalysen der Kompetenzentwicklung hinsichtlich von Entstehungs- und Erklärungszusammenhängen (vgl. Abschnitt 8.3) potenzielle Testverletzungen, die sich auch in Strukturgleichungsanalysen widerspiegeln können, nicht inhaltlich zu interpretieren. Im Falle geringer und mittlerer nicht inhaltlich begründbarer DIF-Effekte (unter Beachtung der NEPS-Empfehlungen) wird dieser Effekt für die späteren Strukturgleichungsanalysen der Kompetenzentwicklung folglich zur Kenntnis genommen und entsprechend auf eine inhaltliche Interpretation verzichtet. Im Falle starker DIF-Effekte, im Besonderen auf der Itemebene, ist ein Ausschluss entsprechender Items zu prüfen.

#### *7.2.1.1 Geschlechterdifferenzen in den Leistungsskalen*

Für den SJT ergibt sich kein signifikanter Unterschied zwischen männlichen und weiblichen Auszubildenden zu den einzelnen Messzeitpunkten (vgl. Tabelle 38). Allerdings zeigen die DIF-Parameter eine interessante gering auseinanderverlaufende Entwicklung zwischen den Geschlechtern auf. Während die Frauen zum Messzeitpunkt t1 noch 0.088 Logits weniger als die Männer erzielten, ergibt sich ab t2 der Befund geringfügig höherer Personenscores der Frauen in dem SJT.

Um zu prüfen, ob dieser globale Effekt (auch wenn dieser nur gering ausgeprägt und nicht signifikant ist) inhaltlich zu begründen oder auf eine geringfügige Verletzung der Rasch-Bedingungen zurückzuführen ist, werden in einem anschließenden Schritt die DIF-Analysen (vgl. Anhang F) auf Itemebene betrachtet. Hier zeigt sich ein inhomogenes Bild bezüglich der Schwierigkeitsvorteile für eine einzelne Geschlechtergruppe. Bei allen messzeitpunktspezifischen DIF-Analysen des SJTs bestehen bei den Items abwechselnd Vorteile für die Männer sowie für die Frauen. Allerdings fallen drei Items mit einem signifikanten Geschlechterunterschied auf. Unter Berücksichtigung der NEPS-Empfehlungen zur Beurteilung von Item-DIF-Parameter weisen die Items 2.2 (t2) und 3.8 (t3) einen mittleren und Item 2.7 (t2) einen starken Unterschied zwischen den Gruppen auf. Während Item 2.2 den Männern schwerer fällt, sind die Items 2.7 und 3.8 leichter für diese Subgruppe. Da das Item 2.2 das Ankeritem 2 darstellt, kann der Subgruppenunterschied über die Zeit betrachtet werden. Hierbei fällt auf, dass sich der Vorteil für die Frauen auch zu den Messzeitpunkten t1 (Itemnummer 1.2) und t3 (Itemnummer 3.2) zeigt, aber unter Beachtung der absoluten Differenz geringfügiger und nicht signifikant ist. Der starke Unterschiedseffekt in dem messzeitpunktspezifischen Item 2.7 könnte inhaltlich zu begründen sein, da sich dieses Item mit Schadstoffklassen von Kleintransportern befasst. Allerdings wird dieses Item nicht ausgeschlossen, da besonders der Aspekt des effizienten und schadstoffarmen Transportes von Waren als ein Themenschwerpunkt der grünen Logistik zu betrachten ist (vgl. Abschnitt 5.3). Item 3.8 zielt auf kreative Ideen ab, den Erdöl-Bestand in Verpackungen zu reduzieren. Die technische/chemische Verbindung zu dem Erdölbegriff des Items könnte den Geschlechterunterschied erklären, jedoch wird dieses Item aufgrund eines nur mittleren Geschlechterunterschieds zu Gunsten der Männer und des hierdurch erzielten Ausgleiches für diese Subgruppe nicht ausgeschlossen.

*Tabelle 38: Globale DIF-Analyse zur Identifikation der Subgruppeninvarianz zwischen den Geschlechtern im SJT*

| **MZP** | **t1** | | **t2** | | **t3** | |
|---|---|---|---|---|---|---|
| | **Estimate** | **Error** | **Estimate** | **Error** | **Estimate** | **Error** |
| Weiblich | -0.044 | 0.064 | 0.052 | 0.049 | 0.111 | 0.106 |
| Männlich | 0.044* | 0.064 | -0.052* | 0.049 | -0.111* | 0.106 |
| Chi-square test of parameter equality | 0.47 | | 1.14 | | 1.10 | |
| df | 1 | | 1 | | 1 | |
| Sig. Level | 0.494 | | 0.286 | | 0.295 | |

Im deklarativen Wissenstest hingegen erzielen männliche Auszubildende zu den Messzeitpunkten t1 (allerdings nur schwach signifikant) und t3 signifikant höhere Leistungen als weibliche Auszubildende (vgl. Tabelle 39). Zu t2 sind die Personenscores von Männern und Frauen weitestgehend ausgeglichen. Die absoluten Differenzen mit 0.266 Logits zu t1 und 0.436 Logits zu t3 sind jedoch als gering zu bewerten. Die über die Zeit nicht konstanten Leistungsunterschiede zwischen den Geschlechtern erschweren erneut die Interpretation dieses Ergebnisses. Es ist an dieser Stelle noch nicht auszuschließen, dass die Leistungsunterschiede im deklarativen Wissenstest durch das Itemformat begünstigt werden (Le, 2009, S. 124). Deshalb werden die Ergebnisse auf der Itemebene differenzierter betrachtet.

Signifikante Subgruppenunterschiede zwischen den Geschlechtern können für einzelne Items nur für den Messzeitpunkt t3 diagnostiziert werden (vgl. Anhang F). Hier weisen sogar 6 der 19 Items einen signifikanten Geschlechterunterschied auf, aber erneut inhomogen auf die Subgruppen verteilt. Es bestehen ein starker DIF bei den Items 3.9 und 3.16, ein mittlerer DIF bei dem Item 3.7 sowie ein leichter DIF bei den Items 3.2, 3.6 und 3.14. In Bezug auf die Effektrichtung zeigt sich eine Schwierigkeitserhöhung des Itemparameters für männliche Auszubildende bei den Items 3.2, 3.6 und 3.9. Entsprechend sind die Items

3.7, 3.14 und 3.16 schwerer für weibliche Auszubildende. Unter den sechs Items mit einem signifikanten Item-DIF-Parameter befinden sich bereits 4 Ankeritems (3.2, 3.6, 3.7 & 3.9), bei denen zwar der signifikante Effekt zu vorherigen Messzeitpunkten, nicht aber die Effektrichtung bei den Items 3.6 (Itemnummer 1.6 in t1 und 2.6 in t2), 3.7 (Itemnummer 1.7 in t1 und 2.7 in t2) und 3.9 (Itemnummer 1.9 in t1 und 2.9 in t2) beobachtet wurde.

Die itemspezifische Betrachtung für den deklarativen Wissenstest verdeutlicht erneut, dass der Subgruppenunterschied weniger eine inhaltliche Komponente darstellt, als stärker in einer geringfügigen Testverletzung zu sehen ist, da die itemspezifischen Subgruppenunterschiede sich nur eingeschränkt gegenseitig aufheben. Für die längsschnittliche Skalierung werden die Items mit einem starken DIF-Effekt zwischen den Geschlechtern aber ausgeschlossen. Dies betrifft die Items 3.9 und 3.16, wobei diese beiden Items bereits in dem Abschnitt der messzeitpunkspezifischen Skalierung aufgrund einer Trennschärfe von nur 0.19 auffällig waren.

*Tabelle 39: Globale DIF-Analyse zur Identifikation der Subgruppeninvarianz zwischen den Geschlechtern im deklarativen Wissenstest*

| **MZP** | **t1** | | **t2** | | **t3** | |
|---|---|---|---|---|---|---|
| | **Estimate** | **Error** | **Estimate** | **Error** | **Estimate** | **Error** |
| Weiblich | -0.133 | 0.079 | -0.013 | 0.063 | -0.218 | 0.039 |
| Männlich | 0.133* | 0.079 | 0.013* | 0.063 | 0.218* | 0.039 |
| Chi-square test of parameter equality | 2.86 | | 0.04 | | 31.59 | |
| Df | 1 | | 1 | | 1 | |
| Sig. Level | 0.091 | | 0.833 | | 0.000 | |

### *7.2.2.2 Differenzen in den Leistungsskalen durch einen Migrationshintergrund*

Für Subgruppenunterschiede zum Migrationshintergrund werden in den Large-Scale-Assessments unterschiedliche Stufen betrachtet, bei denen danach unterschieden wird, ob die Testperson im Ausland geboren wurde (erste Generation) oder deren Eltern bzw. einzelne Elternteile (zweite Generation) (siehe beispielsweise die PISA-Operationalisierung bei Walter, 2009, S. 152).

Fragen über Dritte, was in diesem Fall für einen Migrationshintergrund der zweiten Generation gelten würde, bedürfen jedoch der Zustimmung der Eltern oder deren direkter Befragung. Ein entsprechendes Vorgehen wurde aufwandsbedingt und unter der Annahme einer unvollständigen Elternzustimmung bzw. Rücklaufquote der Elternfragebögen, was sich in einem noch reduzierteren Datensatz widerspiegeln würde, abgelehnt. Allerdings wurde in den Fragebögen bei 13 der 15 Klassen nach dem Migrationshintergrund erster Generation gefragt, aber nur in der modifizierten Form, ob der Auszubildende in Deutschland oder im Ausland geboren wurde. Eine Differenzierung nach Ländern erfolgte nicht, da die Anonymität der Daten nicht mehr sicherzustellen gewesen wäre. Insgesamt umfasst dieser auf 13 Klassen bezogene Datensatz noch 175 Fälle, von denen 16 Auszubildende im Ausland geboren wurden. Eine DIF-Analyse ist für dieses Personenverhältnis (159 zu 16) nicht möglich, da die Subgruppe der Personen mit einem Migrationshintergrund der ersten Generation zu klein ist. Alternativ wird auf die Variable der Muttersprache zurückgegriffen, die als ein Indikator für den Migrationshintergrund indirekt unterschiedliche Stufen der Migration berücksichtigt und deshalb eine größere Subgruppe ermöglicht. Hierbei erfolgt die DIF-Analyse mittels der zwei Subgruppen „Muttersprache Deutsch" sowie „Muttersprache Deutsch und eine andere oder eine andere Muttersprache als Deutsch"[66]. Die Stichprobenverteilung ist zwar weiterhin unausgeglichen, aber in dem Datensatz konnten von den 175 Auszubildenden 36 Fälle identifiziert werden, die nach dieser Operationalisierung einen Migrationshintergrund aufweisen. Generell sollten für DIF-Analysen aufgrund der separaten Skalierung für die Subgruppen große Datensätze vorliegen. Deshalb werden die nachfolgenden Ergebnisse vorsichtig unter Beachtung einer nur geringen Generalisierbarkeit interpretiert. Die Ergebnisse des globalen DIF-Tests werden für den SJT in Tabelle 40 und den deklarativen Wissenstest in Tabelle 41 dargestellt. Die vertiefenden Itemanalysen sind dem Anhang F zugefügt.

Die globalen Ergebnisse zeigen einen hoch signifikanten Subgruppenunterschied für den SJT zum Messzeitpunkt t1 und t2. Hierbei zeigt sich ein Vorteil für Auszubildende, deren Muttersprache Deutsch ist. Allerdings liegen mit einer absoluten Differenz in Höhe von 0.296 Logits zum Messzeitpunkt t1 sowie 0.332 Logits zu t2 nur geringe Subgruppenunterschiede vor. Begründungen für dieses Ergebnis können an erster Stelle auf das Testformat zurückgeführt werden, da dieses schriftlich und in deutscher Sprache erfolgte. Gerade bei dem SJT mit dem offenen Itemformat kann diese Diskriminierung durch die Sprachproduktion verschärft werden und könnte eine Erklärung für die hochsignifikanten Unterschiede zu den ersten beiden Messzeitpunkten darstellen.

66 Hierbei wurden Personen zusammengefasst die angaben, Deutsch und eine andere Muttersprache bzw. nur eine andere Muttersprache als Muttersprache zu sprechen.

Auf Itemebene bestehen für den SJT lediglich zwei Items mit einem signifikanten Subgruppenunterschied. Als erstes ist auf einen mittleren signifikanten Unterschied zwischen den Subgruppen bei Item 1.3 (t1) hinzuweisen. Auszubildenden mit deutscher Muttersprache fällt die Lösung dieses Items um 0.684 Logits (mittlerer Effekt) leichter und entspricht hinsichtlich der Effektrichtung dem globalen Ergebnis. Dieses Item stellt ein Ankeritem dar und wurde entsprechend auch zu den Messzeitpunkten t2 (Itemnummer 2.3) sowie t3 (Itemnummer 3.3) getestet. Hierbei ergibt sich für t2 eine Abschwächung des Diskriminierungseffekts und zu t3 zeigt sich ein fast ausgeglichener Itemparametermittelwertsunterschied, der sogar einen geringen Vorteil zu Gunsten der Auszubildenden mit einem Migrationshintergrund aufweiset. Daneben weist Item 1.7 (t1) einen signifikanten Vorteil für Personen mit einem Migrationshintergrund auf, der jedoch hinsichtlich des absoluten Subgruppenunterschieds (0.352 Logits) nicht einmal als schwach einzustufen ist. Die übrigen Item-DIF-Parameter zeigen stärker ausgeglichene Itemparametermittelwertsunterschiede und variierende Effektrichtungen für beide Subgruppen auf, weshalb eine Testdiskriminierung von Auszubildenden mit einem Migrationshintergrund bei dieser Betrachtung abzulehnen ist.

*Tabelle 40: Globale DIF-Analyse zur Identifikation der Subgruppeninvarianz zwischen Auszubildenden, deren Muttersprache Deutsch und Auszubildenden deren Muttersprache Deutsch und eine andere oder eine andere Muttersprache als Deutsch ist im SJT*

| **MZP** | **t1** | | **t2** | | **t3** | |
|---|---|---|---|---|---|---|
| | **Estimate** | **Error** | **Estimate** | **Error** | **Estimate** | **Error** |
| Muttersprache Deutsch und eine andere oder eine andere Muttersprache als Deutsch | -0.148 | 0.036 | -0.166 | 0.043 | 0.106 | 0.080 |
| Muttersprache Deutsch | 0.148 | 0.036 | 0.166* | 0.043 | -0.106* | 0.080 |
| Chi-square test of parameter equality | 16.97 | | 14.67 | | 1.78 | |
| df | 1 | | 1 | | 1 | |
| Signifikanzlevel | 0.000 | | 0.000 | | 0.182 | |

Für den deklarativen Wissenstest besteht global ein Subgruppenunterschied zu dem Messzeitpunkt t3, der aber mit einer Irrtumswahrscheinlichkeit in Höhe von 1.6 % nur schwach signifikant und zudem mit einer absoluten Differenz zwischen den Subgruppen in Höhe von 0.190 Logits als gering zu bewerten ist. Darüber hinaus ist im Vergleich zu der absoluten Differenz zwischen den Subgruppen zum

Messzeitpunkt t1 in Höhe von 0.454 Logits herauszustellen, dass sogar eine deutliche Abschwächung des Diskriminierungseffekts über die Zeit zu beobachten ist.

Für insgesamt sechs Items des deklarativen Wissenstests besteht ein signifikanter Item-DIF-Parameter. Dabei zeigen die Effektrichtungen aber eine inhomogene Subgruppenbenachteiligung auf. Bei den Items 2.9 (t2) und 3.5 (t3) besteht ein mittlerer und bei dem Item 3.8 (t3) ein starker DIF zu Gunsten der Auszubildenden, deren Muttersprache Deutsch und eine andere oder eine andere Muttersprache als Deutsch ist. Die Items 2.7 (t2) und 3.19 (t3) sind hingegen mit einer mittleren absoluten Differenz leichter für die Auszubildende, deren Muttersprache Deutsch ist. Die Items 2.7, 2.9, 3.5 und 3.8 stellen allerdings Ankeritems dar und wurden folglich auch zu den anderen zwei Messzeitpunkten getestet, wobei zu t1 der Itemzwilling für das Item 3.8 (Itemnummer 1.8 in t1) bereits ausgeschlossen wurde (vgl. Abschnitt 7.1). Hierbei bestätigen sich die Vorteile der jeweiligen Subgruppe zu den anderen Messzeitpunkten mit einer Ausnahme zu t1 für den Itemzwilling zu Item 2.9 (Item 1.9 in t1), bei dem ein sehr geringer und nicht signifikanter Vorteil für Auszubildende mit einem Migrationshintergrund besteht.

Hinsichtlich dieser Ergebnisse ist auch für den deklarativen Wissenstest von keiner bedeutsamen Benachteiligung bezüglich eines Migrationshintergrundes auszugehen.

*Tabelle 41: Globale DIF-Analyse zur Identifikation der Subgruppeninvarianz zwischen Auszubildenden, deren Muttersprache Deutsch und Auszubildenden deren Muttersprache Deutsch und eine andere oder eine andere Muttersprache als Deutsch ist im deklarativen Wissenstest*

| **MZP** | **t1** | | **t2** | | **t3** | |
|---|---|---|---|---|---|---|
| | **Estimate** | **Error** | **Estimate** | **Error** | **Estimate** | **Error** |
| Muttersprache Deutsch und eine andere oder eine andere Muttersprache als Deutsch | -0.227 | 0.162 | -0.107 | 0.160 | -0.095 | 0.040 |
| Muttersprache Deutsch | 0.227* | 0.162 | 0.107* | 0.160 | 0.095* | 0.040 |
| Chi-square test of parameter equality | 1.96 | | 0.45 | | 5.75 | |
| df | 1 | | 1 | | 1 | |
| Signifikanzlevel | 0.161 | | 0.503 | | 0.016 | |

## 7.3 Analyse der Item-Parameter-Drift der Ankeritems

In vielen Studien zur Messung von Kompetenzentwicklungen werden die Itemparameter von Ankeritems über die Zeit konstant gehalten, um so zwischen den Testheften zu den messzeitspezifischen Testzeitpunkten die Scores vergleichen zu können (Annahme der Zeitinvarianz). Begründet wird dieses Vorgehen damit, dass zu allen Messzeitpunkten dasselbe Konstrukt gemessen werden soll. Jedoch zeigen unterschiedliche Befunde auf, dass sich Itemparameter über die Zeit verändern können. Über lange Zeiträume (Jahrzehnte) ist beispielsweise auf den Flynn-Effekt im Rahmen der Intelligenzmessung zu verweisen, der zunehmende Leistungswerte in der Bevölkerung aufzeigt. Begründungen hierfür sind vielfältig, aber auch nicht unabhängig von gesellschaftlichen Entwicklungen und auch verbesserten Bildungssystemen innerhalb der vergangenen Jahrzehnte bzw. des letzten Jahrhunderts (Flynn, 2013). In Studien zur Messung von Kompetenzentwicklungen, die zumeist einen kürzeren Zeitraum beobachten und stärker auf die Erklärung des Outputs/Outcomes von Bildung und Ausbildung als von gesellschaftlichen Entwicklungen abzielen, werden entsprechende Veränderungen der Itemparameter an erster Stelle auf Lernprozesse zurückgeführt, wie es Klotz (2014) beispielsweise für die kaufmännische Domäne aufzeigt. Werden aber entsprechende Itemparameter über die Zeit konstant gehalten, sollten einzelne Items keine signifikant unterschiedliche Veränderung des Itemparameters (im Vergleich zu den übrigen Ankeritems) aufweisen. Ansonsten könnten nicht akzeptable Item-Fit-Werte im Rahmen der längsschnittlich itemparameterfixierten Skalierung entstehen. Die Veränderung von Itemparameter zu unterschiedlichen Zeitpunkten wird, wie im Abschnitt 6.5.1 bereits beschrieben, im Folgenden als Item-Parameter-Drift bezeichnet.

Zur Ermittlung der Item-Parameter-Drift kann, wie in Abschnitt 7.2.2 bei der Analyse von Subgruppenunterschieden zum Geschlecht sowie zum Migrationshintergrund, auf DIF-Analysen zurückgegriffen werden. Für die Differenzierung nach Subgruppen wird der Datensatz mittels der Generierung virtueller Personen (vgl. Abschnitt 6.5.1) umstrukturiert, weshalb insgesamt drei Subgruppen aufgrund der drei Messzeitpunkte entstehen. Als erstes werden dazu im Folgenden die Ankeritems des SJTs (Abschnitt 7.3.1) sowie anschließend die Ankeritems des deklarativen Wissenstest (Abschnitt 7.3.2) analysiert.

### 7.3.1 Item-Parameter-Drift im SJT

Die Ergebnisse der DIF-Analyse mittels des Programms ConQuest zur Analyse der Item-Parameter-Drift für den SJT wird für den globalen Test in Tabelle 42 und für die lokale itemspezifische Analyse in Tabelle 43 (beides auf S. 204) dargestellt. Items mit einer signifikanten Item-Parameter-Drift werden grau schattiert.

Der globale Test zur Item-Paramater-Drift zeigt eine vergleichbare Schwierigkeit des SJTs über die Messzeitpunkte auf, was sich auch in einem global nicht signifikanten Ergebnis widerspiegelt. Itemspezifische Betrachtungen (Tabelle 43) deuten aber auf einen signifikanten Subgruppenunterschied bei den Items A1 und A4 zum Messzeitpunkt t1 im Vergleich zu t2 und t3 hin. Beide Items zeigen eine nicht eindeutig progressiv zu erwartende Entwicklung hinsichtlich der Itemschwierigkeit auf. Mit Blick auf die Itemparameter ist herauszustellen, dass Item A1, welches das papierlose Büro thematisiert, für die Auszubildenden zum Messzeitpunkt t1 schwerer zu beantworten war als zu t2 und t3. Item A4, welches sich auf die Entsorgung von Elektrogeräten im Betrieb bezieht, weist zu t2 einen höheren Schwierigkeitsgrad auf und ist zu t3 wieder etwas leichter, die Beantwortung dieses Items fällt den Auszubildenden allerdings nicht mehr so leicht wie noch zu t1. Gründe hierfür können vielschichtig sein und sollten aufgrund der Itemkonstruktion, die auch affektiv-motivationale bzw. normorientierte Entscheidungshintergründe im Testverhalten begünstigt, nicht nur kognitiv (vor allem hinsichtlich von Vergessens- oder Interferenzeffekten) erklärt werden. Ein weniger umfangreicher, aber vergleichbarer Effekt zeigt sich in den Strukturanalysen der KONWIKA-Ergebnisse zum betrieblichen SJT, indem die Erklärung der Leistungsvarianzen neben kognitiven Aspekten (im Besonderen das deklarative Wissen über Nachhaltigkeit und nachhaltiges Wirtschaften) auch affektiv (über die Einstellung, dass Unternehmen mehr Verantwortung für ein nachhaltiges Wirtschaften übernehmen sollen) mit vergleichbaren Effektstärken zu begründen ist (Seeber & Michaelis, 2014). Mit Veränderungen von Einstellungen während der Ausbildung können sich entsprechend die Handlungsintention sowie zugehörige -begründungen verändern und unter Berücksichtigung des Scorings unterschiedliche Ergebnisse bewirken. Allerdings ist der Subgruppenunterschied in Bezug auf die absoluten Abweichungen zu den anderen Messzeitpunkten (absolute Abweichung zwischen t1 und t2: 0.316 Logits für Item 1, 0.283 Logits für Item 4; absolute Abweichung zwischen t1 und t3: 0.176 Logits für Item 1, 0.236 Logits für Item 4) unter Berücksichtigung der DIF-Beurteilungsempfehlungen des NEPS (Pohl & Carstensen, 2012; vgl. Abschnitt 7.2.2) nicht einmal als schwach zu bewerten.

*Tabelle 42: Globale DIF-Analyse zur Identifikation der Item-Parameter-Drift zwischen den Messzeitpunkten (MZP) im SJT*

| MZP | Estimate | Error |
|---|---|---|
| t1 | -0.081 | 0.053 |
| t2 | 0.047 | 0.054 |
| t3 | -0.035* | 0.054 |

Anmerkungen: Separation Reliability = 0.653; Chi-square test of parameter equality = 3.10; df = 2; Sig. Level = 0.212

*Tabelle 43: DIF-Analyse zur Identifikation von Items im SJT, die eine Item-Parameter-Drift zwischen den Messzeitpunkten (MZP) aufweisen*

| Item | MZP | Estimate | Error |
|---|---|---|---|
| 1.1 (A1) | t1 | 0.164 | 0.077 |
| 1.2 (A2) | t1 | -0.035 | 0.104 |
| 1.3 (A3) | t1 | -0.038 | 0.088 |
| 1.4 (A4) | t1 | -0.173 | 0.077 |
| 1.5 (A5) | t1 | 0.082* | 0.076 |
| 2.1 (A1) | t2 | -0.152 | 0.081 |
| 2.2 (A2) | t2 | 0.063 | 0.105 |
| 2.3 (A3) | t2 | 0.004 | 0.086 |
| 2.4 (A4) | t2 | 0.110 | 0.081 |
| 2.5 (A5) | t2 | -0.026* | 0.076 |
| 3.1 (A1) | t3 | -0.012* | 0.079 |
| 3.2 (A2) | t3 | -0.028* | 0.106 |
| 3.3 (A3) | t3 | 0.033* | 0.089 |
| 3.4 (A4) | t3 | 0.063* | 0.080 |
| 3.5 (A5) | t3 | -0.056* | 0.074 |

Anmerkungen: Separation Reliability = 0.450; Chi-square test of parameter equality = 15.67; df = 8; Sig. Level = 0.047

### 7.3.2 Item-Parameter-Drift im deklarativen Wissenstest

Für die Berechnung der Item-Parameter-Drift der Ankeritems des deklarativen Wissenstests wurde entsprechend der Empfehlungen des vorherigen Abschnitts 7.1 das Ankeritem 1 aus den Analysen ausgeschlossen. Die Ergebnisse der DIF-Analyse sind auf der globalen Ebene in der Tabelle 44 sowie auf der lokalen (itemspezifischen) Ebene in Tabelle 45 dargestellt. Auch bei den folgenden statistischen Auszügen werden Items mit einer signifikanten Item-Parameter-Drift grau schattiert.

Die Ankeritems des deklarativen Wissenstests weisen entgegen der Ergebnisse des SJTs einen global signifikanten Subgruppenunterschied auf und zeigen einen deutlichen Schwierigkeitsverlust im Studienverlauf. Dieser Verlust zeigt sich am stärksten zwischen den Messzeitpunkten t1 und t2. Entsprechend der curricularen Analyse (vgl. Abschnitt 5.3) sind Nachhaltigkeitsthemen und -bezugspunkte vermehrt auf das erste Ausbildungsjahr zurückzuführen. Entsprechende Itemparameterentwicklungen zwischen den Messzeitpunkten deuten folglich primär auf curricular intendierte Lernprozesse hin.

Auch auf Itemebene fallen drei der zehn Ankeritems mit einer signifikanten Item-Parameter-Drift auf. Hierbei handelt es sich um die Items A7, A8 und A10 zu den Messzeitpunkten t1 und t3. Während die Ankeritems 8 und 10 über die Zeit leichter werden und sich folglich entsprechend der globalen Tendenz eines abnehmenden Schwierigkeitsgrads entwickeln, zeigt der Itemparameter von Item A7 einen deutlichen Schwierigkeitszuwachs auf. Item A8 und A10 beinhalten mit dem EU-Bio-Siegel bzw. der Rücknahmepflicht von Verpackungen Aspekte, die den Auszubildenden auch aus dem Alltag zunehmend bekannt sein können. Im Falle von Item A10 bestehen hinsichtlich des Inhalts aber auch Bezugspunkte zu dem Themenfeld der Entsorgungslogistik, einem curricular stärker relevanten Thema. Item A7 fragt hingegen nach einem Beispiel für ein nachhaltiges Wirtschaften, bei dem vier unterschiedliche betriebliche Initiativen/Strategien als Lösungsoptionen aufgeführt werden. Aufgrund der betrieblichen Einbettung (allerdings wesentlich abstrakter als bei den SJT-Items) mit dem Ziel, die Definition eines nachhaltigen Wirtschaftens anhand von vorgegebenen Beispielen zu prüfen, könnte wegen betrieblicher Erfahrungen und der damit zusammenhängenden Erkenntnis und/oder Wahrnehmung betrieblicher Normen zu betrieblichen Handlungsmöglichkeiten oder auch -barrieren zur Unterstützung eines nachhaltigen Wirtschaftens bei einigen Auszubildenden ein Conceptual Change zum Verständnis eines nachhaltigen Wirtschaftens entstanden sein. Auf der anderen Seite können ausbildungsbedingte Lernprozesse auch einen Interferenzeffekt bewirken, durch den alte Assoziationen vergessen wurden (vgl. Anderson, 2013, S. 143).

*Tabelle 44: Globale DIF-Analyse zur Identifikation der Item-Parameter-Drift zwischen den Messzeitpunkten (MZP) im deklarativen Wissenstest*

| **MZP** | **Estimate** | **Error** |
|---|---|---|
| t1 | -0.304 | 0.058 |
| t2 | 0.127 | 0.058 |
| t3 | 0.177* | 0.058 |

Anmerkungen: Separation Reliability = 0.964; Chi-square test of parameter equality = 32.22; df = 2; Sig. Level = 0.000

*Tabelle 45: DIF-Analyse zur Identifikation von Items im deklarativen Wissenstest, die eine Item-Parameter-Drift zwischen den Messzeitpunkten (MZP) aufweisen*

| Item | MZP | Estimate | Error |
|---|---|---|---|
| 1.2 (A2) | t1 | -0.107 | 0.134 |
| 1.3 (A3) | t1 | -0.131 | 0.122 |
| 1.4 (A4) | t1 | -0.022 | 0.136 |
| 1.5 (A5) | t1 | -0.258 | 0.143 |
| 1.6 (A6) | t1 | -0.084 | 0.120 |
| 1.7 (A7) | t1 | -0.367 | 0.133 |
| 1.8 (A8) | t1 | 0.817 | 0.127 |
| 1.9 (A9) | t1 | -0.186 | 0.122 |
| 1.10 (A10) | t1 | 0.339* | 0.123 |
| 2.2 (A2) | t2 | -0.088 | 0.129 |
| 2.3 (A3) | t2 | 0.081 | 0.123 |
| 2.4 (A4) | t2 | -0.151 | 0.145 |
| 2.5 (A5) | t2 | 0.167 | 0.143 |
| 2.6 (A6) | t2 | 0.066 | 0.120 |
| 2.7 (A7) | t2 | -0.056 | 0.135 |
| 2.8 (A8) | t2 | -0.085 | 0.130 |
| 2.9 (A9) | t2 | -0.030 | 0.124 |
| 2.10 (A10) | t2 | -0.095* | 0.121 |
| 3.2 (A2) | t3 | 0.195* | 0.132 |
| 3.3 (A3) | t3 | 0.050* | 0.123 |
| 3.4 (A4) | t3 | 0.173* | 0.140 |
| 3.5 (A5) | t3 | 0.091* | 0.141 |
| 3.6 (A6) | t3 | 0.018* | 0.120 |
| 3.7 (A7) | t3 | 0.423* | 0.130 |
| 3.8 (A8) | t3 | -0.733* | 0.139 |
| 3.9 (A9) | t3 | 0.217* | 0.123 |
| 3.10 (A10) | t3 | -0.333* | 0.123 |

Anmerkungen: Separation Reliability = 0.747; Chi-square test of parameter equality = 61.44; df = 16; Sig. Level = 0.000

## 7.4 Reliabilitätsanalysen der leistungsvarianzerklärenden Skalen

Für die Reliabilitätsanalysen der übernommenen und zum Teil adaptierten KONWIKA-Skalen sowie der Skaleneigenentwicklungen wird die Messgenauigkeit über klassische Analysen (vor allem auf der Grundlage des Cronbachs Alpha als Indikator für interne Konsistenz) sowie konfirmatorische Analysen durchgeführt. Konfirmatorische Analysen gelten als Spezialfall von Strukturgleichungsmodellen, weshalb die Güte eines Konstruktes über dieselben Modellindices wie für Strukturgleichungsmodelle geprüft werden kann. Hierfür ist es jedoch notwendig, dass das Konstrukt mindestens drei Items umfasst, da es ansonsten bei einer konfirmatorischen Analyse erster Ordnung als identifiziert gilt und nur eine Lösung des Strukturgleichungsmodells aufgrund der eindeutigen Reproduktion der Korrelationsmatrix möglich ist, weshalb keine Modellindices geprüft werden können (differenziertere Ausführungen bei Kelloway, 2015, S. 13 f.). Aufgrund der Nutzung der Software Mplus 7 (Muthén & Muthén, 2012; vgl. Abschnitt 6.10) können bei den konfirmatorischen Analysen unterschiedliche Modellindices dokumentiert werden. In dieser Arbeit werden der Root Mean Square Error of Approximation (RMSEA) sowie der Comparative-Fit-Index (CFI) berichtet, welche als die am stärksten verbreiteten Prüfkennzahlen gelten.

Der RMSEA ist ein Maß für den approximativen Datenfit des geschätzten Modells (Geiser, 2011, S. 60). Als ein guter Fit gelten Werte <= 0.05, RMSEA-Werte zwischen > 0.05 und <= 0.08 werden als adäquat sowie zwischen > 0.08 und <= 0.1 als mäßig bewertet (Schermelleh-Engel, Moosbrugger, & Müller, 2003. S. 36). Der CFI vergleicht den Fit des Zielmodells mit dem des Baseline-Modells bzw. Unabhängigkeitsmodells (Geiser, 2011. S. 60). Diese Kennzahl variiert zwischen null und eins und gilt als robust hinsichtlich der Stichprobengröße. Grundsätzlich gilt: Je höher der Wert – also näher an eins –, desto besser ist der Fit. In strengen Betrachtungen gilt ein Wert von > 0.97 als guter und ein Wert von > 0.95 als akzeptabler FIT (Schermelleh-Engel et al., 2003, S. 42). In weniger strengen Modellen wird auch ein Grenzwert von 0.90 als noch akzeptabel betrachtet (Hartig, Jude & Wagner, 2008, S. 50).

Die potenziell leistungsvarianzerklärenden Skalen, wie sie im Abschnitt 6.6.3 beschrieben wurden und im Anhang aufgeführt sind (vgl. Anhang I & J), wurden alle klassisch und im Falle von mindestens drei Items konfirmatorisch geprüft [mit Ausnahme des CFT 20-R (Weiß, 2006), da es sich hierbei um einen validen und anerkannten Test handelt]. Teilweise wurden einzelne Items aus Modellpassungsgründen nachträglich ausgeschlossen, weshalb Skalen mit gleichen Bezeichnungen zu unterschiedlichen Messzeitpunkten nicht dieselben Items umfassen können.

Mit dem Ziel, die Strukturzusammenhänge der Entstehungs- und Erklärungszusammenhänge der Entwicklungen der Fachleistungen zum nachhaltigen Wirtschaften mit einer hohen Messgenauigkeit modellieren zu können, wurde für die Strukturgleichungsanalysen im Abschnitt 8.3 der Einfluss aller theoriekongruenten Skalen geprüft. Allerdings werden hierfür nur signifikante Prädiktoren, die nicht zu einer deutlichen Verletzung der Modellgüte unterhalb der in der Psychometrie anerkannten Werte für einen CFI in Höhe von 0.95 sowie RMSEA unter 0.05 (vgl. Abschnitt 7.4) führen, aufgenommen. Alle signifikant erklärungsfähigen Konstrukte der Leistungsvarianzen in Abschnitt 8.3 sind unter anderem dem Anhang mit einer differenzierten Skalendokumentation (vgl. Anhang I) mit Iteminformationen zum Mittelwert, Standardabweichung sowie der Trennschärfe angefügt. Die erklärungsbedeutsamen Skalen der Strukturgleichungsmodelle weisen insgesamt mäßige bis sehr gute Reliabilitäten und im Falle der Möglichkeit konfirmatorischer Prüfungen gute Modellpassungen auf.

## 7.5 Zusammenfassende Betrachtung der Modellprüfungen und Implikationen für das Modell zur Messung der Kompetenzentwicklung zum nachhaltigen Wirtschaften

Die Ergebnisse der messzeitpunktspezifischen Skalierung verdeutlichten bereits den Ausschluss der fünf deklarativen Wissensitems 1.1, 1.11, 1.13, 1.18, 2.1, 3.1, was aufgrund des Ankeritems 1 (Itemnummer: 1.1, 2.1, 3.1) eine Reduzierung der Ankeritems in diesem Test von ursprünglich zehn auf neun Items zur Folge hat. Daneben bleiben vorerst, trotz nur moderater Trennschärfen, die unter dem Cut-Off-Wert von 0.20 liegen, die Items 2.14 und 3.9 im Datensatz enthalten. Diese Items sollten allerdings im Rahmen der längsschnittlichen Skalierung der Leistungsdaten (vgl. Abschnitt 8.1) beobachtet und dann im Falle von Modellverletzungen ausgeschlossen werden.

Der itemreduzierte Datensatz wurde anschließend mittels ausgewählter Modelltests hinsichtlich der Bedingungen des Rasch-Modells (vgl. Abschnitt 6.5.1) geprüft. Die Items können zwar als itemhomogen bezeichnet werden, allerdings zeigen die DIF-Analysen partiell signifikante Subgruppenunterschiede hinsichtlich der Geschlechter und des Migrationshintergrundes auf. Global, über alle Items eines Messzeitpunktes hinweg, zeigen sich zwar keine signifikanten Geschlechterunterschiede im SJT, allerdings erzielen Männer zu den Messzeitpunkten t1 und t3 signifikant höhere Testleistungen im deklarativen Wissenstest. Es ist auf der Grundlage der itemspezifischen DIF-Analysen und der dort beobachteten inhomogenen Subgruppenunterschiede anzunehmen, dass beide Effekte weniger einen inhaltlichen Hintergrund als einen unausgeglichenen itemspezifischen

Subgruppenunterschied aufweisen. Auf Itemebene ergab sich ein starker DIF-Effekt hinsichtlich des Geschlechterunterschieds, weshalb die Items 3.9 (doch vorzeitig) und 3.16 aus den Folgeanalysen ausgeschlossen werden.

Als letztes wurde die Item-Parameter-Drift mit dem Ziel analysiert, Items zu identifizieren, die für die Itemparameterfixierung potenziell zu Modellverletzungen führen können. Dies betrifft für den SJT die Items 1 und 4 zum Messzeitpunkt t1 und für den deklarativen Wissenstest die Items 7, 8 und 10 zu den Messzeitpunkten t1 und t3. Die Itemparameterfixierung bei diesen Items wird im Abschnitt 8.1 eingangs geprüft. Die Modellverletzungen würden sich entsprechend in den Item-Fit-Werten widerspiegeln. Auch wenn diese Items nicht für die Itemparameterfixierung geeignet sind, sollten sie dennoch, allerdings ohne Itemparameterfixierung, in der anschließenden längsschnittlichen Skalierung berücksichtigt werden (Carstensen. 2006. S. 316 f.). Entsprechende Items werden dann als zusätzliche Items behandelt und können messzeitpunktspezifisch zu einer differenzierteren Testinformation beitragen sowie messgenauer Personenfähigkeiten schätzen.

# 8 Ergebnisse der Kompetenzentwicklung zum nachhaltigen Wirtschaften im Ausbildungsverlauf

Dieses Kapitel beschreibt die Ergebnisse der Kompetenzentwicklung zum nachhaltigen Wirtschaften. Dazu erfolgt eingangs im Abschnitt 8.1 auf der Grundlage der Empfehlungen aus Abschnitt 7.5 die längsschnittliche Skalierung der Leistungsskalen. Aufbauend auf diesen Skalierungen werden im Abschnitt 8.2 die Leistungsentwicklungen deskriptiv betrachtet, indem Personenfähigkeitswerte zu unterschiedlichen Messzeitpunkten im Rahmen von Streudiagrammen einander gegenübergestellt werden. Für die empirische Prüfung von Entstehungs- und Erklärungszusammenhängen der Kompetenz, nachhaltig zu wirtschaften, sowie deren Entwicklung erfolgen im Abschnitt 8.3 an erster Stelle bivariate Zusammenhangsanalysen zwischen den Leistungsskalen sowie den potenziell leistungsvarianzerklärenden Skalen. Diese Analysen arbeiten erste Strukturzusammenhänge heraus. Die Strukturzusammenhänge der Kompetenz, nachhaltig zu wirtschaften, sowie deren Entwicklung werden anschließend mittels autoregressiver sowie latenter Wachstumskurvenmodelle multivariat analysiert.

## 8.1 Längsschnittliche Skalierung der Leistungstests

Die Leistungsskalen (SJT & deklarativer Wissenstest) werden mittels IRT-basierten Modellen ausgewertet. Für den SJT wird aufgrund der polytomen Itemstruktur das Partial-Credit-Modell und für den deklarativen Wissenstest das einparametrische dichotome Rasch-Modell verwendet (vgl. Abschnitt 6.5.1). Für die längsschnittliche Skalierung werden insofern mehrdimensionale Modelle eingesetzt, als für jeden Messzeitpunkt die Items einer zeitlichen Dimension eindeutig zugeordnet werden. Demnach ergeben sich für beide Leistungsskalen bei drei Messzeitpunkten drei Dimensionen.

Die Skalierungen sind an den Itemparametern der Ankeritems normiert, wobei für jeden Leistungstest die Verankerung mit den Itemparametern jedes Messzeitpunktes geprüft wurde. Hierbei wurden gemäß der Ergebnisse der Einzelskalierungen (vgl. Abschnitt 7.1) für den SJT keine Items und für den deklarativen Wissenstest die Items mit den Nummern 1.11, 1.13, 1.18, 2.1, 3.1,

3.9 und 3.16 ausgeschlossen. Nach dem Vergleich der Deviance[67] ergab sich die beste Modellpassung[68], wenn sowohl für den SJT als auch für den deklarativen Wissenstest die Itemparameter der Ankeritems des zweiten Messzeitpunktes aus den zeitpunktspezifischen Einzelskalierungen (vgl. Abschnitt 7.1) als Itemparameterfixierungen verwendet werden. Daneben zeigen die ausgewählten Ankeritemparameter unter Berücksichtigung der Ergebnisse aus Abschnitt 7.2 keine signifikante Item-Parameter-Drift auf. Auch aus einer inhaltlichen Perspektive heraus erscheint es sinnvoll, Itemparameter späterer Messzeitpunkte zu verwenden, da die Messung zu t1 direkt zum Ausbildungsbeginn erfolgte (vgl. Abschnitt 6.4) und hier stärker unsystematische Wissensstrukturen vorliegen können.

Aufbauend auf diesen Befunden erfolgt in den nachfolgenden Abschnitten die Beschreibung der Ergebnisse der multidimensionalen Skalierung für den Längsschnitt. Dabei werden eingangs im Abschnitt 8.1.1 die Skalierungsergebnisse des SJTs und anschließend im Abschnitt 8.1.2 die Ergebnisse des deklarativen Wissenstests ausgeführt.

### 8.1.1 Situational Judgement Test

Die Analyse der Item-Parameter-Drift (vgl. Abschnitt 7.2) verdeutlicht einen geringfügigen Itemparameterunterschied der Items 1 und 4 zum Messzeitpunkt t1 zu dem durchschnittlichen messzeitpunktübergreifenden Itemparameter dieser Items. Im Rahmen der längsschnittlichen Skalierung mit den Ankerparametern

---

67 Die Deviance ist ein Indikator für die Güte des Rasch-Modells und dient primär zum Vergleich unterschiedlicher Modelle (vgl. Wu et al., 2007, S. 23).

68 Da die Itemausschlüsse sowie Itemparameterfixierungen in diesen Skalierungen über alle Modelle konstant gehalten wurden, schätzt jedes Modell dieselbe Anzahl an Parameter. Bei einer Betrachtung der Modelle im Vergleich ergeben sich folglich keine Freiheitsgrade, weshalb kein statistischer Test zur Deviance-Differenz ausgegeben werden kann. Deshalb wird lediglich die absolute Höhe der Deviance betrachtet; dabei gilt: Je niedriger die Deviance, desto besser kann das IRT-Modell durch die Daten repräsentiert werden (vgl. Wu et al., 2007, S. 23).
Deviance-Vergleich (SJT): Itemparameterfixierung mittels Ankeritems aus:
t1: 10192.23 (geschätzte Parameter: 39); Deviance-Differenz zu t2: 17.63
t2: 10174.60 (geschätzte Parameter: 39);
t3: 10177.13 (geschätzte Parameter: 39); Deviance-Differenz zu t2: 2.53
Deviance-Vergleich (deklarativer Wissenstest): Itemparameterfixierung mittels Ankeritems aus:
t1: 11947.29 (geschätzte Parameter: 37); Deviance-Differenz zu t2 116.68
t2: 11830.61 (geschätzte Parameter: 37)
t3: 11937.06 (geschätzte Parameter: 37); Deviance-Differenz zu t2: 106.45

aus dem Messzeitpunkt t2 entstand deshalb bei beiden Items aus t1 in einer ersten Skalierung ein signifikanter Unterfit [Item 1.1: 1.27 (wMNSQ), 3.1 (T); Item 4: 1.34 (wMNSQ), 3.9 (T)]. Aufgrund dieser Modellverletzung werden die Parameter der Items 1 und 4 zum Messzeitpunkt t1 frei geschätzt. Ein geringfügiger signifikanter Unterfit ergab sich zudem bei dem Ankeritem 1 zum Messzeitpunkt t3 [Item 3.1: 1.18 (wMNSQ). 2.0 (T)], dessen Signifikanzwert sich nach der freien Parameterschätzung der Items 1.1 (t1) und 1.4 (t1) auf 1.9 absenkte und somit als grenzwertig, aber noch als akzeptabel zu bewerten ist.

Die Iteminformationen der finalen längsschnittlichen Skalierung des SJTs sind in Anhang G zusammengefasst. In der finalen Skalierung fällt das Item 1.8 mit einer Trennschärfe von 0.16 auf. Aus inhaltsvaliden Gründen (Beachtung von Nachhaltigkeitssiegeln im Beschaffungsprozess) wird dieses Item jedoch nicht ausgeschlossen.

Mit Blick auf die Reliabilitätswerte (hier EAP/PV Reliabilität[69]), die in Tabelle 46 dargestellt sind, ergeben sich messgenauere Skalierungen zu den späteren Messzeitpunkten.[70] Die Reliabilität von 0.582 für den Messzeitpunkt t1 ist unter Berücksichtigung der Konstruktionsherausforderung von SJT-Items (vgl. Abschnitt 6.6.1) sowie vorheriger Reliabilitätswerte vergleichbarer (teilweise identischer) Items der KONWIKA-Studie[71] und dem Aspekt eines auf 10 Items beschränkten Itemumfangs als moderat aber noch akzeptabel zu bewerten. Daneben darf nicht vernachlässigt werden, dass die Daten zum Messzeitpunkt t1 direkt zum Ausbildungsbeginn erhoben wurden und damit stärker unsystematisches Wissen erfassen (vgl. Abschnitt 6.4). Die Reliabilitätswerte für die Messzeitpunkte t2 sowie t3 zeigen hingegen deutlich weniger messfehlerbehaftete Daten auf. Die Reliabilität hängt neben der Testlänge aber auch von der Varianz der untersuchten Stichprobe, der Homogenität sowie der Trennschärfe der Items ab (vgl. Bremerich-Vos & Dämmer, 2013, S. 59). In diesem Kontext zeigen vor allem die Trennschärfen der

69 Die EAP/PV-Reliabilität (Expected A Posteriori/Plausible Value Reliability) ergibt sich aus dem Quotienten der durch das Modell erklärten Varianz und der absoluten Personenvarianz (Draney & Wilson, 2008, S. 425).

70 Die EAP/PV-Reliabilitäten mehrdimensionaler Modelle sollten allerdings nur begrenzt interpretiert werden, da die Reliabilitätskoeffizienten in diesen Modellen als überschätzt gelten. Dies zeigt sich auch im Vergleich zu der EAP/PV-Reliabilität der Einzelskalierungen, welche geringer ausfallen (vgl. Abschnitt 7.1). Die Einzelskalierungen bestätigen aber den Befund der verbesserten Messgenauigkeit zu den späteren Messzeitpunkten.

71 Die EAP/PV-Rel. in der KONWIKA-Studie betrug im Rahmen einer zweidimensionalen Skalierung für die Dimension der betrieblichen Handlungsintention, nachhaltig zu wirtschaften, .559 (Seeber et al., 2014b).

Items höherer Messzeitpunkte ein besseres Diskriminierungspotenzial zur Diagnostik der Fähigkeiten der getesteten Auszubildenden, was unter anderem den Reliabilitätszuwachs im Studienverlauf erklären kann.

*Tabelle 46: Messzeitpunktspezifische Varianz und Reliabilität des SJTs*

| **MZP:** | **t1** | **t2** | **t3** |
|---|---|---|---|
| Varianz: | 0.230 | 0.355 | 0.533 |
| EAP/PV Reliabilität: | 0.582 | 0.675 | 0.721 |

Tabelle 47 beinhaltet die Angaben zu den latenten Zusammenhängen als Kovarianz-/Korrelationsmatrix, worüber Informationen zur zeitlichen Stabilität des Konstruktes der Handlungsintention, nachhaltig zu wirtschaften, während der Ausbildungszeit abgeleitet werden können. Die latenten Korrelationen der aufeinanderfolgenden Messzeitpunkte sind generell als hoch, der Zusammenhang zwischen t1 und t3 ist aber nur als mittel zu bewerten. Die Daten sollten wie folgt interpretiert werden: Ein substanzieller Zusammenhang zwischen den Messzeitpunkten ist anzunehmen, allerdings ist die zeitliche Stabilität des interessierenden latenten Konstruktes der Handlungsintention, nachhaltig zu wirtschaften, im Ausbildungsverlauf als nur moderat zu klassifizieren. Folglich deuten die Ergebnisse auf Veränderungen der Auszubildendenleistungen im Ausbildungsverlauf hin. Aufgrund der mittel bis hohen Zusammenhangsmaße ist andererseits aber herauszustellen, dass keine starken Leistungsveränderungen der Auszubildenden messbar sind.

*Tabelle 47: Latente Kovarianzen (oben rechts) und Korrelationen (unten links) zwischen den Messzeitpunkten des SJTs*

| **MZP** | **t1** | **t2** | **t3** |
|---|---|---|---|
| t1 | | 0.184 | 0.146 |
| t2 | 0.643 | | 0.226 |
| t3 | 0.410 | 0.592 | |

Die Darstellung in Abbildung 24, die auch als Wright Map bezeichnet wird, veranschaulicht den Zusammenhang zwischen der Verteilung der Personenfähigkeitswerte (gekennzeichnet als x-Darstellungen) zu den einzelnen Messzeitpunkten und den Itemschwierigkeiten (gekennzeichnet als Itemnummern) auf einer gemeinsamen Skala.[72] Insgesamt zeigen die messzeitpunktspezifischen Verteilungen der Personenfähigkeitswerte kaum Veränderungen über die Zeit. Lediglich eine geringfügige Zunahme der Varianz der individuellen Leistungen ist im Untersuchungsverlauf diagnostizierbar. Bezogen auf die Entwicklung der Leistungen im SJT verdeutlicht die Wright Map insgesamt keine bedeutsame Entwicklung der Stichprobe.

Auch mit Blick auf die mittleren Personenfähigkeitswerte (berechnet auf der Basis der wle-Personenfähigkeits-Scores)[73] zeigt sich eine nur geringe Entwicklung der Leistungen: Während die Auszubildenden zum Messzeitpunkt t1 einen durchschnittlichen Personenfähigkeitswert in Höhe von -0.124 erzielten, zeigt sich im Vergleich zu der durchschnittlichen Personenfähigkeit zum Messzeitpunkt t2 in Höhe von -0.009 eine geringfügige Verbesserung. Zum Messzeitpunkt t3 sinkt die durchschnittliche Personenfähigkeit hingegen auf eine Personenfähigkeit in Höhe von -0.057. Die zugehörigen Effektstärken[74] mit 0.16 zwischen den Messzeitpunkten t2 und t1 sowie -0.05 zwischen t3 und t2 sind als (sehr) kleine Effekte zu interpretieren.

Die zuvor beschriebenen Ergebnisse zeigen zwar keine globale Entwicklung der Stichprobe auf[75], unter Berücksichtigung der mittleren latenten Korrelationen sind aber interindividuell unterschiedliche Entwicklungen anzunehmen.

72 Anmerkung zur Interpretation der Wright-Map: Personen, in Form von x-Darstellungen, die waagerecht einer Itemnummer gegenüberstehen, können das entsprechende Item mit einer 50 %-igen Wahrscheinlichkeit lösen. Items, die oberhalb der Personenfähigkeit angeordnet sind, können von der zugehörigen Person mit einer Wahrscheinlichkeit von weniger als 50 % gelöst werden. Items, die unterhalb der Personenfähigkeit angeordnet sind, können von der zugehörigen Person mit einer über 50 %-igen Wahrscheinlichkeit gelöst werden.

73 Wle ist ein Akronym für Warms Mean Weighted Likelihood Estimates (Warm, 1989). Dies ist ein robuster Personenfähigkeitswert, der im Rahmen der Rasch-Skalierung mittels der Software ConQuest angefordert werden kann.

74 Die Effektstärken wurden als relativer Mittelwertsunterschied der wle-Personenfähigkeits-Scores zwischen dem höheren und dem niedrigeren Messzeitpunkt an der durchschnittlichen Gesamtstandardabweichung berechnet (in Anlehnung an Bortz, 2005, S. 120).

75 Methodisch ist diese Betrachtung für die Analyse der Kompetenzentwicklung zum nachhaltigen Wirtschaften aufgrund der Vernachlässigung interindividueller Unterschiede in den intraindividuellen Entwicklungen nur begrenzt geeignet. Entsprechende Analysen erfolgen ab Abschnitt 8.3.

*Abbildung 24: Wright Map der längsschnittlichen (mehrdimensionalen) Skalierung des SJTs*

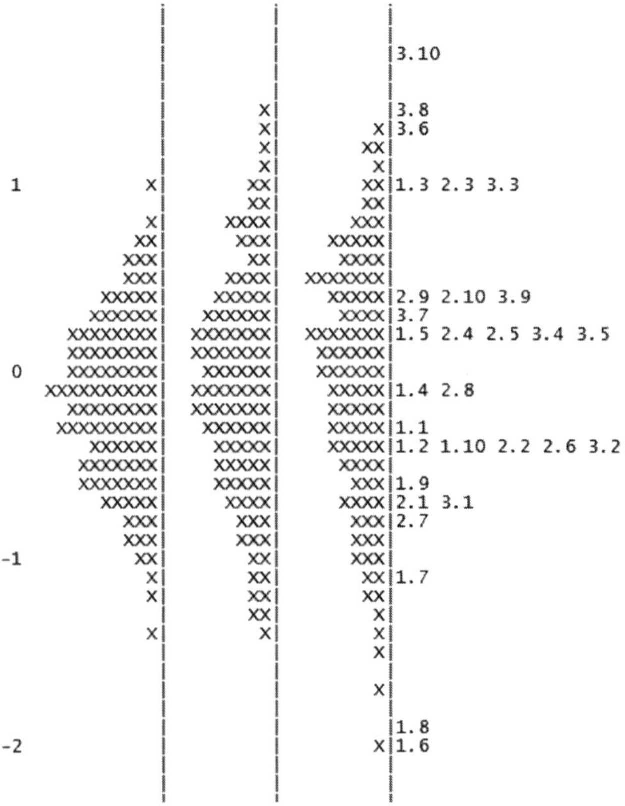


Anmerkungen: MZP t1: linke Dimension, MZP t2: mittlere Dimension; MZP t3: rechte Dimension; Ein 'x' repräsentiert 1,7 Fälle

### 8.1.2 Deklarativer Wissenstest

Die Iteminformationen der finalen längsschnittlichen Skalierung des deklarativen Wissenstests sind in Anhang G zusammengefasst. Neben dem Ausschluss der fünf Items (t1: 1.11, 1.13, 1.18; t2: 2.1; t3: 3.1; vgl. Abschnitt 7.5) wurden neun weitere Items (t1: 1.1, 1.5, 1.7, 1.9; t2: 2.5, 2.9; t3: 3.9, 3.11, 3.16) aus den Skalierungen aufgrund geringer Trennschärfen und unzureichenden Itemfit-Werten ausgeschlossen. Diese Zahl ist letztendlich höher als die Zahl der messfehlerbehafteten Items aus der Ausgangsskalierung (vgl. Abschnitt 8.1), da sich nach weiteren Skalierungen bei einigen Items zusätzlich ein signifikanter Unter- bzw.

Überfit[76] ergab. Darunter befindet sich auch das Ankeritem 7, das zu t1 eine signifikante Item-Parameter-Drift aufweist (vgl. Abschnitt 7.3.2 & 7.5). Zudem musste die Itemparameterfixierung der Items 1.8 (t1), ebenfalls ein Ankeritem mit einer signifikanten Item-Parameter-Drift, und zusätzlich Ankeritem 3.5 (t3) aufgrund eines signifikant ergebenen Unterfits aufgehoben werden. Die übrigen Items mit einer signifikanten Item-Parameter-Drift (Item 1.10, 3.8 & 3.10) können ohne Einschränkungen in der Skalierung mit dem Itemparameter aus t2 berücksichtigt werden, wobei die Items 3.8 und 3.10 einen beinahe signifikanten Überfit aufweisen. In der finalen Skalierung werden zudem die Items 2.14 und 3.5 mit einer Trennschärfe von unter 0.2 berücksichtigt, da sie zum einen aus inhaltsvaliden Gründen bedeutsam sind und darüber hinaus ihr Ausschluss eine Verringerung der Reliabilität aller Dimensionen bewirkt. Die geringe Trennschärfe von Item 2.14 war bereits durch die messzeitpunktspezifische Skalierung bekannt (vgl. Abschnitt 7.1), die Trennschärfe von Item 3.5 lag vorher hingegen noch bei 0.23 (vgl. ebd.).

Tabelle 48 beinhaltet die messzeitpunktspezifischen Reliabilitätswerte. Die Reliabilität des deklarativen Wissenstests ist als akzeptabel zu beurteilen und fällt im Vergleich zu den Reliabilitätswerten des SJTs höher aus, was aber auch mit einen größeren Itemumfang und einer daraus resultierenden differenzierteren Erfassung der Personenfähigkeiten verbunden ist.

*Tabelle 48: Messzeitpunktspezifische Varianz und Reliabilität des deklarativen Wissenstests*

| **MZP:** | **t1** | **t2** | **t3** |
|---|---|---|---|
| Varianz | 0.725 | 0.434 | 0.628 |
| EAP/PV Reliabilität: | 0.689 | 0.708 | 0.733 |

Entgegen der Korrelationen zwischen den Messzeitpunkten des SJTs zeigen sich zwischen allen Messzeitpunkten des deklarativen Wissenstests, wie sie in Tabelle 49 abgebildet werden, höhere Korrelationen. Das deklarative Wissen weist demnach eine höhere Stabilität über die Zeit auf. Entsprechend sind weniger interindividuelle Unterschiede in den intraindividuellen Entwicklungen zu erwarten.

76 Wie in Abschnitt 7.1 ausgeführt gelten folgende Grenzwerte:
Signifikanter Unterfit: wMNSQ >= 1.2; T >= 2.0
Signifikanter Überfit: wMNSQ <= 0.8; T <= -2.0

*elle 49: Latente Kovarianzen (oben rechts) und Korrelationen (unten links) zwischen den Messzeitpunkten des deklarativen Wissenstests*

| MZP | t1 | t2 | t3 |
|---|---|---|---|
| t1 | | 0.393 | 0.423 |
| t2 | 0.702 | | 0.412 |
| t3 | 0.626 | 0.797 | |

Die Verteilung der Personenfähigkeitswerte, die der Wright Map in Abbildung 25 entnommen werden kann, zeigt deutlich eine auf die Stichprobe bezogene positive Leistungsentwicklung zwischen den Messzeitpunkten t1 und t2 auf[77]. Auch die durchschnittlichen Personenfähigkeiten (berechnet auf der Basis der wle-Personenfähigkeits-Scores) pro Messzeitpunkt bestätigen diese positive Leistungsentwicklung. Zum Messzeitpunkt t1 erzielten die Auszubildenden eine durchschnittliche Personenfähigkeit in Höhe von -0.433. Dagegen erzielen die Auszubildenden zu den Messzeitpunkten t2 und t3 mit durchschnittlichen Personenfähigkeiten in Höhe von 0.009 (t2) und 0.116 (t3) höhere Leistungen. Über die Messzeitpunkte ergibt sich somit auf die Stichprobe bezogen ein kontinuierlicher Wissenszuwachs, wobei die höchste Veränderung auf das erste Ausbildungsjahr (von MZP t1 zu t2) zurückzuführen ist. Die zugehörigen Effektstärken[78] der Mittelwertsunterschiede mit 0.46 zwischen den Messzeitpunkten t2 und t1 sowie 0.12 zwischen t3 und t2 verdeutlichen mit einer mittleren Effektstärke den höchsten deklarativen Wissenszuwachs im ersten Ausbildungsjahr sowie einen nur geringen Effekt während des zweiten Ausbildungsjahres.

77 Die deutliche Entwicklung wird durch die nach unten verschobene Verteilung der Personenfähigkeiten zu t1 im Vergleich mit den Verteilungen der Personenfähigkeiten zu t2 und t3 ersichtlich.

78 Die Effektstärken wurden, wie bereits für den SJT (vgl. Abschnitt 8.1.1), als relativer Mittelwertsunterschied der Personenfähigkeitswerte (wle-Personenfähigkeits-Scores) zwischen dem höheren und dem niedrigeren Messzeitpunkt an der durchschnittlichen Gesamtstandardabweichung berechnet (in Anlehnung an Bortz, 2005, S. 120).

*Abbildung 25: Wright Map der längsschnittlichen (mehrdimensionalen) Skalierung des deklarativen Wissenstests*

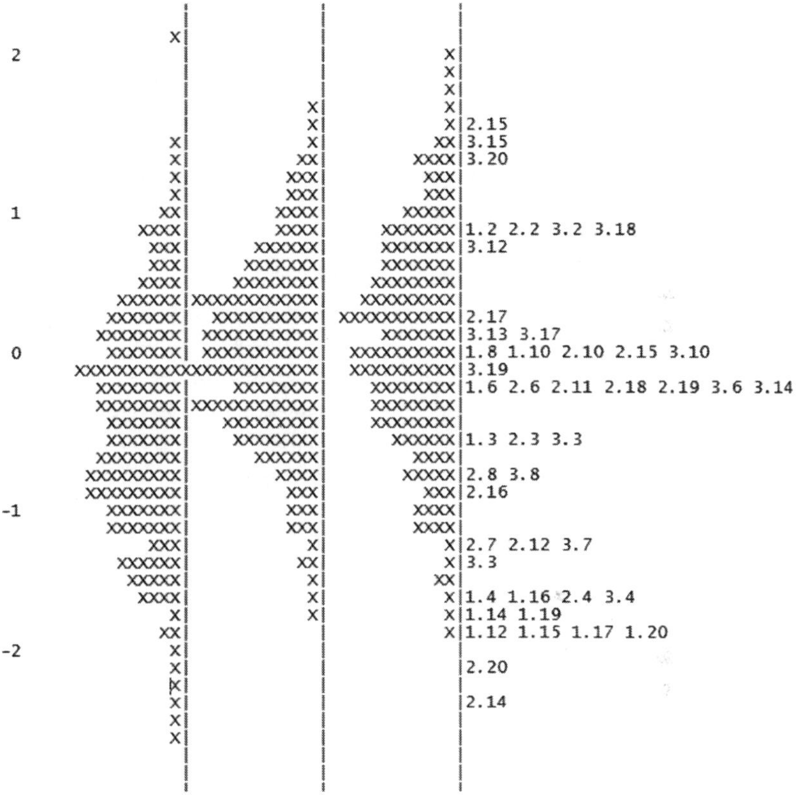


Anmerkungen: MZP t1: linke Dimension, MZP t2: mittlere Dimension; MZP t3: rechte Dimension; Ein 'x' repräsentiert 1,2 Fälle

## 8.2 Deskriptive Befunde der intraindividuellen Entwicklung in den Leistungstests

Die Messung der Kompetenzentwicklung der Stichprobe über den Mittelwertsvergleich der Personenfähigkeitswerte, wie sie im letzten Abschnitt 8.1 dargestellt wurde, könnte aufgrund der Vernachlässigung varianter interindividueller Unterschiede in den intraindividuellen Entwicklungen zu einer nur eingeschränkten Gültigkeit führen. Methodisch wird bei solchen Verfahren eine stärker durch die Ausbildung systematisch und somit durch formale Lernprozesse induzierte Kompetenzentwicklung, die über die Auszubildenden vergleichbar erfolgt, genommen. Im Falle von varianten intraindividuellen Entwicklungen, wie sie hier aufgrund unterschiedlicher theoretischer Entstehungs- und Erklärungszusammenhänge angenommen werden, wird im Rahmen der Mittelwertsvergleiche die Kompetenzentwicklung homogenisiert.[79]

Im Folgenden werden aufgrund der zuvor ausgeführten Kritik die intraindividuellen Entwicklungen in den Leistungstests als erstes zwischen den direkt aufeinander folgenden Messzeitpunkten als Streudiagramme (Abbildung 26 bis Abbildung 29) dargestellt. Darüber hinaus werden Pfade der intraindividuellen Entwicklungen betrachtet (Abbildung 30 & Abbildung 31, S. 224).[80]

Die Darstellungsform als Streudiagramm der individuellen Leistung zwischen zwei aufeinander folgenden Messzeitpunkten ermöglicht in Ergänzung zu den zuvor dargestellten Wright Maps (vgl. Abschnitt 8.1), in der die Personenfähigkeitsverteilungen zu den unterschiedlichen Messzeitpunkten den Itemschwierigkeiten auf einer Skala gegenübergestellt werden, eine erste Darstellung der intraindividuellen Entwicklung in den Leistungstests. In den nachfolgenden Streudiagrammen werden die individuelle Leistung des zeitlich höheren Messzeitpunktes auf der Ordinate und die Leistung des zeitlich niedrigeren Messzeitpunktes auf der Abzisse aufgetragen. Diese Kombination aus zwei messzeitpunktspezifischen Fähigkeitswerten wird im Folgenden als Indikator für die individuelle Leistungsentwicklung betrachtet. Über Helligkeitsdifferenzierungen werden zudem Häufigkeitsverteilungen zu den Leistungsentwicklungen dargestellt. Je dunkler der Punkt erscheint, desto häufiger wurde eine Kombination aus zwei messzeitpunktspezifischen Fähigkeitswerten diagnostiziert. Um eine individuelle Leistungsveränderung in den Grafiken hinsichtlich der Effektrichtung der Leistungsentwicklung leichter interpretieren zu können, ist zudem eine diagonale Linie eingefügt. Personenfähigkeitskombinationen (als wle-Personenfähigkeits-Score-Kombinationen) oberhalb dieser Diagonalen zeigen eine positive, Personenfähigkeitskombinationen unterhalb der Diagonalen zeigen eine negative Leistungsentwicklung auf.

79 Eine hohe Varianz an interindividuellen Unterschieden in den intraindividuellen Entwicklungen kann hierbei homogenisiert werden, da sich negative und positive intraindividuelle Entwicklungen gegenseitig aufheben können.

80 Die nachfolgenden Abbildungen basieren auf messzeitpunktspezifischen Fähigkeitswerten (wle-Personenfähigkeits-Scores), die im Rahmen der längsschnittlichen (mehrdimensionalen) Rasch-Skalierungen über die Software ConQuest angefordert wurden (vgl. Abschnitt 8.1).

*Abbildung 26: Streudiagramm der Personenfähigkeitswerte (wle-Personenfähigkeits-Scores) im SJT zu MZP t1 & t2*

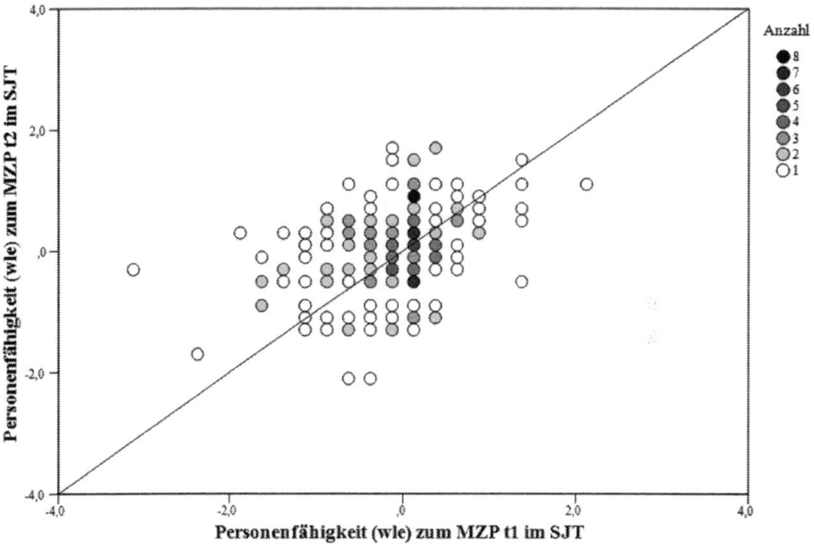


*Abbildung 27: Streudiagramm der Personenfähigkeitswerte (wle-Personenfähigkeits-Scores) im SJT zu MZP t2 & t3*

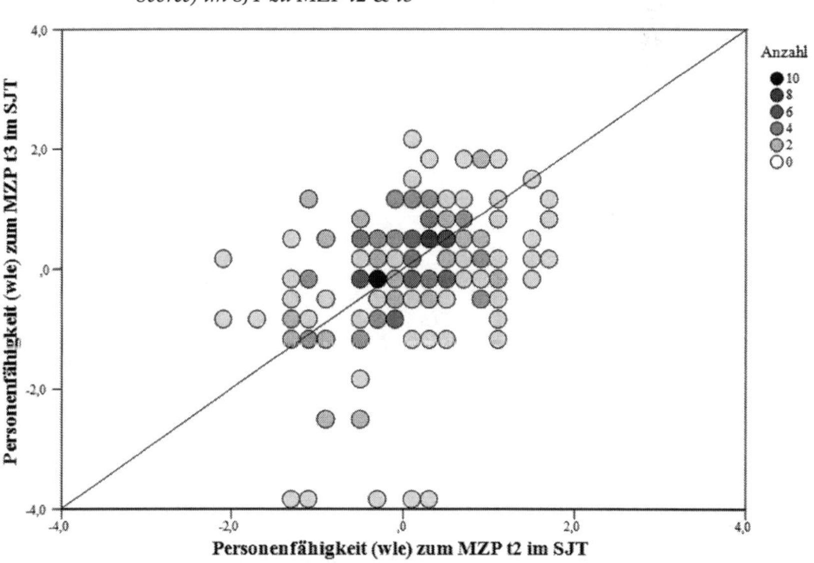

*ıdung 28: Streudiagramm der Personenfähigkeitswerte (wle-Personenfähigkeits-Scores) im deklarativen Wissenstest zu MZP t1 & t2*

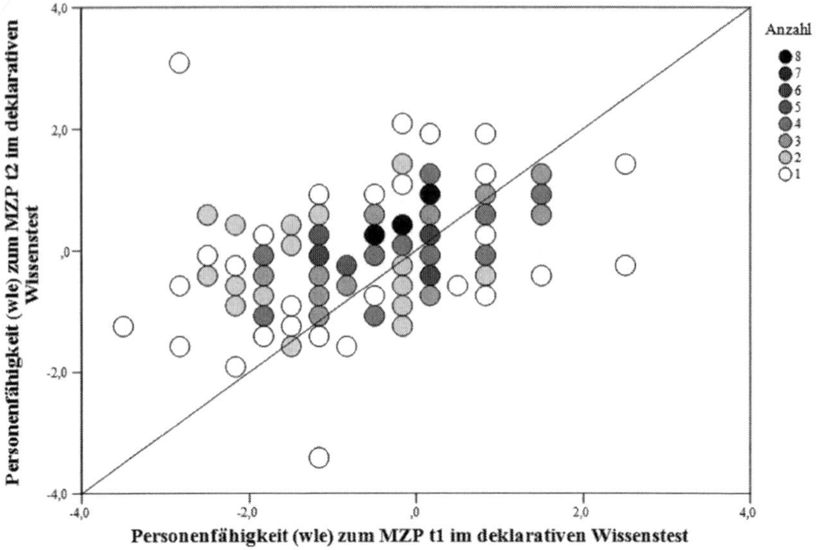


*Abbildung 29: Streudiagramm der Personenfähigkeitswerte (wle-Personenfähigkeits-Scores) im deklarativen Wissenstest zu MZP t2 & t3*

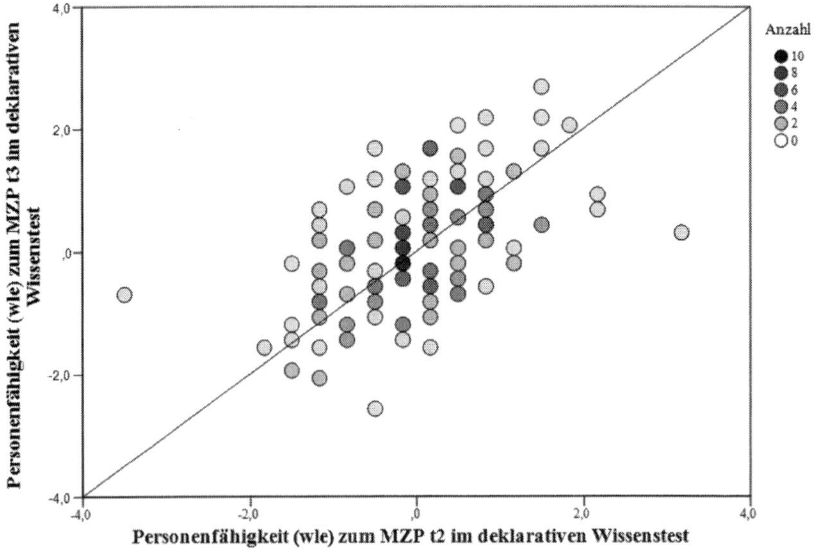

Während die Wright Maps (vgl. Abschnitt 8.1) eine auf die Stichprobe bezogene positive Leistungsentwicklung der Auszubildenden verdeutlicht[81], zeigen die vorherigen Streudiagramme, dass individuelle Entwicklungen sowohl positiv, neutral oder negativ ausgeprägt sein können. Die höchsten Leistungszuwächse bestehen für beide Leistungsskalen, jedoch stärker ausgeprägt für das deklarative Wissen, zwischen den ersten beiden Messzeitpunkten. Diese Betrachtung bildet das erste Ausbildungsjahr ab. Daneben konzentrieren sich die meisten Leistungskombinationen im mittleren Fähigkeitsbereich. Die Varianz hinsichtlich von interindividuellen Unterschieden in den intraindividuellen Entwicklungen ist in den Streudiagrammen zwar erkennbar, aber nicht groß ausgebildet.[82]

Die vorherige Betrachtung der intraindividuellen Entwicklung in den Leistungstests betrachtet den Längsschnitt nur ausschnittweise. Um die Entwicklung über alle Messzeitpunkte zu verdeutlichen, werden im Folgenden absolute Häufigkeiten intraindividueller Entwicklungspfade skizziert. Dazu wird der Idee von Grawe und Braun (1994) gefolgt, die individuelle Entwicklung als Effektstärke der Differenz der individuellen Leistung aus Post- und Prätest in Relation zur Streuung im Prätest zu berechnen. Als Streuungsmaß wird hierfür die Standardabweichung des Prätests verwendet. Erneut wird hierfür auf die wle-Personenfähigkeits-Scores zurückgegriffen.

Aus Übersichtlichkeitsgründen wird im Folgenden die intraindividuelle Entwicklung zwischen den Messzeitpunkten in drei Kategorien unterschieden. Als Teilungskriterium der Effektkategorisierung werden Entwicklungen mit einer Effektstärke unterhalb von -0.2 als (mindestens kleine) Verringerungen, Effektstärken zwischen -0.2 und 0.2 als stabile Entwicklungen und Effektstärken von mehr als 0.2 als (mindestens kleine) Verbesserungen interpretiert. Die Entwicklungspfade werden zudem über den Medianvergleich zum Messzeitpunkt t1 gesplittet. Dabei umfasst die erste Gruppe Auszubildende, deren Leistung größer als der Median zu t1 war. Die zweite Gruppe umfasst Auszubildende, deren Leistung kleiner als der bzw. gleich dem Median zu t1 war. Die absoluten Häufigkeiten intraindividueller Entwicklungspfade werden für den SJT in Abbildung 30 und für den deklarativen Wissenstest in Abbildung 31 skizziert.

81 In Bezug auf den SJT war diese Entwicklung aber nur marginal ausgeprägt.

82 Die Varianz der interindividuellen Unterschiede in den intraindividuellen Entwicklungen wird an späterer Stelle im Rahmen der latenten Wachstumskurvenmodelle noch quantifiziert (vgl. 8.3.2.2).

*Abbildung 30: Intraindividuelle Entwicklungspfade der Auszubildenden im SJT gesplittet am Median der Leistung zum Messzeitpunkt t1*

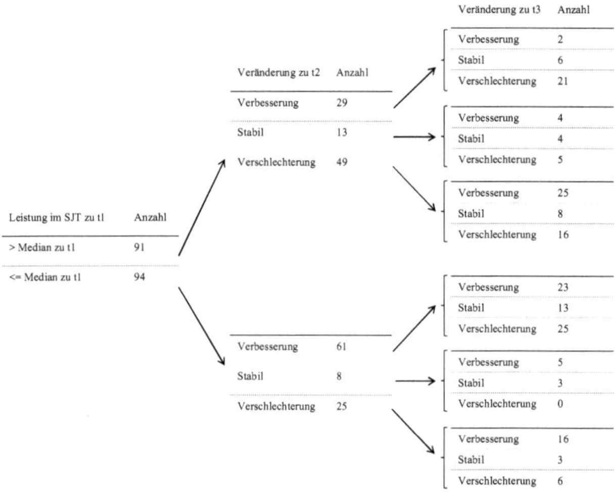


Effektstärken der zugehörigen Kategorien: Verbesserung: d >= .2; stabile Entwicklung: -.2 < d < .2; Verschlechterung: d <= -.2

*Abbildung 31: Intraindividuelle Entwicklungspfade der Auszubildenden im deklarativen Wissenstest gesplittet am Median der Leistung zum Messzeitpunkt t1*

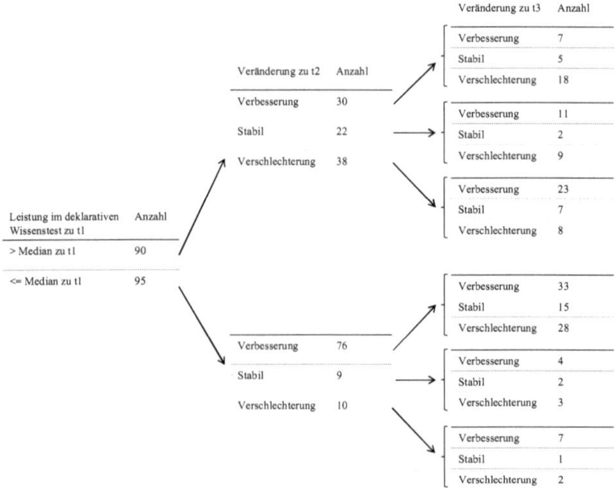


Effektstärken der zugehörigen Kategorien: Verbesserung: d >= .2; stabile Entwicklung: -.2 < d < .2; Verschlechterung: d <= -.2

Die Ergebnisse der intraindividuellen Entwicklungspfade verdeutlichen einen negativen Zusammenhang zwischen der Entwicklungsform und der Ausgangsleistung. Über die Medianteilung der Stichprobe wird deutlich, dass Auszubildende ihre Leistungen zum nachhaltigen Wirtschaften häufiger steigern, wenn ihre Ausgangsleistung unterhalb oder gleich dem Median war. Dieser Befund ist in der Veränderungsmessung aber bereits seit längerem bekannt, wie an vorheriger Stelle bereits ausgeführt (vgl. Abschnitt 6.5).[83]

Analysen zu den Erklärungszusammenhängen der Leistungen zu den einzelnen Messzeitpunkten sowie deren Entwicklung sowohl für den SJT als auch für den deklarativen Wissenstest werden im folgenden Abschnitt differenzierter unter Berücksichtigung vielfältiger Einflussfaktoren empirisch geprüft (vgl. Abschnitt 8.3).

## 8.3 Entstehungs- und Erklärungszusammenhänge der Kompetenz, nachhaltig zu wirtschaften, sowie ihrer Entwicklung

In diesem Abschnitt werden eingangs im Unterabschnitt 8.3.1 deskriptive Befunde zu den potenziellen Prädiktoren der Kompetenz, nachhaltig zu wirtschaften, dargestellt. Dazu werden einerseits bivariate Zusammenhänge in Form von Korrelationen zwischen den potenziellen leistungsvarianzerklärenden Skalen und den Leistungsskalen sowie andererseits Verteilungen ausgewählter Skalen betrachtet. Für die Leistungsskalen wird erneut auf die Personenfähigkeitswerte (wle-Personenfähigkeits-Scores)[84] zurückgegriffen. Anschließend erfolgen Strukturzusammenhangsanalysen zur Erklärung der Varianzen der Leistungsskalen (SJT & deklarativer Wissenstest) und der Leistungsentwicklung unter Berücksichtigung der theoretisch-konzeptionell begründeten Modellannahmen sowie der Ergebnisse der bivariaten Zusammenhangsanalysen (vgl. Abschnitt 8.3.2).

83 Diese intraindividuellen Entwicklungspfade zeigen zwar eine augenscheinliche Varianz der Leistungsentwicklungen auf, allerdings wurden Entwicklungen (Verbesserung/Verschlechterung) bereits bei kleinen Effekten abgebildet. Die Varianz der Entwicklung sollte deshalb besser über die Ergebnisse der latenten Wachstumskurvenmodelle betrachtet werden (vgl. Abschnitt 8.3.2.2).

84 Diese wurden im Rahmen der längsschnittlichen (mehrdimensionalen) Rasch-Skalierungen ermittelt (vgl. Abschnitt 8.1) und wurden bereits im vorherigen Abschnitt für die deskriptive Analyse der intraindividuellen Kometenzentwicklung verwendet (vgl. Abschnitt 8.2).

### 8.3.1 Bivariate Analyse potenzieller Prädiktoren zur Vorhersage der Testleistung und Betrachtung von Verteilungen theoretisch-konzeptionell bedeutsamer Konstrukte

Vorbereitend für die Analyse der interindividuellen Unterschiede in den intraindividuellen Kompetenzentwicklungen zum nachhaltigen Wirtschaften erfolgen im Folgenden bivariate Analysen und deskriptive Vergleiche der Verteilungen potenziell erklärungsbedeutsamer Skalen.

Eingangs erfolgt im Abschnitt 8.3.1.1 die Darstellung von Korrelationen zwischen den Leistungsskalen und den potenziellen Prädiktoren (vgl. Abschnitt 6.6.3). Anschließend werden deskriptiv Verteilungen ausgewählter theoretisch-konzeptionell bedeutsamer Skalen betrachtet. Dabei liegt das Hauptaugenmerk im Abschnitt 8.3.1.2 auf den verhaltenstheoretischen Erklärungsmerkmalen sowie im Abschnitt 8.3.1.3 auf unterschiedlichen Lerngelegenheiten.

#### *8.3.1.1 Bivariate Zusammenhänge potenzieller Prädiktoren zur Vorhersage der Testleistungen*

Dem Anhang H sind für jeden Messzeitpunkt Interkorrelationsmatrixen zwischen den potenziell erklärungsbedeutsamen Prädiktoren und den Leistungsskalen zugefügt. In Anlehnung an die theoretischen Konzeptionen dieser Arbeit wurden die Korrelationen zwischen Einstellungen, subjektiv wahrgenommenen Normen und Verhaltenskontrollaspekten sowie der Motivation, nachhaltig zu wirtschaften, nur mit den Personenfähigkeitswerten der Handlungsintention, nachhaltig zu wirtschaften, (SJT) berechnet. Der Zusammenhang zwischen potenziellen Lernkontexten im Betrieb und der Thematisierung von Nachhaltigkeitsaspekten in der Berufsschule mit den Leistungswerten (im SJT sowie deklarativen Wissenstest) wurde zudem nur für t2 und t3 ermittelt, da entsprechende Einflüsse auf die Leistungen zu t1, die direkt zum Ausbildungsbeginn erhoben wurden, keinen Einfluss haben können. Für die übrigen Skalen wurden die Interkorrelationen mit allen Leistungsskalen zu jedem Messzeitpunkt erzeugt.

Bevor die Ergebnisse beschrieben werden, ist darauf hinzuweisen, dass die Interpretation der Interkorrelationsmatrixen nur eingeschränkt erfolgen sollte. Zum einen werden die Skalen an dieser Stelle nicht latent modelliert, sondern über den Mittelwert der Items berechnet. Zum anderen werden aufgrund der bivariaten Betrachtung multivariate Zusammenhänge vernachlässigt und begünstigen hierdurch Fehlkorrelationen, welche zu falschen oder unzuverlässigen Interpretationen führen können. Die Korrelationen dienen primär der Identifikation potenzieller Prädiktoren zur Analyse der interindividuellen Unterschiede in den

Leistungen des deklarativen Wissenstests und des SJTs sowie deren Entwicklung. Vereinzelt werden bei erklärungsbedürftigen Zusammenhängen aber Erklärungsansätze dargestellt oder es wird auf nachfolgende Diskussionen verwiesen.

Für die Bewertung von Korrelationen wird auf Empfehlungen von Hartig et al. (2008, S. 48) zurückgegriffen. Bei einem Zusammenhangsmaß zwischen 0.10 und kleiner 0.30 gilt der Effekt als klein, ein Wert im Intervall größer 0.30 aber kleiner 0.50 ist als mittlerer Effekt und ein Effekt größer 0.50 ist als groß zu klassifizieren.

Die Korrelationskoeffizienten in ihrer Gesamtheit betrachtet, ist als erstes herauszustellen, dass kein potenzieller Prädiktor hohe (und nur selten mittlere) Zusammenhangsmaße mit den Leistungsskalen aufweist. Bezüglich der multivariaten Varianzaufklärungen sind folglich vielfältige Entstehungs- und Erklärungsmerkmale zu erwarten. Unter Berücksichtigung der theoretisch-konzeptionellen Grundlagen der Arbeit (vgl. Kapitel 2 & 3) sowie dem daraus resultierenden Modell (vgl. Abschnitt 6.2) zeigen sich zahlreiche modell- und hypothesenkonforme, aber auch einige erwartungswidrige Zusammenhänge, die im Folgenden kurz dargestellt und ggf. erläutert werden.

Auffällig sind an erster Stelle die Zusammenhänge zwischen den Einstellungen sowie den messzeitpunktspezifischen Leistungen im SJT, die erwartungskonform zu beinahe jedem Messzeitpunkt mit den Leistungsskalen[85] signifikant und positiv ausgeprägt sind. Dagegen zeigen die Motivationsskalen zum nachhaltigen Wirtschaften einen negativen Zusammenhang zwischen Konstrukten, die nach einer extrinsischen Motivation fragen, und den Leistungen im SJT. Diese Befunde sind bereits aus den KONWIKA-Ergebnissen bekannt (vgl. Seeber & Michaelis, 2014) und werden im Abschnitt 9.2 erläutert.

In Bezug auf die wahrgenommenen Normen zeigen sich drei wesentliche Befunde:

(1.) Zum einen ist bereits an dieser Stelle ersichtlich, dass die Skalen zu den wahrgenommenen Normen zum nachhaltigen Wirtschaften im Betrieb voraussichtlich nicht signifikant zur Varianzaufklärung der Leistungen im SJT sowie deren Entwicklung beitragen werden.
(2.) Dagegen können die wahrgenommenen Normen zum effektiven und effizienten Wirtschaften im Betrieb aufgrund von partiell signifikanter und

85 Eine Ausnahme ergibt sich zwischen der Skala „Zuschreibung von Verantwortungsübernahme für Nachhaltigkeit durch die Gesellschaft“, die zum Messzeitpunkt t1 eingesetzt wurde, und der Leistung im SJT zum Messzeitpunkt t3. Das Zusammenhangsmaß ist zwar positiv ausgeprägt, aber das Ergebnis ist nicht signifikant.

positiver Zusammenhänge mit den Leistungsskalen einen potenziellen Prädiktor bilden.

(3.) Zum anderen existieren signifikante Korrelationen zwischen den Leistungen im SJT und den wahrgenommenen Normen aus dem privaten Handlungskontext (Familie & Freunde; insbesondere mit den Skalen, die zum Messzeitpunkt t1 eingesetzt wurden).

Der Befund, der zuvor bei den wahrgenommenen Normen unter (2.) zusammengefasst wird, ist erklärungsbedürftig. Ein entsprechender Effekt ist auf das Scoring des SJT zurückzuführen, bei dem in Anlehnung an den klassischen Triple-Bottom-Line Ansatz eine Gleichgewichtung der Dimensionen Ökonomie, Ökologie und Soziales zugrunde liegt (Elkington, 1997) und eindimensionale Begründungen als Präkonzepte mit geringerer Punktzahl gewertet werden, wenn diese zu der Handlungsempfehlung kongruent sind (vgl. Abschnitt 6.6.1.2). Dieser Effekt wird in der Diskussion wieder aufgenommen und dort differenzierter eruiert.

Unter Berücksichtigung der gemessenen Korrelationskoeffizienten zwischen den Leistungsskalen und den wahrgenommenen Verhaltenskontrollaspekten sind kaum Erklärungspotenziale durch diese Zusammenhänge anzunehmen, mit Ausnahme der Skala „wahrgenommene Handlungsbarriere für eine nachhaltige Auftragserfüllung im Bereich Spedition/Logistik durch Kunden", die positiv mit den Leistungen zu allen Messzeitpunkten im SJT korreliert. Dieser Zusammenhang ist ebenfalls kurz zu interpretieren. Vereinfacht ausgedrückt erzielen Auszubildende höhere Leistungen im SJT, wenn sie der Wahrnehmung von Kundenbedürfnissen, die mit Umweltauswirkungen und sozialen Aspekten eines nachhaltigen Wirtschaftens nicht korrespondieren, zustimmen. Auch dieser Zusammenhang ist voraussichtlich auf das zugrunde gelegte Scoring im SJT zurückzuführen. Außerdem ist auf zwei signifikante Effekte mit schwach negativen Korrelationen zwischen der Leistung im SJT zum Messzeitpunkt t1 und den Skalen „wahrgenommene betriebliche Verhaltenskontrolle zu zeitlichen Ressourcen, um nachhaltig zu wirtschaften" sowie „wahrgenommene betriebliche Verhaltenskontrolle zu Umweltinformationen und -auswirkungen" hinzuweisen. Diese Effekte bilden Hinweise für die Annahme, dass fehlende zeitliche Ressourcen sowie zur Verfügung stehende Informationen ein nachhaltiges Wirtschaften hemmen können.

Als Übergang zu den Lernkontexten sind an erster Stelle die Korrelationen zwischen den Leistungsskalen und den Gesprächshäufigkeiten bezüglich nachhaltigkeitsrelevanter Themen im Betrieb sowie im privaten Kontext zu betrachten. Die Skalen zu den Gesprächshäufigkeiten zielen primär auf die Erfassung der Bedeutung der Thematisierung von Nachhaltigkeitsaspekten zwischen den

Auszubildenden und nahestehenden Bezugspersonen (Vorgesetzte, Ausbilder, Familie & Freunde) ab. Aufgrund des Häufigkeitsbezugs erfolgt hierbei lediglich eine Quantifizierung, jedoch keine Erfassung der Qualität der Inhalte dieser Gespräche. Es ist nicht auszuschließen, dass hierüber auch Präkonzepte und Werthaltungen dieser Bezugspersonen wahrgenommen und gegebenenfalls übernommen werden. Während die Gesprächshäufigkeiten im privaten Kontext (mit der Familie und mit Freunden; vor allem mit den Skalen, die zum Messzeitpunkt t1 eingesetzt wurden) signifikante und positiv ausgeprägte Zusammenhänge mit den Leistungsskalen aufzeigen, sind im betrieblichen Kontext die Ergebnisse (zu den Gesprächshäufigkeiten mit Vorgesetzten und dem aktuellen Ausbilder) nicht eindeutig und unterscheiden sich zwischen den betrieblichen Bezugspersonen: Dabei ergeben sich unabhängig des messzeitpunktspezifischen Einsatzes dieser Skalen zum Teil signifikante und schwach positiv ausgeprägte Zusammenhänge zwischen den Leistungen im SJT (ab Messzeitpunkt t2) und den Gesprächshäufigkeiten mit Kollegen. Dagegen bestehen signifikante und schwach negativ ausgeprägte Zusammenhänge zwischen den Leistungen im deklarativen Wissenstest und den Gesprächshäufigkeiten zu den Vorgesetzten. Mit Blick auf die Mittelwerte und Varianzen bestehen für beide Skalen zu den Gesprächshäufigkeiten mit den Vorgesetzten (1. Einsatz der Skala zu t2 & 2. zu t3) lediglich geringe Ausprägungen, was das Auftreten negativer Korrelationen begünstigen kann. Im Rahmen visueller Betrachtungen der Daten, zum Beispiel durch Streudiagramme, sind trotz geringer Häufigkeit an Gesprächen zu nachhaltigkeitsrelevanten Themen mit den Vorgesetzten höhere Leistungen im Wissenstest, wie auch umgekehrt höhere Gesprächshäufigkeiten mit geringeren Leistungen im deklarativen Wissenstest, ersichtlich, beziehen sich meistens jedoch auf Einzelfälle, die auch durch Ausreißeranalysen[86] bestätigt werden. Aus lerntheoretischer Perspektive wäre die Induzierung von Präkonzepten zur Nachhaltigkeit durch nahestehende Bezugspersonen eine interessante Hypothese. Dieser Zusammenhang könnte aus den negativen Zusammenhangsmaßen vorschnell abgeleitet werden, ein entsprechender Befund erfordert aber zusätzliche

86 Im Falle auffälliger Zusammenhangsmaße wurde zusätzlich über eine lineare Regression zwischen der Leistungsskala und dem entsprechenden Prädiktor die Mahalanobis Distanz, zur Identifizierung von Ausreißern, für jeden Auszubildenden berechnet, die Einzelausreißer in diesen Zusammenhängen bestätigen. Ein Ausschluss dieser Personen wird jedoch abgelehnt, da die Auszubildenden mit hohen Mahalanobis Distanzen diese nicht bei anderen auffälligen Zusammenhängen und zugehörigen Ausreißerstatistiken bestätigen. Zudem würde sich hierdurch der Datensatz zu stark reduzieren und wäre im Rahmen der Strukturgleichungsanalysen nicht mehr auswertbar.

Forschung mit entsprechender Methodik, um ein doch stärker messfehlerbehaftetes Artefakt, wie es hier vorliegt, ausschließen zu können.

Unabhängig der Ausprägung des Zusammenhangsmaßes der Erklärungsfaktoren mit den Leistungsskalen, sind die geringen Skalenausprägungen aus inhaltlicher Perspektive dennoch von Interesse, da sie bezüglich der Bedeutung des angenommenen Lernkontexts als unwichtig anzunehmen sind. Dabei ist auffällig, dass die Häufigkeiten an Gesprächen zu nachhaltigkeitsrelevanten Themen mit den Vorgesetzten zu t2 höher sind als mit den Kollegen und dieses Verhältnis sich zu t3 wendet.[87] Erklärungen hierzu liegen vermutlich in stärkeren Instruktionen durch die Vorgesetzten und damit zusammenhängend auch höheren Interaktionsprozessen mit den Vorgesetzten innerhalb des ersten Ausbildungsjahres.

Bezüglich des Zusammenhangs zwischen den Leistungsskalen und den Skalen zu den Lerngelegenheiten kann der Einfluss unterschiedlicher Skalen geprüft werden. Dabei wurde zum Teil allgemein nach der Wahrnehmung von Nachhaltigkeitsinformationen in Medien, aber auch in konkreten betrieblichen Situationen gefragt. Die Skalen zeigen unabhängig des messzeitpunktspezifischen Einsatzes ernüchternde Ergebnisse auf: Lediglich vereinzelt ergeben sich signifikante Korrelationen, deren Zusammenhangsmaß aber häufig nur gering ausgeprägt ist. Auffällig ist jedoch die Skala „Informelles Lernen durch Informationen im Betrieb zu gesellschaftlichen Problemen und Arbeitsbedingungen in Entwicklungsländern", deren Zusammenhänge mit den messzeitpunktspezifischen Leistungsskalen durchgängig signifikant und negativ ausgeprägt sind. Insbesondere soziale Aspekte der Nachhaltigkeit (Bezugspunkte zur intragenerativen Gerechtigkeit, Herausforderungen von Entwicklungsländern etc.) erhalten im Bereich der Logistikbranche eine nur geringe Bedeutung (vgl. Abschnitt 5.2), was einen wesentlichen Grund für den geringen Mittelwert in Höhe von 1.85 (vgl. Anhang I) darstellt. Die (geringfügig) negativ ausgeprägten

87 Einsatz der Skalen zu t2:
M = 2.03 (Häufigkeit an Gesprächen über nachhaltigkeitsrelevante Themen mit Vorgesetzten),
M = 1.63 (Häufigkeit an Gesprächen über nachhaltigkeitsrelevante Themen mit Kollegen);
Einsatz der Skalen zu t3:
M = 1.73 (Häufigkeit an Gesprächen über nachhaltigkeitsrelevante Themen mit Vorgesetzten),
M = 2.03 (Häufigkeit an Gesprächen über nachhaltigkeitsrelevante Themen mit Kollegen). (vgl. Anhang J).

Zusammenhänge sind auch an dieser Stelle voraussichtlich auf die geringe Zustimmung der Auszubildenden zu dieser Skala zurückzuführen. Ähnliches gilt für den Zusammenhang zwischen den Leistungen im deklarativen Wissenstest und der Skala „Informelles Lernen während Einkaufshandlungen im privaten Kontext" (M = 1.89, vgl. Anhang I). Entsprechende Informationen werden überwiegend von den Auszubildenden nicht wahrgenommen und sind folglich nicht als bedeutsame Lerngelegenheit zu deuten.

Interessant sind die Ergebnisse zu der wahrgenommenen Thematisierung von Nachhaltigkeitsthemen während der allgemeinbildenden Schulzeit, in der Berufsschule sowie im Betrieb, die in den nachfolgenden Absätzen ausgeführt werden.

Positiv ausgeprägte, signifikante Zusammenhänge bestehen zwischen der Thematisierung von Nachhaltigkeitsaspekten während der allgemeinbildenden Schulzeit und den Leistungen im SJT zu den Messzeitpunkten t2 und t3. Hierzu ist auch auf die Zusammenhänge zwischen den Leistungen im deklarativen Wissen und der Motivation für Unterrichtsfächer der allgemeinbildenden Schulzeit gelernt zu haben, bei denen eine Nähe zu nachhaltigkeitsrelevanten Themen angenommen wird, hinzuweisen. Eine intrinsische Motivation, für das Unterrichtsfach Politik/Wirtschaft gelernt zu haben, korreliert signifikant positiv und messzeitpunktübergreifend mit den Leistungen im SJT. Vereinzelt ergeben sich daneben signifikante und positiv ausgeprägte Zusammenhänge zwischen der Leistung im SJT und einer intrinsischen Motivation für naturwissenschaftliche Unterrichtsfächer (zu t2) sowie für die Fächer Religion/Werte und Normen (t3) gelernt zu haben. Negativ ausgeprägt, aber signifikant, ist außerdem der Zusammenhang mit den Leistungen im SJT (zu t1 & t3) und einer extrinsischen Motivation für naturwissenschaftliche Unterrichtsfächer gelernt zu haben.

Bezüglich der Skalen zu der Thematisierung von Nachhaltigkeitsaspekten in der Berufsschule und in dem Ausbildungsbetrieb erzeugen die Skalen, die zum Messzeitpunkt t2 eingesetzt wurden, signifikante positiv ausgeprägte Zusammenhänge mit den Leistungen im SJT zum zweiten Messzeitpunkt, die Thematisierung im Betrieb darüber hinaus auch zum dritten Messzeitpunkt. Diese Ergebnisse deuten somit insgesamt auf eine stärkere Beachtung von Nachhaltigkeitsaspekten in betrieblichen Situationen, wenn Nachhaltigkeitsaspekte in der Ausbildung thematisiert werden.

Die im letzten Absatz dargestellten Ergebnisse basieren jedoch auf Skalenkonzeptionen, die sehr allgemein nach der Thematisierung mittels weniger Schlagworte zum nachhaltigen Wirtschaften fragen und nur wenig Bezugspunkte zu der Spedition/Logistik aufweisen. Deshalb wurden zum dritten Messzeitpunkt die Skalen zur Thematisierung von Nachhaltigkeitsaspekten in Berufsschule und Betrieb inhaltlich ausdifferenziert. Die Auszubildenden wurden dabei gebeten, einzuschätzen, ob Themen (1.) der ökologischen und (2.) sozialen Dimension nachhaltigen Wirtschaftens sowie (3.) Themen der Grünen Logistik im Ausbildungsverlauf behandelt wurden. Die Skalen unterscheiden dabei nach den Ausbildungsjahren (im ersten Ausbildungsjahr und seit dem Beginn des zweiten Ausbildungsjahres) sowie nach Lernorten (Berufsschule und Ausbildungsbetrieb). Alle signifikanten Zusammenhänge sind dabei negativ ausgeprägt und stehen folglich in einem Gegensatz zu den allgemeineren Skalen, die zu dem Messzeitpunkt t2 eingesetzt wurden. Die Verteilungen der zugehörigen Skalen sowie Interkorrelationen zwischen den Skalen werden dabei im Unterabschnitt 8.3.1.3 noch stärker im Detail betrachtet.

Als letzten Bezug zum nachhaltigen Wirtschaften ist kurz auf den Zusammenhang zwischen dem Interesse an nachhaltigkeitsrelevanten Themen einzugehen. Es ergeben sich signifikante und positiv ausgeprägte Korrelationen zu den Leistungsskalen vor allem mit den Interessensauprägungen zu t3. Der Zusammenhang zwischen der Interessensskala zu t1 und t2 und den Leistungen im SJT werden nur partiell signifikant.

Abschließend seien kurz die Zusammenhänge zwischen den Leistungsskalen und den allgemeineren Dispositionen ohne expliziten Nachhaltigkeitsbezug zusammengefasst. Ein potenziell bedeutsamer Prädiktor stellt die kognitive Fähigkeit (Leistung im CFT-20-R) dar, die signifikante und positiv ausgeprägte Zusammenhänge zu den Leistungsskalen erzeugt. Das Erklärungspotenzial ist dabei für die Leistung im deklarativen Wissenstest aber höher als für die Leistungen im SJT, bei denen nur zu t2 (aber nur schwach signifikant) und zu t3 signifikante Korrelationen gemessen werden können. In Ergänzung hierzu ist voraussichtlich auch die Erzielung einer Hochschulzugangsberechtigung vor Ausbildungsbeginn für die Leistungsvarianzaufklärung im deklarativen Wissenstest zum Messzeitpunkt t1 förderlich [$r = 0.187$, signifikant auf dem Niveau 0.01 (1-seitig)]. Vereinzelt bestehen daneben signifikante Zusammenhänge zwischen Motivationsskalen zum Lernen/Arbeiten in der Berufsschule bzw. im Betrieb. Negative Zusammenhänge sind dabei zu extrinsischen Motivationsskalen messbar. Vergleichbare Befunde sind ebenfalls aus der KONWIKA-Studie bereits bekannt (vgl. Seeber & Michaelis, 2014) und werden in der Diskussion der Ergebnisse kurz aufgegriffen (vgl. Kapitel 9).

#### 8.3.1.2 *Deskriptiver Vergleich der Verteilungen potenziell handlungserklärender Konstrukte zum nachhaltigen Wirtschaften*

In diesem Abschnitt werden in Ergänzung zu den vorherigen Interkorrelationsmatrixen deskriptive Verteilungen von Skalen, die aus einer verhaltenstheoretischen Perspektive (vgl. Abschnitt 2.1.4.4) sowie nach den Befunden der Nachhaltigkeits- und Umweltbewusstseinsstudien (vgl. Abschnitt 3.4) als besonders bedeutsam zur Erklärung der Kompetenz, nachhaltig zu wirtschaften, angenommen werden, differenzierter betrachtet. Dies sind Einstellungen zur Nachhaltigkeit bzw. zum nachhaltigen Wirtschaften, motivationale Dispositionen zum nachhaltigen Wirtschaften sowie wahrgenommene subjektive Normen und Verhaltenskontrollaspekte für ein nachhaltiges Wirtschaften. Es werden insgesamt nur die Skalen mit einem expliziten betrieblichen Kontext aufgezeigt (mit Ausnahme der Einstellungen, bei denen auch eine allgemeinere Skala betrachtet wird).[88]

Abbildung 32 zeigt die Verteilung der in die Fragebögen integrierten zwei Einstellungsskalen zur Nachhaltigkeit für jeden Messzeitpunkt auf. Die Skalenverteilungen zeigen zum einen Varianzen und zum anderen überwiegend hohe Zustimmungen zu den Einstellungsfragen innerhalb der befragten Stichprobe auf. Die Zusammenhänge zwischen den Messzeitpunkten sind mit mittel bis hoch ausgeprägten Korrelationskoeffizienten moderat stabil.[89]

---

88 Zur Visualisierung wird hierfür auf die Methode der Box-Plots zurückgegriffen. Ein Box-Plot stellt die Streuung der Skalenwerte dar, indem diese in Quantile aufgeteilt werden. Zum Verständnis der Aufteilung eines Box-Plots ist der schwarze Querbalken innerhalb der Boxen zu betrachten. Dieser Balken stellt den Median dar. Sowohl unterhalb als auch oberhalb des Medians werden 50% der Personen-Skalenwerte abgetragen. Beide Hälften werden anschließend durch den Übergang von dem Boxende zu einer Antenne weiter unterteilt. Diese grenzen die äußeren (außerhalb der Box) von den inneren Quantilen (innerhalb der Box) ab. Die Box entspricht dem Bereich, in dem die mittleren 50% der Personenskalenwerte liegen. Die Punkte unterhalb bzw. oberhalb der Antennen stellen Ausreißer im Datensatz dar.

89 Korrelationen zwischen den Messzeitpunkten:
Zuschreibung von Verantwortungsübernahme für Nachhaltigkeit durch Unternehmen (Angabe mit 1-seitigem Signifikanzniveau in Klammern):
t1 & t2: $\rho = 0.578$ (0.000); t1 & t3: 0.456 (0.000); t2 & t3: 0.531 (0.000)
Zuschreibung von Verantwortungsübernahme für Nachhaltigkeit durch die Gesellschaft (Angabe mit 1-seitigem Signifikanzniveau in Klammern):
t1 & t2: $\rho = 0.570$ (.000); t1 & t3: 0.559 (0.000); t2 &. t3: 0.589 (0.000)

*Abbildung 32: Verteilungen der Einstellungsskalen im längsschnittlichen Vergleich als Box-Plot*

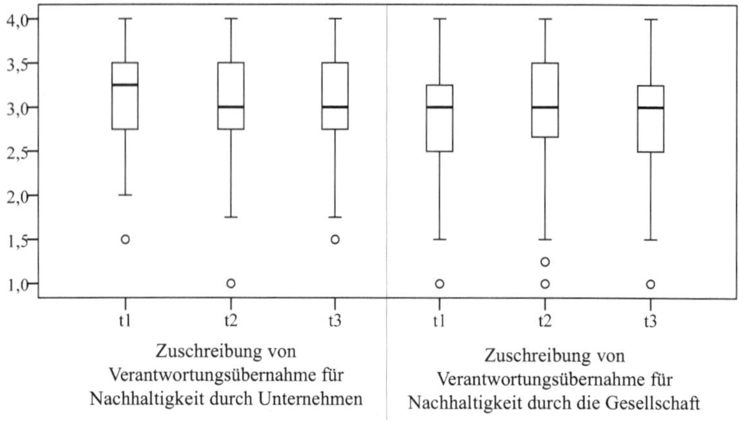


Die Verteilungen zu den Motivationsskalen, im Betrieb nachhaltig zu handeln (extrinsisch & intrinsisch), kann der Abbildung 33 entnommen werden. Entgegen der Einstellungen ist die Motivation, nachhaltig zu handeln, geringer ausgeprägt. Die geringste Zustimmung erhält dabei die extrinsische Motivationsskala, weshalb nur geringe externe Tätigkeitsanreize zum nachhaltigen Wirtschaften in den Ausbildungsbetrieben anzunehmen sind.

*Abbildung 33: Verteilungen der Skalen zur Motivation, nachhaltig zu wirtschaften, als Box-Plot*

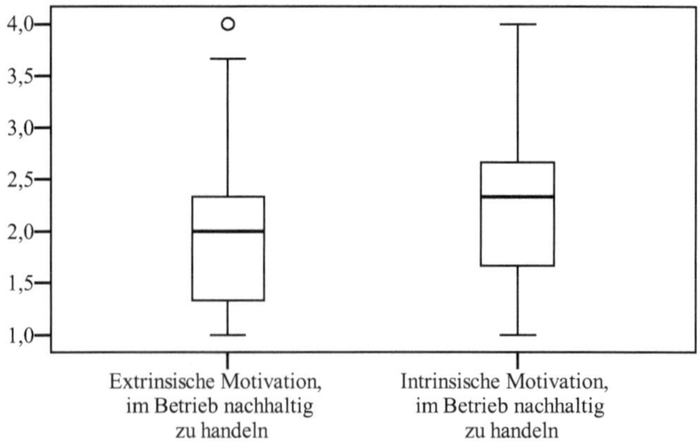

Das Ergebnis zu der extrinsischen Motivation, bei der zuvor geringe betriebliche Anreize angenommen wurden, kann mit Blick auf die Verteilung der Skalen zu den wahrgenommenen Normen im Betrieb, die in Abbildung 34 enthalten sind, in Teilen bestätigt werden. Während der Wahrnehmung von Normen für ein effektives und effizientes Wirtschaften im Ausbildungsbetrieb deutlich zugestimmt wird, erhalten Normen für ein nachhaltiges Wirtschaften (zu ökologischen und sozialen Aspekten des Wirtschaftens) in den Betrieben eine geringere Bedeutung. Allerdings zeigen die zugehörigen Skalen deutliche Varianzen bezüglich der nachhaltigkeitsbezogenen Normen in den Betrieben auf und es lässt sich schlussfolgern, dass die Ausbildungsbetriebe sich wahrscheinlich hinsichtlich des Engagements zum nachhaltigen Wirtschaften unterscheiden. Allerdings weist diese Aussage aufgrund der Auswertung subjektiv wahrgenommener Normen von Auszubildenden stärker einen hypothetischen Charakter auf. Für eine Verifikation dieser Aussage wären differenziertere Informationen zu den Ausbildungsbetrieben notwendig. Dieser methodische Aspekt wird im Abschnitt 9.3 noch einmal aufgegriffen.

*Abbildung 34: Verteilung der Skalen zu wahrgenommenen subjektiven Normen im Betrieb*

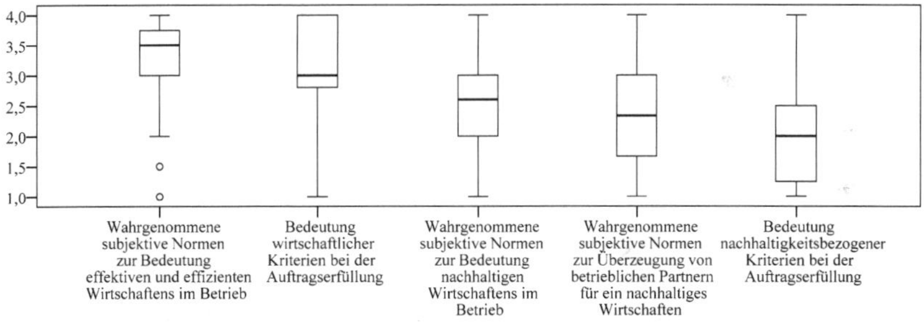


In Bezug auf Kontrollaspekte eines nachhaltigen Wirtschaftens wurden fünf Skalen eingesetzt, die nach der Wahrnehmung ausgewählter Kontrollaspekte (die nachhaltiges Handeln begrenzen oder verstärken können) im Ausbildungsbetrieb fragen. Abbildung 35 beinhaltet die zugehörigen Verteilungen der Skalen.

Die Skalen zu den Kostenaspekten (z. B., ob der Betrieb in nachhaltiges Wirtschaften investiert oder erhöhte Kosten für nachhaltigere Alternativen akzeptiert), der Informationsverfügbarkeit (z. B. über die Nachhaltigkeitswirkungen einer spezifischen Handlungsentscheidung) sowie den zeitlichen Ressourcen (z. B., ob längere Routen für einen umweltökologischeren Transport geplant werden dürfen), um nachhaltig wirtschaften zu können, weisen insgesamt geringe

Zustimmungen auf. Demgegenüber wird Hemmnisfaktoren eines nachhaltigen Wirtschaftens bedingt durch die Anforderungen der beiden zentralen Stakeholdergruppen (Kunden und Frachtführer) stärker zugestimmt. Diese Skalen weisen daneben geringere Varianzen auf und lassen diesbezüglich auf weniger individuelle Unterschiede in den Ausbildungsbetrieben schließen.

*Abbildung 35: Verteilung der Skalen zur wahrgenommenen betrieblichen Verhaltenskontrolle zum nachhaltigen Wirtschaften*

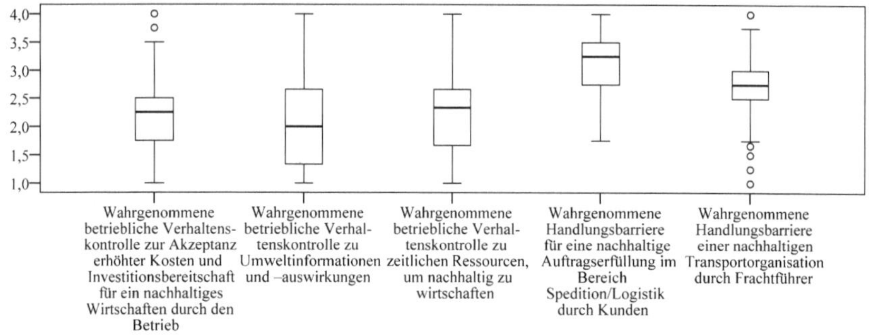


### *8.3.1.3 Deskriptive Befunde zu der Wahrnehmung von Lerngelegenheiten zum nachhaltigen Wirtschaften*

In dieser Arbeit werden neben Erklärungsfaktoren der Kompetenz, nachhaltig zu wirtschaften, wie sie im vorherigen Abschnitt deskriptiv betrachtet wurden, auch Entstehungshintergründe analysiert. Dabei werden unterschiedliche Lerngelegenheiten als lernförderlich angenommen. In diesem Abschnitt werden aufbauend auf den Interkorrelationskoeffizienten zwischen den Leistungsskalen und den Skalen zu den Lerngelegenheiten ausgewählte Skalen deskriptiv betrachtet. Dazu werden als Erstes die Befunde zu der Thematisierung von Nachhaltigkeitsaspekten in der Berufsschule und dem Betrieb, um Hinweise auf das implementierte Curriculum zu erhalten, betrachtet und als zweites Skalen, die sich auf die Wahrnehmung von Nachhaltigkeitsaspekten in informellen Lerngelegenheiten beziehen, betrachtet.

Die Interkorrelationskoeffizienten zur Thematisierung von Nachhaltigkeitsaspekten in der Berufsschule und dem Betrieb (vgl. Abschnitt 8.3.1.1) zeigten keine eindeutigen Zusammenhänge auf. Während die allgemeineren Skalen aus dem Messzeitpunkt t2 signifikant positiv mit den Leistungen im SJT ab t2 korrelieren, zeigen die thematisch stärker ausdifferenzierten Skalen, die zum Messzeitpunkt t3 eingesetzt wurden, negative Zusammenhänge auf. Differenzierte Befragungen, wie sie zu t3 erfolgten, haben den Vorteil, bedeutsame Inhalte für ein nachhaltiges Wirtschaften mit einem höheren Detailgrad ausformulieren zu können. Aufgrund der retrospektiven Befragung zu den vorherigen Messzeitpunkten können über diese Methodik aber auch messfehlerbehaftete Erinnerungen begünstigt werden. Deshalb enthält Tabelle 50 einen Überblick über die Korrelationen zwischen den Skalen, die zu t2, und denen, die zu t3, eingesetzt wurden, sich aber auf den selben Ausbildungszeitraum beziehen. Um eine zeitliche Stabilität annehmen zu können, müssen mindestens positiv ausgeprägte mittlere Zusammenhangsmaße entstehen.[90] Die messzeitpunktadäquaten Korrelationen zwischen den lernortspezifischen Skalen sind hierbei schwarz, indirekte Korrelationen zwischen beiden Lernorten (Berufsschule & Ausbildungsbetrieb) sind grau gekennzeichnet und für die Analyse nur nachrangig bedeutsam.

90 Hohe Korrelationen werden nicht erwartet, da die Skalen, die zu t3 eingesetzt wurden, die Inhalte wesentlich differenzierter und genauer erfassen und dementsprechend ähnliche, aber nicht dieselben Konstrukte erfasst werden.

*Tabelle 50: Interkorrelationsmatrix des messzeitpunktindifferenten Einsatzes der Skalen zur Thematisierung von Nachhaltigkeitsaspekten in der Berufsschule und in dem Ausbildungsbetrieb*

| | | Bisherige Thematisierung nachhaltig-keitsrelevanter Inhalte in der Berufsschule (t2) | Bisherige Thematisierung nachhaltig-keitsrelevanter Inhalte im Ausbildungsbe-trieb (t2) |
|---|---|---|---|
| Bisherige Thematisierung nachhaltigkeitsrelevanter Inhalte in der Berufsschule (t2) | r<br>N | 1.0<br>166 | .297**<br>166 |
| Thematisierung ökologischer Aspekte eines nachhaltigen Wirtschaftens im 1. Ausbildungsjahr in der Berufsschule (t3) | r<br>N | .280**<br>153 | .176*<br>153 |
| Thematisierung sozialer Aspekte eines nachhaltigen Wirtschaftens im 1. Ausbildungsjahr in der Berufsschule (t3) | r<br>N | .266**<br>153 | .136*<br>153 |
| Thematisierung von Themen einer grünen Logistik im 1. Ausbildungsjahr in der Berufsschule (t3) | r<br>N | .188*<br>150 | .275**<br>150 |
| Thematisierung ökologischer Aspekte eines nachhaltigen Wirtschaftens im 1. Ausbildungsjahr im Ausbildungsbetrieb (t3) | r<br>N | .171*<br>149 | .386**<br>149 |
| Thematisierung sozialer Aspekte eines nachhaltigen Wirtschaftens im 1. Ausbildungsjahr im Ausbildungsbetrieb (t3) | r<br>N | .164*<br>145 | .313**<br>145 |
| Thematisierung von Themen einer grünen Logistik im 1. Ausbildungsjahr im Ausbildungsbetrieb (t3) | r<br>N | .120<br>143 | .272**<br>143 |

Anmerkungen: Angabe von Pearson-Korrelationskoeffizienten; Die Messzeitpunktanagabe in Klammern hinter der Skalenbezeichnung bezieht sich auf den Einsatzzeitpunkt der Skala; *Die Korrelation ist auf dem Niveau von 0.05 (1-seitig) signifikant; **Die Korrelation ist auf dem Niveau von 0.01 (1-seitig) signifikant.

Die Zusammenhänge der Skalen, die zu unterschiedlichen Messzeitpunkten eingesetzt wurden, sind alle erwartungskonform signifikant und positiv ausgeprägt, allerdings sind die Zusammenhangsmaße auf der Berufsschulebene wesentlich schwächer als auf der Ausbildungsbetriebsebene. Dieses Ergebnis ist vermutlich auf höhere fachliche Inputs bei geringerer Lernzeit in der Berufsschule zuückzuführen, was die Erinnerung zeitpunktspezifischer Thematisierungen, die zum

Teil über ein Jahr zurücklagen, erschweren kann. Messfehlerbehaftete Zusammenhangsmaße zwischen diesen Skalen und den Leistungsskalen, wie sie im letzten Abschnitt beschrieben wurden, sind insgesamt nicht auszuschließen. Entsprechend werden die zum Messzeitpunkt t3 eingesetzten Skalen zur Messung der Wahrnehmung von Thematisierungen zu Nachhaltigkeitsaspekten in der Berufsschule und dem Ausbildungsbetrieb für die Analyse der interindividuellen Unterschiede in den intraindividuellen Entwicklungen nicht weiter verfolgt. In der Diskussion wird aber eine kritische Reflexion zu der Messung von Lerngegelegenheiten erfolgen (vgl. Abschnitt 9.3).

Zusätzlich werden im Folgenden die Skalen zur Wahrnehmung der Thematisierung von Nachhaltigkeitsaspekten in der Berufsschule und im Ausbildungsbetrieb als Box-Plots dargestellt, um Hinweise auf das implementierte Curriculum erhalten zu können, auch wenn, wie im Vorherigen beschrieben, die Gültigkeit der Daten begrenzt ist. Die Verteilungen der zum Messzeitpunkt t2 eingesetzten Skalen werden in Abbildung 36 dargestellt, die Verteilungen der zu t3 eingesetzten Skalen in Abbildung 37. Die Ergebnisse zeigen insgesamt Varianzen hinsichtlich der Wahrnehmung von Nachhaltigkeitsaspekten in der Berufsschule sowie in dem Ausbildungsbetrieb auf. Diese Ergebnisse bestätigen aber auch, dass Nachhaltigkeitsthemen eine nur geringe Bedeutung während der Berufsausbildung einnehmen und spiegeln die Befunde bestehender curricularer Anlaysen wider (Brötz et al., 2014, S. 13 i. V. m. S. 71; vgl. Abschnitt 4.3 i. V. m. Abschnitt 5.3). Nach diesen Ergebnissen ist insgesamt anzunehmen, dass die Kompetenz, nachhaltig zu wirtschaften, nur wenig über die Lernprozesse in der Berufsschule und in dem Ausbildungsbetrieb gefördert wird.

*Abbildung 36: Wahrnehmung der Thematisierung von Nachhaltigkeitsaspekten in der Berufsschule und im Ausbildungsbetrieb (Befragung zum Messzeitpunkt t2)*

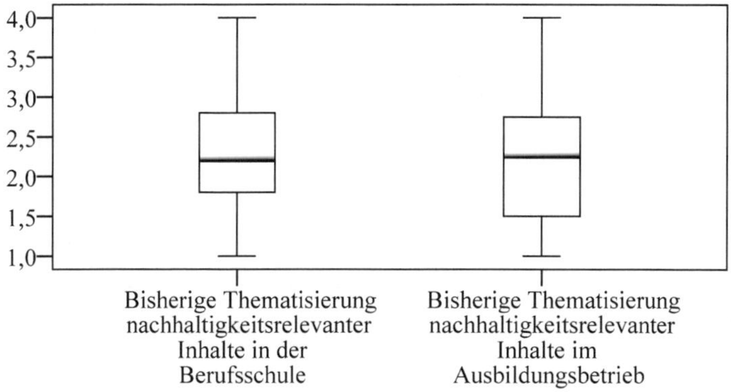

*Abbildung 37: Wahrnehmung der Thematisierung von Nachhaltigkeitsaspekten in der Berufsschule und im Ausbildungsbetrieb (Befragung zum Messzeitpunkt t3)*

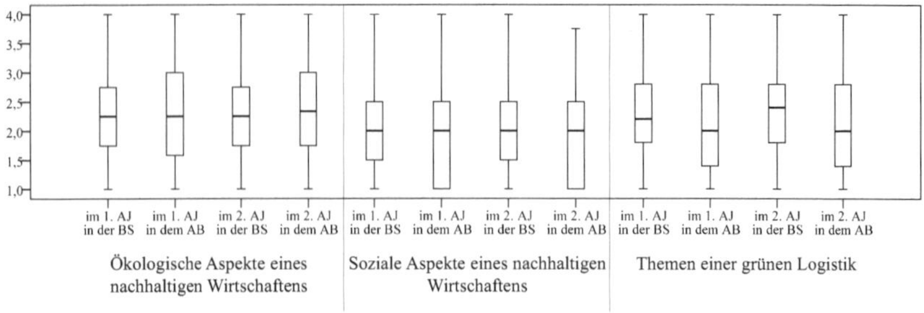


Anmerkungen: AJ-Ausbildungsjahr, BS-Berufsschule, AB-Ausbildungsbetrieb

Während die vorherigen Skalen allgemein nach der Thematisierung von Nachhaltigkeitsaspekten an den beiden Lernorten der dualen Ausbildung fragen, konzentrieren sich die nachfolgenden Skalen auf Lerngelegenheiten mit einem stärker informellen Charakter, denen im Rahmen der BNE/BBNE eine hohe Bedeutung zugeschrieben wird (vgl. Kapitel 4). Informelles Lernen wurde in dieser Arbeit als Lerngelegenheiten außerhalb eines curricular intendierten Kompetenzerwerbs definiert (vgl. Abschnitt 2.2.2). Deshalb wurden Skalen von Fischer et al. (2015) genutzt, die in Anlehnung an Dohmen (2001, S. 25) stärker nach Lernprozessen im Rahmen von Lebens- und Erfahrungszusammenhängen außerhalb des formalen Bildungswesens fragen. Unter Beachtung der Definition, Lernprozesse als Individuums-Umwelt-Interaktion zu betrachten (vgl. Abschnitt 2.2.1), ist schon an dieser Stelle limitierend anzumerken, dass die Skalen nur einen Ausschnitt von potenziellen informellen Lerngelegenheiten zur Nachhaltigkeit darstellen, aber auch Hinweise für zukünftigen Forschungsbedarf aufzeigen können.

Die Skalen von Fischer et al. (2015) umfassen jeweils drei Dimensionen für informelle Lerngelegenheiten im Ausbildungsbetrieb sowie im privaten Handlungskontext. Hierbei wird nach der Wahrnehmung von ökologischen und sozialen Aspekten im Betrieb (z. B. durch die Auslage von Informationsbroschüren), Beachtung von Kommunikationsprozessen über nachhaltigkeitsrelevante Themen sowohl im Betrieb als auch im privaten Handlungskontext, der Wahrnehmung von nachhaltigkeitsrelevanten Informationen in Medien oder auch während (alltäglichen) Einkaufshandlungen gefragt. Deskriptive Darstellungen der Ergebnisse dieser Skalen aus dem Messzeitpunkt t3 werden in Abbildung 38 für den betrieblichen Kontext und in Abbildung 39 für den privaten Handlungskontext als Box-Plots dargestellt.

*Abbildung 38: Informelles Lernen zu Nachhaltigkeitsaspekten im Betrieb*

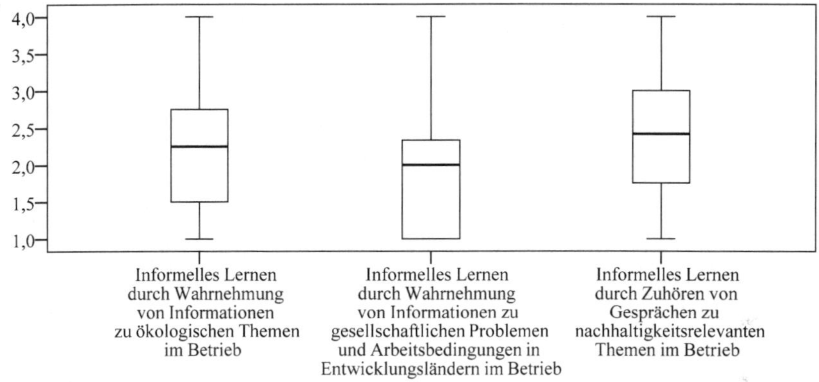


*Abbildung 39: Informelles Lernen zu Nachhaltigkeitsaspekten im privaten Kontext*

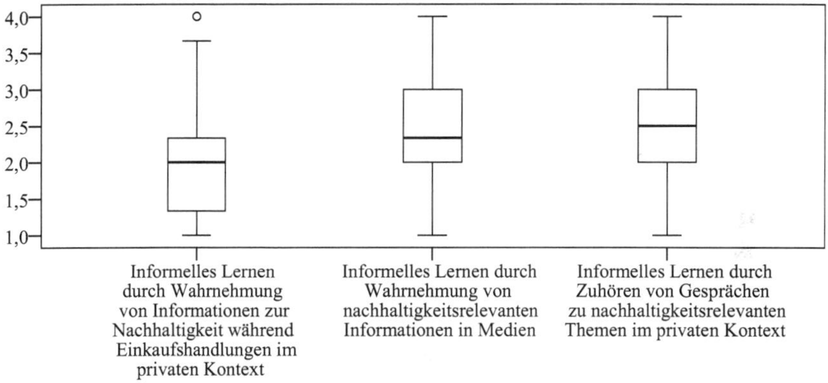


Die Box-Plots zeigen deutliche Varianzen bezüglich der Wahrnehmung von nachhaltigkeitsrelevanten Informationen in unterschiedlichen informellen Lerngelegenheiten auf. Mehrheitlich liegen aber vor allem niedrige bis mittlere Skalenausprägungen vor. Im Ausbildungsbetrieb werden dabei häufiger ökologische Aspekte als gesellschaftliche Probleme und Arbeitsbedingungen in Entwicklungsländern wahrgenommen, was hinsichtlich der stärkeren Bedeutung ökologischer Aspekte in der Logistikbranche plausibel ist (vgl. Abschnitt 5.2). Daneben verfolgen einige Auszubildende Kommunikationsprozesse über nachhaltigkeitsrelevante Themen sowohl im Betrieb als auch im privaten Kontext. Erwartungsgemäß werden entsprechende Themen auch in den Medien beobachtet, wohingegen Informationen während der Einkaufshandlungen seltener zur Kenntnis genommen werden.

### 8.3.2 Strukturanalysen

Das Hauptaugenmerk dieses Abschnitts liegt auf zwei Analysemethoden. Über autoregressive Modelle (vgl. Abschnitt 6.5.2) werden die Entstehungs- und Einflussfaktoren zur Erklärung der Leistungsvarianzen im SJT sowie der Leistungsvarianzen im deklarativen Wissenstest im Abschnitt 8.3.2.1 geprüft. Dieses Verfahren bietet den Vorteil, die Varianzaufklärung pro Messzeitpunkt zu betrachten sowie die Zusammenhänge zwischen den Messzeitpunkten zu prüfen. Darüber hinaus erfolgt die Analyse der Leistungsveränderung über latente Wachstumskurvenmodelle (vgl. Abschnitt 6.5.2) im Abschnitt 8.3.2.2.

Für die Analyse der Entstehungs- und Erklärungshintergründe wird auf reliable Skalen sowie manifeste Personenangaben zurückgegriffen, die in Ergänzung zu den Leistungsskalen im Rahmen der drei Messzeitpunkte miterhoben wurden (vgl. Abschnitt 6.6.3 i. V. m. Abschnitt 7.4). Erste Zusammenhänge dieser Skalen mit den messzeitpunktspezifischen Leistungsskalen wurden bereits im Vorherigen bivariat (vgl. Abschnitt 8.3.1.1) geprüft. Dabei konnten die nachfolgenden Skalen(bereiche) als potenzielle Prädiktoren zur Erklärung der Varianzen in den Leistungsskalen identifiziert werden:

- Einstellungen,
- Wahrnehmung subjektiver Normen (zur Verfolgung ökonomischer Ziele im Betrieb & zum nachhaltigen Wirtschaften im privaten Handlungskontext),
- Interesse an nachhaltigkeitsrelevanten Themen,
- Häufigkeiten an Gesprächen über nachhaltigkeitsrelevante Themen (vor allem mit Familie und Freunden),
- wahrgenommene Verhaltenskontrollaspekte zum nachhaltigen Wirtschaften (aber nur partiell),
- Thematisierungen von Nachhaltigkeitsaspekten während der allgemeinbildenden Schulzeit (und in diesem Kontext auch unterschiedliche Skalen zur Messung der Motivation während der allgemeinbildenden Schulzeit für Unterrichtsfächer mit nachhaltigkeitsverbundenen Themen gelernt zu haben),
- Motivation, in der Berufsschule bzw. dem Ausbildungsbetrieb zu lernen/arbeiten, sowie
- kognitiven Fähigkeiten.

Ungeeignet als Prädiktoren der Leistungsvarianzen erscheinen dagegen die zu t3 eingesetzten Skalen zur Thematisierung von Nachhaltigkeitsaspekten in der

Berufsschule und im Ausbildungsbetrieb[91] sowie insgesamt die Skalen zum informellen Lernen.[92,93]

In den Strukturzusammenhangsanalysen wird im Folgenden auf die Prüfung des Einflusses eines Migrationshintergrundes verzichtet. Trotz der Ergebnisse der DIF-Analyse, bei der im Zusammenhang zu den messzeitpunktspezifischen Leistungsskalen partiell ein geringfügig signifikant globaler Nachteil für Personen mit einem Migrationshintergrund gemessen wurde und hierdurch eine zusätzliche Varianzaufklärung erzielt werden könnte, ist dieses Vorgehen missingbedingt zu begründen. Der Datensatz würde sich ansonsten bei einer Berücksichtigung dieser Variable von 185 auf 175 Fälle reduzieren (vgl. Abschnitt 7.2.2.2).

Im Rahmen der Modellüberprüfung ist es ein primäres Ziel eine hohe Modellgüte sicherzustellen. Aus diesem Grund werden in die Strukturgleichungsmodelle in einem Ausgangsmodell nur signifikante Prädiktoren, die eine sehr gute Modellpassung mit Fit-Werten beim CFI in der Nähe von 1.00 und dem RMSEA bei 0.00 erzielen, aufgenommen.[94] In Alternativmodellen werden dagegen auch niedrigere Modellgüteeigenschaften, die aber nicht zu einer zu starken Verletzung der Modellgüte unterhalb der in der Psychometrie anerkannten Werte für einen CFI in Höhe von 0.95 sowie RMSEA unter 0.05 (vgl. Abschnitt 7.4) führen, akzeptiert. Diese Modellierung findet Anwendung, wenn dadurch bedeutsame inhaltliche Befunde diagnostiziert werden können. Hierbei werden außerdem nicht signifikante Korrelationen zwischen exogenen latenten Konstrukten zugelassen, aus Übersichtlichkeitsgründen in den Abbildungen aber nicht aufgeführt.

91 Annahme von Messfehlern aufgrund retrospektiver Befragung.

92 Es zeigten sich keine signifikanten Zusammenhänge zwischen den Leistungsskalen und den Skalen zum informellen Lernen mit Ausnahme der Skala „Informelles Lernen durch Informationen im Betrieb zu gesellschaftlichen Problemen und Arbeitsbedingungen in Entwicklungsländern", deren negativer Zusammenhang mit den SJT-Leistungen auf die sehr niedrige Skalenausprägung, die signifikante Zusammenhänge begünstigt, zurückzuführen ist.

93 Trotz nicht signifikanter Zusammenhänge in den bivariaten Analysen wurden dennoch die Zusammenhänge aller Entstehungs- und Erklärungsskalen sowohl im autoregressiven Modell als auch im latenten Wachstumskurvenmodell einzeln geprüft, da die bivariate Betrachtung nicht latent erfolgte und gerade der Zusammenhang mit dem latenten Wachstumsfaktor über die bivariaten Analysen nicht geprüft werden konnte.

94 Zur Erklärung der hier dokumentierten Fit-Indices von Strukturgleichungsmodellen sei auf Abschnitt 7.4 verwiesen.

#### *8.3.2.1 Zusammenhangsanalyse als autoregressives Modell*

Es wurden insgesamt zwei autoregressive Modelle berechnet: Abbildung 40 (S. 246) visualisiert dabei die Ergebnisse des Ausgangsmodells und Abbildung 41 (S. 247) die Ergebnisse des Alternativmodells. Das Ausgangsmodell weist eine sehr gute Modellpassung mit einem CFI von 0.997 und einem RMSEA von 0.008 auf. Das alternative Modell unterscheidet sich zu dem Ausgangsmodell durch zwei zusätzliche Erklärungszusammenhänge sowie durch das Auflösen eines Zusammenhangs. Die Modellgüte liegt in Bezug auf den CFI von 0.947 nur knapp unter dem in der Psychometrie empfohlenem Wert von 0.950. Allerdings kann dieser Wert als noch akzeptabel bewertet werden (Hartig et al., 2008, S. 50).

Beide Modelle inhaltlich interpretiert, zeigt sich generell ein hoher Erklärungsanteil an der Varianz der Leistungsskalen zu den Messzeitpunkten t2 und t3 durch vorherige Messzeitpunkte. Dabei verdeutlicht sich die Bedeutung des Vorwissens unter Beachtung des Einflusses der Leistungen zum Messzeitpunkt t1, die direkt zum Ausbildungsbeginn erhoben wurden, auf die Leistungen zu t2. Außerdem stellt das deklarative Wissen über Nachhaltigkeit und nachhaltiges Wirtschaften einen maßgeblichen erklärenden Faktor für die Leistung im SJT dar.

Darüber hinaus zeigen sich schwach bis mittlere kognitiv basierte Erklärungszusammenhänge zur Analyse der Leistungsvarianzen in beiden Modellen. Die Abhängigkeit der Leistung im deklarativen Wissenstest von kognitiven Fähigkeiten (Leistung im CFT-20-R) ergibt sich im Besonderen zum Messzeitpunkt t1, aber auch zu t2, allerdings verbunden mit einer höheren Irrtumswahrscheinlichkeit. Auch die Erzielung einer Hochschulzugangsberechtigung vor dem Ausbildungsbeginn bildet einen signifikanten Regressor der Leistung im deklarativen Wissenstest. Beide Effekte verschwinden jedoch im Ausbildungsverlauf.

Motivationseinflüsse ergeben sich für den Messzeitpunkt t1 und t3 im Rahmen der Varianzaufklärung im SJT. Dabei zeigt sich zu t1 ein Einfluss aus dem privaten Handlungskontext. Auszubildende, die für ein nachhaltiges Wirtschaften extrinsisch motiviert werden, berücksichtigen seltener Nachhaltigkeitsaspekte in den betrieblichen Handlungssituationen. Im alternativen autoregressiven Modell ergibt sich zusätzlich ein positiver (aber nur schwacher) Einfluss auf die Intention, nachhaltig zu wirtschaften, durch ein intrinsisch motiviertes Lernen in der Berufsschule.

Ein weiterer erklärungsbedeutsamer Prädiktor der Varianzen im SJT bildet das latente Konstrukt „Zuschreibung von Verantwortungsübernahme für Nachhaltigkeit durch Unternehmen". Je höher Auszubildende diese Einstellung vertreten, desto häufiger berücksichtigen sie Nachhaltigkeitsaspekte in betrieblichen

Handlungssituationen zum Messzeitpunkt t3 (höhere Leistungen im SJT), im Ausgangsmodell auch zu t2.[95]

Ein auffälliger Effekt ist auf das Geschlecht zurückzuführen, der aber aufgrund der Ergebnisse der DIF-Analysen weniger inhaltlich zu interpretieren ist, sondern auf einen noch akzeptablen testbedingten Subgruppenunterschied zu Gunsten der Frauen im SJT sowie der Männer im deklarativen Wissenstest zurückzuführen ist. Die Rolle des Geschlechts wird sowohl im nachfolgenden Abschnitt zu den latenten Wachstumskurvenmodellen (vgl. Abschnitt 8.3.2.2), als auch im Rahmen der Diskussion (vgl. Abschnitte 9.2.2 & 9.3) noch einmal aufgegriffen.

Im Ausgangsmodell besteht zudem ein schwach signifikanter Erklärungsfaktor für die Varianz im deklarativen Wissenstest zum Messzeitpunkt t2 durch die Skala „Informationshäufigkeit zu Themen einer nachhaltigen Entwicklung". Das Signifikanzniveau deutet jedoch auf einen stärker messfehlerbehafteten Zusammenhang hin und verschwindet im alternativen autoregressiven Modell bei der Integration weiterer signifikant varianzerklärungsfähiger Variablen der Leistungsskalen.

Neben dem bereits erwähnten Zusammenhang zwischen der intrinsischen Motivation, in der Berufsschule zu lernen, und der Leistung im SJT zum Messzeitpunkt t3 kann im alternativen autoregressiven Modell ein normorientiertes Erklärungsmerkmal der Handlungsintention, nachhaltig zu wirtschaften, herausgearbeitet werden. Die Auszubildenden erzielen signifikant höhere Leistungen im SJT zu t2 und t3, wenn sie in ihrem Ausbildungsbetrieb Normen für ein effektives und effizientes Wirtschaften wahrnehmen. Dieser Befund, der auf den ersten Blick erwartungswidrig erscheint, sich aber bereits bei den bivariaten Zusammenhängen ergab und sich ebenfalls im nachfolgenden latenten Wachstumskurvenmodell zeigt, ist in der Diskussion wieder aufzugreifen. Dieser Zusammenhang ist besonders unter Berücksichtigung des Scorings im SJT, bei dem alle Dimensionen einer nachhaltigen Entwicklung berücksichtigt werden, zu eruieren.

---

95 In beiden Modellen wurde die zum Messzeitpunkt t3 gemessene Einstellung „Zuschreibung von Verantwortungsübernahme für Nachhaltigkeit durch Unternehmen" berücksichtigt. Geprüft wurde daneben auch der Einfluss der zu t1 und t2 gemessenen Ausprägungen dieser Skala. Auch hierüber können signifikante und positiv ausgeprägte Einflüsse insbesondere zur messzeitpunktadäquaten Leistung im SJT diagnostiziert werden, allerdings erzielte die zu t3 gemessene Skala die beste Modellpassung im autoregressiven Modell sowie im nachfolgenden latenten Wachstumskurvenmodell. Eine Integration dieser Skala mit unterschiedlichen messzeitpunktspezifischen Daten führt hingegen zu einem deutlichen Modellgüteverlust. Die Varianzaufklärung durch diese Einstellung sollte dennoch für jeden Messzeitpunkt angenommen werden.

*Abbildung 40: Autoregressives Modell zur Analyse der Kompetenzentwicklung, nachhaltig zu wirtschaften*

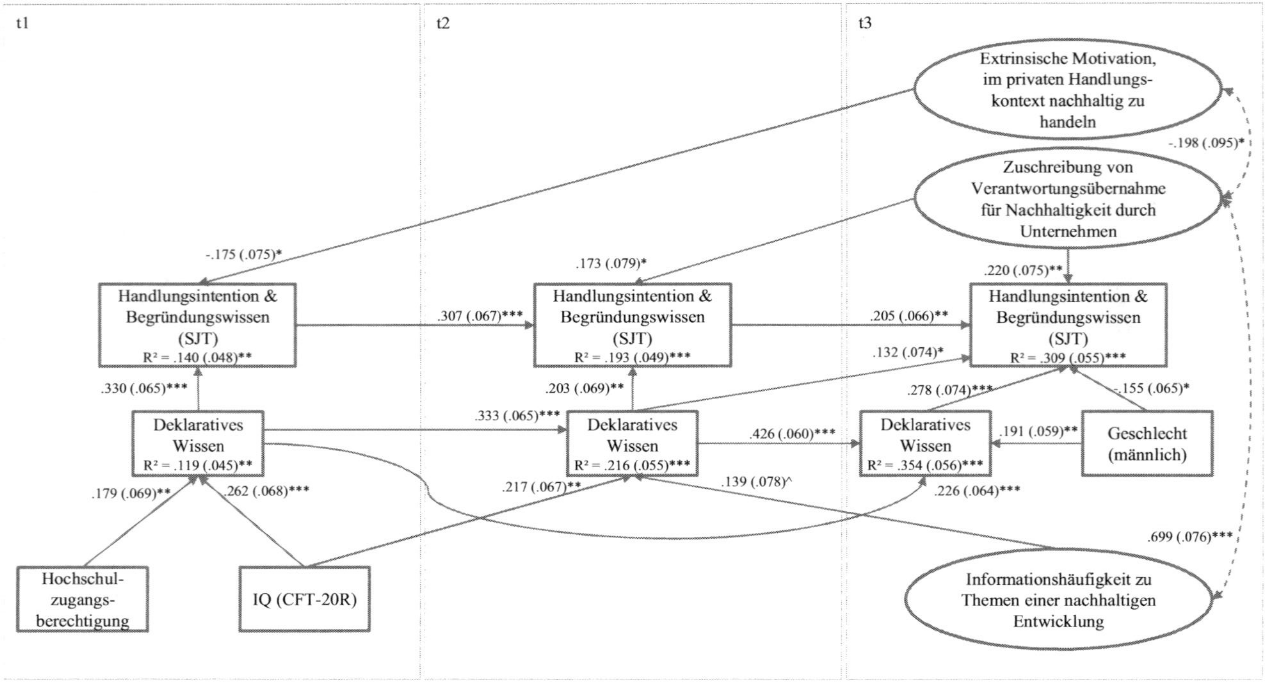


Anmerkungen: Signifikanzlevel: *** < .001; ** < .01 * < .05 ^ < .1; CFI = .997; RMSEA = .008; $\chi^2/df$ = 1.012; Standardisierte Koeffizienten (STDYX); Standardfehler in Klammern

*Abbildung 41: Alternatives autoregressives Modell zur Analyse der Kompetenzentwicklung, nachhaltig zu wirtschaften*

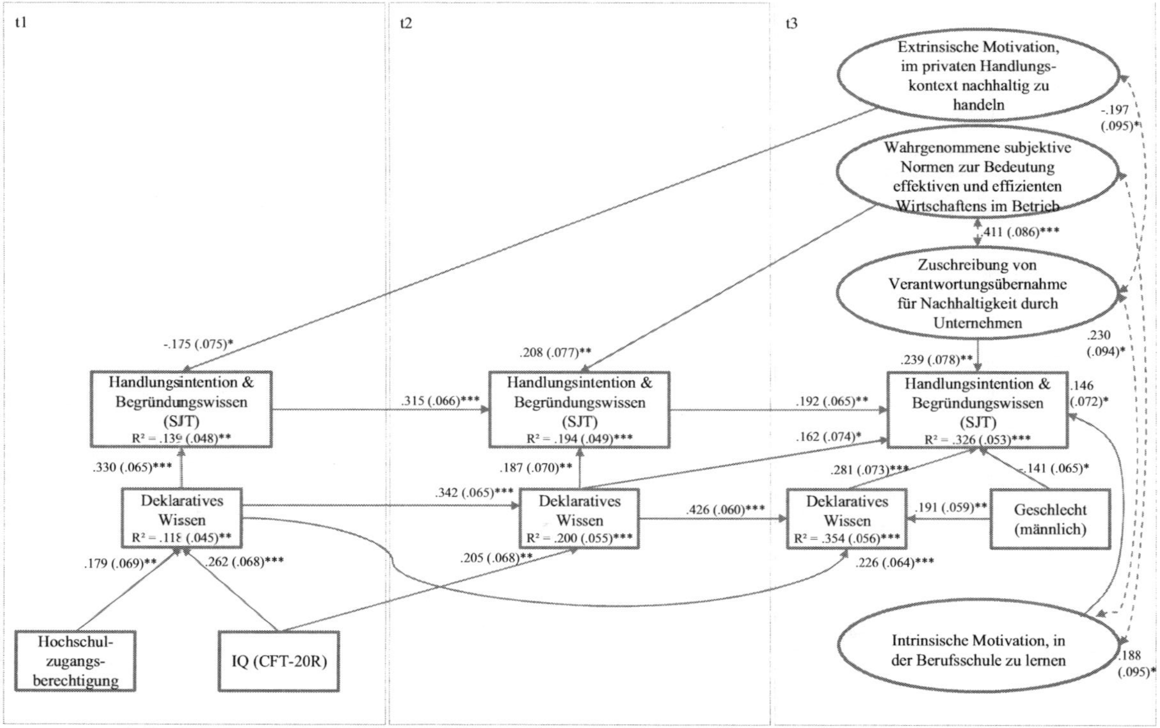


Anmerkungen: Signifikanzlevel: *** < .001; ** < .01 * < .05 ^ < .1; CFI = .947; RMSEA = .037; $\chi^2/df = 1.25$; Standardisierte Koeffizienten (STDYX); Standardfehler in Klammern

### *8.3.2.2 Zusammenhangsanalyse als latentes Wachstumskurvenmodell*

Für die Analyse der Strukturzusammenhänge der Kompetenz, nachhaltig zu wirtschaften, sowie deren Entwicklung wurden in Ergänzung zu den zuvor dargestellten autoregressiven Modellen (vgl. Abschnitt 8.3.2.1) drei latente Wachstumskurvenmodelle berechnet. Das Ausgangsmodell weist erneut eine sehr gute Modellpassung (CFI = 0.999; RMSEA = 0.005) auf und wird in Abbildung 42 (S. 252) veranschaulicht. In Ergänzung zu dem alternativen autoregressiven Modell (vgl. Abbildung 41, S. 247) wurde ein alternatives latentes Wachstumskurvenmodell entwickelt, das unter Berücksichtigung einer geringeren Modellgüte die Varianz der Entwicklung in den SJT-Leistungen über zwei zusätzliche latente Faktoren erklärt und hierüber eine deutlich höhere Varianzaufklärung erzielt (R = 37.5 % vs. 50.2 %). Die Strukturzusammenhänge dieses Modells werden in Abbildung 43 (S. 253) visualisiert. Ein drittes latentes Wachstumskurvenmodell prüft die Rolle des Geschlechts als Prädiktor der Entwicklung im SJT. Bisher wurde eine geringfügige Modellverletzung durch das Geschlecht angenommen (vgl. Abschnitt 7.2.2.1), was unter anderem die Zusammenhänge zwischen Leistungsskalen und Geschlecht in beiden autoregressiven Modellen (vgl. Abbildung 40 & Abbildung 41, S. 246 f.) erklären kann. Allerdings weist die zu t3 gemessene Einstellungsskala „Zuschreibung von Verantwortungsübernahme für Nachhaltigkeit durch Unternehmen", die ebenfalls einen bedeutsamen Erklärungsfaktor der Leistungsvarianzen des SJTs zu t3 (im autoregressiven Ausgangsmodell auch zu t2) darstellt, einen signifikanten Geschlechterunterschied auf[96]. Während die weiblichen Auszubildenden im Durchschnitt dieser Einstellung mit einem Mittelwert von 3.26 zustimmen, liegt der Mittelwert der Skala bei den männlichen Auszubildenden bei 3.07. Der Subgruppenunterschied bei einer Differenzierung nach dem Geschlecht ist somit sowohl bei den Leistungen im SJT als auch der Einstellung vorhanden. Aus diesem Grund prüft das zweite alternative latente Wachstumskurvenmodell das Geschlecht als Prädiktor der oben genannten Einstellungsskala und damit zusammenhängend potenzielle Veränderungen der Strukturzusammenhänge. Das hieraus resultierende Modell kann in Abbildung 44 (S. 254) eingesehen werden.

Im Gegensatz zum autoregressiven Modell können in den latenten Wachstumskurvenmodellen die Strukturzusammenhänge zur Erklärung der Varianzen nicht für jeden einzelnen Messzeitpunkt, sondern nur für das Ausgangsniveau (Intercept) und dessen Entwicklung analysiert werden (vgl. Abschnitt 6.5.2).

---

96 Signifikanz = 0.018 (2-seitig).

Bevor jedoch die Strukturzusammenhänge zusammengefasst werden, sind eingangs einige deskriptive Befunde des Ausgangsmodells der latenten Wachstumskurven zu betrachten. Diese sind in der Tabelle 51 aufgeführt.

*Tabelle 51: Deskriptive Befunde des latenten Wachstumskurvenmodells*

| | **Mittelwert** | **Varianz** |
|---|---|---|
| Intercept SJT | -0.110 | 0.290 |
| Intercept deklaratives Wissen | 0.329 | 0.342 |
| Slope SJT | 0.045 | 0.120 |
| Slope deklaratives Wissen | 0.248 | 0.048 |

Wie bereits die Rasch-Skalierungen im Abschnitt 8.1 aufzeigten und über die Mittelwerte der Slope-Faktoren der Leistungsskalen im Vergleich bestätigt werden kann, ist der Zuwachs im deklarativen Wissen über Nachhaltigkeit und nachhaltiges Wirtschaften global betrachtet stärker ausgeprägt als die Entwicklung im SJT. Allerdings zeigen die zugehörigen Varianzen nur geringe interindividuelle Unterschiede in den Entwicklungen auf. Infolgedessen ist das Potenzial zur Analyse von Erklärungs- und Entstehungsfaktoren der Leistungsentwicklung begrenzt. Dies spiegelt sich besonders für die Analyse der Varianzen der Entwicklung des deklarativen Wissens wider, bei dem in allen Modellen lediglich der Geschlechtereffekt signifikant zur Varianzaufklärung beiträgt. Der geringen Varianz des Slope-Faktors des deklarativen Wissens steht eine höhere Varianz des Ausgangsniveaus gegenüber. Die Auszubildenden unterscheiden sich somit insbesondere in den Vorwissensstrukturen über Nachhaltigkeit und nachhaltiges Wirtschaften. In Bezug auf den SJT lässt sich dieser Befund ebenfalls bestätigen, jedoch ist der Varianzunterschied zwischen Intercept und Slope schwächer ausgeprägt. Die Strukturzusammenhänge des Messzeitpunktes t1, die bereits über die autoregressiven Modelle bekannt sind, bestätigen sich in allen latenten Wachstumskurvenmodellen. Darüber hinaus bilden drei weitere Skalen Prädiktoren des deklarativen Ausgangswissens. Eine intrinsische Lernmotivation für das Unterrichtsfach Politik/Wirtschaft während der allgemeinbildenden Schulzeit sowie Häufigkeiten an Gesprächen mit Freunden über nachhaltigkeitsrelevante Themen gehen mit höheren Leistungen im deklarativen Wissenstest zum Messzeitpunkt t1 einher. Ein von außen gesteuertes Lernen/Arbeiten im Betrieb wirkt sich hingegen negativ auf die Ausgangsleistung im deklarativen Wissenstest aus.

Mit Blick auf das Zusammenwirken zwischen Intercept- und Slope-Faktoren zeigt sich auf der SJT-Ebene ein hochsignifikanter und hoch negativ ausgeprägter Zusammenhangseffekt. Dieser untermauert den bereits deskriptiv aufbereiteten

Befund, dass Auszubildende ihre Leistungen zum nachhaltigen Wirtschaften mit einer höheren Wahrscheinlichkeit steigern können, wenn ihre Ausgangsleistung unterhalb oder gleich dem Median war (vgl. Abschnitt 8.2). In Bezug auf das deklarative Wissen bestätigt sich dieser Befund nicht. Dies ist aber auch auf die geringe Varianz im Slope-Faktor zurückzuführen ist.

Zur Erklärung der Entwicklung der Leistung im SJT können mehrere Prädiktoren empirisch bestätigt werden. Hierbei sind es insbesondere diejenigen Konstrukte, die bereits zu einer Varianzaufklärung im SJT zu den späteren Messzeitpunkten in den autoregressiven Modellen beitragen konnten (vgl. Abschnitt 8.3.2.1). Als ein bedeutsamer Prädiktor ist nach dem Ausgangsmodell (vgl. Abbildung 42) vor allem die Einstellung „Zuschreibung von Verantwortungsübernahme für Nachhaltigkeit durch Unternehmen" anzusehen. Dessen Erklärungskraft reduziert sich jedoch unter Berücksichtigung der Skalen „Wahrgenommene subjektive Normen zur Bedeutung effektiven und effizienten Wirtschaftens im Betrieb" sowie der Skala „intrinsische Motivation, in der Berufsschule zu lernen", deren Zustimmungen eine höhere Leistungsentwicklung im SJT begünstigen können, im alternativen latenten Wachstumskurvenmodell (vgl. Abbildung 43).

Der theoretisch angenommene Zusammenhang zwischen den Leistungsskalen bestätigt sich in Ergänzung zu den messzeitpunktspezifischen Strukturzusammenhängen im autoregressiven Modell auch im latenten Wachstumskurvenmodell. Allerdings wird das Zusammenwirken der Slope-Faktoren nur signifikant, wenn das Geschlecht als Prädiktor berücksichtigt wird. Da sich, zwar nur auf schwachem Signifikanzniveau, eine negative Entwicklung der männlichen Auszubildenden im SJT zeigt, dagegen diese Geschlechtergruppe eine bessere Entwicklung in der Leistung im deklarativen Wissen aufzeigt, wird der negativ ausgeprägte Effekt der männlichen Auszubildenden entsprechend über den deklarativen Wissenszuwachs kompensiert. Die somit resultierende Zusammenhangsstärke zwischen den Slope-Faktoren wird folglich maßgeblich durch den Geschlechtereffekt beeinflusst.

Wie bereits an vorheriger Stelle wiederholt beschrieben, steht in Bezug auf das Zusammenwirken mit dem Geschlecht aber eine potenzielle Modellverletzung infrage. Die DIF-Analysen (vgl. Abschnitt 7.2.2.1) zeigen inhomogene Subgruppenunterschiede auf Itemebene auf. Der Itemumfang ist jedoch zu gering, um Themengebiete differenzierter analysieren zu können, die diese Subgruppenvarianz eventuell aufklären könnten. Global zeigt sich im Rahmen der multivariaten Analyse über das autoregressive Modell, wie auch eingangs bereits beschrieben, eine signifikant schlechtere Leistung der männlichen Auszubildenden im SJT. Daneben weisen die männlichen Auszubildenden eine geringere

Skalenausprägung der Einstellungsskala „Zuschreibung von Verantwortungsübernahme für Nachhaltigkeit durch Unternehmen" auf. Unter Berücksichtigung der Vorhersagekraft dieser Skala auf die Entwicklung im SJT und der Annahme eines vergleichbaren geschlechterbedingten Subgruppenunterschieds (wie er auch im SJT vorliegt), könnte (wenn auch nur partiell) die Modifikation von Strukturzusammenhängen das Zusammenwirken zwischen SJT-Slope-Faktor und Geschlecht differenzierter aufgeschlüsselt werden. Dazu soll im Folgenden geprüft werden, wie sich Strukturzusammenhänge verändern, wenn das Geschlecht als Prädiktor der oben zitierten Einstellungsskala modelliert wird. Ziel wäre es, hierdurch die angenommene geringe Modellverletzung im SJT-Slope-Faktor durch den Geschlechter-DIF-Effekt von potenziellen inhaltlichen Erklärungen (in diesem Fall einstellungsbasierte Gründe) trennen zu können.

Aufgrund der vorherigen Ausführungen überprüft das zweite alternative latente Wachstumskurvenmodell (vgl. Abbildung 44), wie sich die Zusammenhänge verändern, wenn das Geschlecht zusätzlich als Prädiktor der zuvor genannten Einstellungsskala modelliert wird. Dabei kann zum einen der Zusammenhang zwischen Geschlecht und SJT-Slope-Faktor aufgelöst werden oder andererseits beibehalten werden. Die Auflösung dieses Strukturzusammenhangs verstärkt zwar das Vorhersagepotenzial der Einstellungsskala für die Entwicklung im SJT (Estimate = 0.419, Standardfehler = 0.113, Signifikanz = 0.010), jedoch führt dieses Zusammenwirken zugleich zu einem erheblichen Verlust der erklärten Varianz des SJT-Slope-Faktors ($R^2$ = 19.9 % vs. 38.5 %). Abbildung 44 beinhaltet deshalb ein latentes Wachstumskurvenmodell, bei dem im Unterschied zu dem Ausgangsmodell (vgl. Abbildung 42) das Geschlecht sowohl als Prädiktor der Einstellungsskala als auch des SJT-Slope-Faktors modelliert wird. Bei einem Vergleich dieses alternativen latenten Wachstumskurvenmodells mit dem Ausgangsmodell zeigt sich hinsichtlich des Geschlechtereffekts zur Erklärung der Varianzen im SJT-Slope-Faktor kaum eine Veränderung des Einflusses und des Signifikanzniveaus. Das Geschlecht als Prädiktor für die Einstellungsskala ist aber ebenfalls signifikant, allerdings beträgt die erklärende Varianz dieser Skala nur 3.7 %. Bedingt durch den hohen Anteil unerklärter Varianz zeigt sich zudem weiterer Forschungsbedarf.[97]

97 Mit Blick auf die signifikanten Korrelationen in den Strukturgleichungsmodellen zeigt sich, dass die Einstellungsskala „Zuschreibung von Verantwortungszunahme für Nachhaltigkeit durch Unternehmen" positive Zusammenhänge mit weiteren latenten Konstrukten aufweist. Insbesondere über den großen Zusammenhang mit der latenten Skala „Gespräche mit Freunden zu nachhaltigkeitsrelevante Themen", könnten lerntheoretische Entstehungs- und Erklärungsmerkmale auch für diese Skala geprüft werden.

*Abbildung 42: Latentes lineares Wachstumskurvenmodell zur Analyse der Kompetenzentwicklung, nachhaltig zu wirtschaften*

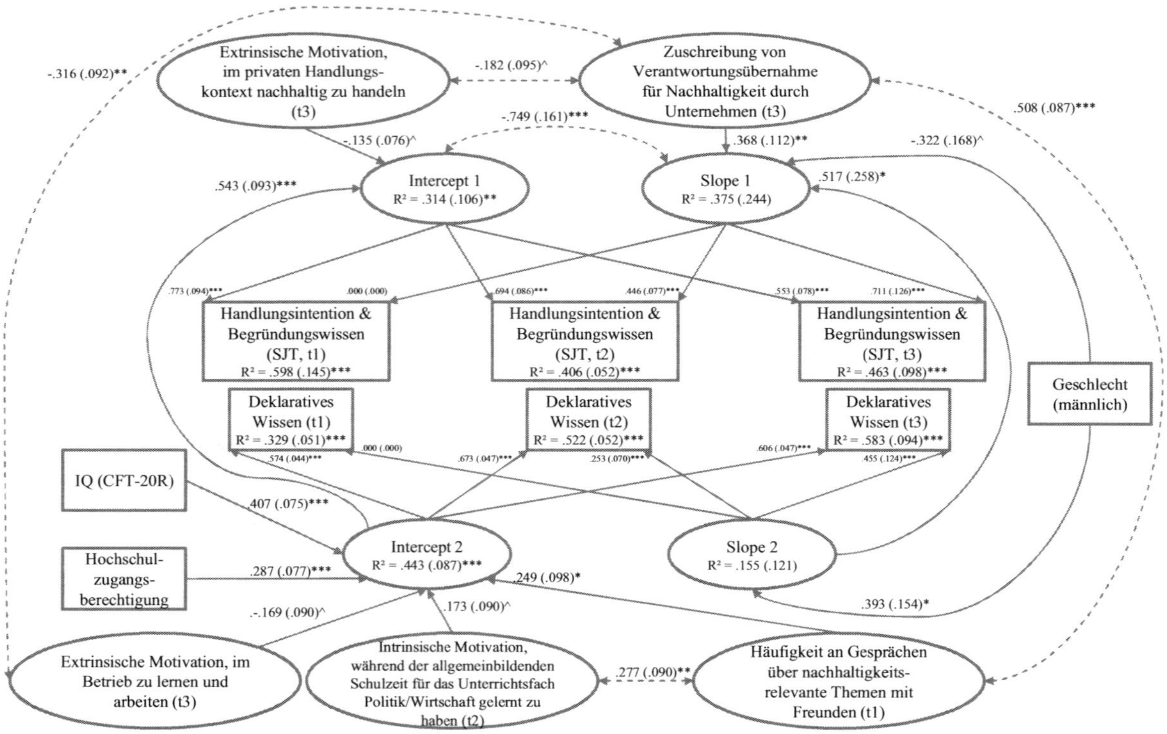


Anmerkungen: Signifikanzlevel: *** < .001; ** < .01 * < .05 ^ < .1; CFI = .999; RMSEA = .005; $\chi^2$/df = 1.05; Standardisierte Koeffizienten (STDYX); Standardfehler in Klammern

*Abbildung 43: Alternatives latentes lineares Wachstumskurvenmodell zur Analyse der Kompetenzentwicklung, nachhaltig zu wirtschaften*

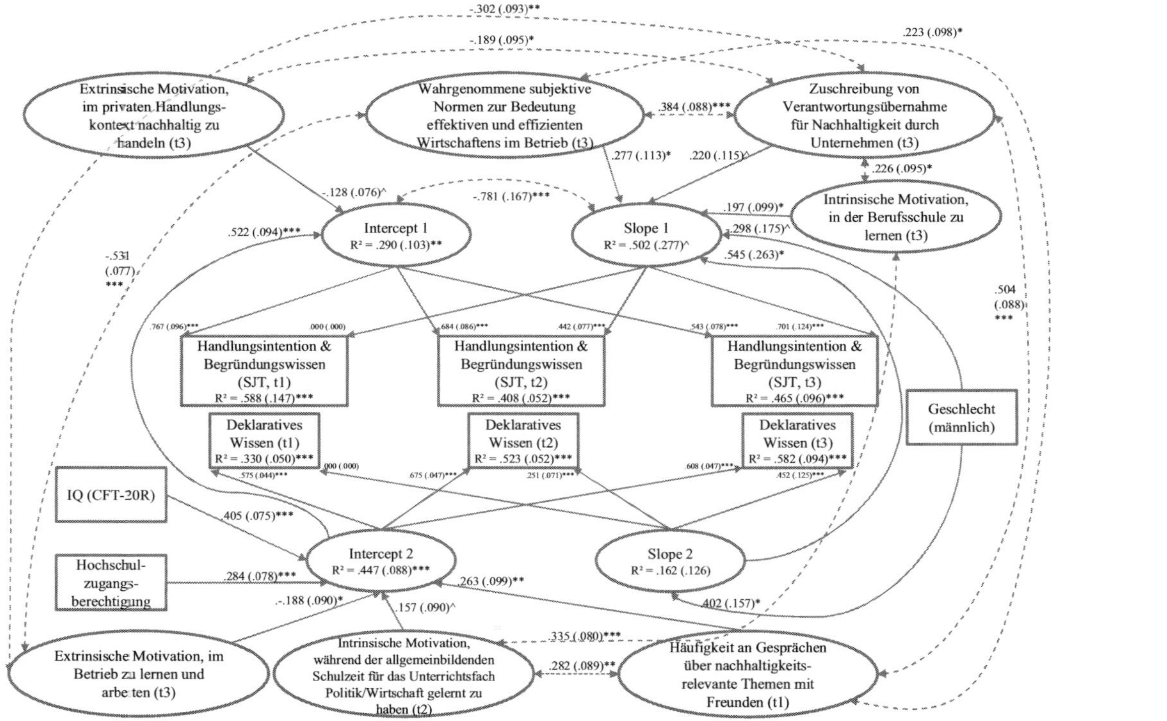


Anmerkungen: Signifikanzlevel: *** < .001; ** < .01 * < .05 ^ < .1; CFI = .956; RMSEA = .030; $\chi^2$/df = 1.16; Standardisierte Koeffizienten (STDYX); Standardfehler in Klammern

*Abbildung 44: Alternatives latentes lineares Wachstumskurvenmodell zur Analyse des Zusammenhangs zwischen dem Geschlecht und der Einstellung „Zuschreibung von Verantwortungsübernahme für Nachhaltigkeit durch Unternehmen“ im Rahmen der Kompetenzentwicklung, nachhaltig zu wirtschaften*

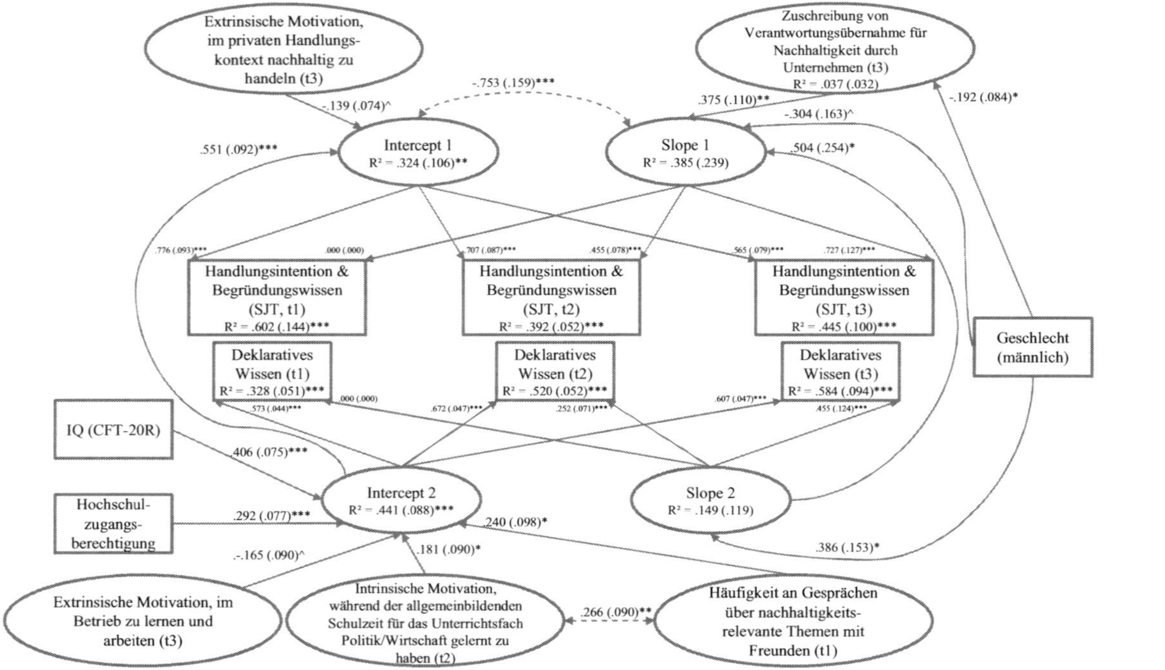


Anmerkungen: Signifikanzlevel*** < .001; ** < .01 * < .05 ^ < .1; CFI = .969; RMSEA = .027; $\chi^2/df = 1.13$; Standardisierte Koeffizienten (STDYX); Standardfehler in Klammern

# 9 Diskussion der Ergebnisse der Kompetenz, nachhaltig zu wirtschaften, und ihre Entwicklung im Ausbildungsberuf Kaufmann/-frau für Spedition und Logistikdienstleistung

Mit dem Ziel, die Kompetenzentwicklung zum nachhaltigen Wirtschaften bei kaufmännischen Auszubildenden zu messen, begegnet die hier vorliegende Längsschnittstudie einem interdisziplinären Forschungsdesiderat[98], für das bisher nur wenig evidenzbasiertes Wissen vorliegt, das bildungspolitisch jedoch von hoher Relevanz ist.

Wie an unterschiedlichen vorherigen Stellen bereits mehrfach hervorgehoben, besteht eine große Herausforderung des Untersuchungsvorhabens dieser Arbeit in der Operationalisierung einer nachhaltigen Entwicklung sowie eines nachhaltigen Wirtschaftens. Dies wird kontrovers mit zum Teil divergenten Theorien diskutiert.[99] Daneben erschweren uneinheitliche Modellannahmen der Kompetenzmessung in der BNE die Messung von nachhaltigkeitsbezogenen Kompetenzen (vgl. Abschnitt 4.2 & 4.3.2). Für die berufliche Bildung existieren außerdem bis heute nur wenige Instrumente, die eine reliable und valide Messung von nachhaltigkeitsbezogenen Kompetenzen in der beruflichen Ausbildung ermöglichen.[100,101]

---

98 Die theoretische Fundierung dieser Arbeit basiert deshalb zum einen auf einer Verschränkung von bildungs- und erziehungswissenschaftlichen und hierbei insbesondere kognitionspsychologischen und verhaltenstheoretischen Annahmen der Kompetenzmessung im Rahmen der beruflichen Bildung (vgl. Kapitel 2) sowie zum anderen auf einer Verschränkung (gesellschaftlicher/politischer) normativer und sozial-/wirtschaftswissenschaftlicher Ansätze zur Operationalisierung eines nachhaltigen Wirtschaftens (vgl. Kapitel 3).

99 Beispielsweise:
- Effizienz- vs. Suffizienz- vs. Konsistenzstrategie (vgl. Abschnitt 3.3.1),
- schwache vs. starke Nachhaltigkeit (vgl. Abschnitt 3.3.2)
- oder Erwerbs- vs. Haushaltsökonomie (Müller-Christ, 2011, S. 333 ff., vgl. Abschnitt 3.3.2).

100 Dieser Aspekt ist nicht unabhängig von den zuvor aufgeführten Herausforderungen.

101 Eine intensivere Überprüfung von Testinstrumenten unter Nutzung von IRT-Modellen wird in der BNE und somit der BBNE dabei verstärkt gefordert (vgl. Gräsel et al., 2012, S. 13).

Lediglich das KONWIKA-Projekt (Seeber & Fischer, 2011) zielte bisher auf die Erschließung der beiden letztgenannten Forschungslücken ab.[102] Dabei wurden zwar erste Instrumente entwickelt sowie Strukturzusammenhänge von Kompetenzen für ein nachhaltiges Wirtschaften herausgearbeitet, allerdings ließen die Ergebnisse auf umfangreichen weiteren Forschungsbedarf insbesondere zu Validierungsaspekten schließen (vgl. Seeber & Michaelis, 2014): vor allem zur Weiterentwicklung der Instrumente[103], zur differenzierteren Prüfung von Entstehungs- und Erklärungszusammenhängen sowie zur Prüfung der Kompetenzentwicklung und damit zusammenhängend der Zeitinvarianz der entwickelten Instrumente. Die vorliegende Arbeit greift diese Forschungsbedarfe der KONWIKA-Studie auf. Zugehörige Forschungshypothesen fokussieren dabei aber primär die Analyse der Kompetenzentwicklung zum nachhaltigen Wirtschaften hinsichtlich der intraindividuellen Entwicklungen sowie den interindividuellen Unterschieden in diesen.[104] Als Zielgruppe wurden Auszubildende im Ausbildungsberuf Kaufmann/-frau für Spedition und Logistikdienstleitung[105] im Rahmen eines längsschnittlichen Forschungsdesigns mit drei Messzeitpunkten befragt.

Ausgangspunkt dieser Messung ist ein Kompetenzmodell, das auf einer Verschränkung von kognitionspsychologischen mit verhaltenstheoretischen Annahmen basiert, in Anlehnung an die KONWIKA-Studie (Seeber & Fischer, 2011; Seeber & Michaelis, 2014). Das deklarative Wissen über Nachhaltigkeit und nachhaltiges Wirtschaften sowie die Bewältigung von Anforderungen zum nachhaltigen Wirtschaften in wechselnden problemhaltigen betrieblichen Situationen, was als Handlungsintention, nachhaltig zu wirtschaften, gemessen wurde, bilden in dieser Arbeit den Kern des Kompetenzmodells. Das deklarative Wissen über Nachhaltigkeit und nachhaltiges Wirtschaften und

102 In KONWIKA lag das Hauptaugenmerk in Anlehnung an Ajzen (1985) auf der Analyse von Strukturzusammenhängen zwischen der Handlungsintention, nachhaltig zu wirtschaften, dem deklarativen Wissen über Nachhaltigkeit und nachhaltigem Wirtschaften, Einstellungen, subjektiv wahrgenommenen Normen sowie wahrgenommenen Verhaltenskontrollaspekten (Seeber & Fischer, 2011; Seeber & Michaelis, 2014). Die entwickelten Instrumente zielen entsprechend auf die Erfassung der zuvor aufgeführten latenten Variablen ab.

103 Im Besonderen zur Erzielung einer höheren Messgenauigkeit. Einige, der in KONWIKA entwickelten Skalen, insbesondere die Leistungsskalen (SJT & deklarativer Wissenstest), weisen nur moderate Reliabilitäten auf.

104 Die Überprüfung der Zeitinvarianz wurde als Item-Parameter-Drift lediglich für Ankeritems, die zu jedem Messzeitpunkt eingesetzt wurden, geprüft (vgl. Abschnitt 7.3).

105 Der Ausbildungsberuf wurde aufgrund des hohen Stellenwertes des nachhaltigen Wirtschaftens in der Speditions- und Logistikbranche gewählt.

affektiv-motivationale Dispositionen gelten dabei unter Berücksichtigung der Ergebnisse vorheriger Untersuchungen als die bedeutsamsten Prädiktoren der Handlungsintention, nachhaltig zu wirtschaften (Seeber & Michaelis, 2014, vgl. auch die Ausführungen in den Abschnitten 4.2 & 4.3.2), sowie ihrer Veränderung. Zur Varianzaufklärung messzeitpunktspezifischer Leistungen sowie deren Entwicklung im Ausbildungsverlauf wurden zudem theoretisch bedeutsame Konstrukte zu subjektiv wahrgenommenen Normen und Verhaltenskontrollaspekten zum nachhaltigen Wirtschaften sowie unterschiedliche Lernkontexte in dem Kompetenzmodell berücksichtigt (vgl. Kapitel 2 i. V. m. Abschnitt 6.2).

Zur Überprüfung der Zielsetzung dieser Arbeit wurden Instrumente der KONWIKA-Studie verwendet, die jedoch aufgrund des Einsatzes in einem querschnittlichen Untersuchungsdesign für den hier konzipierten Längsschnitt eine Weiterentwicklung erforderten. So wurden neue Items basierend auf den KONWIKA-Konzeptionen entwickelt, und zwar für die Leistungsskalen: für den SJT (zur Messung der betrieblichen Handlungsintention, nachhaltig zu wirtschaften) sowie für den deklarativen Wissenstest (über Nachhaltigkeit und nachhaltiges Wirtschaften). Die Messung der Leistungsentwicklung basierte hierbei auf einem Design, bei dem zu jedem Messzeitpunkt 10 Items im SJT und 20 Items im deklarativen Wissenstest eingesetzt wurden. Jeweils die Hälfte der Items in den Leistungsskalen bildeten dabei Ankeritems, die in jedes messzeitpunktspezifische Testheft integriert wurden und bei denen eine Itemparameterfixierung über die Messzeitpunkte angestrebt wurde.[106] Nach der Analyse der Item-Parameter-Drift ergab sich die konstruktvalideste Messung für die Fixierung der Itemparameter der Ankeritems beider Leistungsskalen mittels der Itemparameter des zweiten Messzeitpunkts. Allerdings wiesen zu den Messzeitpunkten t1 und t3 einige Items eine signifikante Item-Parameter-Drift zu den jeweiligen messzeitpunktübergreifenden Itemparametern auf. Bei diesen Items wurde auf eine Itemparameterfixierung, im Falle ungenügender Fit-Werte in der längsschnittlichen (mehrdimensionalen) Skalierung, verzichtet. Solche Itemparameter wurden dementsprechend frei geschätzt (vgl. Kapitel 6 & 7).

Im deklarativen Wissenstest wurden aus Reliabilitätsgründen Items mit unzureichenden Fit-Werten und mit stark signifikantem Item-DIF-Parameter zwischen den Geschlechtern ausgeschlossen. Dieser Ausschluss im deklarativen

106 Diese Fixierung der Itemparameter ist notwendig, um die Skalierung der messzeitpunktspezifischen Leistungsdaten längsschnittlich analysieren zu können. Die Messung der intraindividuellen Kompetenzentwicklung basiert entsprechend auf den itemparameterfixierten Ankeritems.

Wissenstest umfasste insgesamt 14 Items über alle Messzeitpunkte (7 Items aus t1, 3 Items aus t2, 4 Items aus t3; vgl. Kapitel 7 i. V. m. Abschnitt 8.1).

Für die eingangs bereits angedeutete Analyse von Entstehungs- und Erklärungszusammenhängen der Varianzen der Leistungsskalen sowie deren Veränderung (vgl. Abschnitt 8.3.2) wurden unterschiedliche verhaltens- und lerntheoretisch bedeutsame Skalen berücksichtigt. Zugehörige Instrumente entstammten ebenfalls der KONWIKA-Studie, erforderten aber zum Teil berufsspezifische Adaptionen. Für einige Bereiche wurden zusätzlich Skalen neu entwickelt (vgl. Abschnitt 6.6.3).

Auch wenn die Forschungsfragen (vgl. Abschnitt 1.2) sowie die zugehörigen Hypothesen (vgl. Abschnitt 6.3) auf die Analyse der Kompetenzentwicklung abzielen, werden im Folgenden (vgl. Abschnitt 9.1) an erster Stelle die messzeitpunktspezifischen Leistungen des SJTs und des deklarativen Wissenstests mit zugehörigen varianzerklärenden Strukturzusammenhängen zusammengefasst und diskutiert. Diese Ergebnisse sind als Ausgangslage der Analyse der Kompetenzentwicklung zu betrachten. Darauf aufbauend erfolgt hypothesengeleitet die Ergebnisdarstellung zur Entwicklung der Kompetenz, nachhaltig zu wirtschaften, mit zugehöriger Diskussion im Abschnitt 9.2. Hinsichtlich der Verwertung der Ergebnisse bestehen jedoch einige Limitationen, die weitere Forschungsbedarfe aufzeigen. Die zugehörigen Ausführungen sind Bestandteil des Abschnitts 9.3.

## 9.1 Zusammenfassende Betrachtung und Interpretation der Ergebnisse der messzeitpunktspezifischen Strukturzusammenhänge

Ein großer Vorteil der hier vorliegenden längsschnittlichen Studie besteht in der Möglichkeit, Entstehungs- und Erklärungszusammenhänge messzeitpunktspezifisch analysieren zu können. In der hier durchgeführten Längsschnittstudie können die Strukturzusammenhänge folglich beim Eintritt in die Berufsausbildung (t1), nach dem ersten (t2) sowie zweiten (t3) Ausbildungsjahr analysiert werden. Das Forschungsdesign ermöglicht aufgrund der wiederholten Befragung derselben Stichprobe darüber hinaus die Option, Zusammenhänge zwischen den Messzeitpunkten empirisch zu prüfen. Die Analyse der Strukturzusammenhänge erfolgte mittels autoregressiver Modelle (vgl. Abschnitt 8.3.2.1) sowie latenter Wachstumskurvenmodelle (8.3.2.2). Für die Ausführungen über die messzeitpunktspezifischen Strukturzusammenhänge in diesem Abschnitt dienen primär die Ergebnisse der autoregressiven Modelle. Ergänzend dazu werden die Strukturzusammenhänge der Intercepts im Rahmen der latenten Wachstumskurvenmodellierung he- gezogen, die differenziertere Entstehungs- und Erklärungszusammenhänge für gangsniveau aufzeigen.

Entsprechend der berufs- und wirtschaftspädagogischen Diskussion über das Zusammenwirken von Fachwissen und der Fähigkeit, dieses Fachwissen in wechselnden problemhaltigen Situationen anzuwenden (vgl. Abschnitt 2.1.3), zeigt sich in dieser Studie modellkonform die Vorhersagefähigkeit der betrieblichen Handlungsintention, nachhaltig zu wirtschaften, durch das deklarative Wissen über Nachhaltigkeit und nachhaltiges Wirtschaften. Betriebliche Nachhaltigkeitsentscheidungen der Auszubildenden werden demnach begünstigt, je höher das Wissen über Nachhaltigkeit und nachhaltiges Wirtschaften ausgeprägt ist. Dieser Befund gilt messzeitpunktübergreifend. Ein vergleichbarer Befund ist bereits aus der KONWIKA-Studie bekannt (vgl. Seeber & Michaelis, 2014), in der dieses Zusammenwirken aber nur bei Auszubildenden im fortgeschrittenen Ausbildungsverlauf geprüft werden konnte.

Daneben ist auf einen affektionalen Einfluss für die Varianzaufklärung der SJT-Leistungen hinzuweisen. Die zum Messzeitpunkt t3 gemessene Einstellung „Zuschreibung von Verantwortungsübernahme für Nachhaltigkeit durch Unternehmen" trägt mit positiv ausgeprägtem Erklärungsmaß zur Varianzaufklärung im SJT zu t3, im autoregressiven Ausgangsmodell auch zu t2 (vgl. Abbildung 40, S. 246), bei. Es wurde daneben angemerkt, dass die zu t1 und t2 gemessenen Ausprägungen dieser Skala, insbesondere zur messzeitpunktadäquaten SJT-Leistung, signifikante und positiv ausgeprägte Einflusseffekte bewirken können. Auch dieser Zusammenhang zeigte sich bereits in der KONWIKA-Studie (Seeber & Michaelis, 2014). Der Befund zur Bedeutung von Einstellungen zur Erklärung von Handlungsintentionen ist generell seit langem bekannt (z. B. Ajzen, 1985; Armitage & Conner, 2001; siehe auch Abschnitt 4.2) und gilt auch im Diskurs um die Erklärung von Nachhaltigkeitsentscheidungen sowie in der Kompetenzforschung im Bereich der BNE als gesichert (Marcinkowski et al., 2013; Shepherd et al., 2009; siehe auch Abschnitt 2.1.4.4).

Entgegen der zuvor diskutierten messzeitpunktübergreifenden Befunde liegt das Hauptaugenmerk im Folgenden auf messzeitpunktspezifischen Ergebnissen zur Erklärung der Leistungen im deklarativen Wissenstest sowie im SJT. Im Abschnitt 9.1.1 werden dabei die Ausgangsleistungen, im Abschnitt 9.1.2 die Leistungen zum zweiten und dritten Messzeitpunkt analysiert.

### 9.1.1 Analyse der Ausgangsleistung

Aufgrund der Durchführung der ersten Messung direkt zum Ausbildungsbeginn sollten die Leistungen im SJT und somit die Handlungsempfehlungen sowie zugehörige Begründungen unter der Berücksichtigung erst geringer betrieblicher Erfahrungen zum nachhaltigen Wirtschaften interpretiert werden. Hier liegt es nahe, dass bei den Auszubildenden zu diesem Messzeitpunkt (t1) eine stärkere Verbindung zu Präkonzepten zum nachhaltigen Wirtschaften vorliegt. Die Leistungen im deklarativen Wissenstest sind demgegenüber als Vorwissen über Nachhaltigkeit und nachhaltiges Wirtschaften bei Eintritt in die berufliche Ausbildung zu deuten.

Mit Blick auf die deskriptiven Ergebnisdarstellungen der Personenfähigkeitsverteilungen zu den einzelnen Messzeitpunkten (vgl. Abschnitte 8.1.1 & 8.1.2) ergeben sich die geringsten durchschnittlichen Personenfähigkeiten für beide Leistungsskalen zum Messzeitpunkt t1. Ohne an dieser Stelle auf die Entwicklung einzugehen, zeigen die zugehörigen Wright-Maps der mehrdimensionalen längsschnittlichen Skalierung (vgl. Abbildung 24, S. 216 & Abbildung 25, S. 219) im Vergleich zu den Leistungen zu t2 und t3 allerdings auf, dass einige Auszubildende bereits mit umfangreichem Vorwissen über Nachhaltigkeit und nachhaltiges Wirtschaften ihre Ausbildung begannen. In Bezug auf den SJT kann sogar herausgestellt werden, dass einige Studienteilnehmer/innen trotz der eingangs betonten geringen betrieblichen Erfahrungen bereits hohe Leistungen hinsichtlich von nachhaltigkeitsorientierten Handlungsintentionen im betrieblichen Kontext zu t1 erzielten. Um diese Varianzen der Leistungen und damit zusammenhängende interindividuelle Unterschiede der Auszubildenden für die Diagnostik von Entstehungs- und Erklärungsfaktoren analysieren zu können, werden im Folgenden die Ergebnisse der autoregressiven Modelle sowie in Ergänzung zu diesen die Strukturzusammenhänge der Intercepts im Rahmen der latenten Wachstumskurvenmodellierung zusammengefasst und interpretiert.[107]

Bezüglich der Aufklärung der Entstehungshintergründe des deklarativen Vorwissens der Auszubildenden müssen eingangs modellübergreifend zwei Befunde diskutiert werden.

Erstens: Der bedeutsamste Prädiktor der Leistung im deklarativen Wissenstest zu t1 bildet die Leistung in der Kurzform des CFT-20R zur Messung der fluiden Intelligenz. Kognitive Erklärungszusammenhänge gelten in der kognitionspsychologischen Betrachtung von Kompetenzen seit langem als gesichert (vgl. Abschnitt 2.1.2 & 2.1.4.1) und bestätigen sich in unterschiedlichsten Domänenbezügen der beruflichen Bildung (vgl. Abschnitt 2.1.4.1 & 2.2.3.3). Dass im Rahmen der

107 Dabei gelten ebenfalls die messzeitpunktübergreifenden Befunde aus dem Abschnitt 9.1 zum Erklärungspotenzial des deklarativen Wissens über Nachhaltigkeit und nachhaltiges Wirtschaften sowie der Einstellung der Verantwortungszuschreibung für Nachhaltigkeit durch Unternehmen zur Vorhersage der betrieblichen Handlungsintention, nachhaltig zu wirtschaften. Auf eine erneute Ergebnisdarstellung wird verzichtet, um eine redundante Darstellung sowie Interpretation zu vermeiden.

Strukturgleichungsanalysen die fluide Intelligenz nur zur Varianzaufklärung im deklarativen Wissen beiträgt, ist einerseits ein Hinweis auf die stärkere kognitive Komponente dieses Testinstruments im Vergleich zu dem SJT; auf der anderen Seite darf jedoch das Erklärungspotenzial des deklarativen Wissens für die Handlungsintention, nachhaltig zu wirtschaften, nicht vernachlässigt werden (vgl. die Ausführungen im übergeordneten Abschnitt 9.1). Über dieses Erklärungspotenzial wird entsprechend die Bedeutung von Kognitionen bei der Handlungsentscheidung hervorgehoben. Im Nachhaltigkeitskontext gilt dieser Aspekt seit längerem als gesichert (vgl. Kaiser & Fuhrer, 2003; siehe auch Abschnitt 4.2).

Als zweiter wichtiger Prädiktor ist die Erzielung einer Hochschulzugangsberechtigung vor dem Ausbildungsbeginn zu betrachten. Auszubildende mit entsprechenden Schulabschlüssen erzielen signifikant höhere Leistungen hinsichtlich des deklarativen Vorwissens. Dieser Effekt ist ebenfalls bereits aus der KOWIKA-Studie bekannt, bezieht sich dort (bedingt durch die Querschnitterhebung) aber auf die Leistung im zweiten und dritten Ausbildungsjahr (vgl. Seeber & Michaelis, 2014). Ein entsprechender Zusammenhang mit den Leistungsskalen zu den späteren Messzeitpunkten (und somit KONWIKA-adäquaten-Messzeitpunkten) zeigt sich in dieser Studie jedoch nicht. Unabhängig des messzeitpunktspezifischen Auftretens dieses Effekts kann diese Variable als ein weiterer Indikator für kognitive Fähigkeiten interpretiert werden, insbesondere für kristalline Intelligenz. Insgesamt kann eine höhere Schulbildung mit elaborierterem Wissen über Nachhaltigkeit verbunden sein. Diesbezüglich ist auf das Ergebnis des Greenpeace-Nachhaltigkeitsbarometers von 2012 (Michelsen et al., 2012) zu verweisen, bei dem befragte Schülerinnen und Schüler aus dem Gymnasium quantitativ betrachtet den höchsten Kontakt zu nachhaltigkeitsrelevanten Themen aufweisen (vgl. ebd., S. 142 f.; siehe auch Abschnitt 4.1.2).

Weiterhin ergibt sich ein negativer Einfluss auf die SJT-Leistungen zum Messzeitpunkt t1 durch eine extrinsische Motivation, nachhaltig im privaten Handlungskontext zu handeln. Der Zusammenhang weist jedoch auch eine höhere Irrtumswahrscheinlichkeit auf. Unter der Annahme der Gültigkeit dieses Prädiktors erzielen Auszubildende eine geringere Leistung im SJT, wenn externe Regulatoren (z. B. Zwänge) aus dem privaten Handlungskontext zum nachhaltigen Wirtschaften wahrgenommen werden. Entsprechende Einflussfaktoren begrenzen die Selbstbestimmung der Handlung (vgl. Deci & Ryan, 1993; siehe auch Abschnitt 2.1.4.3) und könnten so nicht nachhaltige Entscheidungen im betrieblichen Kontext zum Ausbildungsbeginn begünstigen. Dieser schwach signifikante Effekt verschwindet jedoch im Ausbildungsverlauf, was auch mit einer abnehmenden Bedeutung des privaten Kontexts auf betriebliche Handlungsentscheidungen zu deuten ist.

Über die Modellierung im latenten Wachstumskurvenmodell gelingt es, drei zusätzliche latente Entstehungs- und Erklärungszusammenhänge für das Ausgangsniveau des deklarativen Wissens herauszuarbeiten. Deren Zusammenhänge sind zwar stärker messfehlerbehaftet, sollen im Folgenden dennoch aufgegriffen werden.

Zum einen trägt eine intrinsische Motivation, während der allgemeinbildenden Schulzeit für das Unterrichtsfach Politik/Wirtschaft gelernt zu haben, mit geringer positiver Effektstärke zur Varianzaufklärung bei. Auszubildende erzielen demnach höhere Leistungen im deklarativen Wissenstest bei entsprechenden motivationalen Dispositionen zum Lernen in diesem Unterrichtsfach, bei dem vielfältige Anknüpfungspunkte zu Nachhaltigkeitsthemen anzunehmen sind. Dieser Zusammenhang kann aber auch als ein Hinweis zur Lernförderlichkeit selbstbestimmten Lernens gedeutet werden (vgl. ebd.).

Weiterhin können Gespräche mit Freunden zu nachhaltigkeitsrelevanten Themen geringfügig höhere Leistungen des deklarativen Wissens im Ausgangsniveau bewirken. Im Vorherigen wurde bereits angemerkt, dass diese Skalenkonzeption nur quantitativ Gesprächshäufigkeiten misst und keine konkreten Inhalte sowie deren Qualität erfassen kann. Dabei wurde auch angemerkt, dass diese Skala nicht nur als Indikator für informelle Lerngelegenheiten zu deuten ist, sondern auch als Indikator für die Wahrnehmung subjektiver Normen interpretiert werden kann. Aufgrund des Zusammenhangs zwischen dem deklarativen Wissen und den Skalen zu den Gesprächshäufigkeiten ist hierbei aber stärker von einem informellen Lernprozess auszugehen.

Als drittes ist der schwach negative Einfluss einer extrinsisch ausgeprägten Motivation zum Arbeiten/Lernen im Betrieb, die zum Messzeitpunkt t3 gemessen wurde, zu diskutieren. Demnach erzielten Auszubildende, die zu t3 einem fremdgesteuerten Lernen/Arbeiten im Betrieb stärker zustimmten, bereits zu Beginn ihrer Ausbildung geringfügig niedrigere Leistungen im deklarativen Wissenstest. Würden Daten zu berufsspezifischen Fähigkeiten sowie Leistungen zum Ausbildungsbeginn vorliegen, könnte an dieser Stelle geprüft werden, ob diese Auszubildenden auch außerhalb des deklarativen Wissenstests über Nachhaltigkeit und nachhaltiges Wirtschaften schwächere Leistungen aufweisen würden. Anzunehmen wäre dann, dass leistungsschwächere Auszubildende stärker instruiert bzw. angeleitet werden müssten.

### 9.1.2 Analyse der Leistungen zu späteren Ausbildungszeitpunkten

Aufbauend auf der Analyse der Ausgangslage zu den Leistungen im SJT zur Messung der betrieblichen Handlungsintention, nachhaltig zu wirtschaften, und dem deklarativen Wissenstest über Nachhaltigkeit und nachhaltiges Wirtschaften liegt das Hauptaugenmerk des nachfolgenden Abschnitts stärker auf interindividuellen Unterschieden der Leistungen zu den späteren Messzeitpunkten t2 und t3.[108] Hierfür können lediglich die Strukturzusammenhänge der autoregressiven Modelle betrachtet werden, da die latenten Wachstumskurvenmodelle keine messzeitpunktspezifischen Analysen außer der Analyse des Ausgangsniveaus ermöglichen. Allerdings zeigen sich bei einem Vergleich der Befunde der autoregressiven Modelle mit denen im latenten Wachstumskurvenmodell zum Teil ähnliche Ergebnisse einzelner Entstehungs- und Erklärungsmerkmale im späteren Ausbildungsverlauf (ab t2). Diese zeichnen sich in den Modellen insofern aus, als dass sich einzelne Konstrukte als Prädiktor einer messzeitpunktspezifischen Leistung im autoregressiven Modell sowie des Slope-Faktors im latenten Wachstumskurvenmodell eignen. Beide Varianten stellen varianzanalytische Verfahren dar, denen in der Modellierung dieselben Daten zugrunde liegen. Deshalb können Entstehungs- und Erklärungsmerkmale zugleich signifikant Leistungsvarianzen einer messzeitpunktspezifischen Leistung als auch deren Entwicklung erklären. Der Zusammenhang mit dem Slope-Faktor wird jedoch erst im Abschnitt 9.2 betrachtet.

Ein Befund besteht durch die Skala „Informationshäufigkeit zu Themen einer nachhaltigen Entwicklung". Aufgrund des positiven Zusammenhangs (allerdings nur schwach ausgeprägt) zwischen dieser Skala und der Leistung im deklarativen Wissenstest zum Messzeitpunkt t2 ist anzunehmen, dass die Informationshäufigkeit zu nachhaltigkeitsrelevanten Themen (hier: gesellschaftliche und soziale Themen, Probleme in Entwicklungsländern, Klimawandel & Ethik und Religion) elaborierte Wissensstrukturen zur Nachhaltigkeit bewirken kann. Allerdings ist auch dieser Effekt stärker messfehlerbehaftet und verschwindet im alternativen autoregressiven Modell (vgl. Abbildung 41, S. 247) durch Hinzunahme der weiteren erklärungsbedeutsamen Prädiktoren der Leistungen im SJT.

Im alternativen autoregressiven Modell geht eine intrinsische Motivation zum Lernen in der Berufsschule mit einer besseren Leistung im SJT zum Messzeitpunkt t3 einher. Dieser Zusammenhang ist erneut über die lernförderliche

108 Auch in diesem Abschnitt gelten die messzeitpunktübergreifenden Befunde aus dem Abschnitt 9.1 zum Erklärungspotenzial des deklarativen Wissens über Nachhaltigkeit und nachhaltigen Wirtschaftens sowie der Einstellung der Verantwortungszuschreibung für Nachhaltigkeit durch Unternehmen zur Vorhersage der betrieblichen Handlungsintention, nachhaltig zu wirtschaften. Auf eine erneute Ergebnisdarstellung wird verzichtet, um eine redundante Darstellung sowie Interpretation zu vermeiden.

Wirkung selbstbestimmten Lernens zu begründen (vgl. Deci & Ryan, 1993; siehe auch Abschnitt 2.1.4.3).

Weiterhin entsteht im alternativen autoregressiven Modell ein interessanter Befund zum Einfluss der Wahrnehmung von Normen zur Bedeutung von effektivem und effizientem Wirtschaften im Betrieb. Deren Zustimmung hängt mit einer leicht erhöhten Leistung im SJT zum Messzeitpunkt t2 zusammen. Dieser Effekt ist an erster Stelle über die Operationalisierung eines betriebswirtschaftlichen nachhaltigen Wirtschaftens und damit zusammenhängend über das zugrundeliegende Scoring des SJTs zu begründen. Dieses Scoring basiert primär auf einem ausgeglichenen Triple-Bottom-Line Ansatz (Elkington, 1997, vgl. Abschnitt 6.6.1.2). Auszubildende können im SJT maximal zwei Punkte bei der Beantwortung eines Items erhalten. Dazu muss sowohl eine realistische Handlungsempfehlung für ein nachhaltiges Wirtschaften sowie mindestens ein ökonomisches sowie ein ökologisch/soziales, auf die Handlungsempfehlung stimmiges Argument gegeben werden. Hierbei erfolgt keine Priorisierung einer Dimension und es können auch keine höheren Item-Score-Werte erzielt werden, wenn eine Dimension der Nachhaltigkeit über mehrere Argumente begründet wird. Eindimensionale Begründungen (und somit die Vernachlässigung einer Nachhaltigkeitsdimension in der Argumentation) werden hingegen nur partiell gewertet und als Präkonzept eines nachhaltigen Wirtschaftens interpretiert. Der Einfluss von wahrgenommenen Normen zur Bedeutung effektiven und effizienten Wirtschaftens im Betrieb würde bei einer Operationalisierung des nachhaltigen Wirtschaftens mit einer vermehrten Berücksichtigung von Annahmen einer starken Nachhaltigkeit, zum Beispiel im Falle der Priorisierung der ökologischen und sozialen Dimension im Scoring, verschwinden.[109]

---

109 Entstehungs- und Erklärungszusammenhänge wurden für ein alternatives Scoring unter Berücksichtigung einer vermehrt starken Nachhaltigkeitsperspektive durch Priorisierung der ökologisch/sozialen Dimension für die messzeitpunktspezifischen Leistungsvarianzen (mittels eines autoregressiven Modells) sowie für die Varianz der Leistungsentwicklungen (mittels eines latenten Wachstumskurvenmodell) geprüft. Die Erklärung der Handlungsintention, nachhaltig zu wirtschaften, basierte dabei noch stärker auf affektiv-motivationalen Dispositionen zur nachhaltigen Entwicklung. Auf diese Ergebnisse wird in dieser Arbeit aber nicht differenzierter eingegangen, da ein entsprechendes Nachhaltigkeitsverständnis unter Berücksichtigung der Ziele, Strukturen und Bedingungen der beruflichen Bildung als unrealistisch anzunehmen ist (vgl. Problemstellung im Abschnitt 1.1).

## 9.2 Zusammenfassende Betrachtung und Interpretation der Ergebnisse zur Kompetenzentwicklung

Unter Berücksichtigung der Hypothesen aus dem Abschnitt 6.3 wird im Folgenden die Kompetenzentwicklung zum nachhaltigen Wirtschaften diskutiert. Dazu werden eingangs in Abschnitt 9.2.1 die Hypothesen zu den intraindividuellen Entwicklungen und anschließend im Abschnitt 9.2.2 die Hypothesen zu den interindividuellen Unterschieden in den intraindividuellen Entwicklungen diskutiert.

### 9.2.1 Diskussion der intraindividuellen Entwicklungen

Zwei Hypothesen wurden zur Prüfung der intraindividuellen Entwicklung gebildet. Aufgrund der curricularen Verortung von Umweltaspekten sowie Themen mit einem potenziellen Nachhaltigkeitsbezug vor allem während des ersten Ausbildungsjahres (vgl. Abschnitt 5.3), wurde unter H1a vorhergesagt, dass Lernzuwächse am stärksten in diesem Ausbildungsabschnitt anzunehmen sind. Unter Berücksichtigung heterogener Entstehungs- und Erklärungszusammenhänge der Handlungsintention, nachhaltig zu wirtschaften, wurden daneben unter H1b intraindividuell negative Entwicklungsverläufe bezüglich der Handlungsintention, nachhaltig zu wirtschaften, angenommen. Begründungen hierfür wurden neben den kognitiven in affektiv-motivationalen Dispositionen sowie den betrieblichen Kontextbedingungen der Handlungsintention zum nachhaltigen Wirtschaften gesehen, die eine Nachhaltigkeitsentscheidung begrenzen können.

Zur Entscheidung über eine Hypothesenannahme bzw. -verwerfung sind an erster Stelle die Personenfähigkeitsverteilungen zu den einzelnen Messzeitpunkten, wie sie in den Wright-Maps (für den SJT: Abbildung 24, S. 216; für das deklarative Wissen: Abbildung 25, S. 219) dargestellt werden, und die Mittelwertsunterschiede der Personenfähigkeitswerte (wle-Personenfähigkeits-Scores) zwischen den Messzeitpunkten (vgl. für den SJT S. 216; für den deklarativen Wissenstest S. 218) für eine Leistungsentwicklung auf der Stichprobenebene zusammenzufassen. Die stärksten Leistungszuwächse ergeben sich für das deklarative Wissen im ersten Ausbildungsjahr ($d = 0.46$). Im zweiten Ausbildungsjahr entwickelt sich die Leistung weiterhin positiv, aber gemessen an der Effektstärke nur noch geringfügig ($d = 0.12$). Demgegenüber sind im SJT nur (sehr) kleine Veränderungen messbar. Im ersten Ausbildungsjahr ist die Entwicklung sehr schwach positiv ($d = 0.16$) ausgeprägt und im zweiten Ausbildungsjahr leicht rückläufig ($d = -0.05$). Insgesamt deutet diese global betrachtete Entwicklung (auf die Stichprobe insgesamt bezogen) auf eine stagnierende Veränderung der Leistung im SJT hin. Werden die individuellen Leistungen zu den unterschiedlichen Messzeitpunkten aber gegenübergestellt, zeigen sich für beide Leistungsskalen sowohl positiv, neutral und negativ ausgeprägte intraindividuelle Entwicklungen (vgl. Abschnitt 8.2). Die augenscheinliche Varianz, die sich aus der Betrachtung von Streudiagrammen zur Gegenüberstellung individuell messzeitpunktspezifischer Fähigkeitswerte (Abbildung 26 – Abbildung 29, S. 221 f.) ergibt, bestätig hierbei aber das globale Ergebnis der nur gering ausgeprägten Entwicklung. Die Mehrheit an Auszubildenden erzielt eine beinahe konstante Leistung zu den einzelnen Messzeitpunkten. Diese Befunde bestätigen sich auch im Rahmen der latenten Wachstumskurvenmodellierung, bei der sich geringe Entwicklungen und Varianzen der latenten Slope-Faktoren (insbesondere beim SJT) zeigen (vgl. Abschnitt 8.3.2.2).

Unter Berücksichtigung der in dem vorherigen Absatz zusammengefassten Ergebnisse sind die Hypothesen H1a (höchster deklarativer Wissenszuwachs im ersten Ausbildungsjahr) und H1b (trotz positiver Kompetenzentwicklung der Stichprobe können intraindividuell negative Verläufe beobachtet werden) beide beizubehalten.

Der Befund bezüglich der teilweise intraindividuellen negativ ausgeprägten Entwicklungen im deklarativen Wissen, der bildungspolitisch unerwünscht ist und auf den ersten Blick erwartungswidrig erscheint, ist abschließend noch einmal gesondert zu erläutern. Bezüglich der teilweise intraindividuellen Leistungsverringerungen im deklarativen Wissenstest müssen Effekte des Vergessens, insbesondere Interferenzeffekte berücksichtigt werden, die ein Vergessen alter Assoziationen durch neu gelernte Inhalte bewirken können (Anderson, 2013, S. 142 ff.). Dabei sollte auch der Elaborationsgrad des Wissens beachtet werden, da weniger tiefe Elaborationen von Nachhaltigkeitsinhalten entsprechende kognitive Prozesse des Vergessens bzw. des erschwerten Erinnerns begünstigen können. Gerade die geringe Bedeutung von Nachhaltigkeitsaspekten im Curriculum und die damit zusammenhängende untergeordnete Thematisierung (vgl. Abschnitt 5.3) neben vielfältigen curricularen Themen, denen ein höherer Stellenwert während der Ausbildung zugeschrieben wird, sind als ein Erklärungshintergrund der negativ verlaufenden intraindividuellen Entwicklungen im deklarativen Wissen anzunehmen.[110]

110 Außerdem sollte auch immer die Konzeption von längsschnittlich konzipierten Untersuchungsdesigns betrachtet werden. Die Messzeitpunkte, die in dieser Arbeit auf drei reduziert sind, stellen nur Ausschnittspunkte der beruflichen Ausbildung dar. Eine Sicherstellung vergleichbarer Testbedingungen ist zudem schwer zu realisieren, da vielfältige Einflussfaktoren die Leistungsfähigkeit sowie die Testmotivation

### 9.2.2 Diskussion der interindividuellen Unterschiede in den intraindividuellen Entwicklungen

Die Hypothesen, die unter H2 subsumiert werden (vgl. Abschnitt 6.3), konzentrieren sich aufbauend auf den zuvor (vgl. Abschnitt 9.2.1) diskutierten intraindividuellen Entwicklungen auf die interindividuellen Unterschiede in diesen. Die Hypothesen greifen in Anlehnung an das zugrunde gelegte Kompetenzmodell die als heterogen angenommenen kognitiven, verhaltens- und lerntheoretischen Entstehungs- und Erklärungszusammenhänge der Leistungsveränderungen auf. Dabei wurde angenommen[111], dass

- das deklarative Wissen über Nachhaltigkeit und nachhaltiges Wirtschaften einen substanziellen Erklärungsanteil an der Varianz der Leistungsentwicklung der Handlungsintention, nachhaltig zu wirtschaften, aufweist (H2a),
- eine intrinsische Motivation, nachhaltig zu handeln, mit einer höheren Leistungsentwicklung einhergeht (H2b),
- sich die Leistungsentwicklung in Abhängigkeit unterschiedlicher formaler und informeller Lerngelegenheiten unterscheidet (H2c) und
- die Leistungsentwicklung der Handlungsintention, nachhaltig zu wirtschaften, gleichsam von den wahrgenommenen betrieblichen sowie individuellen Normen und Werten über Nachhaltigkeit abhängen (H2d).

Für die Diskussion der Erklärungszusammenhänge der Unterschiede in den intraindividuellen Entwicklungen werden im Folgenden die Strukturzusammenhänge der Slope-Faktoren betrachtet. Allerdings war die Varianz der Slope-Faktoren für beide Leistungsskalen nur gering ausgeprägt. Dies betrifft vor allem den deklarativen Wissenstest (Varianz = 0.048),[112] für dessen Slope-Faktor deshalb keine

---

begrenzen können. Auf den Einsatz entsprechender Skalen zur Messung der Testmotivation wurde testzeitbedingt verzichtet.

111 Im Folgenden werden die Hypothesen in einer reduzierten Form dargestellt. Für die vollständige Hypothesenformulierung sowie zugehörige Begründungen sei auf Abschnitt 6.3 verwiesen.

112 Dies wird bereits bei der Betrachtung des Zusammenwirkens der messzeitpunktspezifischen Leistungen im autoregressiven Ausgangsmodell (vgl. Abbildung 40, S. 251) deutlich, in dem ein mittlerer Zusammenhang zwischen den Varianzen der Leistungen im deklarativen Wissenstest zu den Messzeitpunkten t2 und t3 ersichtlich ist (Estimate: 0.426, Standardfehler: 0.060, Signifikanzlevel: < .001)). Dagegen fallen die Zusammenhänge der Leistungen im SJT geringer aus (beispielsweise zwischen t2 & t3: Estimate: 0.205, Standardfehler: 0.066, Signifikanzlevel: < .001), was sich

Entstehungs- und Erklärungszusammenhänge mit Ausnahme des Geschlechtereffekts identifizierbar sind.

Unter Berücksichtigung der geringen Varianzen in den Slope-Faktoren ist insgesamt und somit hypothesenübergreifend herauszustellen, dass sich die Auszubildenden hinsichtlich der Entwicklung in den Fachleistungen, und hierbei insbesondere in der Entwicklung im deklarativen Wissen über Nachhaltigkeit und nachhaltiges Wirtschaften, nur geringfügig unterscheiden. Dieser Aspekt ist nicht unabhängig von den generellen geringen Entwicklungen, die im vorherigen Abschnitt 9.2.1 zu den intraindividuellen Entwicklungen bereits thematisiert wurden.

Trotz geringer Varianz in den Slope-Faktoren konnten aber in Ergänzung zu dem beobachteten Geschlechtereffekt beim deklarativen Wissen einige weitere Strukturzusammenhänge zur Erklärung der Leistungsentwicklung im SJT herausgearbeitet werden. In Anlehnung an die Hypothesen werden diese im Folgenden diskutiert.[113]

Es zeigt sich mit einer mittleren Effektstärke, dass die Varianz der Entwicklung des deklarativen Wissens einen bedeutsamen Erklärungsfaktor der Entwicklungsvarianz im SJT bildet. Folglich erhärtet sich die Annahme von Hypothese 2a: Deklaratives Wissen weist einen substanziellen Erklärungsanteil an der Varianz der Leistungsentwicklung zu der Handlungsintention, nachhaltig zu wirtschaften, auf. Allerdings ergibt sich dieser Befund nur bei der Modellierung unter Hinzunahme des Geschlechts als Prädiktor der Slope-Faktoren beider Leistungsskalen. Dieser Effekt ist als Kompensationseffekt zu deuten: Während sich männliche Auszubildende global betrachtet bezüglich der Handlungsintention, nachhaltig zu wirtschaften, weniger entwickeln als weibliche Auszubildende (bzw. sich einige männliche Auszubildende stärker negativ entwickeln), kompensiert ein Zuwachs im deklarativen Wissen die global betrachtete Entwicklung der männlichen Auszubildenden im SJT und begünstigt entsprechend den mittel bis hohen Zusammenhang der Entwicklung in den beiden Leistungsskalen.[114] Hypothese H2a ist folglich nur unter Berücksichtigung dieses Geschlechtereffektes gültig.

Unter Beachtung der Hypothese H2d wurde eine Abhängigkeit der Leistungsentwicklung der Handlungsintention, nachhaltig zu wirtschaften, angenommen,

---

folglich in einer geringfügig höheren Varianz des SJT-Slope-Faktors widerspiegelt (Varianz = 0.120).

113 Aufgrund der Argumentationsstruktur werden die Hypothesen im Folgenden nicht in ihrer chronologischen Reihenfolge diskutiert.

114 In diesem Zusammenhang ist noch einmal die Annahme leichter Modellverletzungen aufgrund der DIF-Ergebnisse zu wiederholen (vgl. Abschnitt 7.2.2.1), die die Gültigkeit des Zusammenhangs begrenzt.

und zwar sowohl von individuellen als auch von subjektiv wahrgenommenen externen Normen – insbesondere durch den Ausbildungsbetrieb. Zwei Effekte können unter dieser Hypothese aufgeführt werden. Dabei ist als erstes auf das Erklärungspotenzial der Varianz des SJT-Slope-Faktors durch die Einstellungsskala, wonach Unternehmen mehr Verantwortung für ein nachhaltiges Wirtschaften übernehmen müssen, hinzuweisen. Zweitens ließ sich über die Modellierung des alternativen latenten Wachstumskurvenmodells eine positiv gerichtete Abhängigkeit des SJT-Slope-Faktors zur Skala der Wahrnehmung von Normen für ein effektives und effizientes Wirtschaften im Ausbildungsbetrieb identifizieren.[115] Das dazu genutzte alternative latente Wachstumskurvenmodell weist allerdings eine geringere Modellgüte auf, die aber noch als akzeptabel zu bewerten ist. Eine signifikante zusätzliche Varianzaufklärung des SJT-Slope-Faktors durch die Wahrnehmung von Normen für ein nachhaltiges Wirtschaften zu einer stärkeren Beachtung ökologisch/sozialer Aspekte war empirisch nicht messbar. Dieser Aspekt ist aber auch nicht unabhängig von den Ausprägungen und Varianzen zugehöriger Skalen, im Gegensatz zu den Skalen mit einer stärkeren ökonomischen Perspektive (vgl. Abschnitt 8.3.1.2, Anhang I & J). Die geringe Wahrnehmung zu nachhaltigkeitsorientierten Normen (zu ökologischen und sozialen Aspekten des Wirtschaftens) im Ausbildungsbetrieb ist zudem als Indikator für eine geringe Relevanz von Nachhaltigkeit auf der operativen Unternehmensebene zu interpretieren, im Rahmen derer die meisten Tätigkeiten der Auszubildenden im Ausbildungsbetrieb angesiedelt sind. Die Hypothese H2d ist somit ebenfalls nur eingeschränkt gültig.

Die Hypothese H2b zum Zusammenhang einer hohen intrinsischen Motivation, nachhaltig zu wirtschaften, mit einer hohen Leistungsentwicklung im SJT ist auf der Grundlage der Ergebnisse der Strukturgleichungsanalysen zu verwerfen. Dies trifft auch auf die Hypothese H2c zu den formalen und informellen Lernprozessen zu Nachhaltigkeitsaspekten zu. Es konnte, mit Ausnahme des stärker messfehlerbehafteten Effekts zu den Informationshäufigkeiten zu Nachhaltigkeitsthemen beim Messzeitpunkt t2 (im autoregressiven Ausgangsmodell, vgl. Abbildung 41, S. 247) kein Einfluss unterschiedlicher Lerngelegenheiten auf die Leistungsentwicklung gemessen werden: Ein Zusammenhang zwischen den

115 Dieser Zusammenhang ist nicht unabhängig vom zugrunde gelegten Scoring der SJT-Items als ausgeglichener Triple-Bottom-Line Ansatz (Elkington, 1997). Dies wurde allerdings bereits im vorherigen Abschnitt 9.2.1 im Rahmen der Diskussion der messzeitpunktspezifischen Strukturanalysen ausgeführt und ist ebenfalls für die hier diskutierten Wachstumskurvenmodellierungen gültig.

Slope-Faktoren und der Skala zu den Informationshäufigkeiten zu Nachhaltigkeitsthemen bestätigt sich nämlich nicht im latenten Wachstumskurvenmodell.

In Ergänzung zu dem Einfluss unterschiedlicher Lerngelegenheiten ist auch noch einmal auf die Skalenausprägungen zur Wahrnehmung von Nachhaltigkeitsinformationen in ausgewählten Lerngelegenheiten durch die Auszubildenden hinzuweisen, die skalenübergreifend nur geringe bis mittlere Ausprägungen aufweisen (vgl. Abschnitt. 8.3.1.3). Trotz der in diesen Skalen ersichtlichen Varianzen zwischen den Auszubildenden deutet dieses Ergebnis auf eine mehrheitlich nur eingeschränkte Wahrnehmung von Nachhaltigkeitsinformationen durch die befragten Auszubildenden in entsprechenden Situationen hin. Gerade unter Berücksichtigung der nur gering bis mittel ausgeprägten Skalen zur Thematisierung von Nachhaltigkeitsaspekten in der Berufsschule sowie im Betrieb untermauern diese Ergebnisse demnach bestehende curriculare Analysen, die die curriculare Verankerung von Nachhaltigkeit kritisch betrachten (vgl. Brötz et al., 2014, S. 13 i. V. m. S. 71).

## 9.3 Limitationen der empirischen Ergebnisse und Ausblick auf weiteren Forschungsbedarf

Die Messung von Kompetenzen im Nachhaltigkeitsbereich ist mit zahlreichen Herausforderungen verbunden (vgl. Abschnitt 6.1), welche unter anderem Limitationen dieser Studie bewirken können. Deshalb werden die Ergebnisse dieser Arbeit eingangs insbesondere aus der Perspektive der Inhaltsvalidität zur Gültigkeit der hier zugrunde gelegten Operationalisierung eines nachhaltigen Wirtschaftens eruiert. Daneben lassen die Ergebnisse dieser Arbeit an unterschiedlichen Stellen auf weitere Forschungsbedarfe schließen, was im Anschluss an die inhaltlichen Gültigkeitsüberlegungen beschrieben wird.

Mit dem primären Ziel der beruflichen Bildung einer Fachkräftequalifizierung sowie der Sicherung dieser müssen sich konzeptionelle Grundlagen der BBNE an den gegebenen Marktmechanismen orientieren. Deshalb sind ökologisch orientierte Nachhaltigkeitsansätze als Operationalisierungsgrundlage der Kompetenzmessung zum nachhaltigen Wirtschaften bei kaufmännischen Auszubildenden als unrealistisch zu bewerten. Das in dieser Arbeit verwendete Scoring-Modell mit einer Interpretation eines nachhaltigen Wirtschaftens im Sinne eines klassischen Triple-Bottom-Line-Ansatzes, bei dem eine Gleichgewichtung der Nachhaltigkeitsdimensionen (Ökonomie, Ökologie & Soziales) angenommen wird, befindet sich folglich in einem Spannungsverhältnis zwischen normativen Ansätzen einer nachhaltigen Entwicklung und einer Passung zu den Bedingungen bestehender Marktmechanismen. Aus einer betriebswirtschaftlichen Perspektive wird die Gültigkeit der Gleichgewichtung der drei Nachhaltigkeitsdimensionen kritisch diskutiert und dabei sogar stärker ein ökonomisch orientierter Triple-Bottom-Line-Ansatz legitimiert (vgl. Abschnitt 3.3.3 & 3.5). Unter Berücksichtigung starker Nachhaltigkeitsauffassungen wird jedoch die Erzielung der Nachhaltigkeit im ökonomisch orientierten Triple-Bottom-Line-Ansatz infrage gestellt (vgl. Abschnitte 3.3 & 3.5). Die Dimensionierung der Nachhaltigkeit ist jedoch eine Forschungsfrage, die interdisziplinär zu beantworten ist. Dabei sollte unter Berücksichtigung entsprechender Befunde stets hinterfragt werden, ob die bestehenden Konzepte und auch die damit zusammenhängenden Initiativen der BBNE ebenfalls eine nachhaltige Entwicklung unterstützen können. Damit zusammenhängend wären beispielsweise bei empirischen Fragestellungen, wie sie in dieser Arbeit verfolgt werden, alternative Scoring-Modelle mit unterschiedlichen Priorisierungen der allgemeinen Nachhaltigkeitsdimensionen (Ökonomie, Ökologie & Soziales) notwendig zu prüfen. Im Abschnitt 9.1.2 wurde bereits ein alternativ geprüftes Scoring angemerkt, bei dem eine ökologische Priorisierung im Vordergrund stand, um auf hierdurch bedingte Variationen von Entstehungs- und Erklärungszusammenhängen hinzuweisen. Die Ergebnisse wurden mit Ausnahme des Befundes einer stärkeren Bedeutung affektiv-motivationaler Dispositionen zur Erklärung der Varianzen der Leistungen sowie deren Entwicklung nicht weiter ausgeführt. Ein entsprechendes Nachhaltigkeitsverständnis ist unter Berücksichtigung der Ziele, Strukturen und Bedingungen der beruflichen Bildung als unrealistisch anzunehmen.

In Anlehnung an die vorherigen Ausführungen zu Scoringvariationen zur Bewertung der Handlungsintention, nachhaltig zu wirtschaften, sind solche Testinstrumente notwendig, die messgenau und trennscharf unterschiedliche zugrundeliegende Begründungen diagnostizieren können. In dieser Arbeit wurde ein offenes Aufgabenformat verwendet. Der Vorteil besteht grundsätzlich in einer erhöhten Validität der Auszubildendenantworten, da standardisierte Verfahren die Vielzahl an potenziellen Handlungsempfehlungen und Begründungen nur bedingt aufführen könnten. Zudem können standardisierte Antworten ein sozial erwünschtes Antwortverhalten (insbesondere bei einem gesellschaftskritischen Thema wie der Nachhaltigkeit) begünstigen. Nachteilig ist jedoch neben einem erhöhten Codierungsaufwand eine gültige Erfassung der Argumentationen der Auszubildenden. Dazu wurde im Abschnitt 6.6.1.3 zwar eine Inter-Rater-Reliabilitäts-Analyse vorgestellt, allerdings erforderten einige Begründungen eine Zuordnung zu einer Oberkategorie, und zwar für ökonomisch und ökologisch/sozial nicht trennscharfe Argumente. Ein Beispiel hierfür wäre das Argument „Energie sparen“, was einer ressourcen-effizienten

Argumentation entspricht, jedoch nach den Scoringkonzeptionen dieser Arbeit als Argument der ökonomischen sowie ökologischen Dimension zu deuten ist. Im Scoring wurden die zwischen den Nachhaltigkeitsdimensionen nicht trennscharfen Argumente so berücksichtigt, dass diese nachrangig als Ersatz für fehlende ökonomische oder ökologisch/soziale Begründungen gewertet wurden. In alternativen Scorings mit einer Priorisierung einer Nachhaltigkeitsdimension würden entsprechende doppeldeutige Argumentationen zu Kategorisierungsherausforderungen führen. Halboffene Antwortformate mit teilweise vorgegebenen Begründungen könnten die Analyse des Begründungswissens eventuell erleichtern.

Bei einer trennscharfen Erfassung von Werturteilen, die den Handlungsintentionen zugrunde liegen und über überzeugungsbasierte Skalen erfasst werden können, wäre es zudem von Interesse, die Kompetenzentwicklung nach unterschiedlichen Personengruppen zu analysieren. Für die Skalierung der Leistungsdaten wären an dieser Stelle Mischverteilungsmodelle, wie zum Beispiel das Mixed-Rasch-Modell, oder auch latente Klassenanalysen zu empfehlen.

Bezüglich der Entstehungs- und Erklärungsmodelle ergaben sich lediglich geringe Varianzen bei der Entwicklung des deklarativen Wissens, das lediglich ansatzweise über den Geschlechtereffekt erklärt werden konnte ($R^2$ = 15.5 %).[116] Die Varianzen des SJT-Slope-Faktors konnten hingegen besser durch das alternative latente Wachstumskurvenmodell unter Berücksichtigung weiterer Entstehungs- und Erklärungszusammenhänge im Vergleich zu dem Ausgangsmodell, bei allerdings einer geringeren Modellgüte, aufgeklärt werden [$R^2$ = 50.2 % (vgl. Abbildung 43, S. 253) vs. $R^2$ = 37.5 % (Abbildung 42, S. 252)]. Dennoch besteht weiterhin beinahe 50 % unerklärte Varianz zu den interindividuellen Unterschieden der Leistungsentwicklung im SJT.

116 Die Rolle des Geschlechts zur Analyse der Entwicklungen in den Fachleistungen ist jedoch nicht ganz eindeutig. Zum einen bestehen Hinweise auf leichte Modellverletzungen in den Leistungsskalen (vgl. Abschnitt 7.2.3.1), auf der anderen Seite zeigen sich geringere Einstellungsausprägungen der männlichen Auszubildenden, die unter Berücksichtigung der empirisch geprüften Strukturzusammenhänge mit geringeren Leistungen im SJT einhergehen. Die Bedeutung des Geschlechts erfordert ebenfalls zusätzliche Forschung. Zur Analyse der DIF-Effekte wären auch Multi-Method-Designs (z. B. durch zusätzliche Interviews zu den Item-Bearbeitungsprozessen der Probanden oder auch die Methode des lauten Denkens) anzustreben, um kognitive Prozesse bei der Itembearbeitung der einzelnen Subgruppen differenzierter analysieren zu können.

Als bedeutsame Entstehungsfaktoren von Kompetenzen und somit auch von Wissen gelten in der BBNE heterogene Lerngelegenheiten, auch mit einem informellen Charakter (vgl. 4.3.2). Jedoch konnten die bisherigen Befunde der KONWIKA-Studie (Fischer et al., 2015), bei der Zusammenhänge zwischen Lerngelegenheiten und Selbsteinschätzungsskalen des betrieblichen Verhaltens empirisch bestätigt wurden, nicht repliziert werden. Hinsichtlich der Befunde zu der Wahrnehmung dieser heterogen angenommenen Lerngelegenheit werden im Folgenden Erklärungsansätze dargestellt, die zugleich auf zusätzlichen Forschungsbedarf verweisen.

1. In der hier durchgeführten Studie erfolgte die Analyse des Einflusses unterschiedlicher Lerngelegenheiten nicht auf der Basis von Selbsteinschätzungsskalen des Verhaltens, sondern auf stärker objektiven Leistungsskalen, die zur Diagnostik des deklarativen Wissens sowie der Handlungsintention, nachhaltig zu wirtschaften, und des zugehörigen Begründungswissens abzielen. Selbsteinschätzungsskalen (die zudem nicht auf ein Modellunternehmen bezogen sind) ermöglichen den Auszubildenden zwar einen leichteren Vergleich mit ihrer eigenen betrieblichen Situation, die Gültigkeit von Selbsteinschätzungsskalen ist jedoch nur begrenzt, da diese sozialerwünschtes Antwortverhalten begünstigen können.
2. Die Auszubildenden wurden lediglich über ihre Wahrnehmung befragt. Es liegen weder Informationen über die reale Existenz von Informationen im Rahmen der angenommenen Lerngelegenheiten vor, noch lassen sich Hinweise auf deren Quantität und Qualität ableiten. Für eine methodisch gültigere Erfassung bedeutsamer Lerngelegenheiten sollten die Befragungen nicht nur auf die Auszubildenden begrenzt, sondern auch auf Ausbilder/-innen und Lehrer/-innen ausgeweitet werden. Daneben sollten zur Analyse der Qualität der Informationen im Rahmen unterschiedlicher Lerngelegenheiten differenzierte Dokumentenanalysen erfolgen. Die mediale Informationsaufbereitung zu spezifischen Nachhaltigkeitsthemen wird beispielsweise kritisch betrachtet (vgl. Abschnitt 3.4.3). Für formale Lerngelegenheiten sollte daneben die Unterrichts-/Instruktionsqualität (insbesondere die Inhalts- und Prozessmerkmale des Unterrichts) stärker berücksichtigt werden.
3. Aus einer lernpsychologischen Erklärungsperspektive ist es zudem fraglich, inwieweit entsprechende Lerngelegenheiten mit einer bewussten Lernintention und Aufmerksamkeit verbunden sind und dementsprechend einen angemessenen Elaborationsprozess der Wissensinhalte bewirken können. Gerade durch eingeschränkte Informationswahrnehmungen und deren Verarbeitung ist ein großes Potenzial für die Entstehung von Fehl- und Präkonzepten anzunehmen.

4. Eine inhaltliche Erklärung zu den zum Teil nur geringen Skalenausprägungen der als bedeutsam angenommenen Lerngelegenheiten sowie zu den nicht signifikanten Zusammenhängen zu den Leistungsskalen könnte in der unternehmenshierarchischen Verortung von Nachhaltigkeitsfragestellungen liegen. Nachhaltiges Wirtschaften wird im Betrieb vor allem aus einer unternehmensstrategischen Perspektive heraus betrachtet, weshalb zugehörige Aspekte stärker auf der Managementebene diskutiert werden (vgl. Abschnitt 3.3). Ob entsprechende Strategien bzw. konkrete Implementationen und damit zusammenhängend zugehörige Informationen auf der operativen Ebene, auf der die Auszubildenden angesiedelt sind, explizit aus der Perspektive eines nachhaltigen Wirtschaftens wahrgenommen und entsprechend gedeutet werden, stellt eine neue Fragestellung dar.
5. Für die Prüfung der Wirksamkeit unterschiedlicher Lerngelegenheiten wären zudem Interventionsstudien mit einem angemessenen Kontrolldesign zu empfehlen.

Neben den Lerngelegenheiten gelten auch wahrgenommene subjektive Normen sowie Verhaltenskontrollaspekte als erklärungsbedeutsam im Kontext von Kompetenzen für ein nachhaltiges Wirtschaften (insbesondere in Anlehnung an die Theorie des geplanten Verhaltens von Ajzen, 1985). Lediglich der Einfluss einer Skala zur Messung von wahrgenommenen Normen kann signifikant zur Aufklärung von Leistungsvarianzen der Handlungsintention, nachhaltig zu wirtschaften, beitragen. Zu der wahrgenommenen subjektiven Verhaltenskontrolle lässt sich im Rahmen der Strukturgleichungsmodellierung kein zuverlässiges Erklärungspotenzial gewinnen. Auch hier greift, ähnlich zu der vorherigen Diskussion zur Messung der Wahrnehmung von Informationen in unterschiedlichen Lerngelegenheiten, wahrscheinlich das Problem der Selbsteinschätzungsskalen. Diese zielen auf die Messung von Überzeugungen ab, während der SJT im Vergleich zu diesen Selbsteinschätzungen stärker objektivere Leistungsdaten misst. Deshalb sollte für die Messung der Kontextbedingungen auf alternative Ansätze zurückgegriffen werden, die validere Daten erheben können.

In Anlehnung an den vorherigen Absatz könnten notwendige Informationen multiperspektivisch diagnostiziert werden. Dafür könnten Ausbilder/-innen bzw. Lehrer/-innen befragt werden oder auch unterschiedliche Unternehmensinformationen ausgewertet werden, die in Verbindung mit den Auszubildendenleistungen mehrebenenanalytisch ausgewertet werden müssten. Voraussetzung hierfür wären aber hinreichend große Stichproben, die sich über die zweite Ebene durch mindestens 20 verschiedene Einheiten unterscheiden lassen müssten. Auch hier besteht die Herausforderung, gültige Daten auf der zweiten Ebene zu messen. Beispielsweise wären für Unternehmensdaten umfangreiche vertrauenswürdige Kooperationen notwendig, um verlässliche Informationen erhalten zu können.

Aus prognostischer Perspektive wären zusätzliche Befragungen nach dem Ausbildungsabschluss wünschenswert. Hierbei wäre es vor allem interessant, wie sich die Kompetenzen zum nachhaltigen Wirtschaften in und durch zukünftige Beschäftigungsverhältnisse entwickeln. Zudem könnten Erkenntnisse über die Bedeutung des Themas im Verlaufe des beruflichen Lebenslaufes gewonnen werden.

Einschränkend ist anzumerken, dass sich die hier vorgestellten Analysen lediglich auf den Ausbildungsberuf Kaufmann/-frau für Spedition und Logistikdienstleistung beziehen. Dieser Beruf stellt zwar einen der angebots- und nachfragestärkeren kaufmännischen Ausbildungsberufe dar (vgl. Abschnitt 5.1), allerdings ist die Verallgemeinerung der Kompetenzentwicklung zum nachhaltigen Wirtschaften auf kaufmännische Berufe beschränkt. Damit zusammenhängend ergibt sich zugleich eine weitere Empfehlung hinsichtlich zusätzlichen Forschungsbedarfs. Gerade unter Berücksichtigung der Diskussion um Gemeinsamkeiten und Unterschiede kaufmännischer Ausbildungsberufe (Brötz et al., 2014) und der Fragestellung der Domänenreichweite bzw. -spezifität sollten die Analysen dieser Studie zu der Kompetenzentwicklung zum nachhaltigen Wirtschaften auf weitere kaufmännische Ausbildungsberufe ausgeweitet werden. Diese Forderung wird insbesondere durch die Befunde von Liedtke und Seeber (2015) zu DIF-Analysen eines Testinstruments zur Messung von kaufmännischen Fachkompetenzen im Bereich Logistik, bei denen einige Items unterschiedliche Schwierigkeitsparameter zwischen Industrie- und Speditionskaufleuten aufwiesen und demnach auf unterschiedliche Kompetenzanforderungen in kaufmännischen Berufen hinweisen (Liedtke & Seeber, 2015), untermauert. Unter Einsatz derselben Instrumente oder Teile dieser zur Messung der Kompetenzentwicklung zum nachhaltigen Wirtschaften in unterschiedlichen Ausbildungsberufen wären dann ebenfalls DIF-Analysen möglich.

Auch die Stichprobe dieser Studie, die sich während der einzelnen Erhebungszeiträume zunehmend reduzierte, beschränkt den Repräsentativitätsanspruch. Ca. 37 % der befragten 326 Auszubildenden aus dem ersten Messzeitpunkt konnten nicht wiederbefragt werden, weshalb sich die längsschnittliche Stichprobe unter anderem auf 206 Auszubildende reduzierte (vgl. Abschnitt 6.9)[117]. Es liegen keine

117 Weiterhin wurden 21 Fälle aus dem Datensatz nachträglich entfernt, deren Missings in einer der beiden Leistungsskalen pro Messzeitpunkt über 50 % ausmachten. Der final zu analysierende Datensatz umfasst somit nur noch 185 Auszubildende.

Informationen zu dem Verbleib bzw. zu dem Fernbleiben der Auszubildenden zu den späteren Messzeitpunkten vor. Aufgrund der Analyse der Entstehungs- und Erklärungszusammenhänge, die in dieser Arbeit im Vordergrund stehen, wurde auf methodische Verfahren zum Umgang mit Missings (z. B. Imputation von Daten) verzichtet, da bei diesen Auszubildenden nicht nur Leistungsdaten, sondern auch die übrigen messzeitpunktspezifischen Daten der potenziellen leistungsvarianzerklärenden Skalen fehlen.

Weiterhin ist anzumerken, dass diese Untersuchung, wie auch die KONWIKA-Studie, die Handlungsintentionen, im unternehmerischen Kontext nachhaltig zu wirtschaften, stärker mental simulieren. Ein Transfer auf die reale betriebliche Handlungsebene ist dabei als Forschungsdesiderat zu deklarieren. Um eine höhere Authentizität während der Testsituation zu erzielen, sind technologiebasierte Messungen zu empfehlen, wie sie seit den Bemühungen der ASCOT-Initiative (BMBF, 2014) zunehmend zur Messung beruflicher Kompetenzen genutzt werden. Entsprechende Testinstrumente imitieren betriebliche Arbeitsprozesse so, dass realitätsnahe Arbeitsproben entstehen. Entsprechende Verfahren sollten auch in der Kompetenzmessung der BNE bzw. BBNE stärker verfolgt werden.

Über ein technologiebasiertes Erhebungsverfahren könnte zudem ein rotierendes Testheftverfahren und damit der Einsatz einer höheren Anzahl an Items leichter ermöglicht werden. Die Anzahl an Items, auf deren Grundlage anschließend die Kompetenzentwicklung gemessen wird, könnte zudem ausgeweitet werden. Bedingt durch die Erhöhung der Itemanzahl könnte zudem die Messgenauigkeit verbessert werden und dies würde sich entsprechend in den Reliabilitäten der Leistungsskalen widerspiegeln. Dabei wäre zudem eine stärkere inhaltliche Ausdifferenzierung der Skalen möglich, was die Prüfung einer inhaltlichen Mehrdimensionalität insbesondere zu den Dimensionen der Nachhaltigkeit begünstigt. In diesem Zusammenhang könnten bei einer höheren Itemanzahl Kompetenzniveaus sowie deren zeitliche Stabilität analysiert werden.

Aus Sicht der Konstruktvalidität würde auch der Zusammenhang mit anderen domänenspezifischen kaufmännischen Kompetenzen interessieren. Dieser könnte folglich Hinweise auf die konvergente bzw. diskriminante Validität geben.

Aus fachdidaktischer Perspektive wäre abschließend eine inhaltlich stärkere Analyse des Vorwissens sowie dessen Entwicklung für die BBNE zu empfehlen. Hierzu sollte die Idee von Präkonzepten (vgl. Abschnitt 2.2.1.2) aufgegriffen werden, die in dieser Arbeit im Rahmen des Scorings der SJT-Items nur partiell genutzt wurde, indem eindimensionale Begründungen als Präkonzepte nachhaltigen Wirtschaftens interpretiert wurden. Mit stärker inhaltlich-qualitativen Analysen, auch im Rahmen von Mixed-Method-Designs, könnten hierbei

Präkonzepte differenziert ausgewertet werden. Dabei wäre zudem von Interesse, welche Präkonzepte eine Kompetenzentwicklung fördern oder hemmen können. Forschungsfragen zur Analyse von Threshold Concepts (vgl. Abschnitt 2.2.1.3) sollten dabei verstärkt bearbeitet werden. Hierüber könnte der Zusammenhang zwischen einzelnen Vorwissensniveaus und der Kompetenzentwicklung differenzierter analysiert werden. Im Rahmen entsprechender fachdidaktischer Analysen sollten auch die Entstehungshintergründe des Wissens über Nachhaltigkeit und nachhaltiges Wirtschaften aufgegriffen werden. Hierzu wären ferner aktuelle curriculare Analysen der Schulformen, die maßgeblich die Bildungsbiografie von Auszubildenden prägen, notwendig.

Abschließend ist resümierend festzuhalten, dass über die KONWIKA-Studie (Seeber & Fischer, 2011) sowie dem hier auf KONWIKA aufbauenden Längsschnitt für die BBNE ein quantitativ-empirischer Forschungszweig zur Kompetenzmessung initiiert wurde, der vielfältige weitere Untersuchungspotenziale ermöglicht. Das betrifft insbesondere vertiefende Analysen zur konvergenten bzw. diskriminanten Validität, zu der zeitlichen Stabilität von Kompetenzmodellen (und hierbei von Strukturen und Niveaus) sowie zur Weiterentwicklung von Instrumenten für die Analyse der Kompetenzentwicklung. Ein entsprechender empirischer Diskurs der BBNE sollte weiter verfolgt werden.

# 10 Schlussbetrachtung

Die in dieser Studie gemessene Kompetenzentwicklung zum nachhaltigen Wirtschaften bei Auszubildenden des Ausbildungsberufes Kaufmann/-frau für Spedition und Logistikdienstleistung zeigt insgesamt nur geringe Leistungsveränderungen im Ausbildungsverlauf auf. Individuell betrachtet unterscheiden sich zwar die Auszubildenden in ihren messzeitpunktspezifischen Leistungen, die inter individuellen Unterschiede in den Entwicklungen variieren hingegen nur moderat. Ein Zusammenhang mit einer lediglich schwachen curricularen Verankerung nachhaltigkeitsrelevanter Themen lässt sich dabei nicht ablehnen. Demnach bekräftigen die Ergebnisse dieser Studie die Diskussion innerhalb der Berufs- und Wirtschaftspädagogik zur bildungspolitischen nachrangigen Förderung einer BBNE (vgl. beispielsweise Brötz, 2014; Fischer, im Erscheinen; Fischer et al., 2009; Kutt, 2006). Damit zusammenhängend entstehen auf der einen Seite aus der Perspektive der Bildungs- und Erziehungswissenschaften vielfältige weitere Forschungskorridore sowie auf der anderen Seite bildungspolitische Empfehlungen.

Für die Erziehungs- und Bildungswissenschaften und hierbei insbesondere für die Berufs- und Wirtschaftspädagogik sollte die Kompetenzmessung im Nachhaltigkeitskontext differenzierter verfolgt werden. Hierbei interessieren aus grundlagenforschungsorientierter Perspektive insbesondere das Zusammenwirken von Kompetenzentwicklungen mit -niveaus sowie -strukturen. Dementsprechend sollte die Robustheit von Niveaumodellen, aber auch der Dimensionalität von Leistungstests über die Zeit als Forschungsschwerpunkt weiter verfolgt werden. Ein Schwerpunkt sollte dabei auch auf erweiterte Strukturzusammenhänge zu Entstehungs- und Erklärungszusammenhängen gelegt werden. Im Rahmen der Lehr-Lernforschung sollten hierfür zudem Interventions-/Kontrollstudien unter Berücksichtigung einer psychometrisch angemessenen Veränderungsmessung verfolgt werden.

In Bezug auf eine bildungspolitische Verwertung der Ergebnisse dieser Studie sollte der Prozess der zunehmenden Integration von Nachhaltigkeitsaspekten in Rahmenlehrpläne und Ausbildungsordnungen grundsätzlich fortgeführt werden. Die hier erzeugten Ergebnisse könnten sich durch eine stärkere Verankerung von Nachhaltigkeitsaspekten in den Ordnungsmitteln verändern. Allerdings sollte in diesem Zusammenhang das Verständnis von Nachhaltigkeit in der BBNE unter Berücksichtigung der zunehmenden interdisziplinären und internationalen Forschungserkenntnisse stets reflektiert und gegebenenfalls angepasst werden, was wiederum curriculare Adaptionen erfordert.

In diesem Zusammenhang sollten zudem die Kompetenzen des Aus- und Weiterbildungspersonals zum nachhaltigen Wirtschaften konsequent gefördert werden. Gerade unter Beachtung der zunehmenden Erkenntnisgenerierung, und hierbei auch der teilweisen Revidierung von vorherigen Befunden und Empfehlungen, erhält die Forderung nach regelmäßiger Reflexion des Nachhaltigkeitsverständnisses sowie der konsequenten und stetigen Fortbildung der Personen, die die Lerngelegenheiten im Rahmen der dualen Ausbildung gestalten, an Bedeutung.

# 11 Literaturverzeichnis


Abele, S. (2014). *Modellierung und Entwicklung berufsfachlicher Kompetenz in der gewerblich-technischen Ausbildung*. Stuttgart: Steiner.

Abs, H. J., Diedrich, M., Sickmann, H., & Klieme, E. (2007) *Evaluation im BLK-Modellprogramm Demokratie lernen und leben: Skalen zur Befragung von Schüler/-innen, Lehrer/-innen und Schulleitungen*. Frankfurt a. M.: Gesellschaft zur Förderung Pädagogischer Forschung.

accenture, & UN Global Contact (2013). *The UN Global Compact-Accenture CEO Study on Sustainability 2013: Architects of a Better World*. URL: http://www.accenture.com/SiteCollectionDocuments/PDF/Accenture-UN-Global-Compact-Acn-CEO-Study-Sustainability-2013.PDF.

Achtenhagen, F., & Baethge, M. (2008). Kompetenzdiagnostik als Large-Scale-Assessment im Bereich der beruflichen Aus- und Weiterbildung. In M. Prenzel, I. Gogolin, & H.-H. Krüger (Hrsg.), *Kompetenzdiagnostik*, Zeitschrift für Erziehungswissenschaft Sonderheft 8 (S. 51–70). Wiesbaden: VS Verlag für Sozialwissenschaften.

Adams, R. J., Wu, M. L., & Wilson, M. R. (2012). *ACER ConQuest 3.0*. Melbourne: ACER.

Aebli, H. (1980). *Denken. Das Ordnen des Tuns, Band I: Kognitive Aspekte der Handlungstheorie*. Stuttgart: Klett-Cotta.

Ajzen, I. (1985). From Intentions to Actions: A Theory of Planned Behavior. In J. Kuhl & J. Beckmann (Hrsg.), *Action Control* (S. 11–39). Berlin: Springer.

Ajzen, I. (1991). The theory of planned behavior. *Organizational behavior and human decision processes*, *50*(2), 179–211.

Atik, D., & Nickolaus, R. (2016). Die Entwicklung berufsfachlicher Kompetenzen von Anlagenmechanikern im ersten Ausbildungsjahr. *Zeitschrift für Berufs- und Wirtschaftspädagogik*, 112(2), 243–269.

Andersen, E. B. (1985). Estimating latent correlations between repeated testings. *Psychometrika*, 50(1), 3–16.

Anderson, J. R. (1983). A spreading activation theory of memory. *Journal of verbal learning and verbal behavior*, 22(3), 261–295.

Anderson, J. R. (1996). ACT: A simple theory of complex cognition. *American Psychologist*, 51(4), 355.

Anderson, J. R., Matessa, M., & Lebiere, C. (1997). ACT-R: A theory of higher level cognition and its relation to visual attention. *Human-Computer Interaction*, 12(4), 439–462.

Anderson, J. R. (2013). *Kognitive Psychologie* (7. Aufl.). Berlin: Springer.

Anderson, L. W., & Krathwohl, D. R. (2001). *A Taxonomy for Learning, Teaching, and Assessing. A Revision of Bloom's Taxonomy of Educational Objectives*. New York.

Aristoteles. (1973). *Politik*. Zürich: Artemis Verlag.

Armitage, C. J., & Conner, M. (2001). Efficacy of the theory of planned behaviour: A meta-analytic review. *British journal of social psychology*, 40(4), 471–499.

Artelt, C., & Schneider, W. (2011). Herausforderungen und Möglichkeiten der Diagnose und Modellierung von Kompetenzen und ihrer Entwicklung. Editorial. *Zeitschrift für Entwicklungspsychologie und Pädagogische Psychologie*, 43, 167–172.

Atkinson, J. W. (1964). *An introduction to motivation*. New York: Van Nostrand.

Aufgabenstelle für kaufmännische Abschluss und Zwischenprüfungen (AKA/ IHK) (2005). *Prüfungskatalog für die IHK-Zwischenprüfungen: Kaufmann/ Kauffrau für Spedition und Logistikdienstleistung – Verordnung über die Berufsausbildung zum Kaufmann/zur Kauffrau für Spedition und Logistikdienstleistung vom 26. Juli 2004*. Solingen: U-Form-Verlag.

Aufgabenstelle für kaufmännische Abschluss und Zwischenprüfungen (AKA/ IHK) (2009). *Prüfungskatalog für die bundesweit einsetzbaren IHK-Abschlussprüfungen: Kaufmann/Kauffrau für Spedition und Logistikdienstleistung – Verordnung über die Berufsausbildung zum Kaufmann/zur Kauffrau für Spedition und Logistikdienstleistung vom 26. Juli 2004*. Solingen: U-Form-Verlag.

Ausubel, D. P., Novak, J. D., & Hanesian, H. (1980). *Psychologie des Unterrichts Band 1* (2. Aufl.). Weinheim & Basel: Beltz.

Autorengruppe Bildungsberichterstattung (2012). *Bildung in Deutschland 2012. Ein indikatorengestützter Bericht mit einer Analyse zur kulturellen Bildung im Lebenslauf*. Bielefeld: Bertelsmann.

Autorengruppe Bildungsberichterstattung (2014). *Bildung in Deutschland 2014. Ein indikatorengestützter Bericht mit einer Analyse zur Bildung von Menschen mit Behinderungen*. Bielefeld: Bertelsmann.

Bader, R. (1989). Berufliche Handlungskompetenz. *Die berufsbildende Schule*, 41(2), 73–77.

Baethge, M., Brunke, J., & Wieck, M. (2010). Die Quadratur des Kreises – oder die Mühsal der Suche nach Indikatoren für informelles Lernen am Beispiel beruflichen Lernens im Erwachsenenalter. In Bundesministerium für Bildung und Forschung (BMBF) (Hrsg.), *Indikatorenentwicklung für den nationalen Bildungsbericht „Bildung in Deutschland" Grundlagen, Ergebnisse, Perspektiven* (S. 157–190). Bonn: BMBF.

Baisch, P., & Schrenk, M. (2005). Schülervorstellungen zum Stoffkreislauf. In M. Schrenk & W. Holl-Giese (Hrsg.), *Bildung für eine nachhaltige Entwicklung: Ergebnisse empirischer Untersuchungen* (S. 83–95). Hamburg: Verlag Dr. Kovač.

Barke, H.-D. (2006). *Chemiedidaktik: Diagnose und Korrektur von Schülervorstellungen.* Berlin: Springer.

Barth, M., & Michelsen, G. (2013). Learning for change: an educational contribution to sustainability science. *Sustainability Science*, 8(1), 103–119.

Baumert, J., & Kunter, M. (2006). Stichwort: Professionelle Kompetenz von Lehrkräften. Zeitschrift für *Erziehungswissenschaft*, 9(4), 469–520.

Beck, K. (2000). Die Moral von Kaufleuten. Über die Urteilsleistungen und deren Beeinflussung durch Berufsausbildung. *Zeitschrift für Pädagogik*, 46(3), 349–372.

Beck, K., Bienengräber, T., Mitulla, C., & Parche-Kawik, K. (2001). Progression, Stagnation, Regression – Zur Entwicklung der moralischen Urteilskompetenz während der kaufmännischen Berufsausbildung. In K. Beck & V. Krumm (Hrsg.), *Lehren und Lernen in der beruflichen Erstausbildung* (S. 139–161). Opladen: Leske + Budrich.

Beck, K., Bienengräber, T., & Parche-Kawik, K. (2000). Entwicklungsbedingungen kaufmännischer Berufsmoral – Befunde zur beruflichen Primärsozialisation und Implikationen für die Weiterbildung. In C. Harteis, H. Heid, & S. Kraft (Hrsg.), *Kompendium Weiterbildung. Aspekte und Perspektiven betrieblicher Personal- und Organisationsentwicklung* (S. 191–208). Opladen: Leske + Budrich.

Beck, K., Brütting, B., Lüdecke-Plümer, S., Minnameier, G., Schirmer, U., & Schmid, S. N. (1996). Zur Entwicklung moralischer Urteilskompetenz in der kaufmännischen Erstausbildung – Empirische Befunde und praktische Probleme. In K. Beck & H. Heid (Hrsg.), *Lehr-Lern-Prozesse in der kaufmännischen Erstausbildung. Wissenserwerb, Motivierungsgeschehen und Handlungskompetenzen*, Zeitschrift für Berufs- und Wirtschaftspädagogik – Beiheft 13 (S. 187–206). Stuttgart: Franz Steiner Verlag.

Beck, K., & Parche-Kawik, K. (2004). Das Mäntelchen im Wind? Zur Domänespezifität moralischen Urteilens. *Zeitschrift für Pädagogik*, 50(2), 244–265.

Behörde für Schule & Berufsbildung (Hrsg.) (2011). *LAU – Aspekte der Lernausgangslage und der Lernentwicklung: Klassenstufen 5, 7 und 9.* Münster: Waxmann.

Behörde für Schule & Berufsbildung (Hrsg.) (2012). *LAU – Aspekte der Lernausgangslage und der Lernentwicklung: Klassenstufen 11 und 13.* Münster: Waxmann.

Behrmann, M. (2007). Situational Judgement Tests. In H. Schuler & K. Sonntag (Hrsg.), *Handbuch der Arbeits- und Organisationspsychologie* (S. 483–489). Göttingen: Hogrefe.

Bundesinstitut für Berufsbildung (BIBB) (2015). *Ausbildungsordnungen und wie sie entstehen* (7. Aufl.). Bonn: Bundesinstitut für Berufsbildung.

Biggs, J., & Collis, K. (1982). *Evaluating the Quality of Learning: the SOLO taxonomy.* New York: Academic Press.

Blaesing, D. (2013). *Nachhaltigkeitsberichterstattung in Deutschland und den USA: Berichtspraxis, Determinanten und Eigenkapitalkostenwirkungen.* Frankfurt a. M.: Peter Lang.

Bloemen, A. (2010). *Fachliche Vorstellungen und Schülervorstellungen zum Thema Nachhaltigkeit: Ein Beitrag zur Politikdidaktischen Rekonstruktion.* Oldenburg: BIS-Verlag.

Blömeke, S., Gustafsson, J. E., & Shavelson, R. J. (2015). Beyond dichotomies: Competence viewed as a continuum. *Zeitschrift für Psychologie,* 223(1), 3–13.

Bloom, B. S., Engelhart, M. D., Furst, E. D., Hill, W. H., & Krathwohl, D. R. (1956). *Taxonomy of educational objectives: The classification of educational goals. Handbook I: Cognitive domain.* New York: David McKay.

Blossfeld, H.-P., & Schneider, T. (2011). Data on educational processes: national and international comparisons. In H.-P. Blossfeld, H.-G. Roßbach, & J. v. Maurice (Hrsg.), *Education as a lifelong process: The German National Educational Panel Study,* Sonderheft 14 – Zeitschrift für Erziehungswissenschaft (S. 35–50). Wiesbaden: VS Verlag für Sozialwissenschaften.

Bogner, F., & Kaiser, F. G. (2007). *Umweltkompetenz: Umweltbildung zur Förderung umweltspezifischer Handlungs- und kognitiv-emotionaler Kompetenzen.* URL: http://kompetenzmodelle.dipf.de/de/projekte/projekt-umweltkompetenz

Bolscho, D., Eulefeld, G., & Seybold, H. (1980). *Umwelterziehung: neue Aufgaben für die Schule.* München: Urban & Schwarzenberg.

Bolscho, D., & Hauenschild, K. (2006). From environmental education to education for sustainable development in Germany. *Environmental Education Research,* 12(1), 7–18.

Bond, T. G., & Fox, C. M. (2007). *Applying the Rasch model: Fundamental measurement in the human sciences* (2. Aufl.). Mahawa: Lawrence Erlbaum Associates.

Bortz, J. (2005). *Statistik für Human- und Sozialwissenschaftler* (6. Aufl.). Heidelberg: Springer.

Bortz, J., & Döring, N. (2004). *Forschungsmethoden und Evaluation für Human- und Sozialwissenschaftler* (4. Aufl.). Heidelberg: Springer.

Bourdieu, P. (1983). Ökonomisches Kapital, kulturelles Kapital, soziales Kapital. In R. Kreckel (Hrsg.), *Soziale Ungleichheiten* (Soziale Welt, Sonderband 2) (S. 183–198). Göttingen: Schwartz.

Brand, W., Hofmeister, W., & Tramm, T. (2005). *Prüfungen und Standards in der beruflichen Bildung: Auf dem Weg zu einem Kompetenzstufenmodell für die berufliche Bildung – Erfahrungen aus dem Projekt ULME.* bwp@ Berufs- und Wirtschaftspädagogik – online, 8, URL: http://www.bwpat.de/ausgabe8/brand_etal_bwpat8.pdf.

Bräutigam, J. (2014) *Systemisches Denken im Kontext einer Bildung für nachhaltige Entwicklung: Konstruktion und Validierung eines Messinstruments zur Evaluation einer Unterrichtseinheit.* URL: http://phfr.bsz-bw.de/files/412/DissertationBraeutigamJulia2014.pdf

Bremerich-Vos, A., & Dämmer, J. (2013). Professionelles Wissen im Studienverlauf: Lehramt Deutsch. In S. Blömeke, A. Bremerich-Vos, G. Kaiser, G. Nold, H. Haudeck, J.-U. Keßler, & K. Schwippert (Hrsg.). *Professionelle Kompetenzen im Studienverlauf: Weitere Ergebnisse zu r Deutsch-, Englisch- und Mathematiklehrerausbildung aus TEDS-LT* (S. 47–76). Münster: Waxmann.

Bretzke, W.-R., & Barkawi, K. (2012). *Nachhaltige Logistik: Antworten auf eine globale Herausforderung* (2. Aufl.). Berlin: Springer.

Bronfenbrenner, U. (1981). *Die Ökologie der menschlichen Entwicklung.* Stuttgart: Klett-Cotta.

Brötz, R., Annen, S., Kaiser, F., Kock, A., Krieger, A., Noack, A., … Tiemann, M. (2014). *Gemeinsamkeiten und Unterschiede kaufmännisch-betriebswirtschaftlicher Aus- und Fortbildungsberufe (GUK). Abschlussbericht* (ergänzte Fassung von 2014). Bonn: BIBB.

Brötz, R., Kaiser, F., Brings, C., Peppinghaus, B., Warmbold-Jaquinet, V., Krieger, … Schaal, T. (2011). *Gemeinsamkeiten und Unterschiede kaufmännisch-betriebswirtschaftlicher Aus- und Fortbildungsberufe (GUK). Zwischenbericht.* Bonn: BIBB.

Brötz, R., & Kock, A. (2013). Methode zur Konstruktion von kaufmännischen Berufsgruppen, *BWP*, 5, 48–52.

Bundesagentur für Arbeit (BA) (2012b). Kaufmann/-frau – Spedition und Logistikdienstleistung. Informationen zum Beruf. URL: http://berufenet.arbeitsagentur.de/berufe/start?dest=profession&prof-id=29441.

Bundesinstitut für Berufsbildung (BIBB) (o. J.). *Genealogie Kaufmann/-frau für Spedition und Logistikdienstleistung* (IH). URL: http://www.bibb.de/de/berufeinfo.php/genealogy/6564564.

Bundesinstitut für Berufsbildung (BIBB) (2014). *BIBB-Datenblatt des Datensystems Auszubildende (DAZUBI): 5162 Kaufmann/Kauffrau für Spedition und Logistikdienstleistung (ggf. mit Vorgänger)*, Stand 01.12.2014, URL: http://www.bibb.de/dazubi.

Bundesminister für Wirtschaft und Arbeit (BMWi) (2004). *Verordnung über die Berufsausbildung zum Kaufmann für Spedition und Logistikdienstleistung/ zur Kauffrau für Spedition und Logistikdienstleistung vom 26. Juli 2004.* BGBl 2004, Teil I, Nr. 39, Bonn.

Bundesministerium für Bildung und Forschung (BMBF) (2014). *Impulse für die Ausbildung der Zukunft: Innovative Kompetenzmessung in einer dynamischen Arbeitsumwelt* (Stand 2014). URL: http://ascot-vet.net/_media/Impulse_fuer_die_Ausbildung_der_Zukunft_ASCOT_Broschuere2014.pdf.

Bundesministerium für Umwelt, Naturschutz, Bau und Reaktorsicherheit (BMUB) (o. J.). *UN-Klimakonferenzen: Etappen des Klimaverhandlungsprozesses.* http://www.bmu.de/klimaschutz/internationale_klimapolitik/un-klimakonferenzen/doc/48882.php.

Bundesministerium für Umwelt, Naturschutz, Bau und Reaktorsicherheit (BMUB) & Umweltbundesamt (UBA) (Hrsg.) (2015). *Umweltbewusstsein in Deutschland 2014: Ergebnisse einer repräsentativen Bevölkerungsumfrage.* Niestetal: Silber Druck.

Bundesministerium für Umwelt, Naturschutz und Reaktorsicherheit (BMU) (Hrsg.) (2000). *Umweltbewusstsein in Deutschland 2000: Ergebnisse einer repräsentativen Bevölkerungsumfrage.* Berlin: BMU.

Bundesministerium für Umwelt, Naturschutz und Reaktorsicherheit (BMU) (Hrsg.) (2002). *Umweltbewusstsein in Deutschland 2002: Ergebnisse einer repräsentativen Bevölkerungsumfrage.* Berlin: BMU.

Bundesministerium für Umwelt, Naturschutz und Reaktorsicherheit (BMU) (Hrsg.) (2004). *Umweltbewusstsein in Deutschland 2004: Ergebnisse einer repräsentativen Bevölkerungsumfrage.* Bonn: Köllen Druck.

Bundesministerium für Umwelt, Naturschutz und Reaktorsicherheit (BMU) (Hrsg.) (2006). *Umweltbewusstsein in Deutschland 2006: Ergebnisse einer repräsentativen Bevölkerungsumfrage.* Paderborn: Bonifatius.

Bundesministerium für Umwelt, Naturschutz und Reaktorsicherheit (BMU) (Hrsg.) (2008). *Umweltbewusstsein in Deutschland 2008: Ergebnisse einer repräsentativen Bevölkerungsumfrage.* Niestetal: Silber Druck.

Bundesministerium für Umwelt, Naturschutz und Reaktorsicherheit (BMU) & Umweltbundesamt (UBA) (Hrsg.) (2010). *Umweltbewusstsein in Deutschland 2010: Ergebnisse einer repräsentativen Bevölkerungsumfrage.* Niestetal: Silber Druck.

Bundesministerium für Umwelt, Naturschutz und Reaktorsicherheit (BMU) & Umweltbundesamt (UBA) (Hrsg.) (2013). *Umweltbewusstsein in Deutschland 2012: Ergebnisse einer repräsentativen Bevölkerungsumfrage.* Paderborn: Bonifatius GmbH, Druck-Buch-Verlag.

Bundesministerium für Verkehr und digitale Infrastruktur (BMVI) (2014). *Verkehr in Zahlen*. 43. Jahrgang, Hamburg: DVV Media Group.

Burschel, C. J., Losen, D., & Wiendl, A. (2004). *Betriebswirtschaftslehre der nachhaltigen Unternehmung*. München: Oldenbourg Verlag.

von Carlowitz, H. C. (2000). *Sylvicultura oeconomica oder haußwirtschaftliche Nachricht und naturmäßige Anweisung zur wilden Baum-Zucht. Wiederveröffentlichung des Originals von 1713*. Leipzig: Braun.

Carroll, A. B., & Shabana, K. M. (2010). The business case for corporate social responsibility: a review of concepts, research and practice. *International Journal of Management Reviews*, 12(1), 85–105.

Carstensen, C. H. (2006). Technische Grundlagen für die Messwiederholung. In PISA-Konsortium Deutschland (Hrsg.), *PISA 2003: Untersuchungen zur Kompetenzentwicklung im Verlauf eines Schuljahres* (S. 309–323). Münster: Waxmann.

Cattell, R. B. (1963). Theory of fluid and crystallized intelligence: A critical experiment. *Journal of educational psychology*, 54(1), 1–22.

Cattell, R. B. (1987). *Intelligence; Its structure, growth and action*. Amsterdam: North Holland.

Chi, M. T. H. (2008). Three types of conceptual change: Belief revision, mental model transformation and categorical shift. In S. Vosniadou (Hrsg.), *International Handbook of research on conceptual change* (S. 61–82). Hillsdale: Erlbaum.

Chi, M. T., Slotta, J. D., & De Leeuw, N. (1994). From things to processes: A theory of conceptual change for learning science concepts. *Learning and instruction*, 4(1), 27–43.

Chomsky, N. (1965). *Aspects of the theory of syntax*. Cambridge, Mass: MIT Press.

Chomsky, N. (1968). *Language and Mind*. New York: Harcourt, Brace & World.

Chomsky, N. (1973). *Aspekte der Syntax-Theorie*. Frankfurt am Main: Suhrkamp Verlag & Akademie Verlag.

Christ, O., & Schlüter, E. (2012). *Strukturgleichungsmodelle mit Mplus: eine praktische Einführung*. München: Oldenbourg Verlag.

Coleman, J. S. (1988). Social capital in the creation of human capital. *American journal of sociology*, 94 (Beiheft), 95–120.

Dahlsrud, A. (2008). How corporate social responsibility is defined: an analysis of 37 definitions. *Corporate social responsibility and environmental management*, 15(1), 1–13.

Davier, von, A. A., Carstensen, C. H., & von Davier, M. (2008). Linking competencies in horizontal, vertical, and longitudinal settings and measuring growth. In J. Hartig, E. Klieme, & D. Leutner (Hrsg.), *Assessment of competencies in educational contexts* (S. 53–80). Göttingen: Hogrefe.

Davier, von, M., Xu, X., & Carstensen, C. H. (2011). Measuring growth in a longitudinal large-scale assessment with a general latent variable model. *Psychometrika*, 76(2), 318–336.

Deci, E. L., & Ryan, R. M. (1993). Die Selbstbestimmungstheorie der Motivation und ihre Bedeutung für die Pädagogik. *Zeitschrift für Pädagogik*, 39(2), 223–238.

Dehnbostel, P. (2002). Modelle arbeitsbezogenen Lernens und Ansätze zur Integration formellen und informellen Lernens. In M. Rohs (Hrsg.), *Arbeitsprozessintegriertes Lernen* (S. 37–57). Münster: Waxmann.

DESI-Konsortium (Hrsg.) (2008). *Unterricht und Kompetenzerwerb in Deutsch und Englisch: Ergebnisse der DESI-Studie*. Weinheim: Beltz.

Die Bundesregierung (o. J). *Nachhaltigkeitsstrategie*, URL: http://www.bundesregierung.de/Webs/Breg/DE/Themen/Nachhaltigkeitsstrategie/5-Berichte/_node.html.

diSessa, A. A. (1988). Knowledge in pieces. In G. Forman & P. Pufall (Hrsg.), *Constructivism in the computer age* (S. 49–70). Hillsdale, NJ: Lawrence Erlbaum Associates, Inc.

diSessa, A. A. (1993). Toward an epistemology of physics. *Cognition and instruction*, 10(2-3), 105–225.

diSessa, A. A. (2008). A bird's-eye view of the "pieces" vs. "coherence" controversy (from the "pieces" side of the fence). In S. Vosniadou (Hrsg.), *International handbook of research on conceptual change* (S. 35–60). New York: Routledge.

Dohmen, G. (2001): *Das informelle Lernen. Die internationale Erschließung einer bisher vernachlässigten Grundform menschlichen Lernens für das lebenslange Lernen aller*. Bonn: BMBF.

Draney, K., & Wilson, M. (2008). A LLTM approach to the examination of teachers' ratings of classroom assessment tasks. *Psychology Science*, 50(3), 417–432.

Dreyfus, S. E., & Dreyfus, H. L. (1980). *A five-stage model of the mental activities involved in directed skill acquisition*. Berkley: University of California, Berkeley.

Duit, R. (1992). Forschungen zur Bedeutung vorunterrichtlicher Vorstellungen für das Erlernen der Naturwissenschaften. In K. Riquarts, W. Dierks, R. Duit, G. Eulefeld, H. Haft, & H. Stork (Hrsg.): *Naturwissenschaftliche Bildung in der Bundesrepublik Deutschland, Band IV: Aktuelle Entwicklungen und fachdidaktische Fragestellungen in der naturwissenschaftlichen Bildung* (S. 47–84). Kiel: IPN.

Duit, R., & Treagust, D. F. (2003). Conceptual change: a powerful framework for improving science teaching and learning. *International journal of science education*, 25(6), 671–688.

Dyllick, T. (2003). Konzeptionelle Grundlagen unternehmerischer Nachhaltigkeit. In G. Linne & M. Schwarz (Hrsg.), *Handbuch Nachhaltige Entwicklung* (S. 235–243). Wiesbaden: VS Verlag für Sozialwissenschaften.

Edelmann, W. (2000). *Lernpsychologie* (6. Aufl.). Weinheim: Beltz.

Eggert, S. (2008). *Bewertungskompetenz für den Biologieunterricht – Vom Modell zur empirischen Überprüfung.* URL: http://hdl.handle.net/11858/00-1735-0000-0006-AD10-8.

Eggert, S., & Bögeholz, S. (2006). Göttinger Modell der Bewertungskompetenz–Teilkompetenz „Bewerten, Entscheiden und Reflektieren" für Gestaltungsaufgaben Nachhaltiger Entwicklung. *Zeitschrift für Didaktik der Naturwissenschaften*, 12, 177–199.

Eimeren, van, B. & Frees, B. (2014). Ergebnisse der ARD/ZDF-Onlinestudie: 79 Prozent der Deutschen online - Zuwachs bei mobiler Internetnutzung und Bewegtbild. *Media Perspektiven*, 7–8, 378–395.

Eiselt, A., & Kaspereit, T. (2010). Nachhaltigkeitsberichterstattung als Instrument der Kapitalmarktkommunikation, *Zeitschrift für internationale und kapitalmarktorientierte Rechnungslegung*, 10 (7/8), 379–384.

Elkington, J. (1997). *Cannibals with forks. The triple bottom line of 21st century.* Oxford: Capstone.

Embretson, S. E. (1991). A multidimensional latent trait model for measuring learning and change. *Psychometrika*, 56(3), 495–515.

Enquete-Kommission (1998). *Abschlussbericht: der Enquete-Kommission „Schutz des Menschen und der Umwelt – Ziele und Rahmenbedingungen einer nachhaltig zukunftsverträglichen Entwicklung" – Konzept Nachhaltigkeit: Vom Leitbild zur Umsetzung.* URL: http://dipbt.bundestag.de/doc/btd/13/112 /1311200.pdf.

Erlemann, M. (2012). Lernen aus der Katstrophe? Hochwasserereignisse und Nachhaltige Entwicklung, In M. Arnold & M. Erlemann (Hrsg.), *Öffentliches Wissen: Nachhaltigkeit in den Medien* (S. 46–82). Oekom-Verlag.

Eulefeld, G., Bolscho, D., Rode, H., Rost, J., & Seybold, H. (1993). *Entwicklung der Praxis schulischer Umwelterziehung in Deutschland. Ergebnisse empirischer Studien.* Kiel: Institut für die Pädagogik der Naturwissenschaften (IPN).

Euler, D. (1999). *Kooperation der Lernorte in der Berufsbildung. Materialien zur Bildungsplanung und zur Forschungsförderung.* Nürnberg: Bund-Länder-Kommission für Bildungsplanung und Forschungsförderung.

Fischer, A. (im Erscheinen). Zugänge zu einer Berufsbildung für nachhaltige Entwicklung. In G. de Haan (Hrsg.), *Bildung für nachhaltige Entwicklung. Stand und Perspektiven*. Springer VS.

Fischer, A. (o. J.). *BBS futur 2.0: Aufbau eines überregionalen Netzwerkes Berufsbildender Schulen mit dem Schwerpunkt Nachhaltigkeit*. URL: https://www.leuphana.de/bwp/forschung-projekte/bbs-futur-20.html.

Fischer, A. (2011). *Nachhaltiges Schulnetzwerk: bbs-futur*. bwp@ Spezial 5 – Hochschultage Berufliche Bildung 2011, URL: http://www.bwpat.de/ht2011/ws08/fischer_ws08-ht2011.pdf.

Fischer, A., Mertineit, K.-D., & Skrzipietz, F. (2009). *Vom Elfenbeinturm zum Ladentisch – Nachhaltige Potenziale im Handel: Theoretische Reflexionen und empirische Analysen*. Baltmannsweiler: Schneider-Verlag Hohengehren.

Fischer, A., Seeber, S., Michaelis, C., & Müller-Harms, J. (2015). Kompetenzen für nachhaltiges Wirtschaften und informelles Lernen in betriebswirtschaftlich-kaufmännischen Berufen. In G. Niedermaier (Hrsg.), *Informelles Lernen: Annäherungen – Problemlagen – Forschungsbefunde* (S. 143–158). Schriften für Berufs- und Betriebspädagogik, Band 9. Linz: Tauner Verlag.

Fischer, G. H., & Molenaar, I. W. (Hrsg.) (2012). *Rasch models: Foundations, recent developments, and applications*. New York: Springer.

Fishbein, M., & Ajzen, I. (1975) *Belief, attitude, intention and behavior: An introduction to theory and research*. Reading: Addison-Wesley.

Fleischer, D. P. J., Koeppen, K., Kenk, D. P. M., Klieme, E., & Leutner, D. (2013). Kompetenzmodellierung: Struktur, Konzepte und Forschungszugänge des DFG-Schwerpunktprogramms. *Zeitschrift für Erziehungswissenschaft*, 16(1), 5–22.

Flynn, J. R. (2013). The "Flynn Effect" and Flynn's paradox. *Intelligence*, 41(6), 851–857.

forsa. Gesellschaft für Sozialforschung und statistische Analysen (2012). *Nachhaltigkeit*. URL: http://www.zukunftsprojekt-erde.de/fileadmin/de.wissenschaftsjahr-2012/content_de/Presse/Pressemitteilungen/Auswertung-Nachhaltigkeit.pdf.

Geiser, C. (2011). *Datenanalyse mit Mplus* (2. Aufl.). Wiesbaden: Vs Verlag für Sozialwissenschaften.

Geißel, B., Nickolaus, R., Stefanica, F., Härting, H., & Neumann, K. (2013). Die Relevanz mathematischer und naturwissenschaftlicher Kompetenzen für die fachliche Kompetenzentwicklung in gewerblich-technischen Berufen, in R. Nickolaus, J Retelsdorf, E. Winther, & O. Köller (Hrsg.), *Mathematisch-naturwissenschaftliche Kompetenzen in der beruflichen Erstausbildung: Stand der Forschung und Desiderata*, Zeitschrift für Berufs- und Wirtschaftspädagogik - Beiheft 26 (S. 11–35). Stuttgart: Franz Steiner Verlag.

Gerstenmaier, J., & Mandl, H. (2000). Die Kluft zwischen Wissen und Handeln. In H. Mandl, & J. Gerstenmaier (Hrsg.), *Die Kluft zwischen Wissen und Handeln: Empirische und theoretische Lösungsansätze* (S. 11–23). Göttingen: Hogrefe.

Glathe, C. (2010). *Kommunikation von Nachhaltigkeit in Fernsehen und Web 2.0.* Wiesbaden: VS Verlag für Sozialwissenschaften | Springer Fachmedien.

Global Reporting Initiative (GRI) (2013). *G4 Leitlinien zur Nachhaltigkeitsberichterstattung: Berichterstattungsgrundsätze und Standardangaben.* URL: https://www.globalreporting.org/resourcelibrary/German-G4-Part-One.pdf.

Göpfert, H. (1987). *Naturbezogene Pädagogik.* Weinheim: Beltz.

Gräsel, C., Bormann, I., Schütte, K., Trempler, K., Fischbach, R., & Asseburg, R. (2012). Perspektiven der Forschung im Bereich Bildung für nachhaltige Entwicklung. In BMBF (Hrsg.), *39 Bildung für nachhaltige Entwicklung–Beiträge der Bildungsforschung* (S. 7–24). Berlin: BMBF.

Grawe, K. & Braun, U. (1994). Qualitätskontrolle in der Psychotherapiepraxis. *Zeitschrift für Klinische Psychologie*, 23, 242–267.

Grunwald, A., & Kopfmüller, J. (2012). *Nachhaltigkeit* (2. Aufl.). Frankfurt a. M.: Campus Verlag.

Gudehus, T. (2012). *Logistik 1: Grundlagen, Verfahren und Strategien* (4. Aufl.). Berlin: Springer.

Günther, H.-O., & Tempelmeier, H. (2012). *Produktion und Logistik* (9. Aufl). Berlin: Springer.

Haan, de, G. (2006). The BLK '21'programme in Germany: a 'Gestaltungskompetenz' - based model for Education for Sustainable Development. *Environmental Education Research*, 12(1), 19–32.

Haan, de, G., & Bormann, I. (2008). Einleitung. In I. Bormann & G. de Haan (Hrsg.), *Kompetenzen der Bildung für nachhaltige Entwicklung* (S. 7–12). Wiesbaden: VS Verlag für Sozialwissenschaften.

Haan, de, G., Kamp, G., Lerch, A., Martignon, L., Müller-Christ, G., & Nutzinger, H. (2008). *Nachhaltigkeit und Gerechtigkeit. Grundlagen und schulpraktische Konsequenzen.* Berlin: Springer-Verlag.

Habermas, J. (1981). *Theorie der kommunikativen Kompetenz (Vol. 1 & 2).* Frankfurt am Main: Suhrkamp.

Hacker, W. (1986): *Arbeitspsychologie. Psychische Regulation von Arbeitstätigkeiten.* Bern: Hans Huber.

Hahne, K. (2007). Benötigt Berufsbildung für nachhaltige Entwicklung ein erweitertes Verständnis von Kompetenzentwicklung?. *BWP: Berufsbildung in Wissenschaft und Praxis*, 36 (5), 13–17.

Haller, A. (2006). Nachhaltigkeitsleistung als Instrument des Value Reporting. *Zeitschrift für Controlling und Management*, 12(10), 62–73.

Handfield, R., Straube, F., Pfohl, H.-Chr., & Wieland, A. (2013). *Trends and Strategies in Logistics and Supply Chain Management – Embracing Global Logistics Complexity to Drive Market Advantage*. Hamburg: DVV Media Group GmbH.

Hartig, J., Jude, N., & Wagner, W. (2008). Methodische Grundlagen der Messung und Erklärung sprachlicher Kompetenzen. In DESI-Konsortium (Hrsg.), *Unterricht und Kompetenzerwerb in Deutsch und Englisch: Ergebnisse der DESI-Studie* (S. 34–54). Weinheim: Beltz.

Hartig, J., & Kühnbach, O. (2006). Schätzung von Veränderungswerten mit Plausible Values in mehrdimensionalen Rasch-Modellen. In A. Ittel & H. Merkens (Hrsg.), *Veränderungsmessung und Längsschnittstudien in der Erziehungswissenschaft* (S. 27–44). Wiesbaden: VS Verlag für Sozialwissenschaften.

Hasenmüller, M.-P. (2013). *Herausforderungen im Nachhaltigkeitsmanagement. Der Beitrag der Pfadforschung zur Erklärung von Implementationsbarrieren.* Wiesbaden: Springer Gabler.

Hasselhorn, M., & Gold, A. (2013). *Pädagogische Psychologie: Erfolgreiches Lernen und Lehren* (3. Aufl.). Stuttgart: W. Kohlhammer Verlag.

Hattie, J. (2015). *Lernen sichtbar machen* (3. Aufl.), deutschsprachige Ausgabe von visible learning von Wolfgang Beywl und Klaus Zierer. Baltmannsweiler: Hohengehren.

Hauenschild, K., & Bolscho, D. (2005). *Bildung für nachhaltige Entwicklung in der Schule*. Frankfurt a. M.: P. Lang.

Hauff, von M. (2014). *Nachhaltige Entwicklung: Grundlagen und Umsetzung* (2. Aufl.). München: De Gruyter Oldenbourg.

Hauff, von, M., & Seitz, N. (2012). In H. Rogall, H.-C. Binswanger, F. Ekardt, A. Grothe, W.-D. Hasenclever, I. Hauchler, … G. Scherhorn (Hrsg.), *Jahrbuch Nachhaltige Ökonomie 2012/2013 – 2. Jahrbuch Nachhaltige Ökonomie – Im Brennpunkt: Green Econcomy* (S. 177–198). Marburg: Metropolis.

Heckhausen, H. (1969). Förderung der Lernmotivierung und der intellektuellen Tüchtigkeit. In H. Roth (Hrsg.), *Begabung und Lernen* (S. 193–228). Stuttgart: Ernst Klett.

Heckhausen, H., & Rheinberg, F. (1980). Lernmotivation im Unterricht, erneut betrachtet. *Unterrichtswissenschaft*, 8(1), 7–47.

Heckhausen, J., & Heckhausen, H. (2006). Motivation und Handeln: Einführung und Überblick. In J. Heckhausen & H. Heckhausen (Hrsg.), *Motivation und Handeln* (S. 1–9). Heidelberg: Springer.

Helmke, A. (2009). *Unterrichtsqualität und Lehrerprofessionalität. Diagnose, Evaluation und Verbesserung des Unterrichts*. Seelze-Velber: Klett/Kallmeyer.

Henke, M. (2016). *Domänenanalyse zum nachhaltigen Wirtschaften im Ausbildungsberuf Kaufmann/Kauffrau für Spedition und Logistikdienstleistung* (Masterarbeit, unveröffentlichtes Manuskript). Göttingen: Georg-August-Universität Göttingen.

Hentze, J., & Thies, B. (2014). *Stakeholder-Management und Nachhaltigkeits-Reporting*. Berlin: Springer.

Herr, H., & Rogall, H. (2011). Von der traditionellen zur Nachhaltigen Ökonomie. In H. Rogall, H.-C. Binswanger, F. Ekard, A. Grothe, W.-D. Hasenclever, & I. Hauchler, ... Scherhorn, G. (Hrsg.), *Jahrbuch Nachhaltige Ökonomie 2011/2012: im Brennpunkt Wachstum* (S. 81–107). Marburg: Metropolis.

Hertwich, E. G. (2005). Consumption and the rebound effect: an industrial ecology perspective. *Journal of Industrial Ecology*, 9(1/2), 85–98.

Hesselbarth, C., & Schaltegger, S. (2014). Educating change agents for sustainability–learnings from the first sustainability management master of business administration. *Journal of Cleaner Production*, 62, 24–36.

Hofmeister, S. (1998). *Von der Abfallwirtschaft zur ökologischen Stoffwirtschaft. Wege zur Ökonomie der Reproduktion*. Opladen: Westdeutscher Verlag.

Hofmeister, W. (2005). *Erläuterung der Klassifikationsmatrix zum ULME-Kompetenzstufenmodell*. bwp@ Berufs- und Wirtschaftspädagogik - online, 8, URL: http://www.bwpat.de/ausgabe8/brand_etal_bwpat8.pdf.

Holland, P. W., & Wainer, H. (1993). Preface. In P. W. Holland & H. Wainer (Hrsg.), *Differential item functioning* (S. XIII-XV). New York: Routledge.

Holthusen, K. (2004). *Konzepte zur Nachhaltigkeit: Analyse von Schülervorstellungen zum Thema Nachhaltigkeit am Beispiel Wald durch Zeichnen im Biologieunterricht*. Hamburg: Verlag Dr. Kovač.

Hostenbach, J. (2011). *Entwicklung und Prüfung eines Modells zur Beschreibung der Bewertungskompetenz im Chemieunterricht*. Berlin: Logos Verlag.

Illge, L., & Schwarze, R. (2009). A matter of opinion – How ecological and neoclassical environmental economists and think about sustainability and economics. *Ecological Economics*, 68(3), 594–604.

Institut für Mittelstandsforschung Bonn (IFM Bonn) (2012). *Unternehmensgrößenstatistik – Unternehmen, Umsatz und sozialversicherungspflichtig Beschäftigte 2004 bis 2009 in Deutschland, Ergebnisse des Unternehmensregisters*

(URS 95), URL: http://www.ifm-bonn.org/uploads/tx_ifmstudies/Daten-und-Fakten-2_2012.pdf.

Intergovernmental Panel on Climate Change (IPCC) (2014). *Climate Change 2014 Synthesis Report*. URL: http://www.de-ipcc.de/_media/SYR_AR5_LONGERREPORT_.pdf.

Jarsinski, S. (2014). *Quantitative Datenanalyse zur längsschnittlichen Erfassung der Rechtschreibkompetenz in NEPS unter besonderer Berücksichtigung der Kompetenzstruktur und der Einflussfaktoren*. URL: https://eldorado.tu-dortmund.de/bitstream/2003/33800/1/Dissertation.pdf (Abruf am 24.10.2015).

Jerusalem, M., & Schwarzer, R. (1999). Allgemeine Selbstwirksamkeit. In R. Schwarzer & M. Jerusalem (Hrsg.), *Skalen zur Erfassung von Lehrer- und Schülermerkmalen* (S. 13, 14). Berlin: Freie Universität Berlin.

Jong, de, T., & Ferguson-Hessler, M. G. (1996). Types and qualities of knowledge. *Educational psychologist*, 31(2), 105–113.

Kaiser, F. G., & Fuhrer, U. (2003). Ecological behavior's dependency on different forms of knowledge. *Applied Psychology*, 52(4), 598–613.

Kaiser, F. J., Siggemeier, M., Brettschneider, V., & Flottmann, H. (1995a). *Grundlagen der beruflichen Umweltbildung in Schule und Betrieb: Theoretische Grundannahmen, Probleme und Perspektiven*. Bad Heilbrunn: Klinkhardt.

Kaiser, F. J., Siggemeier, M., Brettschneider, V., Flottmann, H, & Schröter, R.. (1995b). *Umweltbildung an kaufmännischen Schulen. Theoretische Grundlagen, Probleme und Realisierungsmöglichkeiten*. Bad Heilbrunn: Klinkhardt.

Kelloway, E. K. (2015). *Using Mplus for Structural Equation Modeling: A Researcher's Guide* (2. Aufl.). Los Angeles: Sage.

Kleinginna, P. R., & Kleinginna, A. M. (1981). A Categorized List of Emotion Definitions, with Suggestions for a Consensual Definition. *Motivation and Emotion*, 5(4), 345–379.

Klemisch, H., & Rauhut, I. (2009). *Wissenslandkarte: Berufsbildung für nachhaltiges Wirtschaften im Handwerk* (Schriften zur Nachhaltigen Unternehmensentwicklung 9). Ort: Rainer Hampp Verlag.

Klieme, E. (2004). Was sind Kompetenzen und wie lassen sie sich messen?. *Pädagogik*, 6, 10–13.

Klieme, E. (2008). Systemmonitoring für den Sprachunterricht. In DESI-Konsortium (Hrsg.), *Unterricht und Kompetenzerwerb in Deutsch und Englisch. Ergebnisse der DESI-Studie* (S. 1–10). Weinheim: Beltz.

Klieme, E., & Hartig, J. (2008). Kompetenzkonzepte in den Sozialwissenschaften und im erziehungswissenschaftlichen Diskurs. In M. Prenzel, I. Gogolin, & H.-H. Krüger (Hrsg.), *Kompetenzdiagnostik*, Zeitschrift für Erziehungswissenschaft Sonderheft 8 (S. 11–29). Wiesbaden: VS Verlag für Sozialwissenschaften.

Klieme, E., & Leutner, D. (2006). Kompetenzmodelle zur Erfassung individueller Lernergebnisse und zur Bilanzierung von Bildungsprozessen. Beschreibung eines neu eingerichteten Schwerpunktprogramms der DFG. *Zeitschrift für Pädagogik*, 52(6), 876–903.

Klotz, V. K. (2015). *Diagnostik beruflicher Kompetenzentwicklung: Eine wirtschaftsdidaktische Modellierung für die kaufmännische Domäne*. Wiesbaden: Springer Gabler.

Klotz, V. K., Winther, E., & Festner, D. (2015). Modeling the Development of Vocational Competence: a Psychometric Model for Economic Domains. *Vocations and Learning*, 8(3), 247–268.

Koch, S. (2012). *Logistik: Eine Einführung in Ökonomie und Nachhaltigkeit*. Berlin: Springer.

Kohlberg, W. (1984). *Essays on moral development, Vol. 11. The psychology of moral development*. Dan Francisco: Harper & Row.

Koller, I., Alexandrowicz, R., & Hatzinger, R. (2012). *Das Rasch Modell in der Praxis: Eine Einführung in eRm*. Wien: UTB.

Konferenz der Vereinten Nationen für Umwelt und Entwicklung (1992). *Agenda 21*. Rio de Janeiro. Online: htttp://www.un.org/Depts/german/conf/agenda21/agenda_21.pdf.

KPMG (2011). *KPMG International Survey of Corporate Responsibility Reporting 2011: The Definitive Snapshot of CR Reporting*. URL: http://www.kpmg.com/GR/en/IssuesAndInsights/ArticlesPublications/Sustainability/Documents/ss-KPMG-International-Survey-of-CR-Reporting-2011-Nov-2011-web.pdf.

KPMG (2013). *The KPMG Survey of Corporate Responsibility Reporting 2013*. URL: https://www.kpmg.com/Global/en/IssuesAndInsights/ArticlesPublications/corporate-responsibility/Documents/kpmg-survey-of-corporate-responsibility-reporting-2013.pdf.

Krapp, A. (2005). Das Konzept der grundlegenden psychologischen Bedürfnisse. Ein Erklärungsansatz für die positiven Effekte von Wohlbefinden und intrinsischer Motivation im Lehr-Lerngeschehen. *Zeitschrift für Pädagogik*, 51(5), 626–641.

Krüger, D. (2007). Die Conceptual Change-Theorie. In D. Krüger & H. Vogt (Hrsg.), *Theorien in der biologiedidaktischen Forschung: Ein Handbuch Lehramtsstudenten und Doktoranden* (S. 81–92). Berlin: Springer.

Kuckartz, U., & Rheingans-Heintze, A. (2006). *Trends im Umweltbewusstsein*. Wiesbaden: VS Verlag Sozialwissenschaften & GWV Fachverlag.

Kuhlmeier, W., Mohorič, A., & Vollmer, T. (2014). *Berufsbildung für nachhaltige Entwicklung: Modellversuche 2010–2013: Erkenntnisse, Schlussfolgerungen und Ausblicke*. Bonn: Bundesinstitut für Berufsbildung.

Kultusministerkonferenz (KMK) (1996/2000): *Handreichungen für die Erarbeitung von Rahmenlehrplänen der Kultusministerkonferenz (KMK) für den berufsbezogenen Unterricht in der Berufsschule und ihre Abstimmung mit Ausbildungsordnungen des Bundes für anerkannte Ausbildungsberufe.* Stand: 15. September 2000.

Kultusministerkonferenz (KMK) (2004). *Rahmenlehrplan für den Ausbildungsberuf Kaufmann für Spedition und Logistikdienstleistung/Kauffrau für Spedition und Logistikdienstleistung. Beschluss vom 30. April 2004.* URL: http://www.kmk.org/fileadmin/pdf/Bildung/BeruflicheBildung/rlp/KfmSpedition.pdf.

Kultusministerkonferenz (KMK) (2011). *Handreichung für die Erarbeitung von Rahmenlehrplänen der Kultusministerkonferenz für den berufsbezogenen Unterricht in der Berufsschule und ihre Abstimmung mit Ausbildungsordnungen des Bundes für anerkannte Ausbildungsberufe.* URL: http://www.kmk.org/fileadmin/veroeffentlichungen_beschluesse/2011/2011_09_23_GEP-Handreichung.pdf.

Kutt, K. (2006). Berufsbildung für eine nachhaltige Entwicklung: Zur Rekonstruktion eines Werdegangs – Zwischen Meilensteine und Kleinmosaik. In E. Tiemeyer & K. Wilbers (Hrsg.), *Berufliche Bildung für nachhaltiges Wirtschaften: Konzepte – Curricula – Methoden – Beispiele* (S. 33–53). Bielefeld: Bertelsmann.

Lauströer, A., & Rost, J. (2008). Operationalisierung und Messung von Bewertungskompetenz. In I. Bormann & G. de Haan (Hrsg.), *Kompetenzen der Bildung für nachhaltige Entwicklung* (S. 89–102). Wiesbaden: VS Verlag für Sozialwissenschaften.

Le, L. T. (2009). Investigating gender differential item functioning across countries and test languages for PISA science items. *International Journal of Testing, 9*(2), 122–133.

LeBreton, J. M., & Senter, J. L. (2008). Answers to 20 questions about interrater reliability and interrater agreement. *Organizational Research Methods*, 11(4): 815–852.

Lefrancois, G. R. (2006). *Psychologie des Lernens* (4. Aufl.). Heidelberg: Springer Medizin Verlag.

Lehmann, J. (1999). *Befunde empirischer Forschung zu Umweltbildung und Umweltbewusstsein.* Opladen: Leske+ Budrich.

Lehmann, R. H. (2008). Internationale Ansätze zu einer Strategie des Bildungsmonitoring – aktuelle Diskussion und mögliche Konsequenzen für Deutschland. In W. Böttcher, W. Bos, H. Döpert, & H. G. Holtappels (Hrsg.), *Bildungsmonitoring und Bildungscontrolling in nationaler und internationaler Perspektive.* (S. 19–33) Münster: Waxmann.

Lehmann, R., & Seeber, S. (2007). *ULME III: Untersuchungen von Leistungen, Motivation und Einstellungen der Schülerinnen und Schüler in den Abschlussklassen der Berufsschulen.* Hamburg: HIBB.

Lélé, S. M. (1991). Sustainable development: a critical review. *World development*, 19(6), 607–621.

Lempert, W. (1993). Moralische Sozialisation im Beruf: Bedingungsvarianten und -konfigurationen, Prozeßstrukturen, Untersuchungsstrategien. *Zeitschrift für Sozialisationsforschung und Erziehungssoziologie*, 13, 2–35.

Lempert, W. (2007). Theorien der beruflichen Sozialisation. Kausalmodell, Entwicklungstrends und Datenbasis, Definitionen, Konstellationen und Hypothesen, Desiderate und Perspektiven. *Zeitschrift für Berufs- und Wirtschaftspädagogik*, 103(1), 12–40.

Lempert, W. (2009). *Berufliche Sozialisation: Persönlichkeitsentwicklung in der betrieblichen Ausbildung und Arbeit* (2. Aufl.). Baltmannsweiler: Schneider-Verlag Hohengehren.

Leuders, T., & Sodian, B. (2013). Inwiefern sind Kompetenzmodelle dazu geeignet kognitive Prozesse von Lernenden zu beschreiben?. *Zeitschrift für Erziehungswissenschaft*, 16(1), 27–33.

Lewalter, D., Wild, K. P., & Krapp, A. (2001). Interessenentwicklung in der beruflichen Ausbildung. In K. Beck & V. Krumm (Hrsg.), *Lehren und Lernen in der beruflichen Erstausbildung* (S. 11–35). Opladen: Leske + Budrich.

Liedtke, M., & Seeber, S. (2015). Modellgeltungstests und Einflussfaktoren auf Differentielle Item Funktionen in einem computergestützten Assessment für kaufmännische Berufe. *Zeitschrift für Berufs- und Wirtschaftspädagogik*, 111(2), 242–267.

Lohaus, A., & Vierhaus, M. (2010). *Entwicklungspsychologie.* Berlin: Springer Verlag.

Mandl, H. & Gerstenmaier, J. (2000). *Die Kluft zwischen Wissen und Handeln: Empirische und theoretische Lösungsansätze.* Göttingen: Hogrefe.

Marcinkowski, T., Shin, D., Noh, K.-I., Negev, M., Sagy, G., Garb, Y., … & Erdogan, M. (2013). National Assessments of Environmental Literacy. In R. B. Stevenson, M. Brody, J. Dillon, & A. E. J. Wals (Hrsg.), *International Handbook of Research on Environmental Education* (S. 310–330). New York: Routledge.

Marrewijk, van, M. (2003). Concepts and definitions of CSR and corporate sustainability: Between agency and communion. *Journal of business ethics*, 44(2-3), 95–105.

Marzano, R. J., & Kendall, J. S. (2007). *The New Taxonomy of Educational Objectives.* Thousand Oaks, CA: Corwin Press.

Masters, G. N. (1982). A Rasch model for partial credit scoring. *Psychometrika*, 47(2), 149–174.

Mayring, P. (2010). *Qualitative Inhaltsanalyse: Grundlagen und Techniken* (11. Aufl.). Weinheim: Beltz.

McDaniel, M. A., Hartman, N. S., Whetzel, D. L., & Grubb, W. (2007). Situational judgment tests, response instructions, and validity: a meta-analysis. *Personnel psychology*, 60(1), 63–91.

McDaniel, M. A., & Nguyen, N. T. (2001). Situational judgment tests: A review of practice and constructs assessed. *International Journal of Selection and Assessment*, 9(1/2), 103–113.

McKeown, R., & Hopkins, C. (2003). EE p ESD: Defusing the worry. *Environmental education research*, 9(1), 117–128.

McKinnon, A. C. (2010). Environmental sustainability. Green logistics: A new priority for logistics managers. In A. McKinnon, M. Browne, & A. Whiteing (Hrsg.), *Green Logistics: Improving the environmental sustainability of logistics* (S. 3–29). London: KoganPage.

Meadows, D. H., Meadows, D. L., Randers, J., & Behrens, W. W. (1972). *The limits to growth*. New York: Universe Books.

Meiser, T. (2007). Rasch models for longitudinal data. In M. von Davier & C. H. Carstensen (Hrsg.), *Multivariate and mixture distribution Rasch models. Extensions and applications* (S. 191–199). New York: Springer.

Menzel, S., & Bögeholz, S. (2006). Vorstellungen und Argumentationsstrukturen von Schüler(inne)n der elften Jahrgangsstufe zur Biodiversität, deren Gefährdung und Erhaltung. *Zeitschrift für Didaktik der Naturwissenschaften*, 12, 199–217.

Menzel, S., & Bögeholz, S. (2008). Loss of Biodiversity as a Challenge for Sustainable Development: How Do Pupils in Chile and Germany Perceive Resource Dilemmas?. *Research in science education*, 39(4), 429–447.

Mertens, D. (1974). Schlüsselqualifikationen. *Mitteilungen aus der Arbeitsmarkt- und Berufsforschung*, 7(1), 36–43.

Mertineit, K.-D., Nickolaus, R., & Schurpel, U. (2001). *Berufsbildung für eine nachhaltige Entwicklung: Machbarkeitsstudie im Auftrag des Bundesministeriums für Bildung und Forschung*. Hannover: Universität Hannover.

Meyer, J. H., & Land, R. (2006). Threshold concepts and troublesome knowledge. In J. H. F. Meyer & R. Land (Hrsg.), *Overcoming barriers to student understanding: Threshold concepts and troublesome knowledge* (S. 3–18). London: Routledge Taylor & Francis Group.

Michelsen, G. (2006). Bildung für eine nachhaltige Entwicklung: Meilensteine auf einem langem Weg. In E. Tiemeyer & K. Wilbers (Hrsg.), *Berufliche Bildung für nachhaltiges Wirtschaften: Konzepte - Curricula - Methoden - Beispiele* (S. 17–32). Bielefeld: Bertelsmann.

Michelsen, G., & Adomßent, M. (2014). Nachhaltige Entwicklung: Hintergründe und Zusammenhänge. In Nachhaltigkeitswissenschaften. In H. Heinrichs & G. Michelsen (Hrsg.), *Nachhaltigkeitswissenschaften* (S. 3–59). Berlin: Springer.

Michelsen, G., & Fischer, D. (Hrsg.) (2013) *Nachhaltig konsumieren lernen: Ergebnisse aus dem Projekt BINK („Bildungsinstitutionen und nachhaltiger Konsum")*. Bad Homburg: VAS.

Michelsen, G. Grunenberg, H., Mader, C., & Barth, M. (2015). *Greenpeace Nachhaltigkeitsbarometer 2015 - Nachhaltigkeit bewegt die jüngere Generation*. Bad Homburg: VAS Verlag.

Michelsen, G., Grunenberg, H., & Rode, H. (2012). *Greenpeace Nachhaltigkeitsbarometer - Was bewegt die Jugend?: Ergebnisse der bundesweiten Repräsentativbefragung und einer qualitativen Explorativstudie*. Bad Homburg: VAS.

Minnameier, G. (2011). Situationsspezifität moralischen Denkens und Handelns - Befunde, Erklärungen und didaktische Orientierungen. In O. Zlatkin-Troitschanskaia (Hrsg.), *Stationen Empirischer Bildungsforschung: Traditionslinien und Perspektiven* (S. 107–122). Wiesbaden: VS Verlag für Sozialwissenschaften.

Minnameier, G. (2013). Ziele der beruflichen Bildung und ihre Einlösung. In R. Nickolaus, J Retelsdorf, E. Winther, & O. Köller (Hrsg.), *Mathematisch-naturwissenschaftliche Kompetenzen in der beruflichen Erstausbildung: Stand der Forschung und Desiderata*, Zeitschrift für Berufs- und Wirtschaftspädagogik - Beiheft 26 (S. 11–35). Stuttgart: Franz Steiner Verlag.

Mislevy, R. J., & Haertel, G. D. (2006). *Implications of Evidence-Centered Design for Educational Testing*. SRI International and University of Maryland, Ravenswood. URL: http://padi.sri.com/downloads/TR17_EMIP.pdf.

Mislevy, R. J., & Riconscente, M. M. (Hrsg.) (2005). *Evidence-Centered Assessment Design: Layers, Structures, and Terminology*. PADI Technical Report 9. Menlo Park, CA: SRI International.

Moosbrugger, H., & Kelava, A. (2007). Qualitätsanforderungen an einen psychologischen Test (Testgütekriterien). In H. Moosbrugger & A. Kelava (Hrsg.), *Testtheorie und Fragebogenkonstruktion* (S. 8–26). Berlin: Springer.

Müller, J., & Fischer, A. (2013). *Entwicklung eines Domänenmodells für ein nachhaltiges Wirtschaften kaufmännischer Auszubildender: Erste Einblicke*. bwp@ Spezial 6 – Hochschultage Berufliche Bildung 2013, URL: http://www.bwpat.de/ht2013/ws10/mueller_fischer_ws10-ht2013.pdf (17.06.2015).

Müller-Christ, G. (2001). *Nachhaltiges Ressourcenmanagement*. Marburg: Metropolis-Verlag.

Müller-Christ, G., & Remer, A. (1999). Umweltwirtschaft oder Wirtschaftsökologie? Vorüberlegungen zu einer Theorie des Ressourcenmanagements. In E. Seidel (Hrsg.), *Umweltmanagement im 21. Jahrhundert. Aspekte, Aufgaben, Perspektiven* (S. 69–88). Berlin: Springer.

Murphy, P. K., & Alexander, P. A. (2008). The role of knowledge, beliefs, and interest in the conceptual change process: A synthesis and meta-analysis of the research. In S. Vosniadou (Hrsg.), *International Handbook of research on conceptual change* (S. 583–616). Hillsdale: Erlbaum.

Muthén, L. K., & Muthén, B. O. (2012). *Mplus 7*. Los Angeles: Muthén & Muthén.

National Center for O*NET Development (2012). *The O*NET ® Content Model. Detailed Outline with Descriptions. Prepared on behalf of the U.S. Department of Labor*. URL: http://www.onetcenter.org/dl_files/C ontent Model_DetailedDesc.pdf.

Nickolaus, R. (2008). Modellierung zur beruflichen Fachkompetenz und ihre empirische Prüfung, *Zeitschrift für Berufs- und Wirtschaftspädagogik*, 104(1), S. 1-6.

Nickolaus, R. (2011). Die Erfassung fachlicher Kompetenzen und ihrer Entwicklungen in der beruflichen Bildung – Forschungsstand und Perspektiven. In O. Zlatkin-Troitschanskaia (Hrsg.), *Stationen Empirischer Bildungsforschung: Traditionslinien und Perspektiven* (S. 331–351). Wiesbaden: VS Verlag für Sozialwissenschaften.

Nickolaus, R., Geißel, B., Abele, S., & Nitzschke, A. (2011b). Fachkompetenzmodellierung und Fachkompetenzentwicklung bei Elektronikern für Energie- und Gebäudetechnik im Verlauf der Ausbildung – Ausgewählte Ergebnisse einer Längsschnittstudie. In R. Nickolaus & G. Pätzold (Hrsg.), *Lehr-Lernforschung in der gewerblich-technischen Berufsbildung*, Zeitschrift für Berufs- und Wirtschaftspädagogik – Beiheft 25 (S. 78–94). Stuttgart: Franz Steiner Verlag.

Nickolaus, R., Gschwendtner, T., & Abele, S. (2011a). Valide Abschätzungen von Kompetenzen als eine notwendige Basis zur Effektbeurteilung pädagogischer Handlungsprogramme – Herausforderungen, Ansätze und Perspektiven. In M. Fischer, M. Becker, & G. Spöttl (Hrsg.), *Kompetenzdiagnostik in der beruflichen Bildung–Probleme und Perspektiven* (S 57–74). Frankfurt am Main: Peter Lang Internationaler Verlag der Wissenschaften.

Nickolaus, R., Gschwendtner, T., & Geißel, B. (2008). Entwicklung und Modellierung beruflicher Fachkompetenz in der gewerblich-technischen Grundbildung. *Zeitschrift für Berufs- und Wirtschaftspädagogik*, 104(1), 48–73.

Nickolaus, R., Rosendahl, J., Gschwendtner, T., Geißel, B., & Straka G. A. (2010). Erklärungsmodelle zur Kompetenz- und Motivationsentwicklung bei Bankkaufleuten, Kfz-Mechatronikern und Elektronikern. In J. Seifried, E. Wuttke, R. Nickolaus, & F. E. Sloane (Hrsg.), *Lehr-Lern-Forschung in der kaufmännischen*

*Berufsbildung – Ergebnisse und Gestaltungsaufgaben*, Zeitschrift für Berufs- und Wirtschaftspädagogik -Beiheft 23 (S. 73–87). Stuttgart: Franz Steiner Verlag.

Nickolaus, R., & Seeber, S. (2013). Berufliche Kompetenzen: Modellierung und diagnostische Verfahren. In A. Frey, U. Lissmann, & B. Schwarz (Hrsg.), *Handbuch Berufspädagogische Diagnostik* (S. 166–195). Weinheim: Beltz.

North American Association for Environmental Education (NAAEE) (2011). *Developing a Framework for Assessing Environmental Literacy: Executive Summary*, URL: http://www.naaee.net/sites/default/files/framework/EnvLiteracyExeSummary.pdf.

Nückler, M., & Wittwer, J. (2014). Lernen und Wissenserwerb. In T. Seidel & A. Krapp (Hrsg.), *Pädagogische Psychologie* (S. 225–252) (6. Aufl.). Weinheim & Basel: Beltz.

Nutzinger, H. G, & Rogall, H. (2012). Was bleibt von der Neoklassik. In H. Rogall, H.-C. Binswanger, F. Ekardt, A. Grothe, W.-D. Hasenclever, I. Hauchler, ... G. Scherhorn (Hrsg.), *Jahrbuch Nachhaltige Ökonomie 2012/2013 – 2. Jahrbuch Nachhaltige Ökonomie – Im Brennpunkt: Green Econcomy* (S. 93–115). Marburg: Metropolis.

OECD (2009). *Green at Fifteen? How 15-year-olds perform in environmental science and geo-science in PISA*. Paris: OECD.

Orlitzky, M., Schmidt, F. L., & Rynes, S. L. (2003). Corporate social and financial performance: A meta-analysis. *Organization studies*, 24(3), 403–441.

Overwien, P. D. B. (2005). Stichwort: Informelles Lernen. *Zeitschrift für Erziehungswissenschaft*, 8(3), 339–355.

Paden, M. (2012). NAAEE Releases Framework for Assessing Environmental Literacy Being Used in 2015 OECD Assessment. *Journal of Education for Sustainable Development*, 6(1), 17–19.

Pätzold, G. (2003). *Lernfelder-Lernortkooperationen. Neugestaltung beruflicher Bildung*. Bochum: Projekt Verlag.

Pellegrino, J. W. (2010). *The Design of an Assessment System for the Race to the Top: A Learning Sciences Perspective on Issues of Growth and Measurement*. Educational Testing Service (ETS). URL: http://www.k12center.org/rsc/pdf/PellegrinoPresenterSession1.pdf.

Perkins, D. (1999). The many faces of constructivism. *Educational leadership*, 57(3), 6–11.

Pessoa, L. (2008). On the relationship between emotion and cognition. *Nature Reviews Neuroscience*, 9(2), 148–158.

Pintrich, P. R. (1999). Motivational beliefs as resources for and constraints on conceptual change. In W. Schnotz, S. Vosniadou, & M. Carretero (Hrsg.), *New perspectives on conceptual change* (S. 33–50). Bingley: Emerald Publishing Group.

Pintrich, P. R., Marx, R. W., & Boyle, R. A. (1993). Beyond cold conceptual change: The role of motivational beliefs and classroom contextual factors in the process of conceptual change. *Review of Educational research*, 63(2), S. 167–199.

PISA-Konsortium Deutschland (Hrsg.) (2006). *PISA 2003: Untersuchungen zur Kompetenzentwicklung im Verlauf eines Schuljahres*. Münster: Waxmann.

Pohl, S., & Carstensen, C. H. (2012). *NEPS technical report. Scaling the data of the competence tests* (NEPS Working Paper No. 14). Universität Bamberg, Nationales Bildungspanel.

Posner, G. J., Strike, K. A., Hewson, P. W., & Gertzog, W. A. (1982). Accommodation of a scientific conception: Toward a theory of conceptual change. *Science education*, 66(2), S. 211–227.

Prenzel, M., Kramer, K., & Drechsler, B. (2001). Interessenentwicklung in der beruflichen Ausbildung. In K. Beck & V. Krumm (Hrsg.), *Lehren und Lernen in der beruflichen Erstausbildung* (S. 11–35). Opladen: Leske + Budrich.

Prenzel, M., Krapp, A., & Schiefele, H. (1986). Grundzüge einer pädagogischen Interessentheorie. *Zeitschrift für Pädagogik*, 32(2), 163–173.

Prenzel, M., Kristen, A., Dengler, P., Eitle, R., & Beer, T. (1996). Selbstbestimmt motiviertes und interessiertes Lernen in der kaufmännischen Erstausbildung. In K. Beck & H. Heid (Hrsg.), *Lehr-Lern-Prozesse in der kaufmännischen Erstausbildung*, Zeitschrift für Berufs- und Wirtschaftspädagogik – Beiheft 13 (S. 108–127). Stuttgart: Franz Steiner Verlag.

Putnam, R. D. (1993). The prosperous community: Social capital and public life. *American Prospect*, 13, 35–42.

QuestBack GmbH (o. J.). *UNIPARK*. URL: http://www.unipark.com/de/.

Radisch, F. (2008). Von FIMS bis PIRLS und PISA. Deutschlands Abschneiden bei internationalen Schulleistungsvergleichen. In W. Böttcher, W. Bos, H. Döpert, & H. G. Holtappels (Hrsg.), *Bildungsmonitoring und Bildungscontrolling in nationaler und internationaler Perspektive* (S. 183–194). Münster: Waxmann.

Rasch, G. (1960). *Studies in mathematical psychology: I. Probabilistic models for some intelligence and attainment tests*. Oxford: Nielsen & Lydiche.

Rat von Sachverständigen für Umweltfragen (SRU) (1994). *Für eine dauerhaft-umweltgerechte Entwicklung. Umweltgutachten 1994*. Stuttgart: Metzler-Peschel.

Rauner, F., Haasler, B., Heinemann, L., & Grollmann, P. (2009a). *Messen beruflicher Kompetenzen: Band I Grundlagen und Konzeption des KOMET-Projektes* (2. Aufl.). Berlin: Lit Verlag Dr. W. Hopf.

Rauner, F., Heinemann, L, Maurer, A., Ji L., & Zhao, Z. (2014). Messen beruflicher Kompetenzen: *Band III: Drei Jahre KOMET-Testerfahrung*. Berlin: Lit Verlag Dr. W. Hopf.

Rauner. F., Heinemann, L., Piening, D., Haasler, B., Maurer, A., Erdwien, B., … Landmesser, W. (2009b). *Messen beruflicher Kompetenzen: Band II Ergebnisse KOMET 2008* (2. Aufl.). Berlin: Lit Verlag Dr. W. Hopf.

Rausch, A. (2011). *Erleben und Lernen am Arbeitsplatz in der betrieblichen Ausbildung*. Wiesbaden: VS Verlag für Sozialwissenschaften.

Rebmann, K., & Tenfelde, W. (2008). *Betriebliches Lernen: Exploration zur theoriegeleiteten Begründung, Modellierung und praktischen Gestaltung arbeitsbezogenen Lernens*. München: Rainer Hampp Verlag.

Reetz, L. (1999). Zum Zusammenhang von Schlüsselqualifikationen – Kompetenzen – Bildung. In T. Tramm, D. Sembill, F. Klauser, & E. G. John (Hrsg.), *Professionalisierung kaufmännischer Berufsbildung: Beiträge zur Öffnung der Wirtschaftspädagogik für die Anforderungen des 21. Jahrhunderts. Festschrift zum 60. Geburtstag von Frank Achtenhagen* (S. 32–51). Frankfurt a. M.: Lang.

Reise, S. P., Widaman, K. F., & Pugh, R. H. (1993). Confirmatory factor analysis and item response theory: two approaches for exploring measurement invariance. *Psychological bulletin*, 114(3), 552.

Renkl, A. (2015). Wissenserwerb. In E. Wild & J. Möller (Hrsg.), *Pädagogische Psychologie* (S. 3–24) (2. Aufl.). Berlin: Springer.

Rieß, W. (2005). Ökologisches Handeln von Primarschülern: Subjektive Theorien als Ursache für umweltfreundliche wie umweltbelastende Verhaltensweisen. In M. Schrenk & W. Holl-Giese (Hrsg.), *Bildung für nachhaltige Entwicklung – Ergebnisse empirischer Untersuchungen* (S. 175–198). Hamburg: Kovač.

Rieß, W. (2010). *Bildung für eine nachhaltige Entwicklung: Theoretische Analysen und empirische Studien*. Münster: Waxmann.

Rieß, W., & Mischo, C. (2008). Entwicklung und erste Validierung eines Fragebogens zur Erfassung des systemischen Denkens in nachhaltigkeitsrelevanten Kontexten. In I. Bormann, & G. de Haan (Hrsg.), *Kompetenzen der Bildung für nachhaltige Entwicklung* (S. 215–232). Wiesbaden: VS Verlag für Sozialwissenschaften.

Robitzsch, D. M. A. (2013). Wie robust sind Struktur- und Niveaumodelle? Wie zeitlich stabil und über Situationen hinweg konstant sind Kompetenzen?. *Zeitschrift für Erziehungswissenschaft*, 16(1), 41–45.

Robitzsch, A., Dörfler, T., Pfost, M., & Artelt, C. (2011). Die Bedeutung der Itemauswahl und der Modellwahl für die längsschnittliche Erfassung von Kompetenzen. Lesekompetenzentwicklung in der Primarstufe. *Zeitschrift für Entwicklungspsychologie und Pädagogische Psychologie*, 43, 213–227.

Roczen, N. (2011). *Environmental competence – The interplay between connection with nature and environmental knowledge in promoting ecological behaviour*. Eindhoven: University of Technology Library.

Roczen, N., Kaiser, F. G., Bogner, F. X., & Wilson, M. (2014). A Competence Model for Environmental Education. *Environment and Behavior*, 46(8), 972–992.

Rogall, H. (2012). *Nachhaltige Ökonomie* (2. Aufl.), Marburg: Metropolis Verlag.

Rogall, H. (2013). *Volkswirtschaftslehre für Sozialwissenschaftler*. Wiesbaden: Springer Fachmedien.

Rogall, H., Haberland, R., & Klausen, M. (2011). Trends der globalen Herausforderungen. In H. Rogall, H.-C. Binswanger, F. Ekard, A. Grothe, W.-D. Hasenclever, I. Hauchler, … G. Scherhorn (Hrsg.), *Jahrbuch Nachhaltige Ökonomie 2011/2012: im Brennpunkt Wachstum* (S. 27–56). Marburg: Metropolis.

Rogall, H., & Scherhorn, G. (2012). Green Economy. In H. Rogall, H.-C. Binswanger, F. Ekardt, A. Grothe, W.-D. Hasenclever, I. Hauchler, … G. Scherhorn (Hrsg.), *Jahrbuch Nachhaltige Ökonomie 2012/2013 – 2. Jahrbuch Nachhaltige Ökonomie – Im Brennpunkt: Green Econcomy* (S. 17–44). Marburg: Metropolis.

Rogge, C. (2010). *Entwicklung physikalischer Konzepte in aufgabenbasierten Lernumgebungen*. Berlin: Logos Verlag.

Rosendahl, J., & Straka, G. A. (2007). Effekte betrieblicher und schulischer Bedingungen auf motivationale Orientierungen und bankwirtschaftliche Kompetenz. *Zeitschrift für Berufs- und Wirtschaftspädagogik*, 103(2), 213–226.

Rosendahl, J., & Straka, G. A. (2011a). Kompetenzmodellierungen zur wirtschaftlichen Fachkompetenz angehender Bankkaufleute. *Zeitschrift für Berufs- und Wirtschaftspädagogik*, 107(2), 190–217.

Rosendahl, J., & Straka, G. A. (2011b). *Effekte personaler, schulischer und betrieblicher Bedingungen auf berufliche Kompetenzen von Bankkaufleuten während der dualen Ausbildung. Ergebnisse einer dreijährigen Längsschnittstudie*. URL: http://elib.suub.uni-bremen.de/edocs/00102039-1.pdf.

Rost, J. (2004). *Lehrbuch Testtheorie – Testkonstruktion* (2. Aufl.). Bern: Hans Huber.

Rost, J., Laustroer, A., & Raack, N. (2003). Kompetenzmodelle einer Bildung für Nachhaltigkeit. *Praxis der Naturwissenschaften – Chemie in der Schule*, 52(8), 10–15.

Roth, H. (1971). *Pädagogische Anthropologie*. Hannover: Schroedel.

Rüegg-Stürm, J. (2004). Das neue St. Galler Management-Modell. *Einführung in die Managementlehre*, 1, 65–141.

Rychen, D. S. (2008). OECD Referenzrahmen für Schlüsselkompetenzen – ein Überblick. In I. Bormann & G. de Haan (Hrsg.), *Kompetenzen der Bildung für nachhaltige Entwicklung* (S. 15–22). Wiesbaden: VS Verlag für Sozialwissenschaften.

Ryle, G. (2009). *The concept of mind* (zuerst 1949). London: Routledge.

Sachverständigenrat für Umweltfragen (SRU) (2002). *Umweltgutachten 2002: Für eine neue Vorreiterrolle.* Deutscher Bundestag, 14. Wahlperiode, Drucksache 14/8792, URL: http://www.umweltrat.de/SharedDocs/Downloads/DE/01_Umweltgutachten/2002_Umweltgutachten_Bundestagsdrucksache.pdf?__blob=publicationFile.

Schaltegger, S., Hörisch, J., Windolph, S. E., & Harms, D. (2013). *Corporate Sustainability Barometer 2012: Praxisstand und Fortschritt des Nachhaltigkeitsmanagements in den größten Unternehmen Deutschlands.* Lüneburg: Centre for Sustainability Management.

Schaltegger, S., & Synnestvedt, T. (2002). The link between 'green' and economic success: environmental management as the crucial trigger between environmental and economic performance. *Journal of environmental management*, 65(4), 339–346.

Schermelleh-Engel, K., Moosbrugger, H., & Müller, H. (2003). Evaluating the fit of structural equation models: Tests of significance and descriptive goodness-of-fit measures. *Methods of psychological research online*, 8(2), 23–74.

Schiefele, U., Krapp, A., & Schreyer, I. (1993). Metaanalyse des Zusammenhangs von Interesse und schulischer Leistung. *Zeitschrift für Entwicklungspsychologie und pädagogische Psychologie*, 10(2), 120–148.

Schlömer, T. (2009). *Berufliches Handeln und Kompetenzen für nachhaltiges Wirtschaften.* München: Rainer Hampp.

Schmidt, C. (2012). *Analysen zum berufsübergreifenden Einsatz von ALUSIM – am Beispiel von Industriekaufleuten und Kaufleuten für Spedition und Logistikdienstleistung* (Masterarbeit, unveröffentlichtes Manuskript). Göttingen: Georg-August-Universität Göttingen.

Schmidt, F. L., & Hunter, J. (2004). General mental ability in the world of work: occupational attainment and job performance. *Journal of personality and social psychology*, 86(1), 162.

Schmidt, T., Nickolaus, R., & Weber, W. (2014). Modellierung und Entwicklung des fachsystematischen und handlungsbezogenen Fachwissens von Kfz-Mechatronikern. *Zeitschrift für Berufs- und Wirtschaftspädagogik*, 110(4), 549–574.

Schuh, G., Stich, V., & Kompa, S. (2013). Distributionslogistik. In G. Schuh & V. Stich (Hrsg.), *Logistikmanagement: Handbuch Produktion und Management* (S. 115–163) (2. Aufl.). Berlin: Springer.

Schuler, S. (2005). Umweltwissen als Subjektive Theorie – eine Untersuchung von Schülervorstellungen zum globalen Klimawandel. In M. Schrenk & W. Holl-Giese (Hrsg.), *Bildung für eine nachhaltige Entwicklung: Ergebnisse empirischer Untersuchungen* (S. 97–112). Hamburg: Verlag Dr. Kovač.

Schuler, S. (2011). *Alltagstheorien zu den Ursachen und Folgen des globalen Klimawandels: Erhebung und Analyse von Schülervorstellungen aus geographiedidaktischer Perspektive.* Bochum: Europäischer Universitätsverlag.

Schulz, W. & Sibberns, H. (Hrsg.) (2004). *IEA Civic Education Study. Technical Report.* Amsterdam: International Association for the Evaluation of Educational Achievement (IEA).

Schulz, W. (1981). *Unterrichtsplanung: Mit Materialien aus Unterrichtsfächern* (3. Aufl.), München: Urban und Schwarzenberg.

Seeber, S. (2007a). Berufsspezifische Fachleistungen in ausgewählten Berufen des Bereichs Wirtschaft und Verwaltung am Ende der Berufsausbildung. In R. Lehmann & S. Seeber (Hrsg.), *ULME III: Untersuchung von Leistungen, Motivation und Einstellungen der Schülerinnen und Schüler in den Abschlussklassen der Berufsschulen* (S. 107–158). Hamburg: Behörde für Bildung und Sport.

Seeber, S. (2007b). Allgemeine Grundqualifikationen am Ende der beruflichen Ausbildung. In R. Lehmann & S. Seeber (Hrsg.), *ULME III: Untersuchung von Leistungen, Motivation und Einstellungen der Schülerinnen und Schüler in den Abschlussklassen der Berufsschulen* (S. 67–88). Hamburg: Behörde für Bildung und Sport.

Seeber, S. (2013). Mathematische Kompetenzen an der Schwelle und am Ende der kaufmännischen Berufsausbildung. In R. Nickolaus, J. Retelsdorf, E. Winther, & O. Köller (Hrsg.), *Mathematisch-naturwissenschaftliche Kompetenzen in der beruflichen Erstausbildung: Stand der Forschung und Desiderata*, Zeitschrift für Berufs- und Wirtschaftspädagogik - Beiheft 26 (S. 67–93). Stuttgart: Franz Steiner Verlag.

Seeber, S. (2014). Struktur und kognitive Voraussetzungen beruflicher Fachkompetenz: Am Beispiel Medizinischer und Zahnmedizinischer Fachangestellter. *Zeitschrift für Erziehungswissenschaft*, 17(1), 59–80.

Seeber, S., & Fischer, A. (2011). *Entwicklung und Prüfung eines Kompetenzmodells für ein nachhaltiges Wirtschaften kaufmännischer Auszubildender (KONWIKA)* [unveröffentlichter Forschungsantrag]. Göttingen: Georg-August-Universität Göttingen.

Seeber, S., Fischer, A., Michaelis, C., & Müller, J. (2014a). Zur Messung von Kompetenzen zum nachhaltigen Wirtschaften mit einem Situational Judgement Test. *berufsbildung*, 146, S. 6–9.

Seeber, S., Fischer, A., Michaelis, C., & Müller-Harms, J. (2014b). *KONWIKA: Entwicklung und Prüfung eines Kompetenzmodells für ein nachhaltiges Wirtschaften kaufmännischer Auszubildender*, unveröffentlichter Abschlussbericht: Göttingen: Georg-August-Universität Göttingen.

Seeber, S., & Lehmann, R. (2011). Determinanten der Fachkompetenz in ausgewählten gewerblich-technischen Berufen. In R. Nickolaus & G. Pätzold (Hrsg.), *Lehr-Lernforschung in der gewerblich-technischen Berufsbildung*, Zeitschrift für Berufs- und Wirtschaftspädagogik - Beiheft 25 (S. 95–111). Stuttgart: Franz Steiner Verlag.

Seeber, S. Hartig, J., Dierkes, S., & Schumann, M. (2016). Ko-NaMa - Simulationsbasierte Messung und Validierung eines Kompetenzmodells für das Nachhaltigkeitsmanagement. In O. Zlatkin-Troitschanskaia, H. A. Pant, C. Lautenbach, & M. Toepper (Hrsg.), *Kompetenzmodelle und Instrumente der Kompetenzerfassung im Hochschulsektor - Validierungen und methodische Innovationen (KoKoHs): Übersicht der Forschungsprojekte* (KoKoHs Working Papers, 10) (S. 61–65). URL: http://www.kompetenzen-im-hochschulsektor.de/Dateien/WP10_final_032016.pdf.

Seeber, S., & Michaelis, C. (2014). *Development of a Model of Competencies Required for Sustainable Economic Performance among Apprentices in Business Education*. Sig Workplace Learning, Paper Session, April 4, 2014, AERA Annual Meeting, Philadelphia/Pennsylvania, from April 3–7, 2014. URL: http://www.aera.net/Publications/OnlinePaperRepository/tabid/10250/Default.aspx.

Seeber, S., & Nickolaus, R. (2010). Kompetenz, Kompetenzmodelle und Kompetenzentwicklung in der beruflichen Bildung. In R. Nickolaus, G. Pätzold, Reinisch, H., & T. Tramm (Hrsg.), *Handbuch Berufs- und Wirtschaftspädagogik* (S. 247–257). Bad Heilbrunn: Klinkhardt.

Seeber, S., Nickolaus, R., Winther, E., Achtenhagen, F., Breuer, K., Frank, ... & Zöller, A. (2010). Kompetenzdiagnostik in der Berufsbildung. *Berufsbildung in Wissenschaft und Praxis*, 1 (Beilage), 1–15.

Seidel, T. & Reiss, K. (2014). Lerngelegenheiten im Unterricht. In T. Seidel & A. Krapp (Hrsg.), *Pädagogische Psychologie* (S. 225–252) (6. Aufl.). Weinheim: Beltz.

Sen, A. (1993). Capability and well-being. In M. Nussbaum & A. Sen (Hrsg.), *The quality of life* (S. 30–53). Oxford: Oxford University Press.

Shepherd, D. A., Kuskova, V., & Patzelt, H. (2009). Measuring the values that underlie sustainable development: The development of a valid scale. *Journal of Economic Psychology*, 30(2), 246–256.

Sinatra, G. M., & Pintrich, P. R. (Hrsg.) (2003). *Intentional conceptual change*. Mahwah: Lawrence Erlbaum Associates.

Söllner, F. (2012). *Die Geschichte des ökonomischen Denkens*. Berlin: Springer.

Statistisches Bundesamt (2015). *Fachserie 11 Reihe 3: Bildung und Kultur Berufliche Bildung*. URL: https://www.destatis.de/DE/Publikationen/Thematisch/BildungForschungKultur/BeruflicheBildung/BeruflicheBildung2110300137004.pdf?__blob=publicationFile.

Stiglitz, J. (1974). Growth with exhaustible natural resources: efficient and optimal growth paths. *The review of economic studies*, Vol. 41 (Symposium on the Economics of Exhaustible Resources), 123–137.

Strobl, C. (2012). Das Rasch-Modell: *Eine verständliche Einführung für Studium und Praxis* (2. Aufl.). München: Rainer Hampp.

Terhart, E. (2000). *Lehr-Lern-Methoden*. Weinheim: Juventa.

Trautner, H. M. (1997). *Lehrbuch der Entwicklungspsychologie: Theorien und Befunde: Band 1: Grundlagen und Methoden* (2. Aufl.). Göttingen: Hogrefe Verlag.

Umbach, E., & Rogall, H. (2011). Nachhaltigkeit – Konkretisierung eines kontroversen Begriffs. In H. Rogall, H.-C. Binswanger, F. Ekard, A. Grothe, W.-D. Hasenclever, I. Hauchler, … G. Scherhorn (Hrsg.), *Jahrbuch Nachhaltige Ökonomie 2011/2012: im Brennpunkt Wachstum* (S. 57–80). Marburg: Metropolis.

Umweltbundesamt (UBA) (Hrsg.) (2011). *Umweltbewusstsein in Deutschland 2010 Ergebnisse einer repräsentativen Bevölkerungsumfrage Vertiefungsbericht 3: Umweltbewusstsein und Umweltverhalten junger Erwachsener*. URL: http://www.uba.de/uba-info-medien/4236.html.

Umweltbundesamt (UBA) (2012). *Daten zum Verkehr*. Berlin: KOMAG.

United Nations World Commission on Environment and Development (UNWCED) (1987). *Our Common Future*. Oxford: Oxford University Press.

Vieluf, U. Ivanov, S., & Nikolova, R. (Hrsg.) (2011). *Kompetenzen und Einstellungen von Schülerinnen und Schülern an Hamburger Schulen am Ende der Sekundarstufe I und zu Beginn der gymnasialen Oberstufe*. Hamburg: Behörde für Schule und Berufsbildung.

Volpert, W. (1983). *Handlungsstrukturanalyse als Beitrag zur Qualifikationsforschung*. Köln: Pahl-Rugenstein.

Vosniadou, S. (1994). Capturing and modeling the process of conceptual change. *Learning and instruction*, 4(1), 45–69.

Wagner, M., Schaltegger, S., & Wehrmeyer, W. (2001). The relationship between the environmental and economic performance of firms. *Greener Management International*, 2001(34), 94–111.

Walter, O. (2009). Herkunftsassoziierte Disparitäten im Lesen, der Mathematik und den Naturwissenschaften: ein Vergleich zwischen PISA 2000, PISA 2003 und PISA 2006. In M. Prenzel & J. Baumert (Hrsg.), *Vertiefende Analysen zu PISA 2006* (S. 149–168), Zeitschrift für Erziehungswissenschaften, Sonderheft 10. Wiesbaden: VS Verlag für Sozialwissenschaften.

Warm T. A. (1989). Weighted Likelihood Estimation of Ability in Item Response Theory. *Psychometrika*, 54, 427–450.

Weinert, F. E. (2001a). Concept of competence: A conceptual clarification. In D. S. Rychen & L. H. Salganik, (Hrsg.), *Defining and selecting key competencies* (S. 45–65). Seattle: Hogrefe & Huber Publishers.

Weinert, F. E. (2001b). Vergleichende Leistungsmessung in Schulen – eine umstrittene Selbstverständlichkeit. In F. E. Weinert (Hrsg.), *Leistungsmessungen in Schulen* (S. 17–31). Weinheim: Beltz.

Weinert, S. (2008). Kompetenzentwicklung und Kompetenzstruktur im Vorschulalter. In Kompetenzdiagnostik. In M. Prenzel, I. Gogolin, & H.-H. Krüger (Hrsg.), *Kompetenzdiagnostik,* Zeitschrift für Erziehungswissenschaft Sonderheft 8 (S. 89–106). Wiesbaden: VS Verlag für Sozialwissenschaften.

Weinert, S., Artelt, C., Prenzel, M., Senkbeil, M., Ehmke, T., & Carstensen, C. H. (2011). Development of competencies across the life span. In H.-P. Blossfeld, H.-G. Roßbach, & J. v. Maurice (Hrsg.), *Education as a lifelong process: The German National Educational Panel Study,* Sonderheft 14 – Zeitschrift für Erziehungswissenschaft (S. 67–86). Wiesbaden: VS Verlag für Sozialwissenschaften.

Weiß, R. H. (2006). *CFT 20-R: Grundintelligenztest Skala 2 – Revision- Manual.* Göttingen: Hogrefe.

Weizsäcker, E. U. v. (2004/06). *Nachhaltiges Wirtschaften.* Vortrag in der FHW Berlin.

Widaman, K. F., & Reise, S. P. (1997). Exploring the measurement invariance of psychological instruments: Applications in the substance use domain. In K. J. Bryant, M. Windle, & S. G. West (Hrsg.), *The science of prevention: Methodological advances from alcohol and substance abuse research* (S. 281–324). Washington, DC: American Psychological Association.

Wiek, A., Withycombe, L., & Redman, C. L. (2011). Key competencies in sustainability: a reference framework for academic program development. *Sustainability Science,* 6(2), 203–218.

Wigdor, A. K., & Green Jr., B. F. (Hrsg.). (1991). *Performance Assessment for the Workplace.* National Research Council, Washington, DC: National Academies Press.

Wilhelm, O., & Nickolaus, R. (2013). Was grenzt das Kompetenzkonzept von etablierten Kategorien wie Fähigkeit, Fertigkeit oder Intelligenz ab?. *Zeitschrift für Erziehungswissenschaft,* 16(1), 23–26.

Winther, E. & Achtenhagen, F. (2009): Skalen und Stufen kaufmännischer Kompetenz. *Zeitschrift für Berufs- und Wirtschaftspädagogik,* 105 (4), 521–556.

Winther, E. & Achtenhagen, F. (2010). Berufsfachliche Kompetenz: Messinstrumente und empirische Befunde zur Mehrdimensionalität beruflicher Handlungskompetenz. In *Berufsbildung in Wissen und Praxis,* 1, 18–21.

Winther, E. (2006). *Motivation in Lernprozessen: Konzepte in der Unterrichtspraxis von Wirtschaftsgymnasien*. Wiesbaden: Deutscher Universitäts-Verlag.

Winther, E. (2010). *Kompetenzmessung in der beruflichen Bildung*. Bielefeld: Bertelsmann.

Wodzinski, R. (2007). Schülervorstellungen und Lernschwierigkeiten. In R. Müller, R. Wodzinski & M. Hopf (Hrsg.), *Schülervorstellungen in der Physik – Festschrift für Hartmut Wiesner* (S. 23–36). Köln: Aulis Verlag Deubner.

Wöhe, G., & Döring, U. (2010). *Einführung in die allgemeine Betriebswirtschaftslehre* (24. Aufl.). München: Verlag Franz Vahlen.

Wu, M. L., Adams, R. J., Wilson, M. R., & Haldane, S. A. (2007). *ACERConQuest Version 2: Generalised item response modeling software*. Camberwell: Australian Council for Educational Research.

Ziegler, B. (2008). *Geschichte des ökonomischen Denkens: Paradigmenwechsel in der Volkswirtschaftslehre*. München: Oldenbourg Wissenschaftsverlag.

Ziegler, H. (2003). SRU und WBGU – die Umweltpolitikberatung der Bundesregierung. In G. Altner, H. Leitschuh-Fecht, & G. Michelsen (Hrsg.): *Jahrbuch Ökologie 2004* (S. 80–95). München: Verlag C. H. Beck.

# 12 Rechtsquellenverzeichnis

Handelsgesetzbuch (HGB) (2015). In der im Bundesgesetzblatt Teil III, Gliederungsnummer 4100–1, veröffentlichten bereinigten Fassung, das zuletzt durch Artikel 3 des Gesetzes vom 22. Dezember 2015 (BGBl. I S. 2565) geändert worden ist.

# Anhang A Empirisch bestätigte Strukturzusammenhänge von Fachkompetenzen sowie deren Entwicklung ausgewählter Studien

<table>
<tr><th>Studien & einbezogene Ausbildungsberufe</th><th>Ergebnisse</th></tr>
<tr><td>Nickolaus et al. (2008, S. 59 f.) i. V. m. (Nickolaus et al., 2011, S. 84): Kraftfahrzeugmechatroniker/ Kraftfahrzeugmechatronikerin & Elektroniker/-in für Energie- und Gebäudetechnik</td><td>
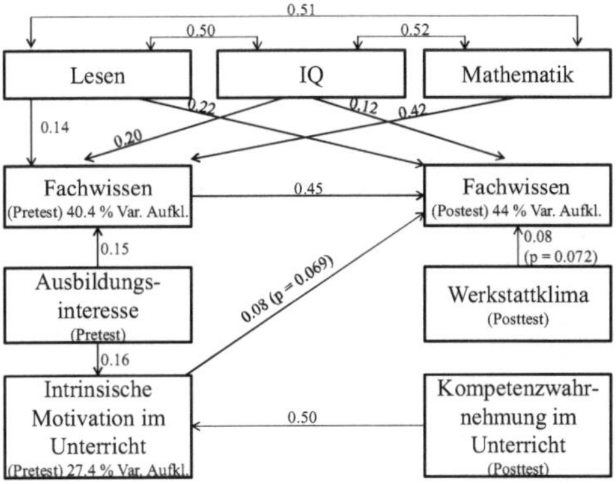


Pfadmodell für Kfz-Mechatroniker (Chi-Quadrat = 53.5; df = 22; RMSEA = 0.072)

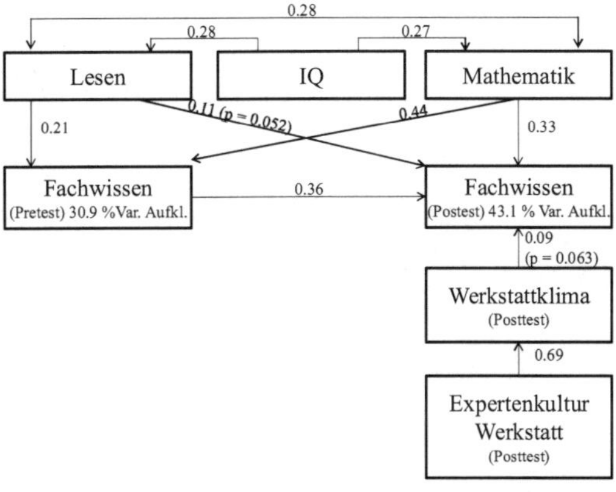


Pfadmodell für Elektroniker (Chi-Quadrat = 11.16; df = 11; RMSEA = 0.008)
</td></tr>
</table>

<table>
<tr><th>Studien & einbezogene Ausbildungsberufe</th><th>Ergebnisse</th></tr>
<tr><td></td><td>
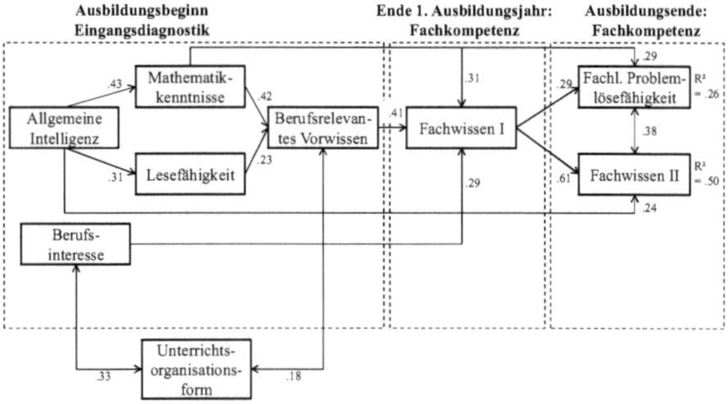

Pfadmodell zur Kompetenzentwicklung für Elektroniker über die gesamte Ausbildungszeit mit Einbezug des Ausbildungsinteresses bei Ausbildungsbeginn (n = 250, Chi-Quadrat/df = 1.67, CFI = .96, RMSEA = .05, SRMR = .07)
</td></tr>
<tr><td>Abele (2014, S. 285 & 287): Kraftfahrzeugmechatroniker/ Kraftfahrzeugmechatronikerin; Fertigungsmechaniker/Fertigungsmechanikerin; Elektroniker/-in für Automatisierungstechnik; Mechatroniker/-in</td><td>
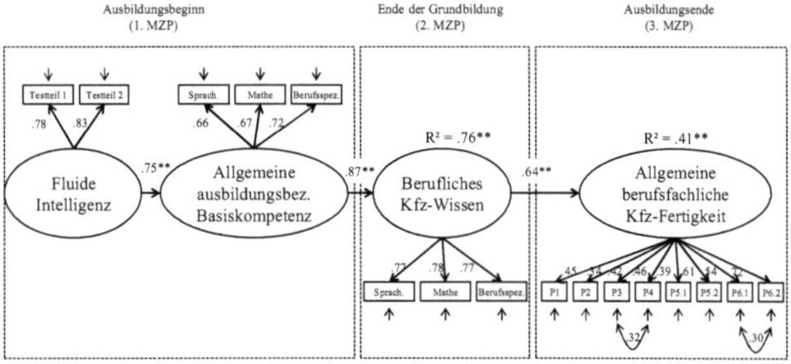

Mediatormodell zur Erklärung der allgemeinen berufsfachlichen Kfz-Fertigkeitsentwicklung mit den Determinanten „fluide Intelligenz“, „allgemeine ausbildungsbezogene Basiskompetenz“ und „berufsfachliches Kfz-Wissen“; Indikatoren allgemeiner berufsfachlicher Kfz-Fertigkeit: Ergebnisse der Arbeitsproben (P1…P6.2) der praktischen Gesellenprüfung Teil 2;<br>
Modellgüte: n = 270, Chi-Quadrat/df = 1.63, CFI = .94, RMSEA = .05, SRMR = .07; **p < .01, die Faktorladungen u. Residualkorrelationen sind auf dem 1 %-Niveau signifikant
</td></tr>
</table>

| Studien & einbezogene Ausbildungsberufe | Ergebnisse |
|---|---|

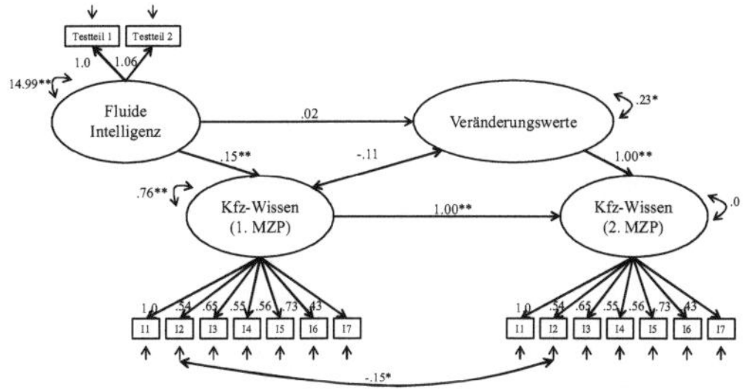


Latent-Change-Modell zur Entwicklung des Kfz-Wissens während des ersten Ausbildungsjahres
Modellgüte: n = 270, Chi-Quadrat/df = 1.39, CFI = .96, RMSEA = .04, ** p < .01, die Faktorladungen u. Residualkorrelationen sind auf dem 1 %-Niveau signifikant: 1. MZP: Messzeitpunkt am Anfang der Ausbildung, 2. MZP: Messzeitpunkt am Ende des ersten Ausbildungsjahres

Rosendahl & Straka (2011b, S. 27): Bankkaufmann/ Bankkauffrau

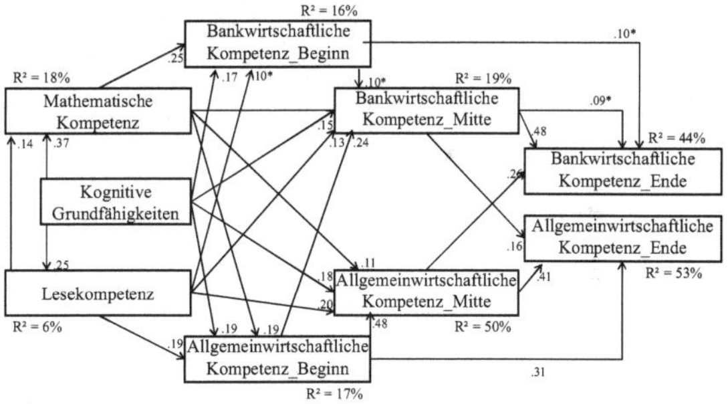


Pfadanalyse zum Einfluss kognitiver Eingangsvoraussetzungen auf wirtschaftliche Kompetenzen (Pfade: p < .01; *p < .05; $R^2$ = Anzahl erklärter Varianz; n = 452; Modell: p = 0.02; Chi-Quadrat/df = 2,2; CFI = .99, RMSEA = .05)

# Anhang B Explikation des Umweltschutzes in den Prüfungskatalogen der Zwischen- und Abschlussprüfungen im Ausbildungsberuf Kaufmann/-frau für Spedition und Logistikdienstleistung (AKA/IHK, 2005; AKA/IHK, 2009)

| Fragenkomplex | Prüfung | Themenkreis | Beispiele für betriebliche Handlungen |
|---|---|---|---|
| Stellung, Rechtsform und Struktur des Ausbildungsbetriebs (Abschlussprüfung: Prüfungsgebiet 1301) | | | |
| 01 Zielsetzung und Geschäftsfelder des Ausbildungsbetriebs sowie seine Stellung am Markt beschreiben | Abschlussprüfung | 02 Ökologische Ziele | |
| Umweltschutz (Zwischenprüfung: Prüfungsgebiet 16, Abschlussprüfung: Prüfungsgebiet 1306): Zur Vermeidung betriebsbedingter Umweltbelastungen in beruflichen Einwirkungsbereich beitragen, insbesondere… | | | |
| 01 mögliche Umweltbelastungen durch den Ausbildungsbetrieb und seinen Beitrag zum Umweltschutz an Beispielen erklären | Zwischenprüfung | 01 Möglichkeiten zur Vermeidung betriebsbedingter Umweltbelastung | P Bei der Planung des Einsatzes von schadstoff- und geräuscharmen Lkw mitwirken<br>D Reduzierung von Leerfahrten durch entsprechende Disposition sicherstellen<br>D Dem Kunden die Verkehrsverlagerung von Straße auf Schiene/Binnenschiff vorschlagen<br>K Belästigung der angrenzenden Nachbarn durch Lärm, Geruch oder Beleuchtung prüfen |
| | Abschlussprüfung | 01 Umweltbelastungen<br>02 Beiträge zum Umweltschutz | K Umweltbelastungen durch den Betrieb erläutern |
| 02 für den Ausbildungsbetrieb geltende Regelungen des Umweltschutzes anwenden | Zwischenprüfung | 01 Gesetze und Verordnungen aus dem Bundes- und Landesrecht | P Bei der Planung von Mitarbeiterunterweisungen mitwirken<br>D Geltende Vorschriften einhalten<br>K Einhaltung der Vorschriften kontrollieren |
| | Abschlussprüfung | 01 Umweltkonzepte und Umweltschutzpolitik | P Auswirkung staatlicher Regelungen zum Umweltschutz auf das Unternehmen beurteilen<br>K Staatliche Maßnahmen zum Umweltschutz bei betrieblichen Entscheidungen berücksichtigen |
| 03 Möglichkeiten der wirtschaftlichen und umweltschonenden Energie- und Materialverwendung nutzen | Zwischenprüfung | 01 Rationelle Energieverwendung<br>02 Ökonomische Materialverwendung | D Energiesparmöglichkeiten nutzen<br>D Mit Material sparsam umgehen |
| | Abschlussprüfung | 01 Umweltschonende Fahrzeuge und Geräte<br>02 Umweltbewusstes Verhalten im Unternehmen | P Energiesparende Transport- und Betriebsmittel einsetzen<br>K Energieverbrauchsvorgaben kontrollieren |

| Fragenkomplex | Prüfung | Themenkreis | Beispiele für betriebliche Handlungen |
|---|---|---|---|
| 04 Abfälle vermeiden; Stoffe und Materialien einer umweltschonenden Entsorgung zuführen | Zwischenprüfung | 01 Möglichkeiten der Abfallvermeidung, Abfallsortierung und Abfallverwertung | **D** Geeignete Maßnahmen zur Mülltrennung (z. B. Holz, Papier, Folien etc.) vorschlagen<br>**D** Angefallenen Abfall – soweit möglich – der Wiederverwertung (Recycling) zuführen<br>**D** Nachfüllbare Tintenkartuschen verwenden<br>**D** Die Verwendung von Recyclingpapier im Büro vorschlagen<br>**K** Entsorgung von Sondermüll, chemischen Stoffen, Reinigungsmitteln etc. über die Fachbetriebe kontrollieren |
| | Abschlussprüfung | 01 Betriebliches Abfallkonzept | **D** Wieder verwertbare Verpackungs- und Lademittel verwenden<br>**K** Rest- und Abfallstoffe ordnungsgemäß entsorgen |
| 05 Speditionelle und logistische Geschäftsprozesse an wirtschaftlichen Rahmenbedingungen ausrichten | Abschlussprüfung | 01 Wirtschaftliche und ökologische Ziele miteinander verknüpfen | **P** Auf effizienten Energieverbrauch und Ressourceneinsatz achten |
| Güterversendung und Transport [Zwischenprüfung: Prüfungsgebiet 06, Abschlussprüfung: Prüfungsgebiet 0201 i. V. m verkehrsträgerspezifischen Aspekten in 0701 (Straßenverkehr) & 0801 (Schienenverkehr)] | | | |
| 02 Eignung der Verkehrsträger für bestimmte Transportgüter unter Berücksichtigung rechtlicher Bedingungen und Beschränkungen ermitteln | Zwischenprüfung | 01 Vor- und Nachteile der Verkehrsträger/ Verkehrsmittel bezogen auf z. B.<br>• …<br>• Umweltbelastung | **P** Einsatzmöglichkeiten der Verkehrsträger/ Verkehrsmittel planen<br>**D** Geeignete Verkehrsträger/Verkehrsmittel dem Kunden unter Abwägung der Vor- und Nachteile vorschlagen<br>**D** Rechtliche Bedingungen und Beschränkungen erklären<br>**D** Unterschiede bei den Beförderungs- und Haftungsbedingungen aufzeigen |
| 01 Leistungsmerkmale des Straßen-, Schienen- und Luftfrachtverkehrs sowie der Binnen- und der Seeschifffahrt vergleichen | Abschlussprüfung | 02 Kriterien zum Vergleich der Verkehrsträger:<br>• …<br>• Umweltverträglichkeit | **P** Einem Versender alternative Verkehrsträger für einen Gütertransport vorschlagen |
| Verkehrsträgerspezifische Ergänzungen: 080101 & 070101 Möglichkeiten der Verknüpfung von Leistungen der Verkehrsträger nutzen | Abschlussprüfung | 01 Vor- und Nachteile der Bildung von Transportketten unter wirtschaftlichen, logistischen, technologischen und ökologischen Aspekten | |

Anmerkungen: P-planen, D-durchführen, K-kontrollieren

# Anhang C Potenziell einsetzbare Items[118]

## Potenziell einsetzbare Items im SJT

| Iteminhalt | Schwierigkeitsparameter | Messzeitpunktspezifische Itemnummer |
|---|---|---|
| Umgang mit nicht benötigten Dienstsmartphones | 1.232 | Anker |
| Ideenwettbewerb zur Reduzierung von Erdöl-Bestandteilen in Verpackungen | 1.23 | 3.8 |
| Entscheidung im Rahmen der Beschaffungsorganisation: Just in time/sequence vs. Vorratsbeschaffung | 1.185 | 3.10 |
| Abfallbeseitigung im Betrieb | 0.892 | 3.6 |
| Entsorgung von Elektroaltgeräten | 0.673 | Anker |
| Hauptaufgaben eines Spediteurs im Rahmen der Entsorgungslogistik | 0.671 | |
| Berücksichtigung von Nachhaltigkeitsaspekten im Marketing am Beispiel der Entwicklung einer Zeitungsanzeige | 0.585 | Anker |
| Wahl eines Transportmittels zur Beförderung von Tiefkühlprodukten von Südspanien nach Hamburg | 0.584 | 3.7 |
| Entscheidung zum Umgang mit gesundheitsgefährdenden Baumaterialien in Wänden von genutzten Bürogebäuden | 0.497 | Anker |
| Ideenwettbewerb zum Umgang mit Leercontainern in Seehäfen | 0.475 | 3.9 |
| Abwägen des Energiesparens im Betrieb am Beispiel des dauerhaften Betriebs von Computern | 0.219 | 2.9 |
| Die Gestaltung der Transportorganisation bei Einzellieferungen unter ökonomischen und ökologischen Aspekten | 0.158 | 2.6 |

118 Zur Erklärung der Bedeutung der Iteminformationen (wMNSQ, T & Trennschärfe), die den Tabellen zugefügt sind, sei an dieser Stelle auf den Abschnitt 7.1 zu verweisen. Der Wert „Estimate“ stellt die Itemschwierigkeit in Logits dar.

| Iteminhalt | Schwierigkeitsparameter | Messzeitpunktspezifische Itemnummer |
|---|---|---|
| Entscheidungsfindung zur Förderung der Bildung an einem Beschaffungs-/Produktionsstandort in Indien, an dem Gewürze für Produkte der frozen food AG hergestellt werden | 0.154 | 2.8 |
| Papierlose Gestaltung von Arbeitsvorlagen für Vorgesetzte | 0.027 | Anker |
| Abwägung der Förderung von außergesetzlichen Gefahrgutschulungen für Frachtführer | 0.021 | 2.10 |
| Gestaltung von Verpackungsaspekten unter ökonomischen und ökologischen Aspekten | -0.006 | 1.10 |
| Verpackungsempfehlung für einen Getränkehersteller unter transportorganisatorischen Aspekten | -0.066 | |
| Wahl eines Kaffeevollautomaten für betriebliche Pausenräume | -0.094 | |
| Wahl von Leuchtmitteln im Betrieb | -0.154 | 1.9 |
| Entscheidung der Transportorganisation bei zeitlichen Restriktionen | -0.244 | |
| Entscheidungskriterien bei der Anschaffung eines Kleintransporters unter ökonomischen und ökologischen Aspekten | -0.324 | 2.7 |
| Bedeutsamste Entscheidungskriterien im Beschaffungsprozess | -0.442 | 1.7 |
| Verkehrsmittelwahl bei Dienstreisen | -1.139 | |
| Bezug von nachhaltig produziertem Verbrauchsmaterial in der Verwaltung am Beispiel der Papierbeschaffung | -1.141 | 1.8 |
| Berücksichtigung von Nachhaltigkeitsaspekten im Beschaffungsvorgang | -1.558 | 1.6 |

## Potenziell einsetzbare Items des deklarativen Wissenstest

| Iteminhalt | Schwierigkeitsparameter | Messzeitpunktspezifische Itemnummer |
|---|---|---|
| Zweck des dualen Entsorgungssystems („grüner Punkt“) | 4.032 | |
| Falschaussagen zum Thema Nachhaltigkeit | 2.742 | 1.11 |
| Verpackungsentsorgung in der Industrie | 2.413 | |
| Virtueller Wasserverbrauch bei der Rindfleischverarbeitung | 2.124 | |
| Bedeutung der energetischen Entsorgung im Rahmen der Entsorgungslogistik | 2.095 | 3.18 |
| Gründe für den Zusammenhang hoher Ressourcenvorkommen und niedrigem Wirtschaftswachstum in Entwicklungsländern | 1.746 | |
| Beifang in der Fischerei | 1.597 | 3.16 |
| Falschaussagen zum Bio-Siegel | 1.493 | Anker |
| Bedeutung der nachhaltigen Herstellung von Produkten | 1.474 | Anker |
| Energieverbrauch vs. Verkaufspreis von Leuchtmitteln | 1.297 | 3.20 |
| Falschaussagen zu den Auswirkungen von Aquamonokulturen | 1.213 | 3.11 |
| Konsequenzen durch Fracking | 1.213 | |
| Sortierung von Staaten nach ihrem ökologischen Fußabdruck | 1.213 | |
| Ziel der sozialen Nachhaltigkeit | 1.162 | 3.11 |
| Ursprung der nachhaltigen Entwicklung | 0.917 | 3.15 |
| Auswirkungen des zunehmenden Schiffverkehrs auf der Elbe | 0.888 | |
| Identifikation eines Beispiels als Maßnahme der Corporate Social Responsibility | 0.888 | 2.17 |
| Quecksilber in Energiesparlampen | 0.818 | |
| Bedeutung des Begriffs Corporate Social Responsibility | 0.774 | 3.19 |
| Agenda 21 | 0.755 | 3.13 |
| Rohstoffverknappung (seltene Erden) | 0.586 | 3.14 |

| Iteminhalt | Schwierigkeitsparameter | Messzeitpunktspezifische Itemnummer |
|---|---|---|
| Entstehung giftiger Stoffe bei der Aluminiumherstellung | 0.507 | 3.17 |
| Ziel der nachhaltigen Entwicklung | 0.408 | Anker |
| Falschaussagen zu den Auswirkungen der globalen Geburtenentwicklung | 0.242 | 2.11 |
| Zusammenhang von Exportüberschüssen von Industriestaaten und Armut in Entwicklungsländern | 0.156 | 2.19 |
| Falschaussagen zu FAIRTRADE | 0.138 | Anker |
| Rücknahmepflicht von Verpackungen | 0.128 | Anker |
| Sortierung von Verkehrsträgern nach der Höhe ihrer durchschnittlichen Luftverschmutzungen | 0.07 | |
| Beispiele für erneuerbare Energien | 0.033 | Anker |
| Dimensionen der Nachhaltigkeit | -0.062 | 1.18 |
| Ressourcenbedarf der Menschheit im Jahr 2050 | -0.099 | 2.15 |
| Europäisches Bio-und FAIRTRADE-Siegel am Beispiel von Schokolade | -0.099 | 2.18 |
| EU-Bio-Siegel | -0.128 | Anker |
| Nachhaltiges internationales Wirtschaften | -0.151 | 2.12 |
| Bedeutung des ökologischen Fußabdrucks | -0.184 | 2.16 |
| Regelung des Atomausstiegs in Deutschland | -0.269 | 2.13 |
| Beispiel für nachhaltiges Wirtschaften | -0.341 | Anker |
| Bedeutung der ökologischen Nachhaltigkeit | -0.393 | 1.16 |
| Themenbereiche einer nachhaltigen Entwicklung | -0.498 | 2.13 |
| Bedeutung des Nachhaltigkeitsgedankens | -0.551 | 1.15 |
| Identifikation des Gefahrgutkennzeichens „verschiedene gefährliche Stoffe und Gegenstände" | -0.616 | |
| Auswirkungen von Atommüll | -0.658 | 1.17 |
| Beispiel einer betrieblichen ökologischen Zielsetzung | -0.692 | 1.20 |
| Beispiel einer ökologischen Büroführung | -0.694 | 1.12 |
| Ziel der ökologischen Nachhaltigkeit | -0.705 | Anker |
| Bedeutung von Recycling | -0.715 | 1.19 |

| Iteminhalt | Schwierigkeit-sparameter | Messzeit-punktspezifische Itemnummer |
|---|---|---|
| Auswirkungen von Gefahrgutunfällen | -0.745 | Anker |
| Beispiel für ein ausgeglichenes Verhältnis zwischen Ressourcenzufluss und Ressourcenabfluss | -0.797 | |
| Gefahr des Bienensterbens für die Nahrungsmittelproduktion | -0.969 | |
| Externe Kosten von Verkehrsträgern | -1.15 | |
| Förderung des Umweltschutzgedankens bei Kunden | -1.318 | 1.14 |
| Falschaussagen zu Umweltauswirkungen des Gütertransportes | -1.534 | |
| Identifikation des Gefahrgutkennzeichens „giftige Stoffe“ | -1.8 | |
| Identifikation des Gefahrgutkennzeichens „umweltgefährliche Stoffe“ | -2.046 | 2.14 |
| Auswahl von Elektronikgeräten aus ökologischer Perspektive | -2.158 | 1.13 |

# Anhang D Iteminformationen mit Selektionsangaben auf die einzelnen Testhefte (nach einer gemeinsamen Skalierung aller verwendeten Items)[119]

## Items des SJTs

| Itemnummer | Itemgegenstand | Estimate | Error | wMNSQ | T | Trennschärfe |
|---|---|---|---|---|---|---|
| 3.8 | Ideenwettbewerb zur Reduzierung von Erdöl-Bestandteilen in Verpackungen | 1.226 | 0.142 | 1.02 | 0.2 | 0.41 |
| A3 | Umgang mit nicht benötigten Dienstsmartphones | 1.224 | 0.122 | 1.02 | 0.2 | 0.34 |
| 3.10 | Entscheidung im Rahmen der Beschaffungsorganisation: Just in time/sequence vs. Vorratsbeschaffung | 1.177 | 0.387 | 0.93 | -0.3 | 0.50 |
| 3.6 | Abfallbeseitigung im Betrieb | 0.890 | 0.13 | 1.07 | 0.8 | 0.32 |
| A4 | Entsorgung von Elektroaltgeräten | 0.670 | 0.115 | 0.99 | -0.1 | 0.49 |
| A2 | Berücksichtigung von Nachhaltigkeitsaspekten im Marketing am Beispiel der Entwicklung einer Zeitungsanzeige | 0.584 | 0.125 | 0.96 | -0.4 | 0.39 |
| 3.7 | Wahl eines Transportmittels zur Beförderung von Tiefkühlprodukten von Südspanien nach Hamburg | 0.583 | 0.128 | 0.98 | -0.2 | 0.44 |
| A5 | Entscheidung zum Umgang mit gesundheitsgefährdenden Baumaterialien in Wänden von genutzten Bürogebäuden | 0.494 | 0.097 | 0.99 | -0.2 | 0.55 |

119 Zur Erklärung der Bedeutung der Iteminformationen (wMNSQ, T & Trennschärfe), die den Tabellen zugefügt sind, sei an dieser Stelle auf den Abschnitt 7.1 zu verweisen. Der Wert „Estimate" stellt die Itemschwierigkeit in Logits dar.

| Item-nummer | Itemgegenstand | Estimate | Error | wMNSQ | T | Trenn-schärfe |
|---|---|---|---|---|---|---|
| 3.9 | Ideenwettbewerb zum Umgang mit Leercontainern in Seehäfen | 0.467 | 0.215 | 0.98 | -0.1 | 0.48 |
| 2.9 | Abwägen des Energiesparens im Betrieb am Beispiel des dauerhaften Betriebs von Computern | 0.214 | 0.231 | 0.97 | -0.1 | 0.49 |
| 2.6 | Die Gestaltung der Transportorganisation bei Einzellieferungen unter ökonomischen und ökologischen Aspekten | 0.159 | 0.105 | 0.97 | -0.5 | 0.57 |
| 2.8 | Entscheidungsfindung zur Förderung der Bildung an einem Beschaffungs-/Produktionsstandort in Indien, an dem Gewürze für Produkte der frozen food AG hergestellt werden | 0.148 | 0.206 | 1.05 | 0.3 | 0.44 |
| A1 | Papierlose Gestaltung von Arbeitsvorlagen für Vorgesetzte | 0.026 | 0.067 | 1.06 | 1.5 | 0.42 |
| 2.10 | Abwägung der Förderung von außergesetzlichen Gefahrgutschulungen für Frachtführer | 0.019 | 0.23 | 0.91 | -0.5 | 0.57 |
| 1.10 | Gestaltung von Verpackungsaspekten unter ökonomischen und ökologischen Aspekten | -0.007 | 0.103 | 0.99 | -0.1 | 0.51 |
| 1.9 | Wahl von Leuchtmitteln im Betrieb | -0.154 | 0.092 | 1.05 | 0.8 | 0.47 |
| 2.7 | Entscheidungskriterien bei der Anschaffung eines Kleintransporters unter ökonomischen und ökologischen Aspekten | -0.322 | 0.106 | 0.95 | -0.6 | 0.55 |
| 1.7 | Bedeutsamste Entscheidungskriterien im Beschaffungsprozess | -0.440 | 0.087 | 0.99 | -0.1 | 0.42 |
| 1.8 | Bezug von nachhaltig produziertem Verbrauchsmaterial in der Verwaltung am Beispiel der Papierbeschaffung | -1.136 | 0.105 | 1.01 | 0.1 | 0.39 |
| 1.6 | Berücksichtigung von Nachhaltigkeitsaspekten im Beschaffungsvorgang | -1.553 | 0.144 | 0.98 | -0.2 | 0.41 |

## Items des deklarativen Wissenstest

| Item-nummer | Itemgegenstand | Estimate | Error | wMNSQ | T | Trenn-schärfe |
|---|---|---|---|---|---|---|
| 1.11 | Falschaussagen zum Thema Nachhaltigkeit | 2.759 | 0.176 | 1.03 | 0.2 | 0.14 |
| 3.18 | Bedeutung der energetischen Entsorgung im Rahmen der Entsorgungslogistik | 2.111 | 0.451 | 1.02 | 0.2 | 0.16 |
| 3.16 | Beifang in der Fischerei | 1.611 | 0.386 | 1.04 | 0.2 | 0.27 |
| A2 | Falschaussagen zum Bio-Siegel | 1.498 | 0.073 | 1.02 | 0.5 | 0.29 |
| A5 | Bedeutung der nachhaltigen Herstellung von Produkten | 1.479 | 0.072 | 1.09 | 2.5 | 0.20 |
| 3.20 | Energieverbrauch vs. Verkaufspreis von Leuchtmitteln | 1.305 | 0.095 | 1.02 | 0.5 | 0.32 |
| 3.11 | Falschaussagen zu den Auswirkungen von Aquamonokulturen | 1.225 | 0.350 | 0.98 | -0.1 | 0.41 |
| 3.12 | Ziel der sozialen Nachhaltigkeit | 1.169 | 0.092 | 1.04 | 1.0 | 0.30 |
| 3.15 | Ursprung der nachhaltigen Entwicklung | 0.923 | 0.089 | 1.06 | 1.8 | 0.30 |
| 2.17 | Identifikation eines Beispiels als Maßnahme der Corporate Social Responsibility | 0.898 | 0.328 | 0.86 | -1.0 | 0.60 |
| 3.19 | Bedeutung des Begriffs Corporate Social Responsibility | 0.774 | 0.094 | 1.01 | 0.2 | 0.37 |
| 3.13 | Agenda 21 | 0.761 | 0.087 | 0.96 | -1.5 | 0.47 |
| 3.14 | Rohstoffverknappung (seltene Erden) | 0.591 | 0.086 | 0.98 | -0.8 | 0.42 |
| 3.17 | Entstehung giftiger Stoffe bei der Aluminiumherstellung | 0.513 | 0.311 | 1.16 | 1.4 | 0.17 |
| A6 | Ziel der nachhaltigen Entwicklung | 0.410 | 0.062 | 0.97 | -1.3 | 0.44 |
| 2.11 | Falschaussagen zu den Auswirkungen der globalen Geburtenentwicklung | 0.247 | 0.304 | 1.04 | 0.4 | 0.39 |
| 2.19 | Zusammenhang von Exportüberschüssen von Industriestaaten und Armut in Entwicklungsländern | 0.160 | 0.302 | 1.09 | 0.9 | 0.28 |
| A1 | Falschaussagen zu FAIRTRADE | 0.138 | 0.061 | 1.06 | 3.2 | 0.33 |
| A10 | Rücknahmepflicht von Verpackungen | 0.127 | 0.089 | 0.97 | -1.1 | 0.46 |

| Item-nummer | Itemgegenstand | Estimate | Error | wMNSQ | T | Trenn-schärfe |
|---|---|---|---|---|---|---|
| A3 | Beispiele für erneuerbare Energien | 0.033 | 0.061 | 1.08 | 4.2 | 0.28 |
| 1.18 | Dimensionen der Nachhaltigkeit | -0.063 | 0.085 | 1.16 | 5.9 | 0.22 |
| 2.15 | Ressourcenbedarf der Menschen im Jahr 2050 | -0.096 | 0.301 | 0.98 | -0.2 | 0.39 |
| 2.18 | Europäisches Bio-und FAIRTRADE-Siegel am Beispiel von Schokolade | -0.096 | 0.301 | 0.92 | -0.9 | 0.49 |
| A8 | EU-Bio-Siegel | -0.129 | 0.085 | 1.12 | 4.4 | 0.27 |
| 2.12 | Nachhaltiges internationales Wirtschaften | -0.154 | 0.089 | 0.9 | -3.6 | 0.55 |
| 2.16 | Bedeutung des ökologischen Fußabdrucks | -0.182 | 0.301 | 1.07 | 0.8 | 0.32 |
| 2.20 | Regelung des Atomausstiegs in Deutschland | -0.267 | 0.301 | 0.92 | -0.9 | 0.55 |
| A7 | Beispiel für nachhaltiges Wirtschaften | -0.343 | 0.062 | 0.85 | -7.6 | 0.58 |
| 1.16 | Bedeutung der ökologischen Nachhaltigkeit | -0.395 | 0.086 | 0.97 | -1.2 | 0.43 |
| 2.13 | Themenbereiche einer nachhaltigen Entwicklung | -0.501 | 0.09 | 0.93 | -2.3 | 0.50 |
| 1.15 | Bedeutung des Nachhaltigkeitsgedankens | -0.553 | 0.063 | 0.89 | -5.0 | 0.54 |
| 1.17 | Auswirkungen von Atommüll | -0.661 | 0.087 | 0.92 | -2.5 | 0.50 |
| 1.20 | Beispiel einer betrieblichen ökologischen Zielsetzung | -0.695 | 0.091 | 0.98 | -0.5 | 0.43 |
| 1.12 | Beispiel einer ökologischen Büroführung | -0.697 | 0.065 | 0.99 | -0.4 | 0.38 |
| A4 | Ziel der ökologischen Nachhaltigkeit | -0.708 | 0.065 | 0.94 | -2.7 | 0.50 |
| 1.19 | Bedeutung von Recycling | -0.718 | 0.091 | 1.06 | 1.7 | 0.31 |
| A9 | Auswirkungen von Gefahrgutunfällen | -0.749 | 0.092 | 1.02 | 0.5 | 0.37 |
| 1.14 | Förderung des Umweltschutzgedankens bei Kunden | -1.324 | 0.071 | 0.98 | -0.6 | 0.39 |
| 2.14 | Identifikation des Gefahrgutkennzeichens „umweltgefährliche Stoffe“ | -2.054 | 0.122 | 0.99 | -0.1 | 0.34 |
| 1.13 | Auswahl von Elektronikgeräten aus ökologischer Perspektive | -2.165 | 0.089 | 1.06 | 1.0 | 0.19 |

# Anhang E Messzeitpunktspezifische Skalierung der Leistungsskalen[120]

## ConQuest-Output der Itemanalyse für den SJT zum Messzeitpunkt t1

| | Item-nummer | Estimate | Error | wMNSQ | CI | T | Item-Total Cor. |
|---|---|---|---|---|---|---|---|
| Ankeritems | 1.1 (A1) | -0.195 | 0.103 | 1.08 | (0.87, 1.13) | 1.1 | 0.34 |
| | 1.2 (A2) | -0.308 | 0.151 | 0.98 | (0.78, 1.22) | -0.2 | 0.41 |
| | 1.3 (A3) | 1.038 | 0.127 | 1.00 | (0.76, 1.24) | 0.0 | 0.41 |
| | 1.4 (A4) | 0.074 | 0.101 | 1.00 | (0.87, 1.13) | 0.0 | 0.49 |
| | 1.5 (A5) | 0.444 | 0.108 | 1.01 | (0.85, 1.15) | 0.2 | 0.48 |
| Messzeitpunkt-spezifische Items | 1.6 | -1.812 | 0.26 | 0.96 | (0.82, 1.18) | -0.4 | 0.42 |
| | 1.7 | -0.955 | 0.170 | 0.97 | (0.82, 1.18) | -0.3 | 0.42 |
| | 1.8 | -1.705 | 0.235 | 1.02 | (0.81, 1.19) | 0.2 | 0.24 |
| | 1.9 | -0.447 | 0.100 | 1.02 | (0.86, 1.14) | 0.3 | 0.44 |
| | 1.10 | -0.294 | 0.107 | 0.96 | (0.86, 1.14) | -0.5 | 0.53 |

Anmerkungen: Separation Reliability = 0.969; Chi-square test of parameter equality = 252.48; df = 10; Sig. Level = 0.000; EAP/PV Reliability: .493

120 Zur Erklärung der Bedeutung der Iteminformationen (wMNSQ, T & Trennschärfe), die den Tabellen zugefügt sind, sei an dieser Stelle auf den Abschnitt 7.1 zu verweisen. Der Wert „Estimate" stellt die Itemschwierigkeit in Logits dar.

## ConQuest-Output der Itemanalyse für den SJT zum Messzeitpunkt t2

| | Item-nummer | Estimate | Error | wMNSQ | CI | T | Item-Total Cor. |
|---|---|---|---|---|---|---|---|
| Ankeritems | 2.1 (A1) | -0.659 | 0.120 | 1.03 | (0.83. 1.17) | 0.4 | 0.46 |
| | 2.2 (A2) | -0.391 | 0.159 | 1.00 | (0.77. 1.23) | 0.1 | 0.34 |
| | 2.3 (A3) | 1.004 | 0.125 | 1.06 | (0.77. 1.23) | 0.5 | 0.39 |
| | 2.4 (A4) | 0.229 | 0.119 | 0.99 | (0.84. 1.16) | -0.1 | 0.46 |
| | 2.5 (A5) | 0.217 | 0.109 | 0.97 | (0.86. 1.14) | -0.4 | 0.55 |
| Messzeitpunkt-spezifische Items | 2.6 | -0.335 | 0.112 | 1.00 | (0.85. 1.15) | 0.0 | 0.51 |
| | 2.7 | -0.737 | 0.135 | 1.00 | (0.83. 1.17) | 0.1 | 0.45 |
| | 2.8 | -0.049 | 0.119 | 0.96 | (0.84. 1.16) | -0.5 | 0.52 |
| | 2.9 | 0.451 | 0.126 | 0.99 | (0.83. 1.17) | -0.1 | 0.49 |
| | 2.10 | 0.414 | 0.126 | 1.01 | (0.83. 1.17) | 0.2 | 0.42 |

Anmerkungen: Separation Reliability = 0.948; Chi-square test of parameter equality = 171.01; df = 10; Sig. Level = 0.000; EAP/PV Reliability: .595

## ConQuest-Output der Itemanalyse für den SJT zum Messzeitpunkt t3

| | Item-nummer | Estimate | Error | wMNSQ | CI | T | Item-Total Cor. |
|---|---|---|---|---|---|---|---|
| Ankeritems | 3.1 (A1) | -0.531 | 0.121 | 1.07 | (0.84, 1.16) | 0.9 | 0.47 |
| | 3.2 (A2) | -0.411 | 0.166 | 1.00 | (0.78, 1.22) | 0.0 | 0.43 |
| | 2.3 (A3) | 1.127 | 0.143 | 1.09 | (0.79, 1.21) | 0.9 | 0.42 |
| | 3.4 (A4) | 0.236 | 0.124 | 1.05 | (0.84, 1.16) | 0.6 | 0.52 |
| | 3.5 (A5) | 0.214 | 0.112 | 1.02 | (0.85, 1.15) | 0.3 | 0.60 |
| Messzeitpunkt-spezifische Items | 3.6 | 1.351 | 0.167 | 1.00 | (0.79, 1.21) | 0.0 | 0.45 |
| | 3.7 | 0.301 | 0.128 | 0.98 | (0.84, 1.16) | -0.2 | 0.56 |
| | 3.8 | 1.388 | 0.160 | 0.96 | (0.75, 1.25) | -0.3 | 0.52 |
| | 3.9 | 0.475 | 0.123 | 1.04 | (0.84, 1.16) | 0.5 | 0.53 |
| | 3.10 | 1.734 | 0.243 | 0.96 | (0.83, 1.17) | -0.5 | 0.49 |

Anmerkungen: Separation Reliability = 0.961; Chi-square test of parameter equality = 306.91; df = 10; Sig. Level = 0.000; EAP/PV Reliability: .678

## ConQuest-Output der Itemanalyse für den deklarativen Wissenstest zum MZP t1

| | Item-nummer | Estimate | Error | wMNSQ | CI | T | Item-Total Cor. |
|---|---|---|---|---|---|---|---|
| Ankeritems | 1.1 (A1) | 0.030 | 0.161 | 1.09 | (0.91, 1.09) | 2.1 | 0.23 |
| | 1.2 (A2) | 1.262 | 0.186 | 1.04 | (0.82, 1.18) | 0.5 | 0.28 |
| | 1.3 (A3) | -0.367 | 0.163 | 0.94 | (0.91, 1.09) | -1.2 | 0.46 |
| | 1.4 (A4) | -1.051 | 0.178 | 0.93 | (0.85, 1.15) | -0.9 | 0.44 |
| | 1.5 (A5) | 1.504 | 0.196 | 1.04 | (0.79, 1.21) | 0.4 | 0.20 |
| | 1.6 (A6) | 0.015 | 0.161 | 1.01 | (0.91, 1.09) | 0.3 | 0.36 |
| | 1.7 (A7) | -1.202 | 0.183 | 0.93 | (0.83, 1.17) | -0.9 | 0.49 |
| | 1.8 (A8) | 0.496 | 0.165 | 1.03 | (0.90, 1.10) | 0.6 | 0.30 |
| | 1.9 (A9) | -0.465 | 0.164 | 1.04 | (0.90, 1.10) | 0.8 | 0.29 |
| | 1.10 (A10) | 0.673 | 0.168 | 1.04 | (0.88, 1.12) | 0.6 | 0.30 |
| Messzeitpunkt-spezifische Items | 1.11 | 1.999 | 0.226 | 1.04 | (0.70, 1.30) | 0.3 | 0.13 |
| | 1.12 | -1.331 | 0.189 | 0.99 | (0.81, 1.19) | -0.1 | 0.35 |
| | 1.13 | -1.863 | 0.217 | 1.05 | (0.73, 1.27) | 0.4 | 0.15 |
| | 1.14 | -1.234 | 0.185 | 0.94 | (0.83, 1.17) | -0.7 | 0.43 |
| | 1.15 | -1.398 | 0.192 | 0.89 | (0.81, 1.19) | -1.2 | 0.59 |
| | 1.16 | -1.110 | 0.180 | 0.91 | (0.84, 1.16) | -1.1 | 0.55 |
| | 1.17 | -1.364 | 0.190 | 0.96 | (0.81, 1.19) | -0.4 | 0.40 |
| | 1.18 | 0.134 | 0.161 | 1.1 | (0.91, 1.09) | 2.3 | 0.14 |
| | 1.19 | -1.331 | 0.189 | 0.96 | (0.81, 1.19) | -0.4 | 0.40 |
| | 1.20 | -1.398 | 0.192 | 0.97 | (0.81, 1.19) | -0.2 | 0.39 |

Anmerkungen: Separation Reliability = 0.973; Chi-square test of parameter equality = 714.02; df = 20; Sig. Level = 0.000; EAP/PV Reliability: .605

## ConQuest-Output der Itemanalyse für den deklarativen Wissenstest zum MZP t2

| | Item-nummer | Estimate | Error | wMNSQ | CI | T | Item-Total Cor. |
|---|---|---|---|---|---|---|---|
| Ankeritems | 2.1 (A1) | 0.081 | 0.157 | 1.07 | (0.93. 1.07) | 2.0 | 0.10 |
| | 2.2 (A2) | 0.833 | 0.168 | 1.04 | (0.87. 1.13) | 0.6 | 0.24 |
| | 2.3 (A3) | -0.577 | 0.162 | 1.03 | (0.90. 1.10) | 0.6 | 0.21 |
| | 2.4 (A4) | -1.613 | 0.200 | 0.98 | (0.76. 1.24) | -0.2 | 0.31 |
| | 2.5 (A5) | 1.466 | 0.192 | 1.03 | (0.78. 1.22) | 0.3 | 0.21 |
| | 2.6 (A6) | -0.242 | 0.158 | 1.00 | (0.93. 1.07) | -0.1 | 0.36 |
| | 2.7 (A7) | -1.265 | 0.183 | 0.94 | (0.82. 1.18) | -0.7 | 0.48 |
| | 2.8 (A8) | -0.859 | 0.168 | 1.03 | (0.87. 1.13) | 0.4 | 0.23 |
| | 2.9 (A9) | -0.728 | 0.165 | 1.03 | (0.89. 1.11) | 0.5 | 0.21 |
| | 2.10 (A10) | -0.011 | 0.157 | 0.99 | (0.93. 1.07) | -0.2 | 0.37 |
| Messzeitpunkt-spezifische Items | 2.11 | -0.265 | 0.158 | 0.97 | (0.93. 1.07) | -0.8 | 0.45 |
| | 2.12 | -1.233 | 0.182 | 0.94 | (0.82. 1.18) | -0.6 | 0.43 |
| | 2.13 | -1.431 | 0.191 | 0.98 | (0.79. 1.21) | -0.1 | 0.34 |
| | 2.14 | -2.275 | 0.249 | 1.00 | (0.63. 1.37) | 0.1 | 0.18 |
| | 2.15 | -0.011 | 0.157 | 1.02 | (0.93. 1.07) | 0.6 | 0.27 |
| | 2.16 | -0.913 | 0.170 | 1.01 | (0.87. 1.13) | 0.1 | 0.26 |
| | 2.17 | 0.174 | 0.157 | 0.94 | (0.93. 1.07) | -1.8 | 0.53 |
| | 2.18 | -0.196 | 0.157 | 0.99 | (0.93. 1.07) | -0.4 | 0.34 |
| | 2.19 | -0.196 | 0.157 | 0.98 | (0.93. 1.07) | -0.6 | 0.39 |
| | 2.20 | -2.053 | 0.230 | 0.95 | (0.68. 1.32) | -0.3 | 0.39 |

Anmerkungen: Separation Reliability = 0.963; Chi-square test of parameter equality = 557.50; df = 20; Sig. Level = 0.000; EAP/PV Reliability: .519

## ConQuest-Output der Itemanalyse für den deklarativen Wissenstest zum MZP t3

| | Item-nummer | Estimate | Error | wMNSQ | CI | T | Item-Total Cor. |
|---|---|---|---|---|---|---|---|
| Ankeritems | 3.1 (A1) | 0.059 | 0.161 | 1.14 | (0.92, 1.08) | 3.1 | 0.10 |
| | 3.2 (A2) | 1.111 | 0.180 | 0.98 | (0.84, 1.16) | -0.2 | 0.39 |
| | 3.3 (A3) | -0.670 | 0.168 | 0.98 | (0.88, 1.12) | -0.3 | 0.40 |
| | 3.4 (A4) | -1.364 | 0.19 | 0.96 | (0.81, 1.19) | -0.4 | 0.38 |
| | 3.5 (A5) | 1.364 | 0.19 | 1.03 | (0.81, 1.19) | 0.3 | 0.23 |
| | 3.6 (A6) | -0.370 | 0.163 | 1.01 | (0.91, 1.09) | 0.2 | 0.36 |
| | 3.7 (A7) | -0.883 | 0.173 | 0.88 | (0.86, 1.14) | -1.9 | 0.56 |
| | 3.8 (A8) | -1.577 | 0.200 | 1.05 | (0.78, 1.22) | 0.5 | 0.25 |
| | 3.9 (A9) | -0.543 | 0.165 | 1.09 | (0.89, 1.11) | 1.7 | 0.19 |
| | 3.10 (A10) | -0.568 | 0.166 | 0.94 | (0.89, 1.11) | -1.1 | 0.48 |
| Messzeitpunkt-spezifische Items | 3.11 | 1.576 | 0.200 | 1.04 | (0.78, 1.22) | 0.4 | 0.22 |
| | 3.12 | 0.568 | 0.166 | 1.00 | (0.90, 1.10) | 0.1 | 0.39 |
| | 3.13 | -0.036 | 0.161 | 0.94 | (0.92, 1.08) | -1.5 | 0.47 |
| | 3.14 | -0.346 | 0.163 | 0.95 | (0.91, 1.09) | -1.2 | 0.49 |
| | 3.15 | 1.234 | 0.184 | 1.01 | (0.83, 1.17) | 0.1 | 0.29 |
| | 3.16 | 1.467 | 0.194 | 1.04 | (0.79, 1.21) | 0.4 | 0.19 |
| | 3.17 | 0.035 | 0.161 | 0.97 | (0.92, 1.08) | -0.7 | 0.44 |
| | 3.18 | 0.775 | 0.170 | 1.04 | (0.88, 1.12) | 0.7 | 0.27 |
| | 3.19 | -0.178 | 0.161 | 0.96 | (0.91, 1.09) | -0.9 | 0.43 |
| | 3.20 | 1.172 | 0.182 | 0.99 | (0.83, 1.17) | -0.1 | 0.35 |

Anmerkungen: Separation Reliability = 0.967; Chi-square test of parameter equality = 517.66; df = 20; Sig. Level = 0.000; EAP/PV Reliability: .621

# Anhang F DIF-Item-Analyse

**DIF-Item-Analyse zur Identifikation von Items des deklarativen Wissenstests und SJTs, die einen signifikanten Subgruppenunterschied zwischen den Geschlechtern aufweisen**

## SJT (MZP t1)

| Item | Estimate (weiblich) | Estimate (männlich) | Error |
|---|---|---|---|
| 1.1 (A1) | -0.126 | 0.126* | 0.104 |
| 1.2 (A2) | -0.156 | 0.156* | 0.145 |
| 1.3 (A3) | -0.116 | 0.116* | 0.121 |
| 1.4 (A4) | -0.156 | 0.156* | 0.103 |
| 1.5 (A5) | 0.143 | -0.143* | 0.113 |
| 1.6 | 0.224 | -0.224* | 0.302 |
| 1.7 | 0.196 | -0.196* | 0.167 |
| 1.8 | -0.101 | 0.101* | 0.220 |
| 1.9 | 0.112 | -0.112* | 0.101 |
| 1.10 | -0.018* | 0.018* | 0.108 |

Separation Reliability = 0.000; Chi-square test of parameter equality = 10.80; df = 9; Sig. Level = 0.289

## SJT (MZP t2)

| Item | Estimate (weiblich) | Estimate (männlich) | Error |
|---|---|---|---|
| 2.1 (A1) | 0.029 | -0.029* | 0.109 |
| 2.2 (A2) | -0.484 | 0.484* | 0.166 |
| 2.3 (A3) | 0.097 | -0.097* | 0.116 |
| 2.4 (A4) | -0.016 | 0.016* | 0.111 |
| 2.5 (A5) | 0.006 | -0.006* | 0.101 |
| 2.6 | -0.122 | 0.122* | 0.106 |
| 2.7 | 0.543 | -0.543* | 0.129 |
| 2.8 | -0.098 | 0.098* | 0.119 |
| 2.9 | 0.071 | -0.071* | 0.119 |
| 2.10 | -0.027* | 0.027* | 0.119 |

Separation Reliability = 0.794; Chi-square test of parameter equality = 29.42; df = 9; Sig. Level = 0.001

## SJT (MZP t3)

| Item | Estimate (weiblich) | Estimate (männlich) | Error |
|---|---|---|---|
| 3.1 (A1) | -0.063 | 0.063* | 0.116 |
| 3.2 (A2) | -0.271 | 0.271* | 0.188 |
| 3.3 (A3) | 0.054 | -0.054* | 0.129 |
| 3.4 (A4) | -0.180 | 0.180* | 0.123 |
| 3.5 (A5) | 0.191 | -0.191* | 0.103 |
| 3.6 | 0.155 | -0.155* | 0.151 |
| 3.7 | -0.207 | 0.207* | 0.128 |
| 3.8 | 0.333 | -0.333* | 0.164 |
| 3.9 | -0.089 | 0.089* | 0.119 |
| 3.10 | 0.077* | -0.077* | 0.223 |

Separation Reliability = 0.544; Chi-square test of parameter equality = 16.48; df = 9; Sig. Level = 0.058

## Deklarativer Wissenstest (MZP t1)

| Item | Estimate (weiblich) | Estimate (männlich) | Error |
|---|---|---|---|
| 1.2 (A2) | 0.026 | -0.026* | 0.185 |
| 1.3 (A3) | 0.157 | -0.157* | 0.161 |
| 1.4 (A4) | -0.164 | 0.164* | 0.176 |
| 1.5 (A5) | -0.010 | 0.010* | 0.194 |
| 1.6 (A6) | -0.027 | 0.027* | 0.159 |
| 1.7 (A7) | 0.311 | -0.311* | 0.177 |
| 1.8 (A8) | -0.229 | 0.229* | 0.161 |
| 1.9 (A9) | -0.141 | 0.141* | 0.162 |
| 1.10 (A10) | 0.170 | -0.170* | 0.169 |
| 1.12 | -0.214 | 0.214* | 0.188 |
| 1.14 | -0.105 | 0.105* | 0.180 |
| 1.15 | 0.184 | -0.184* | 0.185 |
| 1.16 | 0.186 | -0.186* | 0.174 |
| 1.17 | -0.065 | 0.065* | 0.185 |
| 1.19 | -0.266 | 0.266* | 0.186 |
| 1.20 | 0.185* | -0.185* | 0.185 |

Separation Reliability = 0.028; Chi-square test of parameter equality = 14.68; df = 15; Sig. Level = 0.475

## Deklarativer Wissenstest (MZP t2)

| Item | Estimate (weiblich) | Estimate (männlich) | Error |
|---|---|---|---|
| 2.2 (A2) | 0.061 | -0.061* | 0.166 |
| 2.3 (A3) | 0.136 | -0.136* | 0.159 |
| 2.4 (A4) | 0.008 | -0.008* | 0.195 |
| 2.5 (A5) | -0.289 | 0.289* | 0.185 |
| 2.6 (A6) | -0.039 | 0.039* | 0.155 |
| 2.7 (A7) | 0.347 | -0.347* | 0.177 |
| 2.8 (A8) | -0.245 | 0.245* | 0.170 |
| 2.9 (A9) | -0.288 | 0.288* | 0.167 |
| 2.10 (A10) | 0.070 | -0.070* | 0.154 |
| 2.11 | 0.181 | -0.181* | 0.155 |
| 2.12 | -0.146 | 0.146* | 0.181 |
| 2.13 | -0.137 | 0.137* | 0.190 |
| 2.14 | 0.072 | -0.072* | 0.240 |
| 2.15 | 0.119 | -0.119* | 0.155 |
| 2.16 | -0.023 | 0.023* | 0.167 |
| 2.17 | 0.068 | -0.068* | 0.155 |
| 2.18 | -0.126 | 0.126* | 0.155 |
| 2.19 | 0.123 | -0.123* | 0.155 |
| 2.20 | 0.107* | -0.107* | 0.222 |

Separation Reliability = 0.000; Chi-square test of parameter equality = 17.18; df = 18; Sig. Level = 0.511

## Deklarativer Wissenstest (MZP t3)

| Item | Estimate (weiblich) | Estimate (männlich) | Error |
|---|---|---|---|
| 3.2 (A2) | -0.274 | 0.274* | 0.124 |
| 3.3 (A3) | 0.116 | -0.116* | 0.120 |
| 3.4 (A4) | -0.121 | 0.121* | 0.128 |
| 3.5 (A5) | -0.172 | 0.172* | 0.128 |
| 3.6 (A6) | -0.264 | 0.264* | 0.118 |
| 3.7 (A7) | 0.344 | -0.344* | 0.123 |
| 3.8 (A8) | -0.246 | 0.246* | 0.131 |
| 3.9 (A9) | -0.651 | 0.651* | 0.120 |
| 3.10 (A10) | -0.113 | 0.113* | 0.119 |

| Item | Estimate (weiblich) | Estimate (männlich) | Error |
|---|---|---|---|
| 3.11 | 0.151 | -0.151* | 0.132 |
| 3.12 | -0.196 | 0.196* | 0.119 |
| 3.13 | 0.226 | -0.226* | 0.118 |
| 3.14 | 0.252 | -0.252* | 0.119 |
| 3.15 | 0.001 | -0.001* | 0.126 |
| 3.16 | 0.564 | -0.564* | 0.131 |
| 3.17 | 0.135 | -0.135* | 0.118 |
| 3.18 | 0.115 | -0.115* | 0.121 |
| 3.19 | -0.065 | 0.065* | 0.117 |
| 3.20 | 0.196* | -0.196* | 0.522 |

Separation Reliability = 0.809; Chi-square test of parameter equality = 88.57; df = 18; Sig. Level = 0.000

**DIF-Analyse zur Identifikation von Items des deklarativen Wissenstests und SJTs, die einen signifikanten Subgruppenunterschied zwischen den Auszubildenden deren Muttersprache Deutsch und den Auszubildenden deren Muttersprache Deutsch und eine andere oder eine andere Muttersprache als Deutsch ist**

## SJT (MZP t1)

| Item | Estimate (Muttersprache Deutsch und eine andere oder eine andere Muttersprache als Deutsch) | Estimate (Muttersprache Deutsch) | Error |
|---|---|---|---|
| 1.1 (A1) | -0.110 | 0.110* | 0.071 |
| 1.2 (A2) | 0.102 | -0.102* | 0.084 |
| 1.3 (A3) | 0.342 | -0.342* | 0.077 |
| 1.4 (A4) | -0.072 | 0.072* | 0.071 |
| 1.5 (A5) | 0.017 | -0.017* | 0.073 |
| 1.6 | 0.154 | -0.154* | 0.085 |
| 1.7 | -0.176 | 0.176* | 0.082 |
| 1.8 | 0.101 | -0.101* | 0.084 |
| 1.9 | -0.080 | 0.080* | 0.070 |
| 1.10 | -0.277* | 0.277* | 0.233 |

Separation Reliability = 0.767; Chi-square test of parameter equality = 35.30; df = 9; Sig. Level = 0.000

## SJT (MZP t2)

| Item | Estimate (Muttersprache Deutsch und eine andere oder eine andere Muttersprache als Deutsch) | Estimate (Muttersprache Deutsch) | Error |
|---|---|---|---|
| 2.1 (A1) | -0.244 | 0.244* | 0.137 |
| 2.2 (A2) | -0.292 | 0.292* | 0.209 |
| 2.3 (A3) | 0.162 | -0.162* | 0.186 |
| 2.4 (A4) | 0.152 | -0.152* | 0.154 |
| 2.5 (A5) | -0.049 | 0.049* | 0.124 |
| 2.6 | 0.074 | -0.074* | 0.133 |
| 2.7 | 0.159 | -0.159* | 0.146 |
| 2.8 | -0.035 | 0.035* | 0.147 |
| 2.9 | 0.023 | -0.023* | 0.146 |
| 2.10 | 0.050* | -0.050* | 0.170 |

Separation Reliability = 0.154; Chi-square test of parameter equality = 8.61; df = 9; Sig. Level = 0.474

## SJT (MZP t3)

| Item | Estimate (Muttersprache Deutsch und eine andere oder eine andere Muttersprache als Deutsch) | Estimate (Muttersprache Deutsch) | Error |
|---|---|---|---|
| 3.1 (A1) | -0.192 | 0.192* | 0.157 |
| 3.2 (A2) | -0.264 | 0.264* | 0.262 |
| 3.3 (A3) | -0.033 | 0.033* | 0.146 |
| 3.4 (A4) | 0.017 | -0.017* | 0.140 |
| 3.5 (A5) | 0.190 | -0.190* | 0.128 |
| 3.6 | -0.097 | 0.097* | 0.166 |
| 3.7 | 0.022 | -0.022* | 0.148 |
| 3.8 | -0.044 | 0.044* | 0.154 |
| 3.9 | 0.314 | -0.314* | 0.158 |
| 3.10 | 0.086* | -0.086* | 0.267 |

Separation Reliability = 0.128; Chi-square test of parameter equality = 9.18; df = 9; Sig. Level = 0.420

## Deklarativer Wissenstest (MZP t1)

| Item | Estimate (Muttersprache Deutsch und eine andere oder eine andere Muttersprache als Deutsch) | Estimate (Muttersprache Deutsch) | Error |
|---|---|---|---|
| 1.2 (A2) | 0.205 | -0.205* | 0.263 |
| 1.3 (A3) | -0.007 | 0.007* | 0.196 |
| 1.4 (A4) | 0.056 | -0.056* | 0.207 |
| 1.5 (A5) | -0.286 | 0.286* | 0.231 |
| 1.6 (A6) | -0.140 | 0.140* | 0.196 |
| 1.7 (A7) | 0.101 | -0.101* | 0.207 |
| 1.8 (A8) | -0.241 | 0.241* | 0.200 |
| 1.9 (A9) | 0.111 | -0.111* | 0.197 |
| 1.10 (A10) | -0.242 | 0.242* | 0.203 |
| 1.12 | -0.239 | 0.239* | 0.230 |
| 1.14 | -0.220 | 0.220* | 0.222 |
| 1.15 | 0.244 | -0.244* | 0.211 |
| 1.16 | 0.192 | -0.192* | 0.206 |
| 1.17 | 0.419 | -0.419* | 0.213 |
| 1.19 | 0.050 | -0.050* | 0.215 |
| 1.20 | -0.002* | 0.002* | 0.220 |

Separation Reliability = 0.040; Chi-square test of parameter equality = 14.38; df = 15; Sig. Level = 0.497

## Deklarativer Wissenstest (MZP t2)

| Item | Estimate (Muttersprache Deutsch und eine andere oder eine andere Muttersprache als Deutsch) | Estimate (Muttersprache Deutsch) | Error |
|---|---|---|---|
| 2.2 (A2) | 0.060* | -0.060* | 0.213 |
| 2.3 (A3) | 0.251* | -0.251* | 0.192 |
| 2.4 (A4) | 0.200* | -0.200* | 0.224 |
| 2.5 (A5) | -0.284* | 0.284* | 0.220 |
| 2.6 (A6) | -0.034* | 0.034* | 0.191 |
| 2.7 (A7) | 0.411* | -0.411* | 0.203 |
| 2.8 (A8) | -0.217* | 0.217* | 0.208 |
| 2.9 (A9) | -0.474* | 0.474* | 0.218 |
| 2.10 (A10) | 0.066* | -0.066* | 0.191 |

| Item | Estimate (Muttersprache Deutsch und eine andere oder eine andere Muttersprache als Deutsch) | Estimate (Muttersprache Deutsch) | Error |
|---|---|---|---|
| 2.11 | 0.282* | -0.282* | 0.193 |
| 2.12 | -0.211* | 0.211* | 0.232 |
| 2.13 | 0.195* | -0.195* | 0.216 |
| 2.14 | -0.427* | 0.427* | 0.425 |
| 2.15 | -0.041* | 0.041* | 0.191 |
| 2.16 | -0.185* | 0.185* | 0.214 |
| 2.17 | -0.106* | 0.106* | 0.192 |
| 2.18 | 0.310* | -0.310* | 0.194 |
| 2.19 | 0.082* | -0.082* | 0.191 |
| 2.20 | 0.124* | -0.124* | 0.256 |

Separation Reliability = 0.248; Chi-square test of parameter equality = 22.93; df = 18; Sig. Level = 0.193

## Deklarativer Wissenstest (MZP t3)

| Item | Estimate (Muttersprache Deutsch und eine andere oder eine andere Muttersprache als Deutsch) | Estimate (Muttersprache Deutsch) | Error |
|---|---|---|---|
| 3.2 (A2) | -0.013* | 0.013* | 0.216 |
| 3.3 (A3) | -0.076* | 0.076* | 0.199 |
| 3.4 (A4) | -0.005* | 0.005* | 0.228 |
| 3.5 (A5) | -0.445* | 0.445* | 0.213 |
| 3.6 (A6) | 0.228* | -0.228* | 0.193 |
| 3.7 (A7) | 0.393* | -0.393* | 0.197 |
| 3.8 (A8) | -0.673* | 0.673* | 0.308 |
| 3.9 (A9) | -0.061* | 0.061* | 0.196 |
| 3.10 (A10) | -0.057* | 0.057* | 0.199 |

| Item | Estimate (Muttersprache Deutsch und eine andere oder eine andere Muttersprache als Deutsch) | Estimate (Muttersprache Deutsch) | Error |
|---|---|---|---|
| 3.11 | -0.146* | 0.146* | 0.238 |
| 3.12 | -0.015* | 0.015* | 0.201 |
| 3.13 | 0.287* | -0.287* | 0.197 |
| 3.14 | 0.059* | -0.059* | 0.192 |
| 3.15 | 0.124* | -0.124* | 0.232 |
| 3.16 | 0.097* | -0.097* | 0.245 |
| 3.17 | -0.179* | 0.179* | 0.192 |
| 3.18 | 0.170* | -0.170* | 0.214 |
| 3.19 | 0.480* | -0.480* | 0.201 |
| 3.20 | -0.168* | 0.168* | 0.213 |

Separation Reliability = 0.385; Chi-square test of parameter equality = 25.13; df = 18; Sig. Level = 0.121

# Anhang G Itemfitstatistik der längsschnittlichen Skalierung der Leistungsskalen[121]

## ConQuest-Output der Itemanalyse für den SJT

| MZP | Item-nummer | Estimate | wMNSQ | CI | T | Item-Total Cor. |
|---|---|---|---|---|---|---|
| t1 | 1.1 (A1) | -0.307 | 1.11 | (0.86, 1.14) | 1.5 | 0.22 |
| | 1.2 (A3) | -0.391* | 1.05 | (0.77, 1.23) | 0.5 | 0.25 |
| | 1.3 (A3) | 1.003* | 1.10 | (0.74, 1.26) | 0.8 | 0.22 |
| | 1.4 (A4) | -0.035 | 0.97 | (0.87, 1.13) | -0.5 | 0.45 |
| | 1.5 (A5) | 0.217* | 1.00 | (0.86, 1.14) | 0.0 | 0.27 |
| | 1.6 | -1.932 | 0.97 | (0.82, 1.18) | -0.3 | 0.31 |
| | 1.7 | -1.070 | 0.98 | (0.82, 1.18) | -0.2 | 0.32 |
| | 1.8 | -1.824 | 1.02 | (0.81, 1.19) | 0.3 | 0.16 |
| | 1.9 | -0.561 | 1.03 | (0.86, 1.14) | 0.4 | 0.27 |
| | 1.10 | -0.406 | 0.97 | (0.86, 1.14) | -0.4 | 0.42 |
| t2 | 2.1 (A1) | -0.659* | 1.00 | (0.84, 1.16) | 0.0 | 0.45 |
| | 2.2 (A2) | -0.391* | 1.03 | (0.78, 1.22) | 0.3 | 0.20 |
| | 2.3 (A3) | 1.003* | 1.08 | (0.77, 1.23) | 0.7 | 0.28 |
| | 2.4 (A4) | 0.229* | 1.01 | (0.84, 1.16) | 0.1 | 0.40 |
| | 2.5 (A5) | 0.217* | 0.99 | (0.86, 1.14) | -0.1 | 0.38 |
| | 2.6 | -0.351 | 0.95 | (0.85, 1.15) | -0.7 | 0.49 |
| | 2.7 | -0.757 | 0.99 | (0.83, 1.17) | 0.0 | 0.33 |
| | 2.8 | -0.063 | 0.99 | (0.84, 1.16) | -0.1 | 0.36 |
| | 2.9 | 0.441 | 1.00 | (0.83, 1.17) | 0.1 | 0.35 |
| | 2.10 | 0.403 | 0.98 | (0.83, 1.17) | -0.2 | 0.37 |

121 Zur Erklärung der Bedeutung der Iteminformationen (wMNSQ, T & Trennschärfe), die den Tabellen zugefügt sind, sei an dieser Stelle auf den Abschnitt 7.1 zu verweisen. Der Wert „Estimate“ stellt die Itemschwierigkeit in Logits dar.

| MZP | Item-nummer | Estimate | wMNSQ | CI | T | Item-Total Cor. |
|---|---|---|---|---|---|---|
| t3 | 3.1 (A1) | -0.659* | 1.18 | (0.83, 1.17) | 1.9 | 0.36 |
| | 3.2 (A2) | -0.391* | 0.93 | (0.79, 1.21) | -0.6 | 0.39 |
| | 3.3 (A3) | 1.003* | 0.98 | (0.79, 1.21) | -0.2 | 0.22 |
| | 3.4 (A4) | 0.229* | 1.01 | (0.84, 1.16) | 0.2 | 0.48 |
| | 3.5 (A5) | 0.217* | 1.10 | (0.85, 1.15) | 1.3 | 0.42 |
| | 3.6 | 1.336 | 1.01 | (0.79, 1.21) | 0.2 | 0.28 |
| | 3.7 | 0.283 | 0.95 | (0.83, 1.17) | -0.6 | 0.46 |
| | 3.8 | 1.373 | 0.93 | (0.76, 1.24) | -0.6 | 0.44 |
| | 3.9 | 0.460 | 1.03 | (0.84, 1.16) | 0.4 | 0.36 |
| | 3.10 | 1.717 | 0.96 | (0.83, 1.17) | -0.4 | 0.36 |

Anmerkungen: Separation Reliability = 1.000; Chi-square test of parameter equality = 3153546.23; df = 30. Sig. Level = 0.000; Die Ankeritems bilden jeweils die ersten fünf Items eines Messzeitpunktes (Items 1.1–1.5 in t1; 2.1–2.5 in t2; 3.1–3.5 in t3) und sind mit einem „*" gekennzeichnet, wenn diese mittels des Itemparameters aus der Einzelskalierung des Messzeitpunktes t2 fixiert sind.

## ConQuest-Output der Itemanalyse für den deklarativen Wissenstest

| MZP | Item-nummer | Estimate | wMNSQ | CI | T | Item-Total Cor. |
|---|---|---|---|---|---|---|
| t1 | 1.2 (A2) | 0.833* | 0.98 | (0.83, 1.17) | -0.2 | 0.30 |
| | 1.3 (A3) | -0.577* | 0.94 | (0.90, 1.10) | -1.1 | 0.39 |
| | 1.4 (A4) | -1.613* | 1.04 | (0.83, 1.17) | 0.4 | 0.29 |
| | 1.6 (A6) | -0.242* | 1.06 | (0.90, 1.10) | 1.2 | 0.26 |
| | 1.8 (A8) | 0.082 | 1.10 | (0.88, 1.12) | 1.6 | 0.23 |
| | 1.10 (A10) | -0.011* | 1.10 | (0.89, 1.11) | 0.0 | 0.31 |
| | 1.12 | -1.852 | 0.99 | (0.80, 1.20) | 0.0 | 0.32 |
| | 1.14 | -1.716 | 0.99 | (0.82, 1.18) | -0.1 | 0.33 |
| | 1.15 | -1.888 | 0.88 | (0.80, 1.20) | -1.1 | 0.49 |
| | 1.16 | -1.587 | 0.88 | (0.83, 1.17) | -1.4 | 0.51 |
| | 1.17 | -1.852 | 1.04 | (0.80, 1.20) | 0.4 | 0.22 |
| | 1.19 | -1.783 | 1.00 | (0.81, 1.19) | 0.0 | 0.32 |
| | 1.20 | -1.888 | 1.05 | (0.80, 1.20) | 0.5 | 0.21 |

| MZP | Item-nummer | Estimate | wMNSQ | CI | T | Item-Total Cor. |
|---|---|---|---|---|---|---|
| | 2.2 (A2) | 0.833* | 1.01 | (0.87, 1.13) | 0.2 | 0.24 |
| | 2.3 (A3) | -0.577* | 1.05 | (0.89, 1.11) | 1.0 | 0.21 |
| | 2.4 (A4) | -1.613* | 0.97 | (0.77, 1.23) | -0.2 | 0.28 |
| | 2.6 (A6) | -0.242* | 1.01 | (0.91, 1.09) | 0.2 | 0.31 |
| | 2.7 (A7) | -1.265* | 0.92 | (0.82, 1.18) | -0.8 | 0.41 |
| | 2.8 (A8) | -0.859* | 1.07 | (0.87, 1.13) | 1.0 | 0.20 |
| | 2.10 (A10) | -0.011* | 0.96 | (0.92, 1.08) | -0.9 | 0.43 |
| | 2.11 | -0.249 | 0.97 | (0.91, 1.09) | -0.6 | 0.34 |
| t2 | 2.12 | -1.245 | 0.97 | (0.82, 1.18) | -0.3 | 0.32 |
| | 2.13 | -1.447 | 1.00 | (0.79, 1.21) | 0.0 | 0.30 |
| | 2.14 | -2.309 | 1.02 | (0.63, 1.37) | 0.2 | 0.17 |
| | 2.15 | 0.014 | 1.07 | (0.92, 1.08) | 1.7 | 0.22 |
| | 2.16 | -0.916 | 1.05 | (0.86, 1.14) | 0.6 | 0.23 |
| | 2.17 | 0.204 | 0.96 | (0.91, 1.09) | -0.8 | 0.37 |
| | 2.18 | -0.177 | 1.03 | (0.91, 1.09) | 0.6 | 0.28 |
| | 2.19 | -0.177 | 1.01 | (0.91, 1.09) | 0.2 | 0.29 |
| | 2.20 | -2.083 | 0.96 | (0.68, 1.32) | -0.2 | 0.38 |
| | 3.2 (A2) | 0.833* | 0.90 | (0.87, 1.13) | -1.6 | 0.34 |
| | 3.3 (A3) | -0.577* | 0.96 | (0.88, 1.12) | -0.6 | 0.37 |
| | 3.4 (A4) | -1.613* | 1.16 | (0.77, 1.23) | 1.3 | 0.33 |
| | 3.5 (A5) | 1.525 | 1.05 | (0.81, 1.19) | 0.5 | 0.17 |
| | 3.6 (A6) | -0.242* | 1.01 | (0.89, 1.11) | 0.2 | 0.35 |
| | 3.7 (A7) | -1.265* | 1.10 | (0.81, 1.19) | 1.0 | 0.56 |
| | 3.8 (A8) | -0.859* | 0.88 | (0.86, 1.14) | -1.6 | 0.21 |
| | 3.10 (A10) | -0.011* | 0.92 | (0.90, 1.10) | -1.6 | 0.49 |
| t3 | 3.12 | 0.701 | 1.07 | (0.88, 1.12) | 1.1 | 0.25 |
| | 3.13 | 0.098 | 0.96 | (0.90, 1.10) | -0.8 | 0.43 |
| | 3.14 | -0.249 | 0.97 | (0.89, 1.11) | -0.5 | 0.36 |
| | 3.15 | 1.391 | 1.06 | (0.82, 1.18) | 0.7 | 0.23 |
| | 3.17 | 0.147 | 1.01 | (0.90, 1.10) | 0.2 | 0.33 |
| | 3.18 | 0.888 | 1.10 | (0.87, 1.13) | 1.5 | 0.21 |
| | 3.19 | -0.050 | 0.98 | (0.90, 1.10) | -0.5 | 0.40 |
| | 3.20 | 1.327 | 1.01 | (0.83, 1.17) | 0.1 | 0.32 |

Anmerkungen: Separation Reliability = 1.000; Chi-square test of parameter equality = 541170.14; df = 46. Sig. Level = 0.000; Die Ankeritems bilden jeweils die ersten Items eines Messzeitpunktes (Items 1.1–1.10 in t1; 2.1–2.10 in t2; 3.1–3.10 in t3) und sind mit einem „*" gekennzeichnet, wenn diese mittels des Itemparameters aus der Einzelskalierung des Messzeitpunktes t2 fixiert sind.

# Anhang H Interkorrelationsmatrix potenzieller Prädiktoren zur Vorhersage der Testleistungen differenziert nach deren Einsatz zum jeweiligen Messzeitpunkt

## MZP t1

| Konstrukt | | Deklarativer Wissenstest | | | SJT | | |
|---|---|---|---|---|---|---|---|
| | | t1 | t2 | t3 | t1 | t2 | t3 |
| Bezogen auf Nachhaltigkeit/nachhaltiges Wirtschaften: | | | | | | | |
| Zuschreibung von Verantwortungsübernahme für Nachhaltigkeit durch Unternehmen | r | | | | .195** | .259** | .235** |
| | n | | | | 183 | 183 | 183 |
| Zuschreibung von Verantwortungsübernahme für Nachhaltigkeit durch die Gesellschaft | r | | | | .155* | .154* | .120 |
| | n | | | | 183 | 183 | 183 |
| Wahrnehmung subjektiver Normen in der Familie zum nachhaltigen Wirtschaften | r | | | | .089 | .140* | .133* |
| | n | | | | 177 | 177 | 177 |
| Wahrnehmung subjektiver Normen durch Freunde zum nachhaltigen Wirtschaften | r | | | | .154* | .177** | .200** |
| | n | | | | 173 | 173 | 173 |
| Häufigkeit an Gesprächen über nachhaltigkeitsrelevante Themen mit der Familie | r | .166* | .227** | .155* | .093 | .286** | .233** |
| | n | 176 | 176 | 176 | 176 | 176 | 176 |
| Häufigkeit an Gesprächen über nachhaltigkeitsrelevante Themen mit Freunden | r | .116 | .206** | .139* | .098 | .097 | .194** |
| | n | 176 | 176 | 176 | 176 | 176 | 176 |
| Interesse an nachhaltigkeitsrelevanten Themen | r | .077 | .068 | -.036 | .169* | .168* | .134* |
| | n | 181 | 181 | 181 | 181 | 181 | 181 |
| Bisherige Thematisierung nachhaltigkeitsrelevanter Inhalte in der allgemeinbildender Schule | r | .011 | .072 | .061 | .121 | .213** | .173* |
| | n | 163 | 163 | 163 | 163 | 163 | 163 |

| Konstrukt | | Deklarativer Wissenstest | | | SJT | | |
|---|---|---|---|---|---|---|---|
| | | t1 | t2 | t3 | t1 | t2 | t3 |
| Allgemeine Konstrukte: | | | | | | | |
| Informationsverhalten (nationale & internationale Nachrichten) | r | .115 | .169* | .260** | .104 | .071 | .056 |
| | n | 183 | 183 | 183 | 183 | 183 | 183 |
| Intrinsische Motivation, im Betrieb zu lernen und arbeiten | r | -.038 | .018 | -.074 | -.042 | .023 | .146* |
| | n | 183 | 183 | 183 | 183 | 183 | 183 |
| Extrinsische Motivation, im Betrieb zu lernen und arbeiten | r | -.065 | -.096 | -.046 | -.040 | -.069 | -.134* |
| | n | 183 | 183 | 183 | 183 | 183 | 183 |
| Intrinsische Motivation, in der Berufsschule zu lernen | r | -.052 | -.056 | -.072 | .021 | .078 | .129* |
| | n | 180 | 180 | 180 | 180 | 180 | 180 |
| Extrinsische Motivation, in der Berufsschule zu lernen | r | -.103 | -.106 | -.111 | -.095 | -.169* | -.333** |
| | n | 178 | 178 | 178 | 178 | 178 | 178 |
| Kognitive Fähigkeit (CFT-20R) | r | .277** | .301** | .291** | .117 | .165* | .180** |
| | n | 185 | 185 | 185 | 185 | 185 | 185 |
| Hochschulzugangsberechtigung | r | .187** | .068 | .015 | -.031 | .072 | -.052 |
| | n | 185 | 185 | 185 | 185 | 185 | 185 |

Angabe von Pearson-Korrelationskoeffizienten; *Die Korrelation ist auf dem Niveau von 0.05 (1-seitig) signifikant; **Die Korrelation ist auf dem Niveau von 0.01 (1-seitig) signifikant.

## MZP t2

| Konstrukt | | Deklarativer Wissenstest | | | SJT | | |
|---|---|---|---|---|---|---|---|
| | | t1 | t2 | t3 | t1 | t2 | t3 |
| Bezogen auf Nachhaltigkeit/nachhaltiges Wirtschaften: | | | | | | | |
| Zuschreibung von Verantwortungsübernahme für Nachhaltigkeit durch Unternehmen | r | | | | .236** | .292** | .320** |
| | n | | | | 184 | 184 | 184 |
| Zuschreibung von Verantwortungsübernahme für Nachhaltigkeit durch die Gesellschaft | r | | | | .226** | .221** | .285** |
| | n | | | | 185 | 185 | 185 |
| Wahrnehmung subjektiver Normen in der Familie zum nachhaltigen Wirtschaften | r | | | | .087 | .046 | .057 |
| | n | | | | 181 | 181 | 181 |

| Konstrukt | | Deklarativer Wissenstest | | | SJT | | |
|---|---|---|---|---|---|---|---|
| | | t1 | t2 | t3 | t1 | t2 | t3 |
| Wahrnehmung subjektiver Normen durch Freunde zum nachhaltigen Wirtschaften | r | | | | .022 | .075 | -.040 |
| | n | | | | 173 | 173 | 173 |
| Häufigkeit an Gesprächen über nachhaltigkeitsrelevante Themen mit Vorgesetzten | r | | -.134* | -.124* | | .046 | -.008 |
| | n | | 178 | 178 | | 178 | 178 |
| Häufigkeit an Gesprächen über nachhaltigkeitsrelevante Themen mit Kollegen | r | | .075 | .010 | | .160* | .133* |
| | n | | 178 | 178 | | 178 | 178 |
| Häufigkeit an Gesprächen über nachhaltigkeitsrelevante Themen mit der Familie | r | .045 | .055 | .104 | .082 | .145* | .144* |
| | n | 181 | 181 | 181 | 181 | 181 | 181 |
| Häufigkeit an Gesprächen über nachhaltigkeitsrelevante Themen mit Freunden | r | .077 | .086 | .132* | .031 | .160* | .029 |
| | n | 178 | 178 | 178 | 178 | 178 | 178 |
| Informelles Lernen durch Wahrnehmung von Informationen zur Nachhaltigkeit während Einkaufshandlungen im privaten Kontext | r | .038 | -.106 | .011 | .096 | .073 | -.074 |
| | n | 174 | 174 | 174 | 174 | 174 | 174 |
| Informelles Lernen durch Wahrnehmung von nachhaltigkeitsrelevanten Informationen in Medien | r | .085 | .123 | .134* | .062 | .115 | .091 |
| | n | 174 | 174 | 174 | 174 | 174 | 174 |
| Informelles Lernen durch Zuhören von Gesprächen zu nachhaltigkeitsrelevanten Themen im privaten Kontext | r | .061 | .053 | .082 | .020 | .125 | .163* |
| | n | 174 | 174 | 174 | 174 | 174 | 174 |
| Informelles Lernen durch Wahrnehmung von Informationen zu ökologischen und sozialen Themen im Betrieb | r | | -.021 | -.055 | | -.049 | .091 |
| | n | | 173 | 173 | | 173 | 173 |
| Informelles Lernen durch Zuhören von Gesprächen zu nachhaltigkeitsrelevanten Themen im Betrieb | r | | -.001 | .009 | | .091 | .121 |
| | n | | 173 | 173 | | 173 | 173 |

| Konstrukt | | Deklarativer Wissenstest | | | SJT | | |
|---|---|---|---|---|---|---|---|
| | | t1 | t2 | t3 | t1 | t2 | t3 |
| Bisherige Thematisierung nachhaltigkeitsrelevanter Inhalte in der Berufsschule | r | | -.042 | -.059 | | .142* | -.021 |
| | n | | 166 | 166 | | 166 | 166 |
| Bisherige Thematisierung nachhaltigkeitsrelevanter Inhalte im Ausbildungsbetrieb | r | | .000 | -.123 | | .131* | .129* |
| | n | | 166 | 166 | | 166 | 166 |
| Interesse an nachhaltigkeitsrelevanten Themen | r | .050 | .037 | .063 | .076 | .180** | .114 |
| | n | 185 | 185 | 185 | 185 | 185 | 185 |
| Informationshäufigkeit zu nachhaltigkeitsrelevanten Themen | r | .072 | .123* | .100 | .058 | .131* | .119 |
| | n | 185 | 185 | 185 | 185 | 185 | 185 |
| Informationshäufigkeit zu Natur und Umwelt | r | .068 | -.044 | .129* | -.071 | .000 | -.004 |
| | n | 185 | 185 | 185 | 185 | 185 | 185 |
| Informationshäufigkeit zu gesellschaftlichen Problemen und Arbeitsbedingungen in Entwicklungsländern | r | -.031 | .037 | .069 | -.061 | .072 | .053 |
| | n | 182 | 182 | 182 | 182 | 182 | 182 |
| Allgemeine Konstrukte: | | | | | | | |
| Informationsverhalten (nationale & internationale Nachrichten) | r | .025 | .062 | .182** | .033 | .023 | -.026 |
| | n | 185 | 185 | 185 | 185 | 185 | 185 |
| Allgemeine Selbstwirksamkeitsüberzeugungen | r | .059 | .084 | .027 | .016 | -.030 | .094 |
| | n | 184 | 184 | 184 | 184 | 184 | 184 |
| Intrinsische Motivation, im Betrieb zu lernen und arbeiten | r | .051 | .067 | .072 | -.016 | .029 | .105 |
| | n | 185 | 185 | 185 | 185 | 185 | 185 |
| Extrinsische Motivation, im Betrieb zu lernen und arbeiten | r | -.110 | -.118 | -.013 | -.065 | -.150* | -.189** |
| | n | 185 | 185 | 185 | 185 | 185 | 185 |
| Intrinsische Motivation, in der Berufsschule zu lernen | r | -.020 | -.061 | -.073 | -.013 | .125* | .172* |
| | n | 182 | 182 | 182 | 182 | 182 | 182 |
| Extrinsische Motivation, in der Berufsschule zu lernen | r | -.007 | .009 | .000 | -.112 | -.189** | -.261** |
| | n | 181 | 181 | 181 | 181 | 181 | 181 |
| Intrinsische Motivation, während der allgemeinbildenden Schulzeit für das Unterrichtsfach Politik/Wirtschaft gelernt zu haben | r | .094 | .112 | .120 | .136* | .147* | .135* |
| | n | 177 | 177 | 177 | 177 | 177 | 177 |

| Konstrukt | | Deklarativer Wissenstest | | | SJT | | |
|---|---|---|---|---|---|---|---|
| | | t1 | t2 | t3 | t1 | t2 | t3 |
| Extrinsische Motivation, während der allgemeinbildenden Schulzeit für das Unterrichtsfach Politik/Wirtschaft gelernt zu haben | r | -.036 | -.097 | -.114 | -.294** | -.215** | -.120 |
| | n | 180 | 180 | 180 | 180 | 180 | 180 |
| Intrinsische Motivation, während der allgemeinbildenden Schulzeit für die naturwissenschaftlichen Unterrichtsfächer gelernt zu haben | r | .022 | .042 | -.011 | .088 | .129* | .112 |
| | n | 175 | 175 | 175 | 175 | 175 | 175 |
| Extrinsische Motivation, während der allgemeinbildenden Schulzeit für die naturwissenschaftlichen Unterrichtsfächer gelernt zu haben | r | -.011 | -.112 | -.096 | -.134* | -.077 | -.212** |
| | n | 176 | 176 | 176 | 176 | 176 | 176 |
| Intrinsische Motivation, während der allgemeinbildenden Schulzeit für das Unterrichtsfach Religion/Werte und Normen gelernt zu haben | r | .021 | -.011 | -.025 | .087 | .056 | .167* |
| | n | 175 | 175 | 175 | 175 | 175 | 175 |
| Extrinsische Motivation, während der allgemeinbildenden Schulzeit für das Unterrichtsfach Religion/Werte und Normen gelernt zu haben | r | .061 | .002 | -.060 | -.060 | -.056 | -.098 |
| | n | 178 | 178 | 178 | 178 | 178 | 178 |

Angabe von Pearson-Korrelationskoeffizienten; *Die Korrelation ist auf dem Niveau von 0.05 (1-seitig) signifikant; **Die Korrelation ist auf dem Niveau von 0.01 (1-seitig) signifikant.

## MZP t3

| Konstrukt | | Deklarativer Wissenstest | | | SJT | | |
|---|---|---|---|---|---|---|---|
| | | t1 | t2 | t3 | t1 | t2 | t3 |
| Bezogen auf Nachhaltigkeit/nachhaltiges Wirtschaften: | | | | | | | |
| Zuschreibung von Verantwortungsübernahme für Nachhaltigkeit durch Unternehmen | r | | | | .192** | .241** | .344** |
| | n | | | | 185 | 185 | 185 |
| Zuschreibung von Verantwortungsübernahme für Nachhaltigkeit durch die Gesellschaft | r | | | | .240** | .217** | .248** |
| | n | | | | 185 | 185 | 185 |
| Intrinsische Motivation, im Betrieb nachhaltig zu handeln | r | | | | -.021 | -.049 | .008 |
| | n | | | | 182 | 182 | 182 |
| Extrinsische Motivation, im Betrieb nachhaltig zu handeln | r | | | | -.155* | -.140* | -.140* |
| | n | | | | 181 | 181 | 181 |
| Intrinsische Motivation, im privaten Handlungskontext nachhaltig zu handeln | r | | | | .028 | .066 | .167* |
| | n | | | | 183 | 183 | 183 |
| Extrinsische Motivation, im privaten Handlungskontext nachhaltig zu handeln | r | | | | -.161* | -.074 | -.091 |
| | n | | | | 182 | 182 | 182 |
| Wahrgenommene subjektive Normen zur Bedeutung effektiven und effizienten Wirtschaftens im Betrieb | r | | | | .147* | .275** | .375** |
| | n | | | | 183 | 183 | 183 |
| Wahrgenommene subjektive Normen zur Bedeutung nachhaltigen Wirtschaftens im Betrieb | r | | | | -.031 | -.009 | .084 |
| | n | | | | 183 | 183 | 183 |
| Wahrgenommene subjektive Normen zur Überzeugung von betrieblichen Partnern für ein nachhaltiges Wirtschaften | r | | | | -.072 | -.004 | -.029 |
| | n | | | | 182 | 182 | 182 |
| Wahrgenommene subjektive Normen zur Bedeutung effektiven und effizienten Wirtschaftens im Betrieb durch den aktuellen Ausbilder | r | | | | -.001 | .142* | .175** |
| | n | | | | 177 | 177 | 177 |

| Konstrukt | | Deklarativer Wissenstest | | | SJT | | |
| --- | --- | --- | --- | --- | --- | --- | --- |
| | | t1 | t2 | t3 | t1 | t2 | t3 |
| Wahrgenommene subjektive Normen zur Bedeutung nachhaltigen Wirtschaftens im Betrieb durch den aktuellen Ausbilder | r<br>n | | | | -.117<br>178 | -.062<br>178 | .023<br>178 |
| Wahrgenommene subjektive Normen zur Überzeugung von betrieblichen Partnern für ein nachhaltiges Wirtschaften durch den aktuellen Ausbilder | r<br>n | | | | -.093<br>175 | -.023<br>175 | -.029<br>175 |
| Bedeutung wirtschaftlicher Kriterien bei der Auftragserfüllung | r<br>n | | | | .112<br>180 | .182**<br>180 | .282**<br>180 |
| Bedeutung nachhaltigkeitsbezogener Kriterien bei der Auftragserfüllung | r<br>n | | | | -.043<br>174 | .089<br>174 | .000<br>174 |
| Wahrnehmung subjektiver Normen in der Familie zum nachhaltigen Wirtschaften | r<br>n | | | | .056<br>171 | .210**<br>171 | .165*<br>171 |
| Wahrnehmung subjektiver Normen durch Freunde zum nachhaltigen Wirtschaften | r<br>n | | | | .062<br>168 | .215**<br>168 | .220**<br>168 |
| Wahrgenommene betriebliche Verhaltenskontrolle zur Akzeptanz erhöhter Kosten und Investitionsbereitschaft für ein nachhaltiges Wirtschaften durch den Betrieb | r<br>n | | | | -.105<br>182 | -.073<br>182 | -.037<br>182 |
| Wahrgenommene betriebliche Verhaltenskontrolle zu Umweltinformationen und -auswirkungen | r<br>n | | | | -.139*<br>182 | -.068<br>182 | -.051<br>182 |
| Wahrgenommene betriebliche Verhaltenskontrolle zu zeitlichen Ressourcen, um nachhaltig zu wirtschaften | r<br>n | | | | -.131*<br>180 | -.053<br>180 | -.105<br>180 |

| Konstrukt | | Deklarativer Wissenstest | | | SJT | | |
|---|---|---|---|---|---|---|---|
| | | t1 | t2 | t3 | t1 | t2 | t3 |
| Wahrgenommene Handlungsbarriere für eine nachhaltige Auftragserfüllung im Bereich Spedition/Logistik durch Kunden | r | | | | .175** | .208** | .177** |
| | n | | | | 184 | 184 | 184 |
| Wahrgenommene Handlungsbarriere einer nachhaltigen Transportorganisation durch Frachtführer | r | | | | .066 | -.023 | -.107 |
| | n | | | | 175 | 175 | 175 |
| Häufigkeit an Gesprächen über nachhaltigkeitsrelevante Themen mit Vorgesetzten | r | | -.019 | -.129* | | .012 | .010 |
| | n | | 185 | 185 | | 185 | 185 |
| Häufigkeit an Gesprächen über nachhaltigkeitsrelevante Themen mit Kollegen | r | | -.075 | -.165* | | .136* | .059 |
| | n | | 185 | 185 | | 185 | 185 |
| Häufigkeit an Gesprächen über nachhaltigkeitsrelevante Themen mit der Familie | r | .017 | .025 | -.004 | -.019 | .117 | .164* |
| | n | 185 | 185 | 185 | 185 | 185 | 185 |
| Häufigkeit an Gesprächen über nachhaltigkeitsrelevante Themen mit Freunden | r | .022 | .080 | .095 | -.005 | .033 | .052 |
| | n | 184 | 184 | 184 | 184 | 184 | 184 |
| Interesse an nachhaltigkeitsrelevanten Themen | r | .148* | .157* | .139* | .059 | .216** | .258** |
| | n | 185 | 185 | 185 | 185 | 185 | 185 |
| Informationshäufigkeit zu nachhaltigkeitsrelevanten Themen | r | -.062 | .004 | -.072 | .007 | .034 | .111 |
| | n | 184 | 184 | 184 | 184 | 184 | 184 |
| Informationshäufigkeit zu Natur und Umwelt | r | .052 | .028 | .069 | -.017 | .044 | .059 |
| | n | 185 | 185 | 185 | 185 | 185 | 185 |
| Informationshäufigkeit zu gesellschaftlichen Themen, wie Problemen und Arbeitsbedingungen in Entwicklungsländern | r | -.021 | .059 | -.038 | .016 | .000 | .085 |
| | n | 184 | 184 | 184 | 184 | 184 | 184 |

| Konstrukt | | Deklarativer Wissenstest | | | SJT | | |
|---|---|---|---|---|---|---|---|
| | | t1 | t2 | t3 | t1 | t2 | t3 |
| Informelles Lernen durch Wahrnehmung von Informationen zu ökologischen Themen im Betrieb | r | | -.022 | -.084 | | .053 | -.009 |
| | n | | 170 | 170 | | 170 | 170 |
| Informelles Lernen durch Wahrnehmung von Informationen zu gesellschaftlichen Problemen und Arbeitsbedingungen in Entwicklungsländern im Betrieb | r | | -.249** | -.270** | | -.171* | -.225** |
| | n | | 163 | 163 | | 163 | 163 |
| Informelles Lernen durch Zuhören von Gesprächen zu nachhaltigkeitsrelevanten Themen im Betrieb | r | | -.036 | -.109 | | -.089 | -.019 |
| | n | | 163 | 163 | | 163 | 163 |
| Informelles Lernen durch Wahrnehmung von Informationen zur Nachhaltigkeit während Einkaufshandlungen im privaten Kontext | r | -.187** | -.167* | -.217** | -.108 | -.037 | -.107 |
| | n | 163 | 163 | 163 | 163 | 163 | 163 |
| Informelles Lernen durch Wahrnehmung von nachhaltigkeitsrelevanten Informationen in Medien | r | .010 | .038 | .047 | .023 | .102 | .093 |
| | n | 164 | 164 | 164 | 164 | 164 | 164 |
| Informelles Lernen durch Zuhören von Gesprächen zu nachhaltigkeitsrelevanten Themen im privaten Kontext | r | -.028 | .015 | -.073 | .081 | .102 | .089 |
| | n | 164 | 164 | 164 | 164 | 164 | 164 |
| Thematisierung ökologischer Aspekte eines nachhaltigen Wirtschaftens im 1. Ausbildungsjahr in der Berufsschule | r | | -.215** | -.239** | | -.104 | -.042 |
| | n | | 168 | 168 | | 168 | 168 |
| Thematisierung sozialer Aspekte eines nachhaltigen Wirtschaftens im 1. Ausbildungsjahr in der Berufsschule | r | | -.288** | -.244** | | -.084 | -.167* |
| | n | | 167 | 167 | | 167 | 167 |

| Konstrukt | | Deklarativer Wissenstest | | | SJT | | |
|---|---|---|---|---|---|---|---|
| | | t1 | t2 | t3 | t1 | t2 | t3 |
| Thematisierung von Themen einer grünen Logistik im 1. Ausbildungsjahr in der Berufsschule | r<br>n | | -.208**<br>168 | -.191**<br>168 | | -.147*<br>168 | -.088<br>168 |
| Thematisierung ökologischer Aspekte eines nachhaltigen Wirtschaftens im 2. Ausbildungsjahr in der Berufsschule | r<br>n | | -.262**<br>165 | -.309**<br>165 | | -.088<br>165 | -.086<br>165 |
| Thematisierung sozialer Aspekte eines nachhaltigen Wirtschaftens im 2. Ausbildungsjahr in der Berufsschule | r<br>n | | -.289**<br>164 | -.305**<br>164 | | -.136*<br>164 | -.124<br>164 |
| Thematisierung von Themen einer grünen Logistik im 2. Ausbildungsjahr in der Berufsschule | r<br>n | | -.213**<br>165 | -.223**<br>165 | | -.111<br>165 | -.077<br>165 |
| Thematisierung ökologischer Aspekte eines nachhaltigen Wirtschaftens im 1. Ausbildungsjahr im Ausbildungsbetrieb | r<br>n | | -.048<br>163 | -.089<br>163 | | .045<br>163 | .099<br>163 |
| Thematisierung sozialer Aspekte eines nachhaltigen Wirtschaftens im 1. Ausbildungsjahr im Ausbildungsbetrieb | r<br>n | | -.193**<br>158 | -.190**<br>158 | | -.032<br>158 | -.094<br>158 |
| Thematisierung von Themen einer grünen Logistik im 1. Ausbildungsjahr im Ausbildungsbetrieb | r<br>n | | -.087<br>158 | -.158*<br>158 | | -.018<br>158 | -.107<br>158 |
| Thematisierung ökologischer Aspekte eines nachhaltigen Wirtschaftens im 2. Ausbildungsjahr im Ausbildungsbetrieb | r<br>n | | .018<br>157 | -.094<br>157 | | -.013<br>157 | .091<br>157 |

| Konstrukt | | Deklarativer Wissenstest | | | SJT | | |
|---|---|---|---|---|---|---|---|
| | | t1 | t2 | t3 | t1 | t2 | t3 |
| Thematisierung sozialer Aspekte eines nachhaltigen Wirtschaftens im 2. Ausbildungsjahr im Ausbildungsbetrieb | r | | -.133* | -.162* | | -.018 | -.085 |
| | n | | 156 | 156 | | 156 | 156 |
| Thematisierung von Themen einer grünen Logistik im 2. Ausbildungsjahr im Ausbildungsbetrieb | r | | -.034 | -.160* | | -.022 | -.010 |
| | n | | 157 | 157 | | 157 | 157 |
| Allgemeine Konstrukte: | | | | | | | |
| Intrinsische Motivation, im Betrieb zu lernen und arbeiten | r | .051 | .067 | .072 | -.016 | .029 | .105 |
| | n | 185 | 185 | 185 | 185 | 185 | 185 |
| Extrinsische Motivation, im Betrieb zu lernen und arbeiten | r | -.110 | -.118 | -.013 | -.065 | -.150* | -.189** |
| | n | 185 | 185 | 185 | 185 | 185 | 185 |
| Intrinsische Motivation, in der Berufsschule zu lernen | r | -.020 | -.061 | -.073 | -.013 | .125* | .172* |
| | n | 182 | 182 | 182 | 182 | 182 | 182 |
| Extrinsische Motivation, in der Berufsschule zu lernen | r | -.007 | .009 | .000 | -.112 | -.189** | -.261** |
| | n | 181 | 181 | 181 | 181 | 181 | 181 |

Angabe von Pearson-Korrelationskoeffizienten; *Die Korrelation ist auf dem Niveau von 0,05 (1-seitig) signifikant; **Die Korrelation ist auf dem Niveau von 0,01 (1-seitig) signifikant.

# Anhang I Skalendokumentation ausgewählter Skalen[122]

## Skalendokumentation der Einstellungsskalen nach Seeber et al. (2014b):

| Was ist Ihre persönliche Meinung zu den nachfolgenden Aussagen? | | | | | | | | | | |
|---|---|---|---|---|---|---|---|---|---|---|
| Skala | Item | MZP t1 | | | MZP t2 | | | MZP t3 | | |
| | | M | SD | rit | M | SD | rit | M | SD | rit |
| Zuschreibung von Verantwortungsübernahme für Nachhaltigkeit durch Unternehmen | Unternehmen sollten mehr ökologische Verantwortung übernehmen. | 3.28 | .590 | .425 | 3.15 | .647 | .548 | 3.18 | .708 | .565 |
| | Verantwortungsvolles Wirtschaften unterstütze ich, auch wenn es mein Einkommen verringert. | ausgeschlossen | | | | | | | | |
| | Ein fairer Handel kann die Lebensbedingungen der Menschen in Entwicklungsländern verbessern. | 3.41 | .659 | .406 | 3.36 | .722 | .550 | 3.28 | .694 | .385 |
| | Für das Wohlergehen der Natur und der Weltbevölkerung müssen derzeitige Produktionen wesentlich geändert werden. | 3.28 | .662 | .444 | 3.17 | .723 | .557 | 3.26 | .702 | .533 |
| | Unternehmen sollten mehr ökologische Verantwortung übernehmen. auch wenn hierdurch die Preise der Güter steigen. | 2.73 | .792 | .531 | 2.77 | .804 | .509 | 2.87 | .826 | .503 |

122 Im Folgenden werden neben klassischen Skalenprüfungen auch konfirmatorische Prüfungen dokumentiert, wenn die Skala mehr als drei Items umfasst. Eine konfirmatorische Prüfung für Skalen mit drei und weniger Items ist nicht möglich, da diese Skalen identifiziert sind.

| **Was ist Ihre persönliche Meinung zu den nachfolgenden Aussagen?** | | | | | | | | | | |
|---|---|---|---|---|---|---|---|---|---|---|
| **Skala** | **Item** | **MZP t1** | | | **MZP t2** | | | **MZP t3** | | |
| | | **M** | **SD** | **rit** | **M** | **SD** | **rit** | **M** | **SD** | **rit** |
| Zuschreibung von Verantwortungsübernahme für Nachhaltigkeit durch die Gesellschaft | Wenn wir so weiter machen wie bisher, steuern wir auf eine Umweltkatastrophe zu (nach Kuckartz & Rheingans-Heintze, 2006, S. 25) | 2.91 | .788 | .486 | 3.14 | .778 | .554 | 3.05 | .768 | .446 |
| | Die Menschen sollten ihr Konsumverhalten aus Respekt gegenüber der Natur und zukünftigen Generationen umstellen. | 3.16 | .680 | .551 | 3.16 | .799 | .665 | 3.16 | .700 | .620 |
| | Es ist eine Verpflichtung einer Gesellschaft, die Natur zum Wohle zukünftiger Generationen streng zu schützen. | 3.19 | .693 | .554 | 3.19 | .768 | .619 | 3.13 | .771 | .580 |
| | Die Herkunft von Lebensmitteln ist mir sehr wichtig. | 2.45 | .906 | .342 | 2.40 | .869 | .373 | 2.34 | .917 | .380 |
| | Für mich ist es wichtig zu wissen, wie Lebensmittel in den Supermarkt kommen. | ausgeschlossen | | | | | | | | |

Antwortkategorien: Trifft gar nicht zu, trifft eher nicht zu, trifft eher zu, trifft voll zu

Klassische Prüfung:

| **Skala** | | **MZP t1** | **MZP t2** | **MZP t3** |
|---|---|---|---|---|
| Zuschreibung von Verantwortungsübernahme für Nachhaltigkeit durch Unternehmen | Cronbachs Alpha: | .667 | .744 | .708 |
| | n: | 179 | 180 | 181 |
| | M: | 3.18 | 3.12 | 3.14 |
| | SD: | .481 | .552 | .542 |
| Zuschreibung von Verantwortungsübernahme für Nachhaltigkeit durch die Gesellschaft | Cronbachs Alpha: | .688 | .750 | .723 |
| | n: | 179 | 180 | 183 |
| | M: | 2.93 | 2.97 | 2.91 |
| | SD: | .555 | .608 | .577 |

Konfirmatorische Prüfung:

| Skala | | MZP t1 | MZP t2 | MZP t3 |
|---|---|---|---|---|
| Zuschreibung von Verantwortungsübernahme für Nachhaltigkeit durch Unternehmen | CFI: | 1.000 | .987 | 1.000 |
| | RMSEA: | .000 | .073 | .000 |
| | $\chi^2$/df: | .78 | 1.98 | 0.02 |
| Zuschreibung von Verantwortungsübernahme für Nachhaltigkeit durch die Gesellschaft | CFI: | 1.000 | 1.000 | .990 |
| | RMSEA: | 0.000 | 1.010 | .065 |
| | $\chi^2$/df: | 0.21 | .66 | 1.78 |

## Skalendokumentation der Motivationsskalen, im betrieblichen Handlungskontext nachhaltig zu handeln, nach Seeber et al. [2014b, in Anlehnung an Prenzel (1996)]

Einsatz: Messzeitpunkt t3

| | Bewerten Sie die folgenden Angaben einmal für Ihre betriebliche Situation. Wenn es beispielsweise um Umweltschutz, Klimawandel und gesamtgesellschaftliche Verantwortung geht, … | | | |
|---|---|---|---|---|
| **Skala** | **Item** | **M** | **SD** | **rit** |
| Extrinsische Motivation, im Betrieb nachhaltig zu handeln | … engagiere ich mich nur, damit ich keinen Ärger bekomme. | 1.80 | .835 | .561 |
| | … engagiere ich mich nur durch Druck von Vorgesetzten und/oder Kollegen. | ausgeschlossen | | |
| | … engagiere ich mich nur durch Vorgaben. | 2.04 | .851 | .699 |
| | … tue ich nur das, was ausdrücklich von mir verlangt wird. | 2.03 | .924 | .625 |
| Intrinsische Motivation, im Betrieb nachhaltig zu handeln | … bin ich mit großem Elan dabei. | 2.41 | .874 | .735 |
| | … finde ich das so wichtig, dass ich mich sehr dafür einsetze. | 2.19 | .907 | .813 |
| | … investiere ich viel Zeit. | 2.02 | .880 | .733 |

Antwortkategorien: Trifft gar nicht zu, trifft eher nicht zu, trifft eher zu, trifft voll zu

Klassische Prüfung:

| Skala | | Ausprägung/Fit |
|---|---|---|
| Extrinsische Motivation, im Betrieb nachhaltig zu handeln | Cronbachs Alpha: | .786 |
| | n: | 180 |
| | M: | 1.96 |
| | SD: | .723 |
| Intrinsische Motivation, im Betrieb nachhaltig zu handeln | Cronbachs Alpha: | .875 |
| | n: | 178 |
| | M: | 2.20 |
| | SD: | .785 |

## Skalendokumentation der Skala „Extrinsische Motivation, im privaten Handlungskontext nachhaltig zu handeln" nach Seeber et al. [2014b, in Anlehnung an Prenzel (1996)]

Messzeitpunkt: t3

| Bewerten Sie die folgenden Angaben einmal für Ihre betriebliche Situation und einmal für Ihre private Situation.<br>Wenn es beispielsweise um Umweltschutz, Klimawandel und gesamtgesellschaftliche Verantwortung geht, … | | | |
|---|---|---|---|
| | **M** | **SD** | **rit** |
| … engagiere ich mich nur, damit ich keinen Ärger bekomme. | 1.690 | 0.799 | .605 |
| … engagiere ich mich nur durch Druck von meiner Familie, Freunden und Bekannten. | ausgeschlossen | | |
| … engagiere ich mich nur durch Vorgaben. | 1.880 | 0.825 | .710 |
| … tue ich nur das, was ausdrücklich von mir verlangt wird. | 1.870 | 0.835 | .663 |

Antwortkategorien: Trifft gar nicht zu, trifft eher nicht zu, trifft eher zu, trifft voll zu

Klassische Prüfung:

Cronbachs Alpha: .810
n: 176
M: 1.811
SD: 0.704

## Skalendokumentation zu wahrgenommenen subjektiven Normen im Ausbildungsbetrieb (adaptierte Skalen von Seeber et al., 2014b)

Einsatz: Messzeitpunkt t3

| | Wie stark fordert Ihr Ausbildungsbetrieb die nachstehenden Handlungen? | | | |
|---|---|---|---|---|
| **Skala** | **Item** | **M** | **SD** | **rit** |
| Wahrgenommene subjektive Normen zur Bedeutung effektiven und effizienten Wirtschaftens im Betrieb | Kostensparend zu arbeiten. | 3.04 | .893 | .433 |
| | Kundenzufriedenheit zu erzielen. | 3.59 | .658 | .627 |
| | Auf das Unternehmensimage zu achten und dieses zu fördern. | 3.39 | .764 | .599 |
| | Gewinn- und umsatzorientiert zu denken. | 3.50 | .664 | .552 |
| Wahrgenommene subjektive Normen zur Bedeutung nachhaltigen Wirtschaftens im Betrieb | Betriebliche Umweltbelastungen reduzieren | .2.52 | .845 | .709 |
| | Ressourcen nicht verschwenden. | 2.66 | .890 | .585 |
| | Auf eine umweltverträgliche Entsorgung achten. | 2.62 | .927 | .628 |
| | Bewusstsein der Kunden für eine umweltverträgliche Produktion fördern. | 2.40 | .866 | .702 |
| | Auf Ausdrucke nach Möglichkeit verzichten. | 2.19 | .907 | .602 |
| Wahrgenommene subjektive Normen zur Überzeugung von betrieblichen Partnern für ein nachhaltiges Wirtschaften | Interesse der Kunden für einen fairen Warenhandel wecken. | 2.20 | .931 | .665 |
| | Im Namen des Unternehmens für soziale Gerechtigkeit einsetzen. | 2.39 | .948 | .702 |
| | In Beschaffungsvorgängen auf sozial gerechte Herstellungsbedingungen der Produkte achten. | 2.16 | .878 | .675 |

Antwortkategorien: Trifft gar nicht zu, trifft eher nicht zu, trifft eher zu, trifft voll zu

Klassische Prüfung:

| Skala | | Ausprägung/Fit |
|---|---|---|
| Wahrgenommene subjektive Normen zur Bedeutung effektiven und effizienten Wirtschaftens im Betrieb | Cronbachs Alpha: | .746 |
| | n: | 181 |
| | M: | 3.38 |
| | SD: | .563 |
| Wahrgenommene subjektive Normen zur Bedeutung nachhaltigen Wirtschaftens im Betrieb | Cronbachs Alpha: | .840 |
| | n: | 178 |
| | M: | 2.49 |
| | SD: | .693 |
| Wahrgenommene subjektive Normen zur Überzeugung von betrieblichen Partnern für ein nachhaltiges Wirtschaften | Cronbachs Alpha: | .824 |
| | n: | 174 |
| | M: | 2.25 |
| | SD: | .791 |

Konfirmatorische Prüfung:

| Skala | | Ausprägung/Fit |
|---|---|---|
| Wahrgenommene subjektive Normen zur Bedeutung effektiven und effizienten Wirtschaftens im Betrieb | CFI: | 1.000 |
| | RMSEA: | .000 |
| | $\chi^2$/df: | .73 |
| Wahrgenommene subjektive Normen zur Bedeutung nachhaltigen Wirtschaftens im Betrieb | CFI: | 1.000 |
| | RMSEA: | .000 |
| | $\chi^2$/df: | .72 |

## Skalendokumentation zu wahrgenommenen subjektiven Normen im Rahmen der Auftragserfüllung im Ausbildungsbetrieb

Einsatz: Messzeitpunkt t3

In wie weit beachten Sie wirtschaftliche und nachhaltigkeitsbezogene Aspekte bei der Bearbeitung von Aufgaben/Aufträgen, die Ihnen im Betrieb übertragen werden?

Variante 1: Wirtschaftliche Aspekte (Skala: Bedeutung wirtschaftlicher Kriterien bei der Auftragserfüllung)
Variante 2: Nachhaltigkeitsbezogene (ökologische & soziale) Aspekte (Skala: Bedeutung nachhaltigkeitsbezogener Kriterien bei der Auftragserfüllung)

| Item | Variante 1 | | | Variante 2 | | |
|---|---|---|---|---|---|---|
| | M | SD | rit | M | SD | rit |
| Disposition von Transporten | ausgeschlossen | | | 1.96 | .800 | .807 |
| Planung von Transportrouten | 3.28 | .789 | .646 | ausgeschlossen | | |
| Wahl des Verkehrsträgers | 3.10 | .918 | .745 | ausgeschlossen | | |
| Abschließen von Frachtverträgen | 3.09 | .954 | .787 | 1.96 | .788 | .818 |
| Wahl von Sammelgut- und Systemverkehren | 3.10 | .890 | .684 | 2.02 | .853 | .822 |
| Lieferantenauswahl | 3.03 | .996 | .686 | 2.05 | .915 | .736 |

Antwortkategorien: Trifft gar nicht zu, trifft eher nicht zu, trifft eher zu, trifft voll zu

Klassische Prüfung:

| | | Variante 1 |
|---|---|---|
| Bedeutung wirtschaftlicher Kriterien bei der Auftragserfüllung | Cronbachs Alpha: | .877 |
| | n: | 158 |
| | M: | 3.13 |
| | SD: | .762 |
| Bedeutung nachhaltigkeitsbezogener Kriterien bei der Auftragserfüllung | Cronbachs Alpha: | .908 |
| | n: | 163 |
| | M: | 1.99 |
| | SD: | .743 |

Konfirmatorische Prüfung:

| Skala | | Variante 1 |
|---|---|---|
| Bedeutung wirtschaftlicher Kriterien bei der Auftragserfüllung | CFI: | .999 |
| | RMSEA: | .026 |
| | $\chi^2$/df: | 1.12 |
| Bedeutung nachhaltigkeitsbezogener Kriterien bei der Auftragserfüllung | CFI: | 1.000 |
| | RMSEA: | 0.000 |
| | $\chi^2$/df: | .84 |

## Skalendokumentation zur wahrgenommenen Verhaltenskontrolle für ein nachhaltiges Wirtschaften im Ausbildungsbetrieb (adaptierte Skalen von Seeber et al., 2014b)

Einsatz: Messzeitpunkt t3

| | Bewerten Sie folgende Aussagen in Bezug auf Ihre beruflichen Tätigkeiten: | | | |
|---|---|---|---|---|
| **Skala** | **Item** | **M** | **SD** | **rit** |
| Wahrgenommene betriebliche Verhaltenskontrolle zur Akzeptanz erhöhter Kosten und Investitionsbereitschaft für ein nachhaltiges Wirtschaften durch den Betrieb | Transportdispositionen dürfen auch mal teurer sein, wenn dadurch die Umwelt geschont wird. | 1.95 | .753 | .544 |
| | Mein Betrieb investiert viel Geld, um das Interesse der Kunden, Lieferanten und Frachtführer für einen fairen Warenhandel zu wecken. | 1.97 | .847 | .569 |
| | Mein Betrieb investiert viel Geld, um das Interesse der Kunden, Lieferanten und Frachtführer für eine umweltfreundliche Spedition und Logistik zu wecken. | 2.07 | .835 | .631 |
| | Der LKW ist im nationalen Raum das günstigste Transportmittel. | 2.79 | .941 | .211 |
| Wahrgenommene betriebliche Verhaltenskontrolle zu Umweltinformationen und -auswirkungen | Ich kenne den Umwelt-/ Nachhaltigkeitsberichtbericht meines Ausbildungsbetriebes. | 1.99 | .953 | .551 |
| | Ich weiß, wen ich im Unternehmen fragen kann, wenn es um Ökologie geht. | 2.30 | 1.031 | .625 |
| | In meinem Betrieb existieren Informationsbroschüren, Schaubilder, Plakate etc., die erklären, wie der Betrieb zum Erhalt der Umwelt beiträgt. | 2.16 | 1.029 | .661 |

| | Bewerten Sie folgende Aussagen in Bezug auf Ihre beruflichen Tätigkeiten: | | | |
|---|---|---|---|---|
| **Skala** | **Item** | **M** | **SD** | **rit** |
| Wahrgenommene betriebliche Verhaltenskontrolle zu zeitlichen Ressourcen, um nachhaltig zu wirtschaften | Längere Lieferzeiten sind gerechtfertigt, wenn das Produkt umweltfreundlich geliefert wird. | 2.06 | .919 | .333 |
| | Der Transport auf dem Wasser ist zwar umweltfreundlicher, aber bedingt durch längere Transportzeiten wählt mein Betrieb diese Transportart nicht. | 2.30 | 1.020 | .442 |
| | Schienentransporte in Deutschland sind zwar umweltfreundlicher, aber bedingt durch längere Transportzeiten (überlastete Schieneninfrastruktur & Verladezeiten) wählt mein Betrieb diese Transportart nicht. | 2.31 | 1.011 | .416 |

Antwortkategorien: Trifft gar nicht zu, trifft eher nicht zu, trifft eher zu, trifft voll zu

Klassische Prüfung:

| **Skala** | | **Ausprägung/Fit** |
|---|---|---|
| Wahrgenommene betriebliche Verhaltenskontrolle zur Akzeptanz erhöhter Kosten und Investitionsbereitschaft für ein nachhaltiges Wirtschaften durch den Betrieb | Cronbachs Alpha: | .645 |
| | n: | 175 |
| | M: | 2.20 |
| | SD: | .601 |
| Wahrgenommene betriebliche Verhaltenskontrolle zu Umweltinformationen und -auswirkungen | Cronbachs Alpha: | .775 |
| | n: | 177 |
| | M: | 2.16 |
| | SD: | .852 |
| Wahrgenommene betriebliche Verhaltenskontrolle zu zeitlichen Ressourcen, um nachhaltig zu wirtschaften | Cronbachs Alpha: | .686 |
| | n: | 172 |
| | M: | 2.21 |
| | SD: | .772 |

Konfirmatorische Prüfung:

| **Skala** | | **Ausprägung/Fit** |
|---|---|---|
| Wahrgenommene betriebliche Verhaltenskontrolle zur Akzeptanz erhöhter Kosten und Investitionsbereitschaft für ein nachhaltiges Wirtschaften durch den Betrieb | CFI: | 1.000 |
| | RMSEA: | .000 |
| | $\chi^2$/df: | .004 |

## Skalendokumentation zu wahrgenommenen Handlungsbarrieren zum nachhaltigen Wirtschaften durch Kunden und Frachtführer im Ausbildungsbetrieb

Einsatz: Messzeitpunkt t3

| | Bewerten Sie folgende Aussagen in Bezug auf Ihre beruflichen Tätigkeiten: | | | |
|---|---|---|---|---|
| **Skala** | **Item** | **M** | **SD** | **rit** |
| Wahrgenommene Handlungsbarriere für eine nachhaltige Auftragserfüllung im Bereich Spedition/ Logistik durch Kunden | Zur Erfüllung von Kundenaufträgen stehen die Kosten an erster Stelle. | 3.00 | .777 | .464 |
| | Auch wenn Umwelt- und Sozialaspekte wichtig sind, ist die Kundenzufriedenheit wichtiger. | 3.32 | .700 | .508 |
| | Um den Kunden zufriedenzustellen, wird die schnellste Transportlösung bevorzugt. | 3.34 | .661 | .457 |
| | Kunden würden zusätzliche Kosten, um die Umwelt zu erhalten, nicht akzeptieren. | 2.82 | .774 | .309 |
| Wahrgenommene Handlungsbarriere einer nachhaltigen Transportorganisation durch Frachtführer | Die Wahl eines umweltfreundlichen Transportmittels kann nicht durch die Spedition bestimmt werden, sondern ist abhängig von den Frachtführern. | 2.53 | .919 | .477 |
| | Spediteure/Logistiker haben nur wenig Einfluss auf einen fairen und umweltfreundlichen Handel, da sie hauptsächlich eine vermittelnde Funktion der Transportdisposition einnehmen. | 2.87 | .867 | .456 |
| | Lange bestehende Geschäftsbeziehungen zu Frachtführern erschweren den Wechsel zu umweltbewussten Frachtführern. | 2.76 | .875 | .532 |
| | Ökologisches Fahren, das auch mal längere Fahrzeiten verursacht, wird von den Frachtführern abgelehnt. | 2.91 | .869 | .478 |

Antwortkategorien: Trifft gar nicht zu, trifft eher nicht zu, trifft eher zu, trifft voll zu

Klassische Prüfung:

| Skala | | Ausprägung/Fit |
|---|---|---|
| Wahrgenommene Handlungsbarriere für eine nachhaltige Auftragserfüllung im Bereich Spedition/Logistik durch Kunden | Cronbachs Alpha: | .650 |
| | n: | 170 |
| | M: | 3.13 |
| | SD: | .519 |
| Wahrgenommene Handlungsbarriere einer nachhaltigen Transportorganisation durch Frachtführer | Cronbachs Alpha: | .701 |
| | n: | 149 |
| | M: | 2.76 |
| | SD: | .638 |

Konfirmatorische Prüfung:

| Skala | | Ausprägung/Fit |
|---|---|---|
| Wahrgenommene Handlungsbarriere für eine nachhaltige Auftragserfüllung im Bereich Spedition/Logistik durch Kunden | CFI: | 1.000 |
| | RMSEA: | .000 |
| | $\chi^2$/df: | .26 |
| Wahrgenommene Handlungsbarriere einer nachhaltigen Transportorganisation durch Frachtführer | CFI: | 1.000 |
| | RMSEA: | .000 |
| | $\chi^2$/df: | .03 |

## Skalendokumentation der Skala „Häufigkeit an Gesprächen über nachhaltigkeitsrelevante Themen mit Freunden“

Messzeitpunkt: t1

| Wie häufig sprechen Sie mit Freunden über folgende Themen? | | | |
|---|---|---|---|
| | M | SD | rit |
| Wirtschaft | | ausgeschlossen | |
| Gesellschaftliche und soziale Themen | 2.910 | 0.873 | .531 |
| Umwelt und Natur | 2.150 | 0.894 | .566 |
| Probleme in Entwicklungsländern | 2.010 | 0.893 | .537 |
| Klimawandel | | ausgeschlossen | |
| Ethik und Religion | | ausgeschlossen | |
| Wirtschaft | | ausgeschlossen | |

Antwortkategorien: Häufig, gelegentlich, selten, nie

Klassische Prüfung:

Cronbachs Alpha: .724
n: 173
M: 2.36
SD: 0.709

## Skalendokumentation der Skala „Informationshäufigkeit zu Themen einer nachhaltigen Entwicklung“

Messzeitpunkt: t3

| Wie häufig informieren sie sich über… | M | SD | rit |
|---|---|---|---|
| Politik | ausgeschlossen | | |
| Wirtschaft | ausgeschlossen | | |
| Gesellschaftliche und soziale Themen | 2.730 | 0.731 | .378 |
| Umwelt und Natur | ausgeschlossen | | |
| Probleme in Entwicklungsländern | 2.300 | 0.812 | .505 |
| Klimawandel | 2.220 | 0.761 | .450 |
| Ethik und Religion | 1.770 | 0.853 | .349 |

Antwortkategorien: Häufig, gelegentlich, selten, nie

Klassische Prüfung:

Cronbachs Alpha: .638
n: 179
M: 2.27
SD: 0.553

Konfirmatorische Prüfung:

CFI: 1.000
RMSEA: 0.000
$\chi^2$/df: 0.279

## Skalendokumentation zur bisherigen Thematisierung nachhaltigkeitsrelevanter Aspekte in der Ausbildung zum Messzeitpunkt t2 nach Seeber et al. (2014b)

Einsatz: Messzeitpunkt t2

Wie ausführlich wurden die folgenden Themen während Ihrer Ausbildung behandelt?

Variante 1: In der Berufsschule? (Bisherige Thematisierung nachhaltigkeitsrelevanter Inhalte in der Berufsschule)
Variante 2: In Ihrem Ausbildungsbetrieb? (Bisherige Thematisierung nachhaltigkeitsrelevanter Inhalte im Ausbildungsbetrieb)

| Item | Variante 1 | | | Variante 2 | | |
|---|---|---|---|---|---|---|
| | M | SD | rit | M | SD | rit |
| Betriebliche Umweltbelastungen reduzieren | ausgeschlossen | | | 2.10 | .970 | .814 |
| Umweltverträgliche Entsorgung | 2.26 | .933 | .698 | 2.12 | .980 | .745 |
| Umweltverträglicher Transport | 2.54 | .903 | .647 | 2.16 | .987 | .754 |
| Fairer Handel | 2.17 | .926 | .726 | ausgeschlossen | | |
| Unternehmerische Gesellschaftsverantwortung | 2.21 | .905 | .727 | ausgeschlossen | | |
| Biologische Produktion | ausgeschlossen | | | 1.63 | .786 | .649 |
| Papierlose Verwaltung | 2.08 | .971 | .593 | 2.39 | 1.124 | .432 |

Antwortkategorien: Trifft gar nicht zu, trifft eher nicht zu, trifft eher zu, trifft voll zu

Klassische Prüfung:

| Skala | | Ausprägung/Fit |
|---|---|---|
| Bisherige Thematisierung nachhaltigkeitsrelevanter Inhalte in der Berufsschule | Cronbachs Alpha: | .860 |
| | n: | 160 |
| | M: | 2.26 |
| | SD: | .734 |
| Bisherige Thematisierung nachhaltigkeitsrelevanter Inhalte im Ausbildungsbetrieb | Cronbachs Alpha: | .852 |
| | n: | 163 |
| | M: | 2.08 |
| | SD: | .780 |

Konfirmatorische Prüfung:

| Skala | | Ausprägung/Fit |
|---|---|---|
| Bisherige Thematisierung nachhaltigkeitsrelevanter Inhalte in der Berufsschule | CFI: | 1.000 |
| | RMSEA: | .000 |
| | $\chi^2$/df: | .59 |
| Bisherige Thematisierung nachhaltigkeitsrelevanter Inhalte im Ausbildungsbetrieb | CFI: | .998 |
| | RMSEA: | .032 |
| | $\chi^2$/df: | 1.17 |

## Skalendokumentation zu den formalen und informellen Lerngelegenheiten zum nachhaltig Wirtschaften

Wahrnehmung der Thematisierung von Nachhaltigkeitsaspekten in Berufsschule und im Ausbildungsbetrieb

Variante 1: Wie ausführlich wurden die folgenden Themen in der Berufsschule behandelt?
Variante 2: Wie ausführlich wurden die folgenden Themen in Ihrem Ausbildungsbetrieb behandelt?

| Skala | Item | Im ersten Ausbildungsjahr | | | | | | Seit dem Beginn des zweiten Ausbildungsjahres | | | | | |
|---|---|---|---|---|---|---|---|---|---|---|---|---|---|
| | | Variante 1 | | | Variante 2 | | | Variante 1 | | | Variante 2 | | |
| | | M | SD | rit | M | SD | rit | M | SD | rit | M | SD | rit |
| Ökologische Aspekte eines nachhaltigen Wirtschaftens | Betriebliche Umweltbelastungen reduzieren | 2.09 | .844 | .561 | 2.03 | .959 | .701 | 2.15 | .906 | .556 | 2.11 | .964 | .695 |
| | Umweltverträgliche Entsorgung | 2.14 | .925 | .651 | 2.21 | .918 | .740 | 2.12 | .939 | .641 | 2.24 | .947 | .713 |
| | Papierlose Verwaltung | 2.37 | .932 | .550 | 2.49 | .976 | .583 | 2.23 | .966 | .526 | 2.58 | 1.000 | .615 |
| | Recycling (z. B. von nicht mehr benötigten Elektrogeräten) | 2.11 | .926 | .616 | 2.20 | 1.019 | .718 | 2.08 | .937 | .667 | 2.11 | .960 | .687 |

| Skala | Item | Im ersten Ausbildungsjahr | | | | | | Seit dem Beginn des zweiten Ausbildungsjahres | | | | | |
|---|---|---|---|---|---|---|---|---|---|---|---|---|---|
| | | Variante 1 | | | Variante 2 | | | Variante 1 | | | Variante 2 | | |
| | | M | SD | rit | M | SD | rit | M | SD | rit | M | SD | rit |
| Soziale Aspekte eines nachhaltigen Wirtschaftens | Unternehmerische Gesellschaftsverantwortung (verbreitet als Corporate Social Responsibility) | 1.95 | .847 | .642 | 1.96 | .931 | .760 | 2.09 | .913 | .707 | 1.94 | .940 | .743 |
| | Fairer Handel | 2.14 | .895 | .769 | .196 | .931 | .841 | 2.15 | .959 | .785 | 1.97 | .912 | .813 |
| | Berücksichtigung von Bedürfnissen zukünftiger Generationen | 2.06 | .832 | .798 | 1.95 | .898 | .855 | 2.12 | .847 | .830 | 1.92 | .868 | .805 |
| | Arbeits- und Lebensbedingungen in Entwicklungsländern (dritte Welt) | 2.02 | .826 | .688 | 1.90 | .904 | .788 | 2.03 | .903 | .728 | 1.89 | .868 | .731 |
| Themen einer grünen Logistik | Externe Kosten des Transports (z. B. Lärm-, Boden-,Wasserbelastungen und Luftverschmutzungen) | 2.20 | .931 | .683 | 2.00 | .900 | .688 | 2.22 | .924 | .639 | 2.02 | .934 | .673 |
| | Umweltrisiken durch Gefahrguttransporte | 2.47 | .947 | .508 | 2.19 | .955 | .698 | 2.46 | .944 | .573 | 2.19 | 1.022 | .662 |
| | Auswirkungen knapper werdender Rohstoffe, wie z. B. Kraftstoffe | 2.12 | .876 | .719 | 1.92 | .914 | .785 | 2.16 | .925 | .724 | 1.85 | .852 | .774 |
| | Schadstoffemissionen | 2.22 | .931 | .710 | 2.05 | .938 | .720 | 2.21 | .947 | .702 | 2.04 | .951 | .748 |
| | Umgang mit Leercontainern | 2.15 | .962 | .633 | 2.14 | .984 | .599 | 2.23 | .967 | .616 | 2.17 | 1.009 | .601 |

Antwortkategorien: Sehr ausführlich, ausführlich, weniger ausführlich, nicht behandelt

Klassische Prüfung:

| Dimension | | Im ersten Ausbildungsjahr | | Seit dem Beginn des zweiten Ausbildungsjahres | |
|---|---|---|---|---|---|
| | | Variante 1 | Variante 2 | Variante 1 | Variante 2 |
| Ökologische Aspekte eines nachhaltigen Wirtschaftens | Cronbachs Alpha: | .787 | .846 | .789 | .842 |
| | n: | 162 | 152 | 155 | 152 |
| | M: | 2.17 | 2.23 | 2.16 | 2.26 |
| | SD: | .710 | .795 | .728 | .794 |
| Soziale Aspekte eines nachhaltigen Wirtschaftens | Cronbachs Alpha: | .870 | 918 | .891 | .897 |
| | n: | 162 | 153 | 158 | 151 |
| | M: | 2.04 | 1.95 | 2.09 | 1.93 |
| | SD: | .716 | .815 | .786 | .774 |
| Themen einer grünen Logistik | Cronbachs Alpha: | .843 | .871 | .844 | .865 |
| | n: | 162 | 154 | 154 | 151 |
| | M: | 2.22 | 2.08 | 2.27 | 2.09 |
| | SD: | .727 | .773 | .733 | .790 |

Konfirmatorische Prüfung:

| Dimension | | Im ersten Ausbildungsjahr | | Seit dem Beginn des zweiten Ausbildungsjahres | |
|---|---|---|---|---|---|
| | | Variante 1 | Variante 2 | Variante 1 | Variante 2 |
| Ökologische Aspekte eines nachhaltigen Wirtschaftens | CFI: | 1.000 | .998 | .994 | 1.000 |
| | RMSEA: | .000 | .042 | .055 | .000 |
| | $\chi^2$/df: | 0.076 | 1.289 | 1.504 | 0.855 |
| Soziale Aspekte eines nachhaltigen Wirtschaftens | CFI: | 1.000 | 1.000 | 1.000 | 1.000 |
| | RMSEA: | .000 | .000 | .000 | .000 |
| | $\chi^2$/df: | 0.603 | 0.724 | 0.520 | 0.517 |
| Themen einer grünen Logistik | CFI: | .988 | .995 | 1.000 | .989 |
| | RMSEA: | .067 | .046 | .000 | 0.071 |
| | $\chi^2$/df: | 1.759 | 1.341 | .989 | 1.800 |

## Informelles Lernen zum nachhaltigen Wirtschaften im Ausbildungsbetrieb zum Messzeitpunkt t3 (leicht adaptierte Skalen von Fischer et al., 2015)

| | Prüfen Sie bei den nachstehenden Situationen, inwieweit diese mit Ihren Erfahrungen vergleichbar sind. | | | |
|---|---|---|---|---|
| **Skala** | **Item** | **M** | **SD** | **rit** |
| Informelles Lernen durch Wahrnehmung von Informationen zu ökologischen Themen im Betrieb | In meinem Betrieb sind mir schon häufiger Informationstafeln über Umweltauswirkungen und Ökologie aufgefallen. | 1.96 | .941 | .688 |
| | Ausgelegte Informationsbroschüren, Plakate und Newsletter informieren über ressourcenschonende Maßnahmen in meinem Betrieb. | 2.02 | .929 | .761 |
| | In letzter Zeit sehe ich bei E-Mails von Kunden häufiger, dass diese unter der E-Mail bitten, die E-Mail der Umwelt zu liebe nicht auszudrucken. | 2.77 | 1.061 | .319 |
| | Regelmäßig liegen im Betrieb Zeitschriften und Informationsbroschüren aus, die auch Artikel über ökologische Aspekte enthalten. | 1.95 | .964 | .561 |
| Informelles Lernen durch Wahrnehmung von Informationen zu gesellschaftlichen Problemen und Arbeitsbedingungen in Entwicklungsländern im Betrieb | Ausgelegten Informationsbroschüren, Plakaten und Newslettern in meinem Betrieb entnehme ich häufig Informationen über gerechte Arbeitsbedingungen in Produktionsländern. | 1.83 | .868 | .820 |
| | In ausgelegten Informationsbroschüren im Betrieb war der Faire Handel aus Entwicklungsländern schon häufig ein Thema. | 1.84 | .888 | .679 |
| | In Kunden- und Händlerzeitschriften sowie Katalogen lese ich häufig Informationen über sozial faire Arbeitsbedingungen sowie Entlohnungen in Entwicklungsländern. | 1.86 | .885 | .530 |
| Informelles Lernen durch Zuhören von Gesprächen zu nachhaltigkeitsrelevanten Themen im Betrieb | Ich höre häufig zu, wenn sich Kollegen unterhalten über … | | | |
| | … Arbeitsbedingungen und Entlohnungen in Entwicklungsländern. | 2.21 | .974 | .693 |
| | … Umweltaspekte des Betriebs. | 2.25 | .952 | .797 |
| | … Umweltauswirkungen unnötiger Ausdrucke. | 2.48 | 1.035 | .742 |
| | … die Entstehung von $CO_2$-Emissionen beim Transport. | 2.22 | .965 | .707 |

Antwortkategorien: Trifft gar nicht zu, trifft eher nicht zu, trifft eher zu, trifft voll zu

Klassische Prüfung:

| Skala | | Ausprägung/Fit |
|---|---|---|
| Informelles Lernen durch Wahrnehmung von Informationen zu ökologischen Themen im Betrieb | Cronbachs Alpha: | .767 |
| | n: | 162 |
| | M: | 2.17 |
| | SD: | .749 |
| Informelles Lernen durch Informationen zu gesellschaftlichen Problemen und Arbeitsbedingungen in Entwicklungsländern im Betrieb | Cronbachs Alpha: | .890 |
| | n: | 158 |
| | M: | 1.85 |
| | SD: | .795 |
| Informelles Lernen durch Beachtung von Kommunikationsprozessen im Betrieb | Cronbachs Alpha: | .876 |
| | n: | 157 |
| | M: | 2.28 |
| | SD: | .834 |

Konfirmatorische Prüfung:

| Skala | | Ausprägung/Fit |
|---|---|---|
| Informelles Lernen durch Wahrnehmung von Informationen zu ökologischen Themen im Betrieb | CFI: | .997 |
| | RMSEA: | .049 |
| | $\chi^2$/df: | 1.42 |
| Informelles Lernen durch Beachtung von Kommunikationsprozessen im Betrieb | CFI: | 1.000 |
| | RMSEA: | .000 |
| | $\chi^2$/df: | 0.89 |

## Informelles Lernen zum nachhaltigen Wirtschaften im privaten Handlungskontext zum Messzeitpunkt t3 (Fischer et al., 2015)

| | Prüfen Sie bei den nachstehenden Situationen, inwieweit diese mit Ihren Erfahrungen vergleichbar sind. | | | |
|---|---|---|---|---|
| **Skala** | **Item** | **M** | **SD** | **rit** |
| Informelles Lernen durch Wahrnehmung von nachhaltigkeitsrelevanten Informationen während Einkaufshandlungen im privaten Kontext | In der Obst- und Gemüseabteilungen meines Supermarktes lese ich vieles zu Umweltbedingungen der Herstellung der Produkte. | 1.92 | .875 | .633 |
| | Auf Verpackungen lese ich mir die Informationen zum Recyclingprozess durch. | 1.97 | .853 | .628 |
| | In Kleidungs- und Textilgeschäften frage ich gezielt nach Informationen, die über Arbeitsbedingungen der Kleidungsproduktion aufklären. | 1.79 | .872 | .631 |
| Informelles Lernen durch Wahrnehmung von nachhaltigkeitsrelevanten Informationen in Medien | Beim Durchschalten am Fernseher bleibe ich häufig bei Dokumentationen über Umweltthemen wie z. B. Klimawandel stehen. | 2.40 | .888 | .524 |
| | In Zeitschriften und Zeitungen nehme ich viele Informationen über die Zustände in Entwicklungsländern wahr. | 2.28 | .902 | .552 |
| | Beim Durchschalten am Fernseher bleibe ich häufig bei Dokumentationen über soziale Probleme in Entwicklungsländern stehen. | 2.31 | .916 | .462 |
| Informelles Lernen durch Zuhören von Gesprächen zu nachhaltigkeitsrelevanten Themen im privaten Kontext | Ich höre häufig zu, wenn andere Menschen sich über Umweltauswirkungen unterhalten. | 2.26 | .876 | .550 |
| | Ich höre häufig zu, wenn andere Menschen sich über Zustände in Entwicklungsländern unterhalten. | 2.30 | .941 | .550 |

Antwortkategorien: Trifft gar nicht zu, trifft eher nicht zu, trifft eher zu, trifft voll zu

Klassische Prüfung:

| Skala | | Ausprägung/Fit |
|---|---|---|
| Informelles Lernen durch Wahrnehmung von nachhaltigkeitsrelevanten Informationen während Einkaufshandlungen im privaten Kontext | Cronbachs Alpha: | .709 |
| | n: | 159 |
| | M: | 1.89 |
| | SD: | .728 |
| Informelles Lernen durch Wahrnehmung von nachhaltigkeitsrelevanten Informationen in Medien | Cronbachs Alpha: | .754 |
| | n: | 162 |
| | M: | 2.34 |
| | SD: | .736 |
| Informelles Lernen durch Zuhören von Gesprächen zu nachhaltigkeitsrelevanten Themen im privaten Kontext | Cronbachs Alpha: | .709 |
| | n: | 155 |
| | M: | 2.29 |
| | SD: | .803 |

## Skalendokumentation der Skala „Extrinsische Motivation, im Betrieb zu lernen und arbeiten" nach Seeber et al. [2014b, in Anlehnung an Prenzel (1996)]

Messzeitpunkt: t3

| Bewerten Sie die folgenden Angaben für das Lernen/Arbeiten im Betrieb.<br>Beim Lernen/Arbeiten im Betrieb… | M | SD | rit |
|---|---|---|---|
| … strenge ich mich nur an, damit ich keinen Ärger bekomme. | 1.580 | 0.809 | .535 |
| … tue ich ohne Druck von außen nichts. | 1.470 | 0.662 | .594 |
| … tue/lerne ich nur das, was ausdrücklich von mir verlangt wird. | 1.910 | 0.816 | .576 |

Antwortkategorien: Trifft gar nicht zu, trifft eher nicht zu, trifft eher zu, trifft voll zu

Klassische Prüfung:

Cronbachs Alpha: .738
n: 182
M: 1.649
SD: 0.619

## Skalendokumentation der Skala „Intrinsische Motivation, während der allgemeinbildenden Schulzeit für das Unterrichtsfach Politik/Wirtschaft gelernt zu haben“ in Anlehnung an Prenzel (1996)

Messzeitpunkt: t2

| Bitte bewerten Sie Ihre Motivation zum Lernen in den nachfolgenden Unterrichtsfächern der allgemeinbildenden Schule.<br>Beim Lernen in Politik/Wirtschaft… | | | |
|---|---|---|---|
| | M | SD | rit |
| … machte das Lernen richtig Spaß. | 2.400 | 0.970 | .788 |
| … faszinierten mich Sachen so, dass ich mich voll einsetzte. | 2.460 | 0.899 | .788 |
| … verging die Zeit wie im Flug. | 2.270 | 0.993 | .780 |

Antwortkategorien: Trifft gar nicht zu, trifft eher nicht zu, trifft eher zu, trifft voll zu

Klassische Prüfung:

Cronbachs Alpha: .890
n: 173
M: 2.38
SD: 0.869

## Skalendokumentation der Skala „Intrinsische Motivation, in der Berufsschule zu lernen“ nach Seeber et al. [2014b, in Anlehnung an Prenzel (1996)]

Messzeitpunkt: t3

| Bewerten Sie die folgenden Angaben für das Lernen in der Berufsschule.<br>Beim Lernen in der Berufsschule… | | | |
|---|---|---|---|
| | M | SD | rit |
| … macht das Lernen richtig Spaß. | 2.27 | .787 | .694 |
| … faszinieren mich Sachen so, dass ich mich voll einsetze. | 2.47 | .826 | .577 |
| … vergeht die Zeit wie im Flug. | 2.18 | .928 | .541 |

Antwortkategorien: Trifft gar nicht zu, trifft eher nicht zu, trifft eher zu, trifft voll zu

Klassische Prüfung:

Cronbachs Alpha: .766
n: 177
M: 2.30
SD: .702

# Anhang J Übersicht weiterer potentiell angenommener leistungsvarianzerklärender Skalen in den messzeitpunktspezifischen Fragebögen

Messzeitpunkt t1:

| Konstrukt | Quelle | Itembeispiel | Itemanzahl | M | SD | Cronbachs Alpha | RMSEA | CFI |
|---|---|---|---|---|---|---|---|---|
| Bezogen auf Nachhaltigkeit/nachhaltiges Wirtschaften: | | | | | | | | |
| Wahrnehmung subjektiver Normen in der Familie zum nachhaltigen Wirtschaften | Seeber et al., 2014b | Wie stark beeinflussen Ihre Familie die nachstehenden Handlungen?<br>• Kauf von Bio- Produkten | 4 | 2.71 | .619 | .556 | .000 | 1.000 |
| Wahrnehmung subjektiver Normen durch Freunde zum nachhaltigen Wirtschaften | Seeber et al., 2014b | Wie stark beeinflussen Ihre Freunde die nachstehenden Handlungen?<br>• Kauf von Bio- Produkten | 4 | 2.35 | .685 | .649 | .021 | .998 |
| Häufigkeit an Gesprächen über nachhaltigkeitsrelevante Themen mit der Familie | Eigenentwicklung | Wie ausführlich sprechen Sie über folgende Themen in der Familie?<br>• Probleme in Entwicklungsländern | 4 | 1.70 | .623 | .745 | .126 | .964 |

| Konstrukt | Quelle | Itembeispiel | Itemanzahl | M | SD | Cronbachs Alpha | RMSEA | CFI |
|---|---|---|---|---|---|---|---|---|
| Interesse an nachhaltigkeitsrelevanten Themen | Eigenentwicklung | Wie sehr interessieren Sie sich für Probleme in Entwicklungsländern? | 4 | 2.78 | .610 | .727 | .000 | 1.000 |
| Bisherige Thematisierung nachhaltigkeitsrelevanter Inhalte in der allgemeinbildender Schule | Seeber et al., 2014b | Wie ausführlich wurden die folgenden Themen in der Allgemeinbildenden Schule behandelt?<br>• Fairer Handel | 4 | 2.52 | .762 | .813 | .000 | 1.000 |
| Allgemeine Konstrukte: | | | | | | | | |
| Informationsverhalten (nationale & internationale Nachrichten) | Adaption der Skala Informationsverhalten von Abs et al. (2007)<br>Ursprung der Skala: Schulz & Sibberns, 2004 | Wie oft lesen Sie Artikel in der Zeitung über das, was in anderen Ländern passiert? | 4 | 2.99 | .570 | .527 | .086 | .945 |
| Intrinsische Motivation, im Betrieb zu lernen und arbeiten | Seeber et al. (2014b) in Anlehnung an Prenzel (1996) | Beim Lernen/Arbeiten im Betrieb macht das Lernen/Arbeiten richtig Spaß. | 3 | 3.17 | .592 | .695 | * | * |
| Extrinsische Motivation, im Betrieb zu lernen und arbeiten | Seeber et al. (2014b) in Anlehnung an Prenzel (1996) | Beim Lernen/Arbeiten im Betrieb strenge ich mich nur an, damit ich keinen Ärger bekomme. | 3 | 1.51 | .505 | .522 | * | * |

| Konstrukt | Quelle | Itembeispiel | Itemanzahl | M | SD | Cronbachs Alpha | RMSEA | CFI |
|---|---|---|---|---|---|---|---|---|
| Intrinsische Motivation, in der Berufsschule zu lernen | Seeber et al. (2014b) in Anlehnung an Prenzel (1996) | Beim Lernen/Arbeiten in der Schule macht das Lernen/Arbeiten richtig Spaß. | 3 | 2.66 | .637 | .746 | * | * |
| Extrinsische Motivation, in der Berufsschule zu lernen | Seeber et al. (2014b) in Anlehnung an Prenzel (1996) | Beim Lernen/Arbeiten in der Schule strenge ich mich nur an, damit ich keinen Ärger bekomme. | 3 | 1.91 | .648 | .671 | * | * |

Anmerkungen:
Alle Skalen wurden auf einer 4-Punkt-Likert-Skala gemessen;
* Keine Angabe möglich, da die Skala identifiziert ist.

Messzeitpunkt t2:

| Konstrukt | Quelle | Itembeispiel | Itemanzahl | M | SD | Cronbachs Alpha | RMSEA | CFI |
|---|---|---|---|---|---|---|---|---|
| Bezogen auf Nachhaltigkeit/nachhaltiges Wirtschaften: | | | | | | | | |
| Wahrnehmung subjektiver Normen in der Familie zum nachhaltigen Wirtschaften | Adaption der Skalen zu den wahrgenommenen Normen von Seeber et al. (2014b) | Vgl. Messzeitpunkt t1 | 4 | 2.52 | .682 | .596 | .000 | 1.000 |
| Wahrnehmung subjektiver Normen durch Freunde zum nachhaltigen Wirtschaften | Adaption der Skalen zu den wahrgenommenen Normen von Seeber et al. (2014b) | Vgl. Messzeitpunkt t1 | 4 | 2.17 | .726 | .712 | .000 | 1.000 |
| Häufigkeit an Gesprächen über nachhaltigkeitsrelevante Themen mit Vorgesetzten | In Anlehnung an Fischer et al., 2015 | Wie ausführlich sprechen Sie über folgende Themen mit Kollegen?<br>• Umweltverträglicher Transport | 4 | 2.03 | .703 | .874 | .065 | .993 |
| Häufigkeit an Gesprächen über nachhaltigkeitsrelevante Themen mit Kollegen | In Anlehnung an Fischer et al., 2015 | Wie ausführlich sprechen Sie über folgende Themen mit Vorgesetzten?<br>• Umweltverträglicher Transport | 4 | 1.63 | .731 | .780 | .041 | .997 |

| Konstrukt | Quelle | Itembeispiel | Itemanzahl | M | SD | Cronbachs Alpha | RMSEA | CFI |
|---|---|---|---|---|---|---|---|---|
| Häufigkeit an Gesprächen über nachhaltigkeitsrelevante Themen mit der Familie | Eigenentwicklung | Vgl. Messzeitpunkt t1 | 4 | 2.32 | .692 | .753 | .000 | 1.000 |
| Häufigkeit an Gesprächen über nachhaltigkeitsrelevante Themen mit Freunden | Eigenentwicklung | Vgl. Messzeitpunkt t1 | 4 | 2.15 | .726 | .700 | .000 | 1.000 |
| Informelles Lernen durch Wahrnehmung von nachhaltigkeitsrelevanten Informationen während Einkaufshandlungen im privaten Kontext | In Anlehnung an Fischer et al., 2015 | In der Obst- und Gemüseabteilungen meines Supermarktes lese ich vieles zu Umweltbedingungen der Herstellung der Produkte. | 3 | 1.61 | .556 | .542 | * | * |
| Informelles Lernen durch Wahrnehmung von nachhaltigkeitsrelevanten Informationen in Medien | Eigenentwicklung | Beim Durchschalten am Fernseher bleibe ich häufig bei Dokumentationen über Umweltthemen wie z. B. Klimawandel stehen. | 3 | 2.22 | .752 | .699 | * | * |
| Informelles Lernen durch Zuhören von Gesprächen zu nachhaltigkeitsrelevanten Themen im privaten Kontext | Eigenentwicklung | Ich höre häufig zu, wenn andere Menschen sich über Umweltauswirkungen unterhalten. | 2 | 2.12 | .843 | .792 | * | * |

| Konstrukt | Quelle | Itembeispiel | Itemanzahl | M | SD | Cron-bachs Alpha | RMSEA | CFI |
|---|---|---|---|---|---|---|---|---|
| Informelles Lernen durch Wahrnehmung von Informationen im Betrieb zu ökologischen und sozialen Themen | Adaption von Fischer et al., 2015 | In meinem Betrieb sind mir schon häufiger Informationstafeln über Umweltauswirkungen und Ökologie aufgefallen. | 6 | 1.72 | .625 | .862 | .043 | .993 |
| Informelles Lernen durch Zuhören von Gesprächen zu nachhaltigkeitsrelevanten Themen im Betrieb | In Anlehnung an Fischer et al., 2015 | Wenn sich Kollegen über Umweltaspekte des Betriebs unterhalten, höre ich häufig zu. | 2 | 1.86 | .790 | .785 | * | * |
| Interesse an nachhaltigkeitsrelevanten Themen | Eigenentwicklung | Vgl. Messzeitpunkt t1 | 4 | 2.63 | .601 | .720 | .084 | .981 |
| Informationshäufigkeit zu nachhaltigkeitsrelevanten Themen | Eigenentwicklung | Wie häufig informieren sie sich über Probleme in Entwicklungsländern? | 3 | 2.23 | .621 | .651 | * | * |
| Informationshäufigkeit zu Natur und Umwelt | Eigenentwicklung | Wie oft tätigen Sie nachfolgende Handlungen zu den angegebenen Themen? Zum Themenbereich Natur und Umwelt: • Bücher lesen. | 4 | 2.13 | .624 | .644 | .046 | .992 |

| Konstrukt | Quelle | Itembeispiel | Itemanzahl | M | SD | Cronbachs Alpha | RMSEA | CFI |
|---|---|---|---|---|---|---|---|---|
| Informationshäufigkeit zu gesellschaftlichen Problemen und Arbeitsbedingungen in Entwicklungsländern | In Anlehnung an Fischer et al., 2015 | Wie oft tätigen Sie nachfolgende Handlungen zu den angegebenen Themen? Zu gesellschaftlichen Themenbereichen, wie Problemen und Arbeitsbedingungen in Entwicklungsländern: • Bücher lesen. | 4 | 2.11 | .675 | .793 | .019 | .999 |
| Allgemeine Konstrukte: | | | | | | | | |
| Informationsverhalten (nationale & internationale Nachrichten) | Adaption der Skala Informationsverhalten von Abs et al. (2007)<br>Ursprung der Skala: Schulz & Sibberns, 2004 | Vgl. Messzeitpunkt t1 | 3 | 2.23 | .734 | .768 | * | * |
| Allgemeine Selbstwirksamkeitsüberzeugungen | Jerusalem & Schwarzer, 1999 | Wenn sich Widerstände auftun, finde ich Mittel und Wege, mich durchzusetzen. | 10 | 3.05 | .412 | .849 | .078 | .924 |
| Intrinsische Motivation, im Betrieb zu lernen und arbeiten | Seeber et al. (2014b) in Anlehnung an Prenzel (1996) | Vgl. Messzeitpunkt t1 | 3 | 2.99 | .603 | .730 | * | * |

| Konstrukt | Quelle | Itembeispiel | Itemanzahl | M | SD | Cronbachs Alpha | RMSEA | CFI |
|---|---|---|---|---|---|---|---|---|
| Extrinsische Motivation, im Betrieb zu lernen und arbeiten | Seeber et al. (2014b) in Anlehnung an Prenzel (1996) | Vgl. Messzeitpunkt t1 | 3 | 1.58 | .577 | .574 | * | * |
| Intrinsische Motivation, in der Berufsschule zu lernen | Seeber et al. (2014b) in Anlehnung an Prenzel (1996) | Vgl. Messzeitpunkt t1 | 3 | 2.34 | .713 | .774 | * | * |
| Extrinsische Motivation, in der Berufsschule zu lernen | Seeber et al. (2014b) in Anlehnung an Prenzel (1996) | Vgl. Messzeitpunkt t1 | 3 | 2.01 | .719 | .708 | * | * |
| Extrinsische Motivation, während der allgemeinbildenden Schulzeit für das Unterrichtsfach Politik/Wirtschaft gelernt zu haben | Eigenentwicklung in Anlehnung an Prenzel (1996) | Beim Lernen in Politik/ Wirtschaft in der allgemeinbildenden Schule strengte ich mich nur an, damit ich keinen Ärger bekam. | 3 | 2.03 | .798 | .798 | * | * |
| Intrinsische Motivation, während der allgemeinbildenden Schulzeit für die naturwissenschaftlichen Unterrichtsfächer gelernt zu haben | Eigenentwicklung in Anlehnung an Prenzel (1996) | Beim Lernen in den Naturwissenschaften (Biologie. Chemie. Physik & Erdkunde) in der allgemeinbildenden Schule machte das Lernen richtig Spaß. | 3 | 2.49 | .894 | .910 | * | * |

| Konstrukt | Quelle | Itembeispiel | Itemanzahl | M | SD | Cronbachs Alpha | RMSEA | CFI |
|---|---|---|---|---|---|---|---|---|
| Extrinsische Motivation, während der allgemeinbildenden Schulzeit für die naturwissenschaftlichen Unterrichtsfächer gelernt zu haben | Eigenentwicklung in Anlehnung an Prenzel (1996) | Beim Lernen in den Naturwissenschaften (Biologie. Chemie. Physik & Erdkunde) in der allgemeinbildenden Schule strengte ich mich nur an, damit ich keinen Ärger bekam. | 3 | 2.15 | .863 | .851 | * | * |
| Intrinsische Motivation, während der allgemeinbildenden Schulzeit für das Unterrichtsfach Religion/Werte und Normen gelernt zu haben | Eigenentwicklung in Anlehnung an Prenzel (1996) | Beim Lernen in Religion/ Werte und Normen in der allgemeinbildenden Schule machte das Lernen richtig Spaß. | 3 | 1.88 | .832 | .901 | * | * |
| Extrinsische Motivation, während der allgemeinbildenden Schulzeit für das Unterrichtsfach Religion/Werte und Normen gelernt zu haben | Eigenentwicklung in Anlehnung an Prenzel (1996) | Beim Lernen in Religion/ Werte und Normen in der allgemeinbildenden Schule strengte ich mich nur an, damit ich keinen Ärger bekam. | 3 | 2.29 | .988 | .865 | * | * |

Anmerkungen:
Alle Skalen wurden auf einer 4-Punkt-Likert-Skala gemessen;
* Keine Angabe möglich, da die Skala identifiziert ist.

Messzeitpunkt t3:

| Konstrukt | Quelle | Itembeispiel | Itemanzahl | M | SD | Cronbachs Alpha | RMSEA | CFI |
|---|---|---|---|---|---|---|---|---|
| Bezogen auf Nachhaltigkeit/nachhaltiges Wirtschaften: | | | | | | | | |
| Intrinsische Motivation, im privaten Handlungskontext nachhaltig zu handeln | Adaption von Seeber, et al., 2014 | Wenn es beispielsweise um Umweltschutz, Klimawandel und gesamtgesellschaftliche Verantwortung geht, bin ich mit großem Elan dabei (privat). | 3 | 2.16 | .817 | .900 | * | * |
| Wahrgenommene subjektive Normen zur Bedeutung effektiven und effizienten Wirtschaftens im Betrieb durch den aktuellen Ausbilder | Adaption von Seeber, et al., 2014 | Wie stark fordert Ihr aktueller Ausbilder die nachstehenden Handlungen?<br>• Kostensparend zu arbeiten. | 4 | 3.09 | .777 | .874 | .000 | 1.000 |
| Wahrgenommene subjektive Normen zur Bedeutung nachhaltigen Wirtschaftens im Betrieb durch den aktuellen Ausbilder | Adaption von Seeber, et al., 2014 | Wie stark fordert Ihr aktueller Ausbilder die nachstehenden Handlungen?<br>• Auf Ausdrucke nach Möglichkeit verzichten. | 5 | 2.35 | .751 | .852 | .066 | .989 |
| Wahrgenommene subjektive Normen zur Überzeugung von betrieblichen Partnern für ein nachhaltiges Wirtschaften durch den aktuellen Ausbilder | Adaption von Seeber, et al., 2014 | Wie stark fordert Ihr aktueller Ausbilder die nachstehenden Handlungen?<br>• Interesse der Kunden für einen fairen Warenhandel wecken. | 3 | 2.13 | .802 | .845 | * | * |

| Konstrukt | Quelle | Itembeispiel | Itemanzahl | M | SD | Cronbachs Alpha | RMSEA | CFI |
|---|---|---|---|---|---|---|---|---|
| Wahrnehmung subjektiver Normen in der Familie zum nachhaltigen Wirtschaften | Adaption der Skalen zu den wahrgenommenen Normen von Seeber et al. (2014b) | Vgl. Messzeitpunkt t1 | 4 | 2.57 | .701 | .667 | .000 | 1.000 |
| Wahrnehmung subjektiver Normen durch Freunde zum nachhaltigen Wirtschaften | Adaption der Skalen zu den wahrgenommenen Normen von Seeber et al. (2014b) | Vgl. Messzeitpunkt t1 | 4 | 2.19 | .793 | .818 | .033 | .998 |
| Häufigkeit an Gesprächen über nachhaltigkeitsrelevante Themen mit Vorgesetzten | In Anlehnung an Fischer et al., 2015 | Vgl. Messzeitpunkt t1 | 4 | 1.73 | .694 | .880 | .000 | 1.000 |
| Häufigkeit an Gesprächen über nachhaltigkeitsrelevante Themen mit Kollegen | In Anlehnung an Fischer et al., 2015 | Vgl. Messzeitpunkt t1 | 4 | 2.03 | .618 | .831 | .040 | .992 |
| Häufigkeit an Gesprächen über nachhaltigkeitsrelevante Themen mit der Familie | Eigenentwicklung | Vgl. Messzeitpunkt t1 | 4 | 2.40 | .550 | .670 | .050 | .991 |
| Häufigkeit an Gesprächen über nachhaltigkeitsrelevante Themen mit Freunden | Eigenentwicklung | Vgl. Messzeitpunkt t1 | 4 | 2.13 | .671 | .764 | .037 | .998 |

| Konstrukt | Quelle | Itembeispiel | Itemanzahl | M | SD | Cronbachs Alpha | RMSEA | CFI |
|---|---|---|---|---|---|---|---|---|
| Interesse an nachhaltigkeitsrelevanten Themen | Eigenentwicklung | Vgl. Messzeitpunkt t1 | 4 | 2.71 | .527 | .565 | .000 | 1.000 |
| Informationshäufigkeit zu Natur und Umwelt | Eigenentwicklung | Vgl. Messzeitpunkt t2 | 5 | 2.12 | .604 | .741 | .067 | .981 |
| Informationshäufigkeit zu gesellschaftlichen Themen, wie Problemen und Arbeitsbedingungen in Entwicklungsländern | In Anlehnung an Fischer et al., 2015 | Vgl. Messzeitpunkt t2 | 5 | 2.07 | .637 | .811 | .000 | 1.000 |
| **Allgemeine Konstrukte:** | | | | | | | | |
| Informationsverhalten (nationale & internationale Nachrichten) | Adaption der Skala Informationsverhalten von Abs et al. (2007), Ursprung der Skala: Schulz & Sibberns, 2004 | Vgl. Messzeitpunkt t1 | 4 | 2.88 | .606 | .613 | .054 | .985 |
| Intrinsische Motivation, im Betrieb zu lernen und arbeiten | Seeber et al. (2014b), in Anlehnung an Prenzel (1996) | Vgl. Messzeitpunkt t1 | 3 | 2.92 | .630 | .774 | * | * |

| Konstrukt | Quelle | Itembeispiel | Itemanzahl | M | SD | Cronbachs Alpha | RMSEA | CFI |
|---|---|---|---|---|---|---|---|---|
| Extrinsische Motivation, im Betrieb zu lernen und arbeiten | Seeber et al. (2014b), in Anlehnung an Prenzel (1996) | Vgl. Messzeitpunkt t1 | 3 | 2.05 | .732 | .783 | * | * |

Anmerkungen:
Alle Skalen wurden auf einer 4-Punkt-Likert-Skala gemessen;
* Keine Angabe möglich, da die Skala identifiziert ist.

# Anhang K Items des SJTs

**A1 Sie sind zurzeit in der umweltbewusst handelnden Verwaltung der frozen food AG tätig. Ihr Ziel ist es, Ihre Arbeitsergebnisse für Ihren Vorgesetzten zu dokumentieren. Sie halten die Ergebnisse in einem umfangreichen Office-Schreibdokument fest.**

**Wie würden Sie weiter vorgehen? Kreuzen Sie nur <u>eine</u> Antwort an.**

[a] Ich drucke das Dokument farbig aus, hefte es in eine Präsentationsmappe und lege es meinem Vorgesetzten vor.

[b] Ich verfasse eine kurze Zusammenfassung, die ich lesbar zweiseitig ausdrucke und meinem Vorgesetzten vorlege.

[c] Ich drucke das Dokument schwarz-weiß und einseitig auf DIN A4-Seiten aus und hefte es übersichtlich in einer Präsentationsmappe ab, die ich anschließend meinem Vorgesetzten gebe.

[d] Ich erstelle zusätzlich eine Zusammenfassung mit den wichtigsten Aspekten. Das Dokument sende ich meinem Vorgesetzten per E-Mail.

**Nennen Sie mindestens <u>zwei</u> Gründe, warum Sie so vorgehen würden!**

________________________________________

**A2 Während Sie in der Marketingabteilung tätig sind, begleiten Sie ein Projekt, das auf die Entwicklung einer neuen Zeitungsanzeige für ein argentinisches BIO-Tiefkühlrumpsteak abzielt.**

**Welchen Aspekt würden Sie für die Zeitungsanzeige in den Vordergrund stellen? Kreuzen Sie nur <u>eine</u> Antwort an.**

**Betont werden sollte/n …**

[a] … das appetitliche Aussehen.

[b] … eine 10-%-Rabatt-Aktion.

[c] … die Bio-Siegel des Produkts.

[d] … Sonstiges: ____________________________

**Nennen Sie mindestens <u>zwei</u> Gründe für Ihre Entscheidung.**

________________________________________

**A3 In den Medien wird vermehrt darüber berichtet, dass in Handys und Smartphones seltene und wertvolle Metalle verarbeitet werden. Viele Nutzer lassen ihre alten Geräte in der Schublade verstauben oder entsorgen sie über den Restmüll. Langfristig muss das dazu führen, dass Handys und Smartphones wesentlich teurer werden, weil Rohstoffe knapper werden.**

**Auch bei der frozen-food AG kennen Sie das Problem, dass Geschäftshandys bzw. -smartphones nicht recycelt werden. Um dem entgegenzuwirken, wird nach Ihren Ideen gefragt.**

**Welchen Vorschlag würden Sie dem Verantwortlichen unterbreiten?**

________________________________________

________________________________________

**Warum würden Sie diese Idee einreichen? Nennen Sie mindestens <u>zwei</u> Gründe!**

________________________________________

**A4 Ihr Chef erteilt Ihnen die Aufgabe, den alten, defekten Kühlschrank aus dem Pausenraum zu entsorgen. Wie Sie das erledigen, ist ihm egal. Die Hauptsache ist, dass das alte sperrige Ding schnell verschwindet.**

**Sie rufen bei der Stadt an und vereinbaren einen Sperrmülltermin, der allerdings erst in vier Wochen ist. Sie ermitteln zwei weitere Angebote.**

- **Das erste Angebot kommt von einem Mitarbeiter des Unternehmens Elektroalt, der Ihnen anbietet, den Kühlschrank bereits morgen kostenfrei abzuholen, da er Geräte zum Recyceln nach Afrika bringt.**
- **Das zweite Angebot kommt von dem anerkannten Unternehmen namens Cycle. Dieses Unternehmen würde den Kühlschrank gegen einen geringen Geldbetrag in den nächsten Tagen abzuholen. Das Unternehmen sammelt im Auftrag von anderen Unternehmen Müll, sortiert diesen und schafft neue Produkte daraus.**

**Wie würden Sie entscheiden?**

[a] Ich bleibe bei dem regulären Sperrmülltermin in vier Wochen.

[b] Ich vereinbare einen Termin mit Elektroalt zur Abholung am nächsten Tag.

[c] Ich vereinbare einen Termin mit Cycle zur Abholung in den nächsten Tagen.

**Nennen Sie mindestens <u>zwei</u> Gründe für Ihre Entscheidung.**

________________________________________

**A5 Verschiedene Baumaterialien wurden von der Forschung als schädlich eingestuft. Gifte wie zum Beispiel Formaldehyd wirken sich negativ auf die Gesundheit und somit auf die Leistungsfähigkeit aus. Das Gebäude der frozen-food AG stammt aus den 1960er-Jahren und die benutzten Baumaterialien sind teilweise sehr schädigend. Deswegen sind in den letzten Jahren nachweislich 0,5 % der Mitarbeiter für längere Zeit erkrankt. Stellen Sie sich vor, Sie arbeiten in der Leitung der frozen-food AG und dürfen mit entscheiden.**

**Wie würden Sie handeln, um Belastungen durch die schädigenden Baumaterialien zukünftig zu verringern?**

___

**Warum würden Sie so handeln? Nennen Sie mindestens zwei Gründe!**

___

Messzeipunktspezifische Items des SJTs

t1:

**1.6 Die frozen food AG möchte ein neues Tiefkühlgericht mit Meeresfrüchten in das Sortiment aufnehmen. Hierfür werden Sie im Rahmen Ihrer Tätigkeiten in der Einkaufsabteilung beauftragt, die Meeresfrüchte innerhalb von maximal fünf Tagen zu beschaffen. Die nachfolgende Tabelle gibt Ihnen einen Überblick über die Produkte bei Ihrem Großhändler.**

| **Produkt** | **a** | **b** | **c** |
|---|---|---|---|
| Einkaufspreis pro Tonne in € | 1.500 | 2.000 | 3.000 |
| Lieferzeit in Tagen | 1 | 2 | 5 |
| MSC-Zertifikat | Nein | Ja | Ja |
| Bio-Zertifikat | Nein | Ja | Ja |
| Online-Tracking-System zur Rückverfolgung | Nein | Ja | Ja |

**Für welches Produkt würden Sie sich entscheiden?**

Ich entscheide mich für Produkt: [a] [b] [c]

**Nennen Sie mindestens zwei Gründe für Ihre Entscheidung.**

___

**1.7 Ihr Vorgesetzter möchte die Bezugsquellen für Produkte auf den Prüfstand stellen. Hierzu fragt er auch Sie als Auszubildende/r nach Ihrer Meinung. Sie sollen ermitteln, welche Überlegungen für die Beschaffung von Produkten wichtig sind.**

**Welche Punkte würden Sie bei der Warenbeschaffung beachten? Nennen Sie mindestens zwei Punkte!**

---

**Nennen Sie mindestens zwei Gründe, warum diese Punkte Ihrer Meinung nach wichtig sind.**

---

**1.8 Zurzeit sind Sie in der Verwaltungsabteilung der frozen-food AG beschäftigt. Zu Ihrem Aufgabenbereich gehört die Beschaffung von Büro- und Arbeitsmaterialien. Heute sollen Sie Kopierpapier bestellen. Für 500.000 Blatt Papier liegen Ihnen drei Angebote von Papierlieferanten vor:**

| **Lieferant** / **Merkmale** | **A** | **B** | **C** |
|---|---|---|---|
| Sitz des Lieferanten | Deutschland | Deutschland | Belgien |
| Gesamteinkaufspreis inklusive Lieferung | 3150 Euro | 2830 Euro | 2500 Euro |
| Qualität | hervorragend zum Kopieren geeignet | hervorragend zum Kopieren geeignet | hervorragend zum Kopieren geeignet |
| Kennzeichen | Blauer Engel | Holzfreiheit | DIN EN ISO 9000 |
| | | Altpapier | |

**Für welchen Lieferanten würden Sie sich entscheiden?**

Ich entscheide mich für Lieferant: ☐ a ☐ b ☐ c

**Nennen Sie mindestens zwei Gründe für Ihre Entscheidung!**

---

**1.9 Schon seit längerem ist Ihnen aufgefallen, dass Ihr Betrieb viele 60-Watt-Glühbirnen verwendet. In einem Treffen mit Ihrem Vorgesetzten sprechen Sie das Thema daher an.**

**Welche Handlungsempfehlung würden Sie ihm geben?**

---

**Nennen Sie mindestens <u>zwei</u> Gründe für Ihre Empfehlung!**

---

**1.10 Bei der frozen-food AG steht die Entscheidung an, ob vermehrt Produkte in kleineren Verpackungseinheiten angeboten werden sollen. Nehmen Sie an, Sie dürften mit entscheiden.**

**Welche Handlungsempfehlung würden Sie geben?**

---

**Nennen Sie mindestens <u>zwei</u> Gründe für Ihre Empfehlung.**

---

t2:

**2.6 Einige Einzelhändler aus ganz Deutschland bestellen direkt bei der frozen-food AG. Diese Lieferungen werden häufig durch Kleinladungen/Einzellieferungen abgewickelt. Im Rahmen eines Lehrgangs zum Thema Transport für die Auszubildenden sollen Sie unterschiedliche Transportmöglichkeiten unter ökonomischen und ökologischen Gesichtspunkten erarbeiten.**

**Welche Transportmöglichkeit würden Sie für die frozen-food AG empfehlen?**

[a] direkte Linienverkehre von Absender zu Empfänger

[b] Hub-and-Spoke-Systeme mit regionalem Umschlagspunkt

[c] Paketlieferanten zur Abwicklung des Transports

**Nennen Sie mindestens <u>zwei</u> Gründe für Ihre Entscheidung!**

---

**2.7 Es wird nach Ihrer Meinung zur Anschaffung eines weiteren Kleintransporters (Kastenwagen, Gesamtgewicht < 3,5t, Diesel) gefragt. Die Finanzabteilung hat hierfür Angebote eingeholt. Welches der folgenden drei Modelle würden Sie bestellen?**

| Transporter-Merkmale | a | b | c |
|---|---|---|---|
| Beschaffungspreis in € | 60.000 | 55.000 | 50.000 |
| Schadstoffklasse | Euro 5 | Euro 1 | Euro 3 |
| Ø-Verbrauch auf 100 km bei Volllast auf der Autobahn [Liter] | 9 | 14 | 9 |

**Für welches Fahrzeug würden Sie sich entscheiden?**

Ich entscheide mich für das Fahrzeug: [a] [b] [c]

**Nennen Sie mindestens <u>zwei</u> Gründe für Ihre Entscheidung!**

______________________________________________

**2.8 Sie sind in die Auszubildendenvertretung gewählt worden. Im Rahmen dieser Tätigkeit wurden Sie zu der Arbeitsgruppe „Unternehmensimage" eingeladen und sollen folgenden Vorschlag eines Mitarbeiters bewerten:**

**Die frozen-food AG importiert aus einem kleineren Gebiet in Indien vielfältige Gewürze für die Tiefkühl-Pfannengerichte. Die frozen-food AG sollte in diesem Bereich in die Bildung investieren. Für 1 Million Euro könnte in diesem Gebiet eine Schule eröffnet und zudem für 10 Jahre durch die frozen-food AG finanziert werden.**

**Würden Sie diesen Vorschlag unterstützen?**

[a] Ja

[b] Nein

**Nennen Sie mindestens <u>zwei</u> Gründe, warum Sie so vorgehen würden!**

______________________________________________

**2.9 Ihr Kollege hat errechnet, dass es günstiger ist, den Computer über Nacht laufen zu lassen, als ihn jeden Tag wieder neu einzuschalten. Begründet wird diese Aussage, weil der Mitarbeiter in der Zeit des Hochfahrens nicht arbeiten kann und der Betrieb mehr Kosten für den untätigen Mitarbeiter als für den Strom des Rechners hat. Sie als Auszubildendenvertreter werden gebeten eine Handlungsempfehlung zu geben?**

**Welchen Vorschlag würden Sie machen?**

[a] Die Rechner ab sofort nicht mehr herunterzufahren.

[b] Die Rechner weiterhin herunterfahren.

[c] Implementierung eines Systems zum automatischen Hoch- und Runterfahren, mit jedoch Investitionskosten, die sich erst nach 3 Jahren amortisieren würden.

[d] Sonstiges:___________________________________

**Nennen Sie mindestens zwei Gründe, warum Sie so vorgehen würden!**

_____________________________________________________

**2.10 Bei der frozen-food AG werden viele Transporte mit Gefahrgut durchgeführt, zum Beispiel ätzende Stoffe für die Säuberung von Produktionsmaschinen oder Pestizide für Landwirte, die für die frozen-food AG Obst und Gemüse anbauen. Generell müssen Frachtführer über ausreichende Kenntnisse im Bereich von Gefahrgut verfügen. Dennoch stellt die frozen-food AG fest, dass viele Frachtführer unzureichend informiert sind.**

**Im Rahmen einer innerbetrieblichen Weiterbildung werden die Auszubildenden gefragt, was sie dagegen unternehmen würden.**

**Welchen Vorschlag würden Sie machen?**

[a] Die Frachtführer zu einer Fortbildung einladen. Damit die Frachtführer auch teilnehmen, müsste die frozen-food AG die Kosten tragen.

[b] Keine Maßnahme, da jeder Frachtführer für sein Handeln selbst verantwortlich ist.

[c] Sonstiges:___________________________________

**Nennen Sie mindestens zwei Gründe, warum Sie so vorgehen würden!**

_____________________________________________________

t3:

**3.6 Nach der Frühstückspause im Betrieb bemerken Sie, dass der gesamte Abfall in den Mitarbeiterräumen in graue Säcke geworfen wird. Sie werfen den Rest Ihres Apfels, Ihren Teebeutel, das Brotpapier sowie die Verpackung Ihres Schokoriegels hinein. Ihr Chef nimmt Sie zur Seite und fragt: „Was würden Sie mit diesen ganzen Abfallmengen tun?"**

**Was würden Sie vorschlagen?**

[a] Der Abfall sollte getrennt werden, wie es der regionale Abfallentsorgungsbetrieb empfiehlt: Bio- und Kunststoffabfälle, Restmüll, Papier.

[b] Der Abfall, der in den Mitarbeiterräumen der frozen food AG entsteht, sollte über ausreichende Restmülltonnen entsorgt werden.

[c] Restmüll und Kunststoffabfälle sollten über den Abfallentsorger entsorgt werden. Bioabfälle und Altpapier können verkauft werden.

**Nennen Sie mindestens zwei Gründe für Ihre Entscheidung!**

---

**3.7 Ihr Vorgesetzter bittet Sie, ein Transportmittel für die Strecke Südspanien-Hamburg zu empfehlen. Über diese Strecke wird regelmäßig Tiefkühlgemüse für die frozen-food AG transportiert.**

- **Zur Auswahl stehen LKW, Flugzeug, Schiff und Bahn.**
- **Voraussetzung ist, dass der LKW immer eingesetzt wird, um Flugzeug, Schiff und Bahn zu erreichen.**
- **Alle Verkehrsträger werden immer möglichst voll beladen.**

**Welches Verkehrsmittel würden Sie empfehlen?**

[a] LKW für die komplette Strecke

[b] Kombination aus LKW und Flugzeug

[c] Kombination aus LKW und Schiff

[d] Kombination aus LKW und Bahn

**Nennen Sie mindestens zwei Gründe für Ihre Entscheidung!**

---

**3.8 Die frozen-food AG möchte die Erdöl-Bestandteile in den Verpackungen reduzieren. Die Auszubildenden werden aufgerufen, kreative Ideen zu entwickeln, um das Problem bei der frozen-food AG zu lösen.**

**Welchen Vorschlag würden Sie unterbreiten?**

______________________________________________

**Nennen Sie mindestens zwei Gründe für Ihre Entscheidung!**

______________________________________________

**3.9 Alle Auszubildenden der frozen-food AG sind aufgerufen, an einem Ideenwettbewerb des Bundesumweltministeriums zum Umgang mit Leercontainern teilzunehmen. Anlass hierfür ist eine Studie, bei der herauskam, dass im Schnitt jeder fünfte umgeschlagene Container in einem Seehafen ein Leercontainer ist.**

**Welchen Vorschlag würden Sie einreichen?**

[a] Leercontainerlager in Seehäfen.

[b] Direkten Rücktransport.

[c] Sonstiges:______________________________________________.

**Nennen Sie mindestens zwei Gründe, warum Sie so vorgehen würden!**

______________________________________________

**3.10 Zurzeit sind Sie in der Transportdisposition tätig. Eine besondere Herausforderung ist hierbei die Organisation der Verfügbarkeit zum richtigen Zeitpunkt. Ihr Vorgesetzter fragt Sie, welche Organisationsform Sie mit Blick auf den Transport empfehlen würden.**

**Welchen Vorschlag würden Sie nennen?**

[a] Just in time zur Anlieferung zum benötigten Zeitpunkt ohne Vorratsbeschaffung.

[b] Lagerhaltung mit Integration von Händlern in einem IT-System zur automatischen Abstimmung der Vorratsbeschaffung.

[c] Vorratslager mit regelmäßiger und konstanter Wiederbeschaffung.

[d] Sonstiges:______________________________________________

**Nennen Sie mindestens zwei Gründe, warum Sie so vorgehen würden!**

______________________________________________

# Anhang L Items des deklarativen Wissenstests

*Kreuzen Sie bei den folgenden Aufgaben die zwei falschen Antworten an.*

| **A1 Welche beiden Aussagen über Produkte, die mit dem FAIRTRADE-Siegel ausgestattet sind, sind falsch?**<br>**[Platzhalter: FAIRTRADE-Siegel]**[123] |
|---|
| [a] Den Preisunterschied zu konventionellen Produkten, den der Kunde zahlt, erhalten die Produzenten. |
| [b] FAIRTRADE-Standards enthalten auch ökologische Kriterien. |
| [c] Dieses Siegel ist ein Marketinginstrument des Einzelhandels und dient der Absatzförderung. |
| [d] FAIRTRADE ist eine Strategie zur Armutsbekämpfung in Produzentenländern. |

| **A2 Welche beiden Aussagen über Produkte, die mit dem Bio-Siegel ausgestattet sind, sind falsch?**<br>**[Platzhalter: Deutsches BIO-Siegel]**[123] |
|---|
| [a] Die Begriffe *Bio* und *kontrollierter Anbau* können synonym (also gleich) verwendet werden. |
| [b] Ein biologisch angebautes und zertifiziertes Produkt muss nicht zwingend das Bio-Siegel nutzen. |
| [c] Die Begriffe *Bio* und *Öko* bedeuten nach den Regelungen der europäischen Gemeinschaft das Gleiche. |
| [d] Eine sozial gerechte Entlohnung wird über dieses Siegel gesichert. |

123 Aus lizenstechnischen Gründen werden die zugehörigen Siegel nicht abgedruckt.

*Ab jetzt ist immer nur eine Antwort richtig.*

**A3 Welche der folgenden Energiequellen ist keine erneuerbare Energie?**

[a] Wasserkraft

[b] Braunkohle

[c] Kernfusion

[d] Erdwärme

**A4 Zu den ökologischen Zielen der Nachhaltigkeit gehört…**

[a] die Genveränderung von Obst und Gemüse

[b] die Entwicklung neuer Pflanzensorten

[c] die altersgerechte Entwicklung von Kindern und Jugendlichen

[d] der Erhalt der Artenvielfalt

**A5 Was bedeutet nachhaltige Herstellung von Produkten?**

[a] Die Produkte sind in Deutschland hergestellt und können nach Gebrauch recycelt, also zu neuen Produkten weiterverarbeitet werden.

[b] Die Herstellung zielt auf langlebige Produkte ab, die auch für zukünftige Generationen noch nutzbar sind.

[c] Die Produkte müssen auf jeden Fall ökologisch verträglich hergestellt werden und zudem sind faire Arbeitsbedingungen und -löhne verpflichtend.

[d] Nachhaltige Herstellung von Produkten bedeutet, dass die Produkte keine tierischen Bestandteile wie beispielsweise Eier oder Bienenwachs enthalten.

**A6 Welches der nachfolgenden Ziele gilt als nachhaltige Entwicklung?**

[a] Wirtschaften im Sinne des ökonomischen Prinzips: Beispielsweise Kosten minimieren oder Gewinn maximieren.

[b] Dem strukturellen Wandel in einer Volkswirtschaft entgegenwirken.

[c] Eine Bedürfnisbefriedigung der aktuellen Generation sichern, ohne die Bedürfnisse der zukünftigen Generation zu gefährden.

[d] Angemessenes und stabiles Wirtschaftswachstum, einen hohen Beschäftigungsstand, ein stabiles Preisniveau sowie ein außenwirtschaftliches Gleichgewicht erzielen.

**A7 Welches der nachfolgenden Ausführungen ist ein Beispiel für nachhaltiges Wirtschaften?**

a Bei der Auswahl eines Zulieferers werden die Kosten als einziges Entscheidungskriterium herangezogen.

b In einem Einzelhandel werden möglichst viele Naturprodukte angeboten.

c Bei der Warenbeschaffung werden besonders Produkte von insolvenzbedrohten Unternehmen erworben.

d Ein internationaler Möbelhersteller investiert in die Wiederaufforstung von Wäldern.

**A8 Welches der folgenden Siegel ist in Europa seit dem 1. Juli 2012 für alle Bio-Lebensmittel verpflichtend?**

a **[Platzhalter: Bio-Siegel der Europäischen Union, deutsche Version 2000 bis Juni 2010]**[123]

b **[Platzhalter: Bio-Siegel der Europäischen Union: Einführung am 1. Juli 2010]**[123]

c **[Platzhalter: Bioland-Siegel]**[123]

d **[Platzhalter: Biokreis-Siegel]**[123]

**A9 Welche Folge könnte ein Unfall eines Seeschiffes haben, das mit Schweröl beladen ist?**

a Das Schweröl könnte auf den Meeresgrund sinken und den Meeresboden verkleben, so dass kein Austausch mit frischem Grundwasser mehr erfolgen kann.

b Wenn sich das Öl auf dem Grund absetzt, könnte es den Lebens- und Nahrungsraum von Fischen zerstören, was wiederum die dortige Fischereiwirtschaft vernichten würde.

c Auch wenn ein solcher Unfall komplette Regionen zerstören kann, ist eine solches Unglück nicht so schlimm, da solche Unfälle meist zu einem Strukturwandel führen.

d Das Öl könnte unentdeckt bleiben, da es in Verbindung mit Salzwasser durchsichtig wird. Das ist problematisch, weil der erhöhte Ölgehalt zu Schäden der dort angesiedelten Lebewesen führt.

| **A10 Was bedeutet die Rücknahmepflicht für Verpackungen?** |
|---|
| [a] Der Käufer darf die gekaufte Ware nur in der Originalverpackung umtauschen. |
| [b] Der Warenlieferant und der Vertreiber müssen die Transportverpackung nach Gebrauch unentgeltlich zurücknehmen. |
| [c] Der Warenlieferant und der Vertreiber müssen die Transportverpackung nach Gebrauch gegen ein Entgelt zurücknehmen. |
| [d] Die Mülldeponien sind verpflichtet, Verpackungen von Vertreibern unentgeltlich abzunehmen und zu entsorgen. |

Messzeipunktspezifische Items des deklarativen Wissenstests

t1:

*Kreuzen Sie bei den folgenden Aufgaben die zwei falschen Antworten an.*

| **1.11 Welche beiden Aussagen über den Begriff „Nachhaltigkeit“ sind falsch?** |
|---|
| [a] Nachhaltigkeit ist ein anderes Wort für Ökologie. |
| [b] Nachhaltigkeitsstrategien wurden erstmals zur Jahrtausendwende (um 2000) beschlossen. |
| [c] Produkte dürfen ohne Zertifizierung als nachhaltig bezeichnet werden. |
| [d] Erste Ideen über Nachhaltigkeit bestehen bereits seit der Antike. |

*Ab jetzt ist immer nur eine Antwort richtig.*

| **1.12 Welches der folgenden Konzepte entspricht einer ökologischen Büroführung?** |
|---|
| [a] Heimarbeit |
| [b] Verzicht auf Elektrogeräte |
| [c] Großraumbüros |
| [d] Papierloses Büro |

### 1.13 Welcher Fernseher ist aus ökologischer Perspektive der Beste?

| Gerät | A | B | C |
|---|---|---|---|
| Energieverbrauch | 110 Watt/Stunde | 60 Watt/Stunde | 80 Watt/Stunde |
| Preis | 300 Euro | 600 Euro | 450 Euro |

**Produkt:** [a] [b] [c]

### 1.14 Wie kann ein Verkaufsunternehmen dazu beitragen, den Umweltschutzgedanken der Käufer zu fördern?

[a] Die Bushaltestelle direkt vor dem Supermarkt wird abgeschafft, damit mehr Menschen mit dem Rad zum Einkaufen fahren.

[b] Es wird kein Geschenkverpackungsservice mehr angeboten, sondern die Kunden müssen ihre Geschenke selbst einpacken.

[c] Gemüse wird nur noch in Großpackungen angeboten, da dann weniger Verpackungsmaterial anfällt.

[d] Einkaufstüten werden nicht mehr kostenfrei und automatisch, sondern nur auf Anfrage gegen ein Entgelt ausgegeben.

### 1.15 Was besagt das Prinzip der Nachhaltigkeit?

[a] Es sollte Gerechtigkeit zwischen den Generationen bestehen, wir sollten die Umwelt nicht auf Kosten der nachkommenden Generation ausplündern.

[b] Ressourcen stehen unbegrenzt zur Verfügung, so dass wir so viel verbrauchen können, wie wir benötigen.

[c] Es sollte fairen Handel zwischen den reichen Ländern dieser Erde geben.

[d] Es sollte den derzeit lebenden Lebewesen ein langes Leben ermöglicht werden.

### 1.16 Was versteht man unter ökologischer Nachhaltigkeit?

[a] Übernutzung von Ressourcen aufhalten

[b] Gesundheitsniveau steigern

[c] Spanne zwischen Arm und Reich verringern

[d] Umweltbewusste Kindertagesstätten einrichten

**1.17 Als Lösung zur Einsparung von $CO_2$-Emissionen bei der Energiegewinnung wird vielfach die Atomkraft in die Diskussion eingebracht. Was stimmt bezüglich Atomenergie?**

[a] Die Atomenergie ist eine erneuerbare Energie, da das zur Energiegewinnung benötigte Uran sich selbst regenerieren kann.

[b] Der heute durch Atomenergie erzeugte Atommüll hat weitreichende Folgen für Generationen.

[c] Mit einem Kilowatt Strom aus Atomkraft können mehr Computer betrieben werden als mit einem Kilowatt Strom aus Windkraft.

[d] Die Lagerung von Atommüll kann nur in Salzstöcken erfolgen, da so eine Verunreinigung von Grundwasser ausgeschlossen werden kann.

**1.18 Was gehört nicht zu den drei Dimensionen der Nachhaltigkeit?**

[a] Ökologie

[b] Soziales

[c] Technologie

[d] Ökonomie

**1.19 Recyceln bedeutet, …**

[a] Materialien mehrmals zu verwenden.

[b] bereits verwendete Materialien für die Herstellung neuer Produkte wiederzuverwenden.

[c] Müll nach verschiedenen Müllarten zu trennen.

[d] Verpackungen zu verwenden, die biologisch abbaubar sind.

**1.20 Die frozen-food AG verfolgt ökologische Zielsetzungen. Ein Freund fragt Sie, was das bedeutet. Sie antworten:**

[a] Durch Recycling von Rohstoffen kann die frozen-food AG die Umwelt schützen.

[b] Der technologische Fortschritt darf durch Umweltschutzkosten nicht gehemmt werden.

[c] Der Umweltgedanke wird in der Werbung hervorgehoben, um so die Wirtschaftlichkeit des Unternehmens zu verbessern.

[d] Die Umweltschutzkosten dürfen sich nicht in den Marktpreisen der frozen-food AG widerspiegeln.

t2:

*Kreuzen Sie bei der folgenden Aufgabe die zwei falschen Antworten an.*

| **2.11 Weltweit betrachtet bringt eine Frau durchschnittlich 2,5 Kinder in ihrem Leben zur Welt. Welche beiden nachfolgenden Aussagen sind diesbezüglich falsch?** |
|---|
| [a] Ressourcen werden bei einer Pro-Kopf-Betrachtung zunehmend knapper. |
| [b] Die weltweite Bevölkerungszahl sowie das Ressourcenangebot bleiben langfristig stabil. |
| [c] Dem Fachkräftemangel in Deutschland wird auf natürlichem Wege langfristig entgegengewirkt. |
| [d] Die durchschnittliche Geburtenrate führt zu einer langfristigen Zunahme der Weltbevölkerung. |

*Ab jetzt ist immer nur eine Antwort richtig.*

| **2.12 Wofür sollten sich Staaten beim internationalen Handel im Sinne einer nachhaltigen Entwicklung einsetzen?** |
|---|
| [a] Produktionsstätten sollten vorwiegend in Entwicklungsländern angesiedelt werden, um deren Binnenwirtschaft zu stärken |
| [b] In den Industrieländern sollten die Einfuhrzölle angehoben werden, um die einheimische Industrie zu stärken. |
| [c] Rohstoffreiche, aber finanziell arme Länder wie der Kongo sollten zur Verbesserung des internationalen Rohstoffhandels auf ihre Rechte an den Rohstoffvorkommen verzichten. |
| [d] Es sollte ein gerechtes Handelssystem zwischen allen Ländern gefördert werden, um den Lebensstandard zu verbessern. |

| **2.13 Welcher der nachfolgenden Aspekte steht nicht in einem direkten Zusammenhang mit dem Konzept einer nachhaltigen Entwicklung?** |
|---|
| [a] Ressourcenknappheit |
| [b] Klimaveränderung |
| [c] Generationengerechtigkeit |
| [d] Kommunikationssysteme |

**2.14 Welche Stoffe kennzeichnet das folgende Symbol?**

[a] Giftige Stoffe

[b] Umweltgefährliche Stoffe

[c] Gesundheitsschädliche Stoffe

[d] Ätzende Stoffe

**2.15 Wie viele ähnliche Planeten wie die Erde würde man benötigen, um den Bedarf aller Menschen im Jahr 2050 zu decken?**

[a] 1 Erde

[b] 2 bis 3 Erden

[c] 4 bis 5 Erden

[d] mehr als 5 Erden

**2.16 Der ökologische Fußabdruck misst...**

[a] die Höhe der Abgase.

[b] die biologische Verträglichkeit und Fairness von Produkten.

[c] die Tiefe des menschlichen Fußabdruckes in den Erdboden.

[d] den Ressourcenverbrauch.

**2.17 Welche der nachfolgenden Ausführungen ist ein Beispiel für Corporate Social Responsibility, auch als CSR bekannt, um ein nachhaltige Wirtschaften zu unterstützen?**

[a] Unterstützung eines Projektes zur Evaluation der Leistung von Arbeitern in Entwicklungsländern.

[b] Förderung eines Projektes zur Optimierung der Produktionskosten in Entwicklungsländern.

[c] Gründung eines Betriebsrates an deutschen Standorten.

[d] Förderung des Aufbaus von Bildungseinrichtungen in Entwicklungsländern.

**2.18 Welche Schokolade ist aus ökologischer beziehungsweise sozialer Perspektive die Beste?**

| Schokolade | a | b | c | d |
|---|---|---|---|---|
| Siegel | | 100 % Rückstands-kontrolliert | [Platzhalter: Deutsches Bio-Siegel][123] | [Platzhalter: FAIRTRADE-Siegel][123] |
| Preis in € | 0,59 | 0,85 | 1,09 | 1,15 |

**Aus ökologischer Perspektive?:** [a] [b] [c] [d]

**Aus sozialer Perspektive?** [a] [b] [c] [d]

**2.19 Deutschland, China und die USA sind die größten Exporteure der Welt. Welcher Zusammenhang besteht zwischen den Exportüberschüssen dieser Staaten und der Armut in anderen Ländern?**

[a] Arme Länder bezahlen die Exportstaaten mit eigens benötigten Lebensmitteln.

[b] Die Exporte bestehen überwiegend aus Industriemüll, der in den armen Ländern entsorgt wird.

[c] Durch die Exportüberschüsse erhalten arme Länder Waren, die sie nicht benötigen.

[d] Exportüberschüsse führen zu Verschuldungen der Länder, die mehr importieren als exportieren.

**2.20 Welche Aussage bezüglich des Atomausstiegs in Deutschlands ist richtig?**

[a] Als Reaktion auf die Kernschmelze in Fukushima wurden am 06. August 2011 alle deutschen Kernreaktoren abgeschaltet.

[b] Der Atomausstieg erfolgt stufenweise bis 2022, so dass nicht alle Kernreaktoren auf einmal abgeschaltet werden.

[c] Nicht nur Energieerzeuger, sondern auch medizinische Einrichtungen (Radiologie und Nuklearmedizin) müssen auf Radioaktivität verzichten.

[d] Als Folge des Atomausstiegs ist die Stromversorgung im Norden kritischer als im Süden Deutschlands, da Windenergie-und Photovoltaikanlagen vor allem im Süden existieren.

t3:

*Kreuzen Sie bei der folgenden Aufgabe die zwei falschen Antworten an.*

**3.11 Immer mehr Fisch stammt aus Aquakulturen. Hierfür werden große Fischfarmen im offenen Meer angelegt, wie zum Beispiel bei der Lachszucht. Welche beiden Aussagen über Lachsfarmen sind falsch?**

[a] Die Lachsfarmen sind nachhaltig, da natürliche Fischbestände geschont werden.

[b] Die Lachsfarmen ermöglichen eine gute Bekämpfung der Hungersnot in Entwicklungsländern.

[c] Die Lachsfarmen benötigen viele Ressourcen und belasten die Ökosysteme sehr.

[d] Die Lachsfarmen bedrohen kleine Fischereibetriebe, da sie natürliche Fischbestände gefährden.

*Ab jetzt ist immer nur eine Antwort richtig.*

**3.12 Zu den sozialen Zielen der Nachhaltigkeit gehört…**

[a] Einhaltung von Arbeitsrechten in Deutschland

[b] die Verringerung der Abfallmengen

[c] niedrige Luftverschmutzung

[d] ein weltweit hohes Niveau von Kultur und Ausbildung

**3.13 1992 wurde die Agenda 21 in Rio de Janeiro beschlossen. Worum handelt es sich bei dieser Agenda?**

[a] Die Agenda 21 ist ein Friedensübereinkommen zwischen den UNO-Mitgliedsstaaten.

[b] In der Agenda 21 wurde von der Europäischen Union ein Aktions- und Reformprogramm zur Stärkung der europäischen Ökosysteme beschlossen.

[c] Die Agenda 21 ist ein entwicklungs- und umweltpolitisches Aktionsprogramm für das 21. Jahrhundert.

[d] Bei der Agenda 21 handelt es sich um ein Übereinkommen zur Migration zwischen Nord- und Südamerika, das die Flüchtlingsproblematik in Nordamerika aufgreift.

| **3.14 Welcher der nachfolgend aufgelisteten Rohstoffe wird in den nächsten 20 Jahren merkbar knapp werden?** |
| --- |
| [a] Kohlenstoffdioxide als Brandlöscher |
| [b] Erden für Hightech-Produkte |
| [c] Strom als Energieversorgung |
| [d] Mais als Energielieferant |

| **3.15 Welchen Ursprung hat die nachhaltige Entwicklung?** |
| --- |
| [a] Betriebswirtschaft |
| [b] Planwirtschaft |
| [c] Forstwirtschaft |
| [d] Volkswirtschaft |

| **3.16 Mit jedem Fischfang werden ungewollt gefangene Fische wieder zurück ins Meer geworfen. Zum großen Teil sind diese durch das Fangen bereits tot. Wie groß ist der Beifang bei 1 Kilogramm Garnelen?** |
| --- |
| [a] 500 Gramm |
| [b] 2 Kilogramm |
| [c] 5 Kilogramm |
| [d] 20 Kilogramm |

| **3.17 Aluminium ist ein beliebtes Verpackungsmaterial. Welche Aussage über Aluminium ist richtig?** |
| --- |
| [a] Aluminium kann nicht recycelt werden. |
| [b] Aluminium-Verpackungen sind biologisch abbaubar. |
| [c] Der bei der Aluminium-Produktion anfallende Rotschlamm ist giftig und ätzend. |
| [d] Primär hergestelltes Aluminium (aus Rohmineralien) benötigt nur wenig Energie und Rohstoffe. |

**3.18 Was bedeutet die energetische Verwertung im Rahmen der Entsorgungslogistik?**

[a] Vermeidung von energieaufwendig produzierten Verpackungen.

[b] Ökologische Kraftstoffe zum Antrieb von Transportfahrzeugen.

[c] Einsatz von Abfällen als Ersatzbrennstoff.

[d] Substitution von Rohstoffen durch das Gewinnen von Stoffen aus Abfällen.

**3.19 Immer mehr Unternehmen schreiben in ihren Jahresberichten über Corporate Social Responsibility, auch als CSR bekannt. Was bedeutet dieser Begriff?**

[a] CSR ist eine innovative Methode für kontinuierliche Verbesserungsprozesse, um Kosten zu sparen und Gewinne zu maximieren.

[b] CSR ist eine Verpflichtung für alle Kapital- und Personengesellschaften, den Jahresabschluss elektronisch zur Verfügung zu stellen.

[c] Bei CSR werden auf freiwilliger Basis soziale Belange und Umweltbelange in die Unternehmenstätigkeit und in die Wechselbeziehungen zu den Anspruchsgruppen integriert.

[d] Unter der Überschrift CSR beschreiben Unternehmen, wie gesetzliche Umweltbestimmungen eingehalten werden.

**3.20 Ordnen Sie die folgenden Leuchtmittel nach ihrem Energieverbrauch und ihrem Verkaufspreis: Glühbirne, Energiesparlampe, LED-Lampe.**

1 = niedriger Energieverbrauch bzw. Verkaufspreis
2 = mittlerer Energieverbrauch bzw. Verkaufspreis
3 = hoher Energieverbrauch bzw. Verkaufspreis

Ordnen Sie in der nachfolgenden Tabelle die oben aufgeführten Kennzahlen zum niedrigen (1), mittleren (2) und hohen (3) Energieverbrauch bzw. Verkaufspreis den Leuchtmitteln zu.

| Leuchtmittel | Energieverbrauch | Verkaufspreis |
|---|---|---|
| Glühbirne | | |
| Energiesparlampe | | |
| LED-Lampe | | |

**KONZEPTE DES LEHRENS UND LERNENS**

Band 1-7 herausgegeben von K. Breuer und G. Tulodziecki

Band 1 Dieter Reising: Kognitive Komplexität als Differenzierungskriterium. Entwicklung und Evaluation eines Unterrichtskonzepts für die Berufsfachschule. 1986.

Band 2 Rüdiger R. Kummer: Computersimulation in der Berufsschule. Entwicklung und Evaluation eines Konzepts zur Förderung kognitiver Komplexität im Politik- und Wirtschaftslehre-Unterricht. 1991.

Band 3 Günter Fiedler: Anwendungsaufgaben im naturwissenschaftlichen Unterricht. Theoretische Grundlagen, Entwicklung und vergleichende Evaluation eines Unterrichtskonzeptes zur Verbesserung der Anwendungsfähigkeit von Naturgesetzen. 1991.

Band 4 Peter Steinbüchel: Technisches Denken und Handeln. Unterrichtskonzepte für berufsbildende Schulen. 1994.

Band 5 Klaus Beck (ed.): Teaching-Learning Processes in Vocational Education. Foundations of Modern Training Programmes. 2002.

Band 6 Katharina Höhn: Struktur- und Prozessinnovationen in pädagogischen Handlungsfeldern. Entwicklung, Implementation und Evaluation einer beruflichen Abschlussprüfung über den Zugang der systemdynamischen Modellbildung. 2002.

Band 7 Stefanie Hillen / Gunnar Paul / Frank Puschhof: Systemdynamische Lernumgebungen. Modellbildung und Simulation im kaufmännischen Unterricht. 2002.

Band 8-18 herausgegeben von K. Breuer, G. Tulodziecki und K. Beck

Band 8 Klaus Breuer / Klaus Beck (eds.): Are European Vocational Systems up to the Job? Evaluation in European Vocational Systems. 2002.

Band 9 Frank Arnold: Computerbasierte Lernumgebungen zur Unterstützung selbstgesteuerter Lernprozesse. Eine objektorientierte Modellierung mit der Unified Modeling Language (UML). 2004.

Band 10 Stefanie Hillen: Systemdynamische Modellbildung und Simulation im kaufmännischen Unterricht. Elizitation und Elaboration von Mentalen Modellen in komplexen betriebswirtschaftlichen Gegenstandsbereichen. 2004.

Band 11 Eveline Wuttke: Unterrichtskommunikation und Wissenserwerb. Zum Einfluss von Kommunikation auf den Prozess der Wissensgenerierung. 2005.

Band 12 Karin Heinrichs: Urteilen und Handeln. Ein Prozessmodell und seine moralpsychologische Spezifizierung. 2005.

Band 13 Gerhard Minnameier: Wissen und inferentielles Denken. Zur Analyse und Gestaltung von Lehr-Lern-Prozessen. 2005.

Band 14 Wulf Weritz: Fall- und problemorientiertes Lernen in hybriden Lernarrangements. Theoretische Grundlagen, Entwicklung und empirische Evaluation von Studienmaterialien für die Lehrerausbildung an einer Präsenzuniversität. 2008.

Band 15 Klaus Breuer / Rüdiger Tauschek / Helmut Becker / Wolfgang Ettmüller / Klaus Etzkorn (Hrsg.): Der Modellversuch KoLA. Vom Lernfeld zum schulspezifischen Jahresarbeitsplan – von der Lernsituation zum selbstgesteuerten Lernen und zu ersten Ergebnissen einer Längsschnittstudie. 2009.

Band 16 Jürgen Seifried: Unterricht aus der Sicht von Handelslehrern. 2009.

Band 17 Klaus Breuer / Wolfgang Ettmüller / Nicole Schu / Rüdiger Tauschek: Selbstgesteuertes Lernen. Planung, Praxis und Evaluation für den Unterricht in der Berufsschule. 2011.

Band 18 Nina Bender: Selbstreguliertes Geldmanagement bei jungen Erwachsenen. 2012.

Ab Band 19 herausgegeben von J. Seifried und S. Seeber

Band 19 Kristina Kögler: Langeweile in kaufmännischen Unterrichtsprozessen. Entstehung und Wirkung emotionalen Erlebens ungenutzter Zeitpotentiale. 2015.

Band 20 Christoph Maus: Die Genese volkswirtschaftlicher Inhalte sowie deren Status quo im Rahmen lernfeldbasierter Curricula des kaufmännischen Berufsbildungsbereichs. 2016.

Band 21 Christian Michaelis: Kompetenzentwicklung zum nachhaltigen Wirtschaften. Eine Längsschnittstudie in der kaufmännischen Ausbildung. 2017.

www.peterlang.com